沈載烈 講述

增補 淵海子平精解

明文堂

目 次

第一編 命理學의 基礎篇(卷一)

第一章 神殺 및 基礎理論

第一論 五行所生之始(五行의 起源) …………………… 二
第二論 天干地支所生(干支의 起源) …………………… 五
第三論 天干相合 …………………………………………… 八
第四論 十干所屬方位 十二支所屬論
　　　(干支와 五行과 方位와의 關係) ………………… 三
第五論 十二支六合 ………………………………………… 三
第六論 十二支三合 ………………………………………… 三
第七論 十二支相冲 ………………………………………… 三
第八論 十二支相穿(六害 支穿) ………………………… 三
第九論 十二支相刑 ………………………………………… 三

第十論 干支字義(干支의 意義) ………………………… 三
第十一論 十二支生肖(地支의 動物比喩) ……………… 二六
第十二論 六十花甲子納音 ………………………………… 三
第十三論 天干生旺死絕(天干十二運) ………………… 买
第十四論 天干生旺死絕掌訣 ……………………………… 買
第十五論 五行發用定例(十二運의 順逆) ……………… 哭
第十六論 天干五陽五陰通變(十神) ……………………… 五
第十七論 年上起月例(月建算出法) ……………………… 买
第十八論 日上起時例(生時算出法) ……………………… 至
第十九論 起胎法(胎月算出法) …………………………… 英

1

第二十論	起息法	五九
第二十一論	起變法	六〇
第二十二論	起通法	六〇
第二十三論	起玉堂天乙貴人（天乙貴人）	六一
第二十四論	天官貴人	六二
第二十五論	太極貴人	六三
第二十六論	三奇貴人	六四
第二十七論	月德貴人	六五
第二十八論	天德貴人	六五
第二十九論	天厨貴人	六六
第三十論	福星貴人	六七
第三十一論	三元（天地人）	六八
第三十二論	十干祿	六八
第三十三論	驛馬	六九
第三十四論	天赦	六九
第三十五論	華蓋	七〇
第三十六論	十干學堂	七一
第三十七論	十干食神	七一
第三十八論	金輿祿	七二
第三十九論	拱祿	七二
第四十論	交祿	七二
第四十一論	暗祿	七三
第四十二論	夾祿	七四
第四十三論	垣城	七四
第四十四論	帝座	七四
第四十五論	六甲空亡（空中殺）	七五
第四十六論	截路空亡	七五
第四十七論	四大空亡	七六
第四十八論	十惡大敗日	七六
第四十九論	四廢日	七九
第五十論	天地轉殺	七九
第五十一論	天羅地網	八〇
第五十二論	羊刃	八〇
第五十三論	起大運（大運法）	八三
第五十四論	小運法	八六
第五十五論	節候歌	八九

第五六論 天地干支暗藏總天(支藏干) …… 七三
第五七論 節氣歌 …… 八一
第五八論 地支藏遁歌 …… 八四
第五九論 四季大節訣 …… 八六
第六十論 未來月朔節氣奧訣 …… 八八
第六一論 截流年節氣日時刻數要訣 …… 九八
第六二論 日爲主(日干) …… 一〇〇
第六三論 月令 …… 一〇四
第六四論 生旺 …… 一〇五

第二章 詳解定眞論 …… 一一五
第三章 喜忌篇 …… 一一九

第六五論 五行生旺衰絕吉凶 …… 一〇六
第六六論 五行墓庫財印 …… 一〇七
第六七論 官殺混雜要制伏(官殺混雜論) …… 一〇九
第六八論 五行生剋制化各有所喜所害例 …… 一〇九
(五行의 生剋制化와 그 喜忌)
第六九論 二至陰陽相生理 …… 一一一
(冬至와 夏至의 陰陽論)
第七十論 子平擧要訣 …… 一一三

第二編 格局篇(卷二) …… 一二五

第一章 繼善編 …… 一四五
第二章 通變諸神 …… 一六五

第一論 看命入式	一五
第二論 正官	一八
第三論 官星太過	一八
第四論 偏官（七殺）	一九
第五論 七殺	一九
第六論 印綬	一九七
第七論 正財	二〇二
第八論 偏財	二〇七
第九論 食神	二〇九
第十論 倒食	二一一
第十一論 傷官	二一三
第十二論 刦財	二一七

第三章 格局論 … 二一九

第一論 羊刃	二一九
第二論 刑合	二二三
第三論 福德秀氣	二二四
第四論 雜氣財官格	二二六
第五論 日貴	二二八
第六論 日德	二二九
第七論 日刃	二三〇
第八論 魁罡	二三三
第九論 金神	二三三
第十論 時墓	二三五
第十一論 正官格	二三六
第十二論 雜氣財官格	二三六
第十三論 月上偏官格	二四七
第十四論 時上偏財格	二五二
第十五論 時上一位貴格	二六六
第十六論 飛天祿馬格（一）	二六一
第十七論 飛天祿馬格（二）	二六五
第十八論 倒冲格（一）	二六六
第十九論 倒冲格（二）	二六七
第二十論 乙己鼠貴格	二六九

第二十一論　六乙鼠貴格 ……………………………… 二七○
第二十二論　合祿格（一） ……………………………… 二七一
第二十三論　合祿格（二） ……………………………… 二七三
第二十四論　子遙巳格 …………………………………… 二七五
第二十五論　丑遙巳格 …………………………………… 二七七
第二十六論　壬騎龍背格 ………………………………… 二七六
第二十七論　井欄叉格 …………………………………… 二八○
第二十八論　歸祿格 ……………………………………… 二八二
第二十九論　六陰朝陽格 ………………………………… 二八三
第三十論　　刑合格 ……………………………………… 二八六
第三十一論　拱貴格 ……………………………………… 二八八
第三十二論　拱祿格 ……………………………………… 二八七
第三十三論　印綬格 ……………………………………… 二八九
第三十四論　雜氣印綬格 ………………………………… 二九○
第三十五論　六甲趨乾格 ………………………………… 二九二
第三十六論　六壬趨艮格 ………………………………… 二九二
第三十七論　勾陳得位格 ………………………………… 二九三
第三十八論　玄武當權格 ………………………………… 二九四

第三十九論　炎上格 ……………………………………… 二九五
第四十論　　潤下格 ……………………………………… 二九六
第四十一論　從革格 ……………………………………… 二九七
第四十二論　稼穡格 ……………………………………… 二九八
第四十三論　曲直格 ……………………………………… 二九九
第四十四論　日德秀氣格 ………………………………… 三○○
第四十五論　福德格 ……………………………………… 三○一
第四十六論　棄命從財格 ………………………………… 三○一
第四十七論　傷官生財格 ………………………………… 三○二
第四十八論　棄命從殺格 ………………………………… 三○二
第四十九論　傷官帶殺格 ………………………………… 三○三
第五十論　　歲德扶殺格 ………………………………… 三○三
第五十一論　歲德扶財格 ………………………………… 三○四
第五十二論　夾丘拱財格 ………………………………… 三○四
第五十三論　兩干不雜格 ………………………………… 三○六
第五十四論　五行俱足 …………………………………… 三○七
第五十五論　支辰一氣　天元一氣　干支同體 ………… 三○八

第三編 命理各論篇(卷三)

第一章 六親論

第一論 六親總論 ……………………… 三一一
第二論 六親提要歌 …………………… 三一三
第三論 父親 …………………………… 三一六
第四論 母親 …………………………… 三一七
第五論 妻妾 …………………………… 三一八
第六論 兄弟姊妹 ……………………… 三一九
第七論 子息 …………………………… 三二〇

第二章 婦人命 및 小兒論

第一論 婦人總訣 ……………………… 三二三
第二論 陰命賦 ………………………… 三二七
第三論 女命富貴貧賤論 ……………… 三二八
第四論 女命貴格 ……………………… 三三〇
第五論 女命賤格 ……………………… 三三〇
第六論 滾浪桃花 ……………………… 三三〇
第七論 女命總斷歌 …………………… 三三一
第八論 小兒命 ………………………… 三三四
第九論 小兒關殺倒 …………………… 三三五

第三章 疾病 및 運歲吉凶論 ……………… 三三六

第一論 性情	三六
第二論 疾病	三六
第三論 大運	三六

第四章 諸家奧妙論

第一論 神趣八法有類屬化反照鬼伏	三五九
第二論 格局生死引用	三六二
第三論 征太歲	三六三
第四論 雜論口訣	三六三
第五論 羣興	三六七
第六論 興亡	三六九
第七論 寶法 其一	三六一
第八論 寶法 其二	三六二
第九論 寸金搜髓論	三六三

第四論 太歲吉凶	三四三
第五論 運化氣	三四四
第六論 化氣十段錦 其一	三四六

第十論 論命細法	三六六
第十一論 傷官說	三七〇
第十二論 心鏡歌	三七一
第十三論 妖祥賦	三七二
第十四論 絡繹賦	三七二
第十五論 相心賦	三六六
第十六論 玄機賦	三六六
第十七論 幽微賦	三八二
第十八論 五行元理消息賦	三八四

第四編 秘法玄談篇（卷四）

第一章 秘法玄談 其一 ...... 三九一

第一論　金玉賦	三一
第二論　碧淵賦	三八
第三論　造微論	四〇七
第四論　人鑑論	四〇九
第五論　愛憎賦	四二三

第二章　秘法玄談 其二

第一論　四言獨步	四三〇
第二論　身弱論	四三二
第三論　棄命從殺論	四四〇
第四論　五言獨步	四四一
第五論　正月建寅候詩訣	四四六
第六論　二月建卯候詩訣	四四七
第七論　三月建辰候詩訣	四四九
第八論　四月建巳候詩訣	四五〇
第九論　五月建午候詩訣	四五一
第六論　萬金賦	四二〇
第七論　絜要捷馳玄妙訣	四二三
第八論　淵源集說	四二六
第九論　子我百章歌	四二九
第十論　六月建未候詩訣	四五二
第十一論　七月建申候詩訣	四五三
第十二論　八月建酉候詩訣	四五四
第十三論　九月建戌候詩訣	四五五
第十四論　十月建亥候詩訣	四五七
第十五論　十一月建子候詩訣	四五八
第十六論　十二月建丑候詩訣	四五九
第十七論　十干體象	四六一
第十八論　干支一體象	四六五

第五編　詩訣篇（卷五）……四七一

第一章　格局詩訣

第一論　正官詩訣 …………四七一
第二論　偏官詩訣 …………四七三
第三論　印綬詩訣 …………四七五
第四論　正財詩訣 …………四七七
第五論　偏財詩訣 …………四八〇
第六論　食神詩訣 …………四八一
第七論　傷官詩訣 …………四八三
第八論　羊刃詩訣 …………四八五
第九論　刑合詩訣 …………四八七
第十論　日貴詩訣 …………四八八
第十一論　金神詩訣 …………四八九
第十二論　日德詩訣 …………四九〇
第十三論　魁罡詩訣 …………四九一
第十四論　時墓詩訣 …………四九三
第十五論　雜氣財官詩訣 …………四九四
第十六論　時上偏財詩訣 …………四九五

第十七論　時上一位貴詩訣 …………四九六
第十八論　飛天祿馬詩訣 …………四九九
第十九論　六乙鼠貴詩訣 …………五〇一
第二十論　合祿詩訣 …………五〇二
第二十一論　子遙巳詩訣 …………五〇四
第二十二論　丑遙巳詩訣 …………五〇五
第二十三論　壬騎龍背詩訣 …………五〇六
第二十四論　井欄叉詩訣 …………五〇七
第二十五論　歸祿格詩訣 …………五〇八
第二十六論　六陰朝陽詩訣 …………五〇九
第二十七論　拱祿拱貴詩訣 …………五一一
第二十八論　六甲趨乾詩訣 …………五一三
第二十九論　六壬趨艮詩訣 …………五一四
第三十論　勾陳得位詩訣 …………五一四
第三十一論　玄武當權詩訣 …………五一四
第三十二論　潤下詩訣 …………五一五

第二章　諸種詩訣

第三十三論　從革詩訣 ……五六
第三十四論　稼穡詩訣 ……五六
第三十五論　典直詩訣 ……五七
第三十六論　炎上詩訣 ……五七
第三十七論　福德詩訣 ……五八
第三十八論　葉命從財詩訣 ……五○

第一論　刑冲詩訣 ……五○
第二論　尅妻詩訣 ……五二
第三論　尅子詩訣 ……五二
第四論　運晦詩訣 ……五三
第五論　運通詩訣 ……五四
第六論　帶疾詩訣 ……五五
第七論　壽元詩訣 ……五七
第八論　飄蕩詩訣 ……五七
第九論　女命詩訣 ……五六
第十論　長生詩訣 ……五九

第三十九論　葉命從殺詩訣 ……五○
第四十論　殺重有救詩訣 ……五二
第四十一論　天元一氣詩訣 ……五三
第四十二論　化氣詩訣 ……五五
第四十三論　天元一字詩訣 ……五九

第十一論　沐浴詩訣 ……五○
第十二論　冠帶詩訣 ……五一
第十三論　臨官詩訣 ……五二
第十四論　帝旺詩訣 ……五二
第十五論　衰病死詩訣 ……五三
第十六論　墓庫詩訣 ……五三
第十七論　胞胎詩訣 ……五四
第十八論　胎養詩訣 ……五四
第十九論　五行相剋賦 ……五五
第二十論　珞琭子消息賦 ……五九

第二十一論　八字提要法 ……

第二十二論　格局生死引用 ……

第二十三論　會要命書說 ……

第六篇　附　錄

第一章　神殺圖訣（附錄一）

一、百章歌 ……
二、十二宮安命訣 ……
三、僧道十二宮 ……
四、年殺早見圖 ……
五、定寅時歌 ……
六、太陽出沒歌 ……
七、太陰出沒歌 ……
八、地支遁藏并歌 ……
九、論子息多少 ……
十、論陰陽差錯 ……
十一、十惡大敗 ……
十二、華蓋 ……
十三、天掃星 ……
十四、地稀星 ……
十五、暴敗殺 ……
十六、呻吟殺 ……
十七、紅艷殺 ……
十八、吞陷煞 ……
十九、四庫 ……
二十、三刑 ……
二十一、推男女十二生命所犯神煞 ……
二十二、男女生命定局 ……

二十三、合婚總論 ………………………………………………… 五〇

二十四、男命益財 ………………………………………………… 五〇

二十五、退財 ……………………………………………………… 五〇

二十六、女命益財 ………………………………………………… 五〇

二十七、退財 ……………………………………………………… 五一

二十八、小兒關煞例 ……………………………………………… 五一

第二章 支那歷代官職解說(附錄二) …………………………… 五二

自 序

많은 사람들은 陰陽五行學에 對해서 相當히 誤解하고 있는 것 같다.

그러나 歐美의 原子科學者들은 原子學의 理論을 確立하기 爲하여 易系의 陰陽十二地支의 理論과 佛敎의 八正道 十二因緣說을 引用하지 않으면 안되게 되었다. 그리하여 美國의 原子學界에서는 佛敎의 八正道說의 原理를 應用하려는 學派와 易學界의 陰陽十二地支의 理論을 應用하려는 學派가 있게 되었다고 한다.

바야흐로 現代는 東洋傳來의 精神文明과 西歐現代의 科學文明이 相交하고 融和되려는 段階에 到達하였다.

그러나 吾人은 恒常 時代的인 思潮와 西歐의 으로 流行되는 風物에 對해서는 偶像的으로 陶醉하고 過信하는 態度를 가지지만 이와 相反된 것들에 對해서는 盲目的으로 誤解하고 不信하려는 態度를 取하는 것 같다. 이것은 지난날의 東方諸國의 社會生活 全般을 支配해오던 陰陽五行學과 現代人의 精神生活關係에서도 엿볼 수 있는 現象이라 하겠다.

곧 現代의 東方人은 東方的인 精神을 잃어버린 西歐的인 東方人에 不過하다. 바꾸어 말하면 西歐的인 思考方式을 떠나서는 아무것도 推理할 수 없고 思考할 수 없는 그러한 東方人에 不過하다는 것이다. 그것은 곧 西歐的인 思考方式을 그대로 運思하여 東方的인 모든 것을 理解하려는 態度와 直結되는 것인 바 이는 嚴密한 意味에서 볼 때 東方的인 것을 理解하려는 올바른 態度라고 할 수 없다.

東方文化를 알고자 하면 먼저 東方的인 思考方式을 解得하지 않고서는 不可한 것이니 東方文化를 硏究하려는 사람이 西歐的인 方法만을 假借한다면 이것은 恰似히 道德이나 宗敎를 硏究함에 있어 物理的인 法則을

1

四柱推命學의 原理는 東方哲學의 氣象學에 根據하여 풀지 않으면 안되는 바 이 氣象學의 原理를 充分히 理解한다는 것은 運命學을 硏究하는데 있어서 무엇보다도 重大한 基本課題라 아니할 수 없다.

地球가 太陽의 周圍를 循環하는 가운데 생기는 氣候上의 變化가 四時이고 地球가 自轉하는 가운데 생기는 氣候上의 變化가 晝夜十二時이거니와 晝夜가 거듭되고 四時가 季節으로 運行됨을 따라 萬物은 發芽하고 生長하며 成實되는 것이다. 이때에 모든 生物은 氣候의 狀態와 密接한 關係를 가지면서 質의 調化를 이루게 되는만큼 變化하는 氣候의 物理的 化學的 內容을 分析하는 일은 곧 生物의 成長狀態를 把握하는 일이 된다.

그러나 이 氣象狀態를 變化시키고 成立시키는 要因들은 決코 單數이고 單次元的인 簡單한 內容으로 되어있지 않다. 現代科學은 모든 物體가 陽電子 陰電子 中間子로 構成되어 있으며 따라서 宇宙萬有는 電磁氣로 相互 聯鎖關係를 가지고 紐帶되어 있다고 한다. 이 말을 바꾸면 모든 物體는 氣로 이루어져 있고 이 氣는 氣像學的으로 相互 聯關되어 있다는 말이 된다.

東方에서는 마음 곧 靈魂을 連結하는 媒運作用이 氣에 依해 이루어진다는 것이며 마침내는 氣는 마음과 둘이 아니라는 것이다. 또 우리의 精神生活은 靈으로써 나타나고 氣에 依하여 影響되는 것인바 우리의 生活은 다름아닌 氣의 흐름이요 作用이라는 것이다. 그러므로 어떤 사람이 所有하고 있는 氣는 그 사람의 運命과 性格과 能力을 말하는 것이 되며 如何한 質狀의 氣를 所有한 사람이 如何한 質狀의 氣像을 만나는가를 보아 吉凶이 如何한가를 判斷하는 것은 매우 當然하다는 것이다.

研究하는 態度로 臨하는 것과 다를 것이 없다. 그러므로 陰陽五行을 硏究하려면 먼저 陰陽五行學的인 硏究態度를 確立하는 것이 必要하다.

또한 스스로 所有한 氣를 純化하고 一念 修鍊하여 氣와 精神의 精華가 이루어졌다면 凡人이 想像할 수 없을 程度로 氣의 活用을 自由로이 聯關시킬 수 있고 超凡한 能力을 發揮할 수 있을 것은 勿論이다.

그러나 問題는 氣를 宇宙萬有의 連鎖的 相互關係로 形成된 것이고 有機的으로 存在하는 萬有의 裏面이라고 理解한다면 氣像이라고 하는 말이 가지고 있는 뜻은 實로 微妙하여 不可思議한 그것이라고 아니할 수 없다는데 있다. 그러므로 嚴格한 意味에서 볼 때 氣像學에 對한 完全한 知識을 얻는다는 것은 곧 宇宙의 最高 絶對 眞理를 얻은 것이라고 말해야 옳을 것이다.

따라서 運命學上 適用되는 六十甲子와 陰陽五行이 宇宙의 裏面인 氣의 作用을 表示한 法則에 틀림 없지만 六十甲子와 陰陽五行을 假借한다고 하여서 微妙한 運命의 內容을 細密하게 안다고 하는 일은 그렇게 容易한 일이라고 할 수는 없다. 四時가 變하고 晝夜가 바뀜을 보는 일이 어렵지 않은 것과 같이 容易하게 알아 볼 수 있는 運命內容도 있지만 하나에서 百가지를 全部 이에만 專依할 수 없는 理致도 있으니 그것은 여름이 오면 더울 줄은 알지만 얼마나 더웁고 어떻게 더우며 비가 어떻게 오고 어느 날에 어떤 일이 있을 것인가 하는 問題는 凡人이 알 수 없음과 같다.

그렇지만 相當한 硏究와 努力을 거듭한다면 微妙하고 細密한 吉凶의 變化過程까지는 모른다 하더라도 吉凶의 時期와 內容에 對한 全般的인 分別을 豫知할 것이며 處世上 消極的으로 活動해야하는 時期, 積極的으로 活動할 수 있는 時期, 自己 能力의 限界와 素質 自身의 長點短點等을 把握함으로써 人格陶冶와 經國濟世와 興業出世와 配偶選擇과 子女敎育과 衛生養達과 親友交際等 生活全般에 걸쳐 指針이 되리라는 確信을 하는 바이다.

十干十二支의 由來에 對하여는 原文에서 밝힌 바가 있지만 六十年을 週期로 하여 甲子乙丑이 反復되는 原

理에 對하여는 原文에서 밝힌 바가 없으므로 序文을 빌어 略說을 하고자 한다.

地球가 太陽의 周圍를 循環하므로 四季節이 생기지만 太陽系는 다시 다른 恒星을 循環하게 되고 太陽系에 屬해 있는 많은 遊星들과 地球와의 關係에서 週期的 氣像 變化가 생기게 되므로 六十年을 單位로 하는 循環期를 둔다는 것이다. 太陽이나 恒星은 움직이지 않는 별이라고 하지만 宇宙全體의 無限空間에서 보면 連鎖的으로 無數한 軌道를 循環한다는 것이 東方哲學의 原理이다. 그리하여 上元甲子, 中元甲子, 天道期 地道期 人道期 先天時代 後天時代 等의 長期的 循環週期를 뜻하는 述語를 쓰게 되는 바이다.

그런데 地球上에는 同日 同時에 出生한 사람이 無數하게 많지 않은가? 그러면 이들의 運命은 다 同一한 것인가? 하고 疑心할 수도 있다. 그러나 同日 同時라 할지라도 서울의 零時와 大邱와 釜山의 零時, 仁川의 零時는 各各 氣像學上 同一하게 볼 수 없고 같은 서울의 零時라 할지라도 房室의 廣狹, 寒暖 等의 差異가 있으므로 四柱推命의 原理인 氣像狀態가 相異한데서 생기는 運命上의 差異가 있을 것은 當然하다.

그러므로 神妙한 學者는 時의 初中末을 보는 것은 勿論 出生地域 日氣, 房室 等의 狀況까지 살피는 것이다. 그러나 이렇게 細密하게 살피지 않더라도 四柱가 同一하면 그 運命은 特別한 境遇를 除外하고는 大槪 類似한 것이다.

特別한 境遇라 함은 一心 精誠으로 至極한 努力을 하는 善行者, 極惡者, 修道人의 境遇를 말한다. 이들은 前述한 바와 같이 마음이 氣의 質狀을 變化시키는 影響力을 極强하게 行使하는 것이 되므로 四柱上의 氣가 改變되는 때문인 것이다.

그러므로 四柱는 氣像學의 原理를 根據로 하여 成立되는 것이고 氣像學은 宇宙萬物이 展開活動되는 原動力으로서의 裏面의 存在인 氣가 森羅의 氣와 聯鎖的 相對關係를 가지고 躍動하는 法則을 밝히는 學問이라 할

4

것이다. 따라서 吾人의 生活一般은 宇宙展開 法則인 氣像學을 根據로 하는 四柱의 推命法에 依해 解明될 수 있다고 믿어지는 바이다.

以上에서 四柱學의 理論的 根據가 氣像學에 있음을 밝힌 바 있거니와 以下에 本原書의 著者 徐子平先生에 對한 紹介를 하고자 한다.

子平先生은 本來 宋代의 大陰陽學者이고 天文占星에 밝은 大學者인데 珞祿子三命消息賦를 註說하였으며 或人은 五代時의 사람이라고도 한다. 如何튼 四柱學의 鼻祖로 되어 왔다. 先生 以前에는 生年中心으로 되었던 四柱法을 日干爲主로 하는 四柱學의 體系를 세운 분이 바로 子平先生이었던 것이다.

子平淵海의 原理에 對한 根源이 傳해 오기는 唐代의 大夫인 李公 虛中先生에 依해서라고 한다. 곧 李虛中先生이 生年月日時의 生剋制化와 旺相休囚와 陰陽通變으로써 人生의 吉凶禍福을 明確하게 決斷하였다고 하며 李公死後에 昌黎韓公이 墓誌에 記祿했고 後에 呂大夫가 다시 손질을 한 일이 있을 뿐 傳受한 者가 없었는데, 드디어 宋代에 와서 徐公이 生日의 日干을 爲主로 하여 六親을 分別하고 淵海書를 精微하게 解述하였으며 이에 四柱學의 宗主가 되었던 바 다시 諸學者의 妙旨를 모아서 集大成하여 後人이 硏究하고 배울 수 있도록 한 것이 本 淵海子平書이다.

따라서 四柱學을 硏究하고자 하는 사람은 本 子平書를 讀破하지 않으면 안되고 專門家라 할지라도 四柱學에 對한 基礎知識을 確實히 하고 諸大家의 秘傳을 硏究하기 爲해서는 本書를 完全 讀破하는 것은 勿論 暗誦까지라도 하여야 한다.

本 子平書를 硏究하지 않고 命理正宗이나 窮通寶鑑이나 滴天髓等을 硏究한다는 것은 마치 基礎工事가 弱한 高層建物과 같아서 四柱學의 實力自體에 對한 缺陷을 免하기 어려운 것이다.

特히 初學者의 境遇 雜多한 格局體系와 神殺配對, 六親關係等의 基本體系를 確實하고 簡單하게 體得하는 데는 本書가 最良書라고 믿어진다.

子平書에 對한 多少의 批評을 加하는 사람이 없지는 않으나 이는 다 子平先生의 占星氣像學을 理解하지 못하는데서 나온 所致라고 본다. 勿論 子平書 以後에 四柱學의 體系가 더욱 敷衍되고 具體化되고 多角度로 硏究方法이 開展된 事實을 否認하려는 것은 아니며 權威있는 其他의 良典들을 硏究해야 하는 必要를 無視하려는 것은 아니다. 다만 子平書가 四柱學 硏究에 必要不可缺의 要典임을 主張할 따름이다.

講述者가 本書를 講述 飜譯함에 있어 留意했던 일 또는 苦心했던 일 몇 가지를 밝혀 두는 것은 本書를 硏究하는 讀者諸位에게 多少의 도움이 될줄로 믿는다.

初學者의 便宜를 最大限으로 圖謀하기 爲하여 基確篇에 紙面을 많이 割愛하였고 格局을 論하는 第二篇에 서도 亦是 初學者의 理解를 爲한 努力을 아끼지 않았으며 秘訣端, 詩訣篇等은 讀者의 原典에 對한 硏究能力을 涵養할 目的과 紙面關係가 있어 說明方法을 漸次 簡略히 하였고 直譯에 가깝도록 하였다.

本書 講譯에 苦心하였던 일은 첫째 四柱解說을 되도록 四柱解說은 直譯을 하여 原文의 뜻과 親合케 하는데 留意하였으며 除去하고 子平原書의 格局原理에 入脚하도록 努力하였으며 秘訣解說은 譯者의 私見을 되도록 除去하고 子平原書의 格局原理에 入脚하도록 努力하였으며 講述者의 淺識으로 말미암아 不足하고 猥濫됨이 많을줄 아는 바 先輩諸位의 鞭韃과 讀者諸位의 諒解를 바라 마지 않는다.

講述者 識

推薦文

淵海子平書가 古來로 四柱學의 其礎經典으로 傳해 오고 있었음은 周知하는 바로서 命理正宗과 함께 本書가 많은 선비와 斯界에 入門 乃至 專攻하는 사람들이 얼마나 愛讀하였는가는 새삼스럽게 밝혀 볼 必要가 없을 줄로 믿는다.

그러나 原文이 漢典으로 되어 있을 뿐 아니라 仔細한 說明이 없었기 때문에 本書를 讀解하고 硏究하는데 커다란 障壁이 되어서 哀惜하게 여겨 오던 중 우리 말로 講述한 淵海子平精解가 沈載烈先生의 苦心努力 끝에 이 세상에 빛을 보게 된 것을 無限히 기뻐하여 마지 않는 바이다.

沈載烈先生은 佛敎와 漢學 運命學을 多年間 硏究하신 숨은 學者로서 오늘날 흔히 볼 수 있는 바의 先賢의 發明하신 妙法을 自身의 所作인것 같이 꾸미는 그러한 類와는 달리 先賢의 深法을 現代에 다시 한번 빛내 보고자 하는 純粹한 學者의 良心과 熱誠에서 初學者가 斯學을 硏究하는데 便利하도록 親切하고 分明하게 講解 해주신 本淵海子平精解를 斯界에 關心을 가진 人士는 勿論 萬人에게 널리 勸獎하여 마지 않는 바이다.

靑奧 池 昌 龍

推薦文

生覺컨대 陰陽哲學이 萬古不崩의 哲理를 가지고 있으면서도 現代의 歐美文明과 合流하지 못하고 五行干支學이 深奧한 合理的 根據를 가진 學問임에도 不拘하고 오늘날 社會의 主流思潮로부터 外面視되고 있는 데에는 不可不 여러 가지 原因이 있을 줄 믿으나 그 가장 큰 原因의 하나는 그 原典을 解讀하기 어려운데 있던 것은 疑心할 餘地가 없다.

이제 陰陽五行學의 重實이며 五行四柱學의 宗典이라고 할 수 있는 淵海子平書를 懸吐하고 우리 말로 飜譯 講義한 本淵海子平精解는 實로 그 意義가 자못 크다고 아니할 수 없다.

特히 本精解는 五行學의 基礎問題를 알기 쉽게 解說하여 初學者의 研究資科로서는 無雙의 寶典이 되리라 믿으며 秘傳詩訣등의 解述은 또한 專門家를 爲해 金貴가 될 것이라 믿는 바이다.

本 子平書를 親切하게 講述해 주신 沈載烈先生의 勞苦에 對해 甚深한 感謝를 드리는 同時에 家中 藏書로 保存하고 研究하여 五行四柱學의 原理를 日常生活에 應用함으로써 우리의 生活을 向上하고 幸福을 追求하도록 讀者諸位에게 眞心으로 勸告하여 마지 않는 바이다.

雲觀 尹 大 炳

增補 淵海子平精解

宋錢塘 東齋 徐升 編
明清江 竹亭 楊淙 增校
韓國 김밝 沈載烈 懸吐講解

第一編 命理學의 基礎篇 (卷一)

第一章 神殺 및 基礎理論

第一論 五行所生之始 (五行의 起源)

蓋聞天地未判을 其名混沌이요 乾坤未分을 是名胚腪이니 日月星辰未生이요 陰陽寒暑未分也라 在上則無雨露하며 無風雲하며 無霜雪하며 無雷霆하야 不過杳而冥冥이요 在下則無草木이며 無山川이며 無禽獸며 無人民하야 不過昧昧而昏作이로다.

대저 天地가 아직 開判되지 않았음을 混沌이라 이름하고 乾坤이 始分되기 以前을 胚腪(배운)이라 하니 日月星辰이 생기지 않았고 陰陽寒暑가 또한 存在하지 않았다. 上虛에는 비와 이슬이 없으며 바람과 구름이 없으며 서리와 눈이 없으며 우뢰와 天動이 없어서 杳杳(깊이 어두운 貌樣)하고 冥冥(고요하고 虛靈하게 어두움)할 따름이었고 下에는 草木이 없으며 小川이 없으며 禽獸가 없으며 人民이 없었으니 昧昧(날이 새려할 때의 어두운 貌樣)하고 昏暗(날이 저물 때의 어둡고 秩序없는 貌樣)할 뿐이었다.

是時에 一氣盤中結하야 於是에 太易生水하며 太初生火하며 太始生木하며 太素生金하며 太極生土하니 所以로 水數一이요 火數二요 木數三이요 金數四요 土數五니라 迨夫 三元旣極하고 混鈍一判하고 胚腪乃分하야 輕淸爲天하며 重濁爲地하고 二氣相成하며 兩儀旣生하야 化而成天하니라.

저때에 忽然히 一氣가 서리고 엉키는 힘이 생기었으니 이에 太易(氣가 아직 形成되지 않았던 때)이 水를 生하였으며 太初(氣는 있으나 形體가 아직 生하지 않았던 때)가 火를 生하였으며 太素(物體의 性質은 있으나 形體는 아직 成立되지 않은 때)가 木을 生하였으며 太極(森羅一切의 本存)이 土를 生하였다.

그리하여 水의 數는 一이 되고 火數는 二가 되고 木數는 三이 되고 金數는 四가 되고 土數는 五가 된 것이요 天地人 三元의 極을 이루었으며 混鈍은 열리었으며 胚腪이 始成되어서 가볍고 맑은 것은 하늘이 되고 무겁고 흐리며 濁한 것은 땅이 되었으니 이에 二氣(天地)가 成立된 것이며 兩儀(陰陽)가 生出된 것이므로 宇宙는 바야흐로 展開되기에 이른 것이다.

其始也에 或 人形馬喙하며 或 人首蛇身하며 無嗜欲하고 無姓名하고 無邦國無君臣하며 巢處穴居하며 任其風雨하며 親疎同途하며 莫知其父子하며 五穀未植하며 血茹毛하니 其名蕩蕩이요 其樂陶陶러라.

처음에는 或 사람의 形狀에 망아지 입부리도 있고 或 사람의 머리에 뱀의 몸둥이를 가진 사람도 있으며 姓名이 없고 國家와 政府가 없으며 君臣이 없었다. 住居도 禽獸의 害를 避할 수 있는 程度로 나무 위에서 새집 같이 하고 살거나 窟 속에서 居處하여 風雨를 放任하였으며 親하고 疎遠함이 없고 父子의 倫理를 알지 못하였으며 五穀을 栽培할 줄 모르고 짐승을 사냥하여 生食을 하였으니 그 生活은

蕩蕩(天眞하고 平和하여 걸림이 없음)하였고 그 趣樂은 純然하고 蒙昧한 가운데 흐뭇하였었다.

及其에 聖賢一出하시니 智愚兩分이요 遂有君臣父子之分이며 禮樂衣冠之制러니 嗚呼라 大道廢而奸詐生하고 妖鬼出하도다.

드디어 聖賢께서 出世하시니 智慧스러움과 어리석음의 分別이 있게 되었고 君臣과 父子의 差別을 가리게 되었으며 禮儀와 音樂과 衣冠의 制度가 마련 되었다. 슬프다! 大道의 廢하였음이여! 奸詐함이 續出하고 妖鬼스러움이 橫行하는구나!

「講」 佛敎의 八萬藏經中에는 宇宙의 起始에 對한 說明이 種種 說藏되어 있는바 그 槪要를 紹介하여 本文을 理解하는 參考에 籍하고자 한다.

대저 宇宙와 人生의 究極原理는 極大하고 無限한 것인바 宇宙의 空間世界도 無限하고 그 時間世界도 無限하다는 것이다. 따라서 宇宙의 起源도 無限한 時間以前으로 부터이고 空間的인 領域 또한 끝 간데가 없이 無限할 따름이라는 것이다. 그러나 如斯한 無限한 絶對의 大原理를 前提로 하는 가운데 人生은 生하고 死하며 萬象은 生成되고 壞滅되는 現實이 反復無常하게 展開된다는 것이니 곧 人生의 生命力은 永遠하고 絶對이지만 生死라고 하는 形式的인 循環을 거듭하는 것과 같이 宇宙와 地球도 變하지 않는 絶對의 本質을 갖추고 있으면서 形狀의 世界는 언제나 物理的이고 化學的인 諸般 法則을 따라 成滅을 繼續한다는 것이며 따라서 地球의 成立과 壞滅되는 期間이 있을 것인데 그 一週期를 一大 劫이라는 述語로 表現한다.

宇宙가 生起하기 以前에 本空의 자리에서 現象世界의 本體인 一氣가 整然한 原理와 秩序에 依하여 地球를 形成하는 成立期間을 一中劫이라 하고 成立된 地球가 原形을 維持하여 存續하는 期間이 또한 一中劫이

며 自然界의 物理化學的인 作用으로 因하여 地球의 原形이 破壞되는 滅亡의 期間이 또한 一中规(壞滅)이며 完全히 壞滅되었으면 形體가 없는 虛空의 狀態로 지나는 期間이 亦是 一中规(空规)이 된다는 것이다.

또 一中规은 二十小规이라고 하므로 地球의 壽命은 一大规 四中规 八十小规에 當適된다. 그러면 一小规은 몇年을 말하는 것인가? 地球가 成立된 後 人間이 最初로 生存하였을 때의 壽命은 一歲式 減數하여 八萬四千歲의 人壽가 十歲에 到達하면 다시 百年에 一歲式 加數(壽)하여 人壽가 八萬四千歲에 到達하게 됨을 말한다. 이 때에 人類文化는 各樣各種의 文明形態로 展開되고 消滅하는바 泰平時代에는 人命의 定壽가 多少 增加될 수도 있고 不安攪亂의 時代에는 定壽보다 多少 減少된 壽命을 享受한다는 것이다. 또 現在는 七十歲가 定命이고 釋迦牟尼佛 在世當時는 人壽의 定命이 百歲였다. 그러므로 地球의 一成住壞空期間에 所要되는 壽命은 實로 아득한 時間에 이른다.

如斯한 宇宙의 無限한 空間에서 無限數의 地球가 無限히 生滅되고 있지만 그 本質은 一如하며 그 客觀的 形象은 人類의 얼굴이 같지 않은 것과 같이 各異하여 同一한 것이 하나도 없다는 것이다. 本文에서 天地未判이라고 한 것은 地球가 形成되기 以前에 宇宙의 本質로서의 一氣(一氣)는 生命의 本存인 心과 相通한다. 따라서 心과 氣는 不可離의 關係에 있고 心과 物은 究竟에 一如한 同體이다)가 混沌狀態에 있음을 말하는 것이며 地球도 不生하였고 陰陽乾坤의 現狀世界가 展開되지 않은 胚胎狀態에 있는데 不過하다는 것이다.

따라서 一切의 陰陽調和가 있을 수 없으므로 雨露와 山水人文이 있을 수는 더욱 없는 일이다. 暗虛하여 막힘이 없으나 大宇宙를 出生成할 宇宙本源의 理氣가 감추어져 있으므로 靈儉하다 아니할 수 없고 森羅萬象을 生成하는데 있어서 萬象의 內在的氣質인 五行이 먼저 生出될 것은 매우 當然할 뿐 아니라 五行은 陰陽을 떠나서 있는 것이 아니므로 太極(太易 太初 太素 太極)으로부터 所生되는 것이다. 本文에 記錄된 太易 太素 太初 太

極이 다 同一한 太極이지만 金木水火土의 五行을 生出할 刹那에 太極이 內包하는 氣質的 傾向을 描寫한 것에 不過함을 理解하기 바란다(拙著 卜筮正宗精解의 序論을 參照하기 바람). 萬物이 形生하기 以前일지라도 太極에는 이미 陰陽과 五行과 森羅를 同時에 갈무려 있는 것이다. 또 五行이 生하는데 水를 一數로 하고 水가 生出次弟上 第一位가 된 것은 陰陽이 交接하여 萬物을 造生함에 液水로부터 一切가 始成되는 때문이니 比喩컨대 天地가 交接함에 雨露와 번개가 생기고 男女 雌雄이 精氣를 交接함에 반드시 精水로부터 비롯하여 孕胎하게 되는 理致와 같은 것이다. 또 陰陽交接에는 火氣가 없이 萬物을 生成할 수 없는바 交接의 情이 强하심면 熱氣가 加炎되는 것이기 때문에 水氣다음에 火氣가 生出되는 것이다.

太初에는 身形에 馬口와 蛇身이 있는 等 未定의 狀態였고 心身과 그 生活은 純粹無雜하여 趣味나 動作이 單調한 原始 그것이었다. 이 때에 三皇(伏羲 神農黃帝)께서 出世하시어 三綱과 正盛한 生活制度를 創教하시고 布德하시니 浩天과 같았는데 人智가 漸次, 發達하고 狡猾하여짐을 따라 마음의 本性을 깨닫고 絕大無限의 浩德을 體得할 길을 등지게 되었으며 弱肉强食의 餓鬼와 妖詐가 盛盛할 따름이니 이 어찌 슬프지 않은냐?

第二論 天干地支所生(干支의 起源)

竊以奸詐生하고 妖鬼出하야 黃帝時에 有蚩尤神擾亂하야 當是時에 黃帝甚憂民之苦하사 逐戰蚩尤於涿鹿之野하니 流血百里에 不能治之러라.

奸詐함이 생기고 妖魁함이 橫行하여 黃帝時에는 炎帝의 女인 蚩尤(諸侯)가 兵亂과 橫暴를 좋아하므로 이 때를 當하여 黃帝氏께서 人民의 苦痛됨을 근심하사 涿鹿이라는 벌에서 蚩尤를 誅伐하시니 流血이 百里에 뻐

처서 收拾할 수가 없었다.

黃帝 於是에 齋戒하시며 築壇하시고 祀天하시고 方丘禮地에 乃降十干十二支어늘 帝乃將十干圓布象天形하시고 十二支方布象地形하시니라. 是以로 干爲天하고 支爲地니 合光仰職門放之하야 然後에 乃能治也니라.

黃帝氏께서 이때에 沐浴齋戒(祭禮致誠하거나 修道祈願할 때에 酒色과 담배와 고기 等을 禁하는 것)하시고 祭壇을 築造하여 天帝님께 祭禮祈願하시니 바야흐로 十干과 十二支를 모나게 펴서 땅의 形象을 본뜨게 하시었다.

黃帝氏는 降示된 十干을 둥글게 펴서 하늘을 象形하고 十二支를 모나게 펴서 땅의 形象을 본뜨게 하시었다.

이러므로 干은 天이 되고 支는 땅이 되었으니 이를 各部門에 適用함으로써 政敎를 能治할 수 있었다.

自後有大撓氏하시니 爲後人憂之하사 嗟呼라 黃帝乃聖人이시어늘 尙不能治其惡殺이어니 萬一後世에 見災被苦나 將奈何乎아하시고 遂將夫十干十二支分配하사 成六十甲子云하시니라.

그後 大撓氏가 執政하실 때 後人을 근심하고 말씀하시기를 「恨歎스럽도다! 黃帝氏는 聖人이신데 오히려 惡殺을 簡單히 治化하실 수 없었거니 後世에 災亂을 當하고 苦厄을 받을 때에는 어떤 方法으로 解救할 수 있겠느냐?」하시고 드디어 十干과 十二支를 分配하시어서 六十甲子等을 作成하시었다.

「講」 前述한 天干地支의 象形을 그림으로 表示하면 下圖와 같다.

第一圖에서 보는바 甲乙丙丁戊己庚辛壬癸가 天干이 되고 第二圖에 보이는 子丑寅卯辰巳午未申酉戌亥가 地支이다. 이 十干과 十二支는 六十甲子의 母體가 되는바 東方文化一般에 미친 影響은 絶對的인 것이어서 陰陽五行哲學을 떠어 놓고 東方思想을 探究하고 東方文化를 觀察한다는 것은 甚히 어리석은 일로 되었다. 恰似히

16

(第一表) 天降天干象天圖

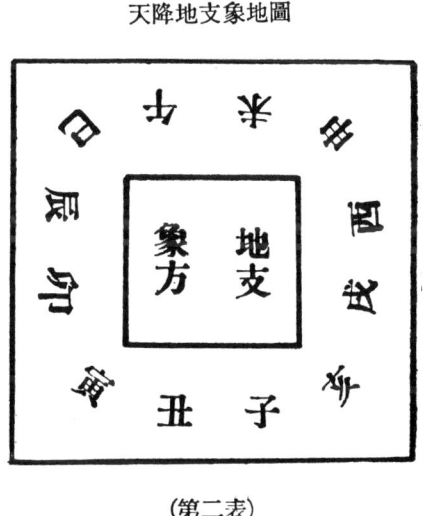

(第二表) 天降地支象地圖

흙을 떠나서 山을 硏究하고 물을 떠나서 바다를 살피는 일과 같다.

또 十干十二支에는 陰陽이 있고 五行이 配屬되는 것인바 例컨대 天干의 甲乙은 木이 되고 丙丁은 火가 되며 地支의 寅卯는 木이 되고 巳午는 火가 됨이 그것이요 甲은 陽이 되고 乙은 陰이 되며 寅이 陽이요 卯가 陰이 되는 것이 그것이다. 그림으로 表示하면 第三表 第四表와 같다.

五行學은 語學과 같아서 外國語를 硏究하는데 重要한 것이 基本文字와 單語를 暗記하는 課題인 것과 같이 陰陽五行學上 要求되는 特殊文字와 述語는 明確하게 暗誦될 것이 무엇보다 要請된다 하겠다.

第三論　天干相合(干合)

干支陰陽表

天干			地支		
日干	陰陽	五行	地支	陰陽	五行
甲	陽	木	子	陽	水
乙	陰		丑	陰	土
丙	陽	火	寅	陽	木
丁	陰		卯	陰	木
戊	陽	土	辰	陽	土
己	陰		巳	陰	火
庚	陽	金	午	陽	火
辛	陰		未	陰	土
壬	陽	水	申	陽	金
癸	陰		酉	陰	金
			戌	陽	土
			亥	陰	水

(第三表)

六十甲子早見表

旬一	旬二	旬三	旬四	旬五	旬六
甲子	甲戌	甲申	甲午	甲辰	甲寅
乙丑	乙亥	乙酉	乙未	乙巳	乙卯
丙寅	丙子	丙戌	丙申	丙午	丙辰
丁卯	丁丑	丁亥	丁酉	丁未	丁巳
戊辰	戊寅	戊子	戊戌	戊申	戊午
己巳	己卯	己丑	己亥	己酉	己未
庚午	庚辰	庚寅	庚子	庚戌	庚申
辛未	辛巳	辛卯	辛丑	辛亥	辛酉
壬申	壬午	壬辰	壬寅	壬子	壬戌
癸酉	癸未	癸巳	癸卯	癸丑	癸亥

(第四表)

甲己合　乙庚合　丙辛合　丁壬合　戊癸合

「講」 前記의 第三表와 第四表에 依하면 甲은 木에 屬하고 己는 土에 屬한다. 그러면 甲木과 己土는 어떻

계 합할 수 있는가? 五行에는 相生과 相剋의 原理가 있음을 讀者는 익히 들었을 줄 믿거니와 木은 水氣가 있어야 生成되는 것이고 火는 木에 依하여 生成되는 것이며 土는 火가 모든 것을 태우므로 이루어지고 金은 土의 壓縮에 依해 生成되며 水는 金石을 通하여 甦生(소생)되는 것이니 이것을 이른바 相生이라 하고 木은 金에 依하여 伐傷되며 金은 火에 依하여 녹으며 火는 水를 만나면 꺼지고 水는 土에 依하여 吸收되는 것이며 土는 木으로 制散하게 되는바 이것을 相剋이라 일컫는다.

宇宙의 森羅萬象이 複雜無窮하고 浩然散亂한 것 같지만 이 五行을 떠나서 있는 것이 아니고 相生相剋의 原理를 떠나서 興亡盛衰하지 않음을 곧 알 수 있다. 二十世紀의 科學文明이 偉大하고 놀라운 바가 있다 하여도 아직 興亡盛衰의 機微를 測定하고 宇宙와 人生의 運命을 觀察하는 分野에 있어서는 陰陽五行學에 비기면 未及한 點이 많다 할 것이다. 그것은 陰陽五行學은 自然現象 그대로를 直觀하려는 態度로서 人間의 偉大한 即觀力을 發揮하려는 學問이라는데 基因한다 하겠다 (拙著 卜筮正宗精解의 陰陽의 原理條를 參照하기 바람).

五行의 原理로 볼 때 己土는 甲木의 妻財가 된다. 첫째 理由는 甲이 陽이고 己土는 陰이라는 것이다. 男子는 陰陽의 原理上 陽이 되고 女子는 陰이 되는바 陰土인 己는 陽木인 甲에 依하여 制伏되고 있다. 制伏됨은 곧 所有를 뜻하는 것이요 所有는 다시 財物을 뜻하게 되는데 妻는 男子가 所有하고 夫는 女子가 所有하는 것이어서 愛情이란 一種의 占有慾이요 所有慾의 極致라고 하지만 그 表現과 行動에 있어서 陽性인 男子는 能動的이고 積極的인데 反해서 女子는 受動的이고 消極的인 天性의 所有者이므로 男子에게 所有되어지는 것이고 男子는 所有하는 者가 되는 것으로 解釋되는 것이다. 또 所有하는 것은 財物과 같은 것이고 財物은 五行의 原理로는 制伏되어지는 者이니 己土는 甲木에 依하여 制伏되는 妻가 된다는 것이다.

19

以下 四者의 合도 同一한 原理로서 合이 되는 것이다.

따라서 干合은 夫婦가 情合한 形象인데 運命에 미치는 影響力이 없는 것은 아니다. 四柱 全體의 構造와 調和性이 主가 되고 以下에 說明하는 干合上의 役割은 從이 되는 것에 不過하다. 따라서 一二三四五編의 原理를 重視해야 한다.

上述한 干合을 表示하면 第五表와 같다.

天干相合表

甲己土	乙庚金	丙辛水	丁壬木	戊癸火

(第五表)

(一) **甲己土**(中正合)······ 四柱中에 甲己合이 있으면 心寬不闊하여 世人의 尊敬을 받으며 每事에 適當한 節度가 있어 品格이 높다.

己日生으로 甲과 合하면 信義가 없고 聲濁鼻低한 傾向이 있으나 甲日生이 己와 合하면 信義는 있고 智慧는 없다.

己亥年甲戌月 己卯日乙亥時에 出生한 사람의 四柱를 보면 다음과 같다.

(第一柱)
己亥 (生年)
甲戌 (生月)
己卯 (生日)
乙亥 (生時)

本命은 己卯日이 甲戌月에 生하였으니 日의 己土가 月의 甲木과 合하였다고 본다.

또 己亥年 己巳月 甲午日 戊辰時生의 四柱는 다음과 같다. 出生한 年月日時의 六甲을 求하는 方法은 後述하기로 한다.

(第二柱)

己亥 (生年)
己巳 (生月)
甲午 (生日)
戊辰 (生時)

本命은 甲午日生이므로 日의 甲木이 己巳月의 己土와 合하였다고 본다. 따라서 信義는 있으나 智能이 弱한 傾向이 있다고 보는 것이다.

(二) 乙庚金(仁義之情)……柱內에 乙庚合이 있으면 過敢剛直하다. 偏官(後述함)이 死絕(第十三課 天干生旺死絕論參照)이 同住하면 賤人이다.

乙日生이 庚과 合한則 禮儀가 없고 決斷性이 없으며 庚日生이 乙과 合한則 慈悲心이 없다.

(三) 丙辛合水(威嚴之情)……威嚴은 있으나 偏屈하고 殘忍하여 好色한다.

丙日生이 辛과 合한 則 智慧는 있으나 小人奸物이다. 辛日生으로 丙合한 則 心身이 倭小한 傾向이 있다.

(四) 丁壬木(仁壽之情)……感情的이며 好色的이고 偏官七殺이나 桃花가 있으면서 死絕이 되면 姪亂으로 破家한다.

丁日이 壬水와 合한則 小心嫉鬪하고 壬日 生이 丁과 合하면 偏屈多怒하며 信義가 없어진다.

(五) 戊癸火(無情之合)……此合은 男女間에 無情하고 美麗好奢함을 좋아한다. 戊日癸合則 聰明하나 內心無情하고 癸日戊合하면 愚昧嫉妬格에 有始無終型이다.

第四論 十干所屬方位十二支所屬論(干支와 五行과 方位)

甲乙木屬東方이요 丙丁火屬南方이요 戊己土主中央이요 庚辛金屬西方이요 壬癸水屬北方이니라.
是時에 大撓氏須以甲乙屬木하고 丙丁屬火하고 戊己屬土하고 庚辛屬金하고 壬癸屬水하며 又以支元이 寅卯屬木하고 巳午屬火하고 申酉屬金하고 亥子屬水하고 辰戌丑未屬土하니 其理何義오.

甲乙木은 東方에 屬하고 丙丁火는 南方에 屬하고 戊己土는 中央을 主宰하고 庚辛金은 西方에 屬하고 壬癸水는 北方에 屬한다.

저때에 大撓氏께서 干支가 五行에 配屬된 理致를 밝히시니 丙丁이 火에 屬하며 戊己가 土를 主宰하며 庚辛은 金을 表하고 壬癸가 水를 表하는 同時에 十二支에 있어서도 寅卯가 木이요 巳午가 火며 申酉가 金이며 亥子가 水이며 辰戌丑未가 土이니 그 原理는 무엇인가?

或曰 東方에 神聖이 있으니 太昊氏라 (震卦 東方의 木位를 表示한 易卦의 하나) 乘震執規司春에 生仁風和氣하야 萬物發生하니 所以木居之故로 甲乙寅卯同也니라
南方에 神農帝가 계시어 離卦 (南方의 火位를 表示한 六十四卦의 하나)를 따라 道를 執行하였으니 이는 여름 節氣에 該當하는 바 炎陽의 氣運이 盛하므로 萬物이 이때에 成長하는 것이며 火가 居留하는 것이니 丙丁巳午가 그것이다.

東方에 神聖이 있으니 太昊氏라 乘震執規司春에 生仁風和氣하야 萬物發生하니 所以木居之故로 甲乙寅卯同也니라
南方有神農帝하니 乘離執衡司夏하사 生炎陽酷氣하야 萬物至此咸齊하니 所以火居之라 故로 丙丁巳午同也니라

西方有神하니 少昊氏라 乘兌執矩司秋에 生肅殺靜氣하여 萬物至此收斂이니 所以金居之라 庚申辛酉가 同也니라
北方有神顓帝하니 乘坎執權司冬에 生凝結嚴氣하야 萬物到此藏伏이니 所以 水居之라 壬癸亥子同也니라

西方에 神聖이 있으니 少昊氏라 兌卦 (西方의 가을 氣運을 뜻하는 卦名)의 原理를 따라 行法하니 秋氣에 該

當하는 바 肅殺(草木을 만라 죽게 하는 쌀쌀한 가을의 氣運)의 靜氣를 生함에 萬物은 이때를 當하여 收斂하게 되므로 金氣가 居하는 바이며 庚辛申酉의 干支로써 表한다.

北方에 神聖이 있으니 顓帝라, 坎卦(北方의 水氣를 說明하는 易卦)의 理法을 따라 執權함에 이는 多節에 該當하는 바 얼어 붙고 嚴한 氣運을 生하므로 萬物은 이때에 藏伏하게 되니 그러므로 水가 居留한다. 壬癸亥子는 北方水氣이다.

中央有神하니 黃帝시라 乘坤執繩(승)하야 司中土어늘 況木火金水가 皆不可無土리오 故로 將戊己居中央이요 辰戌丑未散四維하야 各得所占이니라 何公論曰天若無土면 不能圓蓋於土며 地若無土면 不能厚載於地니 五穀不生이며 人若無土면 不能行運於中이니 五行不立이라 此三才가 不可闕土也로다 木若無土면 有失栽培之力이요 火若無土면 不能照燭四方이요 金若無土면 難施鋒銳之氣요 水若無土면 不能隄泛濫之波며 土若無水면 不能長養萬物이니 此所以五行이 皆不可無土니라 所以로 土居中央이요 支散四維하야 建立五行而成也니라.

中央에 黃帝가 있어 坤卦(땅을 表하는 六四卦의 하나)의 法道를 執範하니 이는 中央土氣를 可執하는 바이며 더우기 木火金水가 다 土氣가 없어서는 안되므로 戊己土가 中央에 居하고 辰戌丑未는 四維間方에 散在하여 있는 것이다.

하늘에 萬一 土의 理致가 없으면 能히 땅을 둥글게 덮을 수가 없을 것이요 땅에 土氣가 없으면 厚하게 덮을 수가 없을 것이니 五穀이 生長될 수 없는 것이요. 사람이 萬一 土氣가 없으면 能히 仁義禮智信의 五常을 行할 수가 없을 것이니 五行이 成立하지 못할 것이요. 따라서 天地人三才는 土를 缺할 수 없는 것이다.

木이 萬一 土가 없으면 栽培될 수 없을 것이요 火는 土가 없으면 能히 四方을 照明할 수 없는 것이요, 金

이 만일 土가 없으면 날카로운 銳氣를 얻을 수 없을 것이요 (火는 地上物을 태워서 生하고 土가 反照해 주므로 四方이 밝게 되며 土氣의 强力한 壓縮으로 金의 銳氣는 所生되는 것이다.) 水가 萬一 土氣를 얻지 못하면 氾濫하는 물결을 堤防할 수 없는 것이다. 反對로 물이 土가 없으면 萬物을 長養시킬 수가 없는 것이니 이는 五行이 土가 없어서는 안 될 理由가 된다. 그러므로 土干은 中央에 居하고 土支는 四維에 散居함으로써 五行을 建行하기에 이른 것이다.

「講」 本論은 十干과 十二支를 金木水火土 五行과 四方中央의 五位에 配對한 後 이로부터 推理되는 原理를 說明한 것이다. 또 甲은 陽木이 되고 乙은 陰木이 되는 等이니 圖示하면 下示의 第六表 第七表와 같다.

陰陽干支五行方位表

陰陽	天干	地支	五行	方位
陽	甲	寅	木	東
陰	乙	卯	木	東
陽	丙	巳	火	南
陰	丁	午	火	南
陽	戊	辰戌	土	中央(四維)
陰	己	丑未	土	中央(四維)
陽	庚	申	金	西
陰	辛	酉	金	西
陽	壬	亥	水	北
陰	癸	子	水	北

(第六表)

本表에서 亥水가 陽水로 되어 前記한 바 第四表에서의 子水를 陽水로 보는 것이 通例이나 命理推算에는 不然한 바도 있으므로 本表에서는 亥水를 陽으로 表하였다. 그 理由는 後述하기로 한다.

干支八位方位數理五行

(第七表)

第五論 十二支六合

子丑合土　寅亥合木　卯戌合火　辰酉合金
巳申合水　午未合太陽太陰

第六論 十二支三合

申子辰水局　亥卯未木局　寅午戌火局　巳酉
丑金局　辰戌丑未土局

第七論 十二支相冲

子午相冲　寅申相冲　卯酉相冲　辰戌相冲
巳亥相冲　丑未相冲

第八論 十二支相穿

子未相穿　丑未相穿　寅巳相穿　卯辰相穿
申亥相穿　酉戌相穿

第九論 十二支相刑

寅刑巳　巳刑申　申刑寅　丑刑戌　戌刑未　未刑丑　子刑卯　卯刑子　辰午酉亥自刑之刑

「講」以上을 早見表로 보면 다음과 같다. 亦是 暗誦이 第一 必要한 部分이다.

前述한 바와 같이 五行에는 相生相剋의 理致가 있어서 天干의 合이 있음을 말하였거니와 地支에는 子丑이 合하여 土가 되고 亥卯未가 木局이 되는 三合이 있다.

(第三柱) 甲子 生年
         乙丑 生月
         丁卯 生日
         癸未 生時

本命의 生年에 있는 子水는 生月의 地支 丑土와 合하여 土로 된 것이요 生日의 地支인 卯木은 生時의 地支인 未와 合하여 木局이 된 것으로 본다. 따라서 本 四柱의 地支에는 土氣와 木氣가 化成되어 旺盛한 것이다.

(第四柱) 乙未
         丙子
         己丑
         辛卯

本命의 月支와 年支는 丑未이니 冲이요 日支 時支는 子卯刑이요 子未는 害가 된 것이요 卯未는 三合이 되었다.

以下에 第八表를 略說한다. 命理學上 重要하고 決定的인 役割을 하는 것이 아니니 參考로 보기 바란다.

(一) 六合……子日이 丑을 合하면 福弱하고 丑日이 子를 合하면 福寅하다. 寅日亥合은 福重하고 亥日寅合은 福弱하다. 戌卯合과 辰酉合과 午未合과 巳申合은 福弱하고 卯戌, 酉辰, 未午, 申巳合은 福重한 傾向이 있

支合冲刑破害表

三合	亥卯未	申子辰	巳酉丑	辰戌丑未			
六合	子丑	寅亥	卯戌	辰酉	巳申	午未	
相冲	子午	寅申	卯酉	辰戌	巳亥	丑未	
相穿	子未	丑午	寅巳	卯辰	申亥	酉戌	
相刑	寅巳	巳申	申寅	丑戌	戌未	未丑	子卯	辰午酉亥 子宮癸水가 壬中丁火를 魁破한다
相破	子酉	丑辰	寅亥	卯午	巳申	戌未	

(第八表)

凶神이 合하면 凶重하고 吉神合은 吉重해 진다. 合支가 空亡되면 合力도 空亡力도 弱化된다. 二支와 一支가 合한則 戀想合이니 有情하고 男子는 合多하면 外交家가 되고 女子도 娼命이다. 또 近合은 合力이 強하나 遠合은 弱하며 合을 冲破하면 不合不冲이 된다.

(一) 三合……容貌秀麗하며 神安心直하며 圓滿聰明하다. 合하여 吉神이 되면 吉하며 合中에 冲字가 있으면 破局이요 元辰 大耗殺이 있으면 言善行反하고 天乙貴人이나 正官이 三合되면 衣祿豊하고 愛顧를 받는다. 三合中 食神格이면 衣食豊하며 建祿이 있으면 名望과 奇蹟運이 있고 破格이면 低俗하고 功不成한다. 天干은 相剋되나 三合되면 打算的인데 三合貴格은 多才功成하여 享福安樂의 人命이 된다. 特殊述語의 解釋은 뒤로 미룬다.

(二) 冲……諸殺中에 禍厄의 程度가 最甚하니 狂暴 妄思 祖父母와의 離別 剋妻 害子 孤獨等의 禍厄이 있는데 二編以下에서 說明하는 原理와 對照下에 살펴야 한다. 刑冲破害가 비록 凶殺이지만 四柱의 構造를 따라서 吉神이 되는 때가 許多하고 凶厄의 程度도 一定하지 않은 것이므로 이 點 留意하기 바란다.

(四) 破……年支를 破하면 兩親을 早別하게 되고 時支가 破하면 晚年이 不幸하게 되며 日支가 破하면 孤立되고 妻子緣이 薄하다.

(五) 穿(害)……日時가 害하면 老年殘疾數가 있고 酉日 戌時生은 聾啞의 數가 있거나 頭顔에 惡瘡이 있는 數가 많다.

(六) 刑……刑殺은 冲殺 다음으로 甚한 凶殺이니 寅巳申은 勢力만 依持하고 猪突하다가 禍를 입고 丑戌未刑은 性冷情酷하여 恩惠를 怨讎로 갚는 刑이며 子卯는 性橫質暴하여 禮儀가 없다. 辰午酉亥 自刑은 心志가

薄弱하고 沈鬱險毒한데가 있다.

如上한 凶禍의 作用이 있음에도 不拘하고 二編以下에서 說明되는 格局과 通變과 病藥과 調候와 中和等의 變法에 依하여 그 作用力이 無視될 뿐만 아니라 患者가 治療의 痛이 要請되는 것과 같이 必要되고 懇切히 待望되는 例가 많음을 거듭 밝혀둔다.

第十論　干支字義(干支의 意義)

蠹書考異에 甲者는 拆也니 言萬物剖符甲而出也니라 易曰百果草木이 皆甲拆이요 乙言萬物初生에 曲蘗(얼) 而未伸也요、丙言萬物이 炳然着見이요 丁言萬物이 壯實之形이니라.

蠹書考異에 「甲은 껍질이 터지는 것을 말하니 易에 또 만하기를 「雨雷風作에 依하여 百果草木은 그 껍질을 開坼(쪼개서 터뜨림)하고 劈襲을 形容한 것이다. 乙은 萬物이 初生함에 그 넝쿨을 뻗어 나갈 때 劣端이 반드시 乙字形으로 꼬부라져 나가는 바 싹의 貌襲을 形容한 것이다. 丙은 萬物을 환하고 밝게 正體를 出現시켜 주는 것이며 丁은 萬物을 壯實하게 하는 바 邦國圖籍에 말하기를 「丁은 成物해주는 役割이 있고 戊는 萬物을 茂盛케 하는 作用이 있다」고 하였다.

故로 邦國圖籍에 曰成丁戊筏也라 하니 言萬物之茂盛이요 故로 漢志에 曰蘗茂於戊是也요 己는 紀也라하니 可紀識也며 庚은 堅이요 强貌니 言物收歛而有實也요 辛言萬物이 方盛而見制니 故로 辛은 痛也니라 壬은 妊也니 陰陽之交라 言物懷妊至子而萌也며 癸者는 冬時土니 旣平萬物에 可揆度也니라.

그러므로 邦國圖籍에 말하기를 「丁은 成物하고 戊는 萬物을 茂盛하게 하는 것이다」라고 하였으며 漢志에 「萬物을 盛裝케 하는 役割이 戊에 있는데 萬物의 形狀을 紀識(完全히 表記함)해 주는 것은 己라」고 하였다. 庚은 強堅한 貌樣이니 萬物이 그 結果를 實收하게 되는 作用을 뜻하는 字며 辛은 萬物이 바야흐로 盛實하여 終止되어야 하므로 死別의 痛이 있는 것이다. 곧 果實은 나무로부터, 곡식은 부수를 通하여 體와 實은 收去되고 隔離되는 死別이 있을 것이니 痛狀이 아닐 수 없다.

壬은 懷姙하는 것이니 陰陽의 相交로 陰이 極하여 陽이 始生하는 冬至節의 作用이 있으므로 懷姙이다. 癸는 冬時에 土氣가 있어서 能히 萬物을 揆度(규탁=헤아려 測定하는 것)하는 役割을 뜻한다. 四季節의 末에는 土가 生旺되는 바 癸水는 節期에 配對할 때 多節末이 되므로 土氣가 있다. 따라서 陰水가 旺한 水旺節인데 壬에서 懷姙된 陽과 冬土는 旺水와 陰을 揆度함으로써 陽이 生旺되는 春木節을 맞이할 힘을 얻는 것이다.

子는 孶也니 陽氣始萌이요 孶生於下也요 丑은 紐也니 寒氣가 自屈曲也며 寅은 髕(빈) 也니 陽氣欲出하야 陽尙強而髕演於下며 卯者는 冒也니 萬物이 冒地而出이며 辰은 伸也니 物皆舒伸而出이니라.

子는 孶孕(아이를 姙胎함)이니 陽氣가 비로소 싹트게 됨을 일컫는 것이요 丑은 屈紐(屈伏되고 從屬됨)의 뜻이니 寒氣가 스스로 屈伏하기 始作한 것이요 寅은 종지뼈와 같이 陽氣가 튀어나오려는 形態를 뜻한 것이니 萬物이 강하게 活動하려는 春初에 該當한다.

卯는 冒行한다는 뜻이 있으니 萬物이 땅위로 出上하려는 行爲인 것이요 辰은 氣概를 펴는 氣像이니 모든 것이 舒伸하여 마지않는 發展氣像을 뜻한다.

巳는 己也이니 陽氣畢布而己矣며 午는 忤也이니 陽氣가 다 베풀어 마쳤음을 뜻하며 午는 거스림이니 陰陽이 交際함에 서로 놀라서 미워한다는 뜻이요 未는 昧也이니 日中하면 기울어지는 바 陽이 幽谷에 빠지기 始作한 때문이다. 申은 萬物이 이미 그 體性을 完成하였음을 만한다. 酉는 成就하였음이니 萬物이 그 目的과 結果를 成就한 것이요 戌은 萬物이 滅盡한 것이며 亥는 堅固한 씨앗과 같은 것이니 萬物이 깊이 收藏된 것을 뜻한다.

故로 晉志에 日萬物之體가 皆成也며 酉는 就也니 萬物成熟이며 戌은 滅也니 萬物滅盡이며 亥는 核也니 萬物 收藏이니 皆堅核也니라.

相愕而忤也며 未는 昧也니 日中則昃이라 陽向幽也며 申은

第十一論 十二支生肖(地支의 動物比喩)

子鼠丑牛寅虎卯兎辰龍巳蛇午馬未羊申猴酉鷄戌犬亥猪

「講」七修纂에 記述한 바에 依하면 仁和郞漢云에 「地支를 動物에 配屬하는데 있어 陰陽의 區別을 明確하게 할 것인 바 어찌 十二種(十二地支)에 配對한 쥐, 소, 범, 토끼, 용, 뱀, 말, 양, 원숭이, 닭, 개, 도야지)에 그치겠느냐? 一切 萬物에 該當하는 原理이다」라고 하였다. 慣習的이고 代表的으로 對用되어 온 十二種 陰陽二物을 列擧해 보고저 한다.

子(쥐)는 陽에 屬한다고 하지만 上四刻(古代의 一時間은 現在의 二時間인데 一時間 은 八刻이다)은 前夜의 陰이요 下四刻은 今日의 陽이다. 十二支는 地支로서 下位에 있는 바 動物의 足爪手(발과 발꼬락)를 取하여 陰陽을 分別한 古人의 傳言에 따라 紹介하면 쥐의 前四足爪手는 前夜의 上四刻을 뜻하는 바 陰이요 後足

五爪象은 今日의 下四刻을 뜻하는 바 陽이 된다. 周易繫辭傳에 依하면 陰數는 偶數이고 陽數는 奇數이니 쥐의 앞발의 네발가락은 四數이니 偶數요 陰이며 뒷발의 五발가락은 奇數이니 陽을 뜻한다.

丑은 陰牛에 屬하니 발굽이 兩分(偶數)되었고 寅은 陽虎이니 발굽이 五(奇數)이며 卯는 陰兎이니 발가락이 四이며 辰은 陽에 屬하니 龍이 되는 바 발가락이 五가 있으며 巳는 陰蛇에 屬하니 혀가 兩分되었기 때문이다.

午는 陽馬에 屬하는데 발굽이 하나로 둥글고 未는 陰羊에 屬하니 발굽이 兩分된 때문이요 申은 陽猴(원숭이)에 屬하니 五爪가 있고 酉는 陰鷄에 屬하는 바 발가락이 넷이며 戌은 陽狗(개)에 該當하는 바 발가락은 五이고 亥는 陰猪(도야지)에 該當하니 발굽이 二爪인 것이다.

例示에서 보는 바와 같이 陽物은 奇數의 原理에 該當하고 陰物은 偶數의 原理에 符合되고 있다. 또 子는 一陽이 始生된다 하지만 陰이 極하므로 陽生된 것으로서 陰極의 位이니 潛在하고 隱隱하게 晦藏되어 있는 一陽이 始生된다 하지만 陰物은 奇數의 原理에 該當하고 陰物은 偶數의 原理에 符合되고 있다. 또 子는 陰의 性質이니 쥐로써 表示한 것이다. 쥐는 藏物(숨어서 땅속과 밤에 사는 짐승)인 때문이다. 또 午는 陽極이 되어 顯明히 나타나고 剛健한 性格이므로 馬에 配對한 것이다. 말은 輕快하고 速走하는 陽物인 때문이다.

第十二論 六十花甲子納音

夫甲子者는 始成於大撓氏하고 納音成之於鬼谷子며 象成於東方曼倩子라 時에 曼倩子, 旣成其象하니 因號曰花甲이니라.

縱 또는 連衡의 說을 主張하며 王家를 遊說하던 經世의 謀士〉의 祖宗으로 命理學의 大宗이었으며 籤秦 張儀

돌이켜 보건대 六十甲子는 大撓氏께서 비로소 이루었고 納音은 鬼谷子(支那의 戰國時代에 있던 縱橫家〈合

를 가르치던 學者에 依하여 成立되었으며 象은 東方 曼倩子(前漢 때의 사람으로 武帝 時에 金禹門侍中을 지냈고 諸謔과 辯舌에 能한 仙士로서 世稱 東方朔의 字이다)가 지은 것이다.

曼倩子가 이미 象을 作成하였으므로 花甲이라 하였던 것이다.

然이나 甲子者는 自子至亥로 十二宮이 各有金木水火土之屬이니 始起於子에 是一陽이요 終於亥에 爲六陰이니 其五行所屬을 但加入之世事에 何以謂之世事요 大率五行金木水火土가 在天爲五星하고 於地爲五嶽이며 於德爲五常이요 於人爲五藏이니 其爲命也요 爲五行이니라.

그러나 六十甲子는 子로부터 亥에 이르기까지 十二宮이 全部 金木水火土五行에 歸屬되지 않음을 수 없다. 또 子에서 一陽이 일어나고 亥에서 六陰이 마치는 바 五行所屬을 사람의 世事에 配屬한 것이 甲子인데 그 世事란 어떤 것인가? 金木水火土五行이 하늘에서는 五星이 되고 地에서는 五嶽(山嶽)이 되며 德에서는 五常(仁義禮智信)이 되며 人體에서는 五藏이 되니 모든 것은 五行에 依하지 않는 것이 없는 바 命數 또한 五行이다.

是故로 甲子之屬이 乃應之於命이니 命則一世之事라 故로 甲子納音象之에 時聖人喩之며 亦如人一世之事體也로다 一世事者는 宜聖所謂三十而立하고 四十而不惑이요 五十而知天命이요 六十而耳順이며 七十而從心所欲이니 其甲子之象을 自子而至於亥로 其理灼然而可見矣니라.

그러므로 甲子 乙丑 等이 곧 命과 納音과 象은 다 先聖과 先賢이 人事와 命運에 比喩한 그것이다. 世事란 또 다름아닌 孔夫子께서 說하신 바의 「三十에 뜻을 세우고 (理想) 四十에 不惑(人生觀確立)하고 五十에 天命을 알고 (人格成熟) 六十에는 모든 理致

를 通達하며 (人格이 完全히 具顯됨) 七十에는 天理에 順하여 하고 싶은대로 할 수 있다 (客觀과 主觀의 世界를 統合하여 絶對無我의 境地에 到達하므로 人格과 그 以上의 것이 完成됨)」고 하신 말씀과도 같은 原理이다. 따라서 世事에는 子로부터 亥에 이르기까지의 理致가 灼然明確하게 나타나고 있음을 알게 될 것이다.

라 但只 該此 十二位하야 先後灼然하면 可見於六十甲子에 可以次弟를 而知也니라.

且如子丑二位者는 陰陽始孕이니 人在胞胎요 物藏根核하야 未有涯際也며 寅卯二位者는 陰陽漸闢이니 人漸生長이요 物以拆甲하야 羣葩漸剖하야 如人將有立身也며 辰巳二位는 陰陽氣盛이니 物當華秀요 人至三四十而有立身也라 辰巳取之象이며 午未二位者는 陰陽彰露하니 物色成齊요 人至五六十하야 當貴貧賤可知하야 凡百興衰可見矣며 申酉二位者는 陰陽顧殺이니 物己龜縮하야 人己細縮하야 各得其歸矣며 戌亥二位者는 陰陽閉塞이니 物氣歸根이요 人當休息하야 各者歸着也니이다.

子丑은 陰陽이 비로소 孕胎된 것이니 사람이 母胎속에 入胞됨과 같고 植物에 있어서는 뿌리와 씨앗에 生起가 돌았음과 같으니 出生되어 나타난 것은 없다. 寅卯는 陰陽이 漸次 열리는 것이니 사람이 次次 자라고 成長되는 것이요 萬物이 걸의 껍질을 터뜨리고 싹이 튀어 나옴과 같다. 곧 立春의 바람이 나무 마디와 껍질 속을 파고 들어가서 깨개어 주면 싹은 터져 나옴과 같다. 또한 사람이 將次 立身하려 함과 比較된다.

辰巳二位는 陰陽의 氣運이 盛한바 萬物이 華昌하고 秀麗한 狀態이며 사람이 三十歲 四十歲의 壯年期에 到達한 것 같다. 午未는 陰陽이 彰彰하여 發露된 것이니 萬物이 그 形態와 容色을 完全히 成取한 것이다. 사람이 五六十의 人格成熟期에 突入한 것과 같다. 따라서 富貴貧賤을 볼 수 있고 結實의 與否도 決定될 段階이다. 申酉는 陰陽의 氣運이 蕭殺함을 뜻하니 (第四課와 第九課 參照) 萬物은 이미 成收되었고 사람 또한 衰退期에 該當하므로 靜虛하고 消極的인 것이다. 戌亥二位는 陰陽이 廢衰하는 時期이니 이때는 萬物의 氣運이 이미

根底에 歸屬하였고 사람은 應當 休息하고 歸宿할 時期인 바 本原에 돌아 감을 뜻한다. 위에서 살핀 바와 같이 地支의 十二位가 가지는 意義는 天體의 運行(節候)과 萬物의 生成衰滅하는 展開過程을 그 先後가 明若灼然하게 說明해 주는데 此義를 分明하게 把握하는 일은 곧 六十甲子의 次弟를 正確하게 理解하는 課題가 된다.

「講」 納音은 本來에는 六十甲子의 音을 五行音(宮商角徵(치)羽)에 配對하여 얻은 五行이나 그 次弟와 原理는 前述한 바와 같이 大宇宙의 展開過程을 說明한데 있다. 또 그것은 곧 五行의 數理에 依하여 推算되는 바이다.

理愚歌에 「五行眞假少人知 知時須泄天機가 是也라 俗以甲子作海中金이 婁景之前이나 未知金在海中之論이로다」하였으니 「五行의 眞假를 아는 사람이 적은 바 天時를 아는 일이 그것이요 天機를 아는 일이 또한 그것이다. 흔히들 甲子 乙丑 海中金이라고 하지만 어떤 原理에 依하여 海中金이라고 하게 된 것인가에 對해서는 잘 알지 못한다는 것이다」라고 하였다.

여기서 五行眞假라고 함은 納音五行을 일컫는다. 周易繫辭傳에는 天地의 生數가 一二三四五이고 成數는 六七八九十이니 그 總合인 天地의 大衍數를 五十이라 하였고 太極의 不動하는 뜻을 表하는 一數를 除하면 그 用數는 四十九數라고 하였다. 이 天地의 大衍數인 四十九數를 六十花甲子의 五行數에 適用한 것이 納音五行 이다.

六十花甲子의 五行數란 다름아닌 陰陽調和에 依해 萬物이 生成해 나가는 次弟를 數字와 五行으로 表示한 것을 말한다. 또 그것은 現實上으로는 一年을 標準으로 하는 境遇 冬至에 一陽이 老成하는 申位까지를 陰陽配合의 分界點으로 하여 觀察하는 原理이기도 하다. 다시 如斯한 原理는 一日을 標準으로 하여 適用하는 境遇에도 同一하다. 곧 새벽 零時가 子時에서 始作되는 陽生位이므로 一年의 冬至에 該當하는 것이다. 이와 같

34

이 自然現狀의 모든 것에 適用됨은 勿論 人間社會의 文化的인 歷史的인 것도、國家社會의 成長適程과 興亡秘事에 關한 것도、個人의 富貴貧賤과 榮枯盛衰의 運命에 關한 것 等이 다 五行의 推理로부터 把握되는 것이다。人間의 一般的 思考方法은 그 標準이 錯覺과 慾望으로 因해 過大 或은 過少한 概念들에 依據하게 되는 때문에 客觀的인 運命把握이 不可能하게 되는 것이다。

本課에서 取扱하는 納音五行은 十干 十二支의 五行의 數值로 陽布의 展開次弟와 六甲五行에 實用된 것임을 말해 두고자 한다。如斯한 原理로 算出된 干支의 數値는 左表와 같다。

干支合冲數值表

甲己子午	乙庚丑未	丙辛寅申
九	八	七
丁壬卯酉	戊癸辰戌	巳亥
六	五	四

(第九表)

또 五行의 生成된 次弟를 따라 先天的으로 決定된 五行의 元來의 數는 弟一課 五行所生說에서 言及된 바와 같다。六七八九十의 成數는 水火木金의 生數가 生數의 完數이며 中宮의 土位數인 五數와 合하여 後生한 數를 만한다。곧 水의 一數가 中宮의 土數인 五와 合하여 六數가 되므로 水의 後成數는 六數가 되었으며 이로써 水는 陰陽의 一位와 二數를 얻었으니 陰陽의 調合을 成取한 것이다。即 一數는 奇數이므로 陽水의 數가 되고 六數는 陰水의 數가 되는 것이다。

火數의 境遇도 同一한 原理에서 二七數가 生한 것인 바 生數인 火의 二數는 陰火가 되고 그 成數인 七數는 奇數이므로 陽火가 되는 것이다。水數의 境遇 生數가 陽位이고 成數가 陰位였는데 火數는 어찌하여 反對로 生數가 陰位이고 成數가 陽位로 되었는가? 水가 陰性이고 火는 陽性이니 그 生數가 水陰 陽火가 可하지 않으냐고 疑心될 줄로 믿는다。그러나 宇宙萬象의 起始는 第一課에서 仔細히 薦明된 바와 같이 第一次序가 水位에 該當하게 되고 또 五行은 各其 陰陽을 스스로 具備하고 있는 것이어서 陰性인 水라 할지라도 陽水가 있고 陽性인 火라도 陰火가 있음은 매우 當然한 일이라 할 것이다. 그러므로 먼저 陽水가 一數가 되니 五行의 起始次第上 火는 二數가 되고 陰火가 되었음도 또한 一陰一陽의 調和原理에 비추어 至當한 理致인 것이다. 五行의 陰陽數理關係는 五行學의 가장 根本的인 原理를 把握하는 課題가 되거니와 河圖 洛書에 對한 硏究가 隨伴되어야 하므로 이는 易經의 分野에 屬한다. 이에 對한 專門的인 硏究가 必要한 分은 易經大講과 卜筮正宗精解(旣刊)의 河圖洛書條를 參照하기 바란다.

五行生成數理表

生 數					成 數				
水	火	木	金	土	水	火	木	金	土
一	二	三	四	五	六	七	八	九	十

(第十表)

甲子乙丑海中金의 理論을 前記의 第九表와 第十表에 依해 算出하면 如下하다. 甲子乙丑의 總數는 九表에 依해 三十四字가 되는 바 天地大衍數인 四十九數에서 減하면 十五數가 남는데 生數의 滿數인 五數로 除하면 五가 남는다. 五數는 第十表에 依하면 土인데 甲子乙丑이 合하여 生成되는 것은 五數인 土가 生한 것이므로 金이 된다. 또 子丑은 前述한 바와 같이 方位上으로 北方을 뜻하며 北方은 깊은 물이므로 海中에 있는 金이 된 것이다.

五行眞假少人知란 大衍數인 四九數에서 干支數를 減하고 除하여 五行數를 얻게 되는 納音五行의 原理를 모른다는 뜻이다. 知時須是泄天機에 關한 頌歌에 말하기를 「六旬甲子의 原理는 少數人에게 傳來되어 왔던바 무릇 萬物은 天地에 依해서 生育되고 四季節에 依해 運營(生活을 營爲하는 것)되는데 此理를 아는 것이 곧 知時天(時를 解得)하는 것이라」고 하였다.

易經에 「艮은 萬物의 始이고 坤은 萬物의 終이니라」하였으니 이는 春節(易의 艮卦는 東方 春節을 뜻한다)은 萬物이 始生되고 秋節(坤卦는 南西方 秋節을 뜻한다)은 萬物이 끝마치는 時期라는 뜻이다.

곧 春節은 萬物이 陽氣를 받고 生氣를 얻어 滋育榮生하는 처음이 되는 바 易卦의 配屬으로는 艮卦이지만 六十甲子의 配屬으로는 甲이 天의 首位이고 子가 地의 首位이므로 甲子에서 一陽이 復生하고 春氣가 來臨되는 것이다. 따라서 甲子에서 壬申에 이르면 九數가 되니 陽의 滿數이고 老陽의 數인데(十數가 天地數의 滿數인데 이는 陰數이고 九數는 奇數로 陽數의 滿數이니 老陽이라 한다) 甲은 己와 合하고 子는 午火를 冲來하여(地支가 그 極對位를 冲合함은 子에서 一陽이 始生되고 未에서 그 陽이 極하는 同時에 一陰이 始하는 陽의 生初와 旺極을 取한 때문이다) 甲巳子午는 同數體가 된 것이다.

또 乙丑은 陽의 滿數인 壬申까지가 八位에 該當하고 丑의 對極位는 未이니 丑未相冲合하고 乙庚合하므로 乙庚丑未는 八이 된 것이요 丙寅에서 壬申까지는 七數에 該當하는데 丙辛合하고 寅은 申을 冲來하므로 丙寅申은 七이 되었으며 丁卯에서 壬申까지는 六數이고 壬은 合丁하고 卯는 冲酉하므로 丁壬卯酉는 六이 된 것이다.

戊辰에서 壬申은 五數인데 戊癸相合하고 戊辰相冲이므로 戊癸辰戌은 五이며 己巳에서 壬申까지는 四數이니 巳亥相冲인 故로 巳亥는 四數가 된 것이다. 賦에 「眞實로 探究하면 人間의 諸般問題의 萬가지 端緒가 바야흐로 解結될 것이다」라고 하였으니 天時를 알고 天機를 헤아리는 일이 바로 그것이다.

丙寅丁卯의 合數는 二十六數인데 大衍數인 四十九數에서 二十六을 減하면 殘餘數 二十三이 된다. 二十三을 五로 除하면 三이 남는다. 三은 木이니 木은 火를 生하므로 丙寅丁卯는 火이다.

戊辰 己巳는 二十三이요 減한 餘數는 二十六이다. 五를 除하여 一이 남고 一은 水이며 水는 能生木하므로

37

戊辰己巳 大林木이라고 한 것이다. 爐中火와 大林木 等이 되는 理由는 以下에 하나 하나 取扱하기로 한다. 그에 앞서 以下에 早見表를 보이면 第十一表와 같다. 納音空亡은 一旬(一甲에서 다음의 甲順에 이르는 十甲)의 納音五行中 缺如된 納音五行을 말하고 空亡은 本編 第四二課를 參照하라.

花甲子早見表

納音	旬一	旬二	旬三	旬四	旬五	旬六
納音	甲子乙丑海中金	甲戌乙亥山頭火	甲申乙酉井泉水	甲午乙未沙中金	甲辰乙巳覆燈火	甲寅乙卯大溪水
納音	丙寅丁卯爐中火	丙子丁丑澗下水	丙戌丁亥屋上土	丙申丁酉山下火	丙午丁未天河水	丙辰丁巳沙中土
納音	戊辰己巳大林木	戊寅己卯城頭土	戊子己丑霹靂火	戊戌己亥平地木	戊申己酉大驛土	戊午己未天上火
納音	庚午辛未路傍土	庚辰辛巳白蠟金	庚寅辛卯松栢木	庚子辛丑壁上土	庚戌辛亥釵釧金	庚申辛酉柘榴木
納音	壬申癸酉劍鋒金	壬午癸未楊柳木	壬辰癸巳長流水	壬寅癸卯金泊金	壬子癸丑桑柘木	壬戌癸亥大海水
空亡	戌亥	申酉	午未	辰巳	寅卯	子丑
納音空亡	水	無	金	水	無	金

(第十一表)

甲子乙丑 海中金

「講」 前述한 바와 같이 子는 水에 屬하고 또 湖水가 되고 水旺地가 된다. 金은 子에 死하고 丑에 墓가 되므로 水는 旺하고 金氣는 死葬된 것이다. 따라서 水旺한 海中에 죽은 金이 가라앉아서 葬墓되어 있는 象으로

取한 것이다. 死墓 等의 述語에 對해서는 以下에 說明될 것이므로 順序가 飜覆된 感이 없지 않다. 本課에서는 序論과 大意를 說明하는데 그치고 仔細한 原理의 解明은 第二, 三編에서 取扱되는 것이 叙述體系上 合當할 것이지만 二重의 虛費를 避하기 爲하여 同時에 說明함으로써 初學者에게 難解한 點이 있게된 데 對하여는 諒解를 求하고저 한다.

丙寅丁卯 爐中火

「講」 子에서 一陽이 始生되므로 丑은 二陽에 該當하고 寅은 三陽이 되며 卯는 四陽이 된다. 또 丙丁火는 이미 뿌리가 튼튼한데 寅卯의 木氣가 火를 生해 줌에 天地가 바야흐로 開闢되는 春節이므로 丙丁火가 旺盛하다. 天地가 따뜻해지는 봄철이 陽氣를 도와주므로 萬物이 始生하는 때이니 爐中火가 된다.

戊辰己巳 大林木

「講」 辰은 原野가 되고 巳는 六陽이 되니 木이 六陽에 이르러 枝葉이 茂盛榮昌하게 된다. 따라서 平野의 衆木인데 大林木은 原野에 있는 것이므로 木林木이 된 것이다.

庚午辛未 路傍土

「講」 未中의 木이 午中의 旺火를 生하니 火가 旺한則 土가 自然히 受生하게 된다. 그리하여 未上는 스스로 旺하게 되므로 路傍土라고 한 것이다.

壬申癸酉 劍鋒金

「講」 申酉는 西方金地의 正位이니 庚辛金이 申酉地支를 만나면 帝旺의 位가 되므로 金旺地에서 旺盛하게

生助해 주고 있다. 따라서 納音으로 얻은 金은 至極히 剛한 것은 칼날 끝보다 더한 것이 없으므로 劍鋒金이라고 한 것이다.

甲戌乙亥 山頭火

「講」 戌亥는 天門이 되는데 火가 天門을 照光하니 그 光明은 至高한 바 있다. 또 戌亥는 날이 저물어서 落日하는 하늘(西쪽 山머리)이 되니 斜陽의 餘光이 빛날 뿐이므로 山頭火라고 한 것이다. 戌亥는 西方의 天門인 때문이다.

丙子丁丑 潤下水

「講」 子에서 水가 旺하나 丑에서 衰하므로 江河는 될 수 없다. 그러므로 潤河水라 한 것이다.

戊寅己卯 城頭土

「講」 天干에는 戊己土가 있고 寅은 艮山이니 土가 쌓이면 山이 되므로 城頭土라 하였다.

庚辰辛巳 白蠟金

「講」 金은 辰에서 養되고 巳에서 生되니 그 形質이 생긴지가 얼마 되지 않으므로 堅利하지 못하다. 그러므로 白蠟金(납과 주석과의 合金)이라 하였다. 納音이 金이 된다.

壬午癸未 楊柳木

「講」 木은 午에 死하고 未에 墓되므로 木氣는 이미 死葬되었다. 비록 天干에 壬癸水가 生하여주나 柔木에

不過하다. 그러므로 楊柳木이라 하였다.

甲申乙酉 泉中水

「講」 金의 健旺은 申에 있으며 帝旺이 酉에 있으므로 金이 生旺되고 있다. 물이 바야흐로 生出되려는 節氣이나 아직 旺供할 때는 아니므로 井泉水이다.

丙戌丁亥 屋上土

「講」 丙丁이 火에 屬하는데 戌亥가 天門이 되어 火氣가 炎上하고 있다. 下位에서 生하는 것이 아니므로 屋上土라고 하였다.

戊子己丑 霹靂火

「講」 丑은 土에 屬하고 子는 水에 屬하니 水가 正位에 있음이요 納音이 火이므로 水中의 火는 龍神(電光을 뜻함)이 아니고서는 없는 것이므로 霹靂火라고 한 것이다.

庚寅辛卯 松栢木

「講」 木은 寅에서 祿官되고 卯에서 帝旺되며 木이 이미 生旺하므로 柔弱하다 할 수 없다. 따라서 堅壽하는 松栢木이 된다.

壬辰癸巳 長流水

「講」 辰은 木庫가 되며 巳는 金의 長生地인 바 金은 生水하는 것이니 水氣는 旺盛하다. 水의 源泉이 말를 念慮가 없으므로 長流水라 한 것이다.

甲午乙未 沙中金

「講」 午는 火旺地이고 未는 火養地인데 金은 午位에 敗地를 만나는 한편 未에서 冠帶하게 되어 冠帶와 敗를 同時에 帶同하였으므로 作筏할 수가 없기 때문에 沙中金이라고 하였다.

丙申丁酉 山下火

「講」 申은 地의 門戶가 되고 酉는 日入의 門이 되니 太陽이 이때에는 日光을 감추게 되는 바 山下火라 하였다.

戊戌己亥 平地木

「講」 戌이 原野이고 亥는 木의 長生地인 바 木은 原野에서 生盛되는 것이므로 한 두 나무가 아니다. 森林地帶란 뜻으로 平地木이라고 하였다.

庚子辛丑 壁上土

「講」 丑이 비록 土位이나 子는 水旺地이다. 따라서 土가 물을 많이 만났다는 象이 되므로 泥土이니 壁上의 흙이 되는 것이다.

壬寅癸卯 金箔金

「講」 寅卯는 木旺地인데 木旺하면 金은 弱勢로서 남아 있게 될 것이다. 또 金은 寅에서 絕하고 卯에서 胞胎하므로 金氣는 이미 薄弱無力한 때문에 얇게 金을 펴서 만든 金箔의 金이 된다.

甲辰乙巳 覆燈火

「講」 辰은 時間으로 朝飯 때이고 巳는 한낮(日中)이 되기 直前이며 辰巳는 또 艶陽(晚春三四月)의 節勢이므로 天下를 下光하는 氣象이니 覆燈火로 取象한 것이다.

丙午丁未 天河水

「講」 丙丁이 火에 屬하고 午는 火旺地이나 納音으로는 水가 되니 水가 火로부터 生出한 格이므로 銀河가 아니고서는 求할 수가 없다.

戊申己酉 大驛土

「講」 申은 坤이 되고 坤은 다시 땅이 되며 酉는 兌卦이고 兌卦는 澤이 되는데 戊己土가 坤澤의 上에 있으니 浮沉한 土이므로 大驛土라 한 것이다. 前述한바 戊申 己酉의 納音을 求하면 土이다.

庚戌辛亥 釵釧金

「講」 金이 戌에서 衰하고 亥에서 病이 되니 金이 이에 衰病하여 柔弱하게 되었으므로 釵釧(비녀와 팔찌)金이다.

壬子癸丑 桑柘木

「講」 子는 水에 屬하고 丑은 金(丑中 辛金이 있다)에 屬하니 水方에서 生木하는데 金이 伐傷하는 格이다. 그러므로 桑柘(산뽕나무)가 生함에 사람들이 伐殺함과 같다.

甲寅乙卯 大溪水

「講」 寅은 東方의 氣運이 旺盛하려는 維方(구퉁이)이요 卯는 正東이니 물이 正東으로 흐른다. 나라서 그

43

丙辰丁巳 沙中土

「講」 丙丁火가 辰에 冠帶가 되고 巳에 官旺이 되니 火旺土弱하므로 沙中土가 된다. 火旺에 水가 庫絕되어 土가 燥渴이 甚한 때문이다.

戊午己未 天上火

「講」 午는 火旺地이고 未中의 木이 다시 火를 生하여 주니 火性이 炎上하여 마지 않는 故로 天上火이다.

庚申辛酉 石榴木

「講」 申은 七月이 되고 酉는 八月이 되는데 이때의 木은 絕傷하게 된다. 오직 石榴는 이때에 秋果가 成實하므로 石榴木이다. 金多한 則 水를 生하고 水旺하면 木生한다. 따라서 石榴木이 金節에 依據하여 生하므로 成實하는 것이다.

壬戌癸亥 大海水

「講」 水는 戌에 冠帶가 되고 亥水에 官이 되니 水氣는 厚旺한 바가 있다. 또 亥는 江水에 比喩되는데 江水가 大集되면 大海가 되므로 大海水라 하는 것이다.

六十花甲子納音生旺衰絕表

	生	浴	帶	官	旺	衰	病	死	葬	絕	胎	養
木	己亥	壬子	癸丑	甲寅	乙卯	戊辰	己巳	壬午	癸未	甲申	乙酉	戊戌
火	丙寅	丁卯	甲辰	乙巳	戊午	己未	丙申	丁酉	甲戌	乙亥	戊子	己丑
土	戊寅	己卯	丙辰	丁巳	戊午	己未	庚申	辛酉	壬戌	癸亥	丙子	丁丑
土	戊申	己酉	丙戌	丁亥	庚子	辛丑	壬寅	癸卯	庚辰	辛巳	庚午	辛未
金	辛巳	甲午	乙未	壬申	癸酉	庚戌	辛亥	甲子	乙丑	壬寅	癸卯	庚辰
水	甲申	乙酉	壬戌	癸亥	丙子	丁丑	甲寅	乙卯	壬辰	癸巳	丙午	丁未

(第十二表)

本表에서 보는 生敗等은 天干이 地支를 만났을 때에 일어나는 干支五行間의 相生相剋關係를 十二種으로 分類하여 그 差異를 說明한 것인 바 次論 第十三課에서 仔細히 說明하였으니 參考하기를 바란다. 此項에서는 納音의 十二運이 命에 미치는 影響만을 說明하고저 한다.

己亥日生은 第十一表에 依하면 戊戌己亥는 平地木인데 次論 또는 十四表와 十五表에 依하면 木은 亥에서 長生되는 것이므로 納音으로 生한 五行이 長生되는 곳을 納音生이라 하고 丙辰日生이면 丙辰丁巳는 沙中土며 土는 戌에서 墓가 되는 것이므로 納音이 墓인바 次論 十三課를 理解한 後에 本論의 原理를 硏究하기 바란다.

以下에 納音에 關한 作用을 說明해 두고자 한다.

生……(例…己亥日生) 敏速明朗하며 進取性이 있다.

納音五行의 旺衰를 論할때는 土를 水와 同行視하나 亦是 火土同行의 法을 兼用하여 觀察함이 必要하다.

沐浴……(例…壬子日生) 輕動多敗하며 龍頭蛇尾格이고 好色的 傾向이 있다.

帶……(例…癸丑日生) 智見과 活動力이 優秀한 指導者格이며 外柔內剛의 傾向이다.

官……(例…庚寅日生) 溫厚寬大하고 人情과 明朗性이 있어서 尊敬을 받는다.

旺……(例…辛卯日生) 自信力과 實踐力이 旺成하며 自尊心이 강하다.

衰……(例…戊辰日生) 穩和하고 自重한다.

病……(例…己巳日生) 和平靜肅하며 守分守義하고 同情心이 있으나 嫉妬心이 있다.

死……(例…壬午日生) 智慧聰明하며 多情柔順하나 神經系疾患이 있고 學藝를 좋아한다.

墓……(例…癸未日生) 儉素各嗇하여 蓄積하며 實利主義者인 同時에 圓滿主義者이다.

絕……(例…庚申日生) 絕은 生하는 運을 만나면 絕處逢生이니 發展한다. 陰性이고 注意力이 不足하며 短氣하다.

胎……(例…辛酉日生) 慈悲心이 있고 順應泰無의 性品이 있고 義俠心이 있다.

養……(例…戊戌日生) 圓滿利他의 사람이며 上敬下憐하는 性品의 所有者이다.

納音五行은 반드시 生日만을 爲主로 觀察하는 것은 아니고 生月과 生年과 生日에 適用함이 옳다. 따라서 以下에서 說明될 日干身主를 補弱할 수도 있고 剋制할 수도 있는 것이므로 參考함이 좋다. 곧 四柱의 五行이 木氣가 不足할 境遇 納音五行의 木이 있으면 元命의 木氣를 生助해 주는 것이므로 吉하다. 또 地支가 刑冲破害되거나 惡殺이 있어도 納音五行이 相互相生해 주면 凶變化吉한다.

第十三論 天干生旺死絕

甲木生亥 沐浴在子 冠帶在丑 建祿在寅 帝旺在卯 衰在辰 病在巳 死在午 墓在未 絕在申 胎在酉 養在戌

乙木生午　沐浴在巳　冠帶在辰　建祿在卯　帝旺在寅　衰在丑　病在子　死在亥　墓在戌　絕在酉　胎在申　養在未
丙火生寅　沐浴在卯　冠帶在辰　建祿在巳　帝旺在午　衰在未　病在申　死在酉　墓在戌　絕在亥　胎在子　養在丑
戊土生寅　沐浴在卯　冠帶在辰　建祿在巳　帝旺在午　衰在未　病在申　死在酉　墓在戌　絕在亥　胎在子　養在丑
丁火生酉　沐浴在申　冠帶在未　建祿在午　帝旺在巳　衰在辰　病在卯　死在寅　墓在丑　絕在子　胎在亥　養在戌
己土生酉　沐浴在申　冠帶在未　建祿在午　帝旺在巳　衰在辰　病在卯　死在寅　墓在丑　絕在子　胎在亥　養在戌
庚金生巳　沐浴在午　冠帶在未　建祿在申　帝旺在酉　衰在戌　病在亥　死在子　墓在丑　絕在寅　胎在卯　養在辰
辛金生子　沐浴在亥　冠帶在戌　建祿在酉　帝旺在申　衰在未　病在午　死在巳　墓在辰　絕在卯　胎在寅　養在丑
壬水生申　沐浴在酉　冠帶在戌　建祿在亥　帝旺在子　衰在丑　病在寅　死在卯　墓在辰　絕在巳　胎在午　養在未
癸水生卯　沐浴在寅　冠帶在丑　建祿在子　帝旺在亥　衰在戌　病在酉　死在申　墓在未　絕在午　胎在巳　養在辰

「講」 十干이 十二地支를 相逢함에 있어 地支의 五氣(五行)가 十干을 補佐해 주면 生氣를 얻는 것이며 洩剋해 오면 死絕되는 것이다. 예컨대 甲木이 亥水와 만나면 亥水는 木을 助生해 주는 바 長生이라 한다. 곧 長生은 萬物이 發生함을 뜻하는 것으로 사람이 父母의 精血을 받은 後 十月이 되어 出生하는 것과 같다.

沐浴은 萬物이 生初에 地正하고 天弱함을 뜻하는 것으로 사람이 出產되어 母體의 穢物을 씻는 것과 같으니 吉하다고 할 수 없는 것이며 冠帶는 萬物이 長成하고 道가 運用됨을 뜻하는 것으로서 사람이 成熟하면 修學을 하고 衣冠을 整帶한 後 祖上에 祭祀하며 父母와 國家社會를 爲하여 비로소 活動하려는 二十代 青年期와 같다.

官은 一名이 建祿이니 萬物의 盛狀을 뜻하는 것으로서 사람이 社會와 國家에서 基礎的인 舞臺와 功勞를 確立하고 智謀 또한 能熟해지므로 人生의 三十代內外 四十代初期에 比較될 수 있다. 그러나 運은 반드시 年齡의 增加와 一致하는 것이 아니고 다만 生旺衰絕等의 十二運을 人生一代의 年齡에 比較한 것이므로 어디까지나 比較에 그칠뿐임을 밝혀 두는 바이다. 따라서 運命上의 吉凶旺衰는 比較와 一致하는 것은 아니니 예컨대 或人은 帝旺의 吉運을 初年에 만나서 早達했다가 晩年엔 窮해지는 사람도 있고 或人은 初年에 困窮하나 末年에 財名이 發하는 사람도 있으니 이는 다 運路에 旺盛함을 만나는가? 衰絶함을 만나는가 하는 事實에 基因하는 境遇가 大部分이다. 그 具體的인 原理와 實際에 對하여는 後述한다.

帝旺은 萬物이 極盛하여 그 結實을 成熟하므로 性狀과 形貌가 定立되었음을 뜻한다. 사람이 國祿과 權位가 極盛하고 成實하며 精神的으로는 人格이 完成되고 堅實하여 心身이 康泰함을 뜻한다. 年齡上으로는 四十代와 五十代이다.

衰는 萬物이 老衰함을 뜻하는 것으로서 사람이 精氣가 消耗되고 心血이 散失되어 心身이 勞倦無氣해진 狀態와 같으며 病은 萬物이 시들고 生氣가 破壞되었음을 말하니 사람이 病들어 病傷됨을 뜻하며 死者는 生命力을 完全히 잃은 것이요 墓는 葬入됨이요 絶은 一生의 生死를 一週를 始作하려는 刹那에 該當하며 胎는 孕胎되고 싹이 배는 것과 같으며 養은 胎속에서 發育되는 狀態이다. 以下 第十四五表에서 早見에 便利하도록 取扱하였다. 本論의 例示는 本編 第五十課 以後에서 取扱된다.

第十四論 天干生旺死絕掌訣

寅申巳亥는 五陽長生之局이요 子午卯酉는 五陰長生之局이니라

「註」本掌訣의 用法을 理解하면 早見表는 必要없게 되는데 寅申巳亥坐에서는 五陽이 長生하고 子午卯酉坐에서는 五陰이 長生함을 먼저 알아 두기 바란다. 또 五陽(甲丙戊庚壬)은 順行하지만 五陰(乙丁己辛癸)은 逆行한다.

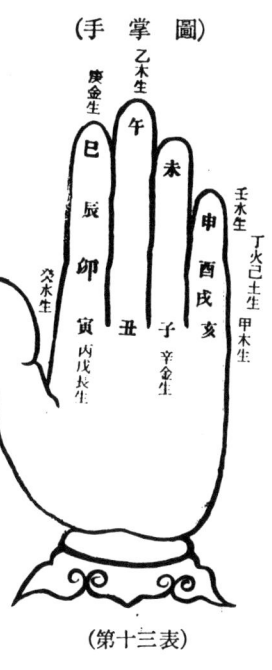

(第十三表)

甲乙木의 例를 들면 甲은 陽干이므로 順行하 니 亥坐(小指下節＝掌訣用法의 慣例上 左手의 손바닥을 利用한다)에서 長生이 始作되어 子 는 沐浴(一名敗池)이 되고 丑坐는 冠帶이고 寅 은 臨官이며 卯는 帝旺이며 辰衰이며 巳는 病이 며 午는 死며 未는 墓(葬)며 申은 絕이며 酉는 胎며 戌은 養이 된다. 乙木은 陰干이므로 逆行 하니 午位中指劣端에서 長生되어 巳에 浴이요 辰에 帶요 卯에 官(一名建祿)이요 寅에 旺이요 丑에 衰요 子는 病이요 亥에 死요 戌에 墓요 酉에 絕이요 申에 胎요 未에 養이 된다. 以下의 八干도 同一한 方法으로 推算한다.

第十五論 五行發用定例(十二運의 順逆)

長生 沐浴 冠帶 臨官 帝旺 衰 病 死 墓庫絕 胞胎 養

「講」 곧 天干生旺死絕 等의 十二運이니 前論한 第十二論을 讀破하고 掌訣法을 暗誦하며 第十三表 第十四表를 參考하기 바란다.

陰陽順逆生旺死絕之圖

巳	午	未	申
甲病 丙祿 戊祿 庚生 壬絕	甲死 丙旺 戊旺 庚浴 壬胎	甲墓 丙衰 戊衰 庚帶 壬養	甲絕 丙病 戊病 庚祿 壬生
乙浴 丁旺 己旺 辛死 癸胎	乙生 丁祿 己祿 辛病 癸絕	乙養 丁帶 己帶 辛衰 癸墓	乙胎 丁浴 己浴 辛旺 癸死

辰			酉
甲衰 丙帶 戊帶 庚養 壬墓			甲胎 丙死 戊死 庚旺 壬浴
乙帶 丁衰 己衰 辛墓 癸養			乙絕 丁生 己生 辛祿 癸病

卯			戌
甲旺 丙浴 戊浴 庚胎 壬死			甲養 丙墓 戊墓 庚衰 壬帶
乙祿 丁病 己病 辛絕 癸生			乙墓 丁養 己養 辛帶 癸病

寅	丑	子	亥
甲祿 丙生 戊生 庚病 壬絕	甲帶 丙養 戊養 庚墓 壬衰	甲浴 丙胎 戊胎 庚死 壬旺	甲生 丙絕 戊絕 庚病 壬冠
乙旺 丁死 己死 辛胎 癸浴	乙衰 丁墓 己墓 辛養 癸帶	乙病 丁絕 己絕 辛生 癸祿	乙死 丁胎 己胎 辛浴 癸旺

(第十四表)

天干生旺十二運早見表

十二運	天干	甲	乙	丙	丁	戊	己	庚	辛	壬	癸
長生		亥	午	寅	酉	寅	酉	巳	子	申	卯
沐浴		子	巳	卯	申	卯	申	午	亥	酉	寅
冠帶		丑	辰	辰	未	辰	未	未	戌	戌	丑
祿冠		寅	卯	巳	午	巳	午	申	酉	亥	子
旺		卯	寅	午	巳	午	巳	酉	申	子	亥
衰		辰	丑	未	辰	未	辰	戌	未	丑	戌
病		巳	子	申	卯	申	卯	亥	午	寅	酉
死		午	亥	酉	寅	酉	寅	子	巳	卯	申
墓		未	戌	戌	丑	戌	丑	丑	辰	辰	未
絕		申	酉	亥	子	亥	子	寅	卯	巳	午
胎		酉	申	子	亥	子	亥	卯	寅	午	巳
養		戌	未	丑	戌	丑	戌	辰	丑	未	辰

(第十五表)

四月 巳	五月 午	六月 未	七月 申
戊 五日一分半	丁 十日三分	丁 九日三分	己 七日一分半
庚 九日三分	丙 十日三分	乙 三日二分	戊 三日一分半
丙 十六日五分	己 九日三分	己 十六日六分	壬 三日一分
			庚 十七日六分

三月 辰			八月 酉
乙 九日三分		月律分野之圖	庚 十日五分
癸 六日一分			辛 二十日七分
戊 十八日六分			(丁己長生)

二月 卯			九月 戌
甲 十日五分			辛 九日三分
乙 二十日六分			丁 三日二分
(癸長生)			戊 十八日六分

正月 寅	十二月 丑	十一月 子	十月 亥
戊 七日二分	癸 九日三分	壬 十日五分	戊 七日二分
丙 七日二分	辛 三日一分	癸 二十日七分	甲 七日二分
甲 十六日二分	己 十八日六分	(辛長生)	壬 十二日五分

(第十六表)

「講」 地支에는 天干이 內包되어 있어 이것을 地藏干이라고 한다. 例하면 子中에는 壬水와 癸水가 있고 丑中에는 癸水와 辛金과 己土가 있는 것이 그것이다. 年中十二月에 十二地支를 配對하고 各月中에 交加되어 있는 五行을 藏干으로 表示하면 前示의 第八表와 같다. 例컨대 未月에는 初九日間은 丁火가 主宰하고 다음 三日間은 乙木이 主宰하며 뒤의 十六日間은 己土(未의 正氣)가 主宰한다.

本表에서 取扱된 支藏干에 對해서는 本編 第五六課와 第五七課 및 第五八表에서 詳述하기로 한다.

第十六論 天干五陽五陰通變(十神一)

尅我者가 爲正官偏官이요 生我者가 爲正印偏印이며 我尅者가 爲正財偏財요 我生者가 爲傷官食神이며 比肩者가 爲劫財敗財니라

「講」 本文에서 我라고 함은 日干(生日의 天干)을 말한다. 運命은 年柱(生年의 天干과 地支)와 月柱(生月의 天干과 地支)와 日柱(生日의 干支)와 時柱(生時의 干支)의 四柱八字로서 斷定하는 것인바 日柱가 甲午日이면 甲이 我主인 것이다.

또 五行에는 前述한 바 相生相尅이 있거니와 我身인 日主를 尅하는 者를 正官 또는 偏官이라 한다. 例컨대 甲午日이 庚申時나 丙申月을 만났다면 庚申은 金이므로 日干인 甲木을 尅한다. 따라서 庚辛申酉는 甲乙木日 干에 對하여 正官偏官이 된다. 또 甲日이 壬癸水를 보면 水生木의 原理에 依해 壬癸水는 我身인 甲木을 生해 주는 바 正印, 偏印이라고 한다. 甲日이 戊己土辰戌丑未를 만나면 正財偏財가 된다. 本文에 我尅者는 正財偏財라고 하였다. 例를 들어 壬申年 癸未月 甲子日 癸酉時生의 四柱는 如左하다.

(第五柱)
壬申
丁未
甲子
癸酉

本命은 日干이 甲이니 甲木이 我身인데 申酉는 金이므로 正官偏官이 되고 未土는 我尅者 이니 正財가 된다. 또 壬癸와 子水는 正印 偏印이 되는 것과 같다.

甲日이 丙丁 巳午를 만난 것이니 木生火하여 我生者인 바 傷官食神이 되고 甲日이 甲乙을 보면 我身과 五行이 同一하므로 比肩 刦財가 된다. 甲申年 戊午月 甲子 日 丙寅時生이 있다면 다음같이 된다.

53

(第六柱)

比肩　年干　甲申　年支　偏官
偏財　月干　戊午　月支　傷官
我主　日干　甲子　日支　印綬
食神　時干　丙寅　時支　比肩

生日柱가 甲子이므로 日干 甲은 日主이고 日支子는 日干甲을 生해 주는(水生木) 印綬이고 生月의 月干戊土는 日干甲에 剋制되는 故로(木剋土) 偏財이며 月支午火는 日干甲木이 生洩(木生火)하는 五行에 該當하므로 傷官이며 生年의 年干은 甲이니 日干甲木과 同一한 五行이므로 比肩이요 年支申은 日干甲木을 剋하는 金이므로 偏官이요 時柱의 時干丙火는 日主我가 生洩해주는 五行이니 食神이요 時支寅木은 比肩에 該當한다.

以上의 比肩 刦財 正印 偏印 正官 偏官 正財 偏財 食神 傷官은 十類이므로 十神이라 하는 바 十神은 命理研究에 重要하고 基礎的인 神殺이 되니 完全한 暗誦을 바란다.

또 十神에는 陰陽의 區別이 있고 正偏의 差異가 있으니 前例(第六柱)에서 보는 바 丙午는 同一한 火인데 日干甲木에 對하여 丙은 食神이 되고 午는 傷官이 되었으니 그것이다. 食神은 正이고 傷官은 偏인데 그 區別은 오로지 陰陽의 相異에 依한다. 곧 日干의 陰陽과 同一한 陰陽은 正이고 相異한 陰陽은 偏이니 例컨대 六柱의 境遇 甲木은 陽이고 丙이 陽이므로 食神正이요 午火는 陰이므로 傷官이 됨과 같다. 따라서 十神의 正偏을 求하는데에는 干支의 陰陽 區別이 要請되는 바이어니와 이때에는 本編 第六表를 標準할 것이요 第四表나 第十一課의 地支의 動物比喩條에 依據하지 말것이다. 仔細한 說明은 後述하기로 한다.

十神을 早見表로 보이면 第十七表 第十八表 第十九表와 같이 되는데 備考欄의 兄弟朋友等은 十神을 六親等

54

社會生活上의 對人關係에 比對한 것인바 留意해 두기 바란다.

天干五陽通變表

十神\日主	甲	丙	戊	庚	壬	備考
比肩	甲	丙	戊	庚	壬	兄弟
劫財	乙	丁	己	辛	癸	敗財尅父尅妻
食神	丙	戊	庚	壬	甲	天厨壽星爲男
傷官	丁	己	辛	癸	乙	退財耗氣子甥
偏財	戊	庚	壬	甲	丙	偏妻偏妾尅子
正財	己	辛	癸	乙	丁	正妻尅母
偏官	庚	壬	甲	丙	戊	七煞官鬼將星
正官	辛	癸	乙	丁	己	祿馬榮神尅母
偏印	壬	甲	丙	戊	庚	倒食臬神尅女
正印	癸	乙	丁	己	辛	印綬産業正人君子

(第十七表)

天干五陰通變表

十神\日主	乙	丁	己	辛	癸	備考
比肩	乙	丁	己	辛	癸	兄弟朋友
傷官	丙	戊	庚	壬	甲	小人盜氣姪
食神	丁	己	辛	癸	乙	天庫壽星子孫
正財	戊	庚	壬	甲	丙	正妻尅母
偏財	己	辛	癸	乙	丁	偏妻偏妾尅子
正官	庚	壬	甲	丙	戊	祿馬尅父母
偏官	辛	癸	乙	丁	己	七殺官鬼媒
正印	壬	甲	丙	戊	庚	印綬正母
偏印	癸	乙	丁	己	辛	倒食尅女
劫財	甲	丙	戊	庚	壬	敗財尅父尅妻

(第十八表)

干支陰陽通變十神表

日干\十神	比肩	劫財	食神	傷官	偏財	正財	偏官	正官	倒食	印綬
甲	甲寅	乙卯	丙巳	丁午	戊辰戌	己丑未	庚申	辛酉	壬亥	癸子
乙	乙卯	甲寅	丁午	丙巳	己丑未	戊辰戌	辛酉	庚申	癸子	壬亥
丙	丙巳	丁午	戊辰戌	己丑未	庚申	辛酉	壬亥	癸子	甲寅	乙卯
丁	丁午	丙巳	己丑未	戊辰戌	辛酉	庚申	癸子	壬亥	乙卯	甲寅
戊	戊辰戌	己丑未	庚申	辛酉	壬亥	癸子	甲寅	乙卯	丙巳	丁午
己	己丑未	戊辰戌	辛酉	庚申	癸子	壬亥	乙卯	甲寅	丁午	丙巳
庚	庚申	辛酉	壬亥	癸子	甲寅	乙卯	丙巳	丁午	戊辰戌	己丑未
辛	辛酉	庚申	癸子	壬亥	乙卯	甲寅	丁午	丙巳	己丑未	戊辰戌
壬	壬亥	癸子	甲寅	乙卯	丙巳	丁午	戊辰戌	己丑未	庚申	辛酉
癸	癸子	壬亥	乙卯	甲寅	丁午	丙巳	己丑未	戊辰戌	辛酉	庚申

(第十九表)

第十七論　年上起月例(月建算出法)

「講」

甲己之年丙作首요　乙庚之歲戊爲頭며　丙辛之歲尋庚上이요　丁壬位壬順行流니　若言戊癸何方發고　甲寅之上好追求하라

「甲己年이란 甲申年　己未年　己亥年　甲辰年 等이고　正月은 寅月이고　二月은 卯月이며　三月은 辰月이니

第十八表를 參照하기 바란다.

年干이 甲이나 己인 해는 첫달인 正月(寅)이 丙으로 始作되니 丙寅月 乙卯月(二月)이 되고 年干이 乙이나 庚인 해에는 正月이 戊寅月로 始作되니 二月은 己卯月이 되고 三月은 庚辰月이 된다는 것이다.

本文을 省略하여 甲己丙 乙庚戊 丙辛庚 丁壬壬 戊癸甲으로 외우거나 干合하여 얻은 五行을 生해주는 陽干으로 始作된다고 그 原理만을 解得하면 早見表는 必要없게 된다. 곧 甲己는 合하여 土가 되는데 土를 生해주는 火星의 陽干은 丙이니 丙으로부터 始作됨을 알 수 있는 예와 같다.

生月早見表

月別\年別	正月	二月	三月	四月	五月	六月	七月	八月	九月	十月	十一月	十二月
甲己	丙寅	丁卯	戊辰	己巳	庚午	辛未	壬申	癸酉	甲戌	乙亥	丙子	丁丑
乙庚	戊寅	己卯	庚辰	辛巳	壬午	癸未	甲申	乙酉	丙戌	丁亥	戊子	己丑
丙辛	庚寅	辛卯	壬辰	癸巳	甲午	乙未	丙申	丁酉	戊戌	己亥	庚子	辛丑
丁壬	壬寅	癸卯	甲辰	乙巳	丙午	丁未	戊申	己酉	庚戌	辛亥	壬子	癸丑
戊癸	甲寅	乙卯	丙辰	丁巳	戊午	己未	庚申	辛酉	壬戌	癸亥	甲子	乙丑

(第二十表)

第十八論 日上起時例(生時算出法)

甲己還加甲이요 乙庚丙作初요 丙辛從戊起요 丁壬庚子居에 戊癸何方發고 壬子是眞途로다

「講」甲己日(甲己年과 同一함)은 甲子時로부터 셈하여 乙丑時 丙寅時 等으로 追算한다。 예컨대 甲午日 申時에 出生하였으면 壬申時가 됨과 같다。

此法亦是 甲己甲 乙庚丙 丙辛戊 丁壬庚 戊癸壬으로 暗誦하거나 干合된 五行을 剋하는 陽干에서 子時가 始作된다는 原理를 把握하여 推算하면 더욱 安易하다. 곧 甲己는 合하여 土가 되니 土를 剋하는 陽干인 甲木이 子時가 되므로 甲子時가 되는 것이다. 早見表를 表示하면 第二十一表와 같이 되는 바 生時는 月建이나 日支와 같이 萬歲歷에 起載되어 있지 않으므로 반드시 스스로 算出하지 않으면 안된다.

生時早見表

日別＼時間	子時	丑時	寅時	卯時	辰時	巳時	午時	未時	申時	酉時	戌時	亥時
甲己	甲子	乙丑	丙寅	丁卯	戊辰	己巳	庚午	辛未	壬申	癸酉	甲戌	乙亥
乙庚	丙子	丁丑	戊寅	己卯	庚辰	辛巳	壬午	癸未	甲申	乙酉	丙戌	丁亥
丙辛	戊子	己丑	庚寅	辛卯	壬辰	癸巳	甲午	乙未	丙申	丁酉	戊戌	己亥
丁壬	庚子	辛丑	壬寅	癸卯	甲辰	乙巳	丙午	丁未	戊申	己酉	庚戌	辛亥
戊癸	壬子	癸丑	甲寅	乙卯	丙辰	丁巳	戊午	己未	庚申	辛酉	壬戌	癸亥

(第二十一表)

第十九論 起胎法(胎月算出法)

切法은 但從本生月하야 前四位가 是也니 其法이 如己巳月則前申이是胎라 卻數退于一位於未上이니 將生月天干己字면 換起己未에 數至庚申이라 乃是受胎之月也요 餘皆倣此니라

「講」 起胎月은 入胎月의 算出法이니 生月로부터 第四位를 基準하여 算出한다. 곧 生月이 己巳月이면 巳에서 前四位(巳午未申)인 申이 胎月이 되는데 申位로부터 一位를 後退하면 未가 됨을 記憶해 두기 바란다. 이

第二十論 起息法

取日主上하야 天干合處와 地支合處가 是也니라

「講」貴命如否를 判別코자 하면 胎息의 吉祥與否를 살피는 것이 必要하다. 例컨대 甲子日生이 天干月時에 己字가 있어서 甲己가 合하고 또 年月時의 地支에 丑字가 있어서 日支의 子字와 合하면 天干이 合한 곳이 地支이 되는 것이다. 이때에 己丑은 起息이라 하는 바 起息의 五行이 日主를 도와주면 貴命이 되고 相剋되면 貧命이 되는 것이다.

(第七柱)
辛卯
己亥
甲子
乙丑

此命은 甲子日의 甲日干이 月柱의 己土와 合하고 日支의 子字가 時支의 丑字와 合하였으니 胎息은 己丑이 된다. 己丑이 此四柱에 助扶됨이 있으면 貴命인 바 原命을 補佐하는 것

때에 生月의 天干이 己字이면 生月의 己字와 申에서 退位한 未字를 干支合한 己未로부터 一位를 進하여 生月인 申月은 庚申月이 되니 己巳月生의 入胎月은 庚辰月이 되는 것이다. 申月에서 다시 一位를 退함은 胎月의 天干을 얻고저 하는 때문임을 알기 바란다. 甲辰月生의 例를 들면 辰의 第四位는 未月이니 未月의 天干甲을 붙이면 甲午가 되므로 甲午에서 未月의 天干을 얻기 爲해서 一位를 退하면 午位가 되고 生月의 天干을 얻어 未月에 다시 進하면 甲辰月生의 胎月은 乙未月이다. 따라서 甲辰月生의 胎月은 乙未月이다. 또 乙卯月生은 午胎月인데 乙巳에서 進한 丙午月이 된다. 곧 干前一位 支前四位가 그것이다.

第二十一論 起變法

取法은 上天干合處에 時下地支合處니라

「講」 天干이 合하고 時支가 合한 것을 말하는 바 時柱가 丙寅인데 年月日天干에 辛字가 있어서 丙辛合이 되고 地支에 다시 亥字가 있으면 寅亥가 合되는 바 辛亥가 日主를 扶助하면 貴命이 되고 相剋되면 貧賤命이 된다. 四柱의 天干에 辛字가 없으면 合干支를 虛邀해 온다.

第二十二論 起通法

假如컨대 甲子年 寅時生이 卯上安命이니 取甲己之年에 丙作首起丙寅이라 即丁卯是通이니라

甲子年 寅月生이면 卯가 安命이 되는 것이니 甲己年은 正月이 丙寅月로부터 月建이 起始하는 바 丁卯와는 곧 順通하는 때문이다.

「講」 通한다함은 月中의 節氣와 相貫流通됨을 뜻하는 바 寅卯가 相通하고 辰巳가 相通이며 午未가 相通이며 辛酉가 相通이며 戌亥가 相通함이 그것이다.

四柱에 如斯한 通氣가 있으면 貴한 徵兆가 된다.

第二十三論 起玉堂天乙貴人(天乙貴人)

甲戊庚牛羊이요 乙己鼠猴鄕이요 丙丁猪鷄位요 壬癸蛇兎藏에 六辛逢馬虎니 此是貴人方이라 命中如遇此면 定作紫微郞이

「講」 甲戊庚日生(日干이 甲이나 戊이거나 庚인)은 丑未가 貴人이요 乙己日生은 子申이 貴人이요 丙丁日生은 亥酉가 貴人이고 壬癸日은 巳卯가 그것이며 六辛日生은 寅이 貴人이니 貴한 吉神이다. 命中에 貴人이 있으면 玉堂官(國政을 皇帝와 더불어 議論하고 決定하는 中央官爵이니 今日의 國會나 內閣會議에 參與할 權限이 있는 者)이 된다는 것이다.

貴人은 本來 上天의 吉神으로서 太乙星이 臨하는 자리인 바 오직 辰戌二宮에는 貴人이 臨하지 않는다. 그것은 辰戌은 魁罡이란 惡刹地가 되는 때문이다.

貴人은 百가지 災殃을 除去하는 最高의 吉神이다. 따라서 福이 厚하고 學問이 高邁하며 諸難이 스스로 물러나므로 衆人의 尊敬을 받는다. 또 天乙貴人이 旺盛하면 마음이 正大하다.

貴人은 合됨을 좋아하니 或 벼락出世도 하게 되며 貴人의 後見을 얻는다. 特히 貴人이 互換되면 富貴한다.

四柱에 貴人이 있으면 聰明知慧가 特別한 바 日干이 貴位에 있으면 一世에 淸高한다. 그 人格은 正大하고 一品의 貴를 누릴 수 있으며 合을 좋아한다.

(第八柱)

甲寅　本命에 月支인 未는 甲의 貴人이고 午는 辛의 貴人이고 寅은 또 辛의 貴人이요 酉는 丁
辛未　의 貴人이니 貴人이 滿柱하였으므로 互換이라고 한다. 命이 如此하면 格局構成을 不問하고
甲午　富貴하는 것이다.
丁酉　大運이나 小運(年運)에서 貴人을 만나면 發展하고 食神과 同住하면 衣祿豊이요 驛馬로 同住하면 威嚴과 智謀가 있으며 刦財同住면 和態俊才요 建祿同住면 好文哲學이며 華蓋同住면 大官格이다.

以下의 第十二表의 早見表를 參考하기 바라며 本第一編에서 取扱하는 內容은 大部分이 單純한 一次元的인 單式看命法이어서 四柱全體의 聯關의 連鎖關係에서 生하는 **影響**은 全혀 無視되고 있다. 따라서 本編(一卷)에서 說明하는 諸種神殺은 決定的이고 絶對的인 斷命要因이 되는 것은 아니다. 後述할 格局과 通變調候 用神大運等의 原理를 優位的이고 主導的인 斷命要因으로 삼는만큼 讀者諸位는 本編에서 取扱되는 復次的이고 從屬的인 斷命要因으로서의 神殺의 說明을 百分의 正確率을 가진 것으로 認識하지 말기를 바란다. 하나의 傾向性으로 看做될 存在이니 運命에 미치는 **影響力**은 八字의 構成과 그 調和와 通變乃至 大運의 如何를 따라서 相對的으로 作用될 따름이다. 例컨대 四柱의 八字構成이 高邁한 人格者인 境遇에는 凶殺과 惡殺이 있어도 그 作用은 淨化되는 것이므로 外部에 行動으로 나타나지 않고 高邁한 性格을 裝飾하는 境遇까지

諸神表(其一)

諸殺＼日干年干	甲	乙	丙	丁	戊	己	庚	辛	壬	癸	備考
天乙貴人	未丑	子申	亥酉	亥酉	未丑	子申	未丑	午寅	卯巳	卯巳	日干標準
太極貴人	午子	午子	酉卯	酉卯	戌辰	未丑	亥寅	亥寅	申巳	申巳	生年爲主 或日干對照
天官貴人	未	辰	巳	酉	戌	卯	亥	申	寅	午	〃
天福貴人	寅	丑	子	酉	申	未	午	巳	辰	卯	〃
天厨貴人	巳	午	巳	午	申	酉	亥	子	寅	卯	〃
三奇	天上三奇 甲戊庚			地下三奇 乙丙丁			人中三奇 壬癸辛				
貴人	甲	戊	庚	乙	丙	丁	壬	癸	辛		

(第二十二表)

있는 바 이는 磁氣의 偉力에 同化된 때문이다. 恰似히 不善한 사람일지라도 人格君子 사이에서 生活을 持續하면 感化되어 橫暴나 不善을 行動으로 나타나지 못함과 같은 것이다. 그러나 그 作用力이 疏忽히 默過될 수도 없는 것이어서 愼重하고 細心한 注察이 要望되는데 저울에 重量을 달듯이 說明으로 끝내기는 不可能하다. 하나의 技術者가 되기 爲하여서는 熟鍊이 要望되는 것과 같이 八字를 分析하는 眼目도 修鍊이 必要한 것이다.

第二十四論　天官貴人

天官遁甲入羊羣이요 乙誨靑龍事可陳이며 丙見巳兮爲官貴요 丁見酉兮戊尋이라 己用卯兮庚宜亥요 辛喜申兮壬愛寅이며 六癸之人逢見午니 必作淸朝顯代人이니라

「講」 生年을 爲主로 하는데 時上에 있으면 極佳하다. 財官印이 福神이 되기 때문인데 四柱中에 惡殺을 만나면 不吉하다. 或日干으로 보기도 한다.

天官貴神이 命中에 있으면 官職으로 立身하는데 日柱의 納音五行을 傷하지 말것이요 福神(財官印)의 도움이 있으면 大發福하며 惡殺(刑冲羊刃等)이 있으면 不吉하다.

命이 貴格이면 高官이 되며 文昌貴神과 同住하면 大吉한데 아울러 여러 貴神과 合住되면 壯年에 大榮하여 名利具足하게 된다.(第二十二表 參照)

大運이나 年運에서 本貴人을 만나도 吉하다.

第二十五論　太極貴人

甲乙生人子午中이요 丙丁鷄兎定亨通이라 戊巳兩午臨四季에 庚辛寅亥祿盈豊이며 壬癸巳申偏喜美라 値此應當福氣種이며

更須貴格相扶合이면 候封萬戶列三公이로다

「講」 太極이란 初와 始를 뜻하는 것으로서 萬物의 成收함을 말은 바이니 四柱의 格局構成이 順淸함을 要한다.

生年을 本爲로 하나 日主로도 對照하여 보는 바 此貴人이 있고 格局이 貴하면 立身揚名하고 首相級에 나아간다.

第二十六論 三奇貴人

天上三奇甲戊庚이요 地下三奇乙丁丙이요 人中三奇壬癸辛이니라

「講」 甲日이 戊月에 生하였으면 庚이 三奇貴人이 되는 바 日月星이 奇貴한 것이니 三奇는 年月日이나 月日時의 順으로 나란히 있으면 特히 좋은 것이다. 모름지기 戊의 天門이 있어야 奇貴의 本格이 되는 바 萬一 天門인 戊亥가 없으면 비록 日月星이 있을지라도 奇貴하기는 어렵다. 또 地下三奇貴란 乙이 陰木의 魁가 되고 丙은 陽火(太陽)의 精이 되고 丁은 陰火의 精氣이므로 三者가 모이면 奇貴하다는 것이다. 丑卯酉巳는 奇貴格에는 不吉하다. 三奇가 허트러져 있으면 成敗가 있고 辰戌丑未 等외 冲이나 元辰 滅池 等이 있으면 世俗에 물들지 않는 사람이고 天月德이나 天乙貴人이 있으면 博學多能하고 凶災가 없다. 三奇가 空亡되면 無用之物이며, 三合會局이 있으면 棟樑柱石의 巨物이요 空亡되면 世俗에 물들지 않는 사람이고 天月德이나 天乙貴人이 있으면 博學多能하고 凶災가 없다.

第二十七論 月德貴人

寅午戌月在丙이요 申子辰月在壬이며 亥卯未月在甲이요 巳酉丑月在庚이니라

「講」 天月二德이 柱中에 있으면 官運에 이롭고 病이 적다. 天德(次論함)과 月德은 衆殺을 다 散解하니 百種災厄이 害하지 못한다. 天月二德이 있으면 冲剋을 만나거나 貧窮의 命이거나 梟神, 傷官 刼財 鬼殺 等의 凶도 化하여 解消乃至 吉하게 된다.

官에 臨하면 官運이 좋고 印星에 臨하면 心性이 極好하고 父祖의 德이 높아 이름을 얻으며 財星에 德이 臨하면 文武兼全하고 財帛運을 도와 준다. 食神에 德이 兼하면 처음에는 貧賤하나 뒤에는 榮華를 얻게 된다. 또 時上에 德이 있으면 貴子를 두며 日干에 德이 臨하면 天佑神助가 있어 一生에 無禍하다.

訣에 「天月二德이 日主에 臨하면 一生에 險이 없고 근심이 없으며 다시 四柱에 將星이 있으면 그 이름이 相府(總理, 國會議長, 大法院長級)에 오른다.

第二十八論 天德貴人

正丁二坤申이요 三壬四辛同이며 五乾六甲上이로다 七癸八寅同이요 九丙十歸乙에 子巽丑庫中이니라

「講」 運命에 미치는 作用이 月德貴人과 同一하다. 生月이 正月이면 丁이 月德貴人이 되고 二月이면 申이 月德이 되는 바 第二十三表와 같다.

(第九柱)

壬申
丁未
甲午
辛未

天月德早見表

月支\月德	寅	卯	辰	巳	午	未	申	酉	戌	亥	子	丑
月德	丙	甲	壬	庚	丙	甲	壬	庚	丙	甲	壬	庚
天德	丁	申	壬	辛	亥	甲	癸	寅	丙	乙	巳	庚

(第二十三表)

亥卯未月生은 甲이 月德이고 未月의 天德도 甲이니 本命은 日干에 天月德이 臨하였다고 보는 것이다. 勿論 天月德이 年干이나 月時干에 臨하는 境遇도 있다.

第二十九論 天厨貴人

甲丙愛行雙妃遊요 乙丁獅子己金午며 戊坐陰陽庚魚腹이니 二千石祿坐皇州라 癸用天喝壬人馬며 辛到寶瓶祿自由니 寅是天厨注天祿이라 令人福祿兩優遊니라.

「講」 天厨貴人이란 日主의 食神에 對하여 祿坐가 되는 地支를 말하는 것이다. 곧 甲의 食神은 丙이니 丙의 祿地인 巳가 甲의 天厨貴人이다. 乙의 食神은 丁인데 丁의 祿地는 午이니 午가 乙의 天厨貴人이다. 또 丙의 食神은 戊인데 戊의 祿地는 巳이고 丁의 食神은 己인데 己의 祿地는 午이므로 丙丁과 甲乙은 天厨貴人이 同一하다.

辰戌丑未는 磨羯宮 天秤宮 巨蟹宮 白羊宮에 該當하므로 非建祿하고 非天厨貴人地라 한다.

天厨貴人이 있으면 官職에 나아가고 食神이 福德神이므로 福壽가 雙全한다.

正官正印과 같이 있으면 官職과 名利가 健全하며 刑冲되거나 空亡되면 그 福利는 減縮된다.

第三十論 福星貴人

甲丙相邀入虎鄉이요 更遊鼠穴(丙子) 最高強이며 戊猴己未乙丁亥라 丙人惟喜戊中藏하고 庚趁馬頭辛到巳며 壬騎龍背喜非常이니 更有丁人愛尋酉라 癸乙宜牛卯自昌이니라.

「講」 福星貴人이 生日에서 時支에 該當하면 第一 좋고 다음은 日支에 該當하는 것이다.

福星貴人이란 生日과 干合되는 相合旬中 사이에 들어 있는 食神의 地支를 말한다. 여기서 말하는 干合旬中이란 第四表의 六十甲子早見表에서 보는 바 第一旬이 此論의 甲己旬中이 되고 第四表의 第二旬이 此論의 乙庚旬이며 第四表의 三旬은 此論의 丙辛旬이며 第四表의 五旬은 此論의 壬丁旬이 되고 第四表의 六旬은 此論의 戊癸旬이 된다.

例하면 甲日生이 第一旬中에서 食神인 丙寅을 取하여 그 地支인 寅으로 貴人을 삼으며 壬日生은 食神이 甲인데 壬丁의 干合旬인 第五旬에서 甲辰을 取하여 辰으로 貴人을 삼고 丙은 同一原理로 子가 福星貴人이 된다. 餘他는 抽測하기 바라며 第二十二表를 보라.

命中에 福星貴人이 있으면 福壽를 뜻하는 吉神이니 第二編에서 說明할 格局이 貴命이면 福壽와 名利가 健全하고 賤命도 安樂한 傾向이 있다.

第三十一論 三元(天地人)

假令甲子에 以甲木爲天元이요 子爲地元이며 子中所藏癸水가 爲人元이니라.

「講」 年月日時의 區別 없이 天干은 天元이요 地支는 地元이며 地支가운데 숨어 있는 地藏干(第五十七課 第五十九課를 보라)은 人元이 된다. 이 三者는 命理學上 重要한 位置를 차지하는 原理인데 地支는 天干에 비해 그 作用力이 큰 中 萬一 地支中에 있는 藏干인 人元이 天干에 透出하면 그 作用力은 尨大한 것이다. 特히 月支의 役割은 最强한 바 있으니 留意해 두기 바란다.

第三十二論 十干祿

甲祿在寅이요 乙祿在卯요 丙戊祿在巳요 丁己祿在午요 庚祿在申이요 辛祿居酉요 壬祿在亥요 癸祿在子니라.

「講」 祿은 爵祿을 얻었다는 뜻이니 富가 있고 亨通한 吉神으로서 天干이 地支에 旺生될 수 있음을 말한다. 例컨대 甲木은 東方木氣의 旺地인 寅卯를 만나면 甲木이 生旺되는 바 建祿 또는 臨官이라 한다. 第十三課 第十四課 第十五課와 第十五表를 參照하라.

辰戌丑未는 罡殺地이므로 祿이 臨하지 않는다고 한다. 祿은 官星이나 印星이나 食神과 合함을 좋아하고 刑冲破害는 忌한다.

格局이 좋고 喜神과 同住하면 福祿이 旺盛하고 發身하며 一生安逸하나 凶神과 만나면 輕濁하며 吉이 凶으로 變한다.

第三十三論 驛馬

申子辰馬在寅이요 寅午戌馬在申이며 巳酉丑馬在亥며 亥卯未馬在巳니라.

「講」 申子辰은 三合하여 水局이 되는데 水(壬)는 寅에서 病이 되고 寅午戌은 三合하여 火局이 되는데 火(丙)는 申에서 丙이 되며 巳酉丑은 三合하여 金이 되는데 金(庚)은 亥에서 病이 되며 亥卯未는 木局인데 木(甲)은 巳에서 病이 되는 바 驛馬는 곧 病處를 말한다.

따라서 病을 얻어 前進이 不可能하니 머물러서 子息이 오고 車馬가 오기를 기다려야 함과 같다. 또 말을 타려면 鞍(안장)과 欄(말이 머무는 곳)이 있어야 能히 탈 수 있고 머무를 수가 있는 바 驛馬前一位(申이 驛이면 未)가 欄이요 馬後一位(酉)가 鞍이 된다.

驛馬가 吉神과 같이 있으면 活動力이 많고 大利하며 凶神과 同住하면 奔破勞苦한다. 財星과 同住하면 財物을 일찍부터 벌고 吉神과 同住하고 驛馬가 生旺되면 臨機應變의 才操가 있으니 外交에 能하고 運輸事業等으로 成功할 것이다.

七殺冲剋 및 凶神으로 同坐하면 故鄕을 떠나고 病絕 空亡 伏神 冲剋에 臨하면 職位가 높지 못하다. 驛馬運이나 驛馬日이 되면 遠行하거나 移命하게 된다. 元命에 驛馬가 있고 大運에 驛馬運이 吉神에 該當하면 榮轉하거나 移住하고 合運엔 出身한다. 但 老年과 初年의 驛馬運은 不利하다. 日干 또는 年干으로 본다.

第三十四論 天赦

春戊寅이요 夏甲午에 秋戊申이며 秋甲子로다.

「講」 此星은 사람의 災禍를 救解해 주는 吉神인바 春三月中에 生한 사람이 生日이 戊寅日이면 天赦의 吉

神이 된다.

(第十柱)

戊申　絶驛馬偏官
己未　墓天乙貴人正財六合
甲午　死天赦 天德 月德 傷官
丙寅　祿福星貴人 祿 三合 比肩

本命은 六月夏節生이니 日柱 甲午는 天赦에 該當한다. 비록 死墓絕地에 있으나 天月德이 日干에 臨하였으며 月支未는 貴人이요 福星과 祿이 있는 外에 日支午는 將星이 되니 運(後述함)을 만날 때에 大發할 것이다.

諸 神 表 (其二)

日干	甲	乙	丙	丁	戊	己	庚	辛	壬	癸
學堂	亥	午	寅	酉	寅	酉	巳	子	申	卯
金興	辰	巳	未	申	未	申	戌	亥	丑	寅
建祿	寅	卯	巳	午	巳	午	申	酉	亥	子
暗祿	亥	戌	申	未	申	未	巳	辰	寅	丑
食神	丙	丁	戊	己	庚	辛	壬	癸	甲	乙

文星 巳午 申酉 申酉 亥子 寅卯

(第二十四表)

第三十五論　華蓋

寅午戌見戌이요 巳酉丑見丑이요 申子辰見辰이요 亥卯未見未니라.

「講」 華蓋가 있으면 藝術的素質이 뛰어난다. 따라서 文章과 智慧와 情緒系統이 發達되어 있으나 太過하면

70

修道人이다. 女命은 色情에 빠질 憂慮가 있으나 智慧가 있으므로 脫線은 없다.

印綬와 同住하면 大學者이고 華蓋가 空亡되면 僧侶요 日支에 華개가 있어도 道人이요 華蓋가 冲刑이 많으면 文化事業으로 東奔西走할 뿐이며 吉神에 臨하여 破害가 없으면 貴와 文이 兼備하여 榮達한다. 華蓋는 日支를 主로 하나 時支를 또한 살피고 年支를 中心하는 사람도 있다.

(第十一柱)

戊申 驛
壬戌 華
甲寅
庚午 將

은 이 三者의 屬性을 內包하고 있는 것이다.

※ 將星은 文武兼全하고 祿重權高하다.

本命의 日支는 寅이니 年支申은 驛馬에 該當하고 戌午는 華蓋와 將星에 該當하며 此命

諸神表(其三)		
日支	寅午戌	備考
驛馬	申	申子辰
華蓋	戌	巳酉丑
將星	午	亥卯未
	寅	
	亥	日支又는年支
	辰	
	巳	
	丑	
	子	日支又는時支
	未	
	卯	
	酉	日支

(第二十五表)

第三十六論 十干學堂

金生人見巳에 辛巳爲正이요 木生人見亥에 乙亥爲正이요 水生人見申에 壬申爲正이요 土生人見寅에 戊寅爲正이요 火生人見寅에 丙寅爲正이니라.

「講」 學堂은 日干의 長生에 該當하는 者이니 前述한 바와 같이 陽順陰逆으로 推算하기도 하는 것인 바 甲의 長生은 亥字요 乙의 長生은 午子임이 그것이다.

富貴賦에 말하기를 「聰明한 命은 學堂을 보고 알 수 있다」고 하였고 三車一覽에는 「學堂이 有氣(生旺되면)

하면 師儒(學者)의 道에 合當하다고 하였다.

第三十七論 十干食神

甲食丙하며 乙食丁하며 丙食戊하며 丁食己하며 戊食庚하며 己食辛하며 庚食壬하며 辛食癸하고 壬食甲하고 癸食乙이니라
歌曰 時人아 欲說食神名인댄 甲人食丙乙人丁이요 丙食戊兮丁食己요 己食辛上戊食庚이요 庚壬辛癸偏相喜며 壬甲癸乙最
光榮이니 若遇食神騎祿馬면 必居豪富立功名이라 不食空亡 羊刃殺이요 不食休囚死絶이며 食生食旺食貴神이니 食印食財別
優劣하야 若能推究得其眞에 祿食天厨無歇이니라.

「講」食神은 我身이 生出한 子息이니 我主의 氣運을 盜洩해가는 者임에도 不拘하고 食神이라고 呼稱하는
데는 未祥不 緣由가 있다 할 것이다.

甲木의 食神은 丙火인데 丙火는 다시 甲木의 財物인 戊己土를 生出해 주는 까닭에 食神이라 한 것이다. 第
二十四表를 參考하기 바란다.

食神이 있고 財官이 있으면 반드시 (身弱하고 身旺運을 만나는 境遇) 豪富하고 功名을 세우게 된다. 空亡되
고 羊刃殺이 없어야 하며 休囚死絶되지 말아야 할 것인데 食神의 旺盛함과 印星과 財星과 官星等의 優劣을
分別해서 그 眞格을 推究할 일이다 (第二編에서 細說한다).

第三十八論 金輿祿

「講」 日干이 甲이면 祿이 寅字인데 祿前二位가 金輿이니 辰位가 金輿位에 該當한다.

十干祿前第二位가 是也니 如甲祿在寅에 辰上이 是也로다 餘皆例此而推하라.

第三十九論 拱祿

假如戊辰生人이 見丙午요 丙午生人이 見戊辰이며 丁巳生人이 見己未며 己未生人이 見丁巳니 前後相拱이라 只此四位요 其餘는 不是니라.

「講」 戊辰生人이 丙午를 만나면 辰과 午位間에 巳를 끼어 (相互挾帶) 가지고 있는데 戊의 祿神은 前述한 바와 같이 巳가 되므로 拱祿이라 하는 것이다. 그러나 天干에도 丙火祿神이 함께 있기 때문이니 拱祿格은 戊辰 丙午 丁巳 己未日의 四日生에 限하여 있을 수 있다. 萬一 命中에 祿位가 있으면 完全한 것이 아니니 祿位가 命中에 나타나지 않는 것이 貴命이다. 二編에서 詳論한다.

第四十論 交祿

假如컨데 甲申生人이 見甲寅이요 庚寅生人이 見甲申이니 甲祿在寅하고 庚祿在申하야 互換往來니라.

「講」 甲申日生이 庚寅이 있으면 甲木의 吉神인 祿이 寅에 있고 庚의 祿은 申에서 얻었으니 祿星이 相互 往來되고 相助하는 것이므로 吉貴하다는 것이다. 또한 庚寅日生이 甲申을 만나도 同一하다.

第四十一論 暗祿

假如컨대 甲生人이 逢亥가 是니 甲祿이 在寅하야 寅與亥合이며 乙生人이 逢戌이 是니 乙祿이 在卯하야 卯與戌合이 是也니라.

「講」 柱內에 暗祿이 있으면 財物이 不絕하고 意外에 貴人의 힘을 입게 되며 福祿이 많고 怜悧하다.

甲日生이 亥를 만나면 甲의 祿神이 寅이고 寅은 亥와 合되므로 甲祿이 亥에 依해 暗合되어 있다는 것이다.

暗祿이 있고 四柱의 構造와 大運이 좋으면 大貴하는 것이다.

第四十二論 夾祿

假如컨대 甲生人이 遇丑卯하면 是甲祿在寅에 寅前有卯하고 後有丑이며 乙生人이 遇寅辰하면 是乙祿在卯에 前有辰하고 後有寅이니 他倣此니라.

「講」 甲日干이 地支에 丑卯가 있으면 이것을 夾祿이라고 하는 바 丑卯사이에 甲祿인 寅이 숨어서 夾帶되어 있기 때문이다. 乙祿生人이 寅辰을 만나면 寅辰사이에 乙祿인 卯木을 夾帶하고 있으므로 夾祿이라고 하는 것이다.

第四十三論 垣城

其法에 取日上天干長生이 是也니 如甲日生이 長生在亥라 即亥上이 是也니라.

「講」 垣城은 妻宮이니 日支에 長生坐가 좋으나 다시 財와 合한 즉 妻가 私姪이 있다.

第四十四論 帝座

其法이 時下에 納音旺處가 是也니 如甲子時면 納音이 屬金이요 金旺於酉라 卽酉上이 是也며 其餘는 倣此니라.

「講」 帝座는 子女宮이니 時柱의 納音이 旺處를 만나면 子運이 吉하고 納音이 衰虛하면 不肖한 子息이 있다.

例컨대 甲子時면 納音으로 甲子乙丑은 海中金이므로 金이 旺할 수 있는 酉가 帝座이고 丙寅時이면 納音이 火가 되는바 火의 旺處는 午이니 午를 帝座라 한다.

第四十五論 六甲空亡

甲子旬中에 無戌亥며 甲戌旬中에 無申酉며 甲申旬中에 無午未며 甲午旬中에 無辰巳며 甲辰旬中에 無寅卯며 甲寅旬中에 無子丑이니라.

「講」 六十甲子는 다름아닌 十干과 十二地支를 配合한 것인데 天干은 十字이고 地支는 十二字이므로 干支 配合時에 二支는 殘餘하게 된다.

例컨대 甲子로부터 癸酉에 이르러 戌亥二支는 對宮이 空虛하게 된다. 이때에 戌亥는 空亡이라 하며 또 陽 宮은 空이 되고 陰宮은 亡이 된다. 戌은 空이요 亥는 亡이 되는데 對冲宮인 辰巳를 만나면 孤虛하게 된다.

火處하면 發하고 水空하면 服하며 土空하면 陷沒한다. 空亡說에 對해서는 奇怪한 異說이 많으나 眩惑되지 말기를 바라며 어디까지나 五行學上의 原理에 立脚한 그것이 아니어서는 안 된다.

空亡早見表

旬中甲空	甲子(中旬)	甲戌(中旬)	甲申	甲午	甲辰	甲寅
六 甲	甲子	甲戌	甲申	甲午	甲辰	甲寅
	乙丑	乙亥	乙酉	乙未	乙巳	乙卯
	丙寅	丙子	丙戌	丙申	丙午	丙辰
	丁卯	丁丑	丁亥	丁酉	丁未	丁巳
	戊辰	戊寅	戊子	戊戌	戊申	戊午
	己巳	己卯	己丑	己亥	己酉	己未
	庚午	庚辰	庚寅	庚子	庚戌	庚申
	辛未	辛巳	辛卯	辛丑	辛亥	辛酉
	壬申	壬午	壬辰	壬寅	壬子	壬戌
	癸酉	癸未	癸巳	癸卯	癸丑	癸亥
空亡	戌亥	申酉	午未	辰巳	寅卯	子丑

(第二十六表)

空亡은 一名이 天冲殺인데 次迯할 截路空亡 四大空亡 納音空亡 等이 있으나 本論에서 取扱하는 六旬空亡이 中心이며 日主를 標準한다

本造에서 甲子日主는 甲子旬中에는 戌亥가 空亡이므로 年支와 時支가 空亡에 該當한다.

그러나 年支의 空亡位인 戌은 午戌 三合이 되었으므로 救解된 것이다.

空亡이 六合되거나 三合되거나 七冲이 되면 空亡이 아니고 元命에 空亡이 있는데 다시

(第十二柱)
壬戌
丙午
甲子
乙亥

大運에 空亡을 만나도 空亡이 아니다.

凶神이 空亡되면 吉하고 吉神을 空亡하면 不吉하며 空亡이 있고 身旺하면 度量은 寬大하다.

月支가 空亡되면 兄弟가 稀少하고 時支가 空亡되면 虛榮心이 强하고 子息緣이 薄하며 年支空亡은 苦生이 많으나 四柱全體가 空亡되면 오히려 貴命이다.

建祿空亡은 有名無實이요 財星空亡은 財慾이 없고 官星空亡은 不求名譽하며 印綬空亡은 援助를 願치 않는 自立的인 사람이고 食神空亡은 消極的인 사람이다.

第四十六論 截路空亡

甲己申酉最爲愁요 乙庚午未不須求며 丙辛辰巳何勞間고 丁壬寅卯一場空에 戊癸子丑君須忌오 人生値此也多憂니 忽然更何胎中遇아 白髮盈簪(잠) 苦未休니라.

「講」 截路라 함은 사람이 行路中에 水流가 氾濫함을 만났을 때 前進할 수 없고 건널 수 없음과 같으므로 截路空亡이라 한다. 日干을 爲主로 하여 時柱에 對照해 보는 것이요 年으로 日時를 對照한다는 說은 不可한 것이다.

甲己日이 申酉時에 該當하면 時上은 壬癸水가 된다(第二十一表參照). 그러므로 道中遇水가 運中에서 만나도 또한 不美하다. 乙庚日에는 午未時가 壬午 癸未가 되니 水를 만난 것이고 丙辛日에는 辰巳時가 壬辰 癸巳가 되니 그러하고 丁壬에는 寅卯가 그러하며 戊癸日에는 子丑時가 그러하니 萬一 命中에 만나면 근심이 많고 胎中에서부터 白髮老境에 이르도록 勞苦가 쉬지 않는다.

第四十七論　四大空亡

甲子并甲午는 旬中水絶流요 甲寅與甲申은 金氣杳難求니라.

「講」 本殺이 命中에 있으면 夭折하게 되는 것인데 壺中子가 말하기를 「顏回(孔子님의 首弟子이니 極貧하였으며 孔子님이 第一 愛重하시었으나 早死하였다)가 夭折하심도 四大空亡 때문이로다」하였다.

納音五行으로 볼 때 甲辰 甲戌旬中에는 納音의 金木水火土 五行이 具備해 있는데 (六十花甲子의 第十一表를 參照) 甲子甲午旬中에는 水氣가 없고 甲寅 甲申旬中에는 金이 空亡이요 甲寅 甲申은 金이 空亡인 바 本四旬은 五行이 不在하므로 四大空亡이라 하는 것이다.

甲午旬中에 生한 者가 命中에 물이 있으면 正犯한 것이고 命中에 不犯하였으나 大運에서 犯하면 또한 本殺에 該當한다. 甲寅 旬中의 境遇 金을 만나도 亦然한 것이다.

第四十八論　十惡大敗日

甲辰乙巳與壬申이요 丙申丁亥及庚辰이며 戊戌癸亥加辛巳요 乙丑都來十位神이라 邦國用兵須大忌니 龍蛇出穴也難伸에 人命若還逢此日이면 倉庫金銀化作塵이니라.

「講」 十惡大敗日이라 함은 祿神을 얻었으나 六甲旬中에서 空亡되었음을 말하니 十惡은 凶하다는 뜻이고 大敗는 敵을 怯낸다는 뜻이다. 日主를 標準으로 하여 살펴야 하며 他柱의 十惡大敗說은 不可하다.

甲辰 乙巳 日生의 境遇 甲은 寅으로 祿을 삼고 乙은 卯로 祿을 삼는데 甲辰旬中에는 寅卯가 空하였으니 祿이 大空亡된것이다. 그러나 吉神이 扶助해 주는 者가 있으면 少吉한다. 壬申日生은 亥가 祿地인데 甲子旬中에 戌亥가 空亡된 故로 大敗가 된다.

第四十九論 四廢日

春庚申이요 夏壬子며 秋甲寅이요 冬丙午니라.

「講」 春節에 庚申日이면 金이 木旺節에 休囚되고 死絶된 것이니 無用之金이므로 廢日이요 夏月에는 火가 極盛하는 節氣이니 壬子가 廢棄되는 것이요 秋節은 金旺하니 甲寅日 木主는 廢死된다.

多節水旺時에 丙午火가 또한 그러하니 命造가 如此하면 모든 일을 始作은 하나 成功시킬 수는 없다.

第五十論 天地轉殺

春兎夏馬天地轉이요 秋鷄冬鼠便爲殃이라 行人在路須憂死요 造惡未成先架喪이로다.

「講」 大抵 眞理는 極하면 反轉하는 것이니 이를 轉이라 하는 바 干이 旺極하면 天轉이요 納音이 旺極하면 地轉이라 하므로 天地轉殺이다.

春節의 木旺時에 乙卯日과 夏節의 火旺時에 丙午日과 秋節의 金旺時에 辛酉日과 冬節의 水旺時에 壬子日은 天轉이요 春辛卯 夏戊午 秋癸酉 冬丙子는 地轉이다. 따라서 凶殺이며 夭折數도 있기 쉽다.

第五十一論 天羅地網

辰爲天羅요 戌爲地網이며 又爲魁罡이니 所占天乙不臨之地也니라.

「講」 戌亥가 天羅가 되고 辰巳가 地網이 되니 火(天) 命人이 戌亥를 보면 墓絶이 되는 때문이며 水(地)命人이 辰巳를 보아도 또한 墓絶이 되는 때문이다. 暗昧하고 不明하며 不快한 殺星이다. 金木生人은 天羅地網이 없다는 說이 있다.

또 男命은 天羅를 꺼리고 女子는 地網을 꺼리는데 惡殺을 加하면 當主가 必死한다. 韓信(漢高祖 劉邦으로 하여금 項羽를 물리치고 統一 天下를 成就하게 도와준 名將)이 天地轉殺을 犯하고 天羅를 犯한 故로 誅殺되었다고 한다.

第五十二論 羊刃

甲生人羊刃在卯酉飛刃이요 乙生人羊刃在辰戌飛刃이며 丙生人羊刃在午子飛刃이요 丁生人羊刃在未丑飛며 戊生人羊刃在午子飛요 己生人羊刃在未丑飛며 庚生人羊刃在酉卯飛요 辛生人羊刃在戌辰飛며 壬生人羊刃在子午飛요 癸生人羊刃在丑未飛니라.

「講」 羊刃은 祿前一位이니 甲木에는 卯가 羊刃이고 丙은 巳가 祿이니 一位前은 午아다.

壺中子는 말하기를 「사람이 무릇 祿이 있으면 賜官(地位)이 있다」고 하였고 一行禪師는 「羊刃이 重重하고 다시 祿을 보면 富貴한다고 하였다.

羊刃은 國權이요 刑을 主宰하는 것이니 祿이 過하여 刃이 된 것인 바 功名을 다 成取하였으면 마땅히 隱退해야 옳을 것인데 不拘하고 狼類(이리)와 같이 進前하는 氣像이니 君子는 威權을 掌行할 것이나 小人은 屠殺을 잘 할 것이다. 陰日羊刃은 認定하지 않음이 原則이다.

羊刃은 中和되어야 大發하고 身旺한데 있는 羊刃은 惡殺이 되는 바 羊刃이 太旺하면 性格은 荒暴하고 惡死 刑死, 打殺, 溺死, 銃死 等을 當한다.

羊刃이 冲되면 強暴하고 支合 三合에 傷官이 있으면 高剛慢心이 있으며 飛刃을 兼해 있으면 災殃을 招來한다.

羊刃이 空亡되면 詐僞가 많고 年支羊刃은 祖業을 破하고 月支羊刃은 偏屈性이 있고 時支羊刃은 妻子에 害로우며 晚年에 災殃이 있기 쉽다.

四柱에 羊刃이 三個以上이면 聾啞(귀먹어리나 벙어리)가 많고 死絶과 同住하면 荒暴한 사람이요 沐浴과 同住하면 惡疾로 苦生하게 된다. 飛刃은 羊刃과 作用力이 類似하나 그 影響力이 弱하다. 羊刃에 關해서는 第二編에 詳論할 것이고 本論에서는 斷片的이고 皮相的인 觀察에 不過한 것을 取扱하였을 뿐이니 四柱全體의 構造를 把握한 後에 參考資料로서 應用하기 바란다.

(第十三柱)

庚戌
辛酉
丙午
丁未

命中에 羊刃이 連珠되면 災厄이 겹치나 羊刃이 交集되고 時支建祿이면 大富貴의 命이 된다. 本命은 丙日干의 羊刃이 午에 있고 未는 丁의 羊刃이 되며, 酉는 庚의, 戌은 辛의 羊刃이 되어 天干의 四干이 스스로 羊刃의 자리에 臨하여 羊刃이 連珠된 것이므로 男女不問 奸婬에 떨어지고 家道가 敗한다.

戊午와 己未, 甲辰과 乙卯, 壬子와 癸丑 等이 合柱되어도 그러하다.

本命은 甲이 卯에, 乙이 辰에, 丙戌는 午에 羊刃이 되었는데 時支寅에 甲日主가 建祿되었으므로 羊刃이 交集되고 時支에 建祿된 것이니 富貴의 命造이다.

如斯한 單式鑑命法은 그 種類가 數多하나 繁擧하고 無秩序하게 此等의 神殺을 羅列하는 것은 無意味한 일이다. 以下 原書에는 없으나 一般에 使用되는 數種神殺을 羊刃殺과 함께 紹介하려 한다.

(第十四柱)
乙卯
甲辰
戊寅
戊午

(諸殺表)

日干	甲	乙	丙	丁	戊	己	庚	辛	壬	癸	備考
紅艶	午	午	寅	未	辰	辰	戌	酉	申	申	女는 妓生 男은 作妾
羊刃	卯	辰	午	未	午	未	酉	戌	子	丑	
飛刃	酉	戌	子	丑	子	丑	卯	辰	午	未	

(第二十七表)

紅艶殺이 있으면 男女間에 虛華奢侈한 바 詩訣에「甲乙午中庚見戌은 世間只是衆人妻요 戊己怕辰壬向子에 祿馬同鄉作妓路라 壬癸逢申丁見에 蛾眉笑顔喜樂樂이며 六丙逢寅辛見酉면 花間月夜會佳期라」하였으니 娼妓가 되거나 私行이 있다는 뜻이다.

(孤神寡宿表)

生年	子	丑	寅	卯	辰	巳	午	未	申	酉	戌	亥	備考
孤神	寅	寅	巳	巳	巳	申	申	申	亥	亥	亥	寅	
寡宿	戌	戌	丑	丑	丑	辰	辰	辰	未	未	未	戌	

(第二十八表)

孤獨(호라비) 寡婦의 數가 있다. 刑厄이 있고 少年에 勞苦가 있다.

陰錯陽殺表

本殺은 日柱로 보는 것인 바 妻宮이 不利하며 喪中에 있는 妻를 얻거나 데릴사위가 된다.

殺名	陰錯陽殺								
日柱	癸巳	辛卯	丁未	癸亥	丁丑	壬辰	丙午	壬戌	丙子	戊寅	戊申	甲寅

(第二十九表)

(喪門吊客表)

喪門은 親喪數를 말하고 吊客은 家人이 不寧함을 뜻한다. 大運이나 年運에 만나도 不幸할 危險이 있다.

日支	子	丑	寅	卯	辰	巳	午	未	申	酉	戌	亥	備考
喪門	戌	亥	子	丑	寅	卯	辰	巳	午	未	申	酉	日支後二位
吊客	寅	卯	辰	巳	午	未	申	酉	戌	亥	子	丑	日支前二位

(第三十表)

元辰表

元辰殺은 一名 大耗이니 冲前後 一位를 말한다. 陽男陰女는 順이니 冲前一位이고 (丙子生 陽男은 午(冲地) 다음의 未가 元辰이고 乙未生의 女命인 境遇에도 冲前一位를 取하는 바 丑의 前位인 未字가 그것이다) 陰男陽女는 冲後一位이다 (丁丑生이면〈丁이 陰干이니 陰年生이라함〉冲位인 未의 後位 午字가 元辰이고 甲午年 의 女命은 甲이 陽干이므로 陽年生이니 冲後一位는 곧 午의 後位인 丑字에 該當한다.)

生年	子	丑	寅	卯	辰	巳	午	未	申	酉	戌	亥	陰陽 逆順
元辰	未	午	酉	申	亥	戌	丑	子	卯	寅	巳	辰	
	子	丑	寅	卯	辰	巳	午	未	申	酉	戌	己	

(第三十一表)

元來 男命의 陽干生과 陰干年生의 女命은 運命의 進展이 順流하고 陰干年生의 男命과 陽干年生의 女命은 運命이 逆數로 展開되는 까닭에 冲의 前後位를 區別하게 되는 것이다.

四柱에 元辰이 있으면 客態가 不美하거나 音聲이 濁하다. 凶神과 同住하면 災厄이 많고 女命에 元辰이 있고 四柱의 格局이 純淸하지 못하면 私通이 있다.

元辰이 合하면 吉하게 되고, 原柱에 元辰이 있는데 다시 大運에 元辰을 만나면 障厄이 생기고 死絶과 元辰이 同住하면 下賤輩이다.

大運이 發展運에는 福三災라하여 障碍가 없으나 忌運에는 財産이 消耗되고 患難을 招來하는 凶運임을 表한다.

(三災八難表)

出入年齡 生年	入	出	入	出	入	出	入	出	入	出	入	出	入	出
辰戌丑未	一一	一三	二三	二五	三五	三七	四七	四九	五九	六一	七一	七三	八三	八五
寅申巳亥	七歲	九歲	一九	二一	三一	三三	四三	四五	五五	五七	六七	六九	七九	八一
子午卯酉	三歲	五歲	一五	二七	二七	二九	三九	四一	五一	五三	六三	六五	七五	七七

(第三十二表)

第五十三論 起大運(大運法)

凡起大運이 俱從所生之月이니 陽男陰女는 順行數至未來節이요 陽女陰男은 逆行數已去節이라 俱折除三日하야 以爲一歲니라.

무릇 大運은 出生한 月節로 부터 推算하는 것인 바 陽男陰女는 未來節을 向해 順行하고 陽女陰男은 過去節을 向해 逆行할 것이다.

陽男陰女는 順運이니 假如甲子年은 甲己之年이 丙作首며 正月建은 丙寅이니 初一日立春後一日生男이면 男順數至二月

84

節驚蟄이라 且得三十日起하야 十歲逢順行丁卯니라.

陽干年生의 男命과 陰干年生의 陰命은 正月建이 丙寅인 바 立春節이 初一日에 있고 初一日에 此人이 出生하였다면 男子인 境遇 二月節인 驚蟄日까지 計算하면 三十日에 該當한다. 前述한 바 三日로 除하면 十歲運이 되므로 丁卯가 十歲運이 된다.

如乙丑年이면 乙庚之歲戊爲頭니 正月起戊寅이라 初一立春十八日生女면 順數至二月驚蟄節止하야 得四三은 十二日

萬一 乙丑年生이라면 乙庚年에는 戊寅으로 부터 起算하여 正月을 求하는 것이다. 또 初一日이 立春인데 十八日에 生한 女命이라면 順數로 二月節八日까지 셈하면 十二日이 되는바 三으로 除하면 三四는 十二이므로 四歲運은 己卯大運이 된다.

起四歲運이요 順行己卯니 餘皆倣此니라.

陰男陽女는 逆運이니 假如乙丑年이면 丁庚之歲는 戊爲頭라 正月起戊寅이요 初一日立春後十五日生男이면 逆數初一日立春節止에 得五三은 十五日하야 起五歲運이요 逆行丁丑이며 如甲子年이면 甲己之年에 丙作首라 正月丙寅이요 初一日立春後十日生女면 逆數至初一日立春에 小得九日하야 三三單九日에 起三歲運이요 逆行乙丑이니 餘皆倣此니라 若多一日은 減一日하고 少一日엔 增一日하라.

「講」 大運은 出生月을 基準하여 決定하는 것인바 먼저 節氣에 關한 理解가 있지 않아서는 안된다. 命理學에서는 日字를 基準하여 年月을 區別하는 것이 아니고 節氣의 往來를 標準하여 年月日을 分別한다. 例컨대 甲子年 正月 五日이라도 立春節이 六日以後에 들어 오면 甲子年이 아니고 乙丑年生으로 보며 二月 三日에 出生하였어도 驚蟄節이 들어 오지 않았으면 正月生으로 看做하게 된다.

따라서 命理學에서 말하는 正月은 立春節을 말하며 二月節이란 驚蟄節을 말한다. 年太歲의 區別 또한 立春節入日로 準하는 것인 바 立春節日이 正月二十五日 午時이면 二十五日 午時以前은 前年度로 認定하게 된다.

大運을 決定하고 命理를 推算하려면 節氣에 對한 次說의 節候歌를 익혀두기 바라며 節候早見表를 參照하기 바란다.

甲丙戊庚壬의 陽干年에 出生한 男命과 乙丁己辛癸의 陰干年에 出生한 女子는 未來節을 向하여 順行하고 陰干年에 出生한 男子와 陽干年에 出生한 女子는 過去節에 向하여 逆行한다는 事實 또한 記憶하기 바란다.

未來節에 向한다 함은 生日로부터 다음의 節入日까지의 日數를 三으로 나누어 얻는 算法을 말하는 바 예컨대 正月十五日에 出生하였고 二月節(驚蟄)의 節入日이 二月 七日이었다면 正月十五日부터 二月七日까지의 二十二日을 三으로 나누어 七數를 얻게 되는 바 此人의 大運數는 七運이 됨이 그것이다.

또 過去節로 向한다 함은 生日로부터 前月의 節入日까지의 日數를 三으로 나누어 얻는 大運數의 起算法을 말하는 것이니 예컨대 正月十五日에 出生하였고 立春節의 節入日이 正月初九日이었다면 生日로부터 立春節入日까지는 六日에 該當하는 바 三으로 나누어 二運이란 大運數를 求하게 되는 것을 말한다.

또 順行이니 逆行이니 하는 말은 出生한 月이 甲子月이라면 六十甲子의 遁還順序에 依한 乙丑 丙寅 丁卯 戊辰 의 次例를 順行이라 하고 甲子月의 前月인 癸亥로 癸亥에서 다시 壬戌 辛酉 庚申 己未 戊午 等의 朔及順을 逆行한다 함은 年中 節候가 正月에서 二月로 行하고 春에서 夏로 行함과 같이 사람의 運命이 月柱를 起點으로 해서 一節月式 運行하는 理致를 行이라 하는 바 이것을 大運이라 하는데 一大運의 節行年限은 十年間이다.

世稱 運이 좋다 나쁘다 하는 것은 이 大運을 뜻하는 말인데 大運算出의 例示를 보이면 第十六柱와 第十七

柱의 例와 같다. 또 生日로부터 節入日까지의 日數를 三으로 나누는 것은 一個月三十日을 十年으로 보면 三日이 一歲가 되는 때문이요 三十日 一節候가 人生 一週의 單位에 該當된 때문이다.

고 出生月을 除한 餘他의 節候가 人生 一節候를 十年으로 看做하는 것은 一年의 十二節候가 人生一世事에 比較되

(第十五柱)

丁卯
甲午
丙寅
甲子

陽干年 男子의 四柱

庚辰年 正月生의 男子

本命의 大運數가 十이므로 此人이 十歲가 되면 丁卯大運에 들어 오는 것이며 十九歲까지 此運에 支配되고 二十歲부터 戊辰運으로 들어가면 二十九歲까지는 戊辰大運에 依하여 主管되니 每十歲는 大運이 交運되는 때라 할 것이다. 運의 吉凶與否는 後述하기로 한다.

大運 十歲丁卯 十九歲
二十歲戊辰二十九歲
三十歲己巳三十九歲
四十歲庚午四十九歲
五十歲辛未五十九歲

(第十七生)

庚辰
戊寅
丙子
壬辰

大運 四歲己卯 十三
一四 庚辰二三
二四 辛巳三三
三四 壬午四三
四四 癸未五三

此命은 陽干年生의 男命이므로 順行하고 따라서 己卯庚辰의 大運이 初年에 該當한다.

鑑命要領은 大運에만 依持하는 것은 아니다. 第二編에서 說明되는 格局을 確定한 後 初年의 運인 己卯運이 吉한가 凶한가를 決定하게 된다. 例컨대 本命이 構造格局上 木火의 五行을 만나야 發身할 것이라면 己卯運中 己土運五年은 不利하고 卯木運五年은 吉할 것이요 巳午未의 火運은 夏節運〈正月 다음에 二月(己卯)이 되고 二月 다음에는 三月(庚辰), 四月(辛巳), 五月(壬午), 六月(癸未)의 夏節이 된다〉인 바 發福하여 出世할 것으로 보는 것과 같다.

反對로 元命에서 要求하는 五行과 相剋되는 金水의 五行에 該當하는 大運은 不吉한 것으로 斷命하게 된다.

乙丑年 正月十五日生 男子(立春正月五日)

(第十七柱)

乙丑
辛丑
戊寅
癸巳

大運
三丁丑一二
一三丙子二二
二三乙亥三二
三三甲戌四二
四三癸酉五二

此命은 陰干年의 男子이므로 逆行하고 立春이 生日로부터 立春日까지는 十日이다 五入의 原則에 따라 一은 버리고 三으로 나누면 三하고 二이 남으니 四捨五入의 原則에 따라 二는 加上하는 바 此人의 大運數는 三이다. 또 逆行하므로 戊寅月의 過去月은 丁丑이며 逆行하여 丙子 乙亥가 된다.

女子의 命造는 前記 三者와는 反對로 推算할 것인바 第十六柱와 第十七柱는 逆行運으로 推算하고 第十八柱는 陰干年이므로 順行하게 될 것이다.

節氣의 往來를 細密히 檢討하려면 時間까지 算出하여야 하는 바 丙午年初一日 卯時가 立春의 節入時인 境遇 初一日 午時生은 庚寅月生이지만 卯時前인 寅時生은 前年 十二月生이니 乙巳年 己丑月生이 된다.

또 前日과 今日을 區別하는 方法이 있으니 子時의 上四刻(옛날 一時間은 現今의 二時間이고 四刻은 現今의 一時間)은 前日에 屬하고 後四刻은 今日에 屬한다.

第五十四論 小運法

凡小運은 不問陰陽二命이니 男命一起丙寅하야 二歲丁卯요 順行截法하야 十一歲丙子요 二十一丙戌이요 周而復始니라 女一歲起壬申하야 二歲辛未로 逆行截法하야 十一壬戌이요 二十은 壬子니 周而復始니라.

「講」小運은 陰年陽年을 不問하고 男子는 一歲에 丙寅으로부터 始作하여 二歲에 丁卯가 되고 三歲에 戊辰

이 되니 順行하는 바 十一歲는 丙子요 二十一歲는 丙戌이며 三十一歲는 丙申이 된다。 이와 같이 六十甲子를 循環한다。

女命은 一歲에 壬申으로부터 始作하여 二歲는 辛未가 되고 三歲에 庚午가 되며 四歲에 己巳가 되니 逆行인 것이다。 따라서 十一歲는 壬戌이 되고 二十一歲는 壬子가 되며 六十甲子를 循環한다。

男命의 小運이 丙寅에서 비롯됨은 男命은 陽性인데 子에서 一陽이 始生하여 寅에서 三陽이 生하고 甲에서 一陽이 始生하여 丙에서 三陽이 暢하므로 申月에 三陰이 되고 庚月로부터 一陰이 生하니 庚으로부터 壬까지 三陰이 生하게 되므로 壬申節月은 陰이 方暢하게 되는 때문이다。

小運法에 또 다른 說이 있으니 時柱를 標準하여 陽男陰女는 順行하고 陰男陽女는 逆行하는 方法이 그것인데 大抵 小運法은 運命에 미치는 影響이 微少한 것일 뿐이어서 一般的으로 使用하지는 않는다。

(第十八柱)

甲子　　大運　　小運

丙寅　　一五丁卯　　一癸酉

甲午　　二五戊辰　　二甲戌

壬申　　三五己巳　　三乙亥

　　　　四五庚午　　四丙子

　　　　五五辛未　　五丁丑

本命은 男命이니 順行하는 바 時柱의 壬申 다음의 癸酉로부터 一歲甲戌이 二歲, 乙亥는 三歲 等으로 開顯하는 것이다。 小運은 또 大運에 入運하기 以前인 幼年時에 適用하는 것 이 흔히 쓰는 方法의 하나이다。

第五十五論　節候歌

正月立春雨水節이요　　二月驚蟄及春分에
三月淸明并穀雨요　　　四月立夏小滿方이라

89

五月芒種并夏至에
六月小暑大暑當이요
七月立秋還處暑하고
八月白露秋分忙이로다
九月寒露又霜降에
十月立冬小雪藏하니
子月大雪多至節이로다

「講」 東方의 曆學에서는 一年을 十二節十二候로 나누었으니 世稱의 十二月二十四節이 그것이다. 本文에서 立春節은 正月節이고 兩水는 正月의 候가 되니 節과 候와의 日數는 十五日間이다.

前述한 바 命理學에서는 立春節을 正月로 하는 것인 바 正月初一日과 立春節入日이 一致하는 境遇는 드물다. 正月初旬에 節入될 때도 있고 中旬일 때도 있으며 前年의 十二月에 임이 節入될 때도 있다.

節候의 六甲學上의 算出原理는 複雜한 것이므로 省略하는 바 千歲曆을 利用하기 바란다. 節候關係를 早見表로 보이면 第三十三表와 같다. 或換臣不換君說에 依하여 生月은 節入을 따르지만 生年은 節入과 關係없이 當年으로 計算하는 法이 있다. 即 丙午年 立春의 節入日이 乙巳年 十二月 二十日에 該當한다면 乙巳年 十二月二十三日生人은 前述한 바에 따라서 丙午年 庚寅月生으로 보는 것인데 不拘하고 換臣不換君論에서는 臣下는 바꾸지 허물이 되지 않지만 君主를 바꾸는 것은 「忠臣은 不事二君」이란 原理에 어긋난다는 뜻에서 乙巳年 庚寅月로 본다. 命理學上 年柱는 君主에 該當하고 月柱는 臣下에 該當하는 때문이다.

그러나 筆者는 命理學의 原理가 東方古有의 氣像學의 陰陽學의 原理임에 換臣不換君說은 반드시 合理的인 것이라 할 수 없다고 본다. 氣像學的인 原理를 떠나서 四柱와 六十甲子의 理論的 根據는 찾을 길이 의 없을 것인 때문이다.

前述한 바와 같이 黃帝氏께서 얻은 十干과 十二支는 全部 氣像과 節氣의 變遷이 生物과 自然에 미치는 陰

陽造化의 關係를 說明해 준 것이 있다.

年月日의 組織과 秩序를 六十甲子와 節候의 原理 乃至 月星과의 關係 等에 配列한 것이 曆인 바 그 主導性은 節候에 있는 것이다. 月星을 中心으로 하는 天地運行을 正確하게 表現하기 爲하여 東方古有의 陰曆은 月曆이란 許이 있듯이 閏月이 생기지만 陰曆은 그에 그치도록 된 것이 아니고 太陽과의 天體運行을 氣象學的 原理에서 的確히 表現하기 爲하여 節候를 制定한 것이다. 따라서 嚴格한 意味로 月은 月星의 滿朔을 全的으로 表現하는데 重點을 둔 것이고 節候는 太陽과 氣像의 運轉을 表現한 것이요 五行과 陰陽과 六十甲子의 氣의 흐르고 運轉됨을 表現한 것이므로 命理學에서는 節入을 重視하지 않을 수 없는 것이다.

더우기 節候는 太陽을 中心으로 制定된 것이므로 年을 바꾸고 해를 바꾸는데는 節入을 보지 않는다는 것은 無意味하게 된다. 勿論 月星이 氣像에 影響이 없고 陰陽五行의 氣가 없을 수 없지만 四時를 決定하고 年歲를 規制하는 것은 太陽의 所關이며 節候의 所關인 것이다. 다만 年을 바꾸고 歲를 거듭하는 동안 月星은 十二回 或은 十三回의 變動이 있다는 것을 表現한 것에 不過한 것이다.

그러므로 閏月이 있을 때에는 月을 標準하는 境遇 十二月이고 乙巳年이지만 六十甲子는 이미 丙午年이 되었음은 明確한 것인만큼 眩惑되지 말기를 바란다. 本 問題는 命理學上 錯誤를 일으킬 수 있는 事件이므로 淺見이나마 披瀝하는 바이어니와 自古로 先賢들이 人間世事를 論議할 때에도 冬至에 一陽이 始生하고 夏至에 一陰이 始生하는 것을 비롯하여 恒常 節候에 依據하였음을 附言해 두려 한다.

二十四節候表

本表에 있는 日出時間과 日入時間은 生時를 決定하는데 좋은 參考가 될 것이다.

月別\日出入	一月	二月	三月	四月	五月	六月	七月	八月	九月	十月	十一月	十二月
節	立春	驚蟄	清明	立夏	芒種	小暑	立秋	白露	寒露	立冬	大雪	小寒
日出時	卯七時、正三四	卯六、正五一七	卯六、正一三三	卯六、初三二二	卯五、初一一七	卯五、初四二	卯五、初○一七	卯六、初○三八	卯六、正三一四	卯七、正○二四	卯七、正三四三	辰七、初四一七
日入時	酉五、初五一九	酉六、初三三○	酉六、正五一八	酉七、正二三七	酉七、正五一十	戌七、正三三四	酉七、初五一六	酉六、初○一四	酉五、初三二○	酉五、初二一三	酉五、初二一八	酉五、初二一八
候	雨水	春分	穀雨	小滿	夏至	大暑	處暑	秋分	霜降	小雪	冬至	大寒
日出時	卯七、正一二七	卯六、正三四五	卯五、初三一二	卯五、初一一九	寅五、正一四一	卯五、初二一八	卯五、初五二四	卯六、正○一四	卯六、正二三○	卯七、初四一四	辰七、初四一四	卯七、正四四
日入時	酉六、初一二五	酉六、正四一五	酉七、正二三二	酉七、正十三九	戌五、正五一七	酉七、正一四八	酉七、正二一五	酉六、正一三四	酉五、初四一九	酉五、初二一七	申五、正一初七	酉五、初四一二

(第三十三表)

第五十六論　天地干支暗藏總夫(支藏干)

立春七日丙火用이요　餘日甲木旺提綱이라
驚蟄乙木未用事요　春分乙木正相當이로다
淸明之木十日管이요　後來八日癸水洋이며
穀雨前三戊土盛이니　其中土旺耍消詳이니라
立夏又伏戊土取하고　小滿過午丙火光하며
芒種己土相當好하야　仲停七日上高張이니라
夏至陰生陽極하며　丙丁火旺有土張이니
小暑十日丁火旺하고　後來三日乙木方이라
己土三日戚風盛하고　大暑己土十日黃이니라
立秋十日壬水漲이요　處暑十五庚金良이며
白露七日庚金旺하야　八月辛金福獨行이니
寒露七日辛金管에　八日丁火又水降이니라
霜降己土十五日은　其中雜氣取無妨이라
立冬七日癸水旺이요　壬水八日更流忙하고
小雪七日壬水急하야　八日甲木又芬하니
大雪七日壬水管에　冬至癸水更潺汪이로다
小寒七日癸水養하고　八日辛金丑庫藏하고
大寒十日己土勝하니　術者精硏仔細詳이니라

(本論에 對한 講解는 第五八論에서 同時 叙述한다)

93

第五十七論　節氣歌

看命先須看日主니
八字始能究與理라
假如子上十日壬이요
中旬下旬方是癸며
丑宮九日癸之餘요
除卻三辛皆屬己라
寅宮戊丙各七朝요
十六甲木方塡器니
卯宮陽木朝初旬에
中下兩旬陰木是로다
三月九朝尤是乙이요
三日癸廬餘戊奇하며
初夏九日生庚金에
十六丙火五戊時요
午宮陽火屬上旬하야
丁火十日九日已라
未宮九日丁火明이요
三朝是乙餘是己니라
孟秋已七戊三朝에
三壬七庚金備요
酉宮還有十日庚하며
二十辛金屬旺地라
戌宮九日辛金勝하며
三丁十八戊十具로다
亥宮七戊五日甲이요
餘皆壬旺君須記하라
須知得一擬三分이니
此訣先賢與驗秘니라

(本論에 對한 諺解는 次論에서 同時叙述한다)

第五十八論　地支藏遁歌

子宮癸水在其中이요
丑癸辛金己土同이라

94

寅宮甲木彙逢丙戊에
辰藏乙戊三分癸며
午宮丁火幷己土에
申位庚金壬水戊하고
戌宮辛金及丁戊며

卯宮乙木獨相逢이니
巳中庚金丙戊叢이로다
未宮乙己丁共宗이며
酉宮辛字獨豊隆이니라
亥藏壬甲是眞踪이로다

「講」 本文의 天地干支暗藏總夫와 節氣歌와 地支藏遁歌 等은 다 地支中에 있는 天干을 十二月에 配對하고 十二節과 十二候에 配對한 後 그 次序와 作用을 說明한 것이다.

立春節을 地支로 表現할 때에는 寅木으로 代하는데 立春節은 十二月(小寒) 丑節의 繼續이므로 丑土의 餘氣가 寅木의 立春節에 殘在해 있다는 것이다.

그러므로 寅月의 初氣인 餘氣는 戊土가 七日間 留하고 寅木의 本來의 性品은 陽木이니 本氣인 正氣甲木이 十六日間을 主管하며 甲木正氣와 戊土餘氣와의 於間에 兩者를 消通하는 丙火가 있으니 이것을 中氣라고 한다. 丑土의 正氣가 己土이니 寅의 初氣가 己土일 것이나 陰土인 己土가 陽土로 變하여 戊土가 되므로 寅木의 餘氣로 潛在해 있는 것이다.

未土의 例를 보면 그 正氣가 己土이고 餘氣는 午火의 正氣인 陰火丁이며 中氣는 乙木이다. 따라서 立春節에 들어온 後라도 七日이 經過하지 못하였으면 戊土가 主管하는 때이므로 戊土를 重示한다. 또 立春日 以後 第八日로부터 十四日사이에 出生하였으면 丙火가 旺한 때이니 此人의 人元과 受氣는 丙火로 取用하며 立春日로부터 十五日 以後 十六日間은 甲木正氣가 旺盛하니 甲木을 바야흐로 取用하는 것이다.

地支藏干早見表

支/氣	餘氣	中氣	正氣
子	壬 十日五分		癸 二十日七分
丑	癸 九日三分	辛 三日一分	己 十八日六分
寅	戊 七日二分半	丙 七日二分半	甲 十六日二分半
卯	甲 十日五分半		乙 二十日六分半
辰	乙 九日三分半	癸 六日一分	戊 十八日六分
巳	戊 五日一分半	庚 九日三分	丙 十六日五分
午	丙 十日三分半	己 九日三分半	丁 十日三分半
未	丁 九日三分	乙 三日二分	己 十八日六分
申	戊己 七日二分半	壬 三日二分	庚 十六日六分
酉	庚 十日五分		辛 九日六分
戌	辛 十日五分半	丁 三日二分	戊 十八日六分
亥	戊 七日二分半	甲 七日一分	壬 十六日五分

(第三十四表)

그리고 月令의 地支에 暗藏되어 있는 藏干(寅木中에는 甲丙戊가 藏干이고 未土中에는 丁乙己가 藏干이다)은 어느 때이든 他地支의 藏干보다 數倍 旺盛하며 特히 正氣는 그렇다. 藏干이 天干에 透出하였으면 透出된 藏干은 特히 旺盛하니 優先的으로 取用하게 된다.

支藏干은 運命에 重大한 影響力을 行使하는 것이나 亦是 格局과 用神의 如何에 따라서 그 取用이 左右되므로 一定하다고 말할 수는 없다.

第五十九論 四季大節訣

今歲要知來年春은 但加五日三時辰이요 立春三日何오 隔岸退位更夏臨이며 再過三朝多又到니 六郞又去打春이로다.

「講」今年의 立春日時로써 明年의 立春時를 推算하는 方法이 있으니 例컨대 戊申年의 立春이 正月 初四日 庚寅 午時 正二刻이었다면 己酉年의 立春日時는 五日을 더한 辛卯 壬辰 癸巳 甲午 乙未의 第五乙未日에 該當한다. 時는 午時였으므로 未申酉의 三時辰인 酉時에 該當하니 己酉年立春日時는 乙未日 酉時正刻이 된다. 또

庚戌年의 立春은 乙未日 酉時에서 五日三時辰을 推加하면 되는 바 丙申丁酉戊 己亥 庚子이 지만 前年의 立春時가 酉時였으므로 三時를 더하면 翌日 子時가 되어 庚戌年 立春日은 辛丑日 子時 初刻이 된다.

「立春三日何오」는 立秋節을 推算하는 方法을 말하는 바 戊申年의 立春日이 庚寅日인 경우 己酉年의 立秋日은 庚寅日의 天干인 庚字를 그대로 使用하고 그 地支만 三位를 退한다. 곧 寅에서 丑 子의 第三位인 庚子日이 立秋이다. 乙未日 酉時가 己酉年 立春日時이니 庚戌年의 立秋日時는 未午巳의 乙巳日이 되고 戌時가 立秋日時 기 된다. 時刻의 變化는 省略한다.

「隔岸退位更夏臨」이란 立夏節을 맞하는 立夏節의 推算法을 말한다. 곧 戊申年의 立春日이 庚寅日 午時이므로 己酉年의 立夏는 庚寅日의 寅字는 그대로 두고 天干인 庚字만 五位를 退逆하여 庚己戊丁丙의 第五位인 丙寅日 午時가 된 것이다.

「再過三朝冬又到란」 冬節의 入節을 뜻하는 立冬節의 推算法을 말한다. 곧 戊申年의 立春日인 庚寅日 午時에 서 己酉年의 立冬日時를 求하려면 天干은 二位를 進하여 壬이 되고 地支는 寅의 冲位인 第六位가 되니 己酉 立冬日은 壬申日 巳時가 된다. 庚戌年 立冬日은 己酉年 立春日이 乙未 酉時인 바 乙에서 二位 進하여 丁丁 未의 冲位인 丑支에 該當하니 丁丑日 申時가 庚戌年 立冬節入時가 된다. 辛亥年 立冬節日은 庚戌年 立春日을 알면 되는 바 辛丑日 子時에서 辛의 第二位인 癸日일 것이나 時刻의 一時辰 關係로 壬日이 되고 丑의 冲位인 未字이나 一字退하여 壬午日 亥時가 된다.

時刻의 算出法과 日字의 算出法 大小日의 分別法 等 曆算法은 別段의 研究部門이 될 것이므로 萬歲曆을 利 用하기 바란다.

第六十論　未來月朔節氣奧訣

月朔原來自古有하니　前九將對後九에
大月五千連九支며　小月四千八支遇요
六六之年仔細思하라　任君走盡風寒路로다
便做今年立春數로　算來又本無差誤며
四十七年前有閏이면　閏前二月是今逢라
分毫不消眞消息이요　盡在先生掌訣中이로다

但 觀中氣所在엔　閏前之月이요　中氣在晦면　閏後之月이며　中氣在朔에　無中氣則謂之閏月이니라。

「講」月朔이 原來부터 있는 古法이 있으니 九年前과 九年 後를 比較하여 살피는 法이 그것이다. 大月이면 五干을 進하고 地支는 九位를 進하며 小月이면 干이 四位를 進하고 地支는 八支를 進하여서 日進을 얻는 것이다.

例컨대 月朔이 小月이고 初一日의 日辰이 乙亥日이면 九年後인 庚辰年의 正月 初一日은 九年前인 壬申年 正月初一日인 乙亥日로부터 推算하면 된다. 곧 乙干의 四位인 戊干과 亥支의 八位前인 午支이니 庚辰年 正月初一日의 日辰은 戊午日이 된다. 또한 癸酉年 正月初一日이 己巳日이고 大月이면 九年 後인 正月 初一日은 癸丑日이 되는 것이다.

六六年 곧 三十六個月 마다 閏月이 되니 三年만에 初閏이 있고 五年만에 再閏이 온다. 이것은 先天數와 後天數의 一往一來하는 週年에 該當한다. 또 그 閏月이 月入되는 月節의 區別은 四十七年을 單位로 前二月에

該當한다. 이때에 二月前位란 再閏의 境遇를 살펴야 한다. 分毫의 差異도 없는 稀有한 眞消息이요 이 모든 것이 그대의 掌訣가운데 있으니 審究할지어다. 中氣의 所在를 또한 살펴야 되는 바 閏前月에는 中氣가 月初에 있으며 中氣가 없으면 이른 바 閏月이 되는 것이다.

中氣란 月節의 中期를 말하니 月初는 節氣라 한다. 곧 十五日이 一氣이니 一月은 二氣가 되는 바 今日에 쓰는 節氣는 漢代에 制定된 것이다. 劉歆作 三統曆 律歷志 月令章句를 參考하기 바란다. 朔中(月初)에 中氣가 있으면 이것은 前月閏이 되고 閏前月은 中氣가 그믐에 들게 되며 따라서 閏後月은 中氣가 그믐에 있는 것이다. 閏月에 中氣가 없는 것은 北斗星이 丙辰間을 비켜서 가리키기 때문에 他月과 相異한 것이다. 古에는 驚蟄이 正月中氣가 되고 雨水는 二月節이 되었는데 漢末 옥점이 改作하여 驚蟄을 二月節로 하고 雨水는 正月의 中氣로 하였으나 通卦驗과 今曆에는 淸明이 三月의 節氣이고 穀雨가 三月의 中氣이다
고 淸明을 中氣로 하였으나 通卦驗과 今曆에는 淸明이 三月의 節氣이고 穀雨가 三月의 中氣이다

第六十一論 截流年節氣日時刻數要訣

審詳春日莫他求니
時正刻眞節白酬요
五時二刻驚蟄是며
十時四時淸明頭에
立夏一日三時六이며
芒種一日九時收로다
二日二時二小暑요
二日七時四刻秋며
白露三朝單六刻이며
寒露三朝六時周며
立冬三朝十二니
大雪四四兩雙流니라

小寒四時九時六이요　　　五日三時打春牛며
節過子時加一日이니　　　此爲捷法記心頭하라

「講」 此法은 十二月節의 出入時刻을 詩誦으로 表示한 것이다. 前論한바와 같이 陰曆이 반드시 月曆이 아닌 것은 이와 같은 節候의 時刻이 一定한 算出法에 依해 細密히 밝혀진 것을 보더라도 알 수 있다. 따라서 陰曆은 月曆으로서의 勿論이요 太陽曆으로서도 現代의 그것에 比해 조금도 遜色이 없을 뿐만 아니라 어느 一面에서는 그 優越性을 認定하지 않을 수 없다는 것이다. 東方에서는 天文이나 地理나 醫藥등 모든 것을 陰陽五行干支法으로 다루었는 바 律曆志玉海律曆 時令에도 다 同一하게 記載되어 있다.

方氏가 말하기를 六候가 一月을 이루고 七十二候가 一歲가 되니 二候가 一氣에 該當한다. 따라서 六氣가 모이면 一時가 이루어지는 바 二十四節氣의 所應은 辨解한 것은 周文王의 弟인 周公이 成立되었던 것이다. 曆學을 깊이 硏究하고져 하면 陔餘叢考 淮南子天文篇 漢書曆志 周書時訓解 等을 아울러 解得하여야 한다.

第六十二論　日爲主(日干)

矛嘗觀하니 唐書所載有李虛中者에 取人所生年月日時하고 干支生剋으로 論命之貴賤하며 壽夭之說하야 己祥之矣러니 至於宋時에 方有子平之說하야 取日干爲主하고 以年爲根하며 以月爲苗하며 以日爲花하며 以時爲果하야 以生旺死絕休囚制化로 決人休咎하니 其理必然矣라 復有何疑哉리요.

내가 일찍 唐書를 보니 唐나라 大夫(首相級)인 李虛中이 사람의 出生年月日時를 取하여 그 干支의 生剋을 區別하며 이로써 다시 人命의 貴賤을 살피고 壽夭의 學說을 세웠다. 그 學說과 理論이 자못 昭詳한 바가 있었더니 宋代에 이르러 子平의 學說이 成立하였었다. 그 學說은 日干을 主로 하여 生年을 뿌리로 하고 生月을 싹으로 하며 生日을 꽃으로 比하며 生時를 열매로 삼았다. 또 生旺死絶休囚와 制剋 化變을 살핌으로써 人生의 運命을 決하였는데 그 理致의 必然함이 深히 玄妙한 바가 있어 다시 疑心할 餘地가 없었다.

「講」 生日을 陰陽으로 分別하여 五陽五陰 通變表에서 보는 바와 같이 甲日이 庚辛을 만나면 官殺이 되고 戊己를 만나면 財가 되는데 陰陽을 따라 正偏을 分別하였으니 日主가 陽인데 陽官이나 陽財를 만나면 偏이 되고 陰官과 陰財를 만나면 正이 되는 바 例컨대 甲日干이 庚戌壬 等을 만나면 偏이 되고 陰官과 陰財를 만나면 正이 되는 理致를 밝히었다.

我身인 日主를 生해주는 五行의 陰陽을 分別하여 印綬와 倒食을 決定하며 如斯히 食神 傷官 比肩 刦財 羊刃을 分別하고 이로써 人生의 富貴貧賤壽夭死生의 命을 斷하였으니 五者間의 相生相剋의 關係를 따라 二編 以下에서 說明할 것인 바의 格局을 分別하고 喜忌를 判別한 것이었다.

以日爲主에 生年爲大요 月爲提綱이요 時爲輔佐니 以日爲主는 大要看日에 加臨於甚度하야 或身旺하고 或身衰하며 又看支有格局하야 金木火土之數하며 後看月令中에 金木水火土何者旺하며 又看歲運에 有何旺하며 鄰次日下消詳이니 非此是拘之一隅之說也니라.

「講」 生年은 뿌리와 같으니 祖父가 되고 地支는 祖母가 되며 月柱는 提綱이 되며 時柱는 補佐役이 된다. 時干은 子가 되고 時支는 女息이 되니 뿌리에서 싹이 트고 꽃이 피며 열매가 맺히는 次序에 比하여 根苗花實이라고 부른다.

그러므로 年은 大本이 되고 月柱는 提綱이 되며 時柱는 補佐役이 된다. 日干이 主人이 되므로 日干에 加臨

하는 五行의 甚度를 따져서 먼저 身旺인가 身弱인가를 알아야 하고 地支에 어떤 格局이 있어서 金木水火土 五行數가 어떤가를 살필 것이며 끝으로 月令을 살펴서 月支에 暗藏되어 있는 五行中 어느 五行이 旺盛한가를 區別할 것이며 아울러 大運과 歲運에는 어느 五行이 旺强한가를 볼 것이요 日支를 또한 仔細히 살필 것이다.

且如甲子日生이 四柱中有個申字하고 合用子辰爲水局이니 次看餘辰何損益하며 四柱中有何犯損益하랴 其甲子日主之秀氣가 有壞하면 其用神則要하고 別制之不要라 蓋之論命者 切不可泥之요 月令消詳이니 故表而出之니라.

「講」 例컨대 甲子日生이 四柱中에 申字가 있으면 子辰과 合하여 水局이 되는데 辰字의 損益을 살펴야 한다. 甲子日主가 秀氣가 壞滅되면 用神이 要旺되는데 用神이 制壓當하는 것은 要望되지 않는다. 大蓋 命造에 要望되는 것은 停滯됨이 不可한 것이다.

(第十九柱)

金 庚申金 本命은 地支에 申子辰이 三合하여 水局을 이루었고 前論한 바 辰月은 土旺節이나 木氣 또한 旺盛한 春令에 該當하며 月干에 比肩甲木이 있어서 日主를 도와 준다. 特히 春木 甲辰土 令인 木旺節에 生하였다는 것과 水局이 日干甲木을 生助해주고 있다는 事實은 日干甲木 甲子水 木이 旺盛하다는 要件이 된다. 또 年柱의 庚申金 偏官을 살펴보면 庚金이 그 年支인 火 丙戌土 申에 앉아 있으므로 튼튼하고 辰土月이므로 土生金해 주니 偏官 또한 旺한 것이다. 그러나 日主인 甲木에 비하면 偏官庚金은 弱한 편인데 더우기 地支에 水局을 이루었으므로 庚金은 水로 變하지 않을 수 없고 다시 木을 生出해 주니 我尅者인 官星이 我助者로 引出된 것임을 留意하기 바란다. 따라서 此命은 身旺하다고 하는 것이다.

例의 第十九柱에서 본 바와 같이 我身인 日干을 도와주는 五行이 많으면 身旺이라 하고 日干인 日主를 尅傷하는 者가 많으면 身弱이라 하며 我身 日干과 尅傷되는 運에 發展하고 身弱한 者는 日主를 生助해 주는 運을 만나야 發身하는 것이다.

日主를 生助해 주는 者는 比肩 印綬와 偏印이요 我身을 尅傷하는 者는 偏官正官과 偏財正財 傷官食神이다. 以外에도 合과 局을 봐야 하고 我尅者를 制伏해 주는 五行은 生助者가 아닐지라도 生助者와 同一視되는 境遇도 있다.

(第二十柱)

金 庚 戌   丁亥
火 丙 戌   戊子
木 甲 子   己丑
水 癸 酉   庚寅
           辛卯
           壬辰
           癸巳

日干 甲木에 對하여 年干庚金은 偏官이요 年支는 戌土偏財이며 月干은 丙火食神이고 日支는 印綬이고 時干의 癸水는 印綬이며 時支酉金은 正官이 된다.

따라서 我身을 生助해 주는 五行이 旺하므로 身弱이다. 年中氣候(季節)를 表示하는 것이므로 旺衰를 決定하는데 있어서 重要한 標的이 된다. 또 天干의 比重은 地支에 比하여 弱한 것인데 本命의 月令인 出生時의 季節이 秋氣金旺節이고 土旺月이며 年干丙火가 生土하므로 財官이 甚旺하다. 日主인 甲木을 生助해 주는 것은 오직 時干의 癸水印綬 뿐이다. 癸水는 酉金에 依해 生助되고 子水에 祿되었으므로 秀氣가 있다고 하는 것인데 戌土가 水氣를 制尅하니 土가 忌神이요 酉金正官은 金으로 바꾸어 印綬를 生해주니 酉金은 喜神이다.

여기서 우리는 本命이 水旺運, 木旺運에 發達할 것이고 火土運에 敗亡할 것임을 알게 된다. 大運을 보면 亥子丑(北水旺鄕) 寅卯辰(春節木旺鄕)의 北東方으로 흐르니 發達할 運命이요 當貴하였음을 알게 된다.

第六十三論　月令

假令컨대　年柱가 本이니　帶官星印綬면　則蚤年有官이요　出自祖宗이며　月爲提網이니　帶官星印綬면　即懷慷聽明하야　見識高人이며　時爲補佐니　平生操履라　若年月日에　有吉神이면　則時歸生旺之處요　若凶神이면　要歸時制伏鄕이니　時上吉凶神은 則年月日　吉者生之하고　凶者制之니라　假令컨대　月令有用神이면　得父母力이요　年有用神이면　得祖宗力이며　時有用神이면 得子孫力이니　反此則不得力이니라.

例컨대 年柱가 根本이 되는 바 年柱에 官星이 있으면 官職과 貴命과 名譽 等을 表하는 吉神이므로 早年에 官職要路에 나아가고 祖上과 家門이 좋으며 月柱는 提網이 되는 바 官星과 印綬가 있으면 **懷懷** 心(世俗의 紊亂하고 不義함을 慨嘆하는 志士의 마음)이 많고 聰明하여 高貴한 사람임을 알게 된다. 時柱는 平生의 操行(行實)을 뜻하는 것이니 吉神은 生旺해 주고 凶神을 制伏해 주는 役割을 해야 한다. 또 月令에 用神(月主를 도와주는 第一 重要한 心腹으로서의 吉神)이 있으면 父母의 힘을 얻을 것이며 時柱에 用神이 있으면 子孫의 도움을 얻을 것이지만 이와 反對의 境遇에는 그 힘을 얻을 수가 없는 것이다.

(第二十一柱)

偏財　戊申　絶　七殺　辛酉
偏官　庚申　絶　七殺　壬戌
　　　甲午　死　傷官　癸亥
　　　　　　　　　　　甲子
偏印　壬申　絶　七殺　乙丑
　　　　　　　　　　　丙寅

「講」

本命은 庚金七殺이 極旺하다. 그러나 申中에는 前論한 바와 같이 壬水가 長生하는 바 甲木을 水生木해 준다. 特히 時柱에 壬水가 救濟해 준다. 그러므로 壬水는 大端히 旺盛하여 甲木을 尅傷해 주므로 日主는 몸둘 바를 모르는데 壬水가 旺金을 水氣로 돌려

주니 甲木은 廻生되는 것이고 時柱에 用神인 壬水가 있으므로 子孫의 德을 본다. 申年 水旺運에 如龍得水하

고 末年에 子息運이 좋았다.

如斯한 四柱에서는 土運은 極히 꺼리는 것이니 用神인 壬水를 剋制하고 庚金七殺만 生助해 주는 까닭이다.

(第二十二柱)

正官　癸丑　養傷官　乙卯　　本命은 春節과 夏節의 中間에 生하니 火木이 旺盛한 時節인데 辰月
比肩　丙辰　帶食神　甲寅　에 陽氣와 火氣가 있고 月支 午位에 帝旺羊刃이 되며 月干에 丙火가 튀어
　　　丙午　旺羊刃　癸丑　나와 日主를 도와 주니 日主丙火는 旺盛하다. 그러므로 日主의 氣運을 傷
偏官　壬辰　帶食神　辛亥　剋해 주는 時干의 壬水가 用神이다.

年干의 癸水는 丑中癸水와 辰中癸水(支藏干表 第三十四表參照바람)에 通根(뿌리를 얻었다는 뜻)하고 있어 旺盛하나 日主와 距離가 相隔되었으므로 그 役割은 壬水에 比해 弱하다 할 것이다.

한편 辰土는 旺하여 水氣를 除어 있으므로 水는 그 役割이 弱化되었다. 따라서 此人은 北方 癸丑 壬子 辛亥 大運中 크게 發達하여 太守(支那의 漢代 地方長官)가 되었다.

第六十四論　生旺

當法이 以金生巳하고 木生亥하고 火生寅하고 水生申하고 土居中央이니 寄母生이라 如戊在巳하고 己在午며 又土爲四季 하야 各旺一十八日이니 共七十二日이라 并金木水火土로 各七十二日에 其得三百六十日하야 以成歲功이니 此良法也니라.

金(庚)이 巳에서 長生하고 木(甲)은 亥에서 長生하며 火는(丙) 寅에서 長生하며 土는 中央에 居하여 母(生하여 주는 者)이니 水는 木의 母를 依寄하므로 受生하는 바 戊는 巳火에서 生旺하며 己土는 午에서 生旺한

다. 또 土는 四季에 屬하는데 各 季節의 끝에 十八日式을 管掌하므로 四季를 合하면 一年中 七十三日이니 이는 土의 所管이 된다. 金木水火 또한 各各 七十二日式을 管掌하므로 一年은 總合 三百六十日이 되는 것이다.

「講」 金은 寅木에서 絕되고 卯에서 胞胎되며 辰에서 養되니 巳에서 長生되는 바 第十四 表와 第十五表를 參照하라.

(第二十三柱)

甲午 浴 本命은 庚日干으로서 生月節에 長生되었다. 巳中에 있는 藏干 庚金에

己巳 生

庚申 建 日支에 得氣하고 生助해 주는 五行이 많으므로 身旺한 것이다.

庚辰 養

第六十五論 五行生旺衰絕吉凶

觀陰陽家書하니 有日生旺하며 有陰死陽生하고 陽死陰生하니 假如甲木生於亥하고 而死於午하며 乙木生於午而死於亥라 餘皆同例니라 故로 命에 十有九生이요 又非的法也니 論命에 豈可拘於生旺之說이리오 且丙寅屬火而絕於亥 水爲不好나 孰不測亥中有木하야 爲印綬而生丙火며 丙日多時에 乃多貴格이요 亦戊屬土而旺于巳며 兼又建祿木則貴格이나 孰不測巳反 生金之地而傷官星이리요 凡戊土巳時하면 官絕不顯이니 擧此二例로 則議命인댄 切不可專泥於生旺而吉이요 敗凶也라 又新 以活法이로다.

陰陽家書에 말하기를 日干에 生旺이 있는 바 陰死陽生하는 곳에 陽生이 있고 陽死陰生하는 곳에 陰生이 있으니 假如컨대 甲木이 亥에서 生하고 午에서 死하는데 乙木은 午에서 生하고 亥에서 死하는 것으로 火土金水가 一하다. 그러므로 命中에 十의 九生이 있다.

그러나 人生의 運命을 生旺說에만 依存할 것은 못된다. 곧 丙은 寅에서 長生하는 火이니 亥에서 絕하고 水 를 忌하는 것이지만 그러나 亥中에 있는 甲木이 印綬가 되어서 丙火를 生해 주는 例가 그것이다. 如斯한 境

遇 丙火가 많으면 貴格이 된다.

또 戊土는 巳에서 旺盛하는 바 兼하여 木官星이 建祿되면 貴格이지만 그러나 巳中에 있는 庚金이 長生地에 있어서 戊土의 官星인 木을 剋傷하는 것이다. 그러므로 戊土가 巳節에 生하면 마침내 官星이 不利하여 官星이 出現하기 어려우니 이와 같은 두 가지 例로 볼 때엔 生旺死絶論에만 全的으로 依賴함은 不可하고 마땅히 五行의 相生과 相剋等의 全體的인 活法속에 應用해야 된다.

(第二十四柱)
乙未
丙戌
癸亥
戊申

(第二十五柱)
壬戌
戊申
己巳
甲戌

「講」 前述한 天干의 生旺死絶論에서 본 바와 같이 天干은 地支에 一生一死地가 있다 하지만 左記와 같은 兩命은 死絶生旺說만으로 斷命함이 不可하다.

本命에서 亥水는 丙火의 絶地요 滅死의 땅이지만 亥中에는 甲木이 있으므로 丙火를 生助해 주고 水를 火로 變易시킨다. 또 四柱가 身弱이므로 火運이 吉하다.

日干戊土가 巳火의 火旺節에 生하여 戊土는 受生되고 兩戌土와 己土가 生助해 준다. 年干甲木이 官貴가 되나 貴하나 巳中庚金이 甲木을 剋傷하니 病이 된다. 따라서 貴氣는 損傷된 것인데 大運 또한 庚午 辛未 壬申 癸酉 甲戌 等의 金火運이 되어 官星貴氣가 살아나지 못하였다.

第六十六論 五行墓庫財印

丙丁生人이 以辰庫官水上庫干辰庫也라 須年月時中有木이어나 或亥卯未幷寅이면 鄒淸이요 如無木則上奪丙丁之官이니 則濁卑而不清이요 亦不顯이니라.

「講」 丙丁生人이 辰月을 만나면 庫官이 되는 것이니 辰中에는 乙癸戊가 暗藏되어 있어서 癸水는 丙丁火의

107

(第二十六柱)

癸卯　丁卯
戊辰　丙寅
乙丑
甲子
癸亥
壬戌

此命은 丙火午日이 辰土月에 生하여 洩氣하게 되고 癸水가 尅火하게 되므로 衰弱하다. 그러나 日支에 羊刃이 있고 卯木이 水를 木으로 變化시키고 日主丙火를 生旺케 해주며 辰月은 陽氣方暢에 火盛하기 始作하였으므로 日主는 도리어 旺盛하게 된 것이다.

따라서 本命이 貴命이 되는 것이다. 運路等 仔細한 說明은 後述한다.

第六十七論　官殺混雜要制伏

官星은 要컨대 純一할 것이요 雜되지 말것이다. 假如 甲木이 辛金으로 官을 삼는데 萬一 辛金이 年柱에 있고 月柱에 酉金이 있으며 時上에 또 正官이 있다면 이것은 官星이 많으나 無妨하니 純一하기 때문이다. 萬若 庚申金이 混雜하여 官星과 七殺이 섞여 있으면 日身을 傷害하게 되므로 大運이 巳午未의 南方火鄕으로 行하여서 官殺을 制伏하여야 發福하게 된다는 것이다. 餘他도 同一하다.

本命에서는 辛金이 正官이고 庚申이 七殺이 된다. 庚申偏官이 傷木함이 太多한데 申月金旺節에 甲木은 依

「講」 官星은 要컨대 純一할 것이요 不要雜이니 假如甲木이 用辛金爲官에 若年是辛하고 月是酉하며 時上亦是死官이면 雖多라도 盡不妨이니 盖純一盡好니라 若有金或庚申이면 則混雜爲殺이라 以傷其身이니 要行火鄕하야 制伏則發福也요 餘例此也니라.

官星이 되는 것이다. 印綬는 我身을 生해 주는 者이므로 木이 印綬이고 乙木이 또한 印綬이다. 四柱에 木이 있으면 火를 生하여 明曉하게 해 주는 氣運이 있거나 亥卯未木局을 얻으면 清貴할 것이고 木局이 없으면 火生土하여 日主丙丁火의 氣運이 盜奪되므로 卑賤한 命이니 이른바 濁하여 顯達할 수 없는 것이다.

(第二十七柱)

辛亥
庚申
甲辰
庚戌

此命의 大運은 辛酉 壬戌 癸亥 甲子 乙丑 丙寅이 되므로 初年 辛酉戌大運은 苦厄과 疾患이 있

第一 좋고 木運은 身旺케 해주므로 吉한 것이며 火運은 金을 抑制하는 故로 또한 有利하다.

持할 곳이 없었다. 그러나 年支에 亥水가 生身해 주고 申辰이 三合하여 水局이 되므로 甲木은 生氣를 얻은 것이다. 如斯한 命造는 水運을 만나서 旺金을 洩하는 한편 甲木을 生身해 주어야

겠으나 癸亥부터는 一路 上昇하여 發達하는 命이 된다.

第六十八論 五行生剋制化(所喜所重)

金旺得火에 方成器皿이요 火旺得水에 方成相濟며 水旺得土에 方成池沼요 土旺得木에 方能疏通이며 木旺得金에 方成棟樑이니라.

「講」 金이 旺盛하고 火가 있으면 그릇(成格)을 이룬 것이요 火旺에 水氣가 있으면 水火가 調和되었으니 可히 人材며 水日主가 旺盛한데 土氣를 얻었으면 池沼(연못)를 이루었으니 쓸만한 人物이요 土日主가 土氣가 旺盛하면서 木氣를 얻었으면 바야흐로 太重한 土氣를 疏通한 것이니 利器(生活道具)가 될 것이며 木日이 身旺하고 金을 얻으면 가히 國家社會의 棟樑이 될 것이다.

金賴土生이나 土多金埋요 土賴火生이나 火多土焦요 火賴木生이나 木多火熾며 木賴水生이나 水多木漂며 水賴金生이나 金多水濁이니라

「講」 金은 土를 依持하여 受生되지만 그러나 土氣가 太多하면 金은 파묻히게 되고 土는 또 火를 依賴하여 生出되지만 그러나 火가 太多하면 흙은 마르고, 水分이 하나도 없으므로 萬物이 生長될 수 없으며 火는

109

또 木에서 所生되나 木多하면 불이 酷烈할 뿐 成物하기 힘들고 木은 또 水를 依持하여 生成되는 것이지만 그러나 水가 太多한 境遇 漂流(물에 떠 내려간)함을 免할 수 없을 것이며 水는 다시 金으로부터 나오는 것이나 金이 太多하면 水가 過多해지므로, 맑지 못하고 흐리게 된다.

金能生水나 水多金沉이요 水能生木이나 木多水縮이요 木能生火나 火多木焚이며 火能生土나 土多火埋요 土能生金이나 金多土變이니라.

「講」 金이 水를 生하나 水가 太多하면 金은 물에 가라 앉아서 無用之物이 되는 것이요 水生木하는 것이지만 木多한 境遇 水勢는 萎縮(오그라져서 힘을 쓸 수가 없다)될것이 當然하고 木은 生火하는 것이지만 火多하면 木은 불타게 되니 死滅할 것이며 火生土하나 土多하면 불은 흙에 묻히어 꺼지고 土氣는 變滅하게 된다.

金能尅木이나 木堅金缺이요 木能尅土나 土重木折이며 土能尅水나 水多土流며 水能尅火나 火多水熱이요 火能尅金이나 金多火熄이니라.

「講」 金이 尅木한다고 하지만 木이 堅强(木旺)할 境遇엔 金은 이즈러지고 木은 또 能히 土를 尅傷하고 征服하는 地位에 있지만 土가 太重한데 木이 甚弱하면 木은 부러질 것이며, 土가 尅水하나 土는 甚小하고 水는 太多하면 土가 流失될 것이요、水가 尅火하고 火弱하면 물이 熱散될 것이며、火能尅金이나 金多하면 火熱은 꺼지고 말 것이다.

金衰遇火엔 必見消鎔이요 火弱逢水에 必爲熄滅이요 水弱逢土엔 必爲游塞이며 土衰遇木엔 必遭傾陷이며 木弱逢金에 必爲破斫이로다.

「講」 金이 衰한 中에 火를 만나면 반드시 녹아서 없어질 것이며 水弱한 中 土를 만나면 반드시 막히고 吸收될 것이며 土衰한 中 木을 만나면 반드시 허트러지고 가투나 먼지와 같이 힘이 없어질 것이요 木弱한 中 金을 만나면 반드시 破折(깨지고 부러짐)될 것이다.

强金得水하면 方挫其鋒이요 强水得木이면 方泄其勢며 强木得火하면 方化其頑이요 强火得土하면 方止其焰이요 强土得金하면 方制其害니라.

「講」 金이 過剛하면 부러지는 것인데 水를 얻으면 그 鋒銳(예리한 끝)가 꺾이어 강한 氣運이 洩氣되므로 부러질 念慮가 없어지니 吉하다. 예컨대 사람의 性品이 지나치게 剛하고 橫暴하면 이 사람은 마침내 事故를 내고 發達할 수 없는 柔하고 調和性 있는 人格과 社會的 洗鍊이 있어야만 待望의 人品을 所有하게 되는 것과 같다.

또 强水가 지나치게 强하면 그 形勢가 狂暴하고 淫濫하게 되는 것이니 木이 있어서 그 强勢를 消洩해 주어야 貴命이 되는 것이며 强木이 太過하면 거친 나무를 다듬지 못한 林木에 不過한 것이니 使用될 수 없다. 따라서 火의 光明을 만나서 木의 頑鈍함을 除洩해야 聰明하게 된다.

强火는 土가 없으면 炎熱이 太過하여 保用價値가 없어지니 마땅히 土로써 불꽃을 停止시킴이 必要하다. 그러나 萬一 强土가 金을 얻으면 害를 免하게 된다.

第六十九論 二至陰陽相生理

一年之內에 細分五行하야 配合氣候하니 於十二月之中에 各主旺相으로 以定用神이요 其中五行을 又分陰陽爲兩股니

111

於一年之中 各主生旺之氣니라 如多至陽은 則有木光生旺之理니 何則已試以甲乙日干生人이 在多至之前이면 陽氣未動이나 木方死絕이라 其木이 不甚吉利니라 若在多至之後면 陽氣已生이라 木乘煖氣하야 其命爵祿皆全이니 只要用火入格이니라. 又如丙丁日干生人이 在多至之前이면 遇水即滅이며 若在多至之後면 不甚忌水니 蓋丙丁乘木之生也니라. 夏至則陰生이니 則有金生水用之理라 如官歷所載요 夏至後逢庚爲三伏이나 益謂一陰生後라 金生而火因이니 明乎此는 則庚辛生於夏至之後요 金略有氣라 不甚忌火로되 其理尤明하니 學者는 不可不知矣니라.

「講」 一年의 四節候와 十二月中에는 五行의 旺相(木은 春에 旺하고 水旺節에는 相한다)하고 休囚(木은 火旺節에 休하고 四季(土)節에 囚하며 秋金旺節에 死한다)한 바를 따라 用神을 定할 것이요 또 一年中에 陰陽 二氣가운데 어느 것이 旺盛한가를 區別해야 한다.

곧 冬至에 一陽이 始生하니 木이 有光하고 生旺되는 것인 바 甲乙日干生이 多至 前에 生하였으면 陽氣가 아직 動하지 않았으므로 木은 그 氣運이 死絕된 것이다. 그러나 冬至 後에 生하였으면 陽氣가 生한 뒤이니 木이 煖氣를 받았으므로 官爵과 富貴가 兩全하게 된다. 또 丙丁日干生人이 多至前에 出生하여 水氣를 만난다면 死滅할 것이나 萬一 多至後가 되면 水를 甚하게 꺼리지는 않는다. 多至後에는 丙丁이 多至後에 生한 木氣를 타고 生旺해지는 때문이다. 夏至가 되면 陰生하게 되는 바 金生水하는 理致가 適用되는 것이다. 그러므로 夏至 後에는 庚辛金이 氣候로부터 得氣하게 되어 所持하게 되는 것이다. 비록 夏至 後에 三伏이 오지만 夏至 後에는 丙丁火는 自然히 官星을 氣候로부터 取하여 所持하게 되는 것이다. 따라서 金이 有氣한 故로 火를 甚하게 꺼리지 않는 것인 바 金生水가 適合하게 調節되어야 잘 成長될 수 있다는 것이다. 萬物은 溫度와 水分이 適宜하게 調節되어야 잘 成長될 수 있다는 때문이다.

本論에서는 多至에 一陽이 始生하여 陽이 極한 夏至에 이르면 一陰이 始生하는 陰陽의 週期的 循環原理를

112

五行推命에 適用하는 하나의 單式的 原理에 限하여 說明한 것이다. 따라서 如斯한 單式的인 要件들은 複數的이고 連鎖的인 諸般看命原理와의 紐帶的 關聯下에 考察될 部分의 原理들임을 再三 밝혀두는 바이다.

第七十論　子平要訣

造化先須詳日主니　坐官坐印衰旺取요　年時月令號提綱이며　元有元無旺重擧라　大抵官星要純粹요　正偏雜亂反無情이며　露官藏殺方爲福이요　露殺藏官是禍胎니라　殺官俱露將何擬오　混雜財官取財議며　官旺怕官忌刑冲이나　官輕見財爲福利니　年上傷官取可嫌이요　重怕傷官不可鑊이며　傷官傷財乃爲福며　財絶官衰福亦然이로다　貪合忘官은　榮不足이요　貪合忘殺은　爲己福이며　堪嗟身弱怕財多니　更歷官鄕禍相逐라　財多身弱食神來하면　食神殺必爲災會며　合天合地有刑尅에　更宜達士니　細推裁어다.

「講」人生의 運命造化는 먼저 日主를 詳察할 것이니 甲子日生이 癸水를 만나면 印綬이고 辛金을 만나면 官星이 되는 바 日主가 官地에 있으면 身衰한 것이고 印綬나 身旺地에 日主가 있으면 身旺한 것이다. 또 月令인 月支를 提綱이라 하는데 月支를 藏干中에 旺相한 者를 取用할 것이다. 大抵 官星은 令人 純粹하여야 할 것이니 正官과 偏官이 亂雜하면 오히려 無情한 것이며 露官藏殺(官星은 天干에 透出하고 七殺偏官은 地支中에 暗藏되어 있음을 말한다) 되었으면 福될 것이요 七殺이 透出하고 正官이 藏在되었으면 이것은 禍의 씨를 안고 있는 것이다.

例示하면 下命과 같다.

(第二十八柱)

戊申　辛酉
庚申　壬戌
甲寅　癸亥
辛未　甲子
　　　乙丑

本命은 月令에 七殺이 極旺하고 時干에 正官이 透出하여 官殺이 混雜되니 官殺이 至旺하다. 日主 甲木은 日支寅木을 專依하는데 大運이 水木으로 行하여 生身해 주므로 身殺

113

(第二十九柱)

壬子 甲辰
癸卯 乙巳
丙午 丁未
丁酉 戊申

이 相停되어 發貴하며 甲戌庚의 三貴가 있으니 貴格이다. 如斯한 命은 身弱이다.

日干 丙火는 卯月 印綬月에 生하였으나 日支와 年支의 子水가 旺하며 壬癸의 官殺이 天干에 뛰어 나왔다. 壬癸 七殺과 官星이 子水에 建祿帝旺되며 酉金이 生해주니 甚旺하며 官殺이 混雜되었으니 賤한 命이다. 또 子卯刑되고 卯酉는 冲되며 卯는 丙의 沐浴(亡身殺地)이며 財星(酉金)이 忌神인데 丁火가 長生되어 나의 財物을 規奪하니 妻宮이 不利하고 家道가 亡하였으며 南方 身旺運(吉運) 中에 盜賊의 頭目이 되었다. 申金大運에 七殺 壬水가 生旺되고 申子 三合하여 水局이 되니 死亡하였을 것이다.

(第三十柱)

庚戌 戊子
丁亥 庚寅
丁卯 辛卯
癸卯 壬辰
　　 癸巳

丁日干이 水旺月에 生하였으나 卯木이 生火하고 木局이 助力하니 弱하지 않으며 亥中 壬水는 正官이고 癸水는 偏官七殺인데 干上에 壬水가 없고 亥卯未 木局하여 官이 合하였으니 貪合이요 正官의 役割을 잊었으니 忘官인 것이다. 따라서 東南方運에 發身하였지만 正官이 貪合하여 忘官이 되었으므로 障碍가 있었다. 그러나 格局이 時上偏官의 貴命이므로 長官級에 이르렀다.

殺(偏官七殺)이 뛰어 나오고 官星이 뛰어 나오며 財星이 다시 官殺을 生하여 주는데 官殺을 制伏하지 못하니 恰似히 小人들이 人格과 道德이 있는 愛國君子를 抑制하여 正道가 行하지 못함과 같다.

本命은 比刦이 많으니 身旺하며 火旺節에 生하여 木火通明이 되었으니 文章이 뛰어난 命이다. 官星運과 財旺運에 發福하고 水旺運에 災厄 乃至 疾病死亡한다.

또 官旺한 四柱에 다시 官旺運을 만나면 大厄이 오고 刑冲되면 더욱 不吉하다. 그러나 官星이 輕弱하면 財星을 四柱內에서 만나든지 運에서 만나면 吉福이 된다.

(第三十一柱)

甲辰　壬申　年上에 傷官이 있으면 祖上을 傷害하는 것이므로 祖業이 不利하다. 傷官은 官星을 剋
辛未　癸酉　傷한다는 뜻인데 官星은 貴를 뜻하므로 祖上德이 없는 것으로 본다. 이때에 다시 月柱
甲寅　甲戌　에 傷官이 있으면 災禍가 甚한 것이다. 官星과 財星이 凶神이 되면 傷制함이 福이 되고
乙亥　乙亥　身弱할 때에는 財星이 死絶되고 官星이 衰地에 臨하면 福이 되는 것이다. 天干을 合하
　　　　　고 地支를 合하면 刑剋이 있어도 達士이니 仔細히 살펴야 한다.

第二章 詳解定眞論

夫生日爲主者는 行君之令이며 法運四時하야 陰陽剛柔之情과 內外否泰之道니라.

무릇 生日을 爲主함은 君主의 王令을 行함과 같고 하늘이 四時를 運行함과 같아서 陰陽剛柔의 情이 있고 內外否泰의 道가 있다.

「講」 生年月日時의 四柱八字를 取用하여 人命을 判斷함에는 日干을 本位로 하여 餘他의 七字와 對照하는 것이니 比喩컨대 君主가 國政을 統帥함에 王令을 行함과 같고 春夏秋冬의 四時가 調和됨과 같다.

春節에는 木이 旺盛하니 能히 火를 生할 수 있고 孟夏節에는 또 火가 旺하며 土氣가 생기니 火가 土를 生出하는 때문이요 孟秋에는 金旺하고 水氣가 있으니 金生水하는 때문이며 孟冬에는 水旺하고 木이 生氣를 얻으니 水가 能히 生木하는 때문인 바 이 四時의 運行原理는 곧 五行의 原理가 되는 것이요 人命의 原理와 一

致되기도 하는 것이다.

陽의 性質은 剛强한 天性을 象한 것이요 陰은 柔順한 地性을 表象한 것인데 萬有는 陰陽의 調和混成으로 이루어진 것이므로 陽中에도 陰이 있고 陰中에도 陽은 있어서 陽性的인 陰陽과 陰性的인 陰陽이 無盡하게 展開되는 바이다.

五行에도 前述한 바와 같이 甲丙戊庚壬은 陽이고 乙丁己辛癸는 陰이며 또 月令과 日干이 無氣하면 柔한 것이니 月令이 日干을 生해주면 有氣한 것이고 相剋하면 無氣한 것이다.

또 陰陽은 偏在되지 말 것이니 上下左右에 陰陽이 均衡되고 調和되어야 貴命이 된다. 例컨대 金日이 秋節에 生하면 剛한 것이고 金日干이 春夏節에 生하여 四柱안에 丙丁火가 있으면 木火는 强하고 金은 柔한 것이다.

또 金과 木이 싸움을 하고 中間에 流通調和시켜 주는 者가 없으며 無情한 것이고 火와 金, 土와 水等이 相爭하지 않으며 陰陽調和되고 偏枯됨이 없이 中和되었으면 有情한 것이니 이 몇가지는 重要한 일 中의 하나이다.

따라서 金木이 相戰하여 剛柔가 調和되지 못하고 無情하면 仁義가 없는 사람이다. 五行을 仁義禮智信에 配對할 때에 木이 仁이 되고 金은 義性이며 土는 重厚한 貌襲이므로 信性이 되며 水는 모든 것을 滋潤하고 流下하며 智에 屬하며 火는 禮에 該當하는 때문이다.

日干外에 五行이 透出하였으면 外라 하고 地支에 暗藏되었으면 內이니 內外의 否塞과 通泰(열리고 막힘)의 與否를 살피는 것이 重要한데 이 모든 分別은 어디까지나 日主(日干)를 根據로 하지 않으면 안된다.

또 一年은 十二月로 構成되었고 一日은 十二時(一時는 現代의 二時間)로 成立되었지만 一年三百六十日도

116

結局은 刹那와 時間이 쌓임으로 이루어지는 것이다. 또 歲와 日은 陰陽의 主人이니 年日(해와 날)이 다 陰陽을 時間 위에 實現하고 主宰하는 것이다.

例컨대 春夏에는 陽이 盛하고 秋冬에는 陰이 盛함은 해(年)가 陰陽을 主宰하고 示顯하는 次序이지만 날(一日)은 春夏秋冬의 年中陰陽盛衰를 追從하면서 一日 스스로의 陰陽의 消長을 實踐하고 있는 것이다. 그것은 마치 地球가 太陽界를 公轉하면서 地球스스로의 自轉을 行함과 같다. 嚴格히 말한면 이로부터 所生하는 것이 年이요 日인 바 日의 境遇 낮에는 陽盛하니 地球가 自轉하는 가운데 太陽과 相合된 때이고 밤에는 陰盛하니 月星과 合致한 때이다. 이것이 現代의 科學的方法에 依하면 公轉 自轉이지만 自然現象 그대로를 直觀할 때에 는 春夏秋冬이며 陰陽의 生成이요 陽(太陽) 合이며 陰(月星) 合인 것이다.

氣候의 年月日時를 世事에 配對할 때 歲는 君主(政府)와 같고 日은 君主를 隨從하는 臣下이다. 君命을 받은 臣下는 政事를 實踐함에 있어 一日이 單位가 되는 것이니 이는 地球의 自轉이 重視됨과 같다. 한편 臣下가 君令과 國家重大事를 施行함에 있어서 日字가 標準이 되는 것이 當然하고 月을 期約의 單位로 한다는 것은 輕慢視되고 늦으러지는 것이므로 生日이 本主가 되는 것이다.

四時(春夏秋冬)의 運行에 있어서 五行의 旺衰는 君令을 施行하는 制度와 같은 바가 있다. 곧 前述한 바와 같이 春節의 氣는 溫木이 七十二日을 主管하고 夏節의 氣는 炎火가 七十二日間 旺盛하고 秋節의 氣는 凉金이 七十二日間 旺盛하고 冬節의 氣는 寒水가 七十二日間 旺盛하고 四季土는 春夏秋冬節의 季末의 十八日式을 主管하여 溫燥濕冷의 四土가 旺盛하는 日數 또한 七十二日間이니 總合 三百六十日이 된다.

日干을 爲主로 斷命함에 있어서도 上述한 各節氣의 旺盛한 五行과의 關係는 매우 重要한 바가 있는데 天干은 天元이 되고 地支는 地元이 되며 地支中에 暗藏되어 있는 天干은 人元이 되는 바 官星이 있어서 或 福이 되고 或禍가 되기도 하는 吉凶의 理致를 以下의 例로써 說明하기로 한다.

(第三十二柱)

癸酉
甲午
乙巳
甲辰
癸卯

酉金이 正官貴氣인데 丁火와 午火가 剋傷해 주고 있다. 午火는 旺金을 制剋해 주나 日主의 弱한 氣運을 洩出하고 官星貴氣를 剋制하니 忌神이요 癸水는 金氣를 水氣로 바꾸어 日主를 助生하는 印綬이니 用神이다. 初年 戊申 丁未 丙午 乙運은 다 不吉한 運이고 甲運 癸卯運에 大發하였다.

(第三十三柱)

丙申
甲午
乙未
丙申
癸巳

甲木이 木旺節인 春節에 生하였고 辰中의 乙木이 도와 주며 나무는 흙에 뿌리를 뻗어야 힘을 쓰는 것인 바 봄 흙에 뿌리가 튼튼하니 得氣한 것이다. 寅中에 暗藏되어 있는 丙火는 年干에 튀어 나와서 더운 熱光을 加해 주는데 壬癸水와 申辰水局은 水分과 찬 冷氣를 生해주니 偏枯되지 않아서 有情하다 할 것이다. 南方火運과 西方金運에 크게 發身한다.

(第三十四柱)

丙申
戊戌
丁巳
己亥
戊戌

本命은 金과 火만이 相戰하고 日主는 金旺節인 八月에 生하니 木氣가 完全히 折剋되어 있다. 따라서 甲木은 甚弱하고 無氣하고 無情한 命이다. 如斯한 命造는 土運을 만나 서 火金間에 싸움을 和解시켜 주어야 安定될 命인 바 庚子大運中 剋木이 甚하고 子午冲하니 死亡할 命運이다.

(第三十五柱)

丁未
戊甲
己酉
丁酉
乙巳
甲午
庚午
辛丑

進退相傾이요.

「講」 辛金은 丙火로서 官星을 삼는데 火는 夏節에 旺盛한 것이므로 九夏(四, 五, 六月은 九十日間의 夏節이다)는 官을 生해 주는 때이므로 邁進이라 하고 八月은 官의 生氣가 물러나는 때이므로 官星은 前進할 수가 없는 것이다. 그러나 日主가 旺盛하고서야 慶榮하는 것이니 身弱하면 慶榮이 있을 수 없는 것이다.

(第三十五柱)

乙卯 甲申 癸未 壬午 辛巳 庚辰

辛金은 丙火로써 官을 삼는데 年柱의 乙卯木이 丙火를 生해 주니 吉하다. 巳午未 中年 火旺運에 大貴할 것이니 丙火 官星이 南方火旺運을 만나서 生氣가 進하는 때문이다.

(第三十六柱)

丙戌 辛酉 壬午 辛巳 丙午 辛丑

本命은 辛金이 丙火 官星을 만났고 九夏에 官星이 進出하는 時期이지만 日主 辛金은 丙午巳火에 依해 剋害됨이 太甚하며 辛金이 依持할 곳은 오직 年柱의 辛丑일 뿐이다. 따라서 官星火運을 만나면 大凶하고 土運이나 金運이 福運이 된다.

動靜相代하며

「講」干이 天이니 陽性이므로 能動할 것이요 靜하지 않을 것이며 支는 地가 되니 陰性이므로 靜하고 動하지 않는 것이다. 甲은 곧 干의 首이고 子는 地支의 首로서 其他의 干支가 다 一動一靜하고 一陰一陽에 循環 不息하는 바 人命의 四柱五行이 相剋하지 말 것이 堅要한 일이요 六十花甲子의 相生함도 또한 重要하다.

取固亨出入之緩急하고

堅固하고 亨通함과 大運의 出入의 緩急을 取하고

「講」人命의 貴賤吉凶을 알고자 하면 먼저 生日의 身主가 堅固한가를 보고 다음으로 四柱中의 財官이 破害되지 않아야 亨通하는 理致를 살필 것이며 陽男陰女는 그 大運이 順行하고 陰男陽女는 大運이 逆行하는데

禍福의 往來가 急速하고 遲緩되는 까닭을 알아야 한다.

癸未　庚申　金旺節에 生하고 癸水가 다시 生助하여 주니 身旺하다. 巳午未火는 壬日의 財가 되니
辛酉　己未　吉慶의 運이다. 身主가 旺하면 財官을 좋아 하는데 四柱에 財官이 나타나 있고 다시 大
壬申　戊午　運이 財官鄕(本命의 境遇 夏節火運에 該當함)에 이르면 官祿의 進級과 榮達이 急速하게
戊午　丁巳　成取되는 때문이다.

(第三十七柱)

萬一 四柱에 財官이 없으며 日主가 無氣한데 大運이 財旺地로 行하면 모든 것은 退散하고 成取되는 일이
없다. 或 吉運이 到來하더라도 福은 弱해지고 마침내 禍를 招來하게 까지 된다. 또 如斯한 命은 災厄이 오는
것은 急速하고 福祿이 이르는 것은 늦어진다.
그러므로 財官이 有氣하면 自然히 亨通한다고 하였다.

女　命

丁丑　庚戌　此命은 極弱하다. 金氣가 太旺할 뿐 日主丁火는 依持할 곳이 없으니 太弱하여 夭死할
己酉　辛亥　命으로 보이나 그러나 亥水中에 甲木이 있어 殺印生身이 되니 吉하다. 印輕한 者는 官
丁亥　癸丑　殺에 依賴하여 生助되는 때문인바 女命은 身弱이 身强보다 오히려 貴한 때문이기도
庚戌　甲寅　하다.
　　　乙卯

(第三十八柱)

求濟復散歛之巨微니라.

進濟하고 復退하며 散去하고 歛聚함에 있어 그 크고 작은 것을 求해야 한다.
「講」功名의 進退와 財帛의 聚散이 巨多하고 寡微함을 五行의 構造로서 알 수 있다. 五行의 命과 運을 보
고 富貴貧賤禍福과 그 多寡를 發覺하게 되는 것이니 四柱에 財帛의 氣가 있는 日干이 旺强하며 敗財(刦財)와

羊刃이 있는데 財帛(財星이니 偏財와 正財임)의 節鄕으로 運이 行하면 得財하고 大發하는 것이다.

그러나 元命에 財帛이 있을지라도 七殺官鬼等에게 被奪되고 다시 日主가 衰弱한데 運이 財旺地에 向하면 財運도 發하지 못하며 損財傷妻한다. 따라서 그 根元이 淺薄하면 福이 寡少한 것이니 賦에 말하기를 「福星이 臨해도 禍가 發하고 凶한 마음이 감추어져 있다」고 하였으니 身弱하면 財星과 官星의 貴가 있어도 勘當할 수 없으니 病弱한 사람에게 무거운 짐을 지워주는 것과 같고 無能한 사람에게 重責을 맡긴 것과 같다.

(第三十九柱)

丁　丑　辛丑
壬　寅　庚子
丁　　　己亥
庚　子　戊戌
乙　酉　丁酉
　　　　丙申

寅月은 木旺節이나 아직 寒氣가 未盡하였는 바 酉丑金局을 이루고 壬子水가 旺하니 四柱에 火氣 곧 더운 불이 不足하다.

辛丑 庚子運은 水氣를 도와 주고 年上의 丁火를 傷害하므로 不利한 運이었으나 亥運에는 亥中의 甲木이 生火해주므로 家財가 興隆하였고 戌戌運에는 旺水를 尅하므로 發福하여 大富가 되었다. 丁運에 亨通하였으나 酉運에는 旺水를 더욱 生해 주고 庚金의 旺水인 寅木을 傷害하며 羊刃運이 겹치어 死亡하였다. 丁火官星이 旺水에 依하여 制尅當할 뿐만 아니라 丁壬木이 合하여 羈伴(기반=用神이 合되어 他五行으로 變易됨)이니 本命에서 正官인 丁火用神이 性格과 合하여 羈伴으로 變한 것과 같다. 이때에 陰干인 丁은 그 本性을 잃어버리나 陽干인 壬水는 旺水로서의 性格을 잃지 않는다. 따라서 壬水가 用神이었다면 羈伴됨을 不拘하고 用神으로 取用하는 것이고 丁火가 用神일 때는 抛棄하고 쓰지 않는다.) 되므로 官貴는 없어진 것이고 오직 財福만 勝하였다. 日主庚金은 時上乙木과 合하여 庚合이 有力하여지고 酉金에 帝旺羊刃이 되어 有氣하며 丑土와 子丑合土와 寅中戊土가 生助하며 酉丑金局이 또한 도움되는 것이므로 日主가 不弱하니 財命이 有氣하여 富命이라 할 것이다. 特히 戊戌大運은 旺水를 制하고 日主를 도와주니 旺財가 크게 살아난 것이다. 歸祿이나 官星이 있으므로 破格한 것이다.

擇日之法이 有三要하니 以干爲天이요 以支爲地요 支中所藏者가 爲人元이며 乃分四柱에 以年爲根이요 月爲苗요 日爲花요 時爲果며 又擇四柱之中에 以年爲祖上이니 則世代宗派盛衰之理요 月爲父母니 則知親蔭名利有無之類요 以日爲己身이니 當推其干搜用八字하야 爲內外生尅取捨之源이라 干弱則求氣旺之藉하고 有餘則欲不足之營이니라.

日干을 爲主로 하는 法에 세가지 要緊한 法(三元)이 있으니 天干을 天으로 삼고 地支를 땅으로 삼으며 支中에 所藏된 者를 人元으로 삼는 것이 그것이다. 또 四柱를 分別하면 年柱는 뿌리가 되고 月柱가 싹이 되고 日柱가 꽃이 되며 時柱는 열매가 된다.

四柱를 分別하는 또 한가지 方法은 年柱로 祖上을 取하여 祖宗의 盛衰를 알고 月柱로 父母宮에 配對하여 父母德과 父母의 名利가 있고 없음을 알며 日柱는 自身에 比하므로 日干을 八字에 對照하여 內外의 生尅을 取捨하는 根源을 삼는다. 身主가 弱하면 生旺의 氣를 얻어야 하고 日主가 旺하면 日主의 氣運을 不足하게 덜어 주어야 한다.

「講」 日主를 基本으로 하고 看命함에 있어서 먼저 官이 있음과 없음과 財星이 있고 없음과 印星이 있고 없음을 찾아서 貴賤을 分別한다.

年月柱가 根苗(뿌리와 싹)가 되는 것인 바 年月에 財官印이 있으면 根苗가 有氣한 것이니 開花하고 結果하는 일도 따라서 期待되는 것이다.

그러므로 經에 말하기를 「싹은 뿌리에 있는 것이고 열매는 꽃에 있는 것이니 이를 分別한 뒤에 凶神 吉神을 살펴서 吉神은 取하고 忌한 것은 버릴 것이다」하였고 또 賦에 「喜者는 取하고 憎者는 버릴 것인데 日干이 弱한 者가 必要하지만 日主가 旺한則 我身을 生助해 주는 五行은 버려야 하는 것이며 太過한 則 오히려 不及한 命造와 同一하니 太過함은 太剛한 것이고 不及은 太弱한 것을 말한다. 그러므로

如斯한 命主者는 損財하고 傷妻하게 되는 것인 바 이것이 天元地支요 根苗花果이니 仔細히 詳察하라고 하였다.

다시 말하면 人命에 元來 財官이 있고 大運에서 財地를 얻어야 發福하는 것이지 元命에는 財官이 없고 運에서만 財官을 만나는 것은 福命이 되지 못하는 것이니 뿌리가 먼저 生한 然後에야 싹이 있고 꽃이 있은 뒤에야 열매가 있음과 같은 것이다.

따라서 年月日에 財官印이 있고 日主가 弱하지 않으면 富貴命에 合하고 刑害가 없으면 祖上의 根基가 榮華로운 것이며 祖上의 名譽와 蔭德과 田宅의 遺產이 길이 保存될 것이요 命造가 不然하면 反對의 運命이 된다. 또 月柱는 父宮이 되니 財官이 있고 旺盛하며 冲破함이 없고 다시 日干이 生養地에 臨하면 父母의 福을 받는다고 할지라도 長久하게 維持할 수 없다. 日干은 自身이니 生日의 日干이 何宮에 居하면 비록 父母의 福을 받을 것이며 日干이 死衰地(月節)에 居하면 年月時는 何格局에 屬하는가를 살핌에 있어 財官을 特別히 重視할 것인 바 財官이 있고 刑冲破害가 없으며 年月時에 臨하였으면 好命이 된다.

壬癸日生人이 冬月에 生하였으면 비록 日干이 旺盛하더라도 마침내 取富하기는 어려우니 火氣를 얻어 財貴가 같이 旺盛해야 비로소 取富할 수 있다. 그것은 冬節이 寒冷하기 때문에 煖燥한 土(未와 戌)나 丙丁火의 도움이 必要하게 되는 때문이다. 二編以下의 格局論에서 再論한다.

干同以爲兄弟니 如乙以甲爲兄에 忌庚重也요 甲以乙爲弟에 畏辛多也니라.

日干과 같은 十神을 兄弟로 比하니 乙이 甲으로써 兄을 삼는데 庚金이 重한 것을 忌하며 甲이 乙로써 弟를 삼는데 辛金이 많은 것을 두려워한다.

「講」 陽干이 兄이 되고 陰支는 妹가 된다. 庚金이 많으면 甲木을 害하고 辛金이 많으면 乙木을 害하는 바 陽克陽하고 陰剋陰하여 七殺이 되는 때문이다.

我剋者인 官星이라도 正官은 貴格이 되니 陰陽이 配合되는 때문인데 仔細한 것은 後述한다(二編의 正官論 參照)。

干剋以爲妻財에 財多干旺則稱意나 若干衰則反禍矣리라.

日干이 剋하는 五行이 妻財인데 財星이 많고 日主가 旺하면 貴福의 命이 되고 干衰한 則 도리어 禍가 된다.

「講」 財多하면 日主가 旺強해야만 財物을 任意로 勘當할 수 있어서 財福이 發한다. 日干이 衰하게 되면 財星을 勘當할 能力이 없으므로 均衡을 잃어 禍를 입게 된다. 書에 「財多하고 身弱하면 富家에 사는 貧人이 다」라고 하였다.

干與支同은 損財傷妻니라.

日干과 日支가 同一하면 損財하고 傷妻하게 된다.

「講」 干支가 同一하다 함은 甲寅 乙卯 戊辰 等의 日柱를 말한다. 干과 同一者는 我剋의 妻財를 剋害해 는 者인데 月令이 日干의 氣를 生旺해 주고 年時에 財官이 없으면 此人이 반드시 窮乏하고 損財傷妻하며 貧寒한 사람이 된다.

그러나 財多하고 日旺하면 外世安然하고 擧動이 다 如意하게 進展될 것이다. 例컨대

財多日弱하면 妻와 財産으로 因하여 災殃을 받게 된다.

(第四十柱)

乙酉　辛巳　壬癸日生은　丙丁火로써　財를　삼는데　五月은　財旺節이니　丁火의　祿地에　出生하였으므
壬午　庚辰　로　財旺하다。壬水는　午火絶地에　있어서　身弱하여　財星을　勘當할　能力이　없는　中　壬癸
壬午　己卯　比刼이　와서　財星을　두고　싸우게　된다。此人이　妻로　因해서　禍를　입고　獄中에서　死亡하
癸卯　戊寅　였다。

　　男取尅干爲嗣요　女取干生爲子니　存失皆例요　以時分野라　當推貧賤富貴之區니라。

　財星이　있는데　比肩이나　刼財가　있으면　比刼이　命中의　財를　가지려고　다투게　된다는　것이다。그러나　身弱
한　境遇에는　比刼이　있어야　日主를　生助하게　되는　것이니　財多身弱하면　比刼은　기꺼운　吉神이　된다。此命이
妻禍를　當한　것은　財星이　太旺하여　比刼이　있어도　勘當할　수　없는　中　大運이　助火하고　戊土七殺이　水를　尅滅
하므로　比刼은　全혀　財에　屈伏되고　농락을　當한　때문에　마침내　妻禍를　받은　것이다。

　　男命은　官星으로　子息을　삼고　女命은　日干이　生하는　食傷으로　子息을　삼는　바　잃고　存養합이　다　같은　理致
이며　또　時柱如何를　보고서　子息의　富貴　貧賤을　推測하는　것이다。

　「講」甲乙日生의　男命은　庚辛으로써　子息을　삼고　女命은　丙丁으로써　子息을　삼는데　時柱가　子息宮이　되므
로　子息에　該當하는　官星이　時柱에서　生旺되면　子息의　福이　있고　子息을　表하는　官星(女命은　食神)이　時柱에
서　衰滅되면　子息福이　없다。萬一　子息을　尅害하는　傷官이나　倒食　等이　時柱나　四柱에서　強旺하게　되면　子息
이　없다。

　神谷子가　말하기를「男이　日干을　尅하는　者를　子息으로　取하므로　六庚日이　午時生이면　子息이　많은　것이
다」라고　하였다。庚金은　乙木으로　財를　삼고　妻를　삼는데　乙木이　火를　生하니　庚金을　尅하는　午火가　子息이

된다. 따라서 午時면 (庚辛日柱의 男命) 火의 祿旺地이니 子息이 많고 富貴하는 子息이 많다.

萬一 六庚辛日生이 戊亥子時에 生하였으면 金水의 分野로서 子息을 表하는 火神의 死絕地이므로 子息이 稀少하며 孤獨貧賤한 子息을 두거나 僧道人이 되거나 過房亂嬌하여 養子하게 된다.

女命의 境遇에도 同一한 原理로서 食神傷官을 根據로 하여 推知하기 바란다. 女子는 我生者로 子息을 삼는 바 甲은 丙을 生하고 乙은 丁을 生하며 丙은 戊를 生하고 丁은 己를 生하며 戊生庚하며 庚生壬, 辛生癸, 壬生甲 癸生乙하니 如斯한 日干의 所生者가 子息이다.

子息을 表하는 天干을 標準하여 時支가 長生 沐浴 冠帶 臨官 帝旺에 該當하면 當主가 子息이 많고 美麗하며 富貴하니 甲日生의 時支가 巳午 未申 酉時임으로 보아 衰病死墓絕이 되거나 胞胎冲刑地가 되면 子息이 적으며 孤貧하는 것이니 甲日生의 時柱가 戊亥子丑寅卯時가 그것이다.

理愚歌에 云호되 五行眞假少人知니 知時須是泄天機가 是也라 俗以甲子作海中金이 即蘂景之前이나 未知金在海中之論이 로다.

「講」 本文에 關해서는 第一章 第十二課 六十花甲子納音論의 「講」 條 序頭에서 仔細히 說明하였으니 **參考**하기 바란다.

或以年爲主者나 則可知萬億富貴相同者니 以甲子年生이 便可爲本命이요 忌日之戒니라.

「講」 古法에는 年柱年干을 主로 하여 看命하는 例가 往往이 있었는데 富貴相同者가 許多하여 誤謬가 있으므로 子平法에서는 日主로 爲主한 것이다. 곧 日干天元은 主人이 되고 日支는 妻妾이 되며 生年은 本根이 되고 祖上田宅의 宮座가 된다.

甲子年生의 太歲와 日支日干이 冲戰尅害하면 이름이 「命主가 不和한 것」이니 祖案 田宅과 兄弟 明友를 依持할 수 없다는 것이다. 곧 그 德이 없다는 것이다.

萬一 生年月時中과 本命干支가 會合하여 入局(二編에서 說明할 格局)하고 財官貴氣를 만나면 平生토록 祖宗田宅의 基案이 豊厚하고 名譽가 있게 된다.

以月爲兄弟니 如火命이 生酉戌亥子月이면 言兄弟不得力之斷이니라.

月로써 兄弟를 삼으니 例컨대 火命이 酉戌亥子月에 生하면 兄弟의 힘을 입지 못하는 것으로 判斷하는 것이다.

「講」 月柱는 兄弟의 宮이 되고 또 比肩 刦財가 兄弟星이니 六丙日生人이 丁火로써 弟妹를 삼고 六丁日生은 丙火로써 兄姊를 삼는데 酉月은 火가 死하고 戌月은 火가 墓되며 亥에서는 火絶되고 子는 火胎懷地이니 兄弟의 힘을 얻을 수 없는 것이다.

反對로 火日生이 寅巳辰午月生이면 兄弟力을 얻는다고 본다.

以日爲妻財니 在空刑尅殺之地면 言尅妻妾之斷이니라.

「講」 生日의 地支가 妻妾宮이니 尅殺됨이 없어야 하는 바 空亡되거나 刑尅되면 傷妻하며 重婚, 再娶하게 되고 輕하면 疾病으로 苦生한다. 丙午 戊午 壬子日生은 妻宮이 不吉하다.

(第四十一柱)

庚午
丁巳
甲寅
甲申

本命의 日支는 刑冲되고 日干과 日支가 同一하며 財氣가 忌神이니 妻福이 全無하다.

以時爲子息이니 臨死絶之鄕이면 言子少之斷이니라.

「講」 時柱가 子息宮이니 男命의 時支가 宮殺의 死墓胎絶死衰病地가 되면 子息이 甚少하다. 時柱가 刑冲空破되어도 子宮 不吉하니 前論과 三編의 子孫論을 參考하기 바란다.

蓋此論之컨대 非人之所爲요 造化陰陽所致니 傾世術士는 不知此理潛亂於俗하야 不可以言傳이요 當考幽微之妙矣하라.

大抵 人命世事가 사람의 任意로 되는 것이 아니고 天地의 造化와 陰陽의 所致이니 傾世의 術士는 이 理致를 알지 못하여 毫厘의 差로 千里의 誤謬를 가져오는 바 五行의 變通하는 理致와 그 取用하는 方法이 多端하므로 可히 말로서 傳할 수 없는 것임에 그윽하고 微玄한 妙理를 깊이 考究할 지이다.

祖上父母와 兄弟妻子와 朋友心腹과 貴賤榮枯가 人間의 能力으로 決定되는 것이 아니며 鬼神이 移轉할 수도 없는 것이다.

古人이 말하기를 「自來로 賢達之士는 經典에 博通하고 盡性窮理(眞理를 깊이 探究)함으로써 造物이 五行에서 發端된 理致를 밝히며 通達해서 明曉하지 않음이 없어야 한다」고 하였고 일찌기 孔夫子께서도 「그 命을 알지 못하면 君子라할 수 없다」고 말씀 하시었다.

第三章 喜 忌 篇

四柱論定인댄 三才次分하고 專以日上天元으로 配合八字干支니라.

四柱를 論定함에는 먼저 三才를 分別하고 日上天元을 爲主로 하여 八字의 支干에 配合해야 한다.

「講」 무릇 運命을 鑑定할 때에는 먼저 年月日時의 四柱八字를 보고 다음으로 天地人三元(天干地支 支中藏干)을 分別하여 年이 根基가 되고 祖宗이 되며 月은 父母兄弟와 苗가 되고 日支는 妻妾이 되며 時柱는 열매가 되고 子孫이 되는 等을 살필 것이요. 三元의 金木水火土五行을 살피고 月이 提網이 됨과 財官印의 有無와 敗傷爭鬪尅害와 旺衰 等을 識別해야 하는 것이다.

有見不見之 刑이요 無時不有니라.

「講」 甲의 正官은 辛金인데 酉官(地支正官)을 卯字가 卯酉相冲하면 合하는 것을 좋아한다. 이때에 만일 巳酉丑合이 있으면 冲破가 있어도 冲破로 보지 않는 것이며 生旺尅制衰絶의 地支造化가 有見不見之形(支中所藏造化)이요 四季의 衰墓絶에 있는 餘氣와 五行의 休旺配合生死와 冲破尅害의 變化가 無時不有 (或은 官貴를 三合하는 六合하는 等)의 造化이다.

이와 같은 原理는 妻財와 子孫 父母 兄弟 等의 境遇에도 同一하게 適用되어야 한다.

神煞相絆에 輕重比較니라.

神殺이 相混하였으면 輕重을 比較할 것이다.

「講」 神煞는 貴人이요 殺은 七殺인데 神殺(官殺)이 混雜되었으면 節氣의 深淺을 봐서 輕重을 區別하며 또 去殺留官 或은 去官留殺을 보아서 輕重을 살필 것이다.

去殺留官과 去官留殺에 對한 說明은 第二編에서 詳細히 取扱될 것이므로 여기서는 省略하기로 한다.

(第四二柱)

壬申　本命에서 辛은 正官이고 申은 甲木이므로 七殺이다. 그러나 六月炎節에 申金이 쇠
乙未　衰를 當하지 않을 수 없을뿐 아니라 壬水가 洩氣시키므로 日主를 傷하지 않는다. 辛金正官貴
甲子　人은 時上에 近在하여 濕土인 丑이 生助해 주므로 貴氣가 더 强하다. 따라서 神殺混雜되어 있
辛丑　으나 申金七殺은 子申三合되고 制伏되었으니 身旺運에 發身할 것이다.

萬一 命造가 이와 反對가 된다면 窮乏禍厄이 있다.

若乃時逢七殺은 見之라도 未必爲凶이니 月制干强하면 其殺이 反爲權印이니라.

만일 時柱에서 七殺을 만났으면 이 七殺은 반드시 凶兆는 아니니 月令이 制壓하고 日主가 强할 境遇에는 殺이 도리어 權貴로 化한다.

「講」 本論이 時上一位貴格에 該當하는 바 七殺이 一位면 貴하나 再見함은 不要한다. 要컨대는 日干이 生旺될 것이니 刑害羊刃을 두려워 하지 않으며 爲人이 性重하고 剛執不屈한다. 萬一 四柱中에서 時上七殺을 制伏함이 있다면 官旺運을 만난 然後에야 可히 發福할 것이다.

또 制伏만 專論할 것은 아니니 實로 貴함은 五行이 中和되는 일이다.

130

財官印綬全備는 藏蓄於四季之中이니라.

(第四十三柱)
甲申
丙寅
乙卯
辛巳

此命이 時上에 辛金偏官이 있는데 月上의 丙火가 制伏하고 身旺하여 中和를 이루고 偏傾됨이 없으므로 官貴한 것이다. 年支의 申官이 混雜되었으나 身旺하고 丙火가 旺盛하여 制止하니 寅月이 아직 寒氣가 餘强한 中 丙火가 煖照하므로 貴한 것이다. 財官運에 大官이 된다.

「講」 此論은 雜氣財官印綬格을 말하는 것인데 四季란 辰戌丑未를 말한다. 天地不正의 氣이므로 雜氣라 한 것인 바 二編에서 詳論한다.

財星과 印綬와 官星을 全備한 것은 四季節中에 감추어져 있다.

前述한 바와 같이 辰中에는 乙木餘氣가 있고 癸水가 있다. 또 그 正氣는 戊土였다. 따라서 日干丁火가 辰月生이면 辰中에 있는 癸水는 官이 되고 乙은 印이 되며 戊는 傷官이 된다. 戊日生이면 乙은 官이 되고 癸는 財가 되니 財官印이 다 月支에 감추어져 있는 것이므로 雜氣財官格이라고 한다.

雜氣財官格은 모름지기 雜氣에 감추어져 있는 藏干이 四柱中의 天元에 透出된 與否를 살펴야 하는 바 透出된 藏干中 어느 字가 福이 되고 禍가 됨을 先別하고 다음으로 節氣의 深淺을 分別해야 한다.

萬一 殺官이 少하면 殺官을 制伏하는 大運을 만나야 身旺하여야 좋고 身旺하면 財官의 庫藏을 冲開하거나 財鄉運으로 運行하여야 發福한다.

藏干中에 殺이 福이 되고 禍가 됨은 財庫雜氣가 未일 때 大運中에 丑字가 오면 未와 丑이 冲하는데 이때에 未中에 감추어져 있는 乙丁이 뛰어 나옴을 말한다. 冲開에 關한 說明 또한 二編에서 取扱한다.

(第四十四柱)
丙戌
戊戌
甲午
己巳

己亥 庚子 辛丑 壬寅 癸卯 甲辰 乙巳

本命은 中國庚代의 史太師의 命이니 戊月에 出生하여 雜氣財官格이다. 此格이 戊中에 있는 辛金과 時上의 己財를 쓴다. 柱中에 財가 旺盛하므로 官星은 自然히 生한다. 그러므로 富貴 雙全하였는데 但 墓庫中에 用物이 있으므로 開庫하지 않고서는 發身할 수 없는 것인 바 刑冲破害가 와서 開局하므로 財發하여 貴하게 된 것이다.

大運은 己亥 庚子 辛丑 壬寅 癸卯 甲辰 乙巳이니 丑運에 丑未가 刑되므로 發身하였고 辰運에 辰戌冲하니 大貴한 것이다. 本命은 納音五行法을 參考하여 鑑命하기 바란다. 本命은 火土를 從하는 特別한 格에 屬하는 別格이다.

萬一 四柱에 元來 刑冲破害가 있으면 다시 運이 와서 開局해 줄 것을 要하지 않으며 比肩이 있으면 貴가 도리어 賤으로 化한다. 元命에 刑冲破害가 없으면 此運을 기뻐한다.

(第四十五柱)
戊辰
壬戌
丁丑
丁未

癸亥 甲子 乙丑 丙寅 丁卯 戊辰

洪武皇帝命이니 戊月에 生하여 雜氣財官格이다. 未中에 丁이 있고 戌中에 丁이 있어서 通根됐다고 하는 바 日干丁火가 弱한듯 하면서도 弱하지 않다. 戌中에 있는 辛金財星과 丁火를 쓰고, 壬水正官이 透出하였으며 原命에 刑冲이 俱全하여 四庫가 開局되었으며 五行의 調和가 玄妙하여 一字의 移動도 不可하니 極貴의 命이 되었다.

(第四十六柱)
戊戌
壬戌
甲子
己巳

戊辰 丁卯 丙寅 乙丑 甲子 癸亥

辰史太師의 命이니 戊月生雜氣財官格이다. 戌中의 辛金으로 正氣官星을 삼고 巳中의 丙火가 調候하며 戊土가 壬水를 制하니 貴命이다. 水木運中 發福한 命造이다.

官星財氣長生鎭은 居於寅申巳亥니라.

132

官星財氣의 長生은 寅申巳亥에 있다.

(第四十七柱)

壬申
癸丑
甲寅
丙寅
乙卯
丁巳
己亥
壬子

「講」 財官이 寅申巳亥의 四孟에서 生旺하니 곧 五行의 長生地인 것이다. 例컨대 此命이 先榮後辱의 命이니 甲으로써 官을 삼는데 亥中에 甲木이 長生하고 己土가 壬水로써 財를 삼는데 申中에 壬水가 長生하며 己土가 丙으로 印綬를 삼는데 丙火가 寅中에서 長生하는 바 四孟이 되어 成局이 된 것이다.

庚申時에 戊子日이 名食神干旺之鄕이니 歲月犯甲丙卯寅이면 此乃遇而不遇니라.

庚申時에 戊子日이면 이름이 食神干旺이니 歲月柱에 甲丙卯寅을 만나서 貴氣를 破하면 만나도 만난 것이 아니니 破格이다.

「講」 此論은 專旺食神에 關한 說明이니 庚金은 戊土의 食神인데 時支에 申金이 있으므로 庚金이 申中에 祿하였다. 또 戊土는 水로서 財를 삼는데 壬水 또한 申中에 長生하여 財旺地가 되는 한便 乙이 戊土의 官星이 되는데 庚金이 卯中에 있는 乙木(藏干)을 合來해 으므로 戊土의 官貴가 생기는 것이다. 이때에 四柱가운데 甲丙卯寅의 四字가 있으면 申中에 있는 庚金의 貴氣가 剋傷되기 때문에 이것은 貴氣가 있으나 마나 하다는 것이다. 此格에서는 乙木官星이 實際로 四柱안에 없어도 時上의 庚金이 自己妻인 乙木을 合하여 끌어온다는 理論이니 合來하고 合冲하는 等의 格局은 二編에서 取扱한다.

(第四十八柱)

己未
壬申
戊子
庚申
辛未
庚午
己巳
戊辰
丁卯

이것은 謝丞相의 命造이니 食神合祿格에 屬한다. 戊土食神이 時柱에서 旺盛할뿐 아니라 月令에서 旺하며 壬水 또한 透出하였으니 食神과 財星이 旺하고 乙木을 暗合하여 官星이 旺한 것이다. 年柱에 己未土가 있고 申中에도 戊土가 숨어 있어 戊土의 뿌리가 되니 身主 또한 弱하다고 할 수 없으며 또 納音五行으로 戊子와 己未는 火

이므로 日主를 돕고 있는 것이니 大貴命이다.

月生日干하고 無天財하면 乃印綬之格이니라.

月令이 日干하고 天干에 財星이 없으면 印綬格이 된다.

「講」 此論은 印綬格에 該當하는데 印綬는 生我者이고 父母가 된다. 따라서 印綬는 生旺해야 하고 死絕됨을 不要한다. 또 印綬는 官星을 傷害하는 傷官을 制壓하므로 官貴를 保護하는 者가 된다. 萬一 四柱中에 官星이 元來 있으면 더욱 財星을 꺼린다. 運이 官鄕으로 行한則 發身하고 財旺鄕으로 行한다면 財를 貪하여 印綬를 破壞하게 되므로 그 禍가 百端으로 일어나며 死絕運으로 行하면 반드시 死亡할 것이다. 壬癸가 印綬이면 戊巳는 財星이 되는 것이니 戊巳土는 壬癸水를 破壞하는 때문이다. 따라서 日主에게 禍厄이 올 것은 明確하다.

日祿居時하고 沒官星이면 號靑雲得路니라.

日祿이 時에 있고 官星이 死沒되었으면 靑雲에 뜻을 두고 出世한다.

「講」 此論은 歸祿格을 말하는 바 官星이 一點도 있어서는 안 된다. 官星이 있으면 破格이 되고 日干이 生旺될 것이 무엇보다 緊要하며 兼하여 食神傷官鄕으로 運이 行할 때는 發福하는 것이다.

그러나 歸祿格에는 六忌가 있으니 一은 刑冲이요 二는 作合이요 三은 倒食이고 四는 官星이며 五는 日月天元同(日干과 月干이 같은 것)이요 六은 歲月天元同(年干과 月干이 同一한 것)이니 이 六忌를 犯하는 境遇 一例로 貴하다고 할 수 없는 것이다.

陽水叠逢辰位면 是壬騎龍背之鄕이니라.

(第四十九柱)

甲子 丁丑
戊戌 丁丑
己卯
庚辰
辛巳
壬午

張都統(明將)의 命이다. 子祿이 많이 있으며 歸祿格이다. 大運이 丁丑 戊寅 己卯에 順行하여 食神財運이니 發福하였다.

陽水가 辰位를 거듭 만나면 壬騎龍背格이라 한다.

「講」 壬辰日生이 辰字가 많으면 貴하고 寅者가 많으면 富한다. 이는 二編에서 取扱하는 格局의 一種인 바 壬水는 己土로써 官星을 삼고 丁火로써 財星을 삼는데 辰戌冲來하여 戌中에 있는 官星을 合來하여 오므로 貴하게 되며 寅字가 많으면 午戌을 合하여 丁財를 끌어오므로 富하는 것이다.

詩에 「陽水가 辰字를 多逢하면 壬騎龍背(壬陽水가 龍의 造化를 얻음)니 非常한 기쁨이 있다. 柱中에 壬辰字가 많으면 富貴雙全한다」고 하였다. 二編 以下에서 再論하기로 한다.

(第五十柱)

壬辰
丙辰 壬辰
癸丑 甲辰
壬子 壬寅

(第五十一柱)

壬寅
壬辰
壬寅

上命(第五十柱)은 貴命이고 下命(第五十一柱)은 富命이다.

如上한 四柱는 壬騎龍背格이니 刑되거나 寅字가 壞剋되는 大運에 不利하다. 官星도 不利하다.

陰木獨遇子時면 爲六乙鼠貴之地니라.

陰木이 子時에 生하면 六乙鼠貴格이다.

135

「講」 此命은 午字가 와서 子水를 冲함을 大忌하는 바 丙子時는 妙함이 있으니 貴가 會聚된다. 四柱中에 만일 庚辛申酉丑字가 있으면 格位를 半減하는 것이니 大運이나 年運에 있어서도 亦然하다. 月柱에 官星이 있으면 入格으로 보지 않으며 命中에 官星이 없어야 眞格이 된다. 第二編과 五編에서 詳論한다.

庚日逢潤下에 忌壬癸巳午之方이니 時週子申이면 其福減半이니라.

庚日主가 潤下를 만나면 壬癸巳午鄕의 運을 싫어하는 바 時에 子申을 만나면 그 福을 半減하는 것이다.

「講」 本論은 井欄叉格을 說明한 것이니 第二編과 第五編에서 詳論하기로 한다.

(第五十二柱)
庚辰 辛酉
庚申 壬戌
庚子 癸亥
庚申 甲子
庚申 乙丑

地支에 完全水局을 이루었으므로 潤下라 하는 것이다. 庚日이 丁火로 官星을 삼는 바 日支子는 午官을 冲來해 오고 庚日이 木으로 財를 삼는 바 申이 寅을 冲來해 오고 土로써 印綬를 삼는 바 辰이 戌을 冲來하여 印이 되므로 마침내 申子辰水局이 寅午戌火局을 全冲함으로써 官印을 引來하여 온 때문에 貴氣가 있는 것이다. 此命은 天元이 一字이니 亦貴兆이다. 地支에 申子辰 三合이 全有함이 貴하고 天干에 三庚이 兼全하면 더욱 奇貴한 바이나 或 戊子 丙辰이 섞여도 無妨하다. 東方財地(寅卯辰)의 木運)에 行함은 좋으나 傷官北方運과 南方火運은 貴하지 못한 것이므로 壬癸巳午의 北方과 南方運은 忌한다.

(第五十三柱)
庚子 辛巳
庚辰 壬午
庚申 癸未
丁丑 甲申
      乙酉

此命은 明의 王都統의 命造이니 邊戌(國境邊方守護)에 出將하여 名官이 되고 軍部의 大權을 掌握하였다. 前造와 類似한 命造이니 二編의 格局論을 參照하라.

186

若逢傷官月建이면 如凶處에 未必爲凶이니라.

만일 月令에 傷官格이면 凶地에 이르나 반드시 凶함이 되지 않는다.

「講」이는 傷官格에 關한 說明이다. 四柱에 官星이 있고 傷官이 있어서 官星이 輕傷되었는데 傷官殺이 三合하여 傷官局을 이루든가 大運이 傷官地로 行하면 禍厄을 形言하기 어렵다.

그러므로 傷官星을 보면 禍가 百端으로 일어난다고 한 것인 바 官星貴氣가 剋害되는 까닭이며 日支下의 傷官은 特히 그 禍가 重하니 福祿의 基盤을 傷害하는 때문이다. 月節에 傷官을 보면 發福하게 되는바 月節에 있는 傷官은 特히 그 形勢가 旺盛하므로 官星이 餘勢가 完全히 除去되어 傷盡된 때문이다.

萬一 女命에 傷官이 있으면 沖夫한다. 女命은 官星으로 夫를 삼기 때문에 傷官이 있으면 富를 沖害하는 凶神으로 된다. 더우기 合이 많이 兼한則 일찍부터 賤한 環境에 떨어지거나 或 姪盜의 行이 있다. 이때에 傷官을 制禦하지 않으면 師尼(女僧)가 되거나 良婦가 될 수 없다.

內有正祿飛면 忌官星이며 亦嫌羈絆이니라.

飛天祿馬格은 官星을 忌하는데 羈絆되는 것 또한 嫌忌한다.

「講」內有正祿飛란 말은 丁巳日이 巳字가 많으면 巳字가 沖亥하여 亥中의 壬水를 이끌어 오는 作用이 있으므로 壬水가 官星이 되고 따라서 貴命이 되는 것인데 이를 飛天祿馬라고 한다. 모든 理致는 極하면 變하는 것이니 寒이 極하면 熱이 오고 靜이 極하면 活動을 하게 되는 바 巳火가 多함은 極限에 到達한 것이므로 反對되는 沖氣를 到衝해 옴은 또한 自然의 勢인 것이다.

萬一 柱中에 辛字와 亥字가 많이 있으면 巳中에 있는 丙火를 沖來해 오므로 官星을 얻는 것이니 此格 또한

飛天祿馬이다. 前者인 丁巳의 境遇는 正飛天祿馬이고 後者인 辛亥의 境遇는 倒飛天祿馬가 된다. 第二編末과 五編에 있는 飛天祿馬格을 參照하기 바란다.

六癸日이 時逢寅位면 歲月에 怕逢戊己二方이니라.

六癸日의 時支에 寅木이 있으면 歲月에 戊己土가 있음을 꺼린다.

「講」 此論은 刑合格을 말하는데 六癸日이 爲主가 된다. 따라서 戊土가 正氣官星이 되는데 甲寅을 만나서 寅이 巳를 刑合해 오면 巳中에 있는 戊土가 官星이 되므로 貴格이 된다. 柱中에 戊土가 있으면 寅巳刑合하여 戊土를 이끌어 오는 作用이 弱化되어 破格이 되며 또 庚寅이 되면 寅巳의 刑合을 가져올 수 없게 된다. 곧 庚은 寅中甲木을 剋害하고 巳中庚金이 튀어 나왔으므로서 寅巳刑合이 안되는 때문이다.

그러므로 此格은 四柱에 戊己土가 있거나 庚字가 있어서 甲을 傷害함과 申字가 있어서 寅巳의 刑合을 壞滅함을 所忌하는 바이다.

(第五十四柱)

癸酉　庚申
辛酉　己未
癸卯　戊午
甲寅　丁巳
　　　丙辰

甲子日이　此命은 婁參政의 命이니 癸卯日生이 時柱에 甲寅이 있으므로 刑合格이다. 戊己土가 없으므로 眞格이니 貴格이다 (第二編 格局論 參照할 것).

甲子日이 再逢子時하면 畏庚辛申酉丑午니라.

甲子日生이 子時를 다시 만나면 庚辛申酉丑午를 두려워 하는 것이다. 第二編末과 五編의 子遙巳格을 參照하기 바란다.

辛癸日이 多逢丑하면 不喜官星이며 時歲逢子巳二宮虛名虛利니라.

辛癸日이 地支에 丑字가 많으면 官星을 만나지 말아야 하며 時柱와 年柱에 子巳二宮을 만나는 境遇 虛名과 虛利가 있을 뿐이다.

「講」 二編과 五編의 丑遙巳格을 參照하기 바란다.

拱祿拱貴는 塡實則凶이니라.

拱祿格과 拱貴格은 塡實(四柱안에 財官이 있는 것) 되면 凶하다.

「講」 第二編末과 五編의 拱祿格 拱貴格條를 參照하기 바란다.

時上偏財는 別宮忌見이니라.

時上偏財格은 別宮에서 (四柱의 다른 곳) 다시 再見함을 꺼린다.

「講」 第二編과 五編의 時上偏財格을 參考하기 바란다.

六辛日이 逢戊子면 嫌午未位요 運喜西方이니라.

六辛日이 戊子時를 만나면 六陰朝陽格이 되는 바 午未位를 大忌하고 西方運에 行할 때는 大發한다.

「講」 第二編과 五編의 六陰朝陽格條를 參照하라.

五行遇月支偏官이면 歲月時中에 亦宜制伏이며 類有去官留殺留官이니 四柱純雜有制면 定居一品之尊이요 略有一位正官이니 官殺混雜은 反賤也로다.

月支에 偏官이 있으면 歲月時柱에 依해 制伏됨이 마땅하니 去官留殺하든가 去殺留官됨이 必要하다. 四柱에 純淸함이 있고 雜됨이 制伏되면 一品의 尊位(首相級)가 있고 또 四柱에는 一位의 正官을 要求하는 바 官殺이 混雜되면 도리어 賤한 사람이 된다.

「講」第二編과 五編의 月上偏官格條와 七殺論條 및 偏官論條를 參考하라.

戊月午日을 勿作刃看하라 歲時火多하면 却爲印綬니라.

戊日이 五月에 生하면 羊刃으로 볼 것이 아니나 歲時에 火가 많으면 印綬로 보아야 옳다.

「講」本論은 羊刃格에 該當하는 바 羊이란 犬羊의 羊이 아니고 陰陽의 陽이니 祿前一位가 그것이다. 丙戊祿이 巳에 있으니 巳의 次位인 午가 丙戊의 羊刃이다.

그러면 어찌하여 本論에서는 午가 月에 있을 때에 羊刃이 아니라 하였는가? 그것은 陰火인 午가 陽인 戊를 生해주니 印綬이고 月令인 夏火節이 日干인 土를 生하니 印綬인데 萬一 歲柱와 時柱에 또 火가 있으면 羊刃格으로 볼 것이 아니요 印綬格으로 보는 것이 可하다. 第二編과 五編의 羊刃論과 日刃條를 參考하라.

(第五十五柱)

丙寅 辛未
庚午 壬申
戊申 癸酉
丁巳 甲戌
　　 乙亥

本命은 戊土가 午月에 生하여 羊刃格인 것 같으나 時柱와 歲柱에 火가 旺盛하므로 印綬格으로 본다.

月令에 雖逢建祿이라도 切忌會殺이니 爲凶이니라.

月令에 비록 建祿이 있을지라도 七殺이 모여들면 凶命이 된다.

「講」 大抵 命中에 貪合忘官하고 또 七殺이 會起되면 凶兆가 되는 바 貪合忘官이라 함은 官星이 合하기를 많이 하면 合을 좋아하는 때문에 官星의 任務를 저버렸다는 뜻이다.

命中에 財官이 있으면 貴命이 되는데 萬一 四柱가 作合을 貪하므로 官星이 그 所任을 저버리거나 七殺을 會起하는 일이 生起되면 도리어 凶兆가 된다.

例컨대 甲日이 酉月로 正氣官星을 삼는데 萬一 年時에 辰戌이 있고 申中庚金이 會起하면 七殺이 되므로 甲의 鬼氣가 된다는 것이다.

(第五十六柱)

壬申　丙午　本命이 月令에 建祿하였으나 壬水七殺이 申中에 長生하고 巳申合水하였으며 申辰이 水局을 지었으므로 七殺이 會起된 것이다. 따라서 中年以後에는 凶命이 된 것이다.
乙巳　丁未
丙辰　戊申
壬申　己酉
　　　庚戌
　　　辛亥

官星七殺이 交差하면 卻以合殺爲貴니라.

官殺과 七殺이 混雜되면 合殺하여야 貴하게 된다.

「講」 官星은 貴氣의 神인 바 純粹하여야 할 것이니 그러면 淸福한 吉命이고 雜되어 純粹하지 못하면 造化를 壞滅하는 것이니 그러면 凶命이 된다. 이런 때에는 七殺을 合하여 去殺시켜야 吉해진다.

經에 「官星을 合함은 貴하지 못하고 七殺을 合함은 凶한 것이 아니니 五行이 이에 依賴하여 비로소 救助되므로 合殺이 吉한 것이다」라고 하였다.

例컨대 甲日生人이 卯時에 生하면 卯中에 乙木이 庚金을 合하므로 柱中에 偏官인 庚金이 있다 하여도 偏官은 合殺되고 鬼殺의 凶兆는 사라진다. 萬一 男子의 命이 如此하면 사람과 和睦하고 交合하는 힘이 있어 貴命은 合殺되고 鬼殺의 凶兆는 사라진다.

이 되고 女子인 境遇에는 心中에 如意치 못한 不足感을 恒常 느끼고 있으며 貌樣은 아름다우나 마음 속은 姪亂하여 剋夫 害子하기 쉽다.

假令 庚申日生人이 四柱안에 丙火를 보면 七殺인데 辰字가 있으면 子를 合起하여 水局이 되므로 救助된다.

이때에 丙殺은 官으로 化하며 凶은 反對로 吉兆가 되어지는 것이다.

柱中官星太旺이면 天元羸弱之名이니라.

四柱中에 官星이 太旺하면 天元(日主)이 弱한 것이다.

「講」 人命이 財官祿馬로써 貴를 삼는데 어디까지나 中和의 氣가 있어야 福厚하게 된다. 또 萬一 官星이 太旺하면 天元身主가 柔弱할 것인 氣運이 五行中 한쪽으로 偏黨되었으면 福이 薄한 것이다. 萬一 四柱八字의 바 官旺鄕으로 大運이 行하는 境遇 凶禍가 招來된다.

例컨대 甲乙天元(日干)이 庚申辛酉로 官星을 삼는 바 四柱中에 官星이 많으면서 制伏되어 있으면 妙한 바가 있다. 如此한 境遇에도 모름지기 官星을 制伏하는 運이라야 發福하는 것이다. 萬一 이때에 官을 制伏하는 傷官運이거나 身旺運으로 大運이 行하지 못하고 官旺運으로 行入하면 造化가 太過한 것이므로 禍厄의 多大함을 形言하기 어렵다.

(第五十七命)

癸未　甲寅　日主天元이 戊土이니 乙卯가 官星이 되고 癸水는 財가 된다.
乙卯　癸丑　未土가 있으나 卯未가 되므로 旺官을 더욱 도와 주고 丑土가 있으나 微弱한 濕土이니
戊申　壬子　身弱이 甚하다. 그런 中 大運이 東北方의 財官旺鄕으로 흐르니 夭折凶命에 禍厄을 不可
癸丑　辛亥　形言이다.

日干이 旺甚無倚하면 若不爲僧則道니라.

日干이 旺甚하여 依持할 곳이 없으면 僧이 아니면 **修道人**이 된다.

「講」 庚日生人이 月時에 申이 있는데 大運이 다시 西方(申酉戌)으로 行하는 境遇 庚은 火로써 官을 삼고 木으로써 財를 삼으며 火는 또 西方에서 死하고 木은 西方에서 絶하므로 造物이 안된다. 따라서 發展하고 立身할 수가 없는 것이다. 이때에 財官은 弱하고 日干은 甚旺하면 依持할 곳이 없는 것이니 如斯한 命을 가진 者는 疾病이 없고 終年토록 健康하며 世俗을 避하고 마음에는 恒常 道學을 思慕할 따름이다.

이런 사람은 眞理와 價値를 追求하며 思索하고 修行하는 사람이며 世禍와 俗害를 멀리하여 保身을 圖謀하는 사람이니 心中에 **物慾**이 없는 때문이다.

(第五十八柱)

己卯 乙亥
丙子 甲戌
丙午 癸酉
癸巳 壬申
　　 辛未
　　 庚午
　　 己巳

祁眞人의 命造이니 日干이 旺한데 官星은 癸子水로써 水火旣濟되고 貴命이나 子午冲에 子卯刑되었고 卯는 또 空亡에 該當한다. 父祖의 宮이 刑冲되었으니 비록 水火旣濟가 되어 貴命인듯 하나 父祖와 妻子와의 因綠이 薄하고 時支巳位는 子宮인 壬水의 絶地이므로 子宮 또한 不利하다. 巳는 孤神이요 丙午는 陽錯殺인데 旺盛한 陽火와 己土가 陰水를 抑制하고 있는 中 金水運에 發貴하고 旺甚無依하여 入道得眞하고 名傳千秋하였다.

印綬生月하면 忌見財星이니 運入財鄕이면 却宜退身避位니라.

「講」 月令이 日干을 生하면 印綬가 되는데 印綬는 官星을 기뻐하고 財鄕을 두려워 함은 財星이 印綬를 剋

하는 때문이다. 例컨대 甲木의 印綬는 癸水이고 財星은 戊己土이니 土剋水가 그것이다.

萬一 이와같은 境遇를 만나서는 隱退하는 것이 마땅하니 그렇지 않으면 財星이 我身의 印綬를 剋害하므로 五行의 相剋이 곧 世事에 凶厄을 招來하는 것이다. 곧 귀양가거나 外方으로 左遷될 것이며 獄刑을 받을 것이다.

(第五十九柱)

庚戌
乙酉
甲申 丙戌
癸丑 丁亥
丁巳 戊子
己丑

이에 該當한다.

本命이 金旺節인 申月에 生하였고 年干에 庚金이 튀어나와서 旺盛한 中 巳丑이 合하여 金을 이루고 年支 戌土가 庚金을 補助하니 印星은 太强하다. 四柱의 金氣가 印綬인 바 太强하면 從强하고 服從하며 從化해야 되는 것인데 이와같은 境遇 旺勢를 擧逆하는 五行이 있으면 크게 凶되는 것이다. 如斯한 從强格에 對해서는 第二編에서 說明할 것이지만 時干丁火와 巳中丙火가 申中庚金을 剋害함은 破格의 原因이 된다. 月干甲木이 丁火를 生합은 또한 仇神이다. 大運 己丑 年運丙寅에 死亡하였으니 丑에 庚金이 庫藏이 되며 丙寅運에 丙火가 旺盛하고 寅申相冲 寅巳申三刑이 全하여 貪財하고 旺盛한 印綬를 傷剋한 때문이다.

劫財羊刃은 切忌時逢歲運에 倂臨炎殃立至니라.

「講」 劫財는 日干天元의 財物을 分奪爭鬪하게 된다. 羊刃은 甲의 境遇 卯이며 甲의 財祿은 己土이니 羊刃

劫財羊刃이 있는데 다시 時와 歲運이나 大運에서 羊刃을 또 만나면 災厄을 만나게 된다.

144

과 劫財는 日主의 財祿을 取奪하게 된다. 따라서 羊刃劫財가 旺盛하면 災殃과 紛亂이 생긴다.

戊午月生이 日時가 다 戊午이면 水星인 財星을 만나는 境遇 侵奪하는 싸움이 甚해진다. 곧 午中에 있는 己土가 癸水인 財祿을 剋傷하므로 財政을 消散하고 破業하며 離家失主하게 된다. 心性은 暴卒하고 一擧一動의 進退가 외로우며 本妻는 疾病이 있고 庶妾이 있는 例가 許多하다.

萬一 流年에 財運을 만나면 財産으로 因한 爭競이 있을 것이요 不然이면 疾病으로 苦生하고 妻子의 厄難等 家患을 만나게 된다.

(第六十柱)

癸未 甲寅   獄飛將軍의 命이니 乙卯가 劫財羊刃인데 다시 木局을 이루었고 癸子水가 生해 주니
乙卯 癸丑   己土財星은 剋傷됨이 甚하다. 巳中庚金七殺이 있으므로 羊刃이 幷濟되어 武權이 있으나
甲子 壬子   羊刃이 尤甚하니 不可不羊刃이 凶殺인데 大運辛亥에 亥卯未木局하고 羊刃尤旺한 中 三十
己巳 庚戌   九歲 年運 辛酉年에 卯酉相冲하고 金木相戰하여 獄刑을 받았다.

大抵 太旺한 神을 冲破함이 不吉하거니와 「羊刃殺이 있고 刑冲破害되면 惡死한다」하는 古言이 있음이 것이다.

十干背祿은 歲時에 喜見財星이니 運至比肩이면 號曰背祿逐馬니라.

「講」 本文의 馬란 財星을 말하는 것이고 背란 祿向과 背逆된다는 뜻이다.

十干背祿格은 本文에 財星을 만나는 것이 좋은데 運이 比肩地에 이르면 祿馬를 逐放하는 것이다.

經에 「背祿格은 先明하고 後晦(막힘)하며 財星을 좋아한다」고 하였고 또 「馬는 財位인 바 甲이 寅을 보면 祿은 것이고 巳丙火는 背祿이 된다.

145

身旺하고 甲은 土로써 財를 삼는데 土는 寅에게 受傷되고 死하며 金은 寅에서 絕되니 祿馬가 扶身하지 못한 것이다」라고 하였다.

여기서 말하는 祿은 官星이고 馬는 妻財로 봐야 옳다. 따라서 身旺하여 官星이 無氣한 四柱에는 歲柱나 時柱에 財星을 만나는 것이 좋으니 만일 運路에서 다시 身旺地인 比肩地에 이르면 財星도 追放되고 官貴도 損傷된다는 것이다.

甲日이 辛으로 正官을 삼는데 四柱에 甲木이 있고 다시 運에서 甲寅을 만나면 祿(官星)을 背反한 것이고 財馬를 쫓는 格이 된다.

五行正貴는 忌冲刑破之宮이니라.

「講」 正氣官星은 刑冲破害됨을 忌한다.

正氣官星이 月令에 있고 時上에 財星이 있으면 大貴人인데 刑冲破尅의 神을 만나면 禍碍가 생긴다.

四柱干支에 喜三合六合之地니라.

「講」 무릇 四柱의 干支에 三合六合이 있으면 天地의 陰陽의 調和가 成就된 것인 바 萬物이 感應하고 相合한 것이므로 剛柔와 相制를 얻는 것이며 對偶를 만나고 夫婦가 結合된 形이어서 貴象으로 되는 바이다. 그러나 刑殺이 있음은 不吉한 것이다.

男命이 合이 많으면 性品이 聰明하고 爲人이 俊秀하나 女人은 合이 많으면 姪賤하고 貧寒之命이 된다.

日干無氣에 時逢陽刃은 不爲凶이니라.

146

日主가 弱한데 時柱에 陽刃을 만남은 凶하지 않다.

「講」 甲申日 卯時에 生하면 陽刃이니 申中 庚金이 卯中 乙木을 剋하지만 乙木은 庚金의 財馬가 되고 妻가 되므로 凶하지 않은 것이다.

또 日主가 弱한 때에는 羊刃이 日主를 保助하므로 吉한 것이다.

官殺兩停에 喜者存之하고 憎者棄之니라.

官殺이 雙顯하였으면 喜神을 取하고 忌神은 버릴 것이다.

「講」 甲이 辛酉로 官星을 삼는데 또 庚金이 出現하였을 境遇에는 前述한 바의 去殺留官을 하거나 去官留殺을 하여야 發福한다.

官殺混雜한 命이 運中에 官旺運을 만나면 禍患을 難言이다.

地支天干合多면 貪合忘官이니라.

地支와 天干에 合이 많으면 또한 貪合하여 官의 所任을 잊은 것이다.

「講」 甲이 辛官을 取用하는 中 丙이 干出하여 丙辛合하고 또 庚七殺이 있는데 乙이 있어서 合하며 또다시 地支에도 三合 六合이면 貪合妄官이라 하는 것이다.

그러나 이때에 陽官陰殺이요 陰殺陽官은 다 必然한 造化이니 官을 合함은 貴하지 않고 七殺을 合하는 것은 凶한 것이 아니다.

四柱殺旺하고 運純身旺이면 爲官淸貴니라.

四柱에 殺이 重하고 運에서 身旺하면 官運이 淸貴하니 官界로 立身한다.

「講」 七殺은 偏官이니 制伏하면 殺을 쓴다는 것이다. 旺甲이 寅中에 丙火를 長生하고 있으므로 庚金七殺을 두려워 하지 않는다. 甲이 寅節(春)에 生하면 殺은 正氣 官星으로 變化하여 貴氣가 되는 것인바 甲庚이 相旺하니 純旺한 運으로 行하면 大貴한다.

凡天元太弱하면 內有弱處에 復生이니라.

天元이 太弱한 境遇라도 안에서 復生하는 理致가 있다.

「講」 日干이 七殺地에 자리하고 있으면 此命이 元弱한 것이나 胎氣가 生하는 곳이므로 復生하는 理致가 있다.

例컨대 甲申日이면 申中에 庚金과 辛金이 官殺이 되지만 申中壬水에 受氣하여 相感하므로 胎元이 申中에는 壬水가 長生하며 酉上에 沐浴되고 戌上에 官帶하고 亥上에 臨官하는 것이므로 此格이 官旺運에 發福하는 것이다.

柱中七殺이 全彰身旺極貧이니라.

柱中에 七殺이 旺盛하고 身旺하면 極貧하게 된다.

「講」 傷官은 官星의 七殺이요 敗財(刼財)는 正財의 七殺이며 偏官은 自身의 七殺이 되는바 命中에 있고 身旺하며 建祿이 되면 富할 수 없다.

148

(第六十一柱)

乙酉 甲申
乙酉 癸未
乙酉 壬午
己卯 辛巳
　　 庚辰

此格이 地支에 七殺이 太强하여 極貧命일 듯 하지만 第二編과 第五編에서 說明할 干支一元格이므로 榮顯하고 大貴할 命造인바 晚年에 發身한다.

無殺女人之命에 一貴라야 可作良人이니라.

女命은 七殺이 없고 官貴가 一位만 있어야 良婦가 된다.

「講」 男女의 看命法이 不同하니 女命은 官星이나 財帛(財星)이나 貴人(天乙貴人)의 六合을 吉命으로 取하지 않는다.

또 財馬(財星)의 生旺敗地는 不要하고 干支日柱가 剛旺하여도 좋지 않으며 比肩羊双도 좋지 않다.

그것은 女命의 生活이 全的으로 依賴하는 生活이므로, 人元(支藏干)을 分別함에 있어서 寒暑와 露霜雨雪과 陰晴과 節候와 日候(此等을 살펴서 支藏干中 어느 者가 旺盛한가를 區別하는데 參考한다. 天干에 透出함이 重要한 것은 勿論이다)에 依據하여야 함과 같다.

여기서 女命의 生活이 依賴한이란 말의 뜻은 現代人이 東洋의 傳統的인 思考方式을 誤解하고 있듯이 그 理論에 原則的이고 決定的인 허물이 있는 것은 아니다. 어디까지나 對等한 立場에서의 夫婦配合이지만 女性은 陰性이므로 心身生活과 一擧一動이 被動的이고 受動的이므로 積極的이고 能動的인 男性의 生活態度에 이끌리는 態度에서 配合될 뿐이요 決코 一方的이고 支配的이며 人間優劣의 關係를 뜻함이 아님을 알아두기 바란다. 따라서 女命은 我身을 이끌어 주고 造物해 주는 官星으로 夫를 삼는 바 夫星이 貴하면 自身 또한 貴하고 夫가 賤하면 妻도 또한 賤한 것이므로 官星이 貴해야 女命은 貴한 것이다.

또 女命은 安靜되고 淸貴할 것을 大喜하는 바이니 外觀으로 볼지라도 女性은 靜美롭고 女性다워야 理想型이 되는 것과 같은 理致이다.

또 女命은 夫星이 旺하고 子息宮이 旺해야 妙吉한 命造이니 萬一 夫宮官星과 子宮食神傷官이 無氣하고 아울러 刑冲破害되면 不美한 命造이다.

女命에 天乙貴人이 있고 貴人을 夾帶하면 貴婦人이 된다. 女命은 또 正官이 一位만 있어야 하는 바 一位官貴는 貴命이요 重見하고 偏財와 正財와 傷官이 合하면 良婦가 아니다.

貴衆合多면 定是師尼娼婢니라.

貴가 많고 合이 많으면 決定코 女僧이 되거나 娼婦가 된다.

「講」 貴란 官殺을 뜻하니 正官은 正夫이고 七殺은 偏夫이며 合者는 地支가 暗合하여 三合되고 六合됨을 말한다.

女子의 四柱가 如此하면 마음 속에 恒常 不足함이 많아서 異心을 품고 있다. 비록 外貌는 아름다우나 性格上 外情을 好貪하니 良婦가 아니다.

偏官時遇에 制伏太過면 乃是貧儒니라.

「講」 偏官이 있으면 性品이 聰明하고 剛强傲慢하여서 萬若 四柱中에 制伏이 많을 境遇에는 盡法이 되므로 福이 없다. 中和의 氣運을 얻어야 福厚한 것이며 偏黨한 則 薄福한 것이다.

四柱傷官에 運入官鄕이면 必破니라.

傷官四柱가 官鄕運에 들어가면 반드시 破命이다.

「講」 傷官四柱에 官星이 元命에 있고 運이 다시 官鄕에 들면 반드시 破害된다. 그러나 그 輕重을 밝힐 것을 必要로 한다.

五行絕處가 是胎元이니 生日逢之면 名日受氣니라.

五行의 絕地가 胎元地이니 生日에 該當되면 이름이 受氣라 한다.

「講」 經에 「五行絕處가 是胎元이니 生日逢之면 富貴全有니라」하였는 바 前條(前前條)를 參照하라.

(第六十二柱)

癸未　壬戌
癸亥　辛酉
辛未　庚申
癸巳　丁巳

王都丞의 命이니 辛이 丙火로 官星을 삼고 癸亥가 傷官인 바 未運과 午巳의 南方運이 破運이 된다. 華蓋空亡되고 合이 많으므로 道를 좋아한다.

是以로 陰陽罕測이 不可一例而推니 務要禀得中和之氣하고 神分貴賤이요 略敎古聖之遺書하고 縱約以今賢之博覽하야 若通此法하면 詳鑒命에 無差無誤矣리라.

이와같이 陰陽五行의 看命法이 한가지 例로써 推命되는 것이 아니니 모름지기 中和의 得失을 살필 것이요 貴賤을 神그러니 分別할 것이며 聖人의 遺書와 今賢의 法을 배워서 此理를 通達한 後 詳細히 斷命한다면 差誤가 없을 것이다.

151

第二編 格局篇

第一章 繼善編

人禀天地에 命屬陰陽이요 生居覆在之內하니 盡在五行之中이니라.

사람이 天地의 理氣를 받아 태어나니 命이 陰陽에 屬해 있고 天覆地載한 가운데 生居하는 바 그 모든 것이 다 五行의 原理 아닌 것이 없다.

「講」 周易繫辭傳上 第八章에 「天一地二요 天三地四며 天五地六이요 天七地八이요 天九地十이니라……天數二十有五하고 地數三十이니 凡天地之數는 五十有五라 此所以成變化하고 而行鬼神也니라」하였거니와 사람은 이 天地의 五十五數의 正氣를 禀受하였기 때문에 萬物의 靈長이 된 것이다. 또 天地의 正氣는 陰陽五行의 理致이니 蒼生을 造化하고 萬物을 成形하는 바 사람 또한 그 生命의 秘密과 興亡盛衰의 原理가 陰陽五行에 所屬되어 있으므로 金木水火土의 相生하고 相剋하는 理致는 우리의 運命을 解明하고 改善하는 열쇠가 된다.

欲知貴賤인댄 先看月令及提綱이니라

貴賤을 알고자 하면 먼저 月令과 그 提綱을 살필 것이다.

「講」 月令은 八字의 綱令이니 다시 節氣의 淺深을 보아서 禍福을 分別할 것이다. 例컨대 寅中에는 土氣의 餘氣인 戊土가 七日半日間을 先臨하고 다음으로 丙火가 長生하며 甲木의 正令은 끝으로 十五日間을 占留하는 것 같은 等을 살펴서 이 가운데 어떤 것이 福이 되고 어떤 것이 禍가 되는가를 分別하는 일이다.

大抵는 月令에 正官 正印 食神을 보면 吉하고 傷官 偏印은 凶한 것이다. 곧 月令이란 大臣과 人君이 合하여 一國의 紀綱을 掌行함과 같다. 곧 日干이 君이 되고 月令은 大臣의 關係에 比할 수도 있는 것이니 如斯한 大事는 官紀와 制度로 말미암아 成取되는 故로 提綱이라 號稱한다. 官紀制綱을 四柱의 六神五行에 配對할 때 官殺이 되는 바 官者는 正人君子이므로 傷害됨을 大忌한다.

次斷吉凶에 專用日干爲本主니 三元이 要成格局이요 四柱에 喜見財官이니라.

다음으로 吉凶을 斷決함에 日干을 爲主로 하여 專用할 것이니 三元이 格局을 이루어야 하며 四柱에 財官이 있어야 좋다.

「講」 天干이 天元이 되고 地支가 地元이 되며 地中에 所藏된 藏干은 人元이 된다. 年月日時의 四柱中 日의 日干이 本人이 되는 바 日干을 主體로 四柱의 三元에 配合하여 格局(後述함)을 이루어야 하는데 오직 財官을 기뻐하는 것이니 財官은 元亨正氣인 까닭이다.

用神은 不可損傷이요 日主는 最宜健旺이니라.

用神은 損傷됨이 不可하고 日主는 健旺함을 要宜한다.

154

「講」月令에 官星이 있음에 損傷됨이 不可하며 月令에 財星이 있고 이 財星을 用神으로 取用할 境遇 劫財가 있으면 財星이 被剋되므로 또한 不可하며 또 印星에 依해 被剋됨이 不可하다.

大抵 四柱中에 있는 用神(月令中에 所藏되어 있는 支藏干中 天干에 透出하고 日主를 도와주는 吉神을 말하는데 例外가 있다) 이 損傷되는 것은 다 不可하다. 또 日干이 強旺하지 않으면 財官을 能히 堪當할 수 없으므로 日主는 強旺한 것이 吉하다.

(第六十三柱)

筆者의 命

壬申 戊申
丁未 己酉
甲午 庚戌
辛未 辛亥
　　 壬子
　　 癸丑
　　 甲寅

本命의 月令은 未土 正財이나 身弱하므로 財를 堪當할 수 없다. 또 火旺節에 生하고 午未의 夏節方을 끼고 있으니 甚히 燥渴한 四柱이다. 따라서 日主를 도와주고 濕氣로 調候해주는 壬水가 唯一한 吉神이요 第一 貴한 喜神이다. 그러므로 此命의 用神은 壬水이다. 따라서 亥大運以後에 發展할 것이다. 또 此命과 같이 木日干이 夏節에 生하면 眞傷官格이요 傷官格에 日主가 弱하면 比劫이나 印星을 用神으로 삼는 바 身弱傷官格은 官星을 만나면 禍厄이 있는 것이므로 酉大運中에는 大疾을 치루었고 申大運에는 申中壬水가 用神을 長生하여 甲木을 生助해 주므로 不吉年運에 小疾하였으나 良吉하였다.

大運은 地支를 重示하는 것이므로 戊巳土運이 비록 壬水를 破剋하나 地支의 官星이 用神을 生出하는 때문에 疾病과 障厄이 있을뿐 存命하였다. 戊土運은 養에 該當하므로 修道生活을 할 수 있었으며 酉庚大運은 木主가 洩火極甚한 中 被剋되고 火金相戰되어 學問이 持續되었지만 專攻部門의 成功을 期할 수 없었다. 도리어 戊大運中 學校에서 專攻하던 方向과는 全혀 다른 方向인 佛敎와 東洋哲學系에 少進함이 있었다. 亥運以後에 生氣를 얻어 活躍할 것이다.

大抵 傷官身弱은 官星의 來剋을 大忌한다. 第六十三柱의 境遇 甲木이 旺火를 向해 洩氣함이 太多한데 다시 酉庚等 旺金을 大運에 만나면 甲木을 剋伐해 주고 傷官과 破剋되므로 壬水가 있다해도 禍患을 免하지 못하는 것인데 輕重은 살펴야 한다.

(第六十四柱) 大貴格

```
            戊午   戊子
            丁巳   己未
            甲辰   庚申
            丙寅   辛酉
                   壬戌
                   癸亥
```

年上子水와 日支辰庫는 合하여 水局이 되고 時支에 寅木은 建祿이 된다. 또 寅字와 辰字 사이에는 卯字를 끼어가지고 寅卯辰이 完全히 있으므로 東方精氣를 탄 사람이다.

따라서 日主는 弱하지 않으므로 能히 財官을 堪當할만한 貴人이 된 것이다. 그러나 出生節候가 火旺의 夏節이요 時上의 丙火는 寅木長生地에 앉아서 巳月에 建祿이 되며 年上丁火는 巳火에 帝旺되니 丙丁火는 더욱 甚旺하므로 旺木은 盛火를 더욱 旺盛해 주는 役割을 通하여 洩弱해 지는 것이다. 그러므로 本命은 子水로 用神을 삼으며 庚申 辛酉로 부터 發身하여 癸亥以後에 一品宰相이 되었을 것이다. 本命은 第六十三柱와 달라서 庚申 辛酉의 官星運에 큰 災厄이 없었음은 日主가 甚弱하지 않았던 때문이다.

日主가 要求하는 五行이 用神이고 用神을 生助해주는 喜神이 吉神이며 用神을 剋害하는 者는 忌神이요 忌神을 生助하는 者는 仇神이다. 用神에 對한 完全한 理解는 格局과 함께 說明되어야 하는 것인만큼 第二編에서 取扱하기로 한다. 四柱에 있어서 用神의 位置는 龍을 그리는데 눈과 같고 自動車를 運轉함에 엔진과 같은 것이니 看命察運의 第一要緊한 事項이 곧 用神 取擇인 것이다.

(第六十五柱)

```
辛 癸 己 庚
酉 卯 卯 子
```

丁丙乙甲癸壬辛庚
亥戌酉申未午巳辰

丞相命 (總理)

食神은 一位만 있어야 貴한 것인데 二位以上이 있을 때에는 傷官으로 看做한다. 따라서 本命에 卯는 癸의 食神이나 傷官格으로 본다.

日干癸水는 子에 帝旺되었으나 卯木이 太旺하여 泄氣가 甚하니 身弱하다. 그러나 時上의 辛金과 年上의 庚金의 三金이 卯木을 制剋하고 日主를 生助해 주고 있다. 또 月上 己土가 있어 殺印相生하고 있다. 二月節의 癸水가 不剛不柔한데 三金이 旺하여 制辛金이 兩透함은 丞相이 되었고 亥運에 亥卯未木局을 이루어 病神이 旺盛하므로 死亡하였다.

格이요 己土七殺은 權貴의 用神인데 卯木이 制伏하려 하고 있다. 따라서 此命이 南方火運에 助土하여 化印하고 金運에 卯木病神을 制去하므로 丞相이 되었고 亥運에 亥卯未木局을 이루어 病神이 旺盛하므로 死亡하였다.

年傷日干은 主本不和니라.

年柱가 日干을 傷害하면 本人이 和合하지 못한다.

「講」 日干이 甲乙日이고 年柱에 庚辛金이 있으면 日干을 剋破하게 되는 故로 當主의 性格이 不和하게 된다. 家庭關係에 比하면 父子가 不和하여 그 아버지가 그 子息을 害함과 같다.

七殺이 日干을 剋하게 되면 自身의 根本이 無力한 것이니 過房(姪行이 지나친 것)하게 될 것이며 印星이 生身하고 財가 많은데 比肩運을 만나는 境遇에는 大發大旺할 것이 疑心 없다.

歲月時中에 大怕殺官混雜이니라.

歲柱와 月柱와 時柱에 七殺과 正官이 混雜해 있으면 크게 不吉하다.

「講」 年月日時中에 이미 官星이 있는데 또 七殺이 있으면 女子가 二夫를 가진 것 같고 나라에 兩政權이 있음과 같아서 不吉한 것이다. 곧 甲日이 年月時柱中에 辛酉正官이 있는데 다시 庚金이 있으면 官殺混雜이니 混亂暗鈍함이 많다. 그러나 要컨대 八字의 配分을 보아서 月令提綱과 生尅調候를 爲主로 取斷해야 한다.

取用憑於生月하야 當推究其淺深이며 發覺在於日時하야 要消祥夫强弱이니라.

生月을 依取하여 그 淺深을 推究하고 日時를 着覺하여 그 强弱을 昭詳히 할 것이다.

「講」 用이라 함은 月令中에 所藏된 者이니 比喩컨대 甲木이 十一月에 生하였을 境遇 子中에 所藏된 癸水로써 用神을 삼는 것이 그것이다. 이때에 時支에 헗破됨이 있으면 忌하는 바 그 要領은 日月年時의 相輔와 旺相休囚를 밝혀서 斷決하지 않으면 안된다.

官星正氣는 忌見刑冲이니라.

官星正氣는 刑冲 되는 것을 大忌한다.

「講」 碧玉歌에 「官星正氣는 混有하지 말아야 하는 것이며 財多할 境遇엔 傷食을 만나지 말아야 한다」고 하였으니 乙卯日이 庚辰時인데 年戌이 冲을 하거나 甲木이 巳酉丑月에 生하여 午未火局에 있으면 다시 官旺을 避하여야 한다. 그러나 萬一 申時에 印星이 있으면 吉한 것이다.

殺이 制함을 받으면 좋으나 七殺이 되는 바 이때에 다시 官星正氣가 있음을 忌한다. 例컨 대 乙人이 七月에 生하면 庚金正官을 쓰는데 刑冲됨을 忌한다는 것이요 殺과 混雜됨도 또한 꺼린다는 것이다.

時上偏財면 怕逢兄弟니라.

時上에 偏財가 있으면 兄弟(比刦)와 만나는 것을 꺼린다.

「講」 甲이 戊辰時를 보면 偏財가 되는데 乙甲 比刦의 節支를 만나면 戊辰時인 土星을 甲木이 破剋하므로 不吉한 것이다. 그러나 八字의 關係를 先察해야 한다.

生氣印綬면 利官運이요 畏見財鄕이니라.

印綬의 生氣함이 있으면 官運이 利하고 財鄕運을 두려워 한다.

「講」 甲乙日 生人이 亥子月을 만나면 印綬를 보는 것이니 庚申 辛酉運을 만나면 金官이 水印綬를 生出해 주므로 發身하나 萬一 戊戌 己巳 土財運으로 行한다면 印綬인 水를 破剋하므로 不吉한 證兆가 된다.

七殺偏官은 喜制伏이요 不宜太過니라.

七殺偏官은 制伏됨을 기뻐하고 大過함은 不宜하다.

「講」 壬日生이 戊를 보면 七殺이 되는 것이니 甲木으로 制伏함이 太過한則 小人이 君者를 制伏함과 같은 形勢이므로 當主가 반드시 反逆하게 된다.

印星이 있으면 官星을 쓰는데 萬一 官星이 없으면 虛된 것이다. 또 七殺이 있는데 制伏함이 없으면 禍가 되고 制伏함이 있으면 純化되므로 偏官이라고 한다. 戊日干이 甲木을 보면 七殺인데 庚辛金이 甲을 制壓하면 七殺制伏이라 한다.

傷官이 復行官運이면 不測災來요 羊刃이 冲合歲君하면 悖然禍至니라.

傷官이 다시 官運으로 行하면 不測의 災禍가 있고 羊刃이 年歲와 冲合하면 悖然히 禍가 到來한다.

「講」 甲日生이 印을 만남을 羊刃이라 하는데 다시 酉金과 만나서 印酉冲이 되고 또 歲運에 戌을 만나서 印戌이 合하게 되면 不測之禍를 當한다.

四柱中에 元來 羊刃神殺이 있는 中 流年太歲가 忽來하여 尅破하거나 或 三合을 相招하여 歲運이 尅害되면 當主에게 突發的인 禍厄이 생긴다. 例컨대 甲乙生이 四柱에 乙亥가 있는데 乙巳年運을 만나거나 巳酉丑이 合局이 되면 禍가 招來된다.

(第六十六柱)

癸未
甲子
乙卯
甲辛未

如斯한 命人은 大運이 不吉한 가운데 酉年을 만나면 羊刃이 卯字를 冲하여 凶厄이 돌아오고 傷官格이란 前述한 바와 같이 日主가 食神傷官月에 生하거나 三合하여 傷官局을 地支에 이루어졌음을 말한다.

本文에 「偏官復行官運」이란 傷官格이 官鄕으로 大運이 行함을 말한다. 傷官格이란 前述한 大運이 凶하면 惡死刑死를 當한다.

甲乙日이 巳午未月에 生하였거나 寅卯月에 生하여 寅午戌火局을 이루면 傷官格이고 庚辛金이 亥子丑月에 生하거나 申子辰水局을 이루었음을 말하는 바 第二編의 傷官論에서 詳述하기로 한다.

이 外에도 四柱 中 어디서나 傷官을 만나면 傷官格으로 取格되는 때가 있다. 따라서 傷官이 旺盛하면 大體로 貴吉하지 못하다. 그러나 이 原則은 一般的으로 傷官은 貴星은 못된다. 하나의 傾向일 뿐 例外가 있으니 五行의 通變造化를 살펴야 한다.

甲이 丁火나 午火를 만나면 傷官이니 申酉의 官運으로 大運이 行한則 午火가 官을 傷害하므로 不吉한 것이다.

富而且貴는 定因財旺生官이니라.

富하고 또 貴함은 財旺하여 官을 生하는데 原因이 있는 것이다.

「講」經에 「財多하여 生官하면 모름지기 身強함을 기뻐한다」고 하였으니 財星이 많으면 日主의 氣運을 消費케 하므로 盜氣가 되며 本身이 柔弱하게 되는 때문에 身旺하여야 한다는 것이다.

甲乙日生이 庚辛으로 官을삼고 戊己로써 財를 삼는데 戊己土가 旺하면 旺財가 官金을 生出하게 되므로 이 것을 「生子生旺의 理致라」하는 바 己土는 다시 壬癸水의 官星이 되기도 한다. 大槪 財旺生官하면 先貧後富 한다.

또 身弱하고 財多할 境遇엔 比肩을 만나야 하는데 萬一 比肩이 없은則 有害하게 된다. 譬喩컨대 甲日이 酉 月에 生하면 正氣官星이라고 하는데 이때에 身旺하고 財庫를 만나면 財命이 有氣한 것인 바 沖開(丑이 財庫이면 未를 만났을 때 沖開된다)할 때에는 取用하나 無氣한 中 庫地를 만났을 때에는 비록 開庫하더라도 取用 할 수 없는 것이다.

사람이 貴位에 處해 있으나 貞正하지 못하면 마침내는 墮落하고 自身과 家産을 破滅하게 되는 原理는 五行 에 그대로 適用된다.

곧 印星은 朝廷의 符信이요 官星은 朝令(政府의 執權行事)을 管掌하는 官인데 日主가 財多를 貪한則 符信 (財星이 旺하면 印星이 破剋됨)을 잃게 되므로 貴職을 破滅하게 되는 것이다. 이때에 萬一 官星과 印星이 없 으면 別格으로 規定해야 하기 때문에 如斯한 境遇 官星을 보면 破格이 되는 것이다.

非夭則貧은 必是身衰遇鬼니라.

天死하지 않으면 貧寒한 것은 반드시 日主가 衰弱한 中 鬼殺을 만난 때문이다.

「講」 經에 「身旺하면 殺로써 權貴를 삼고 身弱하면 正官이 變하여 鬼殺로 化하는 것이다.
例컨대 甲乙日生人이 午未를 만나면 身災가 되는 바 天時를 얻지 못하는 것이다. 그것은 甲木이 火를 生하여 洩氣되고 身弱해지는 때문이니 庚辛酉가 다시 있어서 身弱日主를 尅制하면 天壽하거나 貧賤하게 된다는 것이다.

六壬生이 臨午位면 號曰祿馬同鄕이니라.

「講」 壬日干은 丁으로써 財를 삼고 己로써 官을 삼는데 午中에는 丁火와 己土가 所藏되었고 또 丁己祿이 午에 있으므로 祿馬同鄕이라고 한다.

六壬日生人이 午位에 있으면 이름하여 祿馬가 同鄕에 있다고 한다.
此格은 秋節에 生함을 기뻐하니 庚辛金이 甲乙木을 制하는 故로 身弱한 害를 멀리하는 때문이요 寅卯丑이 있으면 文章이 優秀하나 不明함이 있다. 冬節에 生하면 甲乙木이 寅卯節에 旺盛해지는 바 壬水는 洩氣太甚하게 되고 火됨을 分別해야 하는 것이다. 春節에 生하면 玄武當權格(後述함)이 되니 火財에 依據하여 貴하게 旺夏節에 生하면 午火가 旺盛하며 己土 또한 旺盛해지므로 身弱해지니 凶殺이 會聚되는 것이다.

癸日坐巳宮은 財官雙美니라.

「講」 癸日은 戊土로써 官을 삼고 丙을 財로 삼는데 丙戊祿이 巳에 있는 것이므로 財官이 有氣하게 된 것이다.

四柱 中에 水局을 보는 것은 忌하나 時에 癸丑을 만나는 것은 凶하지 않으니 그것은 巳中戊土와 丑中癸水가 合火하여 癸水의 財官이 되는 때문이다.

此格은 冲刑되면 貧賤하게 되고 年運과 大運에 官殺이 튀어 나오면 滅福된다.

財多身弱이면 正爲富屋貧人이니라.

財星만 많고 身弱하면 富屋에 사는 貧人이다.

甲申　癸酉　申中의 庚金이 財星이고 壬水는 七殺이니 日主를 制剋하므로 甚히 身弱하다.
壬申　甲戌　如此한 사람은 富家에 있으나 窮辟을 免치 못한다. 丙丁火甲乙木運이 發展運이며 寅은 旺申을 冲하여 死亡한다.
丙申　乙亥
辛卯　丙子
　　　丁丑
　　　戊寅　相生되어 吉하고

(第六十七柱)

以殺化權은 定顯寒門貴客이니라.

殺이 變하여 權(官星)으로 化하면 寒門(名門富家가 아닌 白屋)에 태어나서 貴하게 된다.

「講」 大低 偏官이 官星으로 化한다고 하는 말은 丙火가 壬水의 七殺을 忌緯하지만 巳午火가 旺하여 도리어 壬水之勢를 反制하므로 壬水가 丙火를 剋制할 能力이 없게 되었음을 가리킨다. 四柱가 如此하면 白屋(官位에 나가지 못한 寒門)에 出生하여 發達하는데 萬一 이때에 四柱 中에 土가 있으면 極品의 貴를 亨有한다.

登科甲第는 官星이 臨無破之宮이니라.

「講」 正氣官星은 四柱 中에 傷官을 보지 말아야 하고 七殺과 混雜되지 않아야 한다. 運이 旺地로 行하면 幼年에 반드시 登科及第할 것이다.

納粟奏名은 財庫居生旺之地니라.

納粟奏名은 財庫가 生旺之地에 住居하는 것을 말한다.

「講」 이는 墓庫를 말하는데 財官이 墓庫에 臨藏해 있음에 財旺運으로 行하여서 開庫해 주는 一物이 있으면 少年時에 發達한다. 그러나 日主가 重壓當함이 있으면 忌凶한다. 財旺運으로 行하여서 開庫되는 故로 納粟奏名(凶年에 財穀으로 飢餓를 救濟하므로 또는 財物을 政府에 바치고 官爵을 받음)이라 한다.

官貴太盛하고 繞臨旺處하면 必傾이니.

官星이 太盛한데 旺處에 臨하면 반드시 凶禍가 生한다.

「講」 甲乙日主에 庚辛申酉가 官星이 되는데 또 巳酉丑 等의 官星局이 있으면 이는 官星이 過多한 것이다. 萬一 이때에 從殺格이 아닌 境遇 다시 官旺運으로 行하면 造物이 太過한 바 禍患이 甚多함을 다 表現할 수가 없는 것이다.

印綬被傷이면 倘若榮華라도 不久니라.

印綬가 損傷됨이 있으면 榮華가 있다고 할지라도 오래 가지 못한다.

164

「講」 印綬는 本身을 生해주는 根源이니 可히 傷害하여서는 안 될 것이니 印綬를 傷害하는 者는 財星이다. 그러므로 印綬가 財星을 만나므로 印星이 傷害되었으면 福이 損乏되는 것이요 祿位를 얻을지라도 不久하여 敗하게 되며 貪財壞印이라 함은 이것을 두고 하는 말이다. 財가 重重하면 壽命한다고 말하기 어려운 것이다.

有官有印에 無破하면 作廊廟之材니라.

官星이 있고 또 印星이 있어서 破損됨이 없으면 廊廟 材木(國家朝廷에 有用한 干城之材)이 되리라.

「講」 有官有印이라 함은 雜氣格이 官印을 所藏하였음을 말한다. 鬼谷子가 말하기를 「罡(辰) 中에 乙木이 있고 魁(戌) 中에 辛金이 伏藏하여 있으니 이는 雜氣財官印綬다」라고 하였다. 少年에 不發함이 또한 庫中人이다. 例컨대

丙寅　壬寅　此命이 俊秀한 命造이니 甲木은 辛金으로 正官을 삼고 己土로 正財를 삼으며 癸水로
辛丑　癸卯　 써 印綬를 삼는데 月令提綱 中에 癸水의 餘氣와 辛金中氣와 己土正氣가 丑中에 所藏되
甲子　甲辰　 어있는 故로 封候가 되었다.
丙寅　乙巳
　　　丙午
(第六十八柱)

無官無印에 有格이면 朝廷之用이니라.

官星이 없고 印星도 없으나 格局을 成立하였으면 이는 朝廷에 쓸 수 있는 貴命이다.

「講」 財官印綬가 雜氣에 依藏하고 있으면 貴하게 보는 것이니 富貴의 命인 것이다. 萬一 格局을 이루었으면 一點의 官星이나 財馬나 印綬가 없을 것을 要한다. 戊土日干이 乙木으로 官을 삼고 癸水가 財星이며 丁火

가 印綬이니 乙癸丁이 全無함을 말한다.

名標金榜은 須還身旺逢官이요 得佐聖君은 貴旺沖官達合이니라.

金榜에 得名함은 모름지기 身旺하고 官星을 만날 것이요 聖君을 得佐함에 飛天祿馬格이 좋으니 沖官해 오고 合祿해 오는 命造가 그것이다.

「講」 身旺한데 正氣官星을 만나고 또 行運에서도 旺하면 반드시 登科及第할 것이다. 萬一 四柱 中에 飛天祿馬格 (本編 第三章 第十六論과 第十七論에서 說明함)이 되므로 沖官合祿하는 格局을 얻으면 人臣으로써 極貴를 누리는 것이다.

非格非局이면 見之焉得爲貴리요 身弱遇官엔 得後에 徒然費力이니라.

非格非局이면 財官을 보나 어찌 奇妙함이 있으리요 身主가 弱한데 官을 만나면 成取하나 온갖 努力만 消費할 뿐이다.

「講」 日主의 吉神인 用神을 破壞하면 非格非局이니 財官을 取用한다 할지라도 奇妙할 수 없다. 또 日干身主가 衰弱하면 官星을 얻으나 努力만 있고 榮華는 길지 못하다.

小人命內에 亦有正印官星이라.

「講」 印綬는 財星에 依해 破壞되고 官星은 傷官을 보면 必敗하니 印綬는 財星을 두려워 하고 官星은 傷官을 忌하는 것이다.

小人의 四柱에도 印綬와 正官이 있다.

따라서 四柱 中에 財官印綬가 있다 할지라도 傷害를 입으면 功名을 이루지 못하고 오히려 凶惡함을 招來하는 것이므로 小人이 되는 것이다.

君子格中에도 也犯七殺羊刃이니라.

君子格中에도 七殺과 羊刃을 犯하는 命造가 있다.

「講」 七殺이라도 制함을 만나면 官星이 되는 것이며 羊刃도 冲尅함이 없으면 貴星이 되는 것이다. 偏官은 白屋에서 發하고 羊刃은 國境守將으로 부터 出身하는데 爲將爲相에 構貴하는 것이니 그 어찌 君子가 아니겠느냐? 羊刃과 殺은 生殺與奪權을 掌握하는 誅戮의 大權을 掌握할 運命이 介在한다.

爲人好殺은 羊刃必發於偏官이니라.

사람됨이 殺을 좋아함은 羊刃이 偏官으로부터 發하는 所致이다.

「講」 羊刃이 天에서는 紫暗星이 되며 世事에는 誅戮이 되는 것인 바 七殺暗鬼와 羊刃이 忌神으로 犯해 있으면 凶惡한 命造이다. 萬一 正官貴人을 만나는 境遇엔 吉하고 凶惡함은 없다.

素食慈心은 印綬喜逢於天德이니라.

素食을 하며 慈悲스러운 心性을 所有하였음은 印綬가 天德을 만난 때문이다.

「講」 만일 命에서 凶神과 惡殺을 犯하였을지라도 天月二德이 있으면 凶險이 나타나지 못하는 것인데 또 印綬는 元來 悲善의 慈心을 表하는 吉神인 故로 此 二者의 貴助를 얻으면 當主가 心慈하고 素心齋行을 하는 사람이 된다. 素食이란 殺生의 方法을 거치지 않은 採食을 뜻하며 齋行이란 古來로 齋戒를 하고 祭祀를 할 때에 禁酒沐浴과 더불어 지키는 修行法이다.

生平少病은 日主高強이니라.

平生에 病이 적은 것은 日主가 高強한 때문이다. 「講」 日主가 自旺하고 또한 旺殺하며 또 旺官하여 五行이 建旺하면 平生토록 病이 不染하며 老年토록 몸이 健康하여 머리털은 漆黑같고 이도 亦是 堅剛하다. 따라서 順數를 얻으며 身害를 멀리하면 欣然히 滿滿한 生活을 누린다.

一世安然은 財命이 有氣니라.

一生이 安泰함은 財命이 有氣한 때문이다. 「講」 本文에서는 財星에 關한 것을 所論한 것인 바 財氣라 함은 我勝者인 妻財宮을 말한다. 곧 甲에 對한 戊己이고 庚에 對한 甲乙이며 丙火에 對한 庚辛이요 壬에 對한 丙丁이 그것이다. 四柱內에 財星이 得氣하면 반드시 日主가 旺強해야 한다.

그러므로 財星이 旺盛한 한편 身旺함이 있으면 이것을 旺身이 乘氣하여 반드시 財物이 亨通하다고 하는 것이니 一生을 安然 享樂한다. 例컨대 甲日主가 辰戌丑未月에 生하여 有氣하면 「財星有氣한 造命이라고 하는 것이다.

官刑不犯은 印綬天德이 同宮이니라.

官刑을 犯하지 않음은 印綬와 天德이 同宮에 있는 때문이다.

「講」 如斯한 境遇 이는 五行이 스스로 天時를 얻어서 各其 資依하는 것이니 곧 印綬가 扶身하였는데 또 시 天德과 月德을 얻어서 三吉神이 有氣했다는 뜻이 되는 때문이다. 如此者는 爲人이 一生토록 官刑을 만나지 않는다.

少樂多憂는 蓋因日主가 自弱이니라.

大抵 樂이 적고 근심이 많은 것은 月主가 스스로 弱한데 基因하는 境遇가 許多하다.

「講」 이는 日主가 無氣한채 大運이 다시 衰鄕에 行함을 말한다. 또 天元을 失機하고 鬼敗의 月鄕에 빠졌을 때도 그러하다. 偏星(偏官 偏印 傷官 偏財等)이 많으면 當主가 奴婢의 下賤格이 된다. 孤寡가 五墓(甲에 對한 未·乙에 對한 戌)에 臨하여도 平生에 憂悶不定의 命造가 된다.

身强殺淺은 假殺爲權이니라.

身强하고 七殺이 淺弱하면 假殺로서 權貴를 삼는다.

「講」 假令 丙戌日이 壬辰月을 만나면 丙火가 四五月에 旺氣를 얻었고 火局에 있는 丁火에 得根하여 身强하고 壬水인 七殺은 그 氣勢가 弱하므로 殺을 貴權으로 삼는 것이다.

碧玉歌에 말하기를 「殺을 化하여 貴權으로 삼는 것은 어쩐 까닭인가? 하였는데 다시 亥卯未木局을 成局했다면 이런 境遇 庚金七殺이 作黨하여 旺木을 制伏해 줌을 어찌 기뻐하지 않겠느냐?」는 것이다. 또 乙日生이 巳酉丑月에 生하였다면 木局의 相逢을 기뻐할 것이지만 萬一 木旺節에 生

하여 다시 亥卯未木局을 相逢하는 境遇에는 災殃을 만나게 되고 艱難貧寒하게 된다는 것이다.

殺重身輕이면 終身有損이니라.

殺星이 重壓하고 日身은 輕弱하게 되면 終身토록 損敗가 있다.

「講」 下記 例柱는 七殺이 大旺하다.

戊寅   戊土가 暗藏하여 있으므로 이것이 傷身의 七殺이 되는 것이다.
壬戌   干에는 戊土가 튀어나왔고 時干에는 己土가 透出하였으며 戊巳寅에 通根하였으니 格局이 身
壬子
己巳   弱戰剋할 뿐이므로 損財勞苦한다.

(第六十九柱)

衰則變官爲鬼며 旺則化鬼爲官이니라.

身衰하면 官이 變하여 鬼가 되고 身旺하면 鬼도 化하여 官貴가 된다.

「講」 萬一 日主가 甚弱할 때에는 아무리 官星이 있다 할지라도 堪當할 能力이 없으므로 얻는 바는 없고 도리어 有害하게 되는 때문에 官이 變하여 官鬼가 된다는 것이다.

反對로 日主가 旺盛하면 七殺官鬼가 있다 할지라도 旺盛한 身主가 能히 堪當할 수 있어 任意로 부리고 活用할 수 있다. 따라서 七殺도 調伏하게 되므로 鬼가 官星으로 化한다는 것이니 當主가 富貴하게 된다.

月生於干하면 運行不喜逢財地니라.

月節이 日干을 生하는데 財地로 大運이 行하면 좋지 않다.

170

「講」 月生日干이라 함은 月支가 印綬에 該當하는 것을 말한다. 印綬는 또 母親에 比對하는 바 我身을 生助해주는 것인데 財星을 만나면 印綬가 破剋되므로 忌諱하는 것이다.

官이 符印(印綬, 官印)을 掌握하고 있는데 百姓의 財物(財星)을 貪하면 不美스러운 不正이 生出되는 것과 같다. 곧 甲日干이 戊己(辰戌丑未包含) 土를 만나면 財星이 되는데 癸子水는 印綬가 되므로 戊己土가 癸水印綬를 剋하니 貪財壞印이라 하는 것이 그것이다.

日主無依하면 却喜運行財地니라.

日主가 無依하면 運이 財地로 行함을 기뻐한다.

「講」 甲乙日이 春月에 生하여서 財官이 없음을 日主無依라고 하는 것이니 辰戌丑未土의 財地로 大運이 行한다면 發福하게 된다. 萬一 이와 反對되는 背運일 境遇에는 禍됨을 말로 다 할 수가 없다.

時歸日祿하면 生平不喜官星이니라.

日祿이 時柱에 있으면 平生토록 官星의 運을 기뻐하지 않는다.

「講」 時柱에 日主의 建祿이 있음은 甲日이 寅時를 얻음인데 官星을 가장 꺼리는 바는 官星이 時祿을 來破하는 까닭이다. 如此하면 貴함이 오히려 賤한 것으로 變한다.

碧玉歌에 말하기를 「日祿이 時支에 歸居함이 最妙한데 萬一 官星을 보면 祿을 削除하게 된다」고 하였다.

陰若朝陽하면 切忌丙丁離位니라.

六陰日이 朝陽하면 丙丁火位를 切忌하는 것이다.

「講」 六辛(辛未 辛巳 辛卯 辛丑 辛亥 辛酉)日이 戊子時를 만나면 六陰朝陽이니 萬一 歲月에 丙丁二字가 있으면 이것이 南方火氣, 官星이니 朝陽을 破하게 된다.

六陰朝陽이 眞格을 이루고 丙丁이 없으면 當主가 다 大貴하는 命造니 一品(總理 國會議長 大法院長級)의 尊을 享受한다. 喜忌篇에 말하기를 「六辛日이 時에서 戊子를 만나면 午未火를 嫌忌하는 바 運이 西方에 向함을 기뻐한다」고 하였다. 要컨대 丙字가 있으면 官星이 露出된 것이요 丁字는 七殺이니 辛金과 對尅되어 좋지 않다는 것이다.

太歲가 衆殺之主니 人命에 未必爲災나 若遇鬪戰之鄕이면 必主刑於本命이니라.

太歲는 뭇 殺星의 主가 되는 것이니 반드시 災가 되는 것은 아니다. 만일 鬪爭의 땅으로 行하면 반드시 當主가 刑을 입는다.

「講」 太歲는 一年을 所掌하는 君位니 衆殺을 統領하므로 可히 凶함을 作取한다고 할 수 없는 것이다. 그러나 萬若 命中에 羊刃等 諸殺이 있고 或은 日主가 歲君을 刑尅한다면 이는 臣이 君을 犯함이니 반드시 戰鬪의 禍를 招來할 것이다. 要컨대 太歲에 吉星이 모이면 當主가 吉하고 惡殺이 있으면 當主가 凶한 것이다.

歲傷日干이면 有禍호대 必輕이요 日犯歲君은 災缺이 必重이니라.

歲君이 日干을 傷하면 禍가 있으나 輕하지만 日主가 歲君을 犯하면 災殃이 重大하다.

「講」 萬一 太歲가 日干을 尅하면 이는 父가 子息에 對하여 怒疾하는 것이니 그 情義가 疏遠怒離한 것에 그치지만 日主가 歲君을 剋犯하면 子息이 그 父를 犯한 것이니 그 罪가 誅極됨이 마땅하고 容恕될 수 없는 것과 같다.

假如컨대 太歲(年柱)가 庚辛인데 日主가 甲乙이면 그 災禍가 輕하나 日干이 庚辛인데 太歲가 甲乙이고 無救하면 災禍가 重한 것이다. 곧 上이 下를 犯함은 輕한 罪이지만 下로써 上을 犯함은 罪가 重한 故로 歲犯日干은 輕하고 日犯歲君은 重한 것인데 四柱中에 有財하면 先禍하고 後福하는 것이다.

五行有救其年이면 反必爲財나 四柱無情이면 故論名爲剋歲니라.

「講」 本文의 大義는 要컨대 日干이 歲君을 犯剋하면 凶하다는 것을 再論한 것에 不過하다. 그러나 萬一 五行이 通關役割(甲과 庚이 相剋이지만 癸水가 있으면 庚金이 生水하고 癸水가 生木하여 剋爭이 解消되며 丙火와 土가 있다면 甲木이 生火하고 火가 生土하여 土가 生金하게되고 金은 生水하며 水는 生木하게 되므로 그 剋害는 解消되는 것이지만 五行의 位置와 深淺 등을 살펴야 하며 이것을 五行通關이라 한다)을 해준다면 禍는 半減되어 財物을 招致하게 된다는 것이다. 이때에 食神이 있어서 歲君을 剋하는 日干을 制止해 준다면 또한 吉하지만 그렇지 못하다면 그 上位인 歲君을 剋害함이니 造物의 뜻(萬物을 生成하는 主宰의 義)이 不好하여 마침내는 日主가 傷害를 입게 된다.

甲日干이 戊土를 剋했을 境遇 己土가 있으면 甲己合土하여 夫婦가 貪合하므로 有情하게 되어 甲木이 戊土를 害剋하지 않게 되고 또 乙日干이 己土歲君을 剋하는데 干頭에 庚字가 있으면 亦是夫婦가 貪合하므로 有情하게 되니 乙木이 己土를 剋害하지 않게 되는 바 그 禍됨을 免할 수 있지만 萬一 配合함이 없고 剋制함만 있

庚辛이 來傷甲乙하면 丙丁을 先見하야사 無危니라.

庚辛金이 있어 甲乙木을 剋傷해 오면 丙丁火를 보아야 危厄이 없느니라.

「講」 危險이라 함은 危厄患亂을 일컫는 말이니 假令 庚辛金은 甲乙木을 剋傷要素로 構成되었다면 柱中에 巳午丙丁火가 있어서 庚辛金을 制伏해 주어야 剋制하는 것인 바 四柱가 如斯한 他의 五行關係도 如斯한 原理로 推理하면 될 것이다.

丙丁이 反剋庚辛에 壬癸를 遇之하면 戊己는 愁逢甲乙이니 干頭須要庚辛이요 壬癸는 慮遭戊己나 甲乙이 臨之하면 有救며 壬來剋丙엔 須要戊子當頭며 癸去傷丁엔 却喜己來相制니라.

丙丁火가 庚辛金을 反剋해 오나 壬癸水를 만나면 丙丁火를 두려워 하지 않고 戊己가 甲乙을 만날까 두려 하지만 干頭에 庚辛을 얻으면 無關하고 또 壬癸는 戊己를 相逢함을 근심하나 甲乙이 臨住하면 救解되고 壬水가 와서 丙火를 剋傷하는 境遇 모름지기 戊字가 干出함을 要하며 癸水가 丁火를 傷해주면 문득 己土가 와서 相制해 줌을 기뻐하게 된다.

例컨대 「講」 丙丁火는 庚辛金을 剋傷하지만 柱中에 壬癸가 있다면 壬癸水가 丙丁火를 制壓去勢해 주고 庚辛金은 다시 壬癸水를 生出해 주므로 丙丁火가 庚辛金을 反剋하더라도 壬癸水를 만나면 두려울 것이 없다는 것이다.

174

(第七十柱)

壬申
丙午
庚辰
癸亥

本命에 庚日干은 午月에 得氣한 丙火에 依하여 剋反 當하고 있지만 壬癸亥水가 丙午火를 制壓해 주므로 庚日主는 火勢를 두려워하지 않는다.

餘他의 境遇도 同一한 理致이니 推知하기 바란다.

庚得壬男이면 制丙火하여야 作長年이요 甲以乙妹로 妻庚하면 凶壽吉兆니라.

庚金이 壬水(壬水는 五行上 庚의 子息이 된다)를 얻어서 丙火를 制壓하면 長養함을 얻을 것이요 甲木이 乙妹로써 庚金의 妻(五行의 干合關係로 보아서 乙과 庚은 夫婦의 情緣이 있다고 본다)를 삼으면 凶한 것이 變하여 吉兆가 되는 것이다.

「講」 庚金은 丙火의 火剋金을 꺼리는 바 있는데 壬水가 있어 制伏해주면 反對로 凶變化吉해진다. 甲乙木은 庚金을 大忌하지만 乙木(甲木은 陽이요 乙木은 同行의 陰이므로 女妹로 看做한다)으로 庚金에 配化應合시킨 則 庚金이 干合하여 庚陽金의 妻가 되므로 凶은 除去되고 吉하여진다는 것이다.

天元雖旺이나 若無依倚하면 是常人이요 日主太弱이면 縱遇財官이나 爲寒士니라.

天元日主가 비록 旺盛하나 그 依倚할 바를 얻지 못하면 이는 平常人이요 日主가 太弱하면 비록 財官을 만나더라도 寒土가 될뿐이다.

「講」 壁玉歌에 말하기를 天元日主가 太旺하나 歲君과 月에 印綬와 財星과 官星의 三才가 顯出하지 못하면 當主가 貧寒하거나 僧道가 되거나 孤刑한 사람이 될 것이요 日主가 柔弱한데 生旺해줌이 없으면 비록 財官이 많으나 도리어 寒苦하니 財官을 堪當할 수가 없으므로 孤寒之士가 아닐 수 없다.

女人이 無殺하고 帶二德이면 作兩代之封이니라.

女命에 七殺이 없고 天月二德을 띠었으면 兩代의 封함을 얻는다.

「講」 무릇 女人의 命에 偏官七殺이 있음을 忌하는 바는 頑暴이 되는 때문이다. 萬一 陰命에 七殺이 없고 天月二德(天德貴人은 「第二九表를 參照하라」)이 全有하면 반드시 男便과 子息이 大貴하므로 自貴를 얻을 것이다. 天德貴人과 月德貴人이 命中에 있으면 當主가 溫良하고 慈慧가 있어서 諸殺을 鎭壓하는 吉亨이 있다.

男命이 身强하고 遇三奇하면 爲一品之貴니라.

男命의 日干이 强旺하고 三奇를 만나면 一品의 貴를 갖는다.

「講」 訣에 말하기를 「日主가 高强하고 富貴함은 財官印綬 三者가 俱全한 所致이다」라고 하였다. 甲日이 辛己癸를 만나면 財官印을 全得한 것이요 乙日이 戊寅庚을 보아도 財官印이며 丙日이 癸辛乙을 기뻐하는 것이 그것이며 丁日에 壬庚甲이 高遷하였음이 그것이며 戊日이 癸乙丁을 기뻐하는 것이 그것이며 己日에 壬甲丙三元이 있으면 亦是 財官印이며 庚辛壬癸도 이와같이 財官印이 있는 바 破함이 없으면 이름이 곧 朝庭相府에 國事를 맡은 重臣으로 이름이 오른다는 뜻이다.

甲逢己하야 而生旺이면 定懷中正之心이니라.

甲이 己土를 만나서 合化하고 生旺함이 있으면 決定코 中正之心을 懷抱하고 있다.

「講」訣에 말하기를 「甲日이 己土를 만나서 甲과 己로 生旺되면 富貴榮華를 所有할 것이 明確하다」고 하였다. 恒常 中正之心을 所懷하고 있어 人心을 얻고 貴人을 만날 것이므로 眞實로 그 前道에 可望性이 크다. 甲은 東方의 生物하는 時期의 氣運에 屬하는 바 主로 仁性을 表象하며 土는 中央의 厚重한 氣運에 屬하는 바 主로 信을 表한다. 따라서 甲己가 合土하여 다시 生旺을 얻었으면 爲人이 忠厚하고 正直한 德의 所有者인 것이다.

丁遇壬而太過하면 必犯淫訛之亂이니라.

丁火가 壬水를 만남이 重重 거듭되었으면 반드시 淫亂으로 因한 邪訛가 있을 것이다.

「講」經에 말하기를 「丁日干이 壬水를 太過하게 만나면 陰은 많은데 陽은 獨孤한 것이므로 淫化하게 된다. 男命이 如此하면 酒色으로 傾敗할 것이고 女子는 主로 私通하므로 內亂이 많게 된다」고 하였다. 丁과 壬이 合한다 함은 丁日生이 壬을 보는 境遇 壬水가 丁火를 制壓하게 되므로 過淫한다 한 것이다.

丙臨申位하고 遇陽水하면 難獲延年이니라.

丙火가 申位에 臨하고 다시 陽水를 만난다면 壽命이 오래 延年되기 어렵다.

「講」訣에 말하기를 「丁丙火가 申位에 臨坐하면 불꽃이 없는 弱勢의 불인데 다시 陽水의 江河를 만나면 雪上加霜이 되어 身命이 堅固하지 못하다」고 하였다. 萬一 이때에 土가 와서 水를 剋하고 丙火의 抑壓을 救解해 준다면 문득 福壽가 生한 것으로 본다. 例컨대 丙申日主의 大運이 壬申 壬辰 壬子運이 되면 夭壽한다.

己入亥宮하고 見陰木하면 終爲損壽니라.

177

己土가 亥宮에 들어가고 陰木을 보면 마침내 損壽하게 된다.

「講」 己亥日主가 乙木으로 行하면 이는 亥卯木이니 이것을 만나면 곧 主人이 夭壽한다. 萬一 四柱에 金으로 木을 剋制하고 救濟해 줌이 없으면 豊山 岳嶺이라 할지라도 壽가 元來 虛弱한 것이다.

「己는 强土가 되는데 雙魚를 보고 陰木이 臨해 있으면 壽가 반드시 損疏한다」고 하였다. 訣에 말하기를

庚値寅而遇丙이면 土旺이라야 無危니라.

庚金이 寅支에 자리하였고 丙을 만나면 土가 旺盛하여야 危險이 없어진다.

「講」 庚寅日主가 柱中에 丙火가 있으면 丙火의 侵攻을 받게 되어 庚金이 危弱해지는 故로 庚金이 많을 때에는 無恙하지만 庚金이 弱할 때에는 土氣가 旺盛하여야 艮土를 生해주는 것이요 土는 다시 金을 生出해 주는 故로 危厄을 除去하게 된다.

訣에 말하기를 「庚이 寅을 만나면 官殺의 祿이 當權한 것인데 丙火를 要逢하면 庚主를 壓制하게 된다. 그러나 身旺하고 鬼衰하면 오히려 制伏하고 活用할 수 있는 바 權能으로 化하는 것이다. 庚金이 寅에서 絶하나 寅中에 艮土가 生金 助救하게 되므로 土가 있으면 丙火가 비록 旺盛할지라도 두려워 하지 않는다.

乙遇巳而見辛하고 身衰하면 有禍니라.

「講」 乙巳日主가 柱中에 辛金이 있는데 身主가 衰弱하면 禍가 따른다.

乙木이 巳火를 만나고 辛金이 있으면 身柱는 衰弱하고 殺은 旺盛한 것이다. 그러므로 禍가 있다고 보는 것이다.

訣에 말하기를 乙木이 巳火를 만나기를 木이 衰殘한 것인데 (乙木이 巳中에 있는 庚金과 合하므로 弱하다) 다시 辛金을 보면 壽가 必難하다. 그러니 丙丁을 얻어 救助하지 못한다면 安樂할 수가 있겠는가?

乙遭庚旺이면 常存仁義之風이니라.

乙木이 庚旺함을 만나면 恒掌 仁義의 氣風이 있다.

「講」이는 乙日이 申月에 生하는 것과 같은 類니 此格에 屬한 사람은 仁義가 있다. 訣에「말하기를 乙이 庚金을 만나면 官星이 된다. 이는 마땅히 宰相의 品인데 萬一 五行이 冲破함이 없으면 恒常 仁義心이 있을뿐 아니라 邊方을 堅疆하게 鎭壓하게 될 것이다」라고 하였다.

乙은 木이니 仁을 主管하고 庚金은 義를 主掌하는 故로 仁義之風이 되는데 本格은 刑傷을 크게 두려워 하는 바 尅破함이 있을 境遇에는 不義하다.

丙合辛生하면 鎭掌威權之職이니라.

丙이 辛과 合하면 威權의 職을 掌握하게 된다.

「講」丙日이 辛을 보거나 西月에 生하거나 辛月이 巳日에 生하는 等의 사람은 權柄이 있을 命局이다. 訣에 말하기를「丙日이 辛과 合하는 生月節이면 이는 名利를 떨칠 것이니 不然하면 黃閣公卿이 되어 兵權을 掌握하는 威權이 있을 것이다. 黃閣은 議政府같은 宰相의 官署이다.

一木이 重逢火位하면 名爲氣散之文이니라.

一木이 火位를 거듭 만나면 氣散의 文이라 이름한다.

「講」 甲乙生이 丙丁火를 重重相見하면 이는 泄氣가 많은 것이다. 榮昌하므로 木火通明이라 하는 바 當主가 廟廊에 登明할 것이며 (高官大爵이 된다는 뜻) 木이 離火(離卦)를 표하고 方位로는 南方을 표하며 節候上으로는 夏節의 火旺함을 뜻하므로 離는 火의 義이다」를 疊疊히 만나면 마침내 泄氣가 太甚한 것이니 文章이 咨嘆스럽다.

獨水三犯庚辛이면 號曰體全之象이니라.

獨水가 庚金의 三位를 만나면 體全의 象이라고 이름한다.

「講」 壬日生이 庚申辛酉를 要見하면 印綬가 生身하므로 身主가 庚辛金을 거듭 三犯하면 金이 水를 能生하는 故로 水와 同體가 되므로 年柱가 骨格을 生하여 天年이 秀異하니 名利雙全하고 福祿이 豊盛할 것이다. 詩에 말하기를 「獨水가 名利雙全하고 福祿이 豊盛할 것이다.

水歸冬旺이면 生平에 樂自無憂니라.

水가 多節에 生하면 旺盛하니 平生에 즐거웁고 스스로 근심 걱정이 없다.

「講」 甲乙日이 春三月에 生하고 丙丁日이 夏三月에 生하고 庚辛日이 秋三月에 生하고 壬癸日이 冬三月에 生하고 辰戌丑未月에 戊己日이 生하면 身主가 所旺함을 얻은 것이니 다 身主의 節氣에 所生한 緣故이다. 따라서 當主가 有壽하여 無憂하고 福樂이 있다.

木向春生하면 處世安然하고 有壽니라.

木이 春節에 生하면 處世가 安然하고 兼하여 壽하게 된다.

180

「講」 甲日이 春月에 生하고 柱中에 寅卯를 重逢하면 性格이 溫良하고 慈心이 定然하여 朝廷과 靑史에 寄與하는 바가 크다. 그러나 食神과 官印을 쓰는데 運이 다시 木旺節로 行하여 旺處에 太旺하게 되면 오히려 天窮하게 될 것이니 術家는 精究할지어다. 中庸을 가져서 命局을 論定함에 모름지기 有用의 用神을 求하라.

金弱에 遇火炎之地면 血疾無疑니라.

金主가 弱한데 火炎의 地를 만나면 血液神經系統의 疾病이 있을 것이 틀림없다.

「講」 金은 脾肺를 主管하는 心의 華蓋이니 萬一 금이 火에게 來沖됨이 있으면 當主가 반드시 酒色으로 因하여 疾病을 얻는 것이므로 이는 肺와 心臟에 傷害함을 입는데 嘔血 癆瘵(肺結核) 等의 疾病이 생기게 된다.

土虛에 逢木旺之鄕이면 脾傷定論이니라.

土日이 虛弱한데 木旺의 節氣를 만나면 脾臟에 病이 있을 것이 틀림없다.

「講」 土氣는 脾胃에 該當하는데 土가 虛弱하고 다시 木의 來尅함을 받으면 반드시 脾腹寒病의 症勢가 있다.

筋疼骨痛은 蓋因木被金傷이니라.

筋疼骨痛(神經痛)은 大蓋 木이 金에 依하여 被傷되는데 基因한다.

「講」 訣에 말하기를 甲木이 干衰하고 不旺한데 運이 庚申辛酉에 該當하며 歲에 巳酉丑金局이 來臨하면 譬目風顚邪病이 있게 된다. 乙日이 身衰하여도 同一하다.

眼昏目暗은 必是火遭水尅이니라.

눈이 어두움은 必是 火가 水剋을 當한 緣故이다.

「講」 肝은 木에 屬하고 心은 火에 屬하며 腎은 水에 屬하는데 水剋火하여 相生의 道가 破滅되었으므로 眼暗하고 目婚한 疾病이 생기는 것이다. 東洋醫學에서는 人體의 모든 生理原則을 陰陽五行學의 原理에 依據하여 說明하고 藥理法이나 病理法이나 診斷學이나 治療法이 그러하여서 그 原理原則을 四柱命理學의 運命學의 結論과 一致한다. 東方醫學에서 目은 肝에 屬해 있고 木生火하므로 明光이 있는 것이니 水剋火하면 眼暗해지게 된다는 理論이 그 것이다.

下元冷疾은 必是 水値火傷이니라.

腹下에 冷症이 있는 것은 必是 水主가 火에 依하여 冲傷된 때문이다.

「講」 腎은 北方의 水를 爲主하고 心은 南方火에 屬하는데 腎水는 上昇하고 心火는 下降하여야 旣濟가 되므로 五行이 調和되고 心身이 健全하게 되는 것이다. 萬一 上下가 不交하면 冷症이 發生하게 된다.

金逢辰而遇土하면 號曰還魂이니라.

庚辛金이 寅卯에서 氣를 비로소 받고 土에서 生함을 얻는 故로 還魂이라고 하는 것이다.

水主가 巽方에 入住하여 金을 보면 이름을 不絶이라 한다.

「講」 壬水는 巳에서 氣를 받고 金에서 受生되는 故로 絶命이 아니다. 水入巽而見金은 名爲不絶이니라.

182

土卯印位하면 夫中年便作灰心이요 金遇火鄕이면 雖少壯이나 必然挫志니라.

土主가 卯位에 臨하면 뜻밖에 失灰破損하고 金이 火鄕으로 行하면 비록 少壯年에 得意하나 반드시 挫折됨이 있을 것이다.

「講」 戊 土生이 卯位에 이르면 이는 沐浴之 地가 되는 바 비록 中年에 得意한다 할지라도 進退가 難決이니 반드시 志氣를 敗失할 것이며 金이 午位에 이르면 이것도 暴敗沐浴之地이니 男子는 이때에 志氣를 挫折當할 것이다.

金木이 交差刑戰하면 仁義俱無하며 水火遞互相傷이면 是非日有니라.

金木이 交差하면 刑戰하는 形勢이니 仁과 義가 함께 없고 水火가 相互 傷害되면 是非가 날로 그치지 않는다.

「講」 庚辛은 義이고 甲乙이 仁인데 金木이 爭差함은 仁義의 本性을 背反한 까닭이요 或是 或非함은 壬癸 水가 智이고 丙丁火는 禮行인데 水火相傷하므로 智行이 壞戾되는 때문이다.

木從水養이나 水盛而則漂流니라.

木이 水를 쫓아 木이 자라나 水가 盛한則 木이 漂流한다.

「講」 水生木하여 水旺木強하면 金土財官을 써서 土로써 水流를 制禦하고 金으로써 盛木을 造製하여야 하는데 水氣만이 太盛하면 不吉한 것이다. 訣에 말하기를 「甲子生이 子地에 臨함에 二二水가 있음은 奇貴한 象이 되나 壬癸亥子가 干支에 있은則 木이 물에 떠서 漂流하게 되어 寄依할 곳이 없게 된다」고 하였다.

(第七十一柱)

辛亥　己亥　本命이 申運 丁酉年에 溺水의 災厄을
庚子　戊戌　免할 수 없었다. 水만 盛하고 木은 弱
甲申　丁酉　하여 나무가 떠내려가는 命勢인 때문이
乙丑　丙申　었다.

金賴土生이나 土厚하면 而金遭埋沒이니라.

「講」 金은 土를 依賴하여 生出되지만 土가 너무 많으면 金은 흙속에 埋沒하게 된다. 「講」 金은 木火가 財官이 되는 바 만일 土가 太多한則 金이 埋沒되어 光明과 輝彩를 잃게 된다.

是以로 五行은 不可偏枯요 務禀中和之氣니 更須絕慮忘思하야 鑑定하면 無差誤矣리라.

그러므로 五行은 偏枯해서는 안 되고 오직 中和의 氣運을 얻어야 하는 것이니 다시 모름지기 生覺을 끊고 모든 思量을 잊고서 鑑定한다면 差誤가 없을 것이다.

「講」 看命하는데 要緊한 것은 節期의 深淺을 살필 것이요 旺相休囚와 去留配布와 順逆向背의 理致를 分別할 것이다. 다못 中和로써 貴命을 삼고 旺相을 福으로 삼으며 萬一 休囚死絕되고 非格局이 되면 下賤의 命이 되는 것이니 足히 論할 것이 없다.

(第七十二柱)

辛丑　己亥　本命 또한 短壽한다. 十
庚子　戊戌　一月 水旺節에 申子辰 水局
甲申　丁酉　하고 庚辛金이 生水하니
乙丑　丙申　溺水早死造이다.

184

第二章 通變諸神

第一論 看命入式

五行提綱을 凡看命에 排下八字 以日干爲主요 取年爲根이라 爲祖上財産과 知世派之盛衰며 取月爲苗요 爲父母니 則知親陰之有無하며 日干爲己身이요 日支 爲妻妾이니 則知妻妾賢淑이며 時爲花實이니 爲子息이요 方知嗣續之所歸니라.

무릇 人命을 觀察함에 五行提綱을 八字에 排對하여 推知할 것인 바 日干으로써 本主를 取하여 뿌리를 삼으니 祖上이 되는데 祖上富貴의 如何와 世派의 盛衰與否를 알게 된다. 日干은 自身이 되는데 日支는 妻妾의 자리이므로 이로써 父母가 되니 親蔭(父母의 德)의 有無를 알게 된다. 단 時支는 꽃의 열매와 같은 것이니 子息이 되는 바 嗣續歸結處가 된다. 妻妾의 賢淑을 알게 된다.

月令의 淺深으로 得令의 關係를 살피고 年時와의 合 與否를 審察할 것이며 財官의 露出與否를 또한 살펴야 한다.

法分月氣하야 淺深得令하고 不得合年時하며 露出財官이라. 須要身旺이니 如身衰財旺은 且多反破財傷妻요 身旺財多는 財亦旺이니 財多稱意로다 若無財官이면 次看印綬得何局하야 吉凶斷之니 學者는 不可拘執이요 反不知通變也니라.

日干身主는 모름지기 旺氣를 얻어야 하는데 身衰하고 財星이 旺盛하면 이는 도리어 破財하여야 할 일이 많고 傷妻數도 있다. 그러나 身旺하고 財多하면 財福이 좋아 富者가 된다.

다음으로는 印綬를 볼 것인 바 何局을 얻었는가를 準據하여 吉凶을 斷定할 것이니 學者는 拘執함이 不可한데 도리어 그 通變의 理致를 모르는 도다.

第二論 正官

夫正官者는 甲見辛之類니 乃陰見陽이 爲官이요 陽見陰이 爲官이니 陰陽配合이 成其道也니라 大抵要行官旺鄕이니 月令이 是也라 月令者는 提綱也니 看命은 先看提綱이요 方看其餘니라.

무릇 正官이라 함은 甲木이 辛金을 보는 것과 같은 類인 바 陰神에 對하여 陽神이 正官이며 陽神이 陰神을 봄이 正官이니 陰陽이 配合하므로 道를 이룬 것이다. 大槪는 官旺의 節鄕으로 行할 것을 要하는데 이는 月令을 가리키는 말이다. 月令이 提綱이니 看命하는데는 먼저 提綱을 살필 것이요 다음으로 다른 것을 살펴야 한다.

旣曰正官이 運復行官旺之鄕이면 凡事有成이나 却有行不得傷官之地요 如行財旺之鄕이면 皆知作福之地니 正官은 乃貴氣之物이라 大忌刑冲破害하고 及年月日時中에 皆有官星隱露는 恐福測矣니라.

이미 正官格인 四柱가 그 大運 또한 官旺의 節鄕으로 行한다면 凡事가 成就될 것인 바 문득 傷官의 鄕地로 行하지 않고 財旺의 鄕節로 行한다면 이는 作福의 幸地니 正官은 이에 貴氣로운 吉神이다. 그러나 刑冲破害는 大忌하고 및 年月日時에 官星이 全部 隱露하였어도 그 禍이 渺久할 수 없는 것이므로 또한 忌한다.

須看年時上에 別有何者入格하야 作福去處하야 方可斷其吉凶이니 苟一途而執取之則不能通變이요 必有差之毫釐면 誤以

千里之患이니라 經에曰 通變은 以爲神者가 是也니 正官이 或多하면 反不爲福이니 何以憂之리요.

모름지기 年時上으로 何格에 屬하는가를 分別하여서 作福의 去處를 알고 바야흐로 그 吉凶을 可斷힐 것이니 진실로 한가지 方法과 單純한 公式만으로 固執하고 取着하는 것은 通變의 理致가 아니니 터럭과 같은 것은 差異가 마침내는 千里나 어기는 患을 招來하는 도다. 經에 말하기를 通變이란 六神의 五行提綱을 살피는 그것이니 正官도 或 너무 많으면 오히려는 福이 될 수 없는 것인 바 어찌 論議할 對象이 겠는가? 하였다.

蓋人之命이 宜得中和之氣요 不宜太過變不及이니 固中和之氣는 爲福厚요 偏黨之剋은 爲災殃이니라 旣用提綱作正官은 年時支干位에 或有一偏官이면 便難矣니 不可不仔細 以輕重推測也니라.

大槪 人命은 마땅히 中和의 氣運을 얻을 것이요 太過하거나 不及함은 不宜한 바라. 진실로 中和를 얻은 者는 福厚함이 있으려니와 偏黨의 剋氣를 얻은 것은 災殃이 있는 것이다. 이미 提綱에 正官을 取用하는데 年時의 地支와 天干에 或 一偏官이 있으면 이는 難碍함이 있을 것이니 不可不 그 輕重을 仔細히 推理하라.

又曰 月令에 得之是也면 喜財旺印綬니 如甲用辛官에 喜土生官이라 最怕刑冲被害며 羊刃七殺은 爲貧命이니라 如時干逢 殺이면 乃官殺混難이니 若四柱有刑冲破害면 皆不爲貴命이니라.

또 經에 말하기를 月令에 正官을 얻었으면 財旺하고 印綬가 있음을 기뻐하는 바 예컨대 「甲木이 辛金 正官을 取用하는 境遇 그 財星인 戊己土가 生官해줌을 기뻐하고 刑冲破害됨을 가장 꺼리며 羊刃 七殺 等이 있으면 貧命이 된다. 萬一 時干에 七殺을 만난다면 이는 官殺이 混雜된 것이니 四柱中에 刑冲破害가 되었을 境遇 貴命이 되지 못한다고 하였다.

官來剋我어나 我去剋官은 不爲害요 若兩官不妨이나 若月令中正官하고 時干支有偏官하면 便難以正官言之라 且如甲以辛爲官이니 生於月氣之後는 金旺在西故로 謂之正官이니라.

正官이 와서 我를 剋하거나 我身이 官을 剋去하는 것은 害가 되지 않으며 兩官도 無妨하다. 그러나 萬一月令中에 正官이 있고 時柱의 干支에 偏官이 있으면 이것은 正官으로 보기가 어렵다. 比如컨대 甲木이 辛金으로써 官을 삼는 바 八月中氣의 後에 生出하였으면 金이 酉에서 旺하는 故로 이는 正官格이라 이름하는 것이다.

如天干에 不透出辛字며 却地支又有巳酉丑이면 不生於八月中氣之後라도 亦可吉이나 宜大要身旺이니 時辰歸於甲木旺處니라. 如歲時透出正官이요 地支又有官印이면 却不拘八月中氣之後니라.

天干에 辛字가 透出하지 않았으나 문득 地支에 巳酉丑이 있으면 八月中氣後에 生하지 않더라도 또한 可吉하니 要컨대 正官格에는 마땅히 身旺해야 할 것인바 甲木이 旺處에 歸屬할 것이다. 比컨대 歲時에 正官이 透出하고 地支에 또 官印이 있으면 生日이 八月中氣의 後가 되고 안되고를 不拘하고 正官格이 되는 것이다.

大率官星은 須得印綬하야 生身則發이요 無傷官破印하고 身不弱者는 便爲貴命이며 如命中有官星하고 而行傷官之運이면 則不吉이니 必待印綬官星旺運이라사 可發이니 必得官이니라.

大抵 官星은 모름지기 印綬를 얻어서 生身해주어야 한다. 傷官과 印綬를 破損함이 없고 身主가 弱하지 않고서야 貴命이 되는 것이며 命中에 官星이 있고 傷官運으로 行하면 不吉하며 印綬와 官星의 旺運을 기다려서야 可히 發達하리니 반드시 官位를 얻을 것이다.

「講」 正官은 陰陽이 相異한 我剋者이니 丙日에 癸子水이고 丁日에 壬亥水이며 庚은 丁午이고 辛은 丙巳 等인 바 이것이 官星이 된다.

年柱가 君位이고 月令이 臣者이니 君主의 令을 行하는 것이 大臣이므로 歲君을 行한다는 뜻에서 月令이라 한 것인데 正官이 月令에 該當하면 正官格이다.

또 巳酉丑金局을 이루었어도 甲木에 對하여 官星이 된다. 그러나 官星은 沖破되거나 傷官에 依해 尅害되면 좋지 못하다.

四言獨步에 말하기를 「八月의 正氣官星은 大怕卯丁이니 卯丁尅破하야 有情無情이니라」한 것이 그것인데 八月은 酉月이므로 卯酉冲破하고 丁火가 來尅하므로 忌하는 것이다.

또 正官만 있고 印綬가 없으면 이를 곧 偏官으로 보게 되는 바 그러므로 正氣官星은 地支의 그것을 取用하는 것인데 年時의 財氣를 살펴야 하는 바 萬一 柱中에 沖破가 없다면 富貴雙全하여 名貴를 함께 얻는다.

第三論 官星太過

如壬癸生人四柱에 是辰戌丑未巳午가 天干不露官星與殺이요 則官殺暗藏於中爲多하고 若四柱에 原有制면 爲妙요 若無制伏이면 須行木運이며 與三合木局이 亦好니라.

大凡官星 雜多則務要除라 而清之요 乃可發福이니 若官星多하고 又行官運이면 亦不濟事니라.

壬癸日生人의 四柱에 辰戌丑未巳午가 많으면 이것이 官星이 太過한 것이니 干上에 官殺이 露出되지 말아야 한다. 官殺이 暗藏되고 太多하면 制伏하여야 妙한 것이요 制伏이 없으면 木運을 얻든지 三合하여 木局을 이루든지 하여야 吉하다.

大抵 官星이 많은則 除伏함이 要緊되는 바 制伏되면 清格이니 可히 發福할 것이다. 그러나 萬一 官星이 많

은데 다시 大運이 官鄕으로 行하여 官星이 太過하면 모든 일이 成敗되지 않는다.

第四論 偏官(七殺)

夫偏官者는 蓋甲見庚之類라 陰見陰하고 陽見陽을 乃爲之偏官이니 不成配合하야 猶如經言二女不同去며 二男不並處是也라 偏官則七殺이니 要制伏이며 蓋偏官七殺은 卽小人이니 小人은 無知多凶暴이요 無忌憚이며 乃能努力하야 以養君子하고 而服役하야 御君子者가 小人也니라.

偏官이라 함은 甲木이 庚金을 만나는 것과 같은 類이니 陰이 陰을 보고 陽이 陽을 보면 이것이 곧 偏官이다. 偏官은 陰陽이 같아서 配合할 수 없음이 比喩하면 經에서 말한 바 二女가 同去할 수 없고 二男이 함께 살 수 없다」고 한 것과 같은 理致이다.

偏官은 또 七殺이니 制伏되어야 하고 또 偏官七殺은 곧 小人이니 無知凶暴하며 忌憚함이 없다. 이에 努力함으로써 君子를 養成(生活에 必要한 物質의 供給)하고 服役함으로써 君子(指導者 人格者)를 護御함이 마땅한 것이 小人이다.

唯是로 不懲不戒하고 無術以控制之하면 不能馴伏而爲用이니 故로 揚子曰 御得其道엔 則狙詐或作使며 御失其道엔 則狙詐或作敵이니 小人은 有狙詐也라 要控御其道矣니 若失控御면 小人得權에 則禍立見矣라.

그러므로 懲戒하고 警戒하지 않으면 안되고 調伏하지 않으면 順伏시켜 取用할 수 없는 것이 小人이요 七殺이니 揚子는 말하기를 「그 道에 御得(小人이 制伏)되면 狙詐(원숭이 같이 機會를 타서 속이고 害함)하여 或 使任되고 歸服되기도 하지만 그 道에 御制됨이 없으면 狙詐하여 或 敵害를 作爲하는 바 小人은

狙詐할 따름이니라) 하였으니 要컨대 小人은 控御制伏하면 正道를 行할 수 있으나 萬一 小人을 抑制하지 못하면 小人이 權力을 掌握하게 되어 道가 行하지 못하며 禍患과 罪業을 招來한다는 것이다.

經에 曰人命有偏官이면 如抱虎而眠이니 雖惜其威術以攝羣畜이나 稍失關防이라 必其噬臍니 不可不慮也니라 如遇二刑俱全이며 羊刃在日及時하고 又有六害하야 復遇魁罡相沖이면 如是人之凶은 不可俱述이니라.

經에 말하기를 人命에 偏官이 있으면 猛虎를 안고 조는 것과 같은 氣像인 바 비록 그 威嚴이 짐승을 制伏하지만 漸次 그 防備함을 잃고 반드시는 後悔莫及하게 될 것이니 實로 근심스럽지 않을 수 없다. 萬一 다시 三刑이 俱全하여 日과 時에 있고 또 六害가 있는데 魁罡이 相冲되면 이와같은 사람의 凶象은 다 說明할 수 없는 程度이다.

制伏得位하고 運經行制伏之郷이면 此大貴之命也니 苟於前者는 凶神俱聚요 運游殺旺之旺이니 凶害不可言者矣며 倘或有一殺而制伏이나 有二三復行制伏之運이면 反不福이니 何以言之리요.

元命에서 七殺等을 制伏하고 大運이 制伏하는 節郷으로 行한다면 이는 大貴의 命이 된다. 前者는 凶神이 함께 모였고 大運이 殺旺의 節氣로 向하므로 凶害를 다 말할 수 없는 것이며 或 一殺이 있음을 制伏하면 福이 되나 四柱 中에 二三殺이 있고 다시 大運이 制伏運으로 行하면 도리어 禍될 바가 없는 것이니 말할 必要가 있겠느냐?

蓋盡法無法이니 雖猛狼如狼하야 不能制伏矣라 是有不可專言制伏이니 須要輕重得宜며 不可太甚이요 亦不可不及이니 須仔細審詳하야 而言禍福이면 殆如影響矣리라.

大蓋 法을 다하여 極盡하게 되면 法이 없음과 같으니 비록 그 猛暴함이 이리와 같더라도 能히 制伏할 수 가 없을 때에는 制伏만을 專言할 수 없는 境遇가 있다.

모름지기 그 輕重이 適宜할 것이 要望되는데 太甚한 것도 不可하고 不及한 것도 不可하니 모름지기 仔細히 살펴서 禍福을 論議한다면 그 正確함이 그림자가 物體를 따름과 같을 것이다.

又云 有制伏則爲偏官이요 無制伏則爲七殺이니 譬諸小人이 御之得其道則可使나 失其道則難敵이라 在吾控御之道가 何如 耳야

制伏함이 있으면 偏官이 되고 制伏함이 없으면 七殺이 된다. 比컨대 모든 小人이 調御되므로 正道의 行함 을 얻으면 可히 小人을 取使服用할 수 가 있을 것이나 그 道를 잃은 則 對敵하기 어렵다. 그것은 調伏의 道에 있는 것인바 그 道는 어떠한 것인가?

凡此見殺에 勿便言凶이니 誰不知此帶殺者가 多有貴命이며 如遇三刑六害와 或羊双魁罡相冲이면 如是之凶은 不可謂之制 伏이나 但 運行制伏이면 此貴人命也니라.

무릇 이 七殺을 보면 凶한 것으로만 말할 것이니 누가 이 殺을 帶同한 者가 貴命이 많다는 것을 모르 겠는가?

三刑六害를 만나거나 或 羊双魁罡이 相冲 되면 이와같은 凶命은 制伏되지 못한 것이지만 다만 運이 制伏의 鄕으로 行한다면 이는 貴命이 되는 것이다.

苟如前凶神俱聚에 其運復行殺旺之鄕이면 禍不可言이니 大低傷官七殺은 最喜身旺可制伏이 爲妙라 原有制伏이면 可行制

192

伏이 運이니 身旺化之면 得爲偏官이요 身弱制伏이면 則爲七殺이로다.

眞實로 앞에서와 같이 凶神이 모이고 大運이 다시 殺旺의 節鄕方位로 行하면 그 禍는 말로 다 形言할 수 없으니 대저 傷官 七殺은 身旺하여 七殺이 制伏됨을 가장 기뻐하는 바 妙함이 있다.

原命에 制伏함이 있으면 大運이 殺旺地로 行할 것이요 原命에 制伏함이 없으면 大運이 制伏의 運으로 行할 것이 要望되는 바 身旺하여 制伏하고 合化함이 있으면 偏官이요 身弱하고 制伏함이 없으면 七殺이 되는 것이다.

制伏復行制伏運은 謂之大運이니 則爲偏官無餘者矣며 月中之氣는 怕冲羊刃이요 其本身弱者가 殺强則恐難制나 如身强殺淺이면 則是假爲權刃이니 如此七殺은 不怕刑冲이라 宜詳之니라.

原命에서 制伏됨이 있는데 大運에서 다시 制伏되면 偏官의 氣運은 殘餘할 수가 없는 것인데 이때에 月中의 氣가 羊刃에 依해 冲되면 凶하다.

本身이 弱한 者가 殺이 强한 則 制伏하기 어렵고 身强하고 殺星이 淺弱하면 이는 곧 權刃이 되는 것인바 如斯한 七殺은 刑冲을 꺼리지 않는 것이니 마땅히 詳察할 것이다.

第五論 七 殺

夫七殺者는 亦名偏官이니 喜身旺合殺이요 喜制伏이며 喜羊刃이나 忌見財生이요 忌無制니 身旺有氣하면 偏官이요 身弱無制하면 爲七殺이니라 凡有此殺에 不可便言凶이나 有正官이 不如有偏官이니 多有巨富大貴之家라 唯有身旺合殺이라야 爲妙니라.

무릇 七殺이라 하면 偏官을 別名하는 말이니 身旺하고 合殺함을 기뻐하고 七殺이 制伏됨을 기뻐하며 羊刃

을 기뻐한다. 財星을 만나는 것은 꺼리며 制伏함이 없음을 또한 忌하는 것이니 身旺하여 旺氣가 있으면 偏官이라 하는 것이고 身弱하여 七殺을 制御할 수 없으면 이것은 七殺인 것이다.

무릇 이 殺이 있음을 凶하다고만 하는 것은 不可한바 正官이 있는 境遇가 偏官이 있으니 혼히 巨富와 大貴가 이 七殺이 있음으로써 基因됨을 많이 본다. 또 七殺은 오직 身旺하고 合殺함이 있어야 妙함이 있다.

例컨대 甲木이 庚金으로 七殺을 삼는데 丙丁火로 庚金을 制해주면 기뻐하고 또 乙로써 庚金을 合하면 이른

如甲以庚爲七殺이니 喜丙丁制며 乙合之에 謂之貪合忘殺이라 七殺却宜制伏이나 亦不要制之太過니 蓋物極則反爲禍矣리라

바 七殺이 貪合하여 殺性을 잊은 것이라고 하는 바 如斯한 合을 기뻐하는 것이다.

또 七殺은 다못 制伏됨이 마땅할 것이지만 制過함은 不吉하니 大抵 事物은 極한 則 오히려 禍가 되는 때문이다.

身旺에 又行身旺之運은 爲福이요 身弱에 又行身弱之鄕이면 禍不旋踵이니 四柱中에 原有制伏이면 喜逢七殺運이요 元無制伏이면 七殺出에 爲禍나 如行生旺鄕하고 更有羊刃이면 貴不可言이며 且忌財旺은 財能生殺故也니 歲運臨之에 身旺이나 亦多災며 身弱엔 尤甚이니라.

身旺하고 또 大運이 身旺鄕으로 行하면 福이 되고 身弱한데 또 身弱鄕으로 大運이 行하면 禍를 걷잡을 수 없게 된다.

四柱 中에 原來 制伏함이 있으면 七殺運을 기뻐하고 元命에 制伏함이 없으면 七殺을 만나는 境遇 禍가 될

것이나 生旺鄕으로 行하고 다시 羊刃을 보면 大貴하게 된다。

財星 또한 大忌하니 財星은 七殺을 生助하는 까닭인 바 歲運에 財星이 臨하여도 (七殺이 四柱中에 있고 七殺이 忌神인 境遇) 災厄이 많고 身弱한 境遇에는 災禍가 더욱 甚하다。

甲申乙酉丁丑戊寅己卯辛未癸未此七日은 坐殺이라 性急怜悧하고 心巧聰明이요 如見殺者는 主人이 凶夭貧薄이며 月見之 重이요 時見之輕이니 何謂오 日之七殺은 只 一位見之니 如年時再見이면 殺多爲禍라 却要制伏之鄕이요 又要財旺엔 有制伏이라야 爲權이며 最怕與羊刃冲이니 大凶이니라。

甲申日 乙酉日 丁丑日 戊寅日 己卯日 辛未日 癸未日은 七殺이 日支에 있으니 性格이 急燥하고 怜悧하며 心性이 巧妙한 外에 聰明한 것이나 主人이 凶夭하고 貧薄할 것이다。 日支에 七殺과 同柱하였는데 다시 月支의 七殺이 있으면 禍가 重하고 時柱에 七殺이 있으면 輕하다。 그 原因은 무엇일까?

日支七殺은 다만 一位에 그쳐야 하는 바 年이나 時에 再見하면 이는 殺多한 것이므로 禍가 되는 것이다.

이런 境遇에는 制伏의 節鄕으로 大運이 行往할 것이다。

또 日支七殺에도 財星이 旺하면 制伏함이 있어야 權勢가 있을 것이며 가장 꺼리는 일은 羊刃과의 冲이니 이는 大凶한 바 있다.

時七殺도 只要一位니 要本身旺이요 如年月日時三處가 有制면 爲禍니 却要行殺旺運이요 如三合得地에 亦發이니라 若無制伏則又行制伏이라야 爲福이나 若行殺旺運하고 若無制伏則禍며 作時上七殺은 却不怕羊刃이요 而亦不畏冲이니라。

時柱의 七殺도 一位를 要하며 本身이 強旺해야 할 것이니 年月日時의 三處에서 制伏함이 있으면 禍이 된다.

또 문득 殺旺運으로 行進할 것을 要望하며 三合하여 殺地(甲日木干이면 地支三合하여 金局을 이룸)를 이루어도 發身한다.

萬一 制伏함이 없을 때에는 制伏하는 運으로 大運이 往行하여야 福이 되는 것이나 萬一 大運이 殺旺運으로 行하는대 制伏함이 없을 때에는 禍가 當來한다. 時柱의 七殺은 羊刃을 꺼리지 않고 冲 또한 두려워 하지 않는다.

如辛丑乙未乙卯丙子時니 此命이 生旺이라 生於六月之節에 歲干透出辛丑하야 爲七殺이요 喜得丙子하야 合辛丑之殺하니 乃貴而 亦有權이니라 又如甲午丙寅庚子丙午는 此命이 身弱이라 見火局하고 又有月令丙寅七殺하고 時支見丙子하니 乃火尅庚金하고 金死於子하야 身弱殺旺에 又無制伏하니 宜乎帶病貧薄이로다.

(第七十三柱)

辛丑
乙未
乙卯
丙子

大貴格

卯未木局이 있고 日支卯 子水生身하는데 月上乙木이 튀어 나왔으니 身旺하다. 年上에 七殺이 있으나 時上의 丙火가 合하였고 子丑이 合하여 辛金七殺은 有情한 體가 되었다. 如斯한 命造者는 身主가 旺하고 財官이 有氣한 것이므로 貴하고 權勢도 한 있었다.

(第七十四柱)

甲午
丙寅
庚子
丙午

貧窮抱病客

此命은 地支에 寅午戌火局을 이루고 寅中의 兩丙火가 月時上에 튀어나와서 午火에 帝旺겹되니 七殺이 太旺하므로 身弱하다. 旺한 七殺이 七殺旺鄕으로 行하니 抱病客이 되었고 貧薄한 사람이 되었다.

如丁巳戊申壬子戊申은 此命이 身旺이라 見二戊爲七殺하고 引歸於巳하며 丁如壬合하고 戊與癸合하며 金又長生三巳하며

(第七十五柱)

乙 戊 戊
巳 戊 壬 戊
　 申 子 申
辛壬癸甲乙丙丁
丑寅卯辰巳午未

大貴格

此命은 申子辰三合하여 水局을 이루고 申中에 壬水가 長生되니 日干은 甚旺하다. 그리 나 月時上에 戊土七殺이 巳에 建祿하였으니 殺이 또한 旺盛하므로 殺身俱旺하여 貴命이 되었다.

戊祿歸巳하니 乃是壬戊二字가 俱旺이라 所以로 貴也니라.

第七論 印綬

所謂印生我者가 卽印綬也니 經曰 有官無印은 卽非眞官이요 有印無官은 反成其福이라하니 何以言之오 大抵人生이 得物 에 以相助生相養으로 使我得萬物之現成이니 豈不妙乎아

이른바 나를 生해 주는 者가 印綬이니 經에 말하기를 「官星만 있고 印綬가 없으면 곧 참된 官星이 아니며 印綬만 있고 官星이 없을 때엔 오히려 福을 成取한다」하였으니 어쩐 緣故인가? 大抵 사람이 萬物을 拾得하고 萬事를 成取한다는 일은 相生하고 相助하고 相養하는 理致로부터 비로소 내 가 萬物을 現成하기에 이르는 것이니 그 어찌 妙하지 않은가?

故로 主人은 多智慮하며 兼豊厚니라 蓋印綬는 畏財나 主人이 括囊故로 四柱中이어나 及運行官貴면 反成其福이니 蓋官 鬼能生我요 只畏其財니 而財反傷我니라 此印綬之妙者는 多是受父母之蔭이니 承父之貨財하야 現成安享之人이니라.

印綬가 있으면 當主人이 智慧가 많고 心性이 豊厚하다. 대저 印綬는 財星을 두려워하니 財星은 印綬를 傷

害하는 때문인 바 (甲의 印綬는 癸水이고 財星은 己土이니 己土는 剋癸水하는 것과 같음) 四柱 가운데서나 大運中에 官星이 있으면 貴가 되고 福이 되는 것이다.

官星과 偏官鬼殺은 印綬를 生해주므로 印綬가 좋아하고 財星은 破印하여 傷剋하는 때문에 印綬가 두려워 함은 當然한 理致이다.

印綬의 妙한 功은 父母의 蔭德을 받는다는 일이니 父親의 貲財를 承受하고 安享한 現實生活을 維持하는 사람이다.

若人이 以兩三命에 相倂當이면 以印綬多者가 爲上이니 又主一生에 少病이요 能飮食이며 或若財多乘旺이면 必多淹留며 雖喜官鬼나 而官鬼多엔 或入格이라도 又不可專以印綬言之니라.

萬一 二三人의 命造가 있어서 그 格位가 相互 均等한 것 같아서 그 優劣을 決定할 수 없을 때에는 印綬가 많은 命造로써 上命을 삼는다.

印綬가 있는 當主는 一生에 病이 적고 飮食을 잘 먹는데 或 財多하여 財氣가 乘旺하면 반드시 淹留(停滯)함이 많다.

비록 官鬼를 기뻐하지만 官鬼가 많으면 或 格局에 該當할지라도 오로지 印綬에만 專依하여 論斷함은 不可하다.

假如甲乙日이 得亥子月生이며 丙丁日이 得寅卯月生이며 戊己日이 得巳午月生이며 庚辛日이 得辰戌丑未月生이며 壬癸日이 得辛酉月生이 是也니 其餘도 以類言之니라 最怕行印綬死絶之運이니 或運臨死絶하고 復有物하야 以竊之則入黃泉이 無可疑也로다.

198

예컨대 甲乙日이 亥子月에 生하고 丙丁日이 寅卯月에 生하고 戊己日이 巳午月에 生하며 庚辛日이 辰戌丑未月에 生하는 等이 이것이다. 이 格은 印綬의 死絕의 運으로 行함을 가장 꺼리니 或 運이 死絕에 臨하고 다시 傷害하는 盜物이 있으면 黃泉客이 될 것이 틀림없다.

夫印綬者는 生我之謂也니 亦各生氣는 以陽見陰이요 以陰見陽이니 謂之正印이요 陽見陽陰見陰은 謂之偏印이라 喜官星生印이요 忌財旺破印이니라. 如甲人이 見亥子月中에 水爲印에 忌火傷官이며 忌土破印이며 要行生旺之鄕이요 怕行死絕이니 若行死絕之地하고 或有物하야 以傷之則危矣라.

무릇 印綬란 生我를 일컫는 名詞이지만 나를 生氣해 주는 바 그 神은 내가 陽이면 生氣해 주는 者는 陰이며 我가 陰이면 生氣해 주는 者는 陽이여야 하는 것이니 이를 正印이라 하고 陽이 陽을 보고 陰이 陰을 보면 이것은 偏印이라 이름한다.

官星은 印綬를 生해주므로 기뻐하나 財星이 旺盛하여 印綬를 破함은 꺼리는 것이다. 假令 甲人이 亥子月中에 生하였으면 水로써 印綬를 삼는 바 火가 印綬를 生해주는 官星을 傷害함을 꺼리고 土가 印綬를 破剋하는 것 또한 꺼린다.

또 印綬의 生旺地로 大運이 行入할 것을 要하고 死絕地로 行함은 大忌하는 바 萬一 大運이 死絕地로 行하고 다시 破傷하는 害神이 있으면 危胎로웁다.

印綬之人은 多智而 一生少病하고 能飮食豊厚하며 享見成財祿이니 若兩三命이 相並에 當以印綬多者取之며 最忌財來乘旺이니 必生淹滯라 若官鬼多하며 或入別格하면 又不可專以印綬論하라.

大凡月與時上見하는 것이 最爲緊要라 先論月氣然後에 論生氣니 必得父母之力이요 年下有生氣면 必得祖宗之力이며 有時上見之에 有生氣면 必得子孫之力이요 壽元耐久하고 晩景優遊니라.

印綬人은 智慧가 많고 一生에 少病하며 飮食을 잘먹고 身體가 豊厚한 外에 財祿 또한 亨通하다. 萬一 三의 命이 있어 그 富貴가 相似할 境遇 印綬가 많은 者로 貴命을 삼는 것이다.

印綬格에는 財氣가 旺盛함을 가장 꺼리는 바니 반드시 停滯함이 있을 것이다.

萬一 官鬼가 많고 或 別格에 屬하면 印綬만 가지고 論할 수는 없는 바 그런 境遇에는 그 格局을 따라서 論 命해야 하고 印綬를 標準하지 않는 것이다.

대저 印綬는 月이나 時上에 있는 것이 妙하니 月上이 가장 緊要한 바 月氣를 먼저 보고 生氣를 論議할 일 이다.

月上印綬는 반드시 父母의 德을 힘입을 것이며 年下에 生氣(印綬)가 있으면 반드시 祖宗의 힘을 얻을 것이 며 時上에 있으면 子孫의 힘을 德볼 것은 勿論 壽도 長久하고 晩年이 大吉하다.

如帶印綬엔 須帶官星이니 謂之官印兩全이라 必爲貴命이니라 若官星雖見이면 成得父母力이니 爲福亦厚요 須行官星運에 便發이며 或行印綬運이라도 亦發이니라.

印綬가 있으면 官星이 있어야 官印兩全이 되어 貴命이 된다. 印綬가 있고 官星이 있으면 父母의 힘을 얻고 福力도 또한 두터우며 官星運으로 行向할 때 문득 發展하며 或印綬運으로 向하여도 또한 發身한다.

若用官不顯에 目印綬爲妙니 最怕四柱中에 歲運臨財鄕이라 以傷其印이요 若傷印이면 主破家離祖니라 倘臨死絶之地엔 若非除官이면 失職이며 必夭其壽니라.

萬一 官星이 없고 印綬를 取用할 때에는 妙한 바가 있으니 大運이 財鄕으로 臨하여 印綬를 破하면 破家하고

祖宅을 떠나게 될 것이다. 或 死絕地에 大運이 臨하면 官職을 떠나고 失職을 하지 않으면 夭壽하게 될 것이다.

且如戊戌庚申癸酉庚申은 此命癸日이 生於七月之中氣하고 四月時가 皆是庚申이요 自坐金庫하니 所以爲貴니라 歲干透出

戊官하야 謂之官印兩全이라 極爲貴命이로다.

且如癸亥癸亥甲寅甲子는 此日이 用癸爲印에 印却旺이나 然無官星相助하니 發福不厚니라.

(第七十六柱)

辛酉
壬戌
癸亥
甲子
乙丑
丙寅
丁卯

戊戌
庚申
癸酉
庚申

極貴命

此命은 癸日이 七月 中氣에 生하고 月時의 四干支가 印綬이며 日支에 印星을 자리하고 있으니 印綬가 太旺한 命이다. 歲柱에 戊戌官星이 튀어나왔으니 官印兩全格이므로 大貴하였다. 此命의 官星戊戌은 印을 生助해 주니 此命은 印綬에 順勢하여 大貴한다.

(第七十七柱)

壬戌
辛酉
庚申
己未
戊午
丁巳

癸亥
癸亥
甲寅
甲子

癸水가 印綬이니 印綬가 旺하다. 그러나 此命은 前造와 같은 財星과 官星의 助勢가 없으므로 그 福이 厚하지 못하다. 大運南方運에 大凶하였을 것이다. 旺印과 相沖相剋되는 때문이다.

且如甲寅庚午戊戌壬子에 此日戊用丁爲印綬며 有寅午戌하니 火局爲好나 不合時上壬子하고 水旺財能冲印하니 所以失明生氣라 是丙丁火屬木故也니라

(第七十八柱)

癸未
甲申
乙酉
丙戌
丁亥
戊子
己丑

甲寅
庚午
戊戌
壬子

失明(盲人)命

丁火午火가 印綬니 寅午戌火局을 歡迎한다. 그러나 時上의 壬子水가 印綬인 旺火를 冲하니 生氣를 失明하게 되었다. 丙丁火는 眼目에 屬하는 때문이다.

201

且 如 己卯丁卯丙辰壬辰은 此命이 用卯爲印이오 用癸爲官이며 年在卯하고 日在辰하니 所以官印兩全이라 少年淸貴하고 至四十二三歲癸亥運은 亦不妨이나 至庚申年에 七殺生於申하고 乃被庚申破印故로 不吉也니라.

申이 印星卯木을 破剋하므로 不吉한 것이다.

(第七十九柱)

己卯　丙寅　　早達格

丁卯　乙丑　　此命은 卯로써 印綬를 삼고 癸水는 官이 되는데 年支에 卯印이 있고 日支에 辰이 있

丙辰　甲子　　어서 辰中癸水가 官星이 되므로 此命은 官印 兩全한 것이다. 따라서 少年에 淸貴하였

壬辰　癸亥　　고 四二歲와 四三歲의 癸亥運까지는 無妨하였으나 庚申年에 七殺이 申中에 長生하고 庚

第七論 正 財

何謂之正財오 猶正官之意也니 陰見陽이오 陽見陰이라 大抵正財者는 吾妻之財也니 人之女資財以事며 我心精神康强然後에 可以享用之니라 倘吾身이 方且自萎儒면 不前이니 雖妻財豊厚나 但能目視요 終不可一毫受用故로 財要得時며 不要財多니라. 大抵 財不論偏正하고 皆喜印綬니 必能發福이니라.

어떠한 것을 正財라 하는가? 正官과 같이 陰이 陽을 보고 陽이 陰을 보는 것이 그것이다.

대저 正財란 나의 妻財니 我身이 强健한 然後에 亨用할 수 있는 것이요 我身이 弱한 境遇에는 비록 妻財가 豊厚하다 할지라도 다만 目前에 있을뿐 一毫도 受用할 수가 없는 것이다.

그러므로 財는 마땅히 節時를 얻을 것이며 財多하여서는 안된다.

若財多則自家日主有力이라야 可以勝任이오 當化作官이며 天官一氣는 嬴(리)弱엔 貧薄難治니 是藥於身旺이오 不要行剋

制之鄕이니라 尅制者는 官鬼也며 又怕所生之月令이 正吾衰病之地며 又四柱無父母以生之하고 反則又見財면 謂之財多喜貪하야 力不任財라 禍患百出이니라.

萬一 四柱에 財星이 많은 則 日主가 有力(旺强)하여야 비로소 財를 當任하는 것이요 財多하며 官星을 化作하는 것이다.

財多한데 天干에 官星이 있고 身弱하면 貧薄하고 救濟하기 어려우니 身旺한 것이 藥이 되는 바 尅制의 大運으로 行함은 不要한다.

尅制者란 官鬼를 말하는 바 生月이 衰病地가 됨을 꺼리며 또 四柱에 父母印綬가 生해줌이 도리어 財星을 만나면 이른바 財多함을 喜貪한 것이니 禍患이 百出하게 된다.

雖少年經이나 休咎之位故로 不如意며 多事頻倂이요 或中年이나 末年에 復臨父母之鄕하며 或三合하야 可以助我者엔 則勃然而興하야 不可御也니 倘少年乘旺하고 老在脫局이면 不唯窮途悽惶이요 見是非分起니라.

命造가 前述한 바와 같이 財多身弱이면 비록 少年에 經營事가 있다 할지라도 休咎의 運位이므로 如意하지 못하며 多事하고 빈번할 따름이다.

或 中年이나 末年에 다시 父母의 節鄕(印綬運)으로 大運이 行하거나 或 三合하여 生助해 주는 때엔 勃然 (갑자기 일어나는 貌樣)히 興旺함을 맞을 수 없다.

或 少年에 乘旺하고 老年에 脫局되면 窮薄하고 凄凉할뿐 아니라 是 또한 紛紛하게 일어난다.

蓋財者는 起爭之端也니 若或四柱相生하며 別帶貴格하고 不値空亡이요 又行旺運하면 三合財生이나 是皆貴命이니라 其餘之淺深으로 皆隨入格하야 經而言之니 財多生官엔 要須身健이요 財多盜氣하고 本身自柔에 行運이 又或傷身이면 必生奇

禍며 或帶刑冲七殺은 凶不可言也니라.

大蓋 財星은 財物이니 分爭奪鬪의 端緒가 되는 바 或 四柱에 相生함이 있고 貴格을 帶同하였으며 空亡이 없으며 身旺運으로 大運이 行하면 三合하여 財生한다 하더라도 貴命이 된다. 또 其餘의 淺深을 分別하고 入格함을 따라서 輕重을 살필 것이니 財多하여 生官하면 모름지기 身旺할 것이 要望된다.

財多하면 溫氣가 되는 바 身弱하고 行運이 다시 傷身하는 節鄕으로 進行하는 境遇에는 반드시 奇異한 禍가 생길 것이요 或 刑冲되고 七殺을 만날 때는 그 凶厄을 말로 表現할 수 없을 程度이다.

又云正財者는 喜身旺印綬요 忌官星이며 忌倒食이며 忌身弱比肩刦財니 不可見官星은 恐盜財之氣也요 喜印綬者는 能生我身弱故也니라 且甲日用己爲正財니 如身弱엔 其禍立至니라.

또 正財란 身旺함과 印綬가 있음을 즐거워하고 官星을 꺼리며 倒食(偏印)과 比肩과 刦財와 身弱함을 꺼린다. 官星을 만남이 不可함은 財星의 氣運을 盜洩하는 때문이요 印綬를 기뻐하는 것은 我身이 弱함을 生助해 주는 때문이다.

日干甲日生이면 己土로써 正財를 삼는 것이니 身弱하면 財를 堪當할 수 없는 것이므로 禍厄이 있다는 것이다.

凡人命에 月下帶正財는 須出富家나 不蟝蛉이니 卽庶出이요 或沖父母하고 身旺無刦財하며 無官星이라야 爲妙니라 若命中에 有官星하고 得地運行이면 喜財星多生官이며 無有財星에 得地運行엔 忌見官星은 恐尅其身이니 怕身弱也니라.

무릇 人命의 月下에 正財를 帶同했으면 모름지기 富豪家에 出生하나 養子가 아니면 庶出이 된다.

或 父母 (月柱)를 冲하나 身旺하고 劫財가 없으며 官星이 없으면 妙함이 있어서 吉하다.

萬一 命中에 官星이 있고 身旺地로 大運이 行하면 財星이 많이 있어서 官星을 生出해 줌을 기뻐한다. 그러나 이때에 財星이 있으나 大運이 身旺地로 行하지 않는다면 官星의 만남을 꺼리는 바이니 剋身되고 身弱함을 싫어하는 때문이다.

대저 財星은 偏正(偏財 正財)을 莫論하고 다 印綬를 좋아하는 바 반드시 發福하여 마지 않을 것이다.

如辛丑丁酉丁巳丁未니 此命丁日이 身坐財之地하고 又見巳酉丑金局故也라 財旺葢金得木庫나 居未能生丁火니 故로 身旺能任其財하야 運行東南方에 宜乎巨富로다 丁用壬官이요 用庚金爲財에 生壬官이니 生入旺鄕하야 必能發福이니라.

(第八十八柱)　巨富格

丙申　丁未　乙未　甲午　癸巳　壬辰　辛卯　庚寅

辛丑
丁酉
丁巳
丁未

此命은 丁日主가 巳中庚金을 正財로 삼고 八月財旺節에 生한 外에 巳酉丑金局을 지었으니 財星이 甚旺하다. 한편 日主丁火는 未에서 透出되고 巳에 帝旺되며 三丁이 透出하니 身旺하므로 旺財를 堪當할만 하다. 東南方巳午未辰寅卯에 巨富가 되었던 것이다.

丁火가 壬水로써 正官을 삼는 바 旺財 庚金이 生해 주는데 身旺鄕으로 大運이 進向하므로 發福한 것이다.

凡用財엔 不見官星이라야 爲妙니 又如庚申乙酉丙申丙申이라 此命丙日이 見三申爲財니 豈不美哉아 丙用癸官이요 用辛爲財에 三申一酉라 其財固旺이며 蓋因日主生弱火가 病申死酉하니 乃爲無氣니라 運行西方金鄕하니 身弱太甚하고 財旺生鬼하야 敗剋其身故로 不能勝其財라 所以貧也니라.

무릇 財星을 取用함에는 官星을 만나지 않아야 妙한 것이다. 例컨대

(第八十一柱)

庚申　丙戌
乙酉　丁亥
丙申　戊子
丙申　己丑
　　　庚寅

貧窮命

此命이 三申의 財星을 만났으니 未尙不嘉命이다. 그러나 丙火는 癸水로써 官星을 삼고 辛金으로 財를 삼는 바 三申一酉의 財가 地支에 全有하다. 丙은 申에 病이 되고 酉에 死하였으니 身主는 無氣하고 財星은 太旺한데 運이 다시 金水의 節鄕으로 行하니 身弱함이 太甚한 것이다. 財旺하여 鬼殺을 生하므로 身主를 敗尅해 오기 때문에 財를 堪當할 수 없으니 所以로 가난한 命이 된다.

又如乙卯癸未辛酉戊子니 此命이 辛日坐酉하고 乙年生卯하야 身與財俱旺하고 又得癸未食神하고 戊子印綬助之니 宜乎巨富貴也니라.

(第八十二柱)

乙卯　壬午
癸未　辛巳
辛酉　庚辰
戊子　己卯
　　　戊寅
　　　丁丑
　　　丙子

巨富大貴格

辛金이 酉坐에 建祿되었고 乙年財星이 卯에 坐하여 卯未木局을 지었으니 身主와 財星이 俱旺하다. 또 癸水食神이 生木財星하고 戊土印綬가 生身해주므로 身旺財旺에 我助者와 生財者가 調和되었으니 巨富에 貴를 兼하였던 것이다.

又如戊子丁巳甲辰丙寅은 此命甲日이 生於四月下旬하야 並透財하고 丙丁火生하며 其月中之戊土하며 時又歸祿於寅하니 財固旺矣로다. 然이나 甲木身亦旺이니 早年行戊午己未運에 逍遣하고 行辛酉運에 乃見官星이니 則凶이며 壬戌運은 有壬尅丙하야 傷官食神之中에 失官去財하고 死喪合家하며 値五十九歲에 入癸亥身旺運하야 稍可安逸이요 六十五歲運壬辰年에 死矣니라.

初運은 傷官財格에 取戊土爲財니 所以로 戊午己未二運은 太旺生土故라 財厚矣요 乃至庚申辛酉는 西方見官이니 故凡事費力이요 雖癸亥甲木之印綬나 然이나 亦忌水冲火며 亥中又有元土니라. 壬辰透出壬水하고 運中命中에 元有之辰하야 死無

凡傷官見財格은 忌見官星이오 若財格要見이나 大忌見壬水尅火니 則火木能生甲木之土財也니라.

젓니라.

(第八十三柱)

戊子　戊午
丁巳　己未
甲辰　庚申
丙寅　辛酉
癸亥　壬戌
　　　癸亥
　　　甲子

甲日이 四月下旬에 生하였고 年干財星戊土는 丙丁火가 生土해 주고 月令巳火에 建祿되며 日支時支에 得氣하니 財星이 甚旺하다. 그러나 甲木 또한 卯에 得祿하고 辰中癸水와 子水가 生木해 주며 辰土에 根固하니 亦旺하다.

早年의 戊午己未二運은 財厚하였고 庚申辛酉의 兩大運은 官星이 되어 我身을 破尅해 주므로 凶하였다. 壬戌大運은 壬水가 丙火를 冲尅한다. 傷官食神이 生財하는 故로 財格에 좋은 것인데 壬水의 冲尅을 받으므로 官位와 財産을 失去當하고 死喪이 있는 等 家勢가 기울었다.

癸亥大運에는 身旺運이므로 安逸하였다. 그러나 水가 冲火함을 꺼리었고 亥中에 元來戊土가 있으며 壬辰年에 壬水가 있어 冲火하고 元命에도 辰土가 있어서 旺하므로 死亡하였다.

무릇 傷官見財格(傷官格이 財를 取用하는 格)은 官星을 꺼리고 財星을 要望한다. 壬水가 尅火함을 大忌하니 火는 甲木의 土財를 能破하는 까닭이다.

第八論　偏財

何謂之偏財오 蓋陽見陽財요 陰見陰財也라 然而偏財者는 衆人之財也요 恐兄弟姊妹而奪之니 則福不全이니라 若有官星이면 禍患百出이니 故로 日偏財는 好出이요 亦不懼藏이나 唯怕有以分奪이니 反空亡耳니라

偏財라 함은 陽神이 陽財를 보고 陰神이 陰財를 보는 것을 일컫는 바 偏財는 衆人의 財物이 되므로 兄弟姊

妹가 分奪하는 것을 두려워 한다. 福이 不全하게 되는 때문이다. 萬一 官星이 있으면 禍患이 百出하는 것이며 偏財는 또 干出하는 것을 즐거워하나 地支에 감추어져 있는 것을 두려워하지 않는다. 오직 分奪하는 것을 꺼리는 바 如斯할 때는 도리어 空亡되어야 한다.

有一於此면 官將不成이요 財將不住나 經曰背祿逐馬는 守窮途而悃惶也라 하니 財弱亦待歷旺鄉而榮이요 財盛無鬼生而妙니 且恐身勢無力耳니라.

一位의 財만 있어서는 官星이 生成될 수 없고 財星도 住居할 수 없는 것이니 經에 말하기를 「背祿逐馬(甲日이 辛으로 正官을 삼는데 四柱에 甲木이 있고 다시 運에서 甲寅을 만나면 祿(官星)을 背反한 것이며 財를 逐放하는 格이니 第一編 喜忌篇 一四五面參照) 格은 窮途에 떨어져서 勞懼가 있다」고 하였다.

따라서 이 말은 財弱하면 財旺鄉을 기다려서야 榮華가 있고 財盛한데 官鬼를 生함이 없으면 妙하지 못하다는 말이다. 또한 身主가 柔弱無力하여도 不利한 것은 勿論이다.

偏財主人이 慷慨不甚이며 又恐太旺이나 兄弟不止財豐이요 亦能官旺이나 何以言之오 蓋財盛이면 自生官矣라 但等行官鄉이요 便多詐며 蓋財能利己나 亦能招誨니라. 運行旺相엔 福祿俱湊이니 但恐被官之赳이며 必多破壞라 亦不美니라.

偏財가 있으면 當主가 慷慨心(義憤에 복받치어 한탄하는 마음)이 많다. 太旺함을 두려워하나 兄弟(比肩刧財)가 있으면 財物이 豊盛하여 그치지 않는다. 또 偏財가 旺盛하면 官星이 旺盛해지는 것이니 財旺하면 官星을 生助하는 까닭이다. 그러나 官鄉運으로 大運이 行해야 한다.

偏財는 또 多詐한데 財物은 大蓋 自身을 利롭게 하는 것이지만 또한 財物은 悔過도 가져온다.

208

大運이 旺相한대로 到至하면 福祿이 成取되나 官星으로부터 破尅함을 받으면 身主가 尅害되므로 不美하다.

財多엔 須看財與我之日干이니 强弱相等이라야 行官鄕에 便可發福이며 若財盛而身弱이면 是旣被財之盜氣에 復被官之尅害이면 非唯不發祿이요 亦防禍患이니라. 如命四柱中에 先帶官星은 便作好命이니 運至官鄕에 如入官鄕에 發祿必渺矣니라. 故로 日要在識其變通矣니라.

四柱에 財가 많을 때엔 財와 日干과를 對照할 일이니 兩者의 强弱이 相等하여야 官星運에 發身하고 發福한다.

그러나 財만 盛하고 身主가 柔弱하면 大運이 官旺鄕으로 行入할 境遇 이미 旺盛한 財星의 盜氣 迫을 받고 있는 弱身을 大運의 官星이 다시 尅破하는 結果가 되므로 단지 發福할 수 없는 처오는 禍患을 防備하지 않으면 안되는 것이다.

또 四柱中에 官星이 있으면 好命이 되는 것이니 四柱에 兄弟가 群出하였으면 大運이 官鄕에 發祿하는 바 그 形勢가 자못 妙然함이 있다. 그러므로 要컨대 妙理가 變通의 道에 있음을 알기 바란다.

第九論 食神

食神者는 生我財神之謂也니 如甲屬木이요 丙屬火라 名盜氣요 故로 謂之食神이니 何也오 誰不知丙能生我戊土니 甲食丙 之戊財리요 故로 以此名之니라. 命中帶此者는 主人이 財厚食豊이며 腹最寬洪이요 肌體肥大하고 優游自足이며 有子息이 요 有壽考니라.

食神이란 나의 財神을 生出해 주는 者이니 甲이 木에 屬하고 丙은 火에 屬하므로 丙火는 甲의 氣를 뺏어가는 盜氣이다. 그러면 어찌하여 丙을 甲의 食神이라고 하는가?

丙火가 我身의 財星인 戊土를 生하고 甲木이 丙火가 生하는 戊財를 取食한다 함은 누가 알지 못하겠는가?

그러므로 財神을 生해 준다는 뜻에서 食神이라 이름한 것이다.

命中에 食神이 있으면 當主가 財物이 넉넉하고 衣食이 豊足하며 腹部가 寬大할 뿐 아니라 體軀 또한 肥大하고 優遊自足한 生活을 한다. 子息福도 있고 長壽한다.

恒不喜見官星이요 忌倒食이니 恐傷其食神이라. 喜財神相食이요 獨一位可也이니 此爲福人이니라. 然終亦不淸이니 却喜身旺이요 不喜印綬니 亦恐傷其食故也니라. 如運得地엔 方可發福이니 大槪與財神相似니라.

官星은 恒常 歡迎되지 못하고 倒食 또한 꺼리니 食神이 傷害되는 때문이다. 財神이 다시 食神을 相食하는 것은 기뻐하며 食神은 一位만 있어야 福人이다.

그러나 倒食이 있거나 二位가 있거나 身弱하면 不淸한 것이니 身旺함을 좋아하나 印綬를 싫어하니 또한 食神이 傷害될 것을 두려워 하는 때문이다. 大運이 만일 身旺地로 行하면 發福할 것인데 그 吉凶은 대개 財神과 비슷하다.

如己巳乙巳丁未辛丑이라. 丁見己爲食神에 一丑一巳가 合起金局하야 得之爲財며 又喜身不弱이니 所以有官亦有壽也니라 此命이 見巳酉하야 酉丑合金局爲印綬하야 干有三乙이라 化爲傷官이니 發用乙爲食이나 被金局來尅乙木하고 再被三乙木幷卯하여 旺尅我官이라 所以名利都無成也니라.

丁日干에 己土가 食神이 되는데 一丑과 一巳가 金局을 合成해서 財神이 되었으며 또한 丁火는 火旺節에 生

(第八十四柱)

己未
己巳　戊丁丙乙甲癸壬
丁未　辰卯寅丑子亥戌
辛丑
壬戌

하여 兩未中에 通根되어 不弱하여 官貴도 하였고 有壽하였다.

(第八十五柱)

乙巳
乙酉　甲癸壬辛庚己戊
乙卯　申未午巳辰卯寅

三乙木이 食神이 되는데 巳酉가 合하여 金局을 이루었으므로 三乙의 食神은 二位 以上이면 傷官이 되는바 金局은 旺木을 剋하고 時上의 卯木과 아울러 旺木은 官星을 剋破하며 金木相戰할 뿐이니 이에 名利가 도대체 成立할 수 없었다.

第十論 倒 食

夫倒食者는 冲財神之謂也니 一名呑陷殺이며 一名吞陷殺이라 한다. 倒食은 財神의 取用을 大忌하고 食神을 用財神에 大忌見之요 用食神에 亦忌見之니라. 倒食者는 如甲見壬之類며 如甲見丙爲食神이니 能生土財나 壬剋丙火라 丙火不能生甲木之土하니 所以로 甲用食神에 大忌見之니라.

무릇 倒食이라 함은 財神을 冲하는 者이니 一名은 呑陷殺이라 한다. 倒食은 財神의 取用을 大忌하고 食神을 冲하는 境遇 또한 忌諱한다.

如甲見丙爲食神이니 能生土財나 壬剋丙火라 丙火不能生甲木之土하니 所以로 甲用食神에

甲이 壬을 만나면 壬이 倒食이며 甲이 丙을 만나면 丙이 食神인데 丙火는 또 甲木의 土財를 生한다. 그러나 壬水가 있으면 丙火를 剋制하므로 食神이 死傷됨은 勿論 土財를 能生할 수 없게 되는 것이다. 따라서 甲木이 食神을 씀에 壬水倒食을 大忌한다.

凡命中에 體此二者면 福淺壽薄이며 又見庚爲七殺에 得丙丁火制之면 怕見水니 反爲禍矣니라. 凡命中犯此者는 猶奪長之制我身하야 不得自由也니 作事進退悔懶하야 有始無終이며 財源腰成腰敗하고 容貌歌斜에 身品矮少하며 膽怯心忙하여 有事無成也니라.

따라서 命中에 이 兩者가 있으면 福이 적고 壽는 짧아진다. 또 甲이 庚을 보면 七殺인데 丙丁火가 있어 庚金七殺을 制壓해주는 境遇 水火를 抑制하여 七殺의 制壓이 不可能하게 되므로 忌한다. 이때에 倒食을 만나면 禍를 招來하게 된다.

무릇 命中에 이를 犯한 者(倒食이 있는 者)는 恰似히 尊長이 나를 制止하는 것과 같아서 自由를 얻을 수 없으며 作事하고 進退하는 모든 것에 缺陷이 있는 바 始作은 있고 끝은 없다.

또 財源은 屢成하고 多敗하며 容貌도 均衡을 잃고 身品 또한 倭少하다. 膽力이 怯弱하고 心性은 空然히 奔忙할 뿐이어서 每事를 成功하기 어렵다.

且如丁未丁亥己丁卯니 此命己亥日이 己臨亥라 土身弱於亥하고 加以亥卯未木局이 尅破身하며 年月時에 透出三丁하야 食己하며 初年行南方에 運賴火生土하야 身猶旺이나 纔交乙巳運에 爲己之七殺하며 引出亥卯未木局에 歲運癸亥하니 所以死矣니라. 此命이 非但倒食七殺之禍니 而癸亥年에 與壬殺壞印之說이 同義也니라.

(第八十六柱)
丙午
乙巳
甲辰
丁卯
己亥
丁未

丁未 丙午 己土가 亥坐에 臨하니 土身이 亥에 弱한데 亥卯未木局이 尅破하고 있다. 年月時에 三丁이 있어 倒食하는데 幼年南方運에 生土해 주니 身主가 오히려 強旺하다. 그러나 乙巳 大運이 七殺이 되는 外에 亥卯未局을 引出하여 忌神이 極旺한 癸亥年에 壬癸水가 印星인 丙丁火의 七殺이 되어 此命은 非但 倒食의 禍뿐만은 아니니 癸亥年에 壬癸水가 印星을 破尅하므로 死亡한 것이기도 하다.

(第八十七柱)
壬申
甲戌
丙寅
己巳
丁卯
甲戌

非命橫死造

甲日이 丙火食神을 보았으며 正月에 生하였으니 日主와 食神이 다같이 旺盛하므로 本來 貴命이 된다. 그러나 時上에 不合하는 바 壬水가 丙火를 傷하며 申金이 寅木을 冲破

하고 또다시 申中의 庚金七殺이 日主를 傷剋하니 그러므로 名利가 不成한다. 己巳大運에 庚金의 生地가 되므로 庚子年에 七殺이 旺하고 壬水生旺되니 밤 子時의 水旺節에 非命橫死하였다. 此命이 火局을 이루어 唯旺한데 反冲함이 不可하니 破格의 原因이다.

第十一 論 傷 官

傷官者는 其驗如神이니 傷官務要傷盡이요 傷之不盡에 官來乘旺이면 其禍不可勝言이니 傷官見官이면 爲禍百端이로다 倘月令在傷官之位하고 及四柱次合作事하야 皆在傷官之位에 又行身旺鄕이면 眞貴人也니라.

傷官은 그 經驗이 如神하니 要컨대 傷盡(傷官에 依해 官星이 完全히 除去되는 것을 말하는 것이니 柱內에 官星이 全無하거나 官星이 或 있더라도 傷官에 依해 破盡된 것)되어야 한다.

傷官이 萬一 盡去되지 못하였으면서 官星이 大運에서 乘旺하게 되면 그 禍가 極甚하니 말로써 形容하기어려울 程度이다. 傷官이 官星을 보면 禍患이 百가지로 續出하게 된다.

或 月令에 傷官이 있고 乃至 四柱가 作合하여서 全部 傷官位가 되며 다시 大運이 身旺鄕으로 進行하면 眞貴人이다.

傷官主人多才藝하고 傲物氣高하야 當以天下之人不如己라 貴人亦憚之며 衆人亦惡之니라. 運一逢官에 禍不可言이니 或有吉人에 可解나 必主惡疾이요 以殘其軀라도 不然이면 運遭官事며 如運行剝官이요 財神不旺이면 皆是安亨之人이니 仔細推詳하면 萬無一失이라.

傷官四柱의 主人은 才藝가 많으나 傲慢하고 氣高하여 天下의 모든 사람이 다 自身만 못하다는 氣質의 所有

者이므로 貴人이 憚忌하는 바며 衆人이 憎惡하는 바이다.

萬一 大運이 一路 官星의 節鄕으로만 行한다면 그 禍厄의 必大함을 形言할 수 없을 것인 바 或 吉人이 있어서 禍厄을 救解해 준다 할지라도 반드시 當主가 惡疾重患으로 겨우 殘體를 維持하거나 不然이면 官刑을 만나게 된다.

萬一 大運이 官星을 尅剝하는 節鄕으로로 行하고 財神이 不旺하면 이는 다 安樂하고 亨通할 사람이다. 眞實로 仔細히 推詳하면 萬에 하나도 틀림이 없을 것이다.

又云 傷官者는 我生被之謂也니 以陽見陰하고 陰見陽이라 亦名盜氣니 印綬事傷官盡에 不留一點이면 身弱忌官星이나 不怕七殺이니라. 如甲用辛官에 如丁火旺하야 能生土財면 最忌見官星이며 亦要身旺이니 如傷官不盡에 四柱有官星露하고 歲月若見官星이면 其禍不可勝言이니라.

또 傷官이란 나의 氣運을 洩漏하는 者이고 陽이 陰을 보고 陰이 陽을 만나는 者이니 陰陽의 配合은 되었으나 盜洩의 氣運인 것이다.

印綬가 傷官을 除和하는데 印綬가 一點도 없을 境遇 身弱하면 官星을 꺼리나 七殺은 꺼리지 않는다. 七殺은 印綬를 生해주는 者이고 傷官에 의해 破尅되지 않기 때문이다.

例컨대 甲木이 辛金으로 官星을 삼는데 辛官을 取用하는 境遇 丁火傷官이 旺하면 財星인 土를 能生하는 바 官星을 만남은 가장 꺼린다. 또한 身旺하여야 吉하다.

또 傷官이 不盡하여서 四柱에 官星이 튀어나왔으며 (天干에 露透함) 다시 歲月에 官星이 있으면 그 禍를 形言하기 어렵다.

若傷官傷盡이 四柱不留一點하고 又行旺運이거나 及印綬運이면 爲貴也니라 如四柱中에 雖傷盡官星이라도 身雖旺이나 若無一點財氣하면 只爲貧薄이니라 如遇傷官者는 須見其財爲妙니 是財能生官也라 如用傷官格者는 支干歲運에 都要不見官星이요 如見官星이면 謂之傷官見官爲禍百端이니라.

萬一 傷官이 傷盡하여 四柱中에 一點官星도 없는데 身旺運으로 大運이 行하거나 印綬運으로 大運이 行한다면 貴命이 된다.

또 四柱中에 비록 官星이 傷盡하였고 다시 身旺하더라도 一點의 財氣가 없으면 다못 가난하고 薄命한 사람이다.

대저 傷官格者는 모름지기 財를 만나야 妙한 것인 바 財星은 傷官의 氣를 能히 洩氣하며 官星을 能生하여 消通하는 役이 되기 때문이다.

傷官을 取用하는 者는 都是 歲運과 大運의 干支에 官星을 相逢함을 不要하는 바 萬一 官星을 만나게 되면 이른 바 傷官이 官星을 만난 것이니 禍患이 百出하는 것이다.

傷官格에는 財星을 可用할 것인 바 傷官殺의 傷身하는 害가 七殺이나 다름없이 甚하니 그 所驗이 如神함이 있다.

用傷官格局에 見財方可用이니 傷官之殺이 甚如傷身七殺하야 其驗如神이니라 年帶傷官이면 父母不全이요 月帶傷官이면 兄弟不完이며 時帶傷官이면 子息爲頑이며 日帶傷官은 妻妾不完이요 其餘傷官은 務要盡則吉이니 見財方可니라.

年柱에 傷官을 帶同하면 父母德이 溫全하기 어렵고 月柱에 傷官을 帶同하면 兄弟가 完全하지 못하며 時柱에 傷官이 있으면 子息이 頑愚하고 日支傷官이면 妻妾의 福이 不全하다. 餘他의 傷官은 傷盡한 則 吉하고 財

星을 보면 좋다.

輕則遠竄之災요 重則刑辟之難이니 傷官有戰이면 其命難留로다。若月令在傷官之位하고 及四柱相合하야 皆在傷官之處하고 如行身旺이면 即貴人也니라 傷官之人은 多恃才傲物이며 常以他人不如己하야 君子惡之요 小人畏之니 逢官運에 無救면 必主大災라 不然이면 主暗昧惡疾이요 以殘其身이어나 或遭官刑矣니라 如四柱에 雖傷盡官星에 逢財地면 發福이니 是爲傷官見財라 仔細推詳이라사 萬無一失이니라。

傷官의 禍가 輕한 則 遠竄(멀리 左遷되거나 귀양가는 것)의 災殃이 있고 重한 則 刑辟(惡刑 乃至 死刑)을 當하고 傷官이 戰局이 되면 그 命을 留存하기가 어렵다。

萬一 月令이 傷官位가 되고 四柱가 相合하야 다 傷官位가 되었는데 大運이 身旺鄕으로 行한다면 곧 貴人의 命이다。

대저 傷官人은 才操만 믿고 事物을 傲慢하게 업수이 여겨서 恒常 他人은 自己만 못한듯이 生覺하므로 君子는 이것을 미워하고 小人은 두려워 꺼리는 바이다。

傷官이 官運을 만났을 때 財星이 도와서 救解하는 役割이 없다면 當主가 반드시 큰 災殃을 만난다。 그렇지 않으면 暗昧하고 惡疾에 걸려서 겨우 生命을 殘保하거나 或 官刑을 遭難하게 된다。

萬一 四柱에 官星이 傷盡되었을지라도 財地로 大運이 行하는 境遇는 發福하는 것이니 이른 바 傷官이 財地를 만난 것인 바 仔細히 살펴야 正確을 期할 수 있을 것이다。

又云四柱有官이면 而被禍重이요 四柱無官이면 而被禍則淺이니 大凡四柱見官者 或見傷官而取其財니 財行得地則發이요 行敗財之地에 必死니라。如運支內에 無財運이면 干虛露亦不可也니라。

또 四柱에 官星이 있으면 禍를 입음이 重하고 官星이 없으면 禍가 輕한 것이며 대저 四柱에 官星이 있는 者가 或 傷官을 보면 財星을 取하는 바이니 그것은 財星이 傷官을 財로 化하여 官을 生해주므로 官星을 保護하고 生助해 주는 때문이다.

이와같은 四柱는 財旺地로 運이 行向하면 發福하고 財星의 敗死地로 運行한 則 반드시 死亡할 것이다.

만일 運에 財가 없고 運干에만 財가 튀어나온 것은 亦是 不可하니 큰 힘이 없다. 또 大運은 節候의 變化進前을 뜻하는 바 地支로써 節候를 表示하고 天干만 大運은 支를 重視하는 때문이다. 年運에는 干을 重視하지 은 다만 配屬될 뿐 節候에 큰 影響이 없기 때문이다.

如乙亥己丑丁亥庚戌이니 丁以壬爲官이요 丑戌本爲傷官이며 只是丑爲金庫에 又時上有庚金作財라 此人이 行申酉限如意며 入金脫氣에 逢死矣니 大低傷了官星에 行官運則災요 運太歲亦然이니라.

(第八十八柱)

乙亥 戊子
己丑 丁亥
丁亥 丙戌
庚戌 乙酉
　　 甲申
　　 癸未

丁日主가 壬水로써 官을 삼는데 丑戌은 傷官으로써 官星을 傷害하고 있다. 丑은 金庫에 當하고 時上庚金은 財星이 되니 此命이 申酉財地에 如意發身할 것이나 金氣財星이 脫氣되는 南方運에 드디어 死亡되었던 것이다.

大抵 官星이 損傷되었으면 大運이 官鄕으로 向入하는 境遇 災殃을 만날 것이니 年運(太歲)도 또한 同一하다.

第十二論 劫 財

如乙見甲爲刼財니 乙以庚爲夫에 見丙尅庚故로 尅夫며 男命則尅妻니 五陽見五陰이면 爲敗財라 主尅妻害子요 五陰見五

陽은 爲劫財니 主被耗요 防少人이나 不剋妻니라 乙以戊己爲財에 甲見奪己壞戊며 丁以庚辛爲財에 丙能奪辛壞庚이니 類如此也니라.

乙木이 甲木을 보면 劫財이니 乙이 庚으로써 夫君을 삼는 바 丙을 보면 庚金이 剋害되는 故로 夫가 剋去하게 된다.

男子는 剋妻하게 되는바 五陽이 五陰을 보면 敗財이니 剋妻하고 害子하는 것이며 五陰이 五陽을 보면 劫財라 하는 바 當主가 破損(家産)되고 少人을 防禦해야 한다. 그러나 剋妻하지 않는다.

곧 乙이 戊己로써 財를 삼는데 甲은 己를 奪合해 오고 戊를 壞滅하고 粉粹하는 劫財이며 丁이 庚辛으로써 財를 삼는데 丙은 辛을 能히 奪合하고 庚을 破壞하는 劫財가 되는 등인 것이다.

兄見弟에 弟能敗之財며 奪兄之妻나 弟見兄에 兄能劫弟之財하고 而不敢取弟之妻니라. 財者는 人之所欲이니 方今弟兄見之에 多有爭競이라. 如夷齊가 能幾人고 男命見劫財면 多剋妻며 女命見傷官에 多剋夫니 此極論也니라.

兄이 弟를 만남에 弟는 兄의 財物을 敗取하고 兄의 妻를 所奪하나 弟가 兄을 봄에 兄은 弟의 財物을 取奪하지만 弟의 妻는 敢히 取하지 못한다.

財物은 다 사람이 欲望하는 者이므로 四柱에 兄을 만나면 바야흐로 다투고 取奪함이 많게 된다. 伯夷나 叔齊(義롭지 않은 衣食과 生活을 拒否하고 首陽山에 餓死한 支那 上古의 두 聖人)와 같은 사람은 몇 사람이 없기 때문이다.

男命이 財를 만나면 흔히 剋妻하고 女命이 傷官을 만나면 剋夫하는 境遇가 許多하니 이는 至極한 原理이다.

218

第三章 格局論

第一論 羊刃

夫羊刃者는 乃天上之凶星이요 作人間之惡殺이니 以祿前一位가 是也라 喜偏官七殺이요 喜印綬며 忌反伏吟이요 忌魁罡이요 忌三合이니라. 何謂羊刃고 甲丙戊庚壬五陽은 有刃이나 乙丁己辛癸五陰은 無刃이니 故名陽刃이요 如命中有刃이면 不可便言凶이니 大率與七殺相似니라.

무릇 羊刃이란 天上의 凶星으로서 人間에게 惡殺이 되는 바 祿前의 一位가 그것이다. 偏官七殺을 좋아하고 印綬를 기뻐하며 返吟(子年生이면 午年이 되고 丑年生이면 未年이니 出生年의 地支와 相冲되는 年運)과 伏吟(子年生이면 子年이요 丑年生이면 丑年이니 出生年의 地支와 同一한 年歲인 바 返伏吟은 다 凶殺이다)을 꺼리며 魁罡(庚辰 壬辰 戊戌 庚戌)을 忌하고 또 三合을 忌諱한다.

어찌하여 羊刃이라 하는가? 甲丙戊庚壬五陽은 羊刃이 있으나 乙丁己辛癸의 五陰은 羊刃이 없으므로 陽刃이라 이름한 것인 바 命中에 羊刃이 있으면 그것을 다 凶한 것으로만 봄은 不可하다. 대저 羊刃은 七殺과 類似한 殺이다.

凡有刃者는 多有富貴人이니 却喜偏財七殺이나 刃無殺이면 不顯이요 殺無刃이면 不威며 刃殺俱全엔 非常人有之니라. 大要身旺이니 運行身旺之鄕이요 不要見傷官이며 刃旺運이니 若命中原有殺刃하고 歲運又逢之하면 其禍非常이니라.

무릇 羊刃이 있는 者는 富貴人이 되는데 문득 偏財와 七殺을 기뻐하나 그러나 殺만 있고 羊刃이 없으면 顯

揚하지 못하고 羊刃이 있는데 七殺이 없으면 威嚴이 없는 것인 바 刃殺이 俱全하면 非常한 사람의 命造일 수가 있다.

身旺함을 必要로 하는 바 大運이 身旺의 節鄕으로 行할 것이며 傷官을 만나는 것은 凶하다. 또 刃旺運도 不要한다.

萬一 命中에 原來 七殺이 있고 羊刃이 있는데 歲運과 大運에서 다시 만나면 그 禍厄이 非常한 바가 있다.

若命有刃無殺에 歲運逢殺旺之鄕이면 乃轉正而反成厚福이며 如傷官了旺에 身弱殺旺을 最可忌也니 如庚申己卯甲寅이라. 此命이 甲日見卯爲刃이요 庚爲七殺이니 其殺本傷身이나 却籍卯中乙木으로 以配合其殺하야 有情하니 則殺不能傷身이니라. 正是甲以乙妹妻庚之義니 其身旺하고 南方運이라 所以로 爲貴니라.

萬一 原命에 羊刃만 있고 七殺이 없는데 大運과 年運이 殺旺鄕으로 向入하는 境遇엔 運勢가 好轉되므로 오히려 厚福함이 있다.

萬一 傷官이 盡旺하면 身弱하고 殺이 旺함은 第一 忌諱한다. 例컨대

(第八十九柱)

庚申 庚辰
己卯 辛巳
甲寅 壬午
乙酉 癸未
甲申

此命은 甲日이 卯가 羊刃이 되고 庚金은 七殺이 되어서 甲木을 傷害한다. 그러나 卯中乙木이 庚殺과 配合되어서 有情하게 되었으므로 殺이 傷身하지 않게 된다. 乙木인 妹弟로써 庚殺과 妻義를 結束한 때문이다. 身旺한데 南方運으로 行하였으니 此命이 貴하게 되었다.

又如戊午戊午戊午甲寅이니 此命이 刃殺全하고 而又以午火爲用이라 所以로 爲貴니 故로 喜忌篇云하되 戊日午月을 勿作刃看이요 歲時火多면 却爲印殺이니라. 又如辛酉甲午戊午甲寅이니 此命이 殺刃全하고 而有印綬하며 不合年干하고 傷官透出

하니 運行辛卯에 犯傷官하야 元有之辰하고 壬爲財라是 壬辰歲에 因事投水而死하니라. 壬水尅火하고 印日坐甲之七殺하야 謂之生殺壞印이니 即此命이 見辛爲傷官이요 運行辛卯하야 忌見官하고 午中丁火爲印綬에 最忌傷官與財相見이니 緣水生木尅身也니라.

(第九十柱)

戊午
戊午
戊午
甲子

此命이 双殺이 皆全하고 午火를 取用하여 貴命이 된 것이다. 喜忌篇에 「戊日의 午月을 羊双으로 보지 말 것이니 歲時에 火가 많이면 印綬가 된다」고 하였다. 곧 此命은 印綬인 午火를 取從하는데 己未大運은 旺火를 順洩하여 大吉하고 壬癸亥運은 旺火를 冲하나 甲寅木이 消通하고 官運에 達貴하며 子運은 午火用神을 冲하므로 死亡하였을 것이다.

(第九十一柱)

辛酉
癸巳
甲午
戊午
甲寅
辛卯

此命은 午火羊双이 있고 兩甲과 寅支는 殺이 되니 殺双이 俱旺하다. 또 午中丁火는 印綬가 年干에 傷官이 透出하였는데 辛卯大運에 이르러 官星인 卯木이 傷官酉金을 冲하여 禍本이 되었다. 年運壬辰年에 事件으로 因하여 投水溺死하였다. 羊双格에 七殺이 있고 傷官이 있는데 刑冲惡殺이 모이면 橫死하는 것인 바 卯木官星이 傷官酉를 冲한 때문이고 또 午中丁火는 戊土의 印綬이니 傷官과 財를 가장 꺼리는 바 壬水가 午火를 冲하는 한편 七殺을 生해 주므로 旺殺이 尅身한 때문에 死亡한 것이다.

又如癸未乙卯甲子己巳라 此命이 双癸印이 不合時上하야 己巳破印이니 運行辛亥에 亥卯未合起羊双하니 辛酉年에 辛金又旺於酉하고 冲起卯双하야 二辛則太過니 金多見甲身雖貴나 亦遭刑也라 然이나 雖見辛爲貴요 所忌羊双이니 不可一合一冲也니라

221

(第九十二柱)

癸未　甲寅
己卯　癸丑
甲子　壬子
乙巳　辛亥

日干甲木이 卯双과 癸印이 있는데 時上과 不合하여 印星을 己巳가 破하였다。 辛亥大運에 亥卯未木局이 되어 羊双이 旺起하였는데 辛酉年에 大運의 辛金이 더욱 旺해지는 中羊双卯木을 冲하니 또한 禍本이 되었다。 二辛은 太過하여 金多하니 甲日身主는 비록 貴하나 刑厄을 받은 것이다。 甲木이 正官辛金을 보는 것은 貴하나 羊双의 冲을 忌하는 바 一合하고 一冲함 또한 禍厄의 本兆인 것이다。

第二 論 刑 合

刑合者는 刑中에 有帶合이 是也니 如人命이 犯之에 多因酒色하야 喪家成病하고 格者에 有合祿合格者하니 何謂也오 是乃癸用戊官이오 戊祿在巳에 不見巳字하고 但見寅刑이며 且巳酉丑合이면 此乃見不見之刑이니 所以貴也니라。 如此者가 皆見於前이면 所以凶也니라。

刑合이란 刑中에 帶合한 것을 말하니 人命에 이것이 있으면 酒色으로 因하여 家門을 破喪하고 病을 얻으며 身亡耽迷하되 뉘우치지 못하니 그 精神이 迷惑된 때문이다。

十八格中에 合祿하고 合格함이 있는 바 例컨대 癸水가 戊를 官으로 삼으니 戊의 建祿은 巳에 있는데 四柱에 巳字는 보지 않고 다만 寅字의 刑合만을 보는 境遇 寅字가 刑合해 온 巳字中의 戊土로 官星을 삼는 때문이다。 또 다시 巳酉丑이 合되는 때엔 이는 刑을 만났으나 刑을 만난것이 아니니 그러므로 貴命이 된다。 그러나 如斯한 命造者가 아니고 前者(刑合 곧 寅字巳字)를 다 보면 凶命이 된다。

且如丙子辛卯丙子辛卯니 此命이 年月日時에 俱帶刑合이라 爲子水冲丙火하고 柒身又弱이라 二六交甲午하고 三十歲交丙申年하야 太歲倂在羊双之上에 有二字冲午하니 其双刑俱合하야 所以因酒淫佚而亡也니라。

(第九十三柱)

丙　辛　辛　壬
子　卯　卯　辰
　　丁　癸　癸
　　酉　申　巳
　　　　乙　甲
　　　　未　午
　　　　丙　癸
　　　　申　巳

酒淫破家亡身格

此命은 年月日時에 刑合을 全載하였고 二子水가 二丙火를 冲하니 丙火는 子坐에 앉아 서 身弱하게 되었다. 二十六大運 甲午와 丙申大運에 羊刃이 있고 原命의 二子가 冲午하 니 双刑이 俱合되어 酒淫으로 佚蕩하다가 死亡하였다.

又如己巳己巳甲寅己巳니 此命이 身旺財旺하고 身入長生하니 故爲入格이요 不合帶刑이나 合太重이라 交癸亥冲巳에 飮酒眈色하야 遂患痼疾하야 而死하니라.

(第九十四柱)

己　己　甲　戊
巳　巳　寅　辰
癸　乙　丙　丁
亥　丑　寅　卯

此命은 財旺하고 身主 또한 不弱한데 大運이 生旺地에 行한 것이 吉하다. 刑이 合을 띠운 것은 아니지만 天干의 合이 太重한데 癸亥大運에 旺한 巳火를 冲하고 旺을 逆되니 飮酒와 女色에 떨어져서 마침내 痼疾을 얻고 이로 因해 死亡하였다.

又如乙卯癸未戊戌癸丑이니 此命이 女人이니 戊戌日이 生於六月中間하고 歲干透出乙字하야 日見之爲官이며 地支亥卯未 木局하고 戌中之火는 爲戊之印綬니 官印兩全이나 只不合癸丑時하여 癸水冲戌中之火하며 丑中之金이 傷合兼刑이요 合 重하며 爲戊日乙官이 在歲干하야 旺矣니라.

(第九十五柱)

乙　癸　戊　丙
卯　未　戌　申
　　甲　乙　丁
　　申　酉　亥
　　　　丙　戊
　　　　戌　子
　　　　丁　己
　　　　亥　丑

此命은 女人命이니 戊戌日이 六月中旬에 生하여 身旺하다. 歲干에 乙卯木이 透出하여 官星이 된 것인데 地支 亥卯未木局을 이루었으니 官星도 旺盛한 것이다. 또 戌中의 丁 火는 印綬가 되니 官印이 健全하여 貴命이나 다만 癸丑時가 있어 不合되고 刑되며 癸水 가 戌中丁火를 冲하며 丑中金이 傷害되고 刑合되었다. 따라서 凶兆가 된 것이다.

第三論 福德秀氣

福德秀氣는 專用其主니 且如乙巳乙酉乙丑이 是也라 乙用庚官에 露出殺이면 當制喜印綬요 不喜生於八月之中이면 恐露其殺이니라. 却喜行印綬官旺運이니 便能發福이며 苟四柱中에 露出辛殺은 須制伏이니라.

福德格은 六陰(乙丁己辛癸)日이 日支에 巳酉丑을 만난 것인 바 日主와 四柱의 大勢를 보아서 取用한다. 日柱를 爲主로 專用한다.

例컨대 乙巳・乙酉・乙丑의 三日은 陰木福德格이니 乙木은 庚金으로 官을 삼는 바 七殺이 露出하였으면 制伏이 좋고 印綬를 만나야 좋다. 또 八月中에 生하여 殺이 旺하면 不吉하고 특히 殺이 干上에 튀어나옴은 크게 두려움다. 印綬와 官旺運은 大喜하니 이때에 發福하게 된다. 또 四柱中에 辛殺이 透出하였으면 모름지기 制伏하여야 한다.

(第九十六柱)

庚　丙　丁　乙
子　戌　亥　巳

辛　己　丁　乙
卯　庚　己　辛
　　寅　丑　巳

此命이 乙巳日生으로 陰木福德格인 바 酉月殺旺令에 生하며 庚官이 透出하고 金局을 지으니 殺旺太甚하다. 따라서 壬子印星을 좋아하고 北方身旺運에 發身할 命造이다.

如丁巳丁酉丁丑이 是며 壬爲官이니 喜金旺生水요 亦不喜生於八月故는 火死在酉라 却喜行官旺運이니 便可發福이나 亦不要露雜其官이니 爲壽而不耐久니라.

丁巳・丁酉・丁丑日은 陰火福德格이니 丁日主가 壬水로써 官을 삼는 바 金旺地를 얻어 生水해 줌을 좋아하고 八月에 生함은 좋아하지 않으니 酉에 死하는 때문이다. 亦是 官旺運을 좋아하는 바 이때에 發福하지만 그러나 官星이 露出되고 混雜됨은 忌하니 壽命이 長久하지 못할 것이다.

(第九十七柱)

甲午
己巳
丁丑
辛丑

庚午 辛未 壬申 癸酉 甲戌 乙亥

此命이 時上의 辛金을 取用하는 時上偏財格이지만 丁丑日生에 巳丑金局을 지으니 陰火福德格을 兼하였다. 따라서 壬申癸酉大運의 金旺地를 만나서 生殺하므로 發貴하여 詞林의 高官이 되었다.

己巳己巳己丑이 되니 用甲木爲官에 巳丑金局하야 皆傷其官이면 亦名盡氣라 何以爲吉이리요마는 然이나 喜得金局은 能生水財라. 亦不要四柱에 見火니 恐傷金局이며 却喜行財運에 便發이니라.

己巳・己巳・己丑의 三日은 陰土福德格이니 甲木으로써 官星을 삼는 바 巳酉丑金局을 지으면 그 官星을 甚傷하는 格이며 土日主의 氣運을 盜泄하는 것이니 어찌 吉命이라 하겠느냐? 그러나 金局을 좋아하는 것은 水神財星을 能生하는 까닭인 바 四柱에 火神이 있음은 不要하니 金局을 傷害함을 두려워 하는 때문이다. 따라서 財運을 좋아하니 이때에 發福할 것이다.

(第九十八柱)

乙丑
辛巳
己巳
癸酉

庚辰 己卯 戊寅 丁丑 丙子 乙亥

此命이 金局을 이룬 陰土福德格인 바 四月에 生하니 土旺하고 地支金局을 이무며 月時上에 庚辛金이 透出하여 生水하며 丑中癸水가 있으니 燥炎하지 않다. 따라서 金多함에 生財되니 貴命인 바 北方水鄉財旺運에 發貴하여 方伯位를 얻었다.

癸巳癸酉癸丑은 是用金神爲印이니 見巳酉丑金局이 能生癸水나 不喜生於四月이니라 水絶於巳나 雖然이나 金生在巳하야 以金生爲水니 亦不能絶이요 得官印運하야 便能發福이니라 最不喜火財는 恐傷金也니 大低與印綬相似며 各有例於後니라.

癸巳·癸酉·癸丑의 三日은 陰水福德格인 바 金神이 印綬가 되고 巳酉丑金局을 얻으면 能히 癸水를 生하여 좋지만 四月에 生함은 싫어한다. 그 까닭은 水가 巳에서 絶하는 때문인데 그러나 金이 巳에서 長生되며 金生水하니 絶地라고만 할 수는 없다. 또 官印運을 만나서는 發福할 것이나 火鄕財運을 좋아하지 않음은 金神福德을 傷害하는 때문인바 印綬格과 相似하다. 福德格의 各種例柱는 各格局을 例說하는 가운데 있겠거니와 此格은 하나의 參考格으로 보는 것이 좋다고 생각된다.

(第九十九柱)

癸卯
乙卯
癸巳
丁巳

丁戊己庚辛壬癸甲
未申酉戌亥子丑寅

李朝第一名相 黃喜領相造

此命은 木旺傷官格으로 洩水함이 太甚한데 巳中庚金이 病神旺木을 除尅해주므로 貴命이다. 癸巳日生이니 陰水福德格을 兼한 바 金旺運에 木을 破하고 生身하므로 賢相이 되고 千秋에 이름을 傳하였다.

그러므로 이때에 巳酉丑福德秀氣는 印綬와 더불어 그 作用이 相似한 것인바 以下에 서 說明될 것이다.

(第五編의 第三十七論 福德詩訣條를 參照하기 바란다)

第四論 雜氣財官格

雜氣者는 蓋謂辰戌丑未之位也니 辰中有乙癸戊字요 戌中有辛丁戊字요 丑中有癸辛己字요 未中有丁乙己字라 此四者는 天地不正之氣也니라.

雜氣라 함은 辰戌丑未의 位를 일컫는 바 辰中에는 乙癸戊가 있고 戌中에는 辛丁戊가 있으며 丑中에는 癸辛己가 있으며 未中에는 丁乙己가 있으니 이것이 天地의 不正한 雜氣가 됨을 말한다.

且如甲인則鎭於寅位陽木之垣이요 乙專鎭於卯이니 皆司春이라 而專東方之氣니라 辰爲東南之隅하야 及春夏交接之氣也니 丑未 戌이 亦然이니라.

甲은 寅支에 뿌리를 두며 鎭을 치고 依據하여 陽木의 垣牆(담)이 되고 乙은 卯에 鎭據하니 이는 陰木의 垣牆이 되는 바 甲乙寅卯는 다 春令을 司掌하고 있는 것이요 丙은 巳支에 鎭據하여 陽火의 布地가 되었고 丁은 午位에 鎭居하니 이는 다 夏令을 掌權하고 있는 것이다.

辰土는 東南方의 모퉁이인 偶方에 屬居하여 節候上으로는 春夏가 交接하는 於間에 位置하므로 正位가 아니라는 것이다.

따라서 受氣한 바가 不純하며 禀命한 바가 不一하니 이름을 雜氣라고 하게 되었는 바 同一한 原理로 戌丑未도 雜氣가 되는 것이다.

雖看六甲에 配對할 때에는 어떤 方法으로 分別할 것인가? 本知用何者爲福고 要在四柱中에 看透出是何字하야 隨其所出而言其吉凶이니라.

十干을 雜氣에 配對할 때에는 어떤 方法으로 分別할 것인가? 例컨대 日干甲日이 丑月을 얻었으면 天乙貴人이 있는 中 丑中의 辛金은 正官이 되고 丑中癸水는 印綬가 되며 己는 正財가 되는데 어떤 者가 福이 될 것인가에 對해서는 干出한 藏干을 살펴야 한다.

곧 丑中의 癸辛己三字中 어느 藏干이 天干에 透出하였는가를 보고 또 그 透出한 藏干의 吉神與否를 따라서 福神을 索出하게 되는 것이다.

有如前說法에 但庫中物이 皆閉塞이면 須待有以開其局鑰하야사 方言發福이니 所以開局鑰者는 何物也오 乃刑冲破害耳로

227

다. 且有四柱中에 元有刑冲破害하고 復行此運氣면 則刑冲破害多니 反傷其福이니라.

前述한 바의 雜氣가 但只 庫中物일뿐 閉塞되어 藏干이 干上에 없는 (것) 모름지기 곳간의 문이 열리는 開局을 기달려서야 發福되는 것이다. 그러면 開局해 주는 者는 무엇인가? 刑冲破害가 開局解鑰者이니 元命에 刑冲破害가 있으면 開局된 것이므로 開局運을 기다릴 필요는 없다.

도리어 元命에 刑冲破害가 있는데 다시 刑冲破害의 大運을 만난 則 刑冲破害가 甚한 것이니 그 福力을 反傷한다.

大抵 雜氣要多財니 便是貴命이요 若年時別入他格이면 當以他格例斷之니라 盖此乃天地之雜氣하야 不能純一이니 故로 力耳요 別格專於時年하면 乃重事看命이니 須審輕重하야 以取禍福하야 先論重者하고 次言輕者면 百發百中矣리니 其他當以類言之니라.

大抵 雜氣要多財니 便是 貴命이요 若年時 特別入他格이면 他格으로 보는것이 마땅하다. 雜氣格은 天地의 雜氣로서 純一하지 않으니 그 輕重을 살펴서 禍福을 取別해야 하는 바 먼저 重한 바를 가리고 다음에 輕한 者를 分別하면 百發百中할 것이니 그 類形을 따라서 斷定해야 한다.

第五論 日 貴

日貴者는 又即甲戊庚牛羊之類요 此有四日하니 丁酉丁亥癸巳癸卯耳라 最怕刑冲破害니라 經에 曰崇爲實也요 命爲貴也

228

니 所以로 貴人이며 怕三刑六害也라 貴神은 要聚於日이요 運行怕空亡이며 乃運行太歲에 如會不要魁罡이니라.

日貴는 곧 甲戊庚은 牛羊(丑未)이요 丙丁은 猪鷄位(亥酉)가 그것이니 天乙貴人을 말한다. 그러나 日支에 該當하는 貴位日은 丁酉日 丁亥日 癸巳日 癸卯日에 限하여 限배가 되고 命에는 貴人이 되니 三刑六害를 꺼린다고 하였다. 貴人은 日支에 있는 것이 좋고 運行中에 空亡되지 말 것이며 乃至 大運과 年運에 魁罡이 모이지 말아야 한다.

經에 말하기를 「祟(빌미시=鬼神이 내리는 災殃)에는 보배가 되고 命에는 貴人이 되니 三刑六害를 꺼린다」고 하였다.

日貴格은 當主가 純粹해서 仁德이 있으며 貴神과 同類여야 하는 바 可히 살피지 않으면 안된다. 日貴格에는 時를 살피는 法이 있으니 貴가 日晝에 該當하면 日晝에 出生할 것이요 貴가 夜에 該當하면 夜에 出生할 것이다. 癸卯癸巳는 日貴이고 丁亥丁酉는 夜貴에 該當하니 卯巳는 日晝의 時間이요 亥酉는 夜時에 該當하는 때문이다.

主人純粹하고 有仁德이며 有姿色이요 不傲物이나 或犯前刑則貧賤이요 刑冲太甚이면 貴人生怒하야 反成其禍니 不可不察이니라 日貴有時하야 法類同이요 須分晝夜니 貴日要日이며 貴夜要夜라야 貴니라.

日貴格은 主人이 純粹하고 姿色이 있으며 傲慢하지 않은 人格者이나 或 刑害를 犯하면 貧淺하게 되고 刑冲이 太甚하면 貴人이 怒하므로 도리어 禍를 招來하게 되는 바 可히 살피지 않으면 안된다.

第六論 日 德

日德有五하니 甲寅戊辰丙辰壬戌日이 是也라 其福多나 而忌刑冲破害며 惡官星憎財旺이니 此數者는 乃格之大忌也니라 大抵日德主人은 性格慈善이요 日德俱多면 福必豐厚니라. 加臨會合俱空亡而見魁罡이면

日德이 五個가 있으니 甲寅戊辰丙辰壬戌日이 이것이다. 其福이 많으나 刑冲破害며 惡官星憎財旺을 꺼리니

日德格은 五日이 있으니 甲寅日 戊辰日 丙辰日 壬戌日이 그것이다. 그 福이 厚하고 많으나 刑冲破害는 忌하며 財星을 미워하고 官星 또한 싫어하는 바 如斯한 凶神이 모이거나 空亡되고 魁罡을 만나면 此格은 大忌하게 된다.

大抵 日德의 主人은 性質이 慈善스럽고 日德이 俱多하면 福이 반드시 豊厚하고 身旺運으로 行하면 이것은 絕妙한 命이 된다.

運行身旺이면 大是奇絕이요 若有財官加臨이면 別尋他格이며 正能免非橫之禍니라. 若旺氣已衰하고 運至魁罡엔 其死必矣. 或未發福하고 運至魁罡이면 體格旣好나 防生禍患이며 一脫於此에 必能再發이나 終力微矣니 不可不知也니라.

日德格이 身旺運으로 大運이 行하면 크게 發展할 것인 바 奇妙함이 있을 것인데 만일 財官이 있다면 他格으로 看做해야 한다. 이때에는 能히 橫非의 禍厄을 免하게 될 것이다. 萬一 旺氣가 衰하고 大運이 魁罡이면 반드시 死亡하며 或 發福하지 못하고 大運이 비록 좋을지라도 禍患이 生出함을 防備하지 않으면 안된다. 此運(魁罡運)을 벗어나면 반드시 再發할 것이지만 마침내 그 힘은 微少할 것이니 알지 않으면 안될 妙理이다.

第七編 日 刃

日刃與羊刃同이니 日刃은 或戊午丙午壬子也라 與羊刃으로 同法이니 不喜刑冲破害며 不喜會合이나 兼愛七殺이며 要行官鄕이면 便爲貴命이니라.

日刃은 羊刃과 同一한 것이니 日刃은 戊午日과 丙午日과 壬子日이 그것이다. 그 活用은 羊刃과 同一한 바

230

刑冲被害를 忌하고 會合을 기뻐하지 않으나 七殺은 歡迎한다. 또 萬一 大運이 官鄕으로 行한다면 貴命이 된다.

若四柱中에 一來會合엔 必主奇禍니 其人이 眼大鬚長하고 性剛果毅하야 無測隱慈惠之心이요 有刻薄不恤之慈니 三刑自刑하고 魁罡全이면 發跡疆場이요 如或無情이며 或財旺에 則主其凶이나 或有救神이면 要先審察이니라.

萬一 四柱中에 羊刃만이 會合된다면 當主가 반드시 奇禍를 입을 것인 바 그 사람이 눈이 크고 수염이 길며 性質이 剛强할 따름이며 決斷性이 强하고 지나치게 굳센 性格의 所有者이다. 또 측은한 마음은 찾아보기 힘들며 각박하며 無情하다.

三刑과 自刑이 있거나 魁罡이 全部 있으면 立身出勢할 것인데 無情冷酷함이 있다. 或 財가 旺하면 當主가 凶하나 救神이 있으면 不然하니 먼저 살피어야 할 일이다.

如刑害俱全하고 類皆得地면 貴不可言也니 安得不舉獨羊刃이리오 以時言之ㅣ댄 四柱中에 不要入財鄕이니 怕冲羊刃이로다. 且如戊日이 刃在午니 忌行子正財運이며 壬刃이 在子니 忌行午財運이며 庚刃이 在酉니 忌行卯正財運이나 甲日은 巳午並辰戌丑未財運이 不妨이요 忌酉運이며 丙日이 刃在午니 行申酉庚辛丑이 不妨이요 忌子運이니라.

萬一 日刃格이 刑害가 俱全하고 魁罡이 있는데 身旺하며 七殺을 얻으면 貴를 可히 말할 수 없는 바 어찌 唯獨 羊刃만이 不然하겠는가?

節時는 四柱中에 羊刃이 있으면 財鄕으로 運이 行하거나 當月(財月)에 生하지 말 것이니 大忌하고 壬刃은 子에 있는 바 午를 冲함을 크게 꺼리는 때문이다. 例컨대 戊日의 羊刃은 午니 子水正財運은 冲地이므로 大忌하고 壬刃은 子에 있는 바 午火正財運을 忌하고 庚의 羊刃은 酉이니 그 冲位인 卯木正財運을 忌하는 것이다. 그러나 甲日은 巳午와 辰戌丑未의 財運을 不妨하고 羊刃卯의 冲地인 酉運을 꺼리며, 丙의 羊刃은 午이니 申酉庚辛丑運이 또한 無妨할 것이요 子運을 忌諱하는 바이다.

大抵 羊刄은 要身旺이요 喜有物에 以去之니 經에 日人有鬼人이요 物有鬼物이니 逢之不安이요 去之爲福이니라. 且如葛
參政命이 壬申壬子戊午乙卯니 戊日이 刄在午라 喜得乙卯時하야 正德制伏하고 去壬하니 所以爲福이니라.

(第百八柱)

壬申 癸丑
壬子 甲寅　葛參改命
戊午 乙卯　此命은 戊日干이 午에 日刄인 바 時에 乙卯를 얻은 것이 大喜하다.
乙卯 戊午　年月柱에 壬水가 旺하여 午刄을 冲剋해 오는데 申子辰水局이 되니 이는 病이다. 乙卯
　　 丁巳　가 旺水를 洩化하여 木氣로 돌려서 다시 刄火를 生助해 주는데 乙卯는 官이 되니 東南
方木火運에 大發한 것이다.

第八論 魁罡

夫魁罡者에 有四하니 壬辰 庚辰 庚戌 戊戌이 是也니라. 如日加臨者罡이면 必是福이니 運行身旺에 發福百端이요 一見財官
에 其禍立至니라.

무릇 魁罡에는 四者가 있는 바 壬辰 庚辰 庚戌 戊戌이 그것이다. 萬一 魁罡이 日上에 있고 柱內에 衆多하면 반
드시 福됨이 있으니 身旺運에 行運할 때 百端으로 發福하게 된다. 그러나 財官을 만날 때엔 禍를 만날 것이다.

主人이 性格聰明하고 文章拔發이며 臨事有斷이나 唯是好殺이니 若四柱에 有財及官하고 或帶刑殺이면 禍不可測이니라

倘日獨處沖者는 必是小人이니 刑責不己며 窮必徹骨이니 運臨財官旺處에 亦防奇禍하라.

魁罡格의 當主는 그 性格이 聰明하고 文章이 뛰어나며 事件을 處理하는 데는 決斷性도 强하나 好殺하는 性品이 있어서 萬一 四柱에 刑殺을 帶同하는 境遇엔 禍厄의 被害가 極甚하다.

魁罡格의 日主가 홀로 冲破를 많이 입으면 必是 小人이니 身刑이 빈번하고 至極히 貧窮할 것인 바 大運이 財官의 旺鄕으로 行할 때엔 奇異한 禍厄을 防備하지 않으면 안 될 것이다.

(第百一柱)   魁罡格

戊午   己巳
戊辰   庚午
庚辰   辛未
        壬申
        癸酉
        甲戌

本命은 魁罡이 衆多하고 日上魁罡이며 身旺하니 大權을 掌握할 命造인데 少年에 得名하고 中年以來 身旺運에 大發하리라.

第九論 金 神

夫金神者는 二有三時니 癸酉己巳乙丑이라 金神은 乃破敗之神이요 要制伏이니 入火鄕常勝이며 如四柱中에 更帶七殺羊刃이면 眞貴人이니라. 大抵 威猛者는 以入暴爲能威요 苟不專人得以悔니 故로 必狼暴如虎動에 禽獸旣攝하야 威德行矣니라.

金神은 癸酉時·己巳時·乙丑時의 三時를 일컫는 바 金神은 破敗하는 壞滅의 神이므로 制伏함을 要緊한다. 大運이 火鄕에 行入하든지 火旺節에 生하여야 勝妙함이 있는데 겸하여 萬一 四柱에 七殺과 羊刃을 아울러 所持하였을 때엔 眞貴人이 된다.

대저 威猛하며 暴嚴으로써 威勢를 세우는 것인 바 眞實로 人格을 兼有하지 못하면 後悔될 行動이 많을 것이니 오로지 狼暴스러운 때문이다. 그 威猛은 마치 山中의 虎王이 威動함에 모든 禽獸가 從擗되는 것과 같은 刑勢가 있다.

然이나 太剛은 必折이니 不有以制之면 則寬猛不濟라 何以上履中和之道리요 故로 日有剛者는 在馴伏하야 調孜其和하야 福祿踵至니라 雖然이나 其人이 必剛斷明敏之才니 屈强不可馴伏之志라 運行火鄕에 四柱有火局이면 便爲貴命이나 懼水鄕 則非福矣니라.

그러나 太剛은 必折이니 不有以制之면 則寬猛不濟라 何以履中和之道를 行할 수 있겠는가? 그러므로 剛한 者는 아울러 順伏되고 中和될 수 있는 品性이 있어야 福祿이 따르는 것이다.

그런데 모든 것은 太剛하면 반드시 꺾어지는 것이니 金神이 制伏되지 못하였으면 寬大함과 勇猛함이 相互 調和되지 못한 바 어찌 中和의 道를 行할 수 있겠는가? 그러므로 剛한 者는 아울러 順伏되고 中和될 수 있는 品性이 있어야 福祿이 따르는 것이다.

그런데 剛斷明敏의 才操가 있으나 屈强하여 順伏하는 뜻이 없으면 不可하니 火鄕으로 行하고 四柱에 火局이 있어야 貴命이 되는 것이다. 水旺의 旺鄕으로 大運이 行함을 두려워하는 바 水鄕으로 運行하면 福이 될 수 없다.

(第百二柱)   金神格   南少卿命

丁亥   壬子
癸丑   辛亥
己未   庚戌
癸酉   己酉
       戊申
       丁未

乙木은 病神이 된다. 西方金鄕運에 貴하였다.

此命은 時上에 癸酉가 있어 土金傷官格이다. 四柱에 丑土와 未土가 旺하고 丁火가 生土하므로 身旺하고 金神酉金은 丑과 合하여 金局을 이루어 土氣를 洩해주니 土金假傷官 金神格이 되었다. 己土日干에 癸水財星은 喜神이나 傷官格이 官星을 봄은 꺼리므로 甲

假傷官格이란 傷官格의 一種을 말한다. 甲木이 四柱에 丁과 午를 보면 傷官이요 己土가 庚金과 申金을 보면 **傷官인데** 木이 巳午未南方의 夏節에 生하면 **眞傷官格**이라 하고, 戊寅月에 生하여 寅午戌火局을 이루면 **假傷官格**이 된다. **眞傷官格**엔 夏節에 炎火의 盜氣가 甚하니 水로 식혀주는 冷濕運이 吉하고 **假傷官格**은 寅月에 木氣가 堅旺하고 아직 寒氣가 冷冷하니 丙丁巳午의 助溫이 要望된다. 또 身旺者는 財官을 用神으로 取用하고 身弱者는 印星이나 比劫을 取用하나 八字의 通變을 살피지 않고서 一律的으로 論斷할 수는 없다.

第十論 時 墓

夫時墓之論은 謂財官之墓時를 論之也니 要刑冲破害以開局鑰이며 其人이 必難發於少年이니라. 經에 曰少年不發은 庫中人이 是也라하니 怕有物以壓之니라.

時墓라 함은 財官이 時墓에 該當함을 일컫는 바 刑冲破害가 와서 時庫를 開局해 줄 것을 要望한다. 時墓格에 屬하는 사람은 少年에 發達하기 어려우니 經에 「少年에 發身하지 못함은 庫中에 財官印이 있는 사람인 바 忌神이 制壓함은 더욱 不可하다」고 하였다.

如丁以辰爲庫官이나 別有戊辰之類하야 制之면 則丁不能官矣니 如此難作好命이요 必乃有物하야 以破其庫하면 雖得之發福也나 淺하니라. 經에 曰鬼入庫中에 危矣者甚이니 若獨類而長才亦如之라 此是秘言이니 而不輕泄之니라.

例컨대 丁은 辰으로 庫官(辰中癸水는 丁火의 官星이 된다)을 삼는데 別로 戊辰이 있어서 戊土가 癸水를 抑制하면 丁의 官은 官의 役割을 하지 못한다. 人命이 如此하면 好命이 되기는 어려운 바 다시 救神이 있어서 戊土를 破해 주어야 發福할 수 있으나 福力이 輕하고 **淺微**하다.

經에 「鬼殺이 庫에 들면 甚히 危險한 것인 바 이때에는 身旺해야 한다. 此法이 秘言이니 輕率하게 漏洩하지 말라」고 하였다.

第十一論 正官格

官星宜露出니 豈可藏之리요 似乎爲官者는 顯揚威德이요 則用之國家者라 方爲大丈夫니 豈受人之壓伏者리요 則爲臣下之臣이면 豈非小人가

官星은 마땅히 月令이나 天干에 露出될 것이니 어찌 藏伏(地支에 暗藏됨) 되겠느냐? 官星이 露出하여 有氣한 者는 威德을 顯揚하고 國家의 棟樑으로 登用될 것인 바 大丈夫格이라 아니할 수 없으니 그 어찌 남에게 壓伏됨이 있겠는가? 萬一 官星이 制伏됨이 重하여 臣下의 臣下인 格이 되면 小人의 命造가 된다.

正氣官星은 切忌刑冲이며 多則論殺이요 一位名眞이며 官藏殺淺이니 露殺非眞이라 倘其破면 事恐不成이로다.

正氣官星은 刑冲을 크게 꺼리며 正官이 많으면 日主를 弱化시키는 것이므로 七殺로 보는 것이며 正官은 一位만 있어야 眞格이다. 正官이 地支에 暗藏되어 있으면 七殺은 輕淺에 하는데 萬一 七殺이 月令에 있거나 天干에 露出하였으면 眞格이 아니다. 或 刑破되면 每事 成功하기 어렵다.

「講」 正官格은 月令이 正官에 該當함을 原則으로 하는 바 時上에 財星이 兼하여 있으면 眞貴人이다. 그러나 官星만 旺하면 身弱이니 印綬를 만나야 官을 印으로 化하여 日主를 生助해 주므로 吉하다. 例컨대 甲日이 酉月에 生하면 正官인데 正官이 强하고 甲日主가 弱하면 正官이 尅身하여 貴者가 殺로 化하게 된다. 甲日의 印綬인 癸子水가 있어야 金을 水로 洩化하여 日干木을 生助하게 된다.

正官格은 冲破가 없어야 大吉昌한 것이므로 冲破를 꺼리며 傷官이 傷害되므로 꺼리며 七殺이 있으면 官殺이 混雜되어 貴氣를 破하므로 또한 忌하며 大運 亦是 同一하다.

(第百三柱)

甲申
癸未
壬午
辛巳
庚辰
己卯

乙未
乙酉
甲子
丙寅

正官格 王知府의 命

甲日主가 八月에 生하니 正氣官星인 辛金節이므로 正官格이요 比刦이 重重하고 時支 寅에 建祿하며 子水가 官氣를 水로 化하여 生身하니 身旺하므로 正官을 取用한다. 卯字가 酉金을 破하지 않고 丁火가 傷官하지 않으니 眞格이요 辛巳庚辰己의 財官運에 大發하였을 것인데 巳運은 巳酉가 金局을 이루고 辰運은 濕土가 晦火生金(寅中丙火가 튀어나와서 외로운 酉金을 尅解하여 주고 있다) 하는 故로 二十五年間은 功名을 赫赫하게 세웠을 것이며 卯運은 酉官을 冲하고 卯未木局을 지어 病神寅丙을 生旺하므로 運命이 凶하였다.

또 仲秋의 老木이 木氣가 旺盛하므로 金으로 깎고 制木하여야 材木이 되는 것인데 火로써 金을 制尅함은 오히려 病이 되는 것이다. 따라서 此命의 時上丙火는 酉金을 尅하므로 病神이다. 따라서 丙火를 制去하는 壬癸申運이 좋을 것은 勿論이다. 다만 南方運中의 水運이므로 大發할 수 없었던 것이다.

(第百四柱)

丁亥
丙戌
乙酉
甲申
癸未
壬午
辛巳

乙卯
戊子
丙子
庚寅

正官格 錢丞相의 命

丙火日主가 子月水旺正官節에 생하여 正官身弱格이다. 子中癸水가 得令하였는데 時干庚金이 木을 抑制하고 子水를 生助해주니 官星이 旺한 한편 日主丙火는 寅에 長生通根하고 乙卯木이 旺水를 化木生火하여 주니 日主는 弱한 중생기가 있다. 또 月上戊土는 旺水를 抑制하는 한편 子中癸水와 合하여 火局을 誘導하였으며 庚金은 乙木과 合情하였지만 木을 破하여 此命의 病이 된다. 病이 있으므로 貴命인 것이다.

此命이 中年後 南方運에 火尅金하고 丙火를 生助하며 戊土吉神을 生해주니 그 位가 丞相에 이른것이다.

(第百五柱)
乙卯 丙戌
丁亥 乙酉
丁未 甲申
庚戌 癸未
　　　壬午

正官格 壯元命

此命은 日主丁火가 十月亥壬正官令에 生하여 正官格이 되었다. 地支에 亥卯未木局을 이루고 年干乙木이 卯에 得祿하여 旺甚한 印星이 日主를 生助해 주는데 未와 戌中에 丁火가 있어서 日干과 月干이 通根하니 身旺太甚하다. 多幸히 時干에 庚金이 旺木을 尅制하여 正官을 生해 주므로 正官이 有氣하니 貴命이다.

通實鑑에 多水가 汪洋에 戊土가 透出하면 英雄이 獨壓萬人하는 氣像이라 하였다.

따라서 此命이 正官을 取用함에 있어 庚金正財의 補助는 吉하며 少年運는 財旺運이므로 早達富貴格이다. 貴神이 會合되고 貴氣가 清和되니 才藝聰明하여 少年에 壯元하였다. 壬癸運은 亦是 官旺運이므로 揚揚하였을 것이나 午大運에 午戌火局을 이루고 旺火를 加助하여 用神인 庚金을 破하며 病이 旺하므로 死亡하였다.

(第百六柱)
癸未 甲寅
乙卯 癸丑
戊寅 壬子
壬子 辛亥
　　　庚戌
　　　己酉

正官格 陳侍郞命

此命이 卯中의 乙木으로 正官을 삼는 바 月干에 正官이 透出하여 旺하고 地支에 다시 木局을 얻으며 日支에 寅殺이 있는데 時柱와 年上의 水가 生官하니 官星은 甚히 太旺하다.

이때에 戊土는 四柱七字中 어디에도 依持할 곳이 없게 되는 바 이와같이 柱의 五行이 어느 一方만이 專旺하므로 他五行을 容納할 수 없을 때에는 日主는 不得已 從勢하게 된다. 此를 從格이라 한다. 後述할 從殺格 從財格 等이 그것이며 本命 亦是 官殺인 木氣를 從해야 하는 바 癸丑 壬子 辛亥大運에 高官重職에 功名이 揚揚하였으나 中年以後

羊双格이나 傷官格 等도 甚旺할 境遇엔 同一한 原理에서 從勢하게 된다.

238

庚戌運에 傷官金勢가 旺하므로 旺勢를 逆하여 一落千丈하고 失意하였을 것이다. 그러나 命中에 壬子水가 있으니 金을 水木으로 돌려주므로 救濟하는 功이 있으니 妙命이다. 戌은 木生火하니 良好하다.

(第百七柱)

壬寅
癸卯
壬寅
甲辰
己卯
乙巳
壬申
丙午
丁未
戊申

正官格　領袖造

日干己土가 寅中甲木으로 正官을 삼는 바 官殺이 混雜되었다. 天干에는 三壬水가 申中에 長生하니 財官이 오직 太旺하다. 그러나 寅中丙火가 照暖하는 役割이 숨어있고 申金이 旺木을 抑制할 듯하나 卯中乙木이 申中庚金을 合하므로 有情하게 되어 寅木을 傷害할 수 없었다.

따라서 此命이 財官을 從하는데 巳午未南方運에 旺木을 洩하고 濕冷한 四柱를 調候해 주므로 大發하였다.

申大運에 이르러 寅申相冲되나 壬水가 長生하여 元命의 旺木을 化助하므로 死亡하지 않았다.

(第百八柱)

乙酉
庚辰
辛巳
己卯
辛未
戊寅
戊子
丁丑
丙子
乙亥

正官格　陳寺丞相의 命

此命은 巳中丙火를 正官으로 삼고 正官旺節에 生하였으므로 六陰朝陽格을 破하고 正官格이 된 것이다. 六陰朝陽格은 六辛日이 戊子時에 生하면 大貴하는 것이나 官星(巳午丙丁)이 있으면 破格이 된다. 此命이 官旺節에 生하였으나 巳酉金局을 成立하고 比肩과 印綬가 透出하니 身旺하다. 따라서 東方木運과 北方水運이 洩氣하는 때에 發身하였다. 巳火가 金局을 이루고 官星이 發身하였다.

(第百九柱)

甲子
癸酉
壬申
甲戌
乙巳
丙子
戊寅
丁丑

正官格　薛相公命

乙木이 申月에 生하여 正官格이 되었다. 寅巳申三刑이 俱全하니 波亂을 免치 못할 것이나 그러나 子申이 合하여 水局을 이루니 刑이 解救된 것이다. 乙木이 金旺節에 生하여

原來 弱하나 年上에 甲木과 月上壬水가 申子水局에 得氣하여 生助하므로 弱主가 强身으로 變했다.
庚金官星 또한 巳中에 庚金이 있고 戊土가 生助하니 官星이 弱하지 않다. 戊土는 寅에 長生되고 巳火에 建祿하니 財官이 有氣하다. 따라서 此命의 貴함은 五行이 周流相旺하며 財官이 有氣한데 있는 바 特히 丑戌運 中旺水를 制하고 生官하므로 大發하여 相公이 되었던 것이다.

丁丑　辛丑　　正官格 范太傳命

己巳　庚子
壬寅　己亥
丁巳　戊戌
丙寅　丁酉
丙申

己土日主가 寅中甲木으로 正官을 삼는 바 寅巳刑이 있으나 하나가 둘을 冲刑할 수 없는 것이므로 꺼리지 않는다.
寅官이 時支에 兼有하며 有氣하며 丁壬合木하여 助氣하였는데 寅中丙火가 時上에 透出하여 旺木을 火로 化하고 調候하며 다시 土를 生하였으니 印綬가 吉神이다. 따라서 此命이 身旺運에 貴發 하였고 殺印相生의 大貴格이다.

(第百十柱)

丁酉　乙巳　　正官格 李知府命

丙午　甲辰
壬寅　癸卯
甲辰　壬寅
　　　辛丑
　　　庚子

申運은 寅申相冲하고 寅巳申三刑되며 忌神인 壬水長生되어 丙火를 尅하니 死亡하였다.

(第百十一柱)

午中의 己土로 正官을 삼는다. 午中의 丁火와 寅中의 丙火는 火旺節에 建祿帝旺되었으며 寅午火局을 지었으므로 財星이 甚旺하다. 官星은 財旺한 곳에 스스로 自生하는 바 身主는 甚弱하다.
따라서 年支의 財官旺勢를 從取하는데 辰酉合金하여 助金함은 凶하나 丙丁午火가 酉를 破하니 解病이다. 壬癸運中 破火生身하니 發病하였고 寅大運에 大發하여 知府에 이르렀다. 子運中 火局을 冲하고 病神을 加助하니 死亡하였다.

(第百十二柱)

己卯
壬申　正官格　周郞中命
癸未
甲辰
丙寅
丁卯

酉中 正氣인 辛金으로 官星을 삼고 辰酉合金하니 官旺하다. 八字의 輕重을 살피는데 있어서 月支는 出生當時의 氣候를 表示하는 것이므로 第一 重視한다. 그러므로 格局을 定함에 月支를 重視하게 되는 바이다.

따라서 本命에 金字는 月支一位이지만 弱하다고 볼 수 없는 것이며 日主 甲은 寅에 建祿되고 癸水印綬가 生助하며 年支卯에 羊刃帝旺되니 또한 身旺하다. 따라서 官貴를 能히 堪當하는 바 官星이 有氣한 命造이므로 貴命이다. 此命에 月支官星을 卯酉冲하나 辰酉合되므로 官星이 破滅되지 않은 것이며 時上丙火가 破金함은 大不利하였으나 蓋頭하였으므로 死亡을 免하였고 巳大運은 庚金이 長生되므로 吉하다. 壬申庚辛己巳戊辰運이 다 官을 生助하는 運路이므로 發身하여 位가 郞中에 이르고 名官이 되었으나 丁卯大運은 傷官하고 冲官하므로 死亡하였다.

(第百十三柱)

戊寅
辛酉　正官格　施同知命
甲辰
戊辰
戊丁丙乙甲癸壬
辰卯寅丑子亥戌

辛金이 旺한 八月에 生하여 正官格이 되었다. 辰酉合金에 辛官이 高透하고 時上戊辰財星과 年上財가 生官하니 官旺이 極甚하다. 主甲木은 辰庫에 通根되며 寅에 祿하고 寅中丙火가 旺金을 制去해 주니 弱한 가운데 生氣를 얻은 것이다. 그러나 丙火가 透出하지 못하여 用神이 弱하고 丁火가 없으므로 旺官을 制去할 수 없고 印綬比刦의 生助가 弱하므로 旺官을 堪當할 수 없다. 다행히 大運이 水木旺地에 行運하므로 地方長官의 貴를 얻은 것이며 丙丁火運에 旺官을 制去하므로 大成하였으나 大運戊辰에 旺官을 尤助하므로 死亡하였다.

第十二論 雜氣財官格

經曰財官印綬全備하여 藏畜於四季之中이니 辰戌丑未가 是也니라.

「講」 經에 「財星과 官星과 印綬를 全備하여 藏畜하고 있는 者는 辰戌丑未가 그것이다」라고 하였다. 官星이 露出되고 印星이 露出되며 財星이 露出됨은 吉하다. 辰宮에는 癸水와 辛金과 己土가 있으며 未宮에는 乙木과 丁火와 己土가 있고 戌宮에는 辛金과 丁火와 戊土가 있고 丑宮에는 癸水와 辛金과 己土가 있으니 이것을 이른바 財官印이 藏蓄되었다고 한다. 本編 第十七論 雜氣財官格과 第五編의 雜氣財官詩訣을 參考하라.

雜氣財官格 李帝柳命

丙寅
丁卯
戊辰
己巳

(第百十四柱)

辛亥
壬申
辛未
庚午
己巳

丑中辛金이 財星이 되는데 時上에 辛金이 透出하니 雜氣財官의 眞格이다. 日主丁火는 通根하며 地支에 木局을 이루어 生身해주므로 身命을 維持하는 形勢이다. 冬節에 生한 丁火가 柱中에 土氣가 三位나 있어 火氣를 뺏어가는데 다시 金水가 攻勢를 取하니 凍濕無依한 것이다. 丙寅丁卯初年은 吉하나 戊辰己巳 庚辛運은 障碍多端하였을 것이다. 그러나 丑月은 第二陽의 進月에 該當하고 運路가 春夏의 木火旺節로 行運하므로 發貴한 것이다.

雜氣財官格 黃壯元命

乙巳
丙午
丁未
戊申

(第百十五柱)

壬子
甲辰
己卯
壬申

此命은 申金中의 壬水가 正財이고 壬水正財가 年時에 透하며 地支에 申子辰水局을 이루니 財星이 甚旺하다. 己土日主는 비록 土旺節에 生하였으나 水木이 極旺하므로 旺이 弱으로 變한 格이다. 다행히 初年大運이 火旺節로 行하여 生身하니 丙午丁未戊運中 壯

元及第하고 大發하였다. 그러나 申大運에 水局을 又成하고 壬水加生되어 死亡하였다. 天月德이 兩壬에 雙臨하고 貴人이 兩存하며 太極貴人 等의 吉星이 모였으므로 性善하고 人格이 높은 外에 聰明多智한 俊才였을 것이 틀림 없다. 萬一原命에 戊土나 丙火가 있고 運이 東南方이었다면 더욱 大發하여 이름을 千秋에 傳하였을 것이다.

(第百十六柱)

壬子
丁未
庚戌
壬午

戊申
己酉
庚戌
辛亥
壬子
癸丑
甲寅

雜氣財官格 陽和王命

此命은 未中丁火로써 官星을 삼는 바 月干에 透出하니 旺氣當하고 乙木正財는 未中에 藏在하여 있으나 戊未刑하여 開局되었으니 財星 또한 可用되며 未土의 正氣는 印綬이니 雜氣財官의 眞格이다.

日主庚金은 火旺節에 生하고 午戌火局地에 坐하니 燥炎하다. 年時에 兩壬水가 調候하므로 大貴한 짓인 바 西北方運에 大發하였으니 四柱原命에 財官印이 有氣하고 調候가 成立되어 本貴한 命柱이며 一世安然한 八字이다.

(第百十七柱)

戊子
壬戌
乙卯
丁丑

癸亥
甲子
乙丑
丙寅
丁卯
戊辰

雜氣財官格

此命이 戌中의 戊土로써 財를 삼는 바 年干에 튀어나왔으므로 取用하는 것이다. 卯戌이 合火하여 生土해 주고 丁火丑土가 도와주니 財旺하며 乙木은 祿地에 坐하여 丁子水가 生해 준다. 그러나 戊土가 壬水를 制去하니 丁火는 더욱 有力해져서 日主의 秀氣를 洩하는 한편 財를 生하므로 戊土가 此命의 病이다. 다행히 此命의 大運이 亥子丑寅卯의 身旺地로 行運하므로 發福하여 財發萬石하였고 貴命이 되었다.

(第百十八柱) 雜氣財官格 朴侍郎命

丁丑
壬子
辛亥
癸丑 庚戌
己酉 庚申
戊辰 己酉
丁未 戊申

此命이 丑中癸水로써 財를 삼는 바 月干에 透出하고 十二月節에 生한 중 酉丑金이 生助하니 財星이 太甚하다. 日主己土는 丑土旺節에 生하였고 柱中에 五土가 있으므로 身旺하며 能히 財를 堪當할만 하다. 따라서 旺者는 泄해줌이 좋은 바 水金運 中에 大發하여 侍郞位에 이르렀다. 此命의 年上 丁火는 癸水에 依하여 破滅되니 調候되지 못하므로 順勢하여 泄氣할 때 發貴한 것이며 南方老年運은 爲害하다.

(第百十九柱) 雜氣財官格 王太尉의 命

壬寅 乙巳
甲辰 丙午
丁酉 丁未
庚子 戊申
己酉

此命은 辰中의 癸水가 偏官이고 辰中乙木은 印綬인데 三月은 戊土가 司令하므로 丁火의 洩氣함이 甚하나 三月은 또 第三陽의 位니 火氣 또한 旺盛하다. 이때에 甲木이 月干에 透하여 丁火를 生해 주고 旺土인 傷官을 剋制하는 한편 時干에 庚金이 透出하여 甲木을 쪼개어 주므로 丁火를 引出하니 貴命이다. 또 此人이 日貴格(丁酉日)이므로 仁德과 姿色이 있었을 것이며 貴人의 威風이 있었을 것이다. 此命은 또 五行이 周流하고 調候中和되었으며 財官印이 共旺하니 平生富貴格이다. 地支에 辰酉金局되고 子辰水局이 있으니 傷官에 身弱하므로 用印하는 바 南方火運에 少年早達한다.

(第百二十柱) 雜氣財官格 張參政命

丙寅 己亥
戊戌 庚子
辛酉 辛丑
戊子 壬寅
甲辰 癸卯
甲辰

此命은 戌中丁火로 官星을 삼는데 年干에 丙火가 튀어나와서 寅支에 長生하며 寅午戌火局을 이루었으므로 官星이 有氣하다. 또 此命은 六陰朝陽의 格이요 天干에 正印 正官 正財의 三奇가 共透하고 共生共旺됨이 奇秀한 짜임이라 하겠다. 日支에 得祿하니 專祿格인 바 六陰 專祿의 二格으로 볼 때엔 官陰朝陽格을 參照할 것) 第二十九論 六

殺이 病이지만 天干에 官星이 露透하고 金旺秋節에 旺土生金하므로 財官旺地인 東方木運에 大發하였다. 이는 바 財官이 雙美造이니 大貴할 命造이나 大運의 生助가 不足하므로 그 抱負를 十分 發揮하지는 못했다. 또 此 命이 貴人, 太極吉星 天月德 等의 吉神이 會集되었으므로 그 人格이 高邁하고 學問이 높아서 當代의 副宰相으로 後世에 이름을 널리 傳하였다.

(第百二十一柱)

己 辛 壬 辛
卯 未 寅 亥

癸 甲 乙 丙 丁 戊 己 庚
亥 子 丑 寅 卯 辰 巳 午

雜氣財官格 宣參政의 命

未土의 正氣인 己土官星이 年上에 透出하였으며 六月火土旺節에 得氣하였다. 그러나 地支에 亥卯未局을 이루어 官星을 破剋하였는 바 月時上의 印綬가 木을 制壓하고 殺双相生하고 生身해 주므로 用神이다.

壬水가 亥水에 建祿하고 辛金印綬가 生助하므로 身不弱인데 木局의 洩氣가 甚하니 爲人이 才智가 있고 印旺身旺運에 發身하여 副宰相이 되었다.

(第百二十二柱)

己 丁 丙 庚
卯 丑 戌 寅

丙 乙 甲 癸 壬 辛 庚
申 未 午 巳 辰 卯 寅
  午

雜氣財官格 泰龍岡의 命

此命은 丑中辛金財星을 取用하는 바 丑은 二陽의 位이니 丙火의 氣는 進勢에 있다. 그러나 丑月은 己土가 司令하고 濕土가 旺盛하니 甲木이 있어야 制土生火하며 寅中丙火와 月上丁火가 될 것이다. 此命에 二寅이 있어 寅中甲木과 卯木이 制土生火하고 時干의 庚金이 旺木을 制하는 偏財로써 用神이니 西方財旺運에 破木發身하였고 마침내 十二月이지만 火旺하다. 따라서 一國宰相으로 功名이 靑史에 赫赫하였다.

(第百二十三柱)

癸 丙 癸
巳 辰 卯
甲 壬 乙
寅 寅

癸 壬 辛 庚 己
丑 子 亥 戌

雜氣財官格 鄭知府命

此命은 辰中의 癸水를 官星으로 取用하는 바 雜氣財官格이다. 年時干에 癸水가 兩透 하였으나 日主丙火가 甚旺하니 亥子丑北方水運에 發身하여 位가 知府에 이르렀다. 年時 上에 癸水가 旺하여 火를 沖逆하니 大貴 一品이 못되었던 바 萬一 壬水와 金生水가 原命에 있었다면 一國宰相이 되었을 것이다.

(第百二十四生)

甲 戊 乙 丙
辰 卯 子

乙 甲 癸 壬 辛 庚 己
亥 戌 酉 申 未 午 巳

雜氣財官格 馮殺師命

此命이 辰中戊財를 쓰는 바 日干에 透出하니 身旺財旺이요 三陽의 陽氣가 昌盛하나 子 辰水局이 旺하니 水氣가 過하다. 戊土가 除水함이 吉하고 丙火가 木火通明되며 火傷官이 生財해 주니 大吉하다. 巳午未 初年에 早達하고 壬申 癸酉는 生水함이 障碍나 身旺柱에 官星이므로 亦吉하며 甲戌大運에 生火하고 財旺하므로 亦發하였다. 身旺하므 로 財官運에 發身할 것인 바 癸印을 戊土가 合化하니 無妨하며 申酉戌 大運中 大通하였을 것이다. 乙運은 一落千丈格이요 乙亥運에 死亡한다.

(第百二十五柱)

庚 己 壬
午 丑 午
乙
卯

乙 甲 癸 壬 辛 庚
未 午 辰 卯 寅

雜氣財官格 秦太師의 命

本命은 丑中의 己土가 月干에 干透하여 偏財가 된다. 十二月에 生하여 水旺寒冷하니 丙火의 調候가 要望되고 水旺하지 말 것이 要望된다. 丙火는 없으나 兩午火가 調候하고 殺印相生 五行周流하고 身旺中에 大運이 東南方運으로 行하니 財命有氣하여 貴發한 것이다

雜氣財官格 王義之命

(第百二十六柱)

乙卯　壬午
癸未　辛巳
壬子　己卯
辛丑　戊寅
　　　丁丑

此命은 未中丁財와 己官을 取用하는데 地支에 木局을 이루고 旺水를 洩氣하여 水木傷官을 이루니 才藝가 非常하였다. 그러나 卯未가 木局을 合成하니 財星이 羈絆되므로 高利薄하였고 壬日主가 子刄에 앉아 있으며 時干辛金은 土氣를 洩하는 한편 木局을 破하고 壬水를 生하는데 木局이 다시 水氣를 洩하니 五行이 秀氣가 있다. 또 辛壬癸의 人中三奇가 月日時에 整然하게 있는 中 貴人卯와 太極未가 助氣하였으니 才知를 生하는 水氣의 微妙한 旺勢를 엿보기에 어렵지 않다. 水木傷官의 眞格은 本來 學問과 才藝가 出衆한 것인데 大運이 南東方運이므로 그 才藝를 十分發揮하여 千秋萬代의 名筆文章이 되었다.

第十三編　月上偏官格

喜身旺怕冲重剛執不屈多며 爲人性重剛執不屈이요 時偏官多者亦然이니라. 喜見陽刄殺이요 月上偏官은 用地支며 只要一位요 要行偏官運이니라. 若有申子年時上支有之면 却要行偏官旺運이요 不要行官鄕이니 歲君亦然이로다. 爲太過엔 反成其禍니 須要行制伏得地之運이면 方發이니 與時偏官相似니라.

身主가 旺盛함을 좋아하고 冲이 많음을 꺼리며 性品이 무겁고 剛强하여 不屈하는 固執이 있다. 時上을 偏官이 또한 그렇다. 羊刄殺이 柱內에 있으면 좋고 月上偏官은 地支에 있어야 하는데 身旺하고 羊刄이 있을 境遇엔 偏官運을 要望한다. 또한 偏官은 一位만을 要望한다.

萬一 年時上支에 申子가 있으면(甲日干인 境遇) 偏官旺運으로 大運이 行入할 것을 要望하고 官鄕으로 運行함을 不要한다. 歲君(年運) 또한 同一하다. 그러나 偏官이 太多하면 도리어 禍患을 招來할 것이니 모름지기

偏官을 制伏하는 大運으로 行入할 것인 바 制伏하는 運에서 發福한다. 時上偏官의 作用도 月上偏官의 境遇와 다를 것이 없다.

(第百二十七柱)

丙子　乙未
甲午　丙申
辛亥　丁酉
辛卯　己亥　庚子

月上偏官格　沈郞中命

此命은 午中丁火가 偏官이니 月上偏官格이다. 五月에 生한 辛金이니 午中丁火가 司令하여 辛金은 炎熱에 煆鍊이 甚하므로 壬水와 己土가 生助해 주어야 大發하는 것이다. 己土는 진흙이고 壬水는 江河의 물이기 때문이다. 申酉運中 早科及第하고 亥運에 郎中이 되었다. 己土가 없어 一品은 못되나 亥中壬水와 子水가 調候하고 時上辛金이 生助하는 淸貴한 命造이다. 大運이 西方金運으로 行하였고 己亥大運中 皇宮에 要職을 行하였다.

(第百二十八柱)

丙寅　辛卯
庚寅　壬辰
戊辰　癸巳
庚申　甲午
　　　乙未
　　　丙申

月上偏官格　馬將仕命

此命은 寅中甲木을 偏官으로 取하였는 바 兩寅에 丙火가 年干에 솟아 庚金의 破官을 制禦해 주고 있다. 初春에 餘寒이 唯甚한데 丙火가 兩寅中 透干하여 調暖하고 殺印相生해 주므로 吉한 바 未尙不 丙火의 功이 甚하다.

(第百二十九柱)

丙寅　己亥
戊戌　庚子
壬戌　辛丑
辛丑　壬寅
　　　癸卯
　　　甲辰
　　　乙巳

戊中戊土를 偏官으로 삼는 바 月干에 透出하고 寅中丙火가 生土하며 火局과 刑冲이 多하므로 大將武人格이다.

此命이 申辰水局하고 南方大運에 火剋金하므로 發身하였다. 또 金木이 相盛한데 偏官이 旺盛한데 丙火印星이 高透하고

月上偏官格　何參政의 命

此命이 戊中戊土를 偏官으로 삼는 바 月干에 透出하고 寅中丙火가 生土하며 火局과 丑土가 있으니 七殺이 唯旺할 따름이다. 그러나 時上辛金이 殺을 印綬로 돌리어 生水하니 壬水는 辛金을 依持하지 않을 수 없다. 따라서 七殺이 太過한 바 그 制伏運인 東方

248

(第百三十柱)

丙辰
甲寅
壬寅　癸　甲
丁巳　丑　寅
癸卯　　　辰

月上偏官格　岳總制의 命

此命은 巳中戊土를 偏官으로 取한다.

四月은 丙火가 司令하니 壬水가 極弱하다.

上의 癸水가 時支에 通根하고 巳中庚金에 依해 生助되므로 日主는 이에 依持한다. 窮通寶鑑에「寅巳三刑이 申字를 보지 않으면 反吉하다」하니 寅이 申字를 暗冲하여 壬水를 長生시키므로 좋다는 것이다. 此命이 亥子北方運에 發身한 것이다.

(第百三十一柱)

乙丑
己巳
乙卯　癸　甲
癸卯　丑　寅
　　　　　　酉

月上偏官格　蔣狀元命

此命 또한 月上의 卯中乙木인偏官이 月時에 透하고 年支에 있어서 太旺하다.

乙木偏官이 得祿한 中 巳酉丑金局을 이루어 制殺하니 金旺運에 發福한다. 此命의 木은 病이니 土金旺運에 木을 制去하므로 猛烈하게 發身한다. 古書에「有病方爲貴」란 말이 이에 正合한다 하겠다.

(第百三十二柱)

戊子
己巳
丙寅　丁　戊
癸亥　丑　寅
戊寅　卯　辰

月上偏官格　王鎭撫의 命

此命은 亥中壬水가 偏官이 되는데 申子水局이 되고 月上癸水가 있으니 太重한 바 時上의 戊土가 剋制함은 吉하고 寅木이 殺印相生의 役을 하나 身衰하니 南方運을 大喜한다. 丙寅大運은 吉運이라 하겠고 卯運에는 卯戌火局이 되었으면 焰火가 있을 것이지만 물에 젖은 나무는 火爐에 넣어도 불붙지 못하는 것과 같은 理致에

木運에 大發한 것이 틀림 없다. 此命이 또 寅中甲木이 旺極한 戊土를 疏土하는 힘은 弱하며 丙火가 陰寒이 旺한 九月節에 照暖함이 기쁜 일이고 아울러 殺印相生함에 大人格이 된 것이다.

249

서 卯大運에 死亡하였다. 一般的으로 人命이 如此하면 寅卯運에 發達하는 것인바 本命은 特殊한 境遇로서 水害가 太旺한 中 寅木과 戊土가 있어 旺水를 制하므로 從水하지 않게 되었다. 萬一 寅木과 戊土가 없으면 從殺格이 되었을 것인데 此命이 寅中丙火가 生身하고 戊土가 制水해 주는 힘을 依持하고 있는바 卯濕木이 焰火를 生해 주지 못하는 한편, 亥卯未木局이 되어 用神戊土를 剋去하니 忌殺이 有勢하여 年運厄年에 死亡한 것이라 보겠다.

月上偏官格 漢王의 命

(第百三十三柱)
丙　癸　壬
辰　巳　戌　寅
甲乙丙丁戊己庚辛
午未申酉戌亥子丑

此命이 巳中戊土를 取하여 偏官格이 되었는 바 財官은 旺하고 身主는 弱하다.
四月壬水니 丙火가 旺令하는 바 寅午戌火局을 이루어 加熱하므로 比肩壬水의 도움이 아니면 안된다. 다시 辛金의 生水함이 있어야 大貴하는 바 此造가 巳中庚金이 生水하고 戊中辛金이 亦生하니 貴命이다. 특히 火土가 太多하여 此命의 病이 되었는데 生助者의 뿌리가 숨어 있으므로 病을 制去하는 때에 大貴하는 것이다.
따라서 此命이 壬水를 取用하는데 大運이 西北方에 行하여 位가 諸候에 이르렀고 死後에 그 아들이 天子에 나아가서 天子로 崇奉하려하여 漢議라고 하는 歷史上 事件까지 있었던 極貴에 가까운 上命이 되었다. 此命과 아주 비슷한 孤貧의 命이 있으니 以下에 紹介하고저 한다.

(第百三十四柱)
丙　癸　壬　壬
辰　巳　辰　寅
甲乙丙丁戊
午未申酉戌

此命은 前條의 漢王造와 近似하다. 다만 日支의 辰字가 前造의 戌字와 相異할 뿐이다. 一見하여서는 辰土戌土이므로 그 運命이 同一 乃至는 類似해야 한다고 生覺될지 모르나 壬辰日生으로 壬寅丙辰이 있으니 此命은 後逃할 壬騎龍背格의 破格이다. 따라서

250

孤貧한 命造가 된 것이니 格局과 通變 및 調候에 關한 重點的 研究가 있기를 바란다.

(第百三十五柱)

丙　丙　丁
午　申　卯
癸壬辛庚己戊丁
卯寅丑子亥戌酉

偏官格 趙侍郞의 命

此命이 申中庚金을 偏官으로 삼는 바 寅中丙火가 兩透하고 午中丁火가 있어 制殺이 唯甚하니 食神傷官이 忌神이다. 日主甲木은 寅에 得祿하고 卯에 羊刃架殺이라 偉人格이 었는데 戊土運에 晦火生金 (火生土土生金하여 火金相戰을 解消시킴) 하여 及第하고 亥子丑 庚辛壬三十年間 大通하였고 侍郞으로 轉職하였다. 身旺하여 敵殺하므로 發身한 것이다.

(第百三十六柱)

丁　丙　庚
亥　申　戌
戊己庚
午未申

偏官格 黃侍郞의 命

此命이 亥中壬水로써 偏官을 삼는 바 殺强太過하니 制伏하지 않으면 안된다. 此命이 甚히 弱하기만 한것 같지만 寅中丙火가 長生하고 亥中甲木이 있으며 年上丁火가 있으니 身弱하다고만 할 수 없고 따라서 巳午未南方大運에 特達하여 長官이 되었는 바 大器晚成格이다.

(第百三十七柱)

丁　辛　戊
亥　酉　申
壬癸甲乙丙丁
戌亥子丑寅卯

偏官格 帖木丞相의 命

此命은 申中壬水로써 偏官을 삼는 바 殺을 生助하는 財星이 過多하고 身弱하다. 는 寅中에 長生할 뿐인데 申中壬水를 寅木이 殺印化之하므로 印星은 官殺을 依持하여 生身하는 것이고 大運水旺에 旺財를 殺로 化하고 印을 生하였는므로 丙火 旺財를 殺로 化하고 印을 生하였는므로 丙寅運에 身旺하게 되니 枯木逢春 格으로 赫赫한 發展이 있었으며 金神이 旺하고 刑沖이 加甚하니 出將入相하여 大權을 掌握하였을 것이다.
丑北方運이 좋고 甲乙木이 干透하였으므로 尤好하다. 木運에 이르러 特히 丙寅運에

251

此柱는 또 納音五行의 生助함이 큰 바 庚申辛酉는 石榴木이요 丙申丁酉는 山下火이며 庚寅辛卯는 松栢木이니 日主를 生助하므로 得氣한 것이다.

偏官格 樊使命의 命

壬戌
癸亥
甲子
乙丑
丙寅
丁卯

戊辰
辛酉
乙巳
丁丑

(第百三十六柱)

酉金中의 辛金을 偏官으로 삼는 바 殺星이 太旺하다. 乙木은 印星이 없어 依持할 곳이 없다. 八月節에 木氣가 退藏되고 陰長하는 時期이니 丙火가 있어야 調候되는데 此命은 不可不 旺殺을 從旺하지 않을 수 없다. 大抵 此命은 食神丁火가 病인 바 幼少時 壬癸運에 破火하므로 身運이 發榮하였을 것이요 亥子丑 北方水運은 地支에 金水가 되므로 從殺順勢하였으니 大吉하였다. 그 理由는 水가 旺金의 氣를 洩하고 金局을 이루는 때문이니 그러므로 金水運에 發貴한 命이다.

第十四論 時上偏財格

「講」 時上偏財는 時上偏官과 相似한 바 時上에 一位만 있어야 吉하고 많이 있으면 不吉하다. 또 干支에 兄弟가 많은 것을 꺼리고 萬一 이때에 官星을 만나면 禍를 當한다. 時上正財는 또 時上正官과 同一하니 破害나 相冲을 만나지 않아야 한다.

月上의 偏財는 衆人의 財物이니 爭取하려는 比刼이 있음을 꺼리고 身强財旺하여야 福이 된다. 또 偏財는 衆人의 財物이므로 比刼이 있을 境遇엔 地支에 暗藏됨을 要하고 比刼이 없으면 露出하여도 無妨하다.

252

(第百三十九柱)

丙戌
丁亥
庚寅

偏財格 李參政의 命

此命은 時上의 戊辰偏財가 있으니 時上偏財格이다.

무릇 財星이란 勞力을 消費하여 取利되는 바를 일컫는 것이니 勞力과 活動을 要한다.

時에 있는 財星은 特히 吉한데 이는 意外의 橫財數를 뜻하는 한편 比刦이 있으므로

兄弟와 남을 爲하여 分財하지 않으면 안된다.

此命은 또 乙庚合하여 去殺留官하니 貴格이요 官星이 旺한데 地支에 水局을 이루어 生木하고 年支의 寅中丙

火가 調暖하며 甲木은 寅에 得祿하였으니 財官印이 有氣하여 貴와 福을 兼全한다. 戊土가 制印生金하니 財官

이 旺한데 甲木이 弱하므로 水木旺郷에 一國宰相으로 功을 세웠다. 人格이 俊秀하며 孝誠心이 있으며 學問이

出衆하였으니 五行陰陽의 造化라 아니할 수 없다.

(第百四十柱)

癸亥
乙卯
乙未
壬午

甲寅
癸丑
壬子
辛亥
庚戌
己酉
戊申
丁未

時上偏財格 吳相公의 命

此命은 午中의 己土로써 偏財를 삼는 바 赤中己土가 있을 뿐 地支에 木局을 이루었으

니 日主木氣가 極旺하다. 乙木日主가 地支에 亥卯未木局이 全하니 曲直仁壽의 仁慈한

性品을 所有하였을 것이며 午中丁火가 木氣를 洩하니 木火通明되어 聰明俊才이다.

時上偏財를 取用하는 바에 旺木이 財를 尅制하므로 忌神이요 金이 木을 尅去하는

金旺運에 大發하고 財旺運에 立身할 命造이다.

따라서 此命은 中年以後 大發하여 當代의 名 宰相이 되었으니 旺病을 尅制하는 運을 만난 때문이다. 「柱中

에 無病하여 平常이면 大貴할 수 없다」는 古言이 있는 바 病木을 制尅하는 辛庚戌己戊申丁大運에 大通할 것

이니 三十年間 大發하였을 것이다.

未大運은 木局인 旺病을 加助하므로 死亡했고 亥運木局은 辛金이 蓋頭한 初年運이므로 死亡하지 않았다.

(第百四十一柱)
乙未
甲申
丙申
己卯
庚寅
戊寅

時上偏財格 曹參政의 命

丙日主가 時上庚金으로 偏財를 삼는 바 庚金이 七月財旺節에 得祿하니 偏財는 甚旺하다. 그러나 丙主는 寅에 長生하고 甲木이 庚金과 並透하니 甲木을 庚金이 쪼개어 生火하며 申中에 壬水가 있어 水補陽光이니 西方에 貴命이다. 東南方身旺運에 大吉하니 一國의 副宰相으로 功名이 赫赫하였다.

(第百四十二柱)
癸卯
戊午
丁丑
辛丑
丁巳
丙辰
乙卯
癸丑
壬子

時上偏財格 陳尙書

此命이 時上辛金을 偏財로 삼는 바 丑中에 通根하고 兩丑土가 生金하며 丑土가 旺火를 晦光하여 生金하니 偏財의 氣運이 當當하다. 丁火日主는 五月에 司令建祿하니 火勢가 甚旺하나 旺土에 依하여 洩情됨이 滋甚하다. 戊癸合化하다고 하나 午中己土가 生旺되고 柱中에 四土가 있으며 辛金生水하니 變하여 弱으로 化하였다. 그러나 身弱하다고 할 수는 없으니 財命이 有勢한 命造이므로 早年大發하여 甲寅大運에 制土生身하므로 宰相位에 이르렀으며 子大運에 午提綱을 冲하므로 死亡하였다.

(第百四十三柱)
戊子
辛酉
戊申
壬子
壬戌
癸亥
甲子
乙丑
丙寅
丁卯

時上偏財格 會知府의 命

時上壬水로 偏財를 삼는 바 申金에 長生되고 申子水局이니 偏財의 勢는 橫行無盡하다. 八月은 辛金傷官이 司令하는 바 洩氣함이 過하고 氣候가 冷冷하여 戊身이 寒弱하니 丙火가 照暖生土하고 癸水가 滋潤해 주어야 上命이다.

(第百四十四柱)

甲　丁　癸
午　丑　酉

戊　己　庚　辛　壬　癸
寅　卯　辰　巳　午　未　申　酉

時上偏財格　刑司令

此命의 時干癸水는 偏財이다. 前述한 바 己日이 癸酉金神에 臨하니 己土金神格에 該當하고 土金傷官格을 兼하였다. 此格이 土厚하면 火傷을 忌하고 金神이 旺하면 火로써 金을 制하는 것이 좋다. 此命은 十二月土旺節에 生하고 丁午火의 生助가 있으니 土多하여 金은 흙속에 묻히었다. (土多金埋) 따라서 此命은 火運을 大忌하고 西方運에 去火存金하므로 發動하였다.

初困後泰格인데 甲丁午火가 金神傷官을 破剋하니 凶險이 있다. 癸水偏財를 取論하여도 同一함은 勿論이다.

發身하며 木火運은 不吉하다. 年上의 戊土가 旺水와 冲沖되고 大運의 助勢함이 弱하므로 知府에 그친다.

이다. 그러나 此命은 傷官이 申酉에 得祿帝旺되니 金旺節이 太甚하므로 傷官과 財星을 從勢할 따름 如斯한 命은 我孫을 從한다는 뜻에서 從兒格이라 稱한다. 또 此命은 傷官運에 發福하고 財旺運 또한

(第百四十五柱)

庚　丁　壬　甲
子　未　寅　午

戊　丁　丙　乙　甲　癸
申　未　午　巳　辰　卯

時上偏財格　高侍郞의 命

此命은 甲으로 偏財를 삼고 庚金이 時柱에 歸祿하나 申金이 化水하였으니 食神生財格이 兼成되었다. 寅午火局을 이루어 調候되었으나 申子水局에 兩壬이 堅立하였으며 木火運에 順勢하므로 發身하였다.

(第百四十六柱)

辛　己　乙　壬
卯　卯　酉　午

壬　癸　甲　乙　丙　丁　戊
申　酉　戌　亥　子　丑　寅

時上偏財格　侯知府의 命

此命이 時卯를 偏財로 삼는 바 偏財乙木이 卯月에 得祿하여 甚旺하다. 따라서 日主辛金은 年支酉位에 得祿하고 時上辛金과 己土가 生助하나 身弱을 難免이라 西方金運에 財星을 抑制하고 日主를 生助하므로 知府位에 나아갔다. 此命이 分居爭奪하며 二月은 和

陽의 時期인 바 壬水와 丙火의 透出함이 있어야 大貴하는 것인데 上命에는 미치지 못하였다.

時上偏財格 劉中書의 命

(第百四十七柱)
丁亥
丁未
戊申
丙午
壬申
乙巳
癸卯
甲辰
丙午
壬寅

此命이 時上丙火로 偏財를 삼는 바 午支에 得旺하고 丁火一助하니 財星이 得氣하였다. 日主는 甚旺한데 戊土가 旺水를 制禦하고 丙火가 도우며 旺金을 丁丙이 制하니 科하고 富貴를 兼全할 命이다. 運路가 東南方으로 行하고 丁戊가 兩透하니 一國宰相이 되었고 皇帝의 側近이 되었다.

時上偏財格 王步師의 命

(第百四十八柱)
庚午
己丑
戊子
庚寅
癸卯
壬辰
丁巳
辛卯
丁巳
癸巳
乙未
甲午

此命이 時上丁火로 偏財를 삼는 바 戊土가 旺水를 制하며 (多節旺水를 合(戊癸)할 수 없음) 巳午中에 祿旺을 얻으니 財星이 有氣하다. 이때에 午火는 子水에 依해 冲去되어 半身不隨의 病神이니 無用이며 日支卯木은 洩水生火하니 有用하다. 癸水日主는 十一月 水旺節에 冷冷한데 巳午未南方運을 얻어 調候하여 주므로 大發하여 次官地位에 나아갔다.

第十五論 時上一位貴格

夫一位貴者는 唯只時上에 但見一位라사 方爲貴니라. 或年月日에 又有하면 反爲辛苦勞役之人也라. 如時上一位七殺에 身自旺이요 而三處에 有制伏多則行七殺旺運이어나 或三合得地라야 可發이며 若無制伏則要行制伏之運이라야 可發이니라.

一位의 貴라 함은 오직 時上에만 있을 것을 가리키는 말이니 一位만 있어야 貴하다. 萬一 年月日에 또 있으면 도리어 辛苦勞役의 사람이다.

時上에 一位의 七殺이 있을 것이고 다시 身旺하여야 하니 三處에 制伏함이 많을 境遇엔 大運이 七殺旺運으로 行向하거나 三合하여 七殺局을 이루어야 發福하게 된다. 萬一 制伏함이 없은 則 制伏의 大運으로 行往하여야 發身한다.

或遇殺旺하고 而無以制之면 則禍生矣며 月上偏官은 却怕冲이니 與羊刃同이요 時上偏官은 不怕鳴이니 與羊刃亦同이며 又要本身生日自旺이니라. 如甲乙日在正二月生時也에 時偏官爲人性重剛直不屈이니 月偏官多者亦然이니라.

或 七殺이 旺할 뿐 制伏함이 없으면 곧 火災가 生할 것이며 月上偏官은 冲을 꺼리니 羊刃이 同一하고 時上偏官은 刑冲을 꺼리지 않는 바 羊刃도 또한 同一하다. 要컨대 偏官格은 生日이 自旺하여야 한다.
例컨대 甲乙日 正二月에 生하고 時에 偏官이 있으면 爲人이 性重剛直하며 不屈하는 氣像이 있으니 月上에 偏官이 많은 者도 同一하다.

偏官은 妙喜食神이니 逢印綬하야 身强이라야 福祿豊이니라. 苦見正官並梟用에 却逢死絕禍重重이니라. 偏官有印하면 化爲權이요 運助身强하면 福祿全이며 切忌身弱並刑害니 一生災病禍連綿이니라.

偏官은 妙하게 食神을 기뻐하니 印綬를 만나서 身旺하여야 福祿이 豊厚하게 된다. 萬一 正官과 梟神을 아울러 만나고 死絕運을 만나면 禍가 重重할 것이다.
偏官과 印星이 있으면 權貴로 化할 것이니 運勢가 身强鄕으로 行할 때 福祿이 全有할 것이요 身弱하고 刑害됨을 大忌하니 一生에 災殃과 病厄이 綿綿할 것이다.

(第百四十九柱)

壬　庚　甲　庚
午　戌　午　子
丁丙乙甲癸壬辛
巳辰卯寅丑子亥

時上一位貴格 詹丞相의 命

此命은 時干 庚金으로 偏官을 삼는 바 月上에 다시 偏官을 重見하고 金旺秋節中 戌土가 司令하니 偏官은 旺盛하다. 傷官 또한 年日時支에 있어서 寅午戌火局이 全하니 傷官이 極甚하다. 이때에 日干 甲木은 午地에 死하고 金旺節에 退弱하니 依持할 곳이 없게 되었지만 妙한 것은 火가 土로 土가 金으로 金은 다시 生水하는데 年壬水가 洩金하여 生木하니 一氣의 淸貴를 엿볼 수 있는 中 亥子丑寅卯辰北東方으로 大運이 生助하니 大貴하여 上命이 되었다. 이른 바 殺印의 化權이요 身旺鄕에 福祿이 兼全한다는 原則과 病이 있으면 貴命인 바 그 病神을 去勢하는 運에 大發한다는 原理가 此命에 該當한다.

(第百五十柱)

甲　丙　乙　辛
申　寅　卯　巳
甲癸壬辛庚己戊丁
戌酉申未午巳辰卯

時上一位貴格 史魏王의 命

此命은 時上辛金으로 偏官을 삼는 바 寅中丙火가 生透하여 調暖해주는 한便 巳火에 建祿되며 甲이 生助해 주는 旺勢로 臨하고 있다. 또 日主乙木은 木旺節에 比刦이 많으니 旺剛하며 이에 辛金七殺은 微弱하다. 寅月에는 木堅金缺하므로 年支申金은 冲去되니 此命이 殺旺運에 發展하는 것인 바 餘寒을 丙火가 暖溫케 해주고 自旺하여 殺星을 能敵하니 土金運에 大昌하였다. 大運이 一路助殺하므로 平生富貴格이다.

(第百五十一柱)

壬　丙　丁　己
辰　午　卯　巳
庚辛壬癸甲乙丙
申酉戌亥子丑寅

時上一位富貴格 李丞相의 命

此命이 時上壬水로써 偏官을 삼는데 日干이 四陽節에 生하여 巳午丁火의 旺助가 있으니 身旺一色이다. 辰土가 있어 旺火를 洩하나 財가 없으니 殺水를 生助하지 못한다. 壬水가 陽炎火熱의 四柱를 調候하고 貴權이 되었는 바 西北財殺旺地에 大發하였고 兼하여

羊刃架殺이니 偉英格이다.

(第百五十二柱)　時上一貴格　鄭尙書命

庚寅
癸未
甲申
丁亥

時上甲木은 偏官인 바 三寅에 建祿하니 그 旺勢는 可히 짐작된다. 月令에 印綬羊刃되고 寅中丙火에 長生되며 地支에 火局을 全하여 身旺適殺이요 羊刃架殺이니 偉人格이다. 또 五月戊土가 炎熱하므로 壬水로 制火하고 甲木이 도와주어야 上命으로 보는 것인데 此命에 年上庚金이 生壬制木하므로 出將入相의 大格이다. 土金旺運은 制殺發身하니 水木運은 旺殺忌神이 尤助되므로 不利하다.

(第百五十三柱)　時上一位貴格　朱尙書의 命

庚辰
丁亥
戊子
己丑

此命은 時上甲寅이 偏官이니 秋金節에 木衰하고 戊寅火局을 이루어 洩氣하니 七殺이 弱衰하다. 한편 日主戊土는 土旺節에 生한 中 丙火와 辰戌土가 旺助하니 甚旺하다. 旺土를 甲木七殺이 疏土함은 무엇보다도 기쁘고 燥土를 辰中癸水가 있어 濕하게 하여 解炎하니 또한 可宜하다. 그러나 運路의 도움이 없어서는 안 될 것인 바 多幸히 大運이 一路東北方의 水木旺運으로 行하여 疏土하고 調候하므로 發身하여 長官位에 이르렀다.

(第百五十四柱)　時上一位貴格　莊尙書의 命

辛巳
辛丑
己卯
乙亥

時上乙木이 偏官인 바 卯에 建祿하고 木局을 얻으니 旺氣를 따었다. 그러나 己丑金局과 兩辛金에 依한 被害는 크다. 한편 日主己土는 丑月令에 土厚하나 傷官인 金氣를 向해 偏官木神의 剋害를 입음은 此命의 病이다. 따라서 病이 있으므로 貴格인 바 殺을 制伏하는 土金旺運에 去病하여 大發한 것이다.

따라서 丙丁火運은 吉神인 金神을 剋去하므로 不吉하고 乙運은 旺殺을 資養하니 凶運인데 未運地支에서 木局을 이루어 加助하므로 一落千丈한다.

(第百五十五柱)
乙亥
己丑
癸丑
壬寅
庚己戊丁丙乙甲
申未午巳辰卯寅

時上一位貴格 俞侍郞의 命

此命은 時干乙木으로써 偏官을 삼는 바 日干己土가 土旺節에 生하여 土候하니 化權이요 十二月丑令에 天地가 甚冷한데 寅中丙火가 調候하지만 微弱하다. 東方運에 殺旺하며 南方運에 調候하니 侍郞位에 官貴하였고 原命에 調候不足하고 大運에 殺弱하므로 上命에 不及한 것이다.

(第百五十六柱)
乙未
辛巳
乙巳
丁亥
戊己庚辛壬癸甲
子丑寅卯辰巳午

偏官格 劉都統의 命

日干乙木이 地支에 木局을 이루고 未中乙木이 日干에 透하여 生助하니 日主가 不弱하며 木火通明이나 偏官辛金은 木火에 依하여 制伏되고 있다. 此命이 亥中에 壬水가 있지만 亥未合하여 木局을 이루니 調候不及이며 旺木을 制하는 庚辛己丑運에 殺神을 加助하므로 大權을 掌握하였다.

(第百五十七柱)
丁亥
壬子
癸卯
己巳
己庚辛壬癸甲乙
未申酉戌亥子丑

時上一位貴格 婁參政의 命

時上己未土는 偏官에 該當하며 日干癸水는 水旺子月에 生하여 旺洋冷凍한 바 있다. 偏官이 年干에 又出하여 水旺하므로 化權이요 卯未木局을 이루어 偏官을 剋制함은 此命의 病이 된다.

따라서 此命이 病神木을 制壓하는 金運이나 偏官을 生助하는 火土運에 發身하여 位가 當朝玉帶하는 宰相으로 棟樑이 되었다.

(第百五十八柱)

時	日	月	年
庚辰	戊子		
丁亥	己丑		
癸亥	庚寅		
己未	辛卯		
	壬辰		
	癸巳		

時上一位貴格 何判局의 命

本命 또한 時干己土가 偏官인데 十月水旺節에 生出하였다. 그러나 亥中에는 甲木이 있어서 癸水를 洩氣하니 旺中에 弱함이 있는 듯 庚金이 生水하니 身旺한 것이다. 이에 다시 丁火가 庚金을 傷攻하고 辰土가 晦火生金하는 役割이 있으나 地支에 亥未木局을 이루어 旺水를 洩하고 丁火를 生하니 木火가 亦旺하여 傷金되었다. 그러나 五行이 周流하니 貴命인 바 木을 制壓하는 官旺運과 生官하는 土運에 發福하였을 것이다.

第十六論　飛天祿馬格(一)

此格은 以庚壬二日이 用子字多하면 沖午中丁己爲官星이라. 要四柱中有寅字하고 並未字或戌字하야 得丁字可合에 爲妙니라.

如六庚日六壬日이 以子字沖午字라 庚日以子沖午中丁火하야 爲官星이니 若四柱中에 有丁字並午字하면 則減分數요 歲君亦忌로라. 如六壬日이 以子沖午中己土하야 爲官星이니 若四柱中에 有己並午字면 則減分數니 歲君大運이 亦須忌之니라.

飛天祿馬格이란 庚壬二日이 四柱가운데 子字가 많아서 虛空中의 午字를 沖해 오면 午中의 丁己를 官星으로 삼는 理致를 말한다. 要컨대 四柱中에 寅字가 있고 아울러 未字나 戌字가 있으면 丁字와 合하게 되니 妙함이 있다.

例컨대 六庚日이나 六壬日이 子字가 많이 있어서 午字를 沖來해 오는 境遇, 庚日이면 午中의 丁火로써 官星을 삼는 바 丁字와 午字가 있을 때는 그 分數를 半減한다. 歲運도 同一하다. 또 壬日이면 子가 沖來해온 午中의 己土로써 官星을 삼는 바 四柱中에 己字와 午字가 있으면 그 福力을 半減해야 하는데 歲運이나 大運이다 同一한 것이다.

(第百五十九柱)
丙　丁　庚　丙
子　酉　子　子
　　己　辛　癸
　　亥　丑　卯

飛天祿馬格 喬丞相의 命

此命은 庚日干이 子字가 많으므로 午中의 丁火로써 官星을 삼는 바 飛天祿馬格이다. 그러나 此命은 月上에 丁火官星이 있으니 破格이요 福力이 半減된다. 따라서 破亂을 免하기 어려웠다. 그러나 此命이 羊刃架殺에 金水傷官을 兼하였으니 英雄格이요 聰明하고 文章이 뛰어난 偉人으로써 壬寅運에 丁火를 壬字가 合하고 大發하여 首相이 되었다. 大運이 一路北方과 東方이므로 大貴한 것이다.

(第百六十柱)
己　丁　丙　庚
未　丑　寅　子
　　己　乙　甲　癸
　　卯　卯　寅　丑

飛天祿馬格 蔡貴妃의 命

庚日主가 子字가 많으니 午火를 冲來하여 午中丁火로 官星을 合來해오며 奇妙함이 있다. 女命에 官星은 夫位가 되니 높은 곳에서 取해 오므로 庶民이라도 貴位에 나간 것이다. 寅大運 以後에 大發되었다.

(第百六十一柱)
壬　壬　壬　丙
寅　子　子　子
　　己　戊　丁　丙
　　未　午　巳　辰

飛天祿馬格 (正使)

壬日主가 子가 多하니 冲午하야 己土官星을 取得하는 바 寅字가 있으니 大貴人이다. 東方木運에 旺水를 洩하니 順風如意하였고 大貴하였다. 玉帶하는 高官의 命이다.

(第百六十二柱)

壬子 癸丑
壬子 甲寅
壬子 乙卯
壬子 丙辰
壬子 丁巳
壬寅 戊午

飛天祿馬格 曹尙書의 命

前造 第百六十一柱와 同一하니 亦是 名宰相이었다。 그러나 仔細히 살피기 爲해서는 節氣의 深淺 大運數置의 差異 生時의 初中末分의 區別 日候 乃至 出生當時의 房屋의 廣狹寒暖 等까지도 推察하여야 한다。 四柱五行은 어디까지나 氣像學的 原理에 徹底해야 하기 때문이다。

此 兩命의 年代와 當時의 節侯 等에 關한 것은 傳해 오지 않으므로 그 差異를 五行學的 原理로 區別하는 것은 不可能하게 되었다。 또 人生의 運命은 後天的인 修養과 自律的인 努力을 通하여 改善될 수 있는 바 그 關係를 四柱五行의 原理로 固定시키고 絶對化시킬 수 없는 內容이 있으니, 例컨대 偉大한 勇猛心을 發하여 死生決斷的인 大善行을 할 때에는 體內의 氣質이 純化되고 體內의 五行이 淸貴하게 되므로 先天的인 運命보다 富貴하게 되고 反對의 境遇에는 四柱의 運命보다도 더욱 惡化된다。

如斯한 例는 極히 稀少한 것이어서 眞實하고 勇猛하게 修行하는 宗敎人이거나 大慈善行을 하는 偉人에게서 發見될 뿐이다。 大孝와 烈女와 大愛國者에게서도 그럴 수 있다。 東洋哲學에서는 如斯한 原理는 窮極秘密의 神妙에 屬하는 것이라 하여 理論이나 說明이 不可能하다는 것이다。 이를 佛敎에서는 般若、 法性、 無限의 空心으로 表하고 老莊道에서는 道로 表하며 儒敎에서는 天太極으로, 샤만(神仙道니 우리의 固有民族信仰)에서는 靈妙神秘 하느님 等으로 表現하였을 뿐이다。 思考나 行動의 存在 以前이니 說明될 수 없고 時間世界와 空間世界의 開展 以前이니 理解되어지는 것이 아니다。 오직 心中에 스스로 覺得되고 自己化될 수 있을 뿐이라는 것이다。

따라서 如斯한 世界를 識別하고 豫見하는 일은 스스로 現象世界의 背後인 絶對世界를 體現하지 않으면 안

되는 바 易道에 있어서는 五行學과 陰陽觀察法을 通하여 太極의 原體와 同身이 되는 境地에 이르는 길이 있고 샤만 神仙道에서는 祈禱와 啓示를 通하여 段階的으로 善神들과 接觸하고 마침내는 絶對의 神과 同一化하는 方法으로써 心身을 同時에 神聖化시키는 샤만의 修鍊法이 있으며 佛敎에서는 祈禱 呪文 念佛 看經 參禪 菩薩行(大經世者 大救世者로서의 生活) 等의 修鍊法이 있다.

現代는 모든 것이 西歐이고 宗敎 또한 그러한 現象이어서 基督敎는 形式的이나마 指導의 姿勢나 社會의 實力을 갖추어 있는데 反해 東洋의 그것 특히 우리 固有의 民族信仰은 三國統一以後 大陸에의 隷屬化로 因해 逼迫되고 俗化된 것에서 부터 漸次 墮落되고 氣盡埋藏되어 마침내는 나쁜 影響을 社會에 끼쳐주는 存在로까지 轉落되기도 하였으나 現代人은 知性人이면 知性人일 수록 現代以外의 것에 對해서는 지나치게 無知하고 現代的인 것에 對해서는 事大의이어서 東洋의 修道的인 方法에 依해 眞理를 探究하는 基礎의 常識이 不足하므로 簡單히 紹介될 수 없음을 筆者는 遺憾스럽게 生覺한다. 다만 五行을 가지고 四柱와 運命을 推理하는데 있어서도 如斯한 深妙한 大原理가 根柢에 있음을 理解하고 深深한 探究가 있기를 바랄 뿐이다.

(第百六十三柱)

壬子　癸丑　　飛天祿馬格 乞貧의 命
壬子　甲寅
壬子　乙卯
丙午　丙辰
　　　丁巳

此命이 또한 子沖午하므로 午中己土를 引來하여 官星을 삼는데 丙午가 時柱에 나타나서 衰弱한 午火가 極旺한 三子를 冲하며 이에 祿飛天祿馬格이 破함에 四柱內에 木이 없어 引化하지 못하니 群規爭財가 되므로 丙運에 凶死하였다. 四柱全體가 比規뿐인데 一位의 財星을 만나면 財를 爭奪하는 싸움이 生하니 死禍가 있다. 이것을 群規爭財라 이름한다.

第十七論 飛天祿馬格(二)

以辛癸日이 用亥字冲巳中丙戊하야 爲財官이니 要四柱中有申字並酉字或丑字하야 得一字可合이면 爲妙니라 假令六癸日이 以亥冲巳에 若四柱中有戊字면 則亥不能去冲矣요 歲君大運亦忌며 如辛日이 以亥冲巳中丙字면 爲官星이며 若四柱中有丙字하고 並巳字하면 則減分數니 歲君大運이 亦忌之요 運運太歲輕再見巳字면 則有禍矣니라.

辛癸日이 亥字를 取用하므로 巳字를 冲來하여 오고 巳中의 丙戊로써 財官을 삼는 바 이것이 飛天祿馬格이다. 四柱中에 申字나 酉字나 또는 丑字가 있어서 合來함이 있으면 妙한 바가 있다. 萬一 六癸日이 亥冲巳하는데 四柱中에 戊字가 있으면 天羅가 되므로 亥가 冲巳할 수가 없으며 歲君大運 한 忌한다. 또 辛日이 亥冲巳하여 巳中丙火로 官星을 삼는데 萬一 四柱에 丙字가 있거나 巳字가 있으면 福力을 半減한다. 歲運이나 大運에 있어서도 한가지로 忌諱하는데 萬一 原命에도 大運과 歲運에 巳字를 再見하면 禍를 當하게 된다.

(第百六十四柱)

丁 壬 辛 庚
未 寅 丑 子

飛天祿馬格 梁丞相의 命

此命이 月日時에 癸水가 있고 時에 丑이 있으니 子를 拱挾하여 北方水氣를 四柱에 지니고 있다. 그러므로 亥水가 冲巳해오는데 丑이 巳火를 作合해 주므로 大貴함이 있다.

丁 癸 癸 己
酉 戌 亥 卯

大運이 水旺節이니 大吉하며 特히 亥運은 大昌運이 되었을 것이고 戊戌大運은 天羅에 該當하고 官星이 塡實하므로 凶運이다.

第十八論 倒冲格(一)

(第百六十五柱)

壬申　壬子
辛亥　癸丑
癸亥　甲寅
壬子　乙卯
　　　丙辰

飛天祿馬格 曹中命造

亥子水旺하니 亥水가 巳火를 冲來해 오므로 貴格인데 北東運에 功名을 이루고 丙運에 群刦爭財되므로 死亡하였다.

(第百六十六柱)

庚寅
壬午
丙戌
戊戌
癸未
甲申
乙酉
丙戌
丁亥
戊子

倒冲格 喩提學

凡四柱中에 原無官星이라사 方用此格이니 以丙日爲主요 用午字冲子癸水하야 丙日得官星이니 不論合이며 若四柱中有未字하면 午不能去冲矣며 大忌癸字並子字니 則減分數이 歲君大運이 亦然이니라.

무릇 四柱에 官星이 없어야 此格으로 取用되는 것인 바 丙日이 午字가 많아서 子字를 冲來해 오면 子中癸水가 丙日의 官星이 된다. 이때에 合이 되면 羈絆이 되므로 午는 子水를 冲引해 올 수 없게 된다. 癸字와 子字는 大忌하니 있으면 福力을 半減하게 되고 歲運이나 大運이 또한 그렇다.

午月에 炎火가 旺盛한 中 寅午戌火局이 全하니 申子辰水局을 冲來하여 子中癸水를 官으로 取한 것이다. 此命은 또 炎上格에 또한 該當한다. 그러나 庚壬이 있으니 倒冲格으로 大貴하였다. 大運子水에 이르러 運이 衰盡한 것이다.

266

(第百六十七柱)

丙午　辛卯
庚寅　壬辰
丙午　癸巳
癸巳　甲午
　　　乙未
　　　丙申

倒冲格　趙知府의 命

此命이 午字가 年日支에 있고 寅午火局을 成하니 倒冲이나 時干癸水가 있으므로 半減이라 知府에 그쳤다.

丙日須逢午子冲이니 午能冲子吉相逢이요 不須論合與嫌水나 子癸相逢再見凶이로다. 午冲子癸是官星이니 功名榮達顯神京이며 最忌未官相伴合이니 平生虛利又虛名이니라.

丙日의 午字가 冲來子水해서 官貴를 삼으니 水를 꺼리는 바 子癸가 서로 만나는 것은 凶命이다. 午가 子를 冲하니 癸는 곧 官星이 된다. 이 格은 功名하고 顯達할 것이며, 未字가 있어서 相伴合됨은 가장 꺼린다. 羈伴이 되면 虛名과 虛利가 있을 뿐이다.

論十九　倒冲格(二)

此以丁日爲主니 用巳冲亥宮壬水하야 爲丁之官星이며 不論合하고 四柱中有壬字면 巳不能冲矣라 大忌니라 四柱中有壬字 並亥字면 則減分數며 歲君大運亦同이니라. 運重歲輕이요 則見亥字에 則禍作矣니라.

倒冲格은 또 丁日主가 巳字가 많으므로 亥字를 冲來하여 亥中壬水로써 官星을 삼는 格局을 말한다. 合의 與否를 莫論하고 四柱中에 壬字가 있으면 巳가 亥中壬水를 冲來할 수 없게 된다. 또 合이 있어 羈絆이 되어도 冲해 올 수 없게 된다. 따라서 이 兩者는 忌한다.

萬一 四柱中에 亥字가 있으면 分數를 減하게 되며 歲運이나 大運에 또한 同一하다. 大運에 있으면 重하고 歲運에서 만남은 輕한 바 亥字를 만나면 禍가 生한다.

丁日多逢巳字重이요 局中無水貴和同이며 傷官此格宜傷盡이요 見亥刑冲數必空이며 丁日以巳多冲亥에 壬水休來四柱中이니 何若地支辰字出고 必來相絆貴難同이니라.

丁日이 巳字를 많이 만날 것이요 四柱中에 水가 없어야 貴하다. 傷官이 마땅히 傷盡될 것이며 刑冲되면 空 破될 것인바 丁日이 巳字가 많아서 亥字를 冲해 옴에 壬水가 四柱中에 있지 말 것이요. 또 辰字가 있을까 두려우며 絆合되어도 貴命이 되지 못한다.

辰字는 丁日의 巳冲亥格에 地羅가 되고 丙日의 冲子格에는 戊이 天羅인 바이 兩者는 凶害가 있고 亥를 冲來할 수 없게 된다.

(第百六十八柱)

壬辰
辛卯
庚寅
己丑
戊子
丁亥
乙巳
丁巳
癸巳
辛酉

倒冲格 施判院의 命

此命은 丁日主가 巳字가 많으니 倒冲格이다. 繼善篇에 「得佐聖君은 貴在倒冲祿之謂也」라 하였으니 此命은 運이 吉하고 天上에 壬水가 없으므로 大貴하였을 것이다. 또 月上에 癸水가 있고 大運이 水旺運이지만 다시 殺印相生이 되니 大貴할 수 있었고 判院에 이르렀다 (附祿을 參照할 것).

(第百六十九柱)

丙辰
乙卯
甲寅
癸丑
壬子
辛亥
乙巳
丁巳
癸卯
辛亥

倒冲格 巧編修의 命

此命 또한 倒冲格이니 前條와 槪同하나 卯乙印이 弱勢에 있고 丁火가 尤加되었다. 따라서 殺印生火하는 힘이 前條에 비해 弱하였고 忌神인 壬辰 등 破神이 없으므로 發貴 였던 것이다.

268

(第百七十柱)

辛巳
甲午
丁未
乙巳

丁戊己庚辛壬癸
亥子丑寅卯辰巳

倒冲格 岳總管의 命

此命이 또한 倒冲格의 命이니 正格이므로 大權을 掌握한다。月干甲木을 巳中庚金이 劈甲(쪼개고 破裂하는 것)하여 生火하니 丁火가 午月에 建祿하므로 火勢가 무엇보다 純淸하고 水運에 甲木이 水를 疏通하여 火變시키는 役割이 있으며 未字가 亥字를 合來해 주므로 大吉하다。

第二十論 乙己鼠貴格

此格이 如月內有官星이면 則不用之며 大怕午字冲之니라 丙子時丙子爲妙니 謂之最貴也며 或日柱中有庚字辛字며 並申字酉字丑字엔 內有庚辛金이면 則減分數며 歲君大運亦然이니라。又日四柱中原無官星이라사 方用此格이니라。

此格이 月柱에 官星이 있으면 取用하지 않으며 大怕午字冲之니라 丙子時丙子가 爲妙니 午字가 冲하여도 크게 꺼린다。丙子時에 丙子가 妙한 바 있으니 最貴함이 된다。或 柱內에 庚字辛字가 있거나 申字酉字丑字가 있으면 分數를 半減하는데 歲運이나 大運에서 만나도 亦然하다。그러므로 四柱中에 官星이 原來 없어야 此格으로 보는 것이다。

(第百七十一柱)

甲寅
乙亥
戊辰
丙子

己巳
庚午
辛未
壬申
癸酉
甲戌

乙己鼠貴格 裴判院의 命

此命은 乙木日干이 丙子時를 얻어 乙己鼠貴格이 된다。子와 申은 乙木의 天乙貴人이 되는 때문인데 申은 庚金官星이 있으므로 取用하지 않는다。大運庚午辛申酉運은 不吉有禍하며 未運에 大發하고 壬癸甲大運에 判院에 이르러 立身하였다。

269

(第百七十二柱)

乙己鼠貴格 簾侍御

戊　癸　乙　丙
子　亥　未　子

甲　乙　丙　丁　戊　己
子　丑　寅　卯　辰　巳　午

此命 또한 前造와 同一한 鼠貴格이나 大運에 官財地와 冲運이 없으므로 少年顯達하여 皇帝의 側近官署에 榮達할 것이다. 따라서 御使大夫가 되었다.

經에 말한 바 「陰木이 天干에 丙子時가 있으면 乙巳運에 貴富함이 奇異하고 冲하고 官殺이 없으면 바야흐로 美貴한 것이니 少年에 功名하여 鳳池에 顯達한다」는 뜻에 可合하는 命造이다. 여기서 말하는 鳳池는 天子의 機密과 命을 管掌하는 바 皇帝의 側近에서 出世함을 말한다.

第二十一論　六乙鼠貴格

此格以子暗合巳하고 巳動合申이요 庚祿居申이니 則用庚官하야 得引出庚金用事니라. 喜子亥卯時爲妙요 忌巳生이며 寅無害傷破子乙二字며 反無財官이니 即六乙日子時에 元有官星이니라. 論忌寅午戌冲이요 見庚辛酉丑字有一位면 則滅分數니 歲君同亦忌며 月通財官이면 六格不用이요 大運同이니라.

六乙鼠貴格은 乙亥日이 乙己鼠貴格과 같이 乙未日을 爲主하는 바 丙子時를 얻어서 子水가 巳火를 暗合하고 (子遙巳格을 參考할 것) 巳火가 다시 動하여 申을 合하니 庚金의 祿이 申에 있으므로 庚金을 引出해서 乙木의 官星으로 삼는 것이다. 子亥卯月을 기뻐하니 妙奇함이 있고 巳日은 그 坐下에 庚金이 있으므로 乙丑日乙酉日과 함께 忌하는 바이며 寅字가 子字와 乙字를 傷害刑破함을 꺼리며 乃至財官이 있음을 忌하고 六乙日이 子時에 生하면 原來 官星이 있기 때문이다.

寅午戌이 冲來함도 忌諱하며 庚辛酉丑字가 一位라도 있으면 福力을 半減하여야 하니 歲運도 또한 同一하다. 月柱에 財官이 있으면 此格에 取用되지 못하는 바 大運에 財官이 있으면 不吉하다.

第二十二論 合祿格 (一)

此格以戊日爲主요 以庚申時合卯中乙木爲戊官이니 四柱有甲乙字丙字巳字엔 刑壞了申丙傷庚字니 則減分數며 歲君大運亦然이니라.
戊日庚申時上逢이요 如無官印貴秋多이며 甲丙卯寅無忌害니 因營破怕同宮이니라.

合祿格은 六戊日이 爲主니 庚申時의 庚金이 卯中乙木을 暗合하므로 戊土의 官星을 삼는 것이다. 四柱에 甲乙丙巳字가 있어서 申字庚字를 傷하면 福力을 半減하는 바 歲運과 大運이 또한 그렇다.
戊日이 庚申時를 만나고 官印이 없어야 하는 바 秋多節에 生하면 貴命이며 甲丙卯寅이 있으면 遇而不遇(만나도 만나지 못한 格)의 格이니 凶하고, 歲運 또한 同一하다. 寅은 申字를 刑하고 丙은 庚字를 破하며 梟印이 되며 卯字는 官星이 塡實된 것이므로 凶하다.

合祿格 黃提坊의 命

(第百七十三柱)

庚戌
己酉 辛亥
戊午 壬子
庚申 癸丑
　　 甲寅
　　 乙卯

此命이 戊日干으로 庚申時를 만나서 乙庚合卯申合하여 乙卯官이 合來하므로 合祿格이 되었다. 秋節에 生하여 初中年에 早達할 貴命이요 甲寅乙卯는 凶運이다. 印星이 있어 福力을 少減할 命이다.

(第百七十四柱)

己 丙 戊 庚
未 子 戌 申
乙 甲 癸 壬 辛 庚 己
亥 戌 酉 申 未 午 巳

合祿格 黃侍郞

此命이 戊日庚申時에 得格하였으나 月干丙火가 不美하다. 그러나 旺土가 晦火하였으므로 吉하며 多秋夏節運이니 發身하여 宰相이 되었다. 原命의 丙火가 없었다면 더욱 揚名하고 一品의 上命이 되었을 것이다.

(第百七十五柱)

己 壬 辛 庚
巳 亥 戌 申
丁 丙 乙 甲 癸 壬
巳 辰 卯 寅 丑 子

合祿格 鄭知府의 命

此命이 合祿格이나 原命에 寅木이 申金과 冲破하니 眞格일 수 없다. 多幸히 寅亥合木하고 寅中丙火가 戊土日主를 間生하고 寅中戊土가 日主의 뿌리가 되니 合祿格에 乘格하였다. 大運이 또한 甲寅乙卯丙의 不利한 方向이므로 障碍風波가 있으며 官職 또한 半減하여 地方長官에 그치었다.

(第百七十六柱)

庚 戊 己 庚
申 午 丑 寅
甲 癸 壬 辛 庚
午 巳 辰 卯 寅

合祿格 甘太慰의 命

此命이 또한 合祿格이다. 前條의 黃提坊의 命에서는 酉金이 冲卯하여 申中庚金이 中乙木을 合來하는데 支障이 있었으나 此命은 不然하였으므로 發貴하였던 것이다. 午火는 水旺節에 旺土가 晦火生金하므로 前條와 相異하다.

(第百七十七柱)

庚 戊 庚 丙
申 子 子 申
乙 甲 癸 壬 辛
巳 辰 卯 寅 丑

合祿格 李武翼의 命

戊日이 多節에 生하여 戊申日을 얻으니 合祿格이나 年干에 丙火가 뛰어나와서 秀氣를 傷害하였으므로 精氣가 傷害되었는 바 乙巳大運에 巳申刑되고 忌神丙火가 建祿되어 庚金을 破하며 乙木이 塡實(뛰어나왔음)되었으니 마침내 失職하고 一落千丈하였다.

第二十三論 合祿格(二)

六癸日爲主니 喜逢庚申時에 用申時니 合巳中戊土하야 癸日得官星이라 若四柱中에 有戊字並巳字하야 刑壞于申時어나

或丙字하야 傷庚申時면 則減分數니 歲君大運이 亦同이니라.

日干癸水時庚申은 生在秋多富貴人이요 大忌寅來傷秀氣며 若生春夏惹災連이로다

六癸日生人이 庚申時를 만나면 申時를 取用하여 合祿格이 된다. 곧 申이 巳를 暗合하여 巳中에 있는 戊土로써 癸日은 官星을 얻는 것이다. 여기서 祿이란 官星이 貴祿임을 말한다. 이때 萬一 四柱中에 戊字나 巳字가 있어서 申時의 暗合을 刑壞하든지 或 丙字가 있어서 庚申時를 傷하면 分數를 減하는 것인 바 歲運이나 大運의 境遇에도 同一하다.

合祿詩訣에서 「日干癸水가 庚申時면 秋多生이 富貴하고 寅木이 冲申하고 尅戊함은 大忌하며 春夏에 生함에 災厄이 있고 運歲 또한 亦然하다」고 하였다.

(第百七十八柱)

癸酉 甲子 合祿格 程同知의 命
乙丑 癸亥 癸日이 多節에 生하고 庚申時가 되니 貴命인 바 大運 또한 吉하니 富貴功名格이다.
癸丑 壬戌 日支에 또 丑土가 있어서 過濕할 뿐이므로 同知에 그쳤으나 合祿格이 秋多節에 生하면
庚申 辛酉 富貴하는 것인 바 此命이 富貴雙全格이다. 戊運과 己未大運은 不吉하고 戊午大運에 一
   己未

落하였을 것이나 一世安然의 富貴造이다.

273

(第百七十九柱) 合祿格 徐殿院의 命

癸 乙 癸 甲
酉 卯 酉 寅
　　　　　
庚 辛 壬 癸
申 亥 子 丑
己 庚 辛 壬
酉 戌 亥 子

此格 또한 眞格인데 春月에 生하여 卯酉冲이 있으므로 一字가 兩冲할 수 없으니 無妨하며 北西運에 行하므로 發貴한 것이다. 그러나 春節에 生하고 兼冲함이 障碍 아닐 수 없으니 災厄이 不少하였을 것이요 運路가 順勢해주므로 監察機關의 首席官이 되었다.

(第百八十柱) 合祿格 趙丞相의 命

乙 癸 癸 庚
酉 未 未 申
　　　　　
庚 辛 壬 己
辰 巳 午 戊 丁 丙
寅 卯 辰 丑 寅 卯
亥 子 丑

此命이 合祿格으로 夏節에 生하였으므로 災厄이 不無할 것이나 合祿詩訣에 「官印更來 相協助면 少年登第拜金鑾이라」하였으니 此命이 庚辰大運에 早年登第하였을 것이다. 未土의 燥氣가 病인데 北方水旺運에 病神을 除去하고 調候하므로 大發하여 丞相이 되었다. 五言獨步란 經에 「病이 있어야 貴命이라」하였다.

또 한편 此命이 處暑前은 熱勝하지만 處暑後엔 이미 地下에서 찬바람이 生出하며 太陽의 行路는 北方으로 기울어지므로 庚申合祿의 秀氣를 損傷함이 없고 따라서 合祿格과 殺印相生格의 眞格이니 丁丑運以後로 大發 하여 首相位에 進登하였다.

(第百八十一柱) 合祿格 揚安撫의 命

壬 癸 庚 壬
午 丑 戌 申
　　　　　
辛 壬 癸 甲
亥 子 丑 寅
乙 丙 丁
卯 辰 巳

此命은 癸丑日이 庚申時를 얻어 合祿格이 되었고 身旺함은 喜要하나 午戌火局과 丑戌 刑은 忌諱된다. 亥子丑初年運은 大貴의 命이니 이때에 早達하였고 寅運은 申位를 冲하므로 不吉凶運이며 乙卯는 再起하고 丙運以後 一落隱退하였다. 丙火가 庚申位를 尅하는 때문이다.

274

第二十四論 子遙巳格

此格은 以二甲子니 子中癸水가 逢合巳中戊土하고 戊來合丙하며 丙來合酉中辛金하야 甲子日得官星이며 則巳酉丑三合하야 官祿要行官鄕運이며 忌四柱中에 有庚申七殺이어나 辛字官星이어나 並申酉丑字絆住면 則子不能去遙矣며 若有午字冲子면 則分數요 歲君大運亦然이니라.

子遙巳格은 二甲子를 말하니 子中癸水가 巳中戊土를 逢合하고 戊는 巳中丙火를 이끌어 오며 丙火는 酉中의 辛金을 合來해와서 甲子日이 引出되어진 辛金으로 官星을 삼게 됨을 말한다.

日主는 身旺하여야 좋고 官旺卿으로 大運이 行入하면 富貴顯達한다. 萬一 四柱中에 庚申七殺이 있거나 辛字官殺이 있거나 申酉丑字가 子字巳字로 羈絆하면 子字가 그 官星을 遙合해 올 수가 없으니 破格이다. 또 午字가 있어서 子字를 冲來하면 그 福力을 半減하게 되는 바 歲運이나 大運의 境遇도 同一하다.

甲子生逢甲子時하면, 子來搖合巳中之戊하야 能動丙丙合酉하니 甲得辛官貴可知라 不喜庚申辛酉出이요 丑來相絆亦非官이며 更嫌午字相沖害나 若到官鄕運必奇니라.

甲子生이 甲子時면 子가 巳中藏干戊字를 遙合하고 戊가 丙을 動合하고 丙이 酉辛을 引合하므로 甲木이 辛官을 取得하니 妙貴가 있을 것은 틀림 없다.

庚申辛酉가 命中에 透出함은 不喜하고 丑도 相絆해도 官星이 遙合되지 못하며 午字가 沖害함도 嫌惡하나 官에 大運이 이르면 반드시 奇異하게 通할 것이다.

275

(第百八十二柱) 子遙巳格 錢丞相의 命

己巳
甲戌
癸酉
壬申
辛未
庚午

甲子日이 甲子時를 얻었으니 子遙巳格인 바 柱中에 印綬가 많아 身旺한데 大運이 金旺西方節로 入하였으니 少年 幼時부터 大貴發身하였다. 十六歲以後 酉運에 進官하여 辛未庚運까지 四十年間이 金旺運이므로 勝乘長驅하여 一品宰相位에 이르렀다. 午大運은 旺水子를 冲하니 諸般이 皆休하였다.

(第百八十三柱) 子遙巳格 趙知府의 命

丙寅
壬辰
癸巳
甲午
乙未
丙申
丁酉
戊戌
己亥

此命이 三十旬運에 이르러 申酉戌의 金旺鄕을 만나므로 發身하여 地方長官을 지냈다. 官職은 上品이 아닐지라도 功名顯達하고 名官이었으니 甲木이 春旺節에 生하여 身旺하므로 官旺運에 成功함인 바 通變의 理致는 同一하다. 此命이 錢丞相造에 못친 것은 辰子가 있어 子水가 巳中 戊土를 搖合하여 오는 作用이 弱化된 때문이다. 丑土

(第百八十四柱) 子遙巳格 平常人의 命

乙丑
甲戌
癸酉
壬申
辛未
庚午
己巳
戊辰

此命은 子遙巳格에 合하나 金旺節인 九月에 官星辛金이 刑出되었고 더우기 丑字가 子를 合하여 巳火를 搖合해 올 수 없으므로 初中年 丙火가 辛金官貴를 取해오지 못하니 平常格이요 村夫에 不過하였다. 身旺하여 辛未庚運에 少發하여 合이 있으면 더욱 凶命이 된다.

安過하나 午運은 凶禍의 厄運이 된다. 或 此命을 大富格으로 看做하나 이는 子遙巳格의 破임을 看過한 때문이니 讀者는 留意하기 바란다.

276

第二十五論　丑遙巳格

此格은 只有辛丑癸丑이니 二日이 用丑字多에 遙巳中丙戊하야 辛癸日이 得官星이니 丑字多에 爲妙니라 若四柱中有字면 絆住니 則丑不能去遙矣니라. 要柱中有申字並酉字엔 得一字爲妙며 如辛丑日이 若四柱有丙丁字並巳字午字면 則減分數니 歲君大運同이요. 癸丑日은 亦不要見戊字丑字巳字丁字니라.

丑遙巳格은 辛丑日과 癸丑日에 限하여 있으니 此二日이 丑字가 많을 境遇 巳字를 遙合하고 巳中丙戊로써 辛癸日의 官星을 삼는 바 貴命이니 丑字가 많아야 妙함이 있다.

만일 辛丑日이 四柱 中에 丙丁字나 巳字午字가 있으면 그 福力은 半減되는데 大運이나 年運이 또한 그렇다.

癸丑日은 戊字巳字 丁字와 己字를 忌한다.

丑遙巳格 章總制의 命

辛丑
辛丑
辛丑
庚寅
己庚
戊亥
丁子
丙戌
乙申
甲未
癸巳

本命이 丑字가 많으니 丑遙巳格인 바 丙火를 遙合하여 官星을 삼는다. 北方水運과 金旺節로 大運이 向行하고 丑字가 많으므로 大貴의 命이다. 丙丁干運에 有碍하고 午運은 破運이 된다. 此命은 또 亥字가 不利하니 巳亥相冲되므로 官星을 얻지 못하는 때문이다.

丑遙巳格 郁樞密의 命

（第百八十五柱）
乙丑
乙丑
癸丑
甲子

（第百八十六柱）
戊子
辛丑
辛丑
辛酉
己未
庚申

此命이 丑遙巳格이나 時支에 子字가 있으니 子丑合되어 羈絆이 되었으므로 丑遙巳格의 專論으로만 본다면 損貴할 命造에 틀림없다. 그러나 此命은 後述할 六陰朝陽格을 兼하였고 一子가 三丑을 다 合絆할 수 없으므로 大貴하였으며 西方運中 大權을 掌握한

277

丑遙巳格 葉侍郞의 命

(第百八十七柱)

乙 癸 己 乙
卯 丑 丑 丑

辛壬癸甲乙丙丁戊
巳午未申酉戌亥子

此命이 또한 丑中의 癸水가 巳中에 있는 戊土를 遙合하여 癸水의 官星을 삼으니 丑遙巳格의 眞格이다. 따라서 此命은 一點의 破害가 없으므로 西北方 金旺運에 大發하였다. 月干의 己字는 此格의 忌하는 바이니 長官位에 그치었고 巳運이 盡運이었다. 此命이 土多木旺하여 身弱이니 壬癸辛運이 亦是 貴運에 該當한다.

第二十六論 壬騎龍背格

此格이 以辰多者貴요 寅多者富라 壬日坐辰土上에 以丁爲財요 以己爲官이니 壬日以辰冲戌中丁戊하야 壬日得財官이며 而財來三合이니 壬日至寅이니라.

此格은 辰字가 많으면 貴하고 寅字가 많으면 富하는 것을 말하는 바 壬日이 辰土上에 臨함에 丁이 火財가 되고 己土가 官貴가 되는데 壬日이 辰字가 있으면 戌中 丁戊를 冲來하므로 財官을 얻어 貴하게 된다. 또 寅字가 戌字를 三合하여 火局을 얻으므로 財星을 삼음이 그것이다. 寅字는 火局財星을 暗合하므로 財命이 大發하여 富하게 된다.

却要年月時上에 多聚辰字가 方可用이며 若壬辰日이 有年月時上에 皆在寅字면 只爲富命이니 以有午戌爲財得地니라 若年月時上辰字多엔 則冲出財官이니 所以貴也니라.

대저 年月時上에 辰字가 많으면 貴命으로 取用하는 것인데 萬一 壬辰日이 年月時上에 寅字가 다 있으면 다

만 富命일 뿐이다. 寅字는 午戌合하여 財局의 財旺處를 얻은 때문이요 年月時上에 辰字만 많으면 戌을 冲하

여 官地가 旺한 때문에 貴를 얻는 것이다.

壬騎龍背喜非常이니 寅字辰多轉發陽이나 大忌官星來破格이요 刑冲須見壽元傷이니라. 壬騎龍背怕官居며 重疊逢辰貴有

餘니 假若寅多辰字少엔 須應高富比陶朱니라.

壬騎龍背格은 靜常한 喜命이니 寅字와 辰字가 많아야 發揚할 것인데 官星이 있어서 破格이 됨을 大忌하고

刑冲을 만나면 短命을 免키 어렵다.

壬騎龍背格은 官星이 있음을 꺼리니 辰字가 重疊했으 때는 그 貴함이 勝妙하며 寅字가 많고 辰字가 적으

면 大富가 될 것은 疑心할 것 없다 (陶朱公은 越王句踐의 臣下인 范蠡〈범여〉의 異名이니 十九年동안에 三次으

千金을 벌어 巨富가 된 者인 바 大富란 뜻이 된다).

　　　　壬騎龍背格　王摳密의 命

壬辰　乙巳
甲辰　丙午
壬辰　丁未
壬辰　戊甲
　　　己酉
　　　庚戌

此命이 壬辰日에 辰字가 많으므로 戌字를 暗冲하여 戌中丙戊財官을 끌어와서 貴命에

該當한다. 西方水運에 大發하여 國家의 機密을 맡은 宰相으로 功名을 세웠다.

(第百八十七柱)

　　　　壬騎龍背格　諸葛判院의 命

戊寅　辛酉
庚申　壬戌
壬辰　癸亥
壬寅　甲子
　　　乙丑
　　　丙寅

此命은 寅字가 二位이나 申辰이 水局이 되어 解刑하니 吉하고 戊土忌神이 있으나 庚

申金이 殺印化生하니 忌凶이 回通解救되었으며 大運이 身旺運으로 向하여 貴命이 되었으

며 寅辰이 兼有하므로 富도 하였으나 寅申冲과 戌土官星이 있으니 減貴된 것이다.

(第百八十八柱)

戊寅
庚申
壬辰
壬寅　乙丑
　　　丙寅

(第百八十九柱)

壬 壬 壬
寅 辰 寅

癸 甲 乙 丙 丁 戊 己
卯 辰 巳 午 未 申 酉 戌

壬騎龍背格 王巨富의 命

此命은 寅字만이 三位가 있으므로 大富의 命이 틀림없다. 또 天干에 四壬字가 있어서 天元一氣格을 兼하였으므로 貴命이라 아니할 수 없다.

此命은 南方財旺運에 財星이 塡實되었으나 來剋이 아니므로 發福하였고 以來 北方運에 連하여 財發萬石하였다. 申運은 寅字를 冲하나 壬日主가 間生하고 申辰水局되니 解救된 것이다.

第二十七論 井欄叉格

此格은 庚申庚子庚辰三處니 須要四柱中申子辰三位全이요 不必三個庚字며 若有三庚尤妙니라 只要庚申日生이 年月時에 或戊子戊辰은 不妨이나 但得支是申子辰이며 時遇丙子엔 則是偏官이요 若時是申이면 則爲歸祿格而非井欄叉格義니라.

此命은 庚申庚子庚辰이 三處에 있어서 四柱에 申子辰三位가 全部 있어야 하고 三位의 庚字는 必要로 하지 않는다. 萬一 三個의 庚字가 있으면 더욱 妙하다. 但 반드시 要望되는 것은 庚申日生이어야 할 것이요 戊子나 戊辰이 있는 것은 無妨하나 地支에 申子辰이 全部 있어야만 可合되는 바이다. 萬一 時柱에 丙子가 있으면 偏官이 되고 萬一 時柱에 申이 있으면 이것은 또 歸祿格이니 井欄叉格이 되지 않는다.

此格은 四柱에 怕見寅午戌三字니 則冲壞矣며 庚用丁爲官이라 以申子辰三合엔 冲寅午戌火局하야 庚日得官星이며 如重氣에 若行東方財地어나 或西方엔 皆好며 若四柱中有巳字丙丁字면 則減分數니 歲君大運이 亦同이니라.

280

此格은 四柱에 寅午戌의 三字가 있음을 꺼리니 冲壞되는 때문이다. 즉 庚日이 丁火로써 官星을 삼는 바 申子辰三合이 寅午戌火局을 冲來해오므로 庚日이 官星을 얻게 되기 때문이다. 寅午戌이 있으면 이와 같은 冲局役活을 깨뜨리기 때문에 破格이 되므로 虛名虛利만 생긴다.

大運의 行方이 東方財地가 되면 大發하고 西方金運 또한 吉好하나 水運은 傷官하고 弱身을 洩氣함이 太過하니 禍厄의 運이고 巳午運은 또한 忌한다. 四柱에 丙字丁字巳字가 있으면 分福을 減하는 것이니 歲와 運이 또한 그러하다.

庚日全逢申子辰에 井欄叉格制官星이니 局中無火方爲貴요 破動提網亦禍臨이라. 庚日喜逢金潤下요 貴神名目井欄叉에 丙丁巳午休相遇요 申子辰全冲出官이니라.

庚日이 申子辰을 다 만나면 井欄叉格이 官星을 얻은 것이니 原柱에 火가 없어야 貴하고 月令을 破冲하면 禍가 臨한다.

辰日이 潤下(申子辰水局) 됨을 기뻐함은 官貴를 얻어 井欄叉格이 되는 것이니 申子辰이 寅午戌火局을 冲來하여 官星을 取하는 때문이다.

(第百九十柱)

戊申 辛酉
庚申 壬戌
庚申 癸亥
庚辰 甲子
　　 乙丑
　　 丙寅

井欄叉格 郭統制의 命

此命이 庚申日의 地支에 申字와 辰字뿐이므로 井欄叉格에 該當하는데 此命이 身旺하므로 貴命이다. 甲子年以後 大發하여 國家의 棟樑이 되었고 顯達하였다.

(第百九十一柱) 癸巳 庚申 庚子 庚辰

井欄叉格 侍詔의 命

此命이 申子辰이 全部있어서 眞格이요 巳字가 있으니 福力이 減失되었고 初年 南方運은 厄障의 運이요 辰乙卯甲運中 立身揚名하였다.

境遇보다도 더욱 破格이 된다. 巳火는 庚金이 間生하고 巳申은 合水하지만 午火는 寅午戌火局의 午字가 塡實된 것이므로 더욱 不吉하다. 따라서 原命에 午字가 있고 大運에 午字가 있어서 不吉한 厄凶이 모였다. 年運午에 喪妻하고 失職하였다.

(第百九十二柱) 庚子 辛巳 庚辰 壬午 庚申 壬午 癸未 甲寅

井欄叉格 破格

此命이 時支에 午字가 있으니 前造의 巳火의

第二十八論 歸祿格

此格은 假令 六甲生人이 得寅時면 謂之歸祿이니 蓋甲祿在寅이라 餘皆倣此니라 要四柱에 全不見官殺이니 見之則雖歸祿矣로다 喜行身旺運이요 兼行食神傷官財運이니 亦可發福이요 **怕冲破니라.**

이 格은 例컨대 六甲日生人이 寅時를 얻으므로 歸祿이 됨을 말하니 甲祿이 寅에 있기 때문이다. 餘他도 此例와 같다.

要컨대 四柱에 官殺을 보지 말것인바 官殺이 있으면 歸祿이 되기 어렵다. 身旺運을 기꺼워하고 食神傷官財運에도 또한 發福할 것이요 冲破를 꺼린다.

(第百九十三柱)

丙午
癸巳
甲子
甲寅
戊子
乙亥
己卯

甲午 乙未 丙申 丁酉 戊戌 己亥 庚子

歸祿格 參政의 命

甲子日이 寅時에 生하여 歸祿格이니 財食傷官運에 發身하여 北方運에 功名을 大成하고 一世의 宰相이 되었다. 또 古歌에 「歸祿格에 冲官이 없으면 少年에 平步로 中央皇宮의 官職을 갖는다」고 하였는 바 此命이 이에 該當한다.

(第百九十四柱)

丙午
癸巳
甲寅
丙寅
戊子
乙亥
己卯

甲午 乙辰 丁巳 戊午 己未 庚申 辛酉

歸祿格 樞密의 命

此格 또한 眞格이니 身旺한 中 食神, 傷官財旺鄕으로 大運이 行하니 一國의 棟樑으로 大權을 掌握하였다.

(第百九十五柱)

丙午
丁未
甲戌
甲午
乙亥
丙子
丁丑
戊寅
己卯
庚辰
辛巳

歸祿格 常侍의 命

此命 또한 歸祿格인데 初運이 官殺運이므로 凶한 運이나 身旺하므로 大過없이 지났을 것이며 東方運에 發身하였다.

第二十九論 六陰朝陽格

此格이 以六辛日爲主니 用丙火爲正官이요 喜逢戊土라 戊來動丙하야 辛日得官星이니 子字則要一位이나 多則不中이요 若四柱中有丙字丁字午字則冲了子니 減分數며 歲運亦同之니라.

이 格이 六辛日을 爲主로 하고 丙火를 官星으로 삼는 것인 바 六辛日(辛酉日 辛丑日 辛亥日의 三日爲主)이 戊子時를 만나면 子中癸水가 巳中戊土를 合하고 戊土가 丙火를 끌어내므로 辛日이 官星을 얻는 것이다. 子字는 一位만 있을 것이요 많지 아니한다. 萬一 四柱 中에 丙字丁字午字가 있으면 子字를 冲破하므로 分數를 半減한다. 歲運과 大運에 있어도 同一하다. 此格이 大貴하는 것인데 西方運을 最喜하고 東南運을 다음으로 기뻐하며 北方運을 最忌한다.

283

(第百九十六柱)

戊辰
癸亥
壬戌
丁卯

六陰朝陽格 張知院의 命

此格이 時支에 戊子가 있고 丙丁午字가 없으니 眞格이므로 貴出人上格이다. 東方運에 吉昌하였고 大運에 木火가 旺하므로 大發하여 一品의 首席長官이 되었으며 大權을 掌握하였다.

(第百九十七柱)

戊辰
辛酉
辛酉
戊子
辛丑
丁卯
乙丑
丙寅

六陰朝陽格 西王太尉의 命

此命이 또한 六陰朝陽格이나 丑字가 絆合하므로 不吉한 것 같다. 子中 癸水는 丑中癸水에 得氣하고 北方精氣를 얻으니 羈絆當한 것을 解救하였다. 官星을 合來해 오는데 有助되므로 貴命이요 大運 또한 東南이니 一品宰相格이다.

第三十論 刑合格

此格은 以此六癸日生人為主니 用戊土為正氣官星이요 喜逢甲寅時라 甲寅刑巳中戊土하야 癸日이 得官星이며 如庚寅則刑不成이니 唯甲寅時가 是니라 行運與飛天祿馬同이니 若四柱中有戊字巳字면 則減分數며 又怕庚寅은 傷甲字며 刑申字라 忌申字니 則減分數며 歲君大運이 亦然이니라.

刑合格은 六癸日生이 爲主니 戊土를 取用하여 正氣官星을 삼는 바 甲寅時를 만나야 此格이 된다. 甲寅時가 되면 寅刑巳合하여 巳中의 戊土를 이끌어 癸日의 官星을 삼으므로 貴命이 되는 바이다.

萬一 庚寅時가 되면 刑이 이루어지지 못하니 오직 甲寅時라야만 된다. 行運이 飛天祿馬와 더불어 同一하니 四柱中에 戊字巳字가 있으면 福力을 半減하여야 하며 또 庚寅을 꺼리는 바는 甲字를 傷害하는 때문이요 申金이 寅木을 刑冲함을 또한 大忌하니 이는 憂厄의 原因이 되는 바 이것이 있으면 分福을 半減한

다. 大運이나 歲運에 있어서도 同一한 影響을 미친다.

(第百九十八柱)

乙未　壬午
癸未　辛巳
癸亥　庚辰
甲寅　丁丑丙寅丁卯

刑合格 播節度使의 命

此命이 癸日寅時生으로 庚申金과 戊己官星이 없으니 眞格이다. 亥水은 寅으로 合絆하므로 寅木은 다시 巳를 刑合할 수 없을 것 같지만 亥未三合하여 木局이 되니 亥는 寅을 絆合하지 않는다. 刑合의 眞格은 腰帶金玉(堂上官으로 皇帝와 함께 國事를 議論執行할 수 있는 國家의 棟樑的地位)이라 하는 바 此命 또한 大貴의 命이다. 庚辛運은 碍障運이요 戊己運이 또한 不吉하였다. 또 此格은 從兒格을 兼하여 그 才智가 出衆하고 早年少時에 名譽를 얻고 木旺節에 大發하였다.

(萬百九十九柱)

甲戌　乙亥
甲戌　丙子
癸酉　丁丑
甲寅　戊己庚辛
　　　寅卯辰巳

刑合格 陳侍郞의 命

寅午戌合이 되어도 兩戌이므로 寅을 羈絆하지 않는 바 倒冲格의 羈絆과는 差異가 있다. 戌中戊土가 干透하지 않으니 貴命이다. 北東運中 少年發身하여 長官位에 이르러 名宰相이 되었다. 此命이 庚辛巳字運에 災厄이 있을 것이요 戊己運 亦是 꺼리는 바이다.

(萬二百柱)

丁亥
癸卯
癸卯
甲寅　丙丁戊己庚辛壬
　　　申酉戌亥子丑寅

壬寅刑合格 沈路明의 命

此命이 또한 刑合의 眞格인 바 「癸日甲寅時엔 刑出官星하야 貴可知라」하는 經言이 있거니와 此命이 이에 正合하는 局造로서 錦衣榮貴할 命이다. 國家棟樑으로 功名을 할 것이나 庚辛金이 運干에 나타나 있고 戊己官星이 있으니 一滯一進이 있을 것이요 戊戌大運은 大凶하다. 地支에 木局을 이루어 洩氣가 太甚하니 食傷의 從格을 兼하였다. 此人이 반드시 智慧出衆한 俊才였을 것에 틀림없다.

(第二百一柱)

庚　甲　甲
午　申　癸　甲
　　　卯　寅

乙　丙　丁　戊　己　庚　辛　壬　癸
酉　戌　亥　子　丑　寅　卯　辰　巳

刑合格　方幹辨의 命

此命은 癸日이 甲寅時를 얻어 刑合格이나 寅申相冲되고 庚金이 있으니 未詳不刑合으로서는 破局된 것이다. 庚字는 遠離하였고 申金月令은 卯中乙木이 和合시키는 作用이 없지 않으므로 小貴할 수 있었으며 大運이 凶하지 않으므로 官界에 進出하여 近貴한 것이다.

陰水寅時格正淸不能刑이며 運行若不逢蛇地면 方得淸高有利名이요 癸日生人値甲寅에 此是刑合格爲眞이니 若無戊戌庚申運에 便是披金帶紫人이니라.

陰水(癸日)가 寅時를 얻으면 正淸한 格局이요 또 庚金이 剋木함을 두려워하는 바 刑合이 不可能하게 되는 때문인데 大運에서 巳字를 만나지 않는다면 바야흐로 淸高하고 名利가 있을 것이다. 癸日生이 甲寅時면 참된 刑合格이니 戊戌庚申運이 없으면 문득 붉은 옷을 입고 宮中의 大爵을 지낼 것이다.

第三十一論　拱祿格

此格이 只有五日이니 忌塡實이요 最怕冲了日時拱位며 又怕四柱中有傷日干이요 遇殺皆拱不佳니 則減分數며 歲君大運同이니라. 經云拱祿拱貴는 塡實則凶이라 하니라.

拱祿格은 다만 五日이 있으니 塡實(四柱 中에 다시 祿이 또 나타나는 것)을 忌하고 日時의 拱位를 冲了함을 가장 꺼린다. 또 四柱 中에 月干을 傷害함이 있으면 꺼리고 殺을 만나면 拱祿이 아니니 分福을 半減하며 歲運과 大運의 境遇에도 同一하다. 經에 이르기를 「拱祿拱貴는 塡實되면 凶하다」고 하였다.

此格有五日하니 丁巳日見丁未요 己未日見己巳며 戊辰日見戊午요 癸丑日見癸亥며 癸亥日見癸丑이니라.

拱祿格은 五日이 있으니 丁巳日이 丁未時를 봄이요 己未日이 己巳時를 봄이요 癸丑日이 癸亥時를 봄이요 癸亥日이 癸丑時를 봄이 그것이다.

拱祿格 劉知府의 命

(第二百二柱)

癸卯
癸亥 壬戌
戊辰 辛酉
戊午 庚申
　　　己未
　　　丁巳

此命이 戊辰日이 戊午時를 얻어 拱祿格이다. 戊는 그 祿位를 拱得하였다는 것이다. 地支에 亥卯未木局을 이루어 日主를 傷害하므로 그 福力이 完全하지 못하니 大貴格은 못된다. 此命이 初年 戊大運은 拱日支의 辰字를 刑冲하므로 碍障이 있으며 以來 西方運은 木局을 破하니 不過하였을 것이요 己未戊午丁의 南方運에 發身하고 功名을 세우니 그 位가 知府였다. 巳大運은 拱祿의 位이니 凶한 運路이다.

拱祿格 白衣의 命

(第二百三柱)

壬子
丁未 戊申
丁巳 己酉
丁未 庚戌
甲寅 辛亥
　　　壬子
　　　癸丑

此命 또한 巳未사이에 午字를 挾拱하여 丁의 祿을 얻으니 入格되었다. 그러나 아까운 것은 年支의 子字가 拱祿한 午字를 冲하므로 破格이 되고 三丁이 一壬을 爛合하며 水火土水가 相戰하므로 貴하지도 못하고 富하지도 못하여 그 抱負를 펼 수가 없었다.

第三十二論 拱貴格

貴人은 大忌塡實貴人이요 怕刑冲了日時拱位며 又怕四柱有官하야 冲身이며 及七殺之類하야 皆拱不住則減分數니 歲運이

니라.

拱貴格은 貴人이 塡實됨을 大忌하고 拱位인 日時와 拱貴를 刑冲함을 꺼린다. 또 四柱에 官星이 있어서 日主를 冲하는 것 또한 꺼리고 七殺이 있어서 拱貴가 不能하게 되면 또한 그 分福을 半減해야 하는 바 歲運이나 大運에 있어서도 同法으로 본다.

(第二百四柱)

乙己
甲寅
丙午
丁巳

甲己壬癸
子丑寅卯辰

拱貴格 熊郞中의 命

此命은 甲日主의 天乙貴人이 丑에 있는 바 日支의 寅과 時支의 子사이에 丑을 끼었으니 貴命이다. 그러나 拱貴格에는 六日에 限하는 바 本造外에 壬子日이 壬寅時로 甲申日이 甲戌時를 봄이요 戊申日이 戊午時를 봄이며 乙未日이 乙酉時를 봄이니 여기서 말하는 貴人은 正氣官星을 뜻한다고 볼 것이요 天乙貴이 彙拱될 때에는 더욱 貴造라고 看命함이 옳다. 따라서 本造 또한 甲日이 寅子間의 丑字中 辛金으로 官貴를 삼으므로 貴命이라 할 것이다. 그러나 此命이 子午冲하고 寅巳刑하니 一品官이 되지 못한다. 多幸히 寅午가 合火하여 冲刑을 解和하고 拱貴의 丑字가 天乙貴人을 兼하였으므로 貴氣를 回復한 까닭에 次官格이 되었다.

(第二百五柱)

甲辛辛
子丑丑

甲乙丙丁戊己庚
午未申酉戌亥子

拱貴格 范都事의 命

本命이 亦是 拱祿格이다. 子와 寅字사이에 丑을 拱貴함은 前造와 同一하나 辛字와 丑字가 다같이 塡實되고 太過한데 大運이 다시 身弱의 西南方으로 行하니 白衣로 一生을 마치었다.

第三十三論 印綬格

此格이 大要身旺이니 忌死絕이며 要柱中有官星이 爲妙니라. 月下印綬最緊이요 行官印運에 便發이며 見財運에 破印이면 反貪其財而壞印이니 殊不利也요 歲運亦然이니라.

此格이 크게 要望하는 것은 身旺함이며 死絕을 忌하는 바 柱中에 官星이 있으면 妙함이 있다. 月下에 印綬가 있음이 가장 緊要한 일이요 官星과 印星運에 行하여 문득 發福할 것이나 財運을 만나 印星을 破하면 도리어 財를 貪하여 印星을 壞滅하는 때문에 모름지기 不利할 것이다. 歲運과 大運에도 또한 그렇다.

印綬格 知府

乙亥
丁亥
戊子
乙酉
甲寅
甲申
甲子
壬午

甲木의 印綬는 子水이니 子月에 印星인 癸水가 旺하다. 時柱에 印星이 있고 日支建祿하니 身旺하고 拱貴格에 該當한다. 그러나 此命은 年支에 亥字가 있어서 四柱全體가 印星이 太旺하고 比刼이 強하니 오히려 印綬的 性格이 斷然 尤勢하므로 印綬格으로 取用하는 것이다. 印綬格인 바에 戊土財星은 旺水에 冲反하므로 四柱의 病이다. 따라서 印綬를 從하는 中 西方運과 癸未壬運까지 得意하여 地方長官에 이르렀다. 午運에 子水가 旺神을 冲하니 死亡하였다.

印綬格 侍郞의 命

(第二百七柱)
辛酉
乙未
丙申
甲午
壬寅
癸巳
辛亥
庚寅

此命은 年上의 辛金을 印綬로 삼는 바 七月金旺節에 印星이 太旺하다. 月干에 丙火가 透出하니 丙火財星을 取用함이 옳을 것 같으나 丙火는 辛과 合하여 化水할 뿐 아니라 壬水가 旺旺하니 制去된 것이고 印星을 從한다. 따라서 官印運에 發達하고 午運은 大不利하다. 따라서 末年에 宰相으로 得名하였으며 大運寅에 當하여 月支印星을 冲하고 忌神丙火가 長生하여 病

(第二百八柱)

丙戌
丁亥
庚寅
乙酉
癸亥
丙辰
己丑
戊子
辛卯
庚寅
壬辰

印綬格 監簿의 命

本命은 年上庚金으로 印星을 삼는 바 官星이 生助해 주므로 印旺하다. 乙庚合金하고 年支寅木은 伐折되니 時支丙火는 뿌리가 없는듯 하지만 亥中甲木과 寅中甲木이 共生하니 버릴 수 없다. 따라서 此命이 格解에 「印多에 要見財星이라」한 말에 該當하는 命造이다. 따라서 寅卯東方地에 生火하여 發身한 것이며 卯大運은 月令을 冲하나 亥卯合局되고 月神이 加助되므로 命盡되었으리라.

令이 旺하므로 無妨하며 壬大運에 丙火財星을 尅하므로 死亡하였다.

第三十四論 雜氣印綬格 (前論同)

(第二百九柱)

辛未
壬辰
甲辰
壬戌
辛卯
庚寅
己丑
戊子
丁亥
丙戌
乙酉
甲申

雜氣印綬格 沈尙書의 命

辰中癸水로써 印星을 삼는 바 年干官星이 生助하니 吉貴하다. 財星運이 亦是 不美하고 北方運中 大發하여 宰相으로서 功蹟을 세웠다.

(第二百十柱)

戊寅
庚戌
壬戌
丙辰
乙卯
甲寅
癸丑
壬子
辛亥
庚戌
己酉
戊申
丁未
丙午

雜氣印綬格 黃運使의 命

此命은 戌中에 있는 戊土를 取用하여 印綬를 삼고 寅戌火局을 이루어 官星을 얻으니 貴格이다.

東方財地에는 本來 不利하나 火局을 이루므로 發福하며 한때 重職을 歷任하였다.

(第二百十一柱)

丁 癸 辛 戊
丑 丑 卯 子
壬 辛 庚 己 戊 丁 丙 乙
子 亥 戌 酉 申 未 午 巳

雜氣印綬格 鄭知府의 命

此命은 丑中己土를 印星으로 取한다. 此格은 또 辛日干이 戊子時를 만나 癸水가 丁火를 沖去하므로 六陰朝陽格에 該當한다. 그러나 丁火가 있으므로 破格이다. 따라서 此命이 印綬格으로써 西南方運에 發福하여 地方長官이 되었다.

(第二百二十柱)

丙 己 壬 癸
寅 丑 寅 丑(?)
庚 辛 壬 癸 甲 乙 丙
寅 卯 辰 巳 午 未 申

雜氣印綬格 周宗薄의 命

此命 또한 丑中의 辛金으로 印綬를 삼는 바 丙火가 寅中에 長生하여 調候하니 水土가 溫하고 金暖하여 五行이 會通하므로 貴格이다. 身印旺運에 發身하여 位가 宗簿에 이르렀다. 身弱한 때문이다.

(第二百十三柱)

丙 辛 壬 癸
寅 丑 巳 亥
戊 丁 丙 乙 甲 癸 壬
申 未 午 巳 辰 卯 寅

雜氣印綬格 呂丞相의 命

此命 또한 丑中辛金으로 印綬를 삼는다. 巳丑이 合金하여 印星이 旺盛하니 印多에 要見財星이라 寅中丙火가 透出하여 調候하고 大運이 南方巳午未로 向하니 大發하여 一人之下萬人之上이 되고 大功을 이루었다.

(第二百十四柱)

癸 戊 丙 庚
丑 戌 戌 寅
壬 辛 庚 己 戊 丁
辰 卯 寅 丑 子 亥

雜氣印綬格 葛侍詔의 命

此命이 戌中에 있는 丁火로써 印綬를 삼는데 月干에 丙火가 있어서 다시 生助하며 戌火局을 이루니 印星이 不弱하다. 此命은 水火相剋하였는데 初年 亥子丑運은 運干 丁戊已字가 蓋頭하였으므로 大厄이 없이 지났으나 寅卯東方運에 大發하고 그後 壬辰運

291

中 戊子年에 水局을 이루어 貪財壞印되므로 死亡하였다.

第三十五論 六壬趣艮格

且如壬水日主가 多見寅字면 則用寅中甲木이 暗邀己土하야 爲壬之官星이며 丙火邀辛金하야 爲壬之印綬니 怕午申二字冲之요 忌財官塡實이니라. 喜身旺地며 歲運同이니라. 寅爲艮土之方이니 故로 日趣艮이오 謂壬祿在亥에 寅與亥合이니 又謂之合祿이요 亦忌破害며 運行申則壞寅字니 不吉이니라.

壬水日主가 寅字를 많이 만나면 寅中의 甲木(正氣)이 己土를 暗來하여 邀合하므로 壬日의 官星을 삼고 寅中의 丙火가 辛金을 邀合함으로써 壬水의 卯綬를 삼는다. 이때에 午字나 申字가 있어서 冲來해 옴을 大忌하고 財官이 塡實됨을 또한 꺼린다.

身旺함을 기뻐하고 年運이나 大運이 同一한데 寅은 艮位上 艮宮이 되므로 趣艮이라 이름한 것이다. 또 壬祿이 亥에 있으니 寅이 亥字를 暗合해 오므로 合祿이 兼成한다. 따라서 破害는 꺼리고 大運이 申에 이르면 寅字를 破壞하므로 不吉하고 失職降官하게 된다.

(第二百十五柱) 六壬趣艮格

壬寅 癸卯
壬寅 甲辰
壬寅 乙巳
壬寅 丙午
壬寅 丁未
壬寅 戊申

此命은 壬日이 寅字가 많아서 大貴하고 大權을 掌握할 命造이다. 다시 此命은 天元一氣도 되니 그 淸貴함을 可히 짐작하기 어렵지 않다. 巳大運은 三刑이 되니 障碍가 있고 午運은 寅字를 絆合하여 傷官하므로 不吉하며 申大運은 寅位를 冲尅하니 失意降職이요 禍殃이 있다. 命이 盡할 運이다.

第三十六論 六甲趣乾格

　且如六甲日生이 柱中要亥字多엔 乃爲天門之位요 北極之垣이니 甲木賴之以長이라 如人이 以甲日生에 亥字多字는 自然富貴矣니 忌巳字冲之니라 此論은 甲祿在寅에 亥與寅合이니 謂之合祿이요 忌見財星이며 乃寅巳二字니 歲運亦同이니라.

　六甲趣乾格이란 甲日生이 亥字가 많음을 일컫는 말이니 亥가 卦位上 乾宮에 該當하는 까닭이다. 亥字는 天門의 位가 되고 北極의 垣이 되는 바 甲木이 다시 間生하는 자이니 貴格이 아닐 수 없다.

　따라서 甲日生이 亥字가 많으면 自然히 富貴하고 巳字는 冲亥하므로 忌諱하며 다시 甲祿이 寅字에 있는데 寅을 亥가 合來해 오는 바 合祿格을 兼하여 더욱 貴氣가 加助되는 것이다. 財星을 忌하며 寅巳二字 또한 冲位이고 塡實位이므로 忌하며 歲運이나 大運이 亦然하다.

六甲趣乾格 新安伯의 命

甲子　癸亥　丙寅　戊辰
乙丑　戊辰　丁卯　乙丑
　　　　　己巳

（第二百十六柱）

　甲日干이 亥月에 生하고 水氣多하며 亥子丑北方水氣가 全有하니 貴命이다. 巳大運은 甲日生이 亥字를 冲하므로 大凶하다. 戊己財星運은 亥子丑北方水氣가 碍障가 있다. 少年時節부터 得名하고 雲程에 直上하여 名官이 되었다. 年上에 財星戊土가 솟아 있음은 忌하는 바이며 大運中 寅字는 塡實位이므로 減福의 證兆이다.

第三十七論 句陳得位格

　此格은 以戊己日이 爲句陳이니 遇亥卯未木局하야 爲官이어나 申子辰水局하야 爲財地가 是也니라 正是戊寅戊子戊申己卯

己亥己未日이 是也며 忌刑冲殺旺이니 則反生災矣라 歲君大運이 亦然이니라.

此命은 戊寅 戊子 戊申 己卯 己亥 己未日이 그것인 바 刑되고 殺旺함을 忌하니 災殃을 招冲하기 때문이며 歲運이나 大運이 또한 그러하다.

(第二百十七柱)

丁亥　丙戌
丁亥　乙酉
己卯　甲申
戊辰　癸未
　　　壬午
　　　辛巳

句陳得位格 丁都督의 命

己土日干이 地支에 亥卯未木局을 이루어 官星을 얻으니 句陳得位格이 된다. 財星과 官殺에 丁火가 兩透하여 殺印化之하고 있다. 時柱에 戊辰劫財가 生助하니 身旺殺旺하여 日主를 生助하니 財旺한데 殺印相生하니 大權을 掌握하고 威振揚名하였다. 巳大運은 月令을 冲하고 巳中庚金이 木局을 破하므로 敗運이다.

第三十八論　玄武當權格

且如壬癸二日生이 値寅午戌火局하야 爲財어나 辰戌丑未는 爲官이 是也니 壬寅 壬午 壬戌 癸巳 癸未 癸丑이 是也니라. 忌冲破身弱則不吉이요 壬癸屬水故로 爲玄武요 但得火局故로 日當權이니 無非水火旣濟之功이 亦理而已矣니 夫何異哉리요.

壬癸二日生이 寅午戌火局이 되어 日主의 財星이 되거나, 辰戌丑未가 官星이 되거나 하면 玄武當權이 된다. 壬寅 壬午 壬戌 癸巳 癸未 癸丑이 그것인 바 冲破가 되거나 身弱이면 不吉하다. 壬癸는 水에 屬하므로 玄武라 하는 바 반드시 火局을 얻어야 當權이니 水火旣濟의 功(水分과 溫度가 調和됨으로써 萬物은 生成한다)이 아닌 것이 없는 때문이다.

294

得斯道者는 主人性格이 溫和하고 有知慧하고 有禮貌하며 面帶赤黑이요 威而不猛이니 倘遇刑冲이 歲運値之하면 則不利矣니라.

此格을 얻은 者는 그 性格이 溫和하고 知慧가 있고 禮貌가 있으며 얼굴에는 붉고 검은 色이 나타나고 있는 바 威嚴이 있으나 勇猛치 못하다. 刑冲이 있거나 歲運이 大運에서 만나면 不利하다.

「詩訣」 壬寅各爲玄武神이니 財官兩見始成眞이라 局無冲破當朝歸요 輔佐皇家一老臣이니라.

詩決에 「壬癸水는 玄武의 神인데 財官을 兩見함이 眞格이다. 格局內에 冲破가 없으면 朝廷에 重臣이 되어 皇家를 補佐하는 信任이 있는 老臣이 된다」고 하였다.

(第二百十八柱)

庚午 癸未 玄武當權格 李都督의 命
壬午 甲申
壬寅 乙酉
辛亥 丙戌
　　 丁亥
　　 戊子

此命은 壬日主가 寅午戌火局을 지었고 財旺節에 生한 바 玄武當權格이다. 此命이 亥水時支에 建祿하고 印星과 比肩이 干에 透하여 日主를 生助하므로 甚弱하지 않은 中 大運이 金水의 身旺鄕으로 行하여 大發한 것이다. 子運에 이르러 午火를 冲하므로 火局을 破하니 命盡하였다.

第三十九論 炎上格

且如丙丁日이 見寅午戌全이어나 或巳午未全者가 是也니 但恐水鄕金地요 喜行東方運이며 怕冲이요 要身旺이니 歲運同이니라.

炎上者는 火之勢急이니 又得火急이면 渾然成勢하야 火爲文明之象이니 眞之者는 當爲朱紫之貴니 豈是尋常之命哉아.

炎上格은 丙丁二日이 寅午戌이 全部 있거나 或 巳午未가 全部 있으면 合格된 것이니 但 水旺地와 金旺鄕을 두려워하고 東方運을 기꺼워하며 冲을 꺼리고 身旺을 要하는 바 歲運과 大運이 同一하다.

炎上者는 火勢가 急하니 또 다시 火勢의 急함을 얻으면 渾然히 勢를 이루어서 火가 文明한 象을 얻는 것이다. 따라서 炎上者의 眞格者는 金冠과 玉帶를 띠고 붉고 자주빛 나는 高官大爵의 衣裳을 하는 貴命이니 어찌 平常한 格局이 되겠는가?

(第二百十八柱)

乙未　庚辰　　炎上格　張太保의 命
己卯　辛巳
丙午　戊寅
甲午　丙子

此命은 丙日主가 巳午未 火局이 地支에 全部 있으므로 炎上格이 되었다. 大運이 東北 方으로 흐르므로 早達하였을 것이며 丑運은 障碍가 있어도 土運이 旺火를 洩하여 直冲 은 아니므로 無關하나 子運은 旺火인 午位를 冲하여 死亡한다.

第四十論　潤下格

且如壬癸日은 要申子辰全이어나 或亥子丑全이 是也니 忌辰戌丑未官鄕이요 喜西方運이며 不宜東南이라 怕冲尅이요 歲運同이니라.

潤下格이라 함은 四柱中 申子辰이 全部 있거나 또는 亥子丑이 全部 있어야 하는 바 辰戌丑未의 土運은 忌諱하니 그것은 壬癸水의 官鄕으로서 旺勢인 水氣를 冲尅하는 때문이다. 따라서 衰弱한 者가 旺盛한 勢力을 所有者에게 怒情을 얻는 것과 같아서 도리어 炎殃을 만난다. 또 西方運은 기꺼우나 東方運은 不宜하고 冲尅을 꺼리는 바 歲運과 大運이 同一하다.

此命得申子辰全이요 亥子水鄉이며 渾然庚辛又生湛然이면 福星廣潤이요 眞富貴人也니라. 潤下者는 天干地支渾是水니 如潮海汪洋이요 玩以無際니 主人이 淸秀量洪이라 倘遇土運엔 必主淹滯요 若生冬月者면 又爲奇特者也니라.

此命은 申子辰이 全히거나 亥子丑北方精氣를 全部 所有하고 있으며 다시 渾然히 庚辛金이 섞여서 湛然 (물이 깊고 沈重한 貌樣)히 生助해주이면 福量이 廣潤하니 眞富貴格이다.

潤下格은 天干地支가 全部 水여야 하는데 바다물이 汪洋하고 끝이 없는 것과 같아서 主人이 淸秀하고 度量이 넓다. 土運을 만날 境遇엔 반드시 障碍가 生할 것이니 만일 冬月에 生한다면 奇特한 命造이다.

(第二百二十柱)

庚子　辛巳
庚辰　壬午
壬申　癸未
辛亥　甲申
　　　乙酉
　　　丙戌

潤下格 萬眞人의 命

壬日生이 地支에 申子辰水局이 全하고 時支에 亥字가 있으며 旺金이 다시 生助하니 潤下의 眞格이다. 大運에 南方運은 大不利하나 大運天干에 辛壬癸가 蓋頭하니 解救된 것이요 申酉運은 順其勢하므로 發身運이다. 運干甲乙은 良好할 수 만은 없고 丙戌運은 凶厄의 運이니 死亡運이다. 一點의 病神은 없으나 辰月土旺節이고 水火旺間에 生하였으므로 出生節候와 命造는 相剋되어 있음을 알 수 있다. 이에 貴氣가 減損되었으며 亥字空亡된 中 孤神이 臨하니 修道人이요 智慧가 出世한 偉才였다.

第四十一論　從革格(陰從上格)

此格은 以庚辛日이 見巳酉丑金局全이어나 或申酉戌全者是也니라. 忌南方火運이요 喜庚辛旺運이며 亥卯未者는 爲之金木間革也니라.

이 格은 庚辛日이 巳酉丑金局이 全部 있거나 或 申酉戌이 全部 있거나 하면 從革格이 됨을 일컫는 바 金勢 庫破됨을 꺼리고 歲運이 또한 同一하다.
를 依持하여 따라간다. 南方火運을 꺼리고 庚辛旺運을 기뻐하며 亥卯未를 보면 金木間革이 된다. 刑冲되고

(第二百二十一柱)

丁酉
丙申
乙未
甲午
癸巳
壬辰

從革格

此命은 申酉戌이 全部 있으므로 從革格이요 月令의 戊土가 生金하니 眞格이다. 爲人
이 義氣가 있고 威勢가 있으니 是非義曲을 糾察하는 武官의 職位에 있었다. 甲乙木運에
旺金을 冲逆하니 滯運이요 午丙丁火運은 旺金을 尅制하므로 凶運이다. 土金運이 大發運
이요 水運도 平吉하다.

第四十二論　稼穡格

以戊己二日生人이 値辰戌丑未全者가 是也니 忌東方運이요 及北方財運이며
無木尅이면 是以爲福이니 此格이 喜行西南이요 惟忌東北이라 所謂稼穡者며
深有培養之功이니 主人이 多信이요 人品이 重厚豊肥며 生財有道니 斯爲貴人矣니라.

戊己二日生이 辰戌丑未가 全部 있으면 이것이 稼穡格이니 東方運을 忌하고 및 辰戌丑
未가 俱全한데 水를 얻어 財星을 만나거나 또 木尅이 없으면 이에 福이 된다. 此格은 西南鄕이 좋고 오직 東
北을 忌한다.

이른 바 稼穡者는 오직 土를 俱從할 것인 바 干支에 거듭 만나서 土氣의 一色됨을 좋아한다. 深히 培養의
功이 크니 爲人의 性品은 믿음이 많고 重厚하고 豊肥하며 富貴한 命이다.

298

稼穡格 張眞人의 命

```
庚  己  戊
申  未  戌
辛  壬  戌
酉  戌  
癸  癸  戊
丑  亥  辰
    甲
    子
```
(第二百二十二柱)

戊日干이 辰戌丑未가 全部 있으니 眞格이요 癸水가 있어서 破格이 되나 戊癸化火하니 無妨하다. 初年 申酉戌運은 大吉하니 早年에 立身하였고 學問에 깊은 探究가 있었다. 以來水木運이므로 現世에서 立身揚名할 수 없었고 日主가 華蓋에 臨坐하니 方外人(修道人)이요 寡宿에 空亡이며 土多하여 信仰心이 强하니 眞理探究와 修道에 專心하여 眞人의 이름을 後世에 傳하였다.

第四十三論 曲直格(仁壽格 靑龍格)

此格은 以甲乙日干이 取地支에 寅卯辰이어나 或亥卯未木局이라 要不見庚辛之氣니 見庚辛則官殺이요 非此格也니라.

此格은 甲乙日干이 地支에 寅卯辰이 있거나 亥卯未木局이 있음이니 仁壽曲直格이요 靑龍이라 呼稱한다. 要컨대 庚辛金을 보지 말것인 바 萬一 庚辛金을 보면 官殺이니 曲直格으로 보지 않는다. 只要行木運이니 故로 日曲直이며 運喜東北이라 北方有水에 木賴水生이니 故로 從其類요 主人이 多仁이며 忌西方運이니라.

단지 木運으로 行할 것을 要하니 그러므로 曲直이라 이름하는 바에 東北運을 기뻐하는 것은 北方에는 水가 있어 木氣가 水를 依賴하므로 長生하는 때문이다. 그러므로 同類를 從勢從旺하는 命格이다. 人品이 어진 마음씨가 많으며 西方金運은 大忌한다.

曲直格 李總兵의 命

(第二百二十三柱)

甲寅
己巳　戊辰
丁卯　庚午
乙未　辛未
丙子　壬申
　　　癸酉

此命은 地支에 卯未木局이 있고 寅木이 있으니 眞格이다. 따라서 貴榮할 것인데 運路는 吉하지 못하므로 破亂이 많았을 것이다. 丙丁火가 透出하여 木火通明이니 聰明文章 格이다. 庚辛大運은 大厄의 運인데 乙木과 情合하고 丙辛化水하니 未壬癸運에 立身할 수 있었다. 申運이 비록 金運이나 壬水蓋頭하여 壬水가 化水하고 申子水局하니 無妨하였고 酉大運은 卯木을 冲하므로 마침내 天運을 避할 수 없을 것이다.

第四十四論　日德秀氣格

日德秀氣格은 要컨대 天干에 三個의 乙字가 있고 地支에 巳酉丑이 全部 있어야 한다. 이는 秀氣가 되는 때문이다. 辛酉日이나 丁酉日이라야 하니 冲剋을 꺼리고 運路에서도 또한 同一하다.

要天干三個乙字요 地支巳酉丑全이며 更有丙子壬子辛酉丁酉日이니 亦是秀氣니라. 怕冲剋이요 運同이니라.

第四十五論　福德格

此格이 只要己丑日主니 地支巳酉丑全者是라 忌火鄉官鄉이요 忌冲破니라.

此格은 己丑日이어야 하니 地支에 巳酉丑이 全部 있어야 入格하는 것인 바 火鄉과 官鄉을 忌하고 冲破를 忌한다.

福德格은 非但己丑日에 限할 것은 아니니 五陰日에 다 있는 것으로 볼 수 있다. 곧 陰土(己巳 己酉 己丑

와 陰火(丁巳 丁酉 丁丑)와 陰水(癸巳 癸酉 癸丑)와 陰金(辛巳 辛酉 辛丑)와 陰木(乙巳 乙酉 乙丑)에도 있는 바 刑沖破害를 忌하며 歲運과 大運이 同一하다.

第四十六論 棄命從財格

假如乙日이 見辰戌丑未하야 財神이 極旺이요 乙木이 四柱無依하면 則捨而從之니 及其人生이 平懼內하고 爲塡房贅繼之人(췌계)이니라. 財者妻也요 身無所旺이면 倚妻成立이니 故로 爲此論이니라.

從財格은 乙日이 辰戌丑未를 얻어 財神이 極旺한데 乙木日干이 四柱中 依持할 곳이 없으면 곧 我身을 버리고 財星을 따라가는 바 如斯한 사람은 平生에 內室을 두려워하고 데릴사위가 되거나 妻家에 依持하게 된다. 그것은 財星은 妻를 뜻하는 바 財星만 旺盛할뿐 日主를 生助해 주는 印星이나 比刧이 全혀 없으면 財星인 妻位를 依倚하여 命造가 成立된 것이므로 依妻論이 生하는 것이다.

第四十七論 傷官生財格

且如乙日生이 地支에 見寅午戌局全이면 則自生戌己土爲財니 要行火鄕財旺運이요 怕官鄕이며 忌刑沖이면 則不吉이니라.

傷官生財格은 乙日生이 地支에 寅午戌局이 全部있으면 戊己土는 自生하게 되는 바 火鄕과 財旺運에 行하여야 하고 官鄕으로 行함은 꺼리며 刑沖 또한 忌하니 不吉하다.

棄命從財格

(第二百二十四柱)

庚辰
戊子
丁亥
丙戌
乙丑
甲戌
乙酉
甲申

甲日干이 干支에 土旺財盛할 뿐이므로 日主는 從財하게 된다. 이 때에 丙戌大運은 大發할 運이나 刑冲되므로 如意하지 못하다. 戊子運은 子水는 大凶한 運이나 子丑合하고 干에 戊土가 財星을 도울뿐 아니라 戊土는 合火하여 存命하였고 丁亥運은 丁火가 吉神인데 亥中戊土가 藏在한 外에 亥中甲木이 丁火를 生하니 丁火가 生土하는 中裁役割을 하므로 亦是 平好하였다. 甲運은 死運이니 萬一 食傷이 있으면 洩木化火하므로 無妨하였을 것이다. 乙木은 柔木이고 乙庚合金하므로 死亡은 免하였다. 從財格에 食傷이 있으면 第一 忌諱하는 比刦大運을 만나도 無妨하고 學問에도 趣味를 붙이며 立身揚名하는 것이다.

(第二百二十五柱)

戊午
戊戌
癸亥
甲子
乙丑
丙寅
丁卯
戊辰

傷官生財格

此命이 地支에 寅午戌火局을 全部 가졌으니 傷官生財格이다. 初年 癸運은 戊癸合火하고 癸水의 힘은 本來 無力柔弱한 것이므로 順勢하여 吉하고 亥運은 亥中甲木이 生火하니 良好하며 甲運 또한 傷官이 化財하니 吉好하다.

第四十八論 棄命從殺格

且如乙日干이 巳酉丑金局하야 太盛하고 又無制殺이며 身主無氣하면 只得捨身而從之니 要行殺旺及財鄕이며 忌日主有根이요 及比肩之地니라.

乙木日干이 巳酉丑金局이 있어서 太盛하며 制殺함이 없고 日主가 無氣하면 日主의 五行을 버리고 殺官을 따라야 한다. 이와같은 從殺格에는 殺旺運이나 財旺鄕으로 行入하여야 吉하고 日主가 有氣하면 忌하며 比肩이나 刦財運으로 運行하면 凶禍가 있다.

第四十九論 傷官帶殺格

且如乙日生이 寅午戌地支全하고 若干頭有庚辛이면 則藉庚辛爲權이니 火制之爲福重이니라. 最要旺運이요 忌見財며 得中和爲貴니라.

甲乙日生이 地支에 寅午戌이 全하고 天干에 庚辛官星이 튀어 나왔으면 곧 庚辛官星을 依持하여 權貴를 얻는 것이니 火를 制함으로써 福이 되는 바 身旺鄕으로 大運이 行할 것이요 財星은 忌한다. 要컨대 中和를 얻음이 貴命의 要件이 된다.

第五十論 歲德扶殺格

且如甲日이 見庚年是柱라 正如年爲君位요 日爲臣位니 臣得君權이니라 然又以年爲祖요 日爲己身이니 七殺有制면 則祖上會有耀職也니라.

歲德扶殺格은 甲日이 庚年을 만나는 例이니 貴함이 있다. 比컨대 年柱는 君位가 되고 日主는 臣位가 되는 바 臣이 君權을 얻은 때문이다. 그러므로 年은 祖上이 되고 日主는 自身이니 七殺이 制함이 있으면 祖上이 貴榮하였을 것이다.

第五十一論 歲德扶財格

且如甲日이 見戊己年이 是也니 若財命有氣면 其主人이 得祖上物業이나 身弱則不僅業也니라.

甲日이 戊己年을 만나면 歲德扶財格이 되는 바 萬一 財運이 有氣하면 當主가 祖上의 遺産을 받을 것인데 身弱하면 虛妄할 따름이다.

第五十二論 夾丘格(拱財格)

此格은 用日支與時支拱其財니 且如甲寅日甲子時면 虛拱丑宮己土爲財庫며 又如乙卯日丁巳時요 甲午日壬申時며 癸酉日癸亥時가 是也니라. 要虛拱不要塡實이요 及酉若絆이면 則拱不得이며 更要日主自旺이요 或財旺運皆吉이니라.

歌日夾丘之格少人知니 拱夾休塡墓庫中이라 不犯柱中官殺位며 一生淸貴顯當時니라.

夾丘格은 日支와 時支사이에 財星을 끼어가진 것(夾帶)을 말하니 一名은 拱財格이다. 例컨대 甲寅日이 甲子時에 生하였으면 丑字를 於間에 끼어가진 것이니 丑中己土가 있어서 財庫가 됨이 그것이다. 또 乙卯日이 丁巳時生이면 그러하고 甲午日의 壬申時生이 그러하며 癸酉日癸亥時生이 그렇다. 이때에는 財星이 拱財되기만 할 것이고 四柱 中에 財星이 있어서는 안된다. 또 酉字가 있어서 拱位를 絆合하여도 不吉하니 財星을 拱得하지 못한다. 또 要望되는 것은 日主는 自旺할 것이니 身旺하여야 財를 能任할 것이며 財旺運에 發福할 것이다.

詩歌에 말하기를 夾丘格을 아는 사람이 그 몇인가? 墓庫中에 있는 財星은 塡實되지 말아야 한다. 또 柱中

에는 官殺이 없어야 하니 如此한 者는 當代에 清貴한 指導的 人物이 될 것이다.

(第二百二十六柱)
庚戌
戊子
癸酉
癸亥

己庚辛壬癸甲乙丙
寅卯辰巳午未申

夾丘格 金丞相의 命

此命은 酉字와 亥字 사이에 戊字를 拱夾하였으므로 戊中丁火를 取하여 財星을 삼는다.
此命은 日祿이 月令에 該當하고 身旺하니 東南方財運에 大發하였다. 四柱에 本來 官星이 有勢하여 貴命인 바 東南方運에 調候하므로 發福한 것이다. 本命이 年支에 戊字가 있어 塡實되었으나 此命이 戊中丁火를 取用하는 바 丁火가 直接 透出하지 않았으므로 貴한 것이다. 通變과 他格의 兼有與否와 調候等을 아울러 살피지 않으면 안된다.

(第二百二十七柱)
丙辰
辛卯
癸酉
癸亥

戊丁丙乙甲癸壬
戌酉申未午巳辰

拱財格 張尙書의 命

此命 또한 前造와 同히 戊中丁火를 拱取한다. 洩氣가 深하여 弱化된 때문이니 辛酉金이 制木生水함은 吉하다. 따라서 本命은 財官을 喜用인데 年干에 丙火가 透出하며 戊中丁火를 拱取하니 貴命이다. 그러나 此命이 卯酉冲하여 破格이 다시 時柱에 癸亥水가 生助하니 癸水는 猶旺하다. 二月은 乙木이 掌令하므로 癸水는 旺剛할 수 없다.

(第二百二十八柱)
甲子
癸酉
癸酉
癸亥

己戊丁丙乙甲
卯寅丑子亥戌

拱財格 柳總官의 命

此命은 本來 從格이니 印比專旺한 때문이다. 그러나 戊中의 火庫를 暗拱해오니 爭財合多하므로 解救되었다. 大運이 南方으로 行하고 金旺運에도 丙丁이 透하니 無妨하고 功名을 얻었다. 그러므로 丙丁戊寅己卯에 發身하였고 辰運에 拱位를 冲하여 壞滅시키나 死하였다.

第五十三論 兩干不雜格

此格은 乃謂年月日時에 連占兩干이니 純一不雜也라 取兩字不亂之類是也니라 又謂之兩干連珠格이니 經云兩干不雜利名齊라 其斯之謂與니라.

이 格은 年月日時에 兩干이 連在되어 있음을 말하니 純一하여 不雜한 때문이다. 兩字가 不亂하므로 貴格으로 取하나 專依할 수는 없다. 또 兩干이 구슬을 꿰듯이 連珠된 格으로 보니 經에 말하기를 「兩干이 不雜하니 利와 名이 함께 한다」고 하였다.

　　　　甲　子
　　　　乙　亥
　　　　丙　戌
　　　　丁　丑
　　　戊丁丙乙
　　　寅丑子亥

兩干不雜格 王侍郞의 造

此命은 年月에 甲乙干이 있고 日時에 甲乙干이 또 있으니 淸貴한 氣運이 있다. 此命이 財官을 取用하니 丑戌中의 辛金正官이 있는 때문이다. 財官旺運에 發福하여 名利俱全하였다.

(第二百二十九柱)

　　　　乙　丑
　　　　甲　戌
　　　　丁　酉
　　　　丙　寅
　　　癸壬辛庚己
　　　未午巳辰卯

兩干不雜格

此命 또한 眞格이니 貴命이다. 辰土가 旺火를 洩하여 生金하고 合金하니 金土水旺地에 發하였다. 一生의 最大運은 辛丑十年間이다. 卯大運에 財星酉金을 冲破하니 死亡하리라.

(第二百三十柱)

　　　　丙　寅
　　　　丁　酉
　　　　丙　辰
　　　　丁　卯
　　　癸壬辛庚己
　　　卯寅丑子亥

306

第五十四論　五行俱促

此格은 取年月日時胎에 帶金木水火土全者가 是也니 此二格者는 亦不論官殺이요 只取五行爲全이니 自有生生不絶之義며 化化無窮之理라 是亦罕有矣니라.

五行俱足格

五行俱足이란 年月日時胎에 金木水火土五行이 全部 있음을 말하니 例下의 二格 또한 生生不絶하고 化化하여 결림이 없으니 官殺을 論할 것 없이 貴命이다.

(第二百三十一柱)

甲子　生年　金
丁丑　生月　水
丁巳　生日　土
戊辰　生時　木
己未　胎月　火

甲子乙丑은 海中金이니 生年은 金이고 戊辰己巳 大林木이니 生月은 木이요 丙辰丁巳 沙中土니 生日은 土요 丙午丁未 天河水이니 生時는 水이고 戊午己未는 天上火이니 胎月은 火이다. 胎月의 算出法은 第一編 第十九論을 參照하기 바란다. 따라서 此命은 納音五行上 五行을 갖추었으니 貴命인 바 干支五行이 兼하여 俱足되면 더욱 좋고 大運을 다시 살펴 보아야 한다. 이때에는 前述한 原理들에 立脚하여 살핀다.

(第二百三十二柱)

乙酉　生年　水
壬午　生月　木
辛未　生日　土
丙申　生時　火
癸酉　胎月　金

甲申乙酉는 井泉水이니 生年이 水이고 壬午癸未는 揚抑木이니 生月이 木이요 庚午辛未는 路傍土니 生月은 土이고 丙申丁酉 山下火니 生時가 火이고 壬申癸酉는 劍鋒金이니 胎月은 金이다. 納音五行에 對한 硏究는 第一編 第十二論 六十花甲子納音論에 미룬다.

第五十五論 支辰一氣 天元一氣 干支同體

支辰一氣란 年月日時地支가 全部 同一한 地支字임을 말하고 天元一氣란 天干四字가 同一한 것이며 干支同體란 四個柱가 全部 同一함을 말한다.

(第二百三十三柱)

```
戊 庚 丙 甲
寅 寅 寅 寅
壬 庚 辛 丁
申 午 未 卯
```

支辰一氣格

此命이 地支에 寅字가 純一하므로 眞格인 바 貴命이다. 正月庚金이 寒冷한데 丙火가 長生透出하여 調候하니 吉하고 木多하고 丙火가 旺하여 庚日主가 弱한데 四寅中 戊土가 透出하여 生助하며 火金運으로 行하니 大發하였을 것이다.

(第二百三十四柱)

```
乙 乙 乙 乙
丑 酉 亥 酉
甲 癸 壬 辛
申 未 午 巳
     庚 己
     辰 卯
```

天元一氣格

此命이 年月日時의 天干에 乙木一氣로 되었으니 貴格이다. 此命이 地支에 巳酉丑金氣를 이루었으나 亥水가 殺印相生하니 大貴格이다. 南方에 火運이 調候하고 身旺鄕에 行하므로 大發하였다.

808

天元一氣格

(第二百三十五柱)

甲子
甲戌
甲寅
甲午

 天元에 甲字一氣가 있고 地支에는 火局을 이루어 傷官格을 兼하였는데 戌中에는 다시 辛金이 있어 雜氣財官을 이루었다. 地支에 寅午戌火局을 이루니 陽이 陽位를 얻어 性品이 活達하고 頭領格이다. 木火通明하니 才藝聰明이 놀랍고 木火土가 燥烈한 中 子水가 調濕하는데 亥子丑北方運에 大發하였고 東方運에 大貴하며 庚辰運은 辰土가 戌庫를 冲하니 傷官을 破하므로 死亡運이나 戌中辛金이 튀어나오니 大貴한다. 此命이 時支傷官이요 子運이 不吉하니 子福이 없고 財福 또한 薄弱하다.

(第二百三十六柱)

戊午
戊午
戊午
戊午
　己未
　庚申
　辛酉
　壬戌
　癸亥
　甲子

 干支同體
 四言獨步에 이르기를 「天元一氣에 地物이 相同이니 位列三公이라」하였다. 原來 干支同體는 貴命이니 周益公의 庚辰年庚辰月 庚辰日 庚辰時生을 비롯하여 己巳의 四柱 乙酉의 四個柱 丙申의 四個柱, 丁未壬寅, 癸亥 等의 四個柱가 다 貴命이다. 四個의 辛卯는 貧夭의 命이요 甲戌의 干支同體는 破家하며 主人이 怜悧聰明하나 大成하지 못한다. 此命이 子水水運에 旺火를 冲하니 死亡한다. 壬水運은 土旺節中 戌土上의 水이니 死亡치는 않을 것이고 癸運은 戊癸合火하니 無妨하며 亥運은 亥中甲木이 生火하고 亥中戊土餘氣가 있으므로 過運하였으나 子運은 旺午를 冲하니 死亡한다. 此命이 特達功名하는 英雄格이다.

第三編 命理各論篇 (第三卷)

第一章 六親論

第一論 六親總論

夫六親者는 父母兄弟妻財子孫이 是也니 用日干爲主하야 正印正母요 偏印偏母 及 祖父也요 乃母之夫星也며 亦爲偏妻며 正財爲妻며 偏財爲妾爲父是也요 比肩爲兄弟娣妹也며 七殺是男이요 正官爲女며 食神是男孫이요 傷官是女孫 及 祖母也니라.

六親이란 父母兄弟妻財子孫을 말한다. 日干을 爲主로 해서 分別하는 것인 바 正印은 親母이고 偏印은 繼母 庶母 等의 偏母이며 또 偏印은 祖父가 되기도 한다. 偏財는 父親이니 母親인 正印의 父星이 때문이요 (甲日主는 癸水가 正印이니 甲日의 偏財와 合하여 戊土가 夫星이 된다) 偏財는 또 偏妻(妾 外妻)이며 正財는 妻가 되고 比肩은 兄弟娣妹가 되고 七殺은 男息이 되며 正官은 女兒가 되는데 官殺의 陽은 男이고 陰은 女息이 된다. 食神은 男孫이 되고 傷官은 女孫이 된다. 傷官은 또 祖母가 되기도 한다.

婦人命이 取六親에 與男命不同이니 取官星爲夫星이요 七殺是偏夫며 食神是男이요 傷官是女니 經云호대 男取尅干爲嗣요 女取干生爲子息 及 奴婢也니라.

婦人命은 六親을 分別하는데 있어서 男命과 다른 바가 있으니 官星을 取하여 夫君을 삼고 七殺은 偏夫(外夫不義夫)가 되며 食神은 男兒요 傷官은 女息이다. 食神傷官의 陽星이 男息이고 陰星이 女息이니 陰干日生인 境遇에는 傷官이 男息이 되고 食神이 女息이 된다. 例컨대 甲乙日生은 共히 丙巳가 男息이고 丁午는 女息이 된다.

經에 말하기를 男者는 日干을 剋하는 者로 子息을 삼고 女者는 日干이 生하는 食神傷官으로 子息을 삼고 奴婢를 삼는다고 하였다.

年爲祖上이요 月爲父母伯叔兄弟門戶며 日爲妻妾己身이니라 且如六親受剋은 何如오 印綬見財엔 剋母及祖母也니 譬如正印作合母不正이요 財作合妻不正이요 官作合女不正이요 偏財作合妾不正이요 比肩作合娣妹也요 傷官作合祖母不正이요 食神合孫女不正이니라.

年은 祖上이 되고 月은 父母 伯叔 兄弟가 되며 日은 妻妾이 되고 自身이 되며 時는 子孫이 된다. 따라서 六親位의 相剋與否를 보아서 六親의 關係를 分別하는 法이 있다.

例컨대 印綬가 財를 보면 곧 甲日의 印綬는 癸이니 戊己土를 보면 母親을 剋하고 親母를 剋하며 比劫과 羊双은 剋한다. 比劫과 羊双은 妻妾과 父를 剋한다.

官殺이 많으면 兄弟緣이 적고 傷官과 食神이 많으면 子息緣을 기다리기 어려우며 梟印(偏印)은 孫을 傷하고 祖母를 剋하는 것이다. 譬如컨대 正印이 作合하면 母가 不正할 수 있고 財星이 作合하면 妻가 不正할 수 있으며 官星이 作合하면 女息이 不正하고 偏財가 作合하면 妾이 不正할 수 있고 食神이 作合하면 孫女가 不正할 수가 있다. 傷官이 作合하면 祖母가 不正할 수 있고 食神이 作合하면 孫女가 不正할 수가 있다.

假如 甲日이 爲母요 見癸爲母요 見戊辰戊爲父及妾이며 見己丑未字則與戊字로 相爭奪이며 又傷癸水요 剋母之義明矣니라 見甲寅字엔 剋父及妻妾이며 見庚申字엔 主剋兄姐也요 見乙卯字엔 剋弟妹며 見丙巳字剋子女也니 餘皆倣此니라.

假令 甲日이 日主이면 癸字를 봄에 印綬가 되고 戊字와 더불어 相互爭奪하게 된다. 또 己丑未字가 있으면 母親을 剋할 것이 明確하며 戊字가 있으면 父가 되고 妾이 된다. 甲寅字가 四柱에 있으면 兄姐를 剋하고 다시 乙卯字가 있어 庚辛金에 依해 破剋되면 弟妹를 剋한다. 丙丁巳는 子女를 剋하는 것이니 餘他의 日干도 同一하다.

此必以歲運見何字하야 則剋何人이니 更將冲剋衰旺向背로 將來者進이요 功成者退니 兼有孤辰寡宿하며 旬中空亡이 二三吉이니 金空則鳴이요 火空則發이요 水空則流며 木空則朽요 土空則崩이니 二者主凶이라 當以本生起니 剋害無疑니라.

六親法은 또 運路에 어떤 五行이 있어서 六親中 何人을 剋하는가를 分別하는 바 兼하여 冲剋하고 衰旺하는 運路의 向背를 보아 將次 來臨할 運勢에 該當하는 六親은 進旺할 것이고 功成한 者는 退衰하는 것이다.

아울러 孤神寡宿이 있거나 空亡이 있으면 不吉한데 空亡에는 三吉二凶이 있으니 金이 空하면 울리고 火가 空하면 發上하며 水는 空하면 흐르는 것이니 三者는 吉한 空亡이요 木이 空하면 썩고 土가 空하면 무너지니 이 二者는 凶한 空亡이다. 이들은 마땅히 生年을 標準할 것인바 剋害됨이 틀림 없다.

第二論 六親提要歌

分祿須傷主饋人이요 比肩重疊損嚴親이며 正財剋母偏財父요 夫婦相刑直退神이며 食神有壽妻多子며 偏官多女妙麒麟이
요 乘旺傷官嗣必絶이요 中和印綬自榮身이니라.

六親一覽表 (男命)

日干＼六親	兄・娣	弟・妹	孫	外孫女	父・妾	妻	男・孫	女姪女	偏母	正母
甲	甲	乙	丙	丁	戊	己	庚	辛	壬	癸
乙	乙	甲	丁	丙	己	戊	辛	庚	癸	壬
丙	丙	丁	戊	己	庚	辛	壬	癸	甲	乙
丁	丁	丙	己	戊	辛	庚	癸	壬	乙	甲
戊	戊	己	庚	辛	壬	癸	甲	乙	丙	丁
己	己	戊	辛	庚	癸	壬	乙	甲	丁	丙
庚	庚	辛	壬	癸	甲	乙	丙	丁	戊	己
辛	辛	庚	癸	壬	乙	甲	丁	丙	己	戊
壬	壬	癸	甲	乙	丙	丁	戊	己	庚	辛
癸	癸	壬	乙	甲	丁	丙	己	戊	辛	庚

(三十五表)

財祿을 分奪하면 當主의 福을 傷하고 比肩이 重重하면 父親을 損傷 (일찌기 死別、生別、疾病 等) 한다。正財는 母親을 傷헌하고 偏財는 父親宮에 該當하니 劫財와 比肩이 많으면 剋父한다。夫婦宮이 相刑되면 不可하고 食神이 있으면 壽를 하고 妻福과 子息이 많다。偏官이 많으면 子息이 많고 女息은 적으며 傷官이 四柱에 乘旺할 境遇에는 子孫이 끊어지는 바 傷官만은

子息宮인 官星을 剋害하는 때문이요 印綬가 中和되는 者는 스스로 榮貴하게 된다. 男女의 六親關係를 早見表로 보이면 第三十五表 第三十六表와 같다.

六親一覽表 (女命)

日干＼六親	兄娣	妯娌弟妹	男兒	女兒	父	姑	夫兄夫弟偏夫	正夫	偏母	正母
甲	甲	乙	丙	丁	戊	己	庚	辛	壬	癸
乙	乙	甲	丁	丙	己	戊	辛	庚	癸	壬
丙	丙	丁	戊	己	庚	辛	壬	癸	甲	乙
丁	丁	丙	己	戊	辛	庚	癸	壬	乙	甲
戊	戊	己	庚	辛	壬	癸	甲	乙	丙	丁
己	己	戊	辛	庚	癸	壬	乙	甲	丁	丙
庚	庚	辛	壬	癸	甲	乙	丙	丁	戊	己
辛	辛	庚	癸	壬	乙	甲	丁	丙	己	戊
壬	壬	癸	甲	乙	丙	丁	戊	己	庚	辛
癸	癸	壬	乙	甲	丁	丙	己	戊	辛	庚

(三十六表)

「註」 妯娌＝동서, 夫의 兄弟의 妻

第三論 父 親

偏財是父니 乃印綬之官星也라. 如甲日以戊爲父요 再見甲寅字어나 或木局全이어나 或臨死絕이어나 冲刑之地면 主尅父也니 不然이면 主離異不睦이어나 或疾病殘傷이니라 若得庚字申字救면 庶無大害리라.

偏財가 父를 表하니 印綬母位의 夫宮이 되는 때문이다. 例컨대 甲日이면 戊土가 父親이 되는 바 萬一 다시 甲寅이 四柱中에 있거나 或 木局이 全部 있거나 또는 父星인 偏財가 死絕되고 剋刑되면 尅父(일찍 死別)하게 된다.

그렇지 않으면 相離하며 不睦하거나 或 傷殘疾病으로 苦生하게 되어 父德이 不吉하게 된다. 萬一 이때에 庚字辛字가 四柱에 있어서 救해 주면 크게 害롭지는 않을 것이다.

如甲旺戊衰면 亦主有疾妙靠요 如戊臨生旺貴人天月德地엔 亦主有貴니 更得丙丁生助면 亨父之福이 無窮이니라. 如臨殺地하고 父死絕鄕이면 居衰敗受制之處며 墓絕之地니 生父平常不得父力也니라.

萬一 甲木이 旺하고 戊土가 衰하면 또한 父親이 疾病이 있고 依持할 곳 또한 如意치 못하나 그러나 戊土가 生旺地에 臨하고 또 貴人天月德地에 臨하면 父親이 貴하니 다시 丙丁火가 生助하면 父親의 福이 無窮하다.

萬一 殺地에 戊土가 臨하고 父가 死絕鄕에 生하면 父親이 衰敗되고 制伏을 받는 外地에 居한 것이며 墓絕地에 臨하였으면 그 父親은 平常人이요 따라서 父親의 德을 힘입을 수 없는 것이다.

第四論 母親

正印者가 乃生身之母也니 如甲日以癸爲母라 遇己丑未엔 主尅母며 見多者는 主母嫁二夫요 一戊失地어나 或被尅이면 主母傷前夫니라 戊字受生에 或印臨桃花沐浴이면 母有外情이며 如印臨長生이면 主母慈淑이요 壽長益和子母하고 如臨羊刃殺地에 或直絶孫寡면 主母不賢이니 或有殘疾不睦이요 雖以局推면 無不驗矣니라.

正印이 生身의 母이니 例컨대 甲日이 癸水로써 母를 삼는 바 己丑未를 만나면 尅母한다. 己丑未가 많으면 母가 再嫁하고 二夫가 있다. 戊土가 死絶地를 얻고 生助者가 없거나 尅害됨을 입으면 그 母親이 前夫를 尅傷하였다. 戊土가 受生되나 桃花沐浴地에 臨하면 그 母親이 外情이 있으며 印綬가 長生地에 臨하면 母親이 慈仁하고 貞淑하고 壽名 또한 長久하며 母子間에 和睦한다.

만일 羊刃殺地에 印綬가 臨하고 衰絶墓地에 臨하며 孤寡가 있으면 그 母親이 賢明하지 못하거나 殘疾이 많고 不睦한다. 모름지기 正確한 原理와 深深한 命理에 따라 推究하면 適中하지 않음이 없는 것이다. 格局과 通變을 살피고 如此한 原理를 對照해 보아야 한다.

第五論 妻妾

正財爲正妻요 偏財爲妾也며 甲木見己爲土正財요 戊土爲偏財며 又見乙木局이면 傷妻요 甲寅尅妻也며 更主妻不正이니라.

正財는 正妻가 되고 偏財는 妾이니 例컨대 甲木이 己土를 보면 正財요 戊土를 보면 偏財인데 木局을 만나면 財衰敗墓絶이면 主妻有疾不賢이요 否則年高再嫁며 見癸字則妾不正이나 見己土丑未字則主自安이니라.

면 傷妻하고 甲寅이 있어도 傷妻하며 妻가 不正하다.

財星이 衰敗하고 墓絶되면 그 妻가 疾病이 있고 賢明하지 못한데 不然하면 나이가 많아서 그 妻가 再嫁한 다. 그러나 癸字를 보면 妾이 不正하지만 己土丑未의 正財이면 當主가 스스로 自安하게 된다.

比肩分奪하고 財臨沐浴桃花하면 主妻妾私通이니 日下月下坐財者는 主妻多內助하며 更得妻財니라 偏財得位하면 妾勝於 妻요. 主財自旺이면 妻不容妾이며 官殺重見이면 妻招奸蠱니 可畏財官並美며 爲人怕妻에 見殺尤忌니라. 財多身弱이면 妻反 勝夫요. 財命有氣면 妻妾和順이요 是得妻力이며 日坐空亡이면 難爲妻妾이니 又看孤鸞之日하고 陰錯陽錯하면 主剋妻어나 或因親致眷寒房取女人贅墳房이니라. 女人犯此엔 主父母家沒替니 或致訟事며 餘皆倣此니라.

比肩과 財星이 四柱에 있어서 財星을 分奪하며 財星이 桃花에 臨하면 妻妾이 私通할 것이요 日支나 月支에 財星이 있는 者는 妻의 內助가 많으며 다시 妻財를 얻을 것이다. 偏財가 月令에 依하여 生旺되든지 其他의 生助를 얻어 正財보다 旺盛하면 妾이 妻의 權利를 빼앗고 正財가 自旺하면 妻가 妾을 容納 하지 않을 것인데 官殺이 거듭 있으면 妻가 能大能少하여 일을 잘 處理한다. 따라서 그 妻가 사람을 能使 用하는 것이나 財官이 並旺하면 짐짓 두려운 바가 있으며 妻를 꺼리는데 殺을 보면 더욱 그렇다.

그러므로 財多하고 身弱하면 妻가 도리어 그 夫君을 勝制하며, 身旺하고 財星이 有氣하면 妻妾이 和睦하며 順悅하고 또한 妻德의 힘도 얻는다.

日主가 萬一 空亡에 坐臨하면 妻妾의 緣이 福되기 힘들고 또 孤神과 孤鸞日(甲寅, 丙午, 壬子 辛亥)일이 陰 錯陽錯殺이 있으면 當主가 剋妻하거나 或은 尊親이나 家眷으로 因하여 寒房(別居生活)이 되거나 데릴사위 妻 家生活 等의 不幸한 妻緣을 얻게 된다. 女人이 此命을 犯하면 父母의 親庭이 沒落되며 或은 訟事로 因해 損家

한다.

第六論 兄弟姊妹

比肩者는 兄弟也니 且如甲見甲爲兄이요 乙爲弟妹며 寅卯亦然이니라. 見庚則尅兄이요 見辛則傷弟요 甲木旺相엔 兄姐爭財요 甲乙寅卯旣多엔 兄弟姊妹가 奪財不和니 爭鬪是非니라. 見己合甲이면 兄姐不正이요 見庚弟妹不正이니라.

比肩이 兄弟이니 甲이 甲을 보면 兄이 되고 甲에 對한 乙木은 弟妹가 되는 바 寅卯 또한 同하니 寅이 兄이요 卯가 弟妹이다. 庚을 만나면 兄을 尅傷하고 辛을 만나면 弟를 尅傷한다.

甲木이 旺相하면 兄姐와 爭財하고 甲乙寅卯가 다 많으면 兄弟姊妹가 爭財하고 取奪로 不和하며 마침내 爭鬪是非가 있게 된다. 己土가 있어서 甲과 合하면 兄姐가 不正함이 있고 庚을 보면 弟妹가 不正하다.

如見殺多에 乙木得局이면 是殺會合이니 乙木而傷甲이라 此兄不若弟之福이니 借弟之力而加特니라. 甲木寅月이요 乙木受制면 主兄旺弟衰니 其餘和順不睦은 但以八字休旺死絶之推에 無不應驗矣리라.

萬一 殺이 많은데 乙木이 木局을 얻으면 이것은 七殺이 會合한 것인 바 乙木이 庚金과 合하여 그 勢가 我甲木보다 尤勢한 것이니 命柱가 如此하면 兄은 弟의 福力에 未及한 것이요 따라서 弟의 힘을 빌어서 依持하고 일어서게 될 것이다.

그러나 甲木이 寅月에 生하였고 乙木은 制御됨을 받으면 兄이 旺盛하고 弟는 衰微한 것이다. 兄弟의 和順하고 不睦하는 等의 關係는 八字의 休旺死絶等의 理致로 推斷하면 應驗하지 않음이 없다.

319

第七論 子息

七殺者는 子也니 如甲見庚申이 是子요 辛酉是女니 若見丙火午寅하고 或殺臨羊刃이면 主尅子요 不然이면 疾病不肖며 若殺臨長生月德天德所臨之地하고 貴人祿馬食神財傷官有强이면 富貴子니 要禀中和니라. 見丙巳字엔 女不正이요 若臨沐浴挑花하고 更兼暗合食神多者엔 其女私通이니라.

遇戊己土得令이면 則子得令和順이니라. 見丙巳字엔 女不正이요 若臨沐浴挑花하고 更兼暗合食神多者엔 其女私通이니라.

七殺이 子이니 甲이 庚申을 보면 子息이고 辛酉는 女息이다. 萬一 丙火午寅을 보고 或 殺이 羊刃에 臨하면 尅子하게 된다. 그렇지 않으면 或 成人이 된다 하더라도 疾病으로 不肖하게 된다.

그러나 戊己土가 得令하면 子息인 殺星이 旺하게 되니 和順하게 된다. 丙巳字를 보면 女息이 不正하고 沐浴桃花地에 臨하고 다시 食神과 合함이 많으면 그 女兒가 私通하게 되는 바 要컨대 中和를 얻어야 한다. 萬一 七殺이 天月德地에 臨하며 貴人과 官星과 食神傷官과 財星이 强하면 그 子息이 富貴하게 되는 바 要컨대 中和를 얻어야 한다.

官及空亡이면 難爲子息이니라 女命은 取食神是子며 傷官是女니 若印綬梟神에 難得子也로다.

陽日陽時男見女요 陽日陰時先男後女며 陰日陽時先女後男이라 傷官見官엔 子孫凶頑이요 時上傷官及空亡이면 難爲子息이니라 女命은 取食神是子며 傷官是女니 若印綬梟神에 難得子也로다.

陽日干이 陽時이면 男兒를 많이 얻고 陽日이 陰時生이면 先男後女를 얻는다. 陰日이 陽時면 先女後男을 얻는다. 傷官이 旺한데 官星을 보면 子孫이 凶頑하고 時上에 傷官이 있고 空亡되면 子息을 두기 어렵다.

女命은 男命과 달라서 食神으로 男息을 삼고 傷官으로 女息을 삼는다 함은 前述한 바이어니와 萬一 四柱에 印綬와 梟神이 得氣하여 食神傷官을 制傷하면 子息을 두기 어렵다.

男命이 官殺得地而察中和者는 言其有子며 將生成之數斷之니 生旺倍加하고 死絕減半이요 太過不及은 不以此斷이니 太過엔 有子而多尅天어나 或凶頑이며 不及則少生養이니라. 官殺得地而有扶助하고 吉曜多者에 其子忠孝賢明이요 居休囚死絕破敗衰病勾絞元凶空虛之地면 則子當不肖貧賤疾病之子니 更兼孤神寡宿이면 主孤苦伶仃이니라.

男命이 官殺의 生旺地를 얻고 四柱에 中和가 되었으면 子息緣이 좋은 것이니 官殺이 生旺地를 얻었는가? 또는 衰敗地를 얻었는가를 따라서 子息數를 決定하는 바 生旺者는 加倍하고 死絕되면 半減된다. 또 太旺하거나 不及하면 이와같이 判斷하지 않으니 太過하면 多子하나 尅傷夭壽하고 或頑凶不肖하여 病身病客이 되거나 半便이 되며 官殺이 不及하면 적게 나아서 養存하게 된다. 그러나 不及한 程度가 甚하면 亦是 無子하다.

官殺이 生旺地에 있고 生助者가 있고 吉神이 많은 즉 그 子息이 忠孝하며 賢明하고 官殺이 休囚死絕破敗地에 臨하고 刑冲空亡되면 그 子息이 不肖貧賤하며 疾病으로 苦生하니 다시 孤神寡宿이 兼하면 失意하며 孤獨하여 子息이 없다.

且如甲子之日이 甲子之時면 庚死於子하야 子死中至老에 沒兒郞이며 入墓之時에 難保雙受氣요 絕中一個子며 胎中頭女有姑娘이며 養中三子나 只留二며 長生之位에 旬中半合이니 主七個之子也라 沐浴一雙保吉康이요 冠帶臨官三子位요 旺中五子自成行이며 衰中二子病中一이니 自己數至亥病中子를 依此推之하라.

例컨대 甲子日生이 甲子時가 되면 子星인 庚金이 子에서 死하고 있으니 늘도록 子息이 없다. 時支가 庚金의 墓에 該當하면 雙胎를 받으나 保育하기 어려우며 絕中엔 一子요 胎中에는 딸뿐이고 養中에는 三子나 二子만이 養育되고 長生時면 十子이나 半合이니 七子만이 남고 沐浴은 一雙을 기르고 冠帶臨官은 三子요 旺은 五子가 盛昌이요 衰中엔 二子에 病中一子니 庚金이 自生하는 巳에서부터 庚金이 病되는 亥字에 이르기까지 이와 같이 推斷하면 되는 바 乙丙丁戊己庚辛壬癸日干도 各其 그 官殺의 生旺衰病地를 따라서 分別하면 된다.

且如 八字中에 若無子星하고 時上又不生旺이나 運行官殺旺鄕이면 主有子요 運過却無니라. 如住中有官殺이나 而行傷食 休衰絶弱之運이면 傷損其子요 運過方存이며 八字有一殺一子요 二殺二子요 無殺無子나 如柱身殺兩停이요 而殺逢旺鄕이면 就作多子斷之니 亦看財神이 何如오 逐時增減多寡를 推之면 無不驗矣니라.

또 八字中에 子星인 官殺이 없고 時上에서 生旺하지 못하지만 大運이 殺旺鄕으로 行한다면 當主가 子息이 있을 것이며 大運이 殺旺運을 經過하였다면 子息이 없다.

反對로 四柱中에 官殺이 있으나 傷官食神等의 休衰絶弱地로 行入한다면 그 子息을 死損할 것이고 如似한 大運이 이미 初年에 行過하였다면 無妨할 것인 바 四柱八字에 一殺이면 一子를 둘 것이요 二殺이 있으면 二子를 얻을 것이나 萬一 柱中에 身殺이 相旺하여 兩停되고 七殺이 旺鄕으로 行한다면 子息이 많을 것으로 推斷하는 것이다.

그러나 子星인 七殺을 生助하는 財星의 與否를 살피는 일도 또한 意味가 있는 바 生月節候와 八字의 構造 通變等을 살펴서 子息의 多寡를 決定한다면 틀림이 없을 것이다.

命理의 全般이 그러하듯이 언제나 全體的인 關聯性을 充分히 檢討한 後에야 如斯한 公式的인 推算이 可能한 것이니 妻宮이나 子息宮이나 乃至 父母兄弟의 그것을 對比論斷할 境遇에도 八字의 動向과 運路의 加助壞損을 重視하지 않으면 안된다.

또 現代에는 産兒制限이 있으므로 例外가 있고 夫婦父母와의 關係도 그 生活樣相에 變化가 있어서 運命上에 作用하는 形態도 다른 바가 있으니 過去에는 婚談疾病等의 障碍로써 大端치 않은 凶兆는 메꾸어지는 것

322

第二章 婦人命 및 小兒論

第一論 婦人總訣

推婦人之命이 與男命大不同이니 草堂丁進士先生이 作元神趣八法하니 照反鬼伏屬類從化라 女命八法은 純和清貴濁亂妬

이 普通이고 現代에는 男女交際等으로 넘기는 것이니 이와같은 嚴格한 原理로는 不純한 것이다. 따라서 本卷에서 論하는 바 男女關係나 六親關係는 現代人이 生覺하는 形式과 生活의 決定相을 말하는 것은 아니요 그 可能性과 氣質相을 뜻하는 것이다. 무슨 까닭이냐 하면 비록 一個의 六親位로 볼때엔 不吉하고 不純性이 있지만 四柱全體의 構造如何에 依하여 抑制되는 例가 있고 어느 境遇에는 以上으로 過大되는 例가 있기 때문이다. 例하여 桃花와 같은 姪亂을 뜻하는 凶星이 있어도 四柱가 人格的으로 또는 義俠的으로 構成되었기 때문에 義士忠臣이 되고 烈女孝女가 되는 例가 얼마든지 있기 때문이다. 이 全無하고 姪賤者의 四柱라면 그 生活이 濁亂하고 酒色에 흐름으로 無子하거나 乃至 不肖한 子息을 갖게 되는 것이다. 또 四柱가 早死夭絶格이라면 子息이 아무리 吉하여도 無視할 수 밖에 없는 것과 같다.

따라서 六親關係 또한 四柱全體와의 關係를 同時에 살펴서 그 輕重과 樣相을 判別하여야 되는 것이므로 陽五行의 觀察하는 眼目이 열려야 되는 것이니 그 深奧한 原理를 熟鍊하는 일은 모든 分野가 다 그러한 것처럼 많은 時間과 勞力을 提供하므로써 可能한 것임을 讀者諸位는 十分 認識하여 過誤없기를 바라는 마음 懇切하다.

婦人의 命은 男命과는 크게 다른 바가 있어서 草堂丁進士先生이 神趣八法을 지으니 照反鬼伏과 屬類從化의 八種原理인데 女命에도 八法이 있으니 純粹함과 和順함과 高貴함과 濁醜함과 亂妄함과 娼妓와 姪女의 八種인바 女命은 官星을 取하여 貴를 삼고 福을 삼는 것이다.

財星이 旺한데 官星이 坐臨하면 그 夫가 福貴한 사람이며 印綬食神이 名譽가 貴함이 되지만 印綬가 生旺되면 食神이 破衰되므로 子息을 얻기 어렵다. 그러나 印綬와 財星과 官星이 함께 집안에 태어나서 貴女이며 才貌 또한 있고 賢淑한 貴婦人이 될 것이다.

例컨대 甲日이 辛酉를 보면 正夫이고 丁火와 午火는 正夫를 傷害하는 害神이며 庚申은 偏夫인 바 萬一 甲日干에 庚申辛酉가 여럿이 있으면 傷夫하고 再嫁하게 된다.

또 四柱內에 財星이 太多하고 官星이 太旺하여도 正夫와 外夫(情夫 再夫)가 많으며 子星이 多淫한 女命이다. 財星이 많으면 貪淫하는 것이니 女命은 要컨대 財星이 薄弱하고 夫星이 旺하며 子星이 有益하여야 吉順한 命造이다.

萬一 官星이 生助地를 얻어 旺盛하고 七殺은 食神에 依하여 傷害되면 食神과 日干이 有氣한데 印綬와 天月

甲日見辛酉가 是正夫니 丁午字傷正夫며 庚申是偏夫라 如庚申辛酉重見이면 乃傷夫再嫁며 若財太多하고 官星太旺은 乃明暗夫集이니 多淫而且濫이니라 財多而淫故로 女人要財薄旺夫益子니 如官得地七殺受傷食神干旺印綬天月二德이면 夫榮子貴라 封贈之命이니라.

姪이니 取官爲夫爲福星이니 財旺坐官이면 則夫納福이요 印綬食神爲名이니 貴有梅呼나 生氣印綬雖爲子息이요 印綬財官은 必生於富貴之家요 才貌賢淑이니라.

324

二德이 있으면 夫는 榮華하고 子兒는 貴達하여 封贈(男便과 子息이 高官大爵을 하면 國家로부터 받는 一種 女子의 벼슬이니 首相의 夫人은 貞敬夫人이라 하였다)을 받을 貴命이다.

婦人八字에 傷官官殺混雜하고 食神財旺身衰하면 爲人妬害라 好色貪婪이요 凶頑可畏니라 傷官見官이면 剋夫再嫁하고 身心勞役이니 雖不傷夫라도 必有病患이며 平生鈌福하야 多主不安이니라 大忌年上傷官이니 主產后帶疾이며 否則傷壽하고 傷官身旺이면 貧賤下格이니라.

무릇 婦人의 四柱 八字에 傷官과 官星七殺이 混雜되어 있으며 食神과 財星이 旺盛하고 日主가 身弱하면 爲人이 容貌가 아름다운 害를 입는 바 好色하여 貪婪하고 淫亂하니 그 凶頑함을 말로 다 할 수 없다. 傷官이 있고 官星을 보면 剋夫再嫁하며 身心이 勞役할 것이며 비록 喪夫하지 않는다 할지라도 반드시 疾病으로 苦生할 것이며 平生에 福이 적을 것이니 當主가 不安함이 많다. 또 年上傷官을 크게 忌하니 當主가 產厄이 있거나 그로 因한 疾病이 있을 것인데 不然이면 壽命에 損傷이 있을 것이다. 萬一 傷官四柱에 身旺하면 貧賤下命이 된다.

以上十五格은 皆是沖官達合이니 俱有傷官之忌요 雖是富貴라도 不免婬濫之風이며 七殺正官은 只要一位者良이니 殺多則夫多라 官殺被合이면 乃姐妾姉妹爭權이니라. 且如甲用辛官에 丙合是也며 乙用庚官에 見丁是也며 戊用乙官見辛是也니 此是被合取之라 餘皆倣此니라.

以上의 十五格은 다 官星을 冲하고 合을 만난 것인 바 오로지 傷官의 忌凶함에 根據한 것이니 비록 富貴를 다할지라도 淫濫放湯한 惡廢를 免할 수 없을 것이다.

七殺과 正官은 오식 一位만 있어야 좋은 것이니 七殺이 많으면 男夫가 많은 것이며 官殺이 合을 當하면 이는 시앗(男便)이 外情을 가지므로 嫉妬하는 것으로 싸움을 하여야 할 運命이다.

例컨대 甲日干이 辛官을 取用하는데 丙이 있어서 合함이 그것이요 乙이 庚으로 官星을 삼는데 丁을 봄이 그것이요 戊가 乙로써 官을 삼는데 辛을 봄이 그것이니 被合되고 傷官된 것으로 餘他의 境遇도 同一하다.

主婦招嫁不定은 八字中傷官이요 官星死絕이며 孤神寡宿이며 日時空亡은 乃孤魁之命이니 或天干透出官殺하고 地支無官 殺이며 更臨休囚死絕退氣之地면 乃女絕其夫之氣니 當作偏房이요 婢妾推之命이니라. 若有天月德이면 無產厄血光之患이요 亦無淫濫之氣라 女命只要身弱이니 主性純粹而溫柔요 能奉姑翁이며 助益夫主나 身 强이면 欺夫하고 不孝翁姑며 是非生死요 性惡이니라.

婦人이 再三結婚을 거듭하나 安定되지 못함은 八字中에 傷官이 있고 官星이 死絕地에 있으며 孤神寡宿이 있고 日時가 空亡됨에서 오는 것이니 이는 孤獨한 命이니라. 혹 天干에 官殺이 透出하고 地支에 官殺이 없으며 다시 休囚死絕地에 官星이 臨하면 이는 男夫의 氣가 끊어진 것이니 外婦情婦 노릇을 하거나 婢妾에 지나지 못하는 命造이다.

四柱에 天月二德이 있으면 產厄이나 血液(月經痛等)의 疾患이 없고 또한 姪亂한 氣品이 없다. 대저 女命은 身 弱함이 要望되니 如此하면 當主의 性品이 純粹하고 溫和柔順하여 그 媤父母를 잘 奉養하며 夫君을 助益하나 萬 一 身强하면 그 男夫를 속이고 父母에게 不孝하며 是非를 일으키고 性品 또한 剛健하지 않으므로 두려움이 있다.

雖身弱爲病이나 身强亦然이요 八字喜貴며 不宜驛馬咸池니 要純和柔弱이며 不宜剛健이라 歲運亦同이니라. 外有陰錯陽 錯며 孤鸞之日이면 不利嫁聚요 皆無花燭成親이요 因親至春塞房이요 成娶婚姻轉摺이니라.

지나치게 身弱하여도 疾病이 있고 身强하여도 病이 있다. 八字에 貴人이 있으면 기쁘며 驛馬나 咸池가 있음은 마땅하지 못하고 要컨대 純和하고 柔弱하여야 할 것인 바 日主가 剛旺하지 말아야 하는데 歲運이 또한 同一하다.

또 陰錯陽錯殺에 孤鸞日이 있으면 婚嫁에 不利하니 이는 다 花燭으로 成緣할 수 없으며 親至와 眷屬이다 거칠고 막힐 것이며 婚姻이 一定치 못한 것이요 正當한 婚姻을 할 수가 없는 것이다.

孤鸞殺이라 하되 木虎孀無壻요 金猪豈有郞이며 赤黃馬獨臥며 黑鼠守空房이니 加以空亡時日이면 孤尅不待言而可知니라 八字官殺俱皆 行傷官刦財之地면 難爲夫니 官運過方嫁라 細推其驗이니라.

孤鸞殺이란 木虎 곧 甲寅이요 金猪 곧 辛亥니 夫郞이 없이 獨守空房하거나 靑霜寡婦格인데 赤黃馬內午와 壬子가 다 그럴 것이니 女子는 寡婦가 되고 男子는 홀아비가 된다. 萬一 時支에 刑冲이 兼하여 있으면 女子는 夫의 뒤를 이을 수가 없으니 (無子) 空亡이 時日에 있으면 孤尅寡夫의 八字일 것은 말할 必要도 없다. 八字에 官殺이 全部 있고 官殺과 財運으로 大運이 行하여 夫星이 得地하면 寡婦가 된다. 또 八字에 財官이 俱有한데 傷官刦財의 節鄕으로 運行하면 夫를 연기 어려우며 官運이 經過하여야 바야흐로 出嫁하게 될 것인 바 仔細히 살펴야 한다.

第二論 陰命賦

凡觀陰命에 先觀夫主之盛衰요 次論身榮이며 要見子息之强弱이니 夫榮子旺이라야 定知富貴榮華라 子死夫衰면 只是孤窮下賤이니라 有夫有子而貧寒者는 蓋因身在衰鄕이요 無夫無子而昌盛者는 亦是 身居旺地니라.

327

무릇 陰命(女命)의 運命을 觀察하는데는 먼저 夫位의 盛衰를 살펴야 하고 다음으로 身主를 보아야 하는 바 子息의 強弱을 살피는 일이 또한 重要하다. 따라서 女命은 夫榮子旺하면 富貴榮華할 것은 틀림없다. 反對로 子位가 死하고 夫衰하면 孤窮하고 貧賤할 것이다.

夫가 있고 子가 있는데 貧寒한者는 身이 衰鄉에 있음이요 夫가 없고 子도 없는데 昌盛함은 또한 身이 旺地에 居하는 때문이다.

第三論 女命富貴貧賤論

若貴人少者엔 不當亦昌이요 合貴神이면 非妓則妮니 論姪賤者라 四柱傷官하고 暗招財면 暗招婿者니 夫顯于門戶之中이면 偏夫者가 夫旺于時日之上矣니라 身衰旺夫면 爲廉潔之人이요 鬼旺身衰면 必作孤寒之婦니 凡觀陰命之五行은 要精詳于明辨矣니라.

貴人이 적으면 富하지 않으나 昌榮할 것인데 貴人이 合하면 妓生이나 女僧이 되는 바 姪賤의 八字를 論하는 것이다. 四柱에 傷官이 있고 財星을 暗招하면 데릴사위로 夫를 暗招하게 된다. 夫星이 門戶中에 나타나면 偏夫이니 時日柱上에 旺盛한 때문이다. 身衰하고 夫旺하면 貞潔한 婦人이요 七殺이 旺하고 身衰하면 孤寒(외롭고 男便이 없거나 獨守空房)한 婦人이니 陰命의 五行을 觀察함에 있어서는 特別히 仔細한 明辨을 要한다.

欲推女命先看官星官帶殺而貧賤官得令不安榮傷官太重必妨夫。且是爲人性重倒食重逢須減福邢壙史犯孤辰殺重須奪貴室各多定損貞名坐祿乘輿而隱厚沖身動步以輕浮若乃桃花浪滾淫奔之恥不堪言日祿歸時貴重爲人所敬天月二德以爲本命如逢印綬當兩國之封

時日羊刃本是凶神旣不利於夫主之宮兼損壞乎生平之性身干主禎祥時犯食神健旺要看八字之强專食子榮忌偏印竊身之勝守閨門而正靜必有陰日辛乙丁己守中和待天喺以經營此乃陽干甲丙戊庚壬日時旺甚大抵忻逢壬祿命犯咸池淸貴得長生之輔雜濁得敗氣之歸四桂敗多太忌冲身而犯合一生忙異若非娼妓卽爲媒印壞與公姑相妬貪專得子嗣之宜官殺重逢須妨涯亂婍妹透出便見爭夫魁罡有罸變之機。

日貴有安常之福卽以干支分定官殺勝而無制伏不爲娼妓定作尼姑日貴有安常之福卽以干支分定官殺勝而無制伏不爲娼妓定作尼姑

女命은 官星을 먼저 살펴야 하는 것이니 官星이 殺을 帶同하였으면 貧賤한 命이요 官星이 得令하면 安榮하나 一傷官이 太旺한 者는 반드시 妨夫(死別 乃至 離別等)할 것이요 또 性品도 重濁할 것이다.

倒食을 거듭 만나면 모름지기 減福하는 것이니 겸하여 孤辰(神)을 犯하는 境遇 더욱 그렇다.

貴位이고 實坐인 官星을 빼앗으며 合이 多하면 貞操問題에 關해 不吉한 이름을 얻는다. 祿地에 日干이 臨하면(甲寅 辛酉等) 隱厚하고 身(日柱)을 冲하면 動行이 輕浮하며 桃花가 많으면 姪行으로 因한 恥辱을 免하기 어렵다.

日祿歸時格(日干의 祿이 時支에 該當함이니 甲日이 寅時를 얻음과 같다)은 女命의 境遇 特히 사람에 依하여 尊敬을 받는다. 또 天月二德이 元命에 있고 다시 印綬와 相逢하면 兩君의 封贈을 받게 될 것이다.

時日에 羊刃이 있으면 羊刃이 本來 凶神인만큼 夫宮에 不利하고 自身의 性格과 運命에도 不利하다.

一身의 祥吉함은 時柱에 食神이 健旺할 일이니 八字에 食神이 强健專旺하면 子息이 榮華로운 바 偏印을 꺼린다.

閨門을 지키고 賢母良妻가 되려면 반드시 陰日이 中和를 얻을 것이다. 夫婿를 기다려서 經營함은 陽干日(甲丙戊庚壬日)이 時가 旺甚할 일이니 此人은 貴順한 婦人이다. 大抵 日祿을 좋아하고 咸池(桃花)는 忌한다.

329

淸貴하고자 하면 長生地의 도움을 얻을 것이요 雜濁의 命은 衰敗의 節郷에 떨어지는 때문이다. 四柱에 沐浴地가 많으면 合되고 冲됨을 大忌하는 바 如此한 女性은 一生에 數多한 異性을 接待하지 않으면 안될 것이니 娼妓가 아니면 男女關係를 媒介하는 사람이 된다.

印星이 損壞되면 媤父母와 相妬하고 食神이 旺盛하면 子息을 얻을 것은 틀림없고 官殺이 거듭 重重하면 모름지기 淫亂을 스스로 警戒하지 않아서는 안되는 것이요 姉妹(比刦)가 透出하면 문득 夫君을 爭奪하는 鬪事가 있을 것이다.

魁罡이 있는 사람은 靈變의 氣慨가 있으며 日貴格(癸卯日 癸巳日 丁亥日 丁酉日)은 大槪 安常의 福이 있으며 干支에 官殺이 勝旺할뿐 制伏이 없는 境遇에는 娼妓가 아니면 尼僧(女僧)이 된다.

第四論 女命貴格

正氣官星財官兩旺印綬天德獨殺有制傷官坐祿進財官星帶合日貴逢財官貴逢官七殺坐祿官星桃花食神生旺食神生財殺化印綬二德扶身三可合局羊刃有制排貴排祿進財。

正氣官星이 있어서 財官이 다 生旺되며, 印綬와 天德이 兼하고 一殺이 있으나 制伏될 것이며, 傷官은 生財하고 日干이 祿地에 있고 財星을 만나고, 官星을 帶合하며, 日貴가 財를 만나고 官貴가 官을 만나며, 七殺이 祿에 坐臨하며 官星과 桃花가 있고 食神이 生財하며 殺星이 印綬가 있어서 化印되며 天月二德이 扶身하며 羊刃은 制伏될 것이요 排祿排貴와 歸祿格이 財星을 만나는 等은 다 婦人命에 貴格이다.

第五論 女命賤格

官殺混雜官殺無制殺星太重傷官太重貪財破印比肩犯重無官見合無印見殺傷官帶殺帶合桃花八字刑冲財多身弱羊刃冲刑金神帶刃多官多合倒種桃花身旺無依傷官見官財官遇印印綬遇劫

官殺이 混雜되고 重旺한데 制伏되지 못하거나 殺星이 太重하거나 賤格이요 傷官이 太重하거나 貪財하여 壞印되어도 賤格이며 比肩이 重逢되고 印星이 合만 있어도 賤格이며 傷官이 殺을 帶同하고 合되며 桃花가 있고 八字가 刑冲되면 賤格이요 財多하고 身弱하거나 羊刃이 冲刑되거나 金神이 羊刃殺을 兼하면 身旺官星이 많고 合이 많으면 賤格이며 倒種桃花(子水가 桃花인데 酉가 生해줌을 두려워하는 例)가 되거나 身旺하여 依持할 곳이 없으면 賤格이요 傷官이 官星을 만나고 財官이 印星을 만나고 印綬가 刼財等을 만나는 等이다 女命의 賤格이다. 그러나 그 輕重과 敎解 및 加重을 살펴야 한다.

第六論 滾浪桃花

女命用官爲夫 或殺只喜一位多者尅夫 如命滿盤官星爲忌 滿柱殺星爲福反吉 傷官不爲貴 傷官運後行尅夫 傷官有制身絕女命 傷官刑干尅夫爲次 女命官星多者傷夫主賤 傷官桃花爲妓女命 或主尅子息 若見貴人一位 或帶榮神 或犯絕地 多富貴 貞潔祿馬相隨 桃花帶貴咸池

遇馬多淫大破家有辰無成命孤晚景寂寞成多無辰初年勞碌中主好不尅子風流而淫辰戌全則淫亂破家傷夫尅子夭壽殘疾

女命이 官星을 取用하는데 或 夫가 七殺이 되는 境遇 一位만 있어야 하는 바 七殺이 많으면 尅夫한다. 그러나 官星이 四柱에 꽉 차 있으면 忌하고 殺星이 四柱에 滿柱하면 도리어 福이 되는 것이다.

傷官은 貴하지 못하니 傷官運은 尅夫하고 傷官이 制伏되어야 한다. 身絕하여 女命이 弱한데 傷官이 있으면 尅夫하고 刑厄을 받게 되는데 尅夫함은 오히려 다음이 된다. 女命에 官星이 많은 者는 傷夫하고 賤한 女命이며 傷官과 桃花가 함께 있으면 妓女가 된다. 或 子息을 尅害하기도 한다.

萬一 女命에 貴人이 一位가 있으며 榮神(吉神)이 臨하면 或 絕地에 該當할지라도 富貴하게 되고 貞潔한 女性이 된다. 따라서 官祿과 財物이 따라오게 마련이다.

그러나 桃花와 貴人이 있으며 다시 咸池(桃花 沐浴)에 驛馬를 兼하면 多姪할 것이니 크게 破家할 憂慮가 있는 바 防止하지 않으면 안된다. 辰이 있고 戌이 없는 女命은 孤獨命이요 晚年이 더욱 寂寞狐然할 것이요 戌은 많은데 辰이 없으면 初年은 良好하고 子息도 無妨하나 風流를 좋아하고 淫亂할 수가 있다. 辰戌이 全部 있으면 淫亂하고 이로써 破家하며 傷夫尅子하고 殘疾로 苦生할뿐 아니라 夭壽하게 된다.

第七論 女命總斷歌

擇婦須沉靜細說與君聽夫主要強宮身主要強甚官星若不合夫主無所依合絕莫合實此法少人推專以日爲年此法少人傳帶祿人主旺殺死教人誇驛馬帶人貴終久落風塵有辰休見戌有戌休見辰辰戌若相見多是淫破人有殺不怕合無殺却怕合合神若是多非妓亦謳歌貴人

一座正兩三作觀定羊刃帶傷官駁雜事多端滿盤多是印損子必須定二德坐正財富貴自然來四柱帶休囚封贈福壽增金水若相逢天干一字連孤破福綿綿地支連一字兩度成婚事。麗容寅申巳亥全孤淫復便便子午逢卯酉定是隨人走辰戌逢丑未婦道之大忌兩貴一位殺權家富貴說財官若藏庫冲刑堂不富天干一字美

무릇 女命은 沈潛하고 靜溫할 것인 바 以下에 그 大槪의 內容을 說明하려 하니 잘 記憶해 두기 바란다.

夫宮은 大抵 强旺할 것이요 日主는 强甚하지 말 것이며 官星이 合하지 않으면 日主가 依持할 곳이 없게 되는 바 그러나 合絕하면 決코 貴하다고 할 수 없으니 此法은 아는 사람은 稀少하다. 또한 日主를 爲主로 看命을 하여야 할 것인데 此法은 依하여 傳하여 왔으며 古法은 年을 爲主하였었다.

祿을 帶同한 사람은 當主가 旺한 것이니 殺死와 誹謗을 가리킬 것이요 驛馬가 貴人을 帶同하면 마침내 風塵生活을 하게 된다. 辰이 있으면 戌을 만나지 말 것이며 辰戌이 만일 있으면 이는 姪破의 사람이다.

七殺이 있으면 合을 꺼리지 않으나 殺이 없으면 문득 合함을 꺼리고 萬一 合神을 많이 帶同하면 妓生이 아니면 노래를 부르는 娼女가 될 것이다. 貴人은 一坐만 있는 것이 좋고 兩三位가 있으면 亦是 日主를 帶同하면 寵女(妾 女姬)의 數이니 妓生이나 妾이나 無當 數가 되고 羊刃이 傷官을 帶同하면 惡死數가 있으며 柱內에 印星이 滿多하면 損子할 것은 必然하다.

天月二德이 正財에 있으면 富貴를 自然히 成遂한다. 다시 休囚를 帶同하면 封爵을 받고 壽福을 더한다. 木이 秋節에 生하고 土가 春多節에 生하며 火가 多秋節에 生하고 水가 四季土節과 夏節에 生하여 日主기 衰弱하였음을 말한다. 萬一 金水가 서로 만나면(金日主가 水旺多節에 生함) 반드시 容貌가 아름다울 것이다.

또 寅申巳亥가 全部 있으면 외로웁고 姪亂하다. 子午가 卯酉를 만나도 또한 姪命이니 決定코 他人을 따라
면 損子할 것은 必然하다.

333

달아난 命이다. 辰戌丑未가 다 있어도 婦道에 크게 忌한다.

兩貴에 一位殺은 權勢富貴家의 婦人이며 財官이 官庫에 藏蓄되면 刑沖되는 날에 財官庫를 열어서 庫物을 使用하는 格이므로 富하지 않겠느냐? 天干에 一字가 連해 있으면 孤破格이나 福은 많고 地支에 一字가 連하면 再婚할 八字다.

第八論 小兒命

凡小兒命見財多必庶出螟蛉尅父母也若幼年行運於財旺之鄉亦然甲側生頂不正有胎衣遮丁偏生雙頂乾生有衣樣有尅行辰後生背父易生易養便有鶯遲滯不吉辰寅有胎衣包仰柱有鶯夫小兒命大要身旺最喜印綬生之無財尅之則易生災少不要官星七殺羊刄傷官太旺身旺亦多災身弱則難養如見所畏之辰切不要行運歲君助之大畏財旺不庶出必螟蛉尅父母也更不要行運旱蓋氣難敵也庚戊寅戊子丁巳生月中之後月逢七殺賴丁火爲印綬寅爲長生之地能生戊土不合見庚子巳字金長生其二子之水爲財尅丁火生氣反生月中七殺七煞來尅身身弱難敵故當年十一月其子死矣此爲生殺壞印之禍也又如癸酉癸亥巳丑乙亥此命四柱財重自分娩幾乎俱亡未歲餘父母亦亡乃過房繼養其他倣此無疑也.

무릇 小兒의 命에는 財多하면 반드시 庶出이거나 養子이니 財多하면 父母를 尅한 때문이다. 萬一 幼年의 大運이 財旺鄉으로 行하는 境遇도 또한 同一하니 母親의 德이 不足하다.

무릇 小兒의 命은 身旺할 것을 大要하는 바 印綬를 가장 좋아하니 出生함에 災殃이 없고 萬一 尅함이 있으면 災殃이 生起기 쉽다. 官星과 七殺과 羊刄과 傷官이 太旺하면 大忌하는 바 身旺하더라도 災殃이 있을 것이다.

幼兒命이 身弱하면 養育하기 어려우니 畏忌하는 五行의 大運으로 行함은 大忌하는 바 年運이 도와주어야 한다. 또 財旺함을 大忌하는 바 財旺하면 庶出이거나 養兒일 것이요 또 行運에서 財를 다시 만나지 말 것이 要望되는 바이다. 그것은 幼弱한 氣運으로는 敵을 堪當하기 어려운 때문이다.

庚子
己卯

此兒가 生月에 七殺을 만났으나 丁火가 寅木을 依持하여 生出한다. 그러나 正月中寒氣의 餘冷이 甚하므로 丙火가 아니면 調候할 수 없는 바 月中甲木이 日主를 來剋하며 財星인 子水가 庚金에 長生하여 丁火印綬를 破하는 中 寅字가 비록 戊土의 長生地가 되나 身弱하므로 七殺과 財星의 剋害를 敵對할 수 없다. 따라서 此兒가 當年 十一月 子水月에 死亡하였으니 이른 바 生殺壞印의 禍이다.

(第二百三十七柱)
丁巳
戊寅
戊子
庚辰

此兒가 四柱內에 財星이 重重하니 分娩하면서 死亡하였다. 當年에 그 父母가 또한 死亡하였으니 犯房(女色)이 甚하였던 때문이다.

(第二百三十八柱)
癸酉
癸亥
己丑
乙亥

第九論 小兒關殺 倒

小兒之命當論時辰爲主先有官殺次有甲局日干弱財官多有關有殺又有三分聚殺者難養不見刑冲者聲音響亮夜啼急性。八字有財官生於富貴之家偏官生於平常之家傷官劫財生於貧賤之家偏官偏印主偏生庶出。不然第三四胎子平之法偏官爲財偏官爲殺取生成之數斷之水一火二木三金四土五。且如甲日庚殺乃四九歲干丙見壬殺一六歲十戊日甲殺三八歲庚日丙殺二七歲壬見戊殺五十歲見之至於陰干亦如此無不驗矣。

小兒의 命을 推看하는 境遇에는 出生한 時辰이 爲主가 되는 바 먼저 官殺이 있을 것이요 다음으로는 財局

第三章 疾病 및 運歲吉凶論

第一論 性情(原文省略)

 이 있어야 하는데 日主가 強하고서 財官이 旺盛하여야 한다. 이것을 이른 바 關이 있고 殺이 없다고 하는 所以이다.

 日干이 弱하고 財官이 많으면 關도 있고 殺도 있는 것이니 大忌하는 것이며 但 一殺만 있어야 되는 바 二三의 殺이 모이면 養育하기가 어렵다.

 刑沖이 없으면 音聲이 明亮하고 밤에 우는 소리가 性急함은 八字에 財官이 있는 때문이니 富貴한 家門에 태어났을 것이고 偏官이 있으면 不正常한 집에 태어났을 것이다. 또 傷官刧財가 있으면 貧賤한 집에 出生한 것이고 偏印 偏財가 있으면 偏生이니 庶出이거나 三四胎가 될 것이다.

 子平의 法에 偏官이 財가 되고 偏官이 殺이 되니 生成數를 取하여 斷定할 것인 바 水는 一이요 火는 二요 木은 三이요 金은 四요 土는 五가 됨이 그것이다. 例컨대 甲日이 庚金으로 殺을 삼는데 金의 生數는 四이고 成數는 九이므로 이는 四九歲를 뜻하고 日干 丙이 壬水를 보면 殺이니 水는 一六이므로 一六歲가 되고 日干 戊土가 甲을 보면 七殺이니 木數는 三八이므로 三八歲가 되고 庚日은 丙殺이니 火數는 二七이므로 二七歲이고 壬日은 戊殺이니 五歲 十歲가 된다. 陰干이 또한 同一하여 틀림이 없다.

 性情이란 喜怒哀樂愛欲의 情으로부터 所生하는 것이요 仁義禮智信의 所布이다.

父의 情과 母의 血을 받아서 形貌를 이룩하는 바 다 金木水火土의 五行關係가 아님이 없다.

(一) 木은 그 性格이 味覺上으로는 酸味에 屬하며 心性에 配對하여서는 仁에 屬하고 惻隱心이 있으며 그러므로 慈悲스럽고 親祥하며 愷悌(얼굴과 氣像이 和樂하고 端雅한 貌襲) 함이 있고 濟物(事物을 잘 다루어 有益하게 하는 것)의 功이 있다. 또 人民을 助益하며 외로운 孤兒같은 사람을 불쌍히 여겨 도와주고 寡婦와 홀아비 같은 依持없는 사람을 恒常 念慮해주는 慈善心이 있으며 平安하고 조용하며 淸高하고 人物이 淸秀하다.

體格은 키가 후리후리하고 顏色은 靑白하며 목이 긴 것이 그 特性이다.

따라서 木主가 盛旺하면 어진 마음이 많으나 太過할 땐 꺾어지는 것이니 性質이 偏辟되며 不及身弱하면 仁慈한 마음이 不足하여 少仁이니 嫉妬心이 있다.

(二) 火는 炎上하는 것이니 그 맛은 쓰고(苦) 마음은 辭讓心이 많으며 恭敬心이 있고 威儀가 重하고 淳朴하며 얼굴의 貌襲이 위는 뾰족하고 아래는 동글며 印堂(눈썹사이)은 좁고 콧구멍은 드리나고 精神은 번쩍 번쩍 빛나는 듯하다.

言語의 發音은 急하고 心意는 速하며 性情은 焦急하며 面色은 靑赤色이며 앉아있는 態度는 무릎이 흔들흔들한다. 性格에 있어서도 火勢가 太過한 則 尊敬하는 態度가 있고 聰明하며 性質은 焦急燥烈하며 面色은 붉다. 火氣가 萬一 不及하면 누렇게 말라있고 얼굴이 뾰족하며 질투심이 혹독하고 모든 것이 始作은 있고 끝은 없다.

(三) 金은 從革(改革)하는 性格이니 맛은 매웁고 正義를 爲主하며 羞惡(잘못된 것을 부끄러워함)하는 마음이 있다. 義를 重히 여기는 關係上 財物은 疏忽히 하는데 勇敢한 豪傑의 氣像이 있으며 廉恥心을 가지고 있다. 또 모든 것에 中庸을 지키는 節度가 있고 骨肉이 相應하여 얼굴이 모가 났으며 面色은 희고 눈썹은 높고

눈은 깊다. 또 코는 우뚝하며 귀는 솟아있다. 聲音은 맑아서 쇠소리가 나는 것 같고 決斷心이 強하다. 太過한 則 人心이 없고 慾心만 있으며 閒暇한 것을 負한다. 不及한 則 生覺만 많고 決斷心이 없으며 吝嗇하고 모든 것을 作事함에 그 意志가 中間에 挫折된다.

(四) 水는 潤下 (물은 事勢를 따라 柔하고 부드럽고 깨끗하게 적시어 준다는 뜻)니 맛은 짜고 精神의 特性은 智慧를 主導하여 是非에 分明한 것이다. 智가 많으므로 謀計가 깊으며 마음 속은 깊은 바다와 같고 文學을 좋아하고 聰明하다.

그러나 太過하면 虛僞가 많고 流浪放蕩하며 意志가 弱하고 無力하여 傾覆한다. 또 陰謀와 色을 좋아한다. 不及한 則 膽小하고 無謀하며 人物됨이 瘦小 (마르고 身體가 倭少함)하고 反復無常하며 反逆性도 또한 있다.

(五) 土日主는 稼穡(百穀을 심고 거두는, 일, 곧, 萬事를 成取하여 實業的으로 所得을 거두는 일)이니 맛은 달고 믿음이 있으며 誠實한 性品이 있고 敦厚至誠하여 言行을 相顧하며 神佛을 尊敬하는 信仰心이 두터웁다.

土日主는 둥이 둥글고 허리가 潤大하며 鼻大하고 입은 모가 나으며 眉目이 淸秀하다. 얼굴은 담이나 벽과 같이 廣潤한 가운데 黃色이 있고 處事는 좀처럼 輕妄스러운 言行을 하지 않으며 度量은 寬厚하다.

太過한 則 지나치게 淳朴하고 固執이 過甚하여 어리석은 듯한 때가 많다. 또 不及하면 顔色은 근심으로 차 있는 것 같고 코는 낮으며 얼굴도 이그러진 듯 均衡을 잃으며 音聲도 重濁하고 淳朴信實한 듯하나 固執만 過하다. 萬一 土性이 太過하면 孤介(性質이 곧아서 피벽할 程度이므로 남과 잘 어울리지 않음)하고 인색하기만 하여 大衆의 心情에 好合키 어렵고 沈毒하여 狼戾(이리같이 마음씨가 비뚤어짐)하여 남에게 信賴를 얻기 어려우므로 마침내 墮落된다.

또 日干이 弱한 則 退縮(心氣가 衰弱하여 消極的으로 물러나는 態度)하여 羞恥스러움을 甚히 꺼리고 日干

338

이 反對로 強한 則 妄誕(虛慌하고 터무니 없음)을 잘하며 한가지 일에만 盲目的으로 執着한다. 그 輕重은 四柱八字의 構造를 살피므로써 分別하는 것이니 萬에 하나도 틀리지 않을 것이다.

第二論 疾病(原文省略)

무릇 疾病이란 精神과 氣血의 不調和에서 오는 것으로 그 傷剋된 五行과 部位를 따라 各種의 병이 發生된다. 곧 四柱의 五行이 太旺하거나 不及하면 病이 되는 것인바 金은 칼이나 쇠부치 등에 依하여 傷하고 水는 溺舟 溺水等의 禍厄으로 死亡할 것이고 木은 다리에서 落傷하거나 목매어 죽는 厄이 있고 또 호랑이에 먹히거나 배암에 물릴 것이다. 火는 밤에 잘 때에 어지러운 병이 있고 배암에 傷하거나 불에 火傷을 입고 土는 山이 무너지거나 돌에 다치기 쉽고 구렁텅이에 빠져서 傷하거나 담이 무너지므로 傷害를 입는다.

또 身體內部와 外部의 病傷에 比屬해 보면 다음과 같다.

(一) 甲은 肝이요 乙은 膽이며 丙은 小腸이요 丁은 心臟이요 戊는 胃요 己는 胃며 庚은 大腸이며 辛은 肺며 壬은 膀胱이요 癸는 腎藏이다.

또 外部四支五體에 十干을 配對하면 甲은 머리요 頂이며 丙은 肩이요 丁은 心腹이요 戊는 脇(겨드랑)이며 己는 腹이며 庚은 배꼽이요 辛은 다리 上部(허벅다리)며 壬은 아래다리며 癸는 발이다.

地支의 境遇 子는 허리나 또는 아랫배가 붓고 아픈 腹神經痛이 있고 丑은 胃腹病이요 寅은 어깨나 四肢에 該當하고, 卯는 손이요 辰은 등과 가슴이며 巳는 얼굴과 이요 午는 心臟과 腹部요 未는 脾藏과 胸部요 申은 咳嗽(기침병―기관지천식등)요 酉는 肝과 肺이고 戌은 등과 肺요 亥는 頭와 肝인데 肝은 곧 腎의 싹인바 腎은 肝의 主人이라고 하는 것이 東方醫學의 五行學的 原理이다. 또 腎은 眼과 通하고 膽은 魂을 감추어 가지고 있고 肝은 魂을 감추어 있으며 腎은 精을 감추고 있으며 心은 神을 감추어 있으며 脾는 氣를 감추어 있다는 것이다. 그러나 相互關係되어 混合體인 關係에 있는 것이다.

(1) 木日命에 庚辛申酉가 많으면 肝膽에 病이 안에는 精이 놀라서 虛怯하며 肺結核이나 嘔血이나 머리가 어지럽고 눈이 어둘거나 喘息이나 脚氣 半身不遂나 口眼이 비둘어지거나 神經痛이 生起기 쉽다. 外傷으로는 皮膚가 乾燥하거나 眼目에 疾病이 있거나 머리나 수염이 성기고 적으며 手足을 損傷하는 外傷이 있을 수 있다.

女命인 境遇에는 墮胎하고 血氣가 不調하며 小兒는 急慢性의 驚風으로 밤에 우는 症勢가 있거나 기침병등 을 앓기 쉽다. 經에 말하기를 「뼈가 아프고 몸이 쑤시는 神經系統의 疾病은 다 木이 金에 依해 傷趙를 받은 데 基因한다고」 하였다.

(1) 火日命이 水를 보고 亥子의 水旺地에 生하면 當主가 小腸 心腸의 病을 앓고 急性 慢性의 驚風이 있고 소리치고 가슴이 답답한 疾勢가 있으며 입을 벌리고 潮熱하며 發狂한다. 밖으로는 눈이 어둡고 失明할 것이니 小腸이나 腎氣에 依함이며 종기 等 皮膚病도 있고 小兒는 홍역과 마 마를 앓아서 부스럼과 힘이 생긴다.

婦女는 피가 乾燥하여 피와 땀이 나는 병을 앓을 것이며 눈이 어두운 病은 대저 火主 가 水를 만나는 때문이다.

(三) 土命이 木을 보고 乃至 寅卯旺鄕에 出生하면 當主가 膽과 胃에 病을 얻는다. 胃에 熱勢가 있으므로 飮食이 막히어서 먹을 수 없는 胃病 食道病과 뱃속이 부푸른 擴張症이 있으며 泄瀉와 黃腫이 生하여 飮食을 取할 수가 없으므로 吐하는 症勢가 있다.

340

外傷으로는 左手나 입이나 배에 傷害가 있고 皮膚가 燥烈하여 거치른 病이 생기며 小兒는 위장이 나빠서 몸이 야위고 헛배가 부른 症勢가 생긴다.

「土는 溫煖한 性質이 있으므로 淹滯(오래 머물러서 速히 昇進하지 못한다)함이 많고 얼굴은 黃色이니 經에 土가 虛하고 木旺함을 만나면 脾臟에 病이 있을 것이다」라고 하였다.

(四) 金命이 火를 보고 巳午火旺處에 出生하면 當主가 大臟과 肺經에 病을 받는다. 기침병이 있거나 腸에도 風病이 있어서 肛門近處에 痔疾을 앓을 수가 있다. 도깨비(물속의 도깨비)에 끌리어 魂을 잃고 勞怯하여 쓸데 없이 헤매는 症勢의 病이 있다 (精神病의 一種).

外傷으로는 皮膚가 枯燥하고 頭風으로 코끝이 붉으며 惡瘡으로 苦生한다. 「金弱하고 火炎地를 만나면 血液系統의 疾患이 있다」고 經에 말하였다.

水命이 土를 보고 四季의 土旺節에 生出하면 그 사람이 膀胱과 腎經系統에 病을 얻는다. 밤에 잘때면 精水를 泄하게 되고 盜汗이 있으면서 鬼女와의 肉體關係를 接하는 夢事가 있고 그 精氣를 虛損하여 귀가 먹게 되고 傷寒(傳染性 熱病)으로 因한 胃病이 있다. 外症으로는 齒牙痛이 있고 腰痛 아랫배의 病이 있으며 붓고 아픈 臟神經痛이 있고 淋疾等의 危險이 있으며 吐瀉疼痛이 있기 쉽다.

女人은 死産할 수가 있고 面色이 赤黑이다. 經에 「下部冷症의 疾病이 있는 것은 水가 土에 依하여 傷尅된 데 緣由한다」고 하였다.

第三論 大運(原文省略)

무릇 大運이란 天干에 五運이 있고 地支에는 六氣가 있음을 말하는 것인 바 歲運과 大運과의 關係는 恰似

341

히 接木하는 것과 같다. 干支二字를 六十花甲子說로 應用하게 된 것은 第一卷에서 言及된 바와 같이 깊은 理致가 있기 때문이다.

곧 天干地支가 그 節時를 얻으면 自然히 開花하고 子兒를 얻어 結實이 茂盛할 것이다. 四柱에서 말하는 月令은 天元이요 節時인 바 그 月令은 흐르고 流遷하는 것이므로 人生의 運命이 變化하는 것을 月上으로부터 取하여 起算하는 바 이것이 大運이다. 譬如컨대 樹와 苗의 關係와 같은 것이어서 나무가 싹에 依하여 成長되고 開花結實하게 됨과 같은 것이다.

따라서 月令의 用神으로써 運命을 알고 格을 取하는 것인데 月令으로부터 흐르는 것이 大運이니 나무를 接木하여 運勢가 變化하게 됨을 말한다. 그러면 또 命에 根苗花實이란 무엇인가 하는 그 뜻과도 同一하다 (第一編 第一章 參照).

癸水 다음에는 甲木에 接交하게 되는데 또 甲戌癸亥에 接하면 干支가 交接되는 것이다. 癸水가 甲을 보며 洩氣生子하는 것이니 甲戌이 癸亥에 간 것은 生旺해주는 地境인 때문이다. 또 丑運이 寅과 交接하고 辰運巳運이 交接하며 未와 申과 交接하게 되니 이것은 다 節氣와 節氣 사이인 모퉁이에서 接木함이니 東南西北의 轉角維方의 接木이다.

格局이 凶한 것은 死한 것이고 格局이 좋은 것은 生한것인데 寅卯辰이 一氣이고 申酉戌이 一氣이며 巳午未가 一氣인 바 同一氣의 運中에는 接木이라 할 수 없다. 例컨대 甲乙木이 寅卯運을 얻으면 刼財敗財라 하니 父母를 剋한다. 또한 剋妻하고 損財하며 爭鬪의 일이 있다.

丙丁巳午의 南方으로 大運이 行하면 이름이 傷官이니 當主가 剋子女하고 訟事를 일으키어 投獄될 運數도 있다. 한편 庚辛申酉의 七殺官運으로 大運이 行하면 當主가 이름을 얻고 發展揚身하는 것이다. 그러나 官殺

이 太過하면 災禍와 惡疾이 있다. 壬癸亥子의 我를 生助해주는 印綬運으로 大運이 行하면 當主가 吉慶할 것이요 家産 또한 增蓄될 것이다. 辰戌丑未戌己의 財運으로 大運이 行한다면 이는 死法이나 格局을 따라서 決定할 일이니 格局에서 要求하는 節方으로 大運이 行하면 吉한 것이다.

따라서 그 喜忌는 어디까지나 四柱의 格局과 通變調候等에 依하여 推定할 일이요 한가지 原則에만 執着할 수는 없다. 妙한 바는 五行의 如斯한 通變의 理致를 體得하는 일이다.

要컨대 日干이 旺하다면 마땅히 衰運을 따라가야 하는 바 干弱한 者는 氣旺한 곳에 依籍하려고 하고 日主의 氣運이 有餘한 則 旺盛한 氣運을 덜어주는 不足者에 營籍하려는 때문이다. 모름지기 通變에 있음을 切感할 일인데 兼해서 孤神 害神과 空亡 返吟 喪門 弔客 休囚墓病 死官符 白虎等의 凶殺과 吉神을 아울러 살핀다면 그 實驗이 如神할 것이다. 以上의 諸殺과 羊双桃花等은 凶神이요 帝旺 臨冠祿馬貴人生養庫等은 吉神이다.

空亡의 境遇 凶神이 空亡 되면 오히려 吉하고 吉者를 空亡하면 反對로 凶해진다. 大運은 또 太歲와 相剋相沖되는 것이 不宜하니 凶하고 꺼리는 것이다. 곧 歲運이 大運을 沖剋한다면 吉하고 大運이 歲運을 沖하는 것은 凶하니 格局이 不吉한 者는 死亡하기까지 한다. 歲運이 相生한다면 吉하고 祿馬貴人이 行交한다면 또한 吉한 것이니 마땅히 仔細히 살필 것인 바 應驗되지 아니함이 없다.

第四論 太歲吉凶(原文省略)

太歲는 年中의 王이니 可히 犯할 수 없는 것인 바 犯한 즉 凶하다. 그러므로 經에 「日主가 歲君을 犯하면 災殃이 반드시 重하고 五行이 救해 줌이 있으면 그해에 도리어 財物을 얻는다」고 하였다. 例컨대 甲日干이

戊年을 만나는 것이 그것이니 尅함이 重하면 死亡하는 것이다. 甲乙日이 寅卯亥子時에 生해서 歲君을 尅하는 者는 반드시 死亡한다. 그러나 救해줌이 있으면 吉하니 八字中에 庚辛이 있고 巳酉丑金局이 있어서 甲木을 救制해주는 것이 그것이다. 經에 (戊己는 甲乙木을 두려워하나 干頭에 모름지기 庚辛金이 透出할 것이며 만일 子息인 火局이 있어서 木을 불태워주면 災가 되나 火가 生土해서 會通하므로 無救하다고 하였다. 或 己土가 柱中에 있어서 甲과 合하므로 化土하거나 甲이 己土와 合하여도 解救된다.

大抵 太歲는 可히 傷하지 말 것이며 五行이 救解해주는 役割이 있어야 그해에 財物을 얻을 것이다. 萬一 歲君을 犯하게 되면 當主가 반드시 喪을 입는 凶厄이 있기 쉽고 妻妾이나 財物을 破尅損傷할 運이 된다. 이 것은 上位에 있는 者 곧 君主와 父母를 犯할 것과 같아서 罰厄을 받게 된다는 理致인바 咸池 墓病 羊刃諸 殺을 兼할 때에는 禍患이 百出하게 된다. 吉神과 凶殺이 아울러 있을 때에는 그 輕重을 살펴야 한다. 日干이 비록 그 歲年을 尅하지 않드라도 大運이 年運을 尅勢하면 또한 不吉한데 더욱 歲運이 冲刑 되고 羊刃이 冲合되면 當主는 必破하고 喪事를 當한다. 그러나 貴人이나 祿馬財官이 풀어주면 吉하다. 또 太歲는 衆殺의 主人이니 八字에 반드시 災가 되는 것은 아니지만 만일 鬪爭의 節鄕과 만나면 반드시 當主가 刑厄을 받게 될 것이다.

第五論 運化氣(原文省略)

本論은 五運化氣를 말하는 것으로 甲己가 合하여 土가 되고 丁壬이 合해서 木으로 化하여 乙庚이 合하여 化金하며 丙辛이 合하여 水가 되는데 淸濁이 있으며 戊癸가 合하여 火로 化變하는데 바야흐로 火炎을 이루는 바이다.

344

甲己化土는 中正의 氣인 바 辰戌丑未가 全部 있으면 稼穡句陳得位가 된다. 乙庚化金은 仁義의 合이니 巳酉丑이 全部 있으면 曲直從革이 된다. 戊癸化火는 無情의 合이니 火局을 얻으면 炎上이 된다. 丁壬化木이 亥卯未木局이 全部 있으면 仁壽格이 된다.

天干이 化合된 者는 빼어난 秀氣가 있고 地支에 合이 있으면 福德이 있다. 化格의 眞局은 名公(有名宰相)巨卿(巨物政客)이요 假格的 化格者는 孤兒요 父母가 一定치 못한 異性이니 (父가 둘 以上이 되는 境遇) 眞假를 區別해야 한다.

龍을 만남에 化하는 것인 바 龍이 날으며 變化의 才操를 부리는 것은 하늘에서 있는 것이니 大人을 보는 것이 利吉하다. 月令이 生旺養庫臨官이 되어 바야흐로 化合함이 되는 것이니 陰陽이 合하여 夫婦配匹이 되고 中和의 氣運을 얻어 化하는 것이다.

그러나 太過하거나 不及한 것은 能히 化할 수 없는 것이며 夫君이 妻位를 從하여 化하는 格이 있고 妻位가 夫位를 從하여 化하는 格이 있으니 正化偏化인 것이다. 日下에 自化하면 이는 轉角化인 바 卽 未는 坤이고 申은 兌이고 艮은 寅이니 經에 말하기를 「東北에 喪朋이요 西南에는 得朋이니라」하였다. 이 經文의 大意는 天理와 事勢에 맞게 擧動하면 得이 있고 境遇와 形便에 맞지 않는 行動은 害가 된다는 뜻인데 仔細한 解釋은 拙著 卜筮正宗精解(易經의 原理章)를 參照하기 바란다. 甲이 己字를 보면 合하고 己字가 甲字를 보고 合하는 것이 다 같은 原理이다.

化格의 眞者는 名公巨卿에 富貴하고 假化格은 孤兒異性에 僧道의 類가 된다. 戊癸化火의 境遇 南은 午를 바꿀 수 없고 北은 子를 化할 수 없으니 午는 곧 少陰이요 君火인 바 그러므로 寅申과 化할 수 없고 少陽은 化하게 된다.

經에 말하기를 「化格에는 玄(깊고 不可思議한 眞理의 뜻) 한 中에 玄함이 있고 妙한 中에 妙함이 있어서 마땅히 天元神趣의 八法이 있으니 返照鬼伏類屬從化를 仔細히 살펴서 推斷하기 바란다」고 하였다.

第六論 化氣十段錦 其一(原文省略)

(一) 甲이 己와 合하면 土를 依賴하여 生하는 바 乙을 만나면 妻財에 暗損이 있고 丁을 만나면 盜氣이니 衣祿이 虛될 것이다. 貴하고 高官이 되는 것은 辛金官貴가 있는 때문이요 大富가 됨은 戊土偏財의 功이며 癸印을 보면 平生에 發福할 것이며 壬을 만나면 一世에 飄蓬(떠돌아 다님)하게 될 것이다. 庚金을 만나면 집은 四壁뿐 가난할 것이요 時에 丙火를 만나면 祿을 많이 받는다.

(二) 己가 甲과 合化하면 秀氣가 寅에 있으니 從木할 것인 바 丁火盜氣를 만나면 他人이 凌辱하고 乙木(偏官)을 만나면 遭迍(每事가 힘들고 더딘 것)할 것이며 陽水(壬水)를 重重하게 만나면 분주하고 복잡하게 떠돌아 다니는 사람이요 庚金이 많아서 金氣가 날카로우면 孤寒白屋之人(貧寒하고 벼슬못한 외로운 사람)이다.

또 丙은 辛을 감추어 가지고 있는 바 (丙辛合) 辛은 甲木의 官貴이니 반드시 貴를 얻을 것이요 戊中에는 癸가 숨어있으니 己土의 財가 이르지 않는다. 官職의 遷榮을 알려면 먼저 癸(甲의 印星)를 보아야 할 것이니 巨富가 될 것인 바 辛官을 만날 것이 要望된다.

(三) 乙이 庚金과 合化하면 丙火를 만나면 障碍가 生起며 災厄이 있을 것이요 榮華는 壬水食神鄕에서 長生하며 丁火官貴가 있으면 當權한 것이니 봄날에 꽃이 웃는 날을 맞이함과 같다. 辛金(敗財)이 있고 또 丁火가 있으면 秋草가 서리를 맞은 格이요 가장 기쁜 일은 己土(生金하는 庚金의 印

綬)가 있는 일이니 金玉이 滿堂하고 甲木(財)을 만나면 廐麥(穀食)이 倉庫에 가득 찼을 것이다. 날로 수고롭기만 한 것은 句陳이 作亂하는 것이요 (木土相戰) 헛된 힘만 消費하게 됨은 玄武때문이니 (水盛) 災厄이 있다.

(四) 庚이 乙을 따라 化하면 金質이 堅固하니 辛金으로 暗損함을 꺼리고 丙火의 剋金도 또한 꺼린다. 丁火 官貴를 만나면 蛟龍이 구름과 비를 만난 格이며 己印을 만나면 한번에 九萬里를 날으는 鵬새가 가을 하늘에서 마음대로 날으는 것과 같고 癸水(傷官)를 만나면 田園이 水災로 害를 當한 格이며 壬水(食神)가 盛하면 財祿이 더욱 發福할 것이다. 또 戊를 만나면 巨富가 될 수 있으며 水를 얻어서 助力을 얻어야 길이 保身할 것이다.

(五) 丙은 陽火인데 辛을 만나서 化水가 된다. 戊土(生辛金)가 있으면 복이 있고 乙木(生丙)이 있으면 名譽를 얻을 것이고 官爵의 榮轉은 癸巳를 만나는 때이며 庚寅이 있으면 家門이 顯達할 것이다. 強橫하여 일어나는 것은 甲午이고 (合氣) 禍敗를 만나는 것은 壬辰을 보는 것이고 陰火丁을 거듭 만나면 富貴가 있다 할지라도 오래 維持할 수가 없다. 己土를 거듭 만나면 비록 榮華가 있으나 뜬 구름과 같아서 곧 사라질 것이다.

(六) 辛이 丙을 만나서 化水가 되면 戊를 만나는 것이 가장 좋다. 또 一生에 가장 기쁜 일은 庚을 만나서 生旺되는 것이요 己土를 보고서는 發福하기 어렵고 壬水를 만남에 成名하기 어려우며 癸水가 旺하면 困窮할 것 같으나 困窮하지 않으며 甲木이 旺하면 비록 榮華로우나 榮華가 없다. 乙木을 重重 만나면 富貴榮華하니 乙木이 生丙하는 때문이며 丁火(辛金을 剋한다)가 첩첩이 있으면 窮迫하고 傷殘된다.

(七) 丁은 陰火인데 陽壬을 만나면 木으로 合化한다. 丙火가 있으면 百年이 安逸하고 辛을 만나면 一世에 優遊하여 閑暇로이 지나고 富貴雙全한다. 또 甲이 天干에 臨함을 좋아하니 祿과 名譽가 雙美하며 巳火나 辛丑을 좋아한다. 生活이 漸次 貧弱해지는 것은 戊土에 依해 敗한 때문이며 生涯가 寂寞한 것은 大蓋 癸水로 因함이며 乙木이 重重하면 財祿을 成取할 수 없다. 庚金이 찬란하면 功名이 妄靈되니 求하지 말라.

(八) 壬水가 丁火로 合하여 木이 되면 秀氣가 東方에 있는 것이니 甲을 만나면 奴僕과 財祿을 많이 얻는다. 辛을 만나면 田庄을 널리 얻을 것이고 丙火와 相逢하면 이는 英雄의 豪氣가 있다. 癸水와 相合하면 辛苦가 있는 商人이요 佩印(古代에는 天子가 白玉을 차고 公侯는 玄玉을 차고 大夫는 蒼玉을 찼다)을 차며 초헌(古代의 大夫以上이 타는 수레)을 타는 것은 己土官星이 있기 때문이다.

을 이루지 못하고 老頭에 이르도록 成取되는 일이 없음은 庚金이 乘旺한 때문이요 青年運이 不吉함은 乙木으로 因함이니 災厄을 받는다.

(九) 戊가 癸와 合하면 火로 變하여 成功格이 되는 바 乙木(官星)은 마침내 顯達할 것이며 壬水를 보면(戊土의 財星) 또한 豊隆한 生活을 누릴 것이요 衆祿이 함께 있음은 丁火가 巳地에 있음이니(戊祿在巳) 富貴할 것이요 六親이 不睦함은 甲이 寅宮에 있어서 旺한 때문이며 丙火가 炎炎하면 福祿을 얻기 어렵고 庚金이 燦爛하면 容易하게 亨通할 것이다. 妻子를 損極함은 己土가 旺한 때문이며 人品과 謀事가 拙劣함은 辛金이 雄旺한 때문이다.

(十) 癸가 戊를 合하여 化合함이 있으면 丙火를 감추어 가지고 있으므로 一世에 多成多敗하고 甲中에는 己土가 숨어있으니 一生을 勞力과 苦心만 할 따름이다. 倉庫가 豊肥한 富者는 丁火를 얻은 때문이요 田財가 實大하려면 庚金이 있어야 한다. 官爵의 地位가 높고 榮華로우려 하면 乙木을 만나야 하고 資財와 富貴를 成取하고자 하면 上下에 壬水가 있어야 한다. 財祿의 得失이 無常함은 辛金이 있고 다시 火旺한 때문이며 官職이 因緣이 헛되어 勢力을 얻을 수가 없음은 己土가 相侵하는 때문이다.

848

第四章 諸家奧妙論

第一論 神趣八法有類屬從化返照鬼伏

類象者는 乃天地一數也니 如春生人이 甲乙天干이요 地支寅卯辰全이라 無間斷破壞니 謂之奪東方一片秀氣니라 最怕引至時爲死絶之鄕이니 謂之破了秀氣요 運至死絶則不吉이니라 或時上年上에 引生旺謂之秀氣니 如臨吉이니라.

類象이란 天干地支가 一類임을 말하니 比컨대 春節에 生한 사람이 天干에 甲乙이 있고 地支에 寅卯辰이 全部 있으며 破壞되거나 間斷됨이 없으면 이른 바 東方의 한쪽 氣運을 全部 얻은 것이니 秀氣가 있어서 貴命이 된다. 이때에 가장 꺼리는 것은 死絶鄕으로 大運이 行하는 것이니 이른 바 秀氣를 破壞하는 때문이다. 또 時上이나 年上에도 生時의 秀氣가 있어야 吉한바 廊廟宰輔의 命이니 國家의 棟樑이다.

屬象者는 乃天干甲乙木이요 地支亥卯未全者가 是也니라.

屬象이란 天干에 甲乙木이 있고 地支에 卯未木局이 全部 있음을 말한다.

從象者는 甲乙日主無根하고 地支金全이면 謂之從金이요 四柱純土면 謂之從土요 四柱純水면 謂之從水요 四柱純木이면 謂之從木이니 只有秀氣者요 無秀氣者不吉이며 或天干有甲乙字엔 或有根者不吉이요 其從火者火旺運吉이요 死絶運凶이니라.

從象이란 甲乙日主가 四柱에 뿌리를 둘 곳이 全혀 없음을 말하니 地支에 純金만 있으면 從金하고 四柱가 純

土로만 되었으면 從土하고 純水만 있으면 從水하는 것이요 四柱가 純木으로만 있으면 木을 따라야 하는 것인 바 從象이라 하는 所以가 이에 있는 것이다.

化象者는 乃甲乙日生人이 在辰戌丑未月하고 天干有一己字하면 合甲字니 謂之甲己化土라 喜行火運이니라. 如逢甲乙木 生旺運이면 化不成이요 己字中露出二甲字하면 謂之爭合이요 有一個乙字露出이면 謂之妬合이니 破格不成이 니라.

化象者란 甲乙日生이 辰戌丑未月에 出生하고 天干에 己字가 一位가 있어 甲己와 合하므로 甲己化土가 된것 을 말하니 火運으로 運行함을 좋아한다. 甲乙木의 生旺運을 만나면 化格을 이루지 못하니 도리어 不吉하고 己 字가 있는 中 甲字가 二位나 露出하면 이른 바 爭合이며 乙字가 露出하였으면 이른 바 妬合이니 破格이 된다.

照象者는 如丙日이 巳午未年月日하고 遇時一位卯木이니 謂之木火相照하야 甚吉이요 如壬癸日이 申子辰全하고 遇時上 一位金이면 謂之金水相照하니 大吉이요 年干有照者亦吉이니라.

丙日이 巳午未年月日에 生出하고 時上에 一位의 卯木을 얻으면 이른 바 木火가 相照하는 것이니 大端히 吉 하다. 또 壬癸日이 申子辰을 全部 얻었고 時上에 一位의 金을 얻으면 金水가 相照함이니 大吉한 것이다. 年干에 有照하여도 또한 吉한 命造이다.

退象者는 乃所謂値月令用神을 引至時上에 一位爲絶之鄕이면 謂之用之不用이요 皆爲返運이니 又遇返之太甚則不生이니 大不吉이니라.

退象이란 이른 바 月令에 用神이 있으나 時上에 이끌어 絶鄕이 되면 返運이니 大運의 時候가 節鄕으로 行함을 말하는 바 返運이 太甚하면 크게 不吉하다.

例컨대 乙庚이 合하여 化金하였는데 生月이 寅月이면 絶地인 바 用之不用이요 柱中에 大氣가 重하며 月令에 用神이 時上에 死絶되면 返象인 것이다.

鬼象이란 乃秋金生甲乙日이니 地支四位純金이면 謂之鬼象이니라 只要鬼生旺運吉이요 怕見至死絶之鄕이어나 而又身旺則不吉이니라.

鬼象이란 甲乙日이 秋節金旺節에 生하여 地支四位가 純全히 金으로만 이루어졌으면 이른 바 鬼象이니 못 鬼가 生旺節로 大運이 行入하여야 吉하다. 萬一 鬼의 死絶地로 運行하면 不吉하고 身旺地에 이르러도 不吉하다.

伏象者는 乃寅午戌三合全하고 又値五月生이 逢壬日이며 而天干無丁字透露하고 壬水又無根이며 乃取午中有丁火하야 合壬水伏之라 所謂伏象이니라 運之木火之鄕에 皆吉이요 只愁水旺之鄕이니 則不利也니라.

伏象이란 寅午戌三合이 全部 있고 五月에 出生한 사람으로서 壬日生인데 天干에 丁字가 透出하지 않았으며 壬水日干이 地支에 뿌리가 없으면 이때에 壬水는 午中의 丁火를 取하여 合木하니 이것은 壬水가 屈伏하는 行地이므로 伏象이라고 하는 것이다.

이와 같은 伏象格의 四柱에는 大火鄕으로 大運이 行往하여야 吉한 것이요 水旺鄕은 크게 不利한 것이다.

第二論 格局生死引用(原文省略)

무릇 格局에는 스스로 決定되지 않으면 안 될 理由가 있다. 要略해서 말하면 印綬格이 財를 보고 財運으로 行入하며 또 兼하여 日主의 死絶地가 되면 黃泉客이 된다. 그러나 比肩이 와서 救助해줌이 있으면 無妨하다.

正官格이 七殺을 보고 또 偏官이 刑冲破害되며 歲運에도 此等이 併臨하면 死亡하는데 諸凶神惡殺이 모여 句絞 空亡 弔客 墓病死等이 모여도 十死九生한다. 官星의 太歲에 財多身弱하며 元命에 七殺이 있으면 救神이 있은 즉 吉하고 救함이 없으면 凶하다.

또 四柱에 正財와 偏財가 있는데 比肩이 分奪하며 歲運에도 刦財와 羊刃이 있는데 歲運이 冲合되면 또한 必死하다.

傷官格에 財旺하고 身弱하며 官殺을 重重 만나면 官殺混雜이니 다시 歲運이 冲殺하는 때에 死亡한다. 만일 살아난다 하더라도 殘傷이 있을 것이다.

拱祿拱貴格이 塡實되고 다시 空亡冲殺되며 冲破害되며 七殺과 官星을 만나고 空亡刑冲되면 死亡되며 官殺이 忌凶하니 歲運에 다시 있어도 亦是 死亡한다.

餘他의 諸格도 官殺이 있고 塡實되며 歲運에도 此等이 併臨하면 死亡하는데 日祿歸時格이 刑冲破害되며 七殺을 만나고 空亡刑冲되면 死亡한다.

대저는 金이 많은 즉 夭折하고 水盛하며 飄流하며 木이 旺하여도 夭死하며 土가 많은 즉 頑愚하고 太過하거나 不及하여도 다 같은 것이니 同一한 理致로 그 生死를 推斷하라. 句絞殺은 年支와 日支를 基準하니 子에 卯寅, 丑에 辰戌, 寅에 巳亥, 卯에 子午, 辰에 未丑, 巳에 寅申, 午에 酉卯, 未에 申寅, 申에 亥巳, 酉에 子午, 戌에 丑未, 亥에 申寅이니 凶殺이다.

第三論 論征太歲(原文省略)

征이란 戰爭의 征服을 뜻한다. 例컨대 臣下가 그 君上을 觸尅하면 犯上인 바 生日의 干支가 太歲를 冲尅하면 征이요 大運의 支干이 太歲를 傷冲하여도 또한 征이다. 太歲의 干支가 日柱의 干支를 冲하여도 亦是 征이 된다. 그러나 八字의 救助與否를 살펴야 하는 바 仔細히 推詳하면 百發百中할 것이다.

生日의 干支가 太歲의 干支와 合하면 이른 바 그 氣運이 晦藏된 것이고 大運이 歲干과 合하여도 또한 같다. 年과 運이 다 如此하면 當主가 一年間 運이 晦藏된 것이다.

(第二百三十九柱)

乙丑
甲戌
乙亥 癸亥
壬申 壬申
乙巳 辛未

此命이 辛未大運中 丙寅年에 日干인 壬水가 太歲의 丙을 尅하고 日支申中庚金이 太歲의 寅中甲木을 尅하며 寅刑巳하고 巳刑申하며 申刑寅하여 刑冲이 俱全하여 大運의 未는 月支의 亥와 合하여 木局을 이루므로 傷官이 되었으니 大不吉한 運이다. 當年火月節인 甲午月에 己土와 木局이 戰尅相鬪하여 非命에 死亡하였다.

第四論 雜論口訣(原文省略)

子平의 法이 財官을 主로한 理論인 바 月上財官이 緊要하나 日時의 強弱을 照祥히 살펴야 한다. 官星을 論함에 格局에 拘碍될 것이고 格局을 定하는데는 또한 官星을 論議할 것은 없다. 入格하여 格을 完成한 者는 財官과 關係없이 富가 아니면 貴하는 바 入格하지 못한 사람은 天壽하지 않으면 貧寒하다.

官星은 傷官을 꺼리고 財星은 刦財를 꺼리고 印綬는 財星을 꺼리는 바 財星이 많으면 많을 수록 災禍는 加

353

重된다. 傷官格이 官星을 만나면 禍가 百가지로 생기니 疾病이 아니면 傷身하거나 官訟이 있거나 投獄 등의 厄禍를 免하기 어렵다. 그렇지 않으면 子女를 剋害하거나 喪妻하거나 失財하게 된다. 傷官이 官星을 만나는 데 있어서 元命에도 官星이 있으면 厄이 重하고 元命에는 官星이 없는 境遇 輕하다. 在職者가 傷官이 官星을 보면 귀양을 가거나 輕하면 刑責이 있을 것이다.

傷官格이 官星을 보면 心地가 句曲된 사람이니 虛僞가 많고 多詐하며 모든 것을 傲慢하게 生覺하여 天下의 모든 사람이 自身만 못한 것으로 生覺하여 貴人은 憚忌하고 小人은 미워한다. 또 傷官格에 財를 쓰는 者는 富하고 刦財를 쓰는 者는 貧하다.

年上에 傷官이 있으면 富貴가 不久하고 月上에 傷官이 있으면 父母가 完全하기 어려우며 日上에 傷官이 있으면 妻妾이 完全하기 어려우며 時上에 傷官이 있으면 子孫運이 없다. 歲月에 傷官과 刦財가 있으면 貧賤한 집에서 태어난 사람이요 日下에나 時中에 財官이 있으면 先貧後富할 것이요 歲年에 財官과 印綬가 있으면 富貴한 집에 生出할 것이다. 日時에 傷官刦財가 있으면 先富하고 後貧하며 子官을 傷剋하여 晩福이 없다.

또 傷官이 官星을 보고 官殺이 混雜되면 好色하고 多姪할 것이요 處世하고 作事함이 小巧하고 貧賤하다.

乙木과 己土가 太乙(貴神)亥上에 登明하면 男子는 好色하고 女子는 淫濫하다. 但只 財命이 有氣하면 背祿이라도 下賤하지 않으며 財星이 絕氣되고 身命이 衰弱하면 官星이 絕氣되고 身命이 衰弱하면 官星을 만나는 것은 모름지기 逼迫될 뿐이며 저가 나를 剋하면 貧寒할 것이며 鬼殺만 四柱에 있는데 官星을 剋하는 財星과 印星이 없으면 凶하다.

가(日主) 저(官殺)를 剋하면 富하며 저가 나를 生해주면 母力을 얻음이니 나의 精神과 心身을 生長시켜 줌이 요 내가 저를 生해주면 恒常 逼迫를 當한다.

354

正財가 月令에 있으면 勤하고 堅吝한 사람이며 四柱에 刦財와 比肩과 羊刃이 많은 사람은 刑父傷妻하고 財物이 모이지 않는다.

宰相이 되려면 모름지기 時上에 正官을 얻을 것이요 七殺 梟神이 重重하여서는 他鄕客이 되지 않을 수 없다.

傷官과 刦財가 있으면 거짓과 僞行을 잘 하나 財官을 거듭 兼하였으면 貴命이 된다. 反對로 凶神이 많으면 夭壽한다.

七殺은 마땅히 制伏되어야 하는 바 홀로 一位만 있는 것이 좋고 殺은 또 合去됨이 좋으니 五行이 和氣가 있을 것이다. 春風과 같이 부드러운 가운데 暗殺이 있음은 合이 있으면서 刑冲함이 있는 때문이니 有害하다.

時上의 殺은 冲되고 羊刃이 있음을 좋아하는데 制伏함이 없으면 女子는 產厄이 많고 男子는 刑罰을 받는다.

天月二德이 損傷됨이 없으면 女子는 반드시 賢良하고 男子는 忠孝한다.

星을 制去하는 運을 만나면 名譽를 얻을 것이요 傷官格이 財星을 取用하는 境遇엔 傷官運에 모름지기 發福한다.

格局에 入格하고 다시 五行構造가 淸奇하면 富하고 入格하지 못한 者는 貧하며 一格 二格이 兼하면 官貴가 아니면 富한다. 三格四格은 財官이 純粹하지 못한 것이니 奴隷貧賤이 아니면 醫卜命逃家나 賤格이 된다.

六陰朝陽格이 季月(辰戌丑未)에 生하였으면 모름지기 印星으로 볼 것인 바 吉神이 被害되면 忌하고 凶神이 刑冲됨도 또한 좋아하지 않는다. 財官印食은 慈祥의 德을 나타내는 것이고 傷官刦刃은 寡惡(奇孤薄凶)의 이름을 피하기 어려우며 冲天하고 合이 없음은 이는 곧 飄流의 命造이다.

六壬趨良格은 亥月을 만나면 貧한 것인 바 財馬가 空亡된 때문이니 失氣할 사람이요 月支가 刑冲되면 祖父母를 떠나게 되고 過房好色은 七殺이 三刑을 帶同한 때문이요 母宮이 分明하나 父星을 區別할 수 없음은 野

合하여 出生하였고 財印偏官은 庶出이 分明한데 干頭에 나타나서 燥烈하면 疾病이 甚할 것이다.

時日이 刑冲되면 妻子宮이 不利하고 刑이 많으면 爲人이 義롭지 못하고 合이 많으면 疏逮한 사이도 또한 親近해지고 그러나 合이 晦藏되어 活發하지 못하고 冲多하면 凶하며 辰字가 많으면 다투기를 좋아한다. 또 戌이 많으면 訴訟을 즐기고 辰戌魁罡이 많으면 凶多吉少格이 된다.

時日이 空亡되면 妻子를 保育하기 힘들고 驛馬가 많으면 故鄕을 떠나서 살며 食神과 日干이 旺盛하면 財官이 有氣한 것 보다 좋으니 最上이요 順次대로 食神이 되어 天干順食이면 吉貴하고 梟印倒食이 順次대로 되면 極貧한 사람이다.

食神이 衰弱하고 梟神이 旺盛하면 不死하나 災厄이 있으며 水日主의 潤下格은 學問이 뛰어나며 土日主의 稼穡格은 富貴한 事業家요 金水의 雙淸格은 修道人이며 火土가 混濁하면 僧侶人이다. 巳亥卯酉의 相冲은 子平法에 가장 꺼리고 寅申巳가 있는데 亥宮에 入宮함은 切忌하여 마지 않는 바 陰木이 이를 보면 마침내 損傷됨이 크나 時柱에 丙火가 있으면 高官을 할 것이다.

五行의 絕處가 胎元이요 生日에 絕地가 臨하면 生氣를 받는 바 十日이 있으니 甲申 乙酉 庚寅 辛卯 壬午 癸未 丙子 丁丑 戊子 己丑이 그것이다. 此十日은 八字가 格에 들지 못하여도 富貴할 命造이다.

化格의 眞格이면 名公巨卿이요 化格의 假格이면 孤兒異性을 만나며 (丙丁火가 陽이 다한 後에 生한 것) 秋草가 서리를 만나며 (壬癸가 봄이 돎이 吉利하다. 또 多節에 炎熱을 만나며 (丙丁火가 陽이 다한 後에 生한 것) 陰鼠가 木에 依居하는 陰相과 神龜가 불속에 留縮함과 合이 있고 合이 다 지나간 夏節에 出生한 것) 陰鼠가 木에 依居하는 陰相과 神龜가 불속에 留縮함과 合함이 있고 合함이 없는 道理를 後學들이 알기 어려울 것이다. 一分의 三을 얻은 것에 不過한 것인 바 前日의 先賢이 그 細微까지 記載해 놓은 것은 없다. 格局을 論하는 것은 二編에 있는 바와 같이 그 定例가 明

確하지만 本撮口訣은 諸賢의 經旨의 大略이다. 合이 없음에 取用할 것이며 運은 可히 바뀌는 것이니 道는 窮合함이 없어 無窮하고 學은 또한 止法이 없어 無限한 것이다. 經에 말하기를 「오직 雜念과 思慮를 끊고 鑑命에 臨하여야 差誤가 없으리라」고 하였다.

第五論 群輿論（原文省略）

群輿이란 當輿 掘起 聚輿 中興 末輿의 五法을 말한다. 무릇 사람이 一生에 富貴榮華를 成取하는 것이 當興이니 富貴를 얻어 福을 누리되 끝까지 受容함은 四柱에 身主가 專旺하고 그 取用하는 바의 吉神이 或 財星이거나 官星인 때문이며 또는 或 金神이 되고 印綬가 되는 때문이다. 또 祿을 얻고 官貴가 得令하여 不偏不黨하고 刑冲이 없으며 傷損함이 없어야 바야흐로 富貴의 命이 되는 바 本源이 不雜한 때문이다.

後日에 人材를 이루고 揚名立魁하며 先代의 基業을 繼承하고 振興할 것인 바 當代의 功名을 亨受할 것이요 남의 誹謗을 듣지 않고 傷害 또한 招致하지 않아서 行하는 바의 一擧一動이 다 吉하여 마지 않는 것이다.

四柱가 더욱 吉利함은 그 根源이 濁하나 흘러서 淸潔하게 되는 것이니 그러므로 亨福이 남보다 優越한 것인 바 그 中和를 지키면 悔過할 일이 없을 것이다. 또 그 命과 運이 一路 旺洋하다면 허물 될 일이 없으리니 如此한 命을 어찌 分辨하지 않겠느냐?

무릇 人生의 運命이 窮貧하고 餓飢寒冷한 가운데 愁心과 苦哀와 孤寒과 轉倒속에 一旦 時運을 만나는 날에 興然히 일어나서 或 財物이 滿屋하고 白手로 自手成家하며 或 君王을 輔弼하고 治民의 善功을 세워서 三公의 位（總理、議長、法院長等）를 獨步하기도 하니 如斯한 命은 屈起의 命이라 해야 옳을 것이다.

그러면 그 前後의 運命이 그렇게도 다른 것은 어쩐 까닭인가? 日主의 生氣가 아식 旺盛하지 못하였음이나 貴神을 만나서야 그 位를 얻고 成旺하게 되는 때문이다. 日主가 無力하면 그 福을 勝任할 수 없는 것인 바 勢力만 하고 困滯하기만 한다. 運을 만나지 못하여 日干을 扶助함이 없으면 剛健한 用神을 얻고서야 그 活動 力을 發揮하는 것이니 잠자는 虎狼이가 嘯風을 일으키면서 氣動하는 것과 같은 勢을 얻는다. 곧 運을 만나서 야 發身할 수 있는 旺勢의 運命車를 타게 되고 이에 勃然히 일어나는 것이다.

이것은 또 偏氣가 中和의 氣運을 탄 것이요 衰者가 旺者를 만난 것이니 吉者를 만나서야 能히 우뚝 솟아 일어난다. 그러나 健旺하여 創功함에 있어서는 大小가 不同함이 있는 바 命理의 輕重이 있는 때문이니 또한 分辨하지 않으면 안 된다.

셋째로 日主가 强한 즉 四柱의 五行이 純粹하고 不雜해야 하는 바 身殺이 함께 旺할 뿐이면 根本元命에 制 伏이 없으므로 富貴가 不成된 것이다. 運이 와서 大運과 歲運(主로 大運)이 殺神을 制伏해 주어야 權化하 며 才興成德하여 公卿이 되고 功名을 이룬다. 따라서 羣衆에 超出하여 뛰어난 發身이 있고 顯達하니 至極히 榮貴할 것이다. 이는 殺旺한데 制伏하는 運을 만나서 權貴하게 되는 바 非常한 發身이 存在한가 된다. 이것은 身旺하고 곧 聚興이다. 또 그 運이 扶身해 주지 않을 것인 바 바야흐로 出興하는 格이니 萬一 運이 돌아오지 않으면 常人에 不過하다.

四柱中에 日主가 健旺하고 用神이 또한 旺하여 서로 均停하면 富家 貴門의 賢子이다. 長大하여 成立함에 豊隆할 것인데 或 惡運이 加臨하고 元命의 財星을 奪去하고 官星을 傷害하며 印星이 破壞되며 食神을 만나서 損傷됨이 있으면 此運은 禍患이 極甚하다. 그러므로 해를 거듭할 수록 漸漸形勢는 기울어지고 發展할 수 없 게 된다. 그러나 萬一 그 惡運이 一去된다면 그리고 또 好運을 만나서 扶身해 줌이 있다면 用神이 一新되었

358

으므로 譬如컨대 마른싹이 立春後에 봄비를 얻어서 勃然히 자라나는 貌樣과 같아서 또는 잔털이 바람에 飄然

히 일어남과 같아서 此人의 發身함을 막을 수가 없다. 이것이 聚興이다.

다음에 人命의 五行이 身旺한 中羊刃이 있고 比肩이 各其 爭旺하나 財官과 殺神等은 虛浮하고 輕微하면 如

此한 命은 功命을 이룰 수가 없다. 다시 大運이 作福地가 못되었다면 一生이 饑寒하고 勞苦할 따름이니 뜻이

或 있어도 이룰 수가 없다. 或 中年과 末年에 殺運을 만나면 殺로써 貴權을 삼는 바 羊刃을 制伏하므로 職位

와 權貴를 얻어 顯揚하고 或은 財物을 招成하여 發福한다.

그러므로 五行의 淸濁을 따라서 그 만나는 바에 運을 分別할 것이다. 이에 一生이 困窮하다가 忽然히 興起

하는 것이므로 中年이나 末年에 興起하게 되므로 中興이요 末興인 것이다. 또한 元命에 財官을 取用함에 平

生에 無氣하였으나 一但 運이 到來하는 때에 바야흐로 富貴하는 것이니 二히 興利한다. 그러므로 未興者는

得運해야 할 것인 바 學者는 可히 그 理致를 解得하는데 힘쓰지 않으면 안된다.

第六論 興亡 (原文省略)

무릇 人生의 四柱에 純全히 殺星만을 取用하는 境遇에는 殺神이 制伏되지 않으면 안되는 바 萬一 殺神을

制伏하지 못한다면 白屋의 窮命이다. 或 豪門貴家의 선비가 있으나 制殺하는 運이 있기 때문임을 銘心하기

바란다.

朝庭에 나아가고 權勢를 掌握하며 威福을 누림은 다 殺을 制伏하는 運의 扶助가 있기 때문이다. 萬一 大運

이 財鄕으로 들어가면 곧 殺을 生旺케 해주는 것이니 문득 禍患이 일어난다. 따라서 命柱가 上同하고 官旺한

中 殺旺運으로 運行하면 모든 것을 잃게 되는 것은 勿論이니 다시 年運에 財殺이 少旺하면 殺神鬪合하여 倂起

이이르는 바 그러므로 殺神이 倂合하하면 凶한 것이며 旺한즉 두려웁다. 如此한 命에 殺双이 있으면 禍福을 一一히 말하기 어렵다.

月令에 正氣官星이 있는 者는 一生에 富貴할 것인데 印運을 만난즉 利하고 또 官星은 財가 旺하여 保護 財生官)해 줌을 기뻐하고 印星이 旺해서 保護(印星은 官星을 尅害하는 傷官을 制去해준다)해 줌을 기뻐한다. 命이 如此한 사람은 能히 仁愛를 行하고 善德을 펴며 나라와 社會를 經營하는 經世의 抱負를 펼 수 있으며 權貴하고 爵位가 높은 貴人이 된다. 以後에 殺神이 生旺하는 旺鄕으로 運이 行入하여 殺神의 祿位가 되거나 歲殺이 倂臨하면 官星이 化하여 鬼殺이 되는 것이니 喪身될 것이 틀림 없다.

殺運으로 行하면 官運를 만났는데 印綬가 있어서 治和함이 없이 傷官만 得地하면 官祿이 傷損함을 만나는 것이니 尅子하며 또 剝奪官職되고 災厄이 생긴다. 다시 流年에 傷官이 크게 被尅되니 必死하는데 不然이면 喪妻하고 尅子하며 또 剝奪官職되고 災厄을 받을 것이다.

그러므로 官祿을 얻고서 傷損함을 免하기는 甚히 어렵지 않겠는가? 萬一 高見과 明識이 있어서 進退와 存亡의 機微를 알아서 그 身命을 保護하는 者는 官祿에 傷官을 만나더라도 六親의 禍를 免할 것이나 또한 自身이 惡疾을 받으므로 마칠 것이다.

또 四柱中에 用神만이 旺하고 官殺이 없으나 偏財와 正財가 旺盛할 뿐이며 財神이 當道하여 隱隱히 興隆하면 財穀을 쌓고 寶貨를 聚集하나 少貴할 따름이다. 그 行運의 如何는 重要한 것인 바 財星이 官祿의 旺을 만나며 또 富貴의 局을 이루었다면 不幸함이 있겠는가?

萬一 財神이 脫局되고 羊双을 相逢하면 財物이 傾散되고 福이 敗할 것이요 禍患과 凶厄이 많을 것이다. 流

860

年에서 羊刃이 冲合하고 財神을 傷盡하며 元命이 衰絶되고 羊刃이 生凶하면 敗亡함이 極甚하다。

第七論 實法 其一 (原文省略)

陰陽을 받아서 天地間에 生함에 그 造化가 사람에게 있는 것인 바 陰陽變化에 基因하지 않음이 없으니 그러므로 사람의 吉凶과 休咎를 推知하는 일도 昭然한 理致가 있는 것이다.

그러나 術家의 硏究하는 法이 眞實로 數多하지만 子平의 法과 그 原理를 떠나서 있는 것은 없다。子平法이 日干을 爲主로 看命하는 것이요 提綱을 取하여 當主가 所用하는 者(用神)로 슴을 삼는 것이요 다음으로 年月時支를 따라서 그 端緖를 얻는다。

무릇 格局은 月令과 提綱을 取用하여야 할 것이요 年日時에서 찾지 말 것이니 今人의 大部分은 그 法을 알지 못하고 있어서 百法을 使用하나 百法을 다 잃는 것이다。

譬如컨대 月令에 金木水火土가 있을 것이 要望 되는데 그러나 어느 한가지로 結論을 내리는 것은 不當하니 誤謬를 犯하게 된다。月令의 實을 取하는데 있어 그 輕重淺深을 論하여 求해야 하고 格局의 冲破 等을 살펴야 한다。

西山易鑑先生이 그 通變法을 解得하였으니 十格에 六格이 重한 바 日官이요 日印이요 日財요 日殺이요 日食神이요 日傷官이니 그 消息의 原理가 應驗되지 않는 바가 없다。

此法이 官을 만나는 者는 財를 쓰고 殺을 만난 者는 印을 쓰고 印을 만난 者는 官을 쓰니 그 理致奧妙함은 傳할 수 없는 法이다。不偏不黨하고 生剋制化됨에 破와 休囚를 만나면 下運이요 生함이 있고 制去함이 있는 바 生助함이 있으면 福이 되고 貴神이 制伏되면 禍가 되는 바 그 理致가 깊고 長遠한 바가 있는 것이다。가장 要望되는 것은 昭祥히 살필 일이요 偏見에 昧依하지 말 것이며 庸劣한 述法으로 輕率하게 거짓 익히지 말 것이니 모름지기 힘쓸지어다.

第八論　賓法 其二(原文省略)

子平法이 日主로써 本을 삼는 바 먼저 月令提綱을 要點的으로 살필 것이요 다음으로 年日時支를 取하여 格局을 合成하였으면 格局을 斷定할 것이다. 이는 다 月令을 쓰는 것이요 年으로써 格을 取함은 不可하다.

무릇 子平의 數로 볼 때에는 格을 取함에 一定한 것이 아니니 月令에서 金을 取하였으면 오직 金을 쓸 것이며 月令에 水를 썼으면 水를 쓸 것이요 火를 取하지 말것이니 差異가 있겠는가? 如斯한 法으로 斷之하면 十八格이나 萬의 玄義가 그것인바 六格의 凶取가 있다.

하여 後人이 잘 알 수 없는 點을 仔細히 解明하였다. 南川易鑑先生이 그 原理를 通定格이 合屬되면 이에 年日柱의 輕重淺深을 推看해야 하는 바 하나도 失誤함이 없을 것이다.

六格法이란 官을 만남에 財를 보는 것이요 財를 만남에 殺을 보는 것이며 殺을 만나는데 印을 보는 것이며 印을 만나는데 官을 보는 것이 그것이니 印을 取用하는데는 殺을 꺼리지 않는 것과 같은 例이다. 그것은 殺이 印을 生助하고 印은 身을 生助하는 때문이니 도리어 上格으로 取用하는 것이다.

萬一 四柱에서 印星을 만나면 七殺을 보는 것이 좋으니 다만 官殺이 있고 官殺鄕으로 大運이 鄕하면 또한 貴命이다. 月令에 官星이 通해 있는데 柱中에 만일 財를 만난다면 財星이 官星을 生해주므로 吉妙하여 **富貴**할 格이다.

柱中에 財星이 있어서 財星을 取用하는 境遇 財旺鄕으로 大運이 行入하여야 發福興旺하는 것이다. 그러나 오직 一殺을 만나는 것은 좋으나 七殺이 過重하면 不可하니 그것은 財가 殺을 生하므로 凶殺이 旺盛해지는 때문이다. 따라서 如此하면 貧賤格을 免치 못한다.

第九論 寸金搜髓論(原文省略)

人命의 造化가 먼저 日主를 爲主로 成立되는 것인 바 日主를 먼저 살피고 다음에 提綱을 살펴야 하고 次弟로 四柱를 觀察하여야 한다. 또 四柱는 財官으로 專論할 것인데 身旺하고 財官이 損傷되었으면 아침에 求하고 날이 저물면 破害될 것이다.

財官이 旺하고 日主가 亦旺하면 紫衣와 金帶를 띠는 公卿이 될 것을 어찌 疑心할 수 있겠는가? 財官이 旺하고 日主가 弱하면 大運이 身旺鄕으로 行하는 때에 奇妙한 發展이 있다. 또 日主가 旺하고 財官이 弱하면 運이 財官鄕으로 向하여야 名利가 따르는 것이다.

日主가 財官의 坐下에 앉으며 月令에 官貴를 만나면 貴는 어렵지 않은 것이니 富貴를 財官으로 總論하는 때문이다. 早年에 富貴하고 祿高하여 地位가 높은 것이요 身旺하여 依持할 곳이 없으면 祖上을 떠나거나 客地에서 死亡하게 된다. 反對로 身弱하여 依持할 곳이 없으면 損財하고 傷妻하며 或은 外家가 零落된다. 或은 外房入舍하게 된다.

身旺하고 印綬가 또한 旺하면 破財하고 財産이 모이지 않으며 財物을 散失하게만 된다. 或 이름만 있고 큰 집과 倉庫에 財物이 있어도 內容的으로는 困亂한 사람이다.

官星은 露出하는 것이 좋으니 露出되면 高官이요 淸高하다. 財星은 要컨대 地支中에 藏在함이 좋으니 地藏干에 감추어 있으면 財福이 豊厚하다. 殺은 또 감추어져 있을 것이니 善은 드러나고 惡은 숨어야 하는 理致

이다. 人生이 이와 같은 命을 얻으면 名譽가 一鄕에 떨칠 것이며 官殺이 太重하고 身主 또한 強健하면 制伏

殺官이 印星을 갖고 있으면 그 貴함이 가볍지 않아 赫赫하고 威嚴이 揚揚하여 決定코 그 이름을 널리 떨

운을 만날 때에 賢良한 發展이 있을 것이다. 夏節에 生하여 火土가 많은 四柱에는 水를 만나서 水火가 相濟되어야 貴하게 된다. 水火는 元來

既濟되어야 하는 것이니 教化를 管掌하는 人格的 指導者로써 名利가 振動한다.

또 三多에 生하면 물은 冷하고 金이 또한 차니 火氣를 얻어서 相扶되어야 할 것이요 等閑하게 되지 말 것

인데 또 火勢만 炎熱할 때 물이 없을것 같으면 大運이 水鄕으로 行하여야 또한 美命이다. 水勢가 滔滔하여

火氣가 없으면 火鄕으로 運이 흘러야만 또한 奇貴함을 얻는다.

南方은 炎火한 것이니 利가 北方의 水運에 있고 北方은 水寒한 것이니 利가 南方火運으로 흘러야 하는 것

이다. 東方은 木이 많으니 마땅히 西方의 金運으로 向할 것이요 西方은 金旺하니 마땅히 東方木運으로 運行

함이 마땅하다.

水火는 既濟된 功을 얻는 것이고 그 相濟됨을 얻어야 威名이 있고 榮華로웁게 된다.

辰戌丑未가 重見되면 骨肉의 刑悲가 있고 父母의 德이 不足한데 兄弟는 異離하며 親戚은 神疏하고 다시 妻

子에도 損戲됨이 있다. 提綱月令이 冲刑되면 父母의 因緣이 不利하고 或 刑剋되면 離別하게 되며 自旺한 中 比

肩이 驛馬에 臨하면 兄弟가 떠돌아 다니기를 좋아하고 八字에 四驛馬가 交馳하면 身榮하고 勞苦함이 東西(相

馳됨)에 있으니 或은 몸은 閒暇하나 마음은 動한 즉 風流에 빠지고 靜하여서는 悲情이 있다.

財星이 入庫하면 當主가 財産을 모으고 또 財星이 墓에 있으면 妻가 慳吝하여 貨財를 지키나 成財하지는

못한다. 萬一 財星이 四馬(寅申巳亥가 四馬方임)에 臨하면 妻가 賢明하여 欣喜하지 않음이 없다. 官殺이 重重

하고 財星이 없으면 妻가 能히 內助할 수는 있으나 和合하지는 못하니 媤父母에 不敬하고 妻가 無禮하여 夫權을 奪取한다.

官星이 萬一 生旺되는데 다시 長生旺地가 時柱에 있으면 子息이 많고 聰明하며 優秀하다. 또 兒孫이 皆皆 벼슬을 한다. 比劫傷官이 旺하면 傷妻하고 兒等도 損傷하는데 養子를 養育하여도 또한 마땅하지 않다.

日主가 七殺과 梟神(偏印)을 帶同하면 妻가 虛弱하고 胎小하며 産兒는 많으나 血氣가 不調하여 血液系統의 病이 있다. 女人이 梟神을 만나도 또한 不吉하니 生産에 힘들고 病이 많다.

女人이 官星이 旺하고 兼하여 財旺하면 賢夫와 만나고 다시 좋은 아들을 둔다. 萬一 女子가 財官이 다 損傷되면 傷夫하고 尅子하여 空房을 지키게 된다.

印綬가 旺한데 다시 日主가 旺하면 爲人이 刑尅이 있고 孤貧하다. 水火旣濟가 안되면 눈이 어두울 수 있고 是非를 일으킨다. 女命이 日下에 傷官이면 脣舌을 좋아하고 朝夕으로 口舌이 그치지 않는다. 또한 終身토록 刑孤하다.

乙巳 戊辰 庚午 辛未이면 權貴하는 것인 바 當主가 賢妻이고 貴人이다. 또 丙子(坐殺) 丁丑(坐殺) 戊寅(坐殺) 己卯(坐殺) 日主도 그러하다. 辛巳(坐官) 壬午(坐官) 甲申(坐殺) 乙酉(坐殺) 日主는 坐下에 財官이 숨은 것인 바 聲名을 떨칠 것이다. 丁亥(坐官) 戊子 庚寅日生이 또한 富貴가 不輕이요 辛卯 丙申 丁酉日은 財官이 안으로 숨은 것인 바 聲名을 떨칠 것이다.

己亥 甲申日이 庚戌을 보면 印綬財官이 감추어져 있는 바 다시 丙辰 壬戌을 얻으면 符印(官職)이 非常하다. 甲子 丙寅은 印이 興하는 것이니 貴命이요 己巳 壬辰 癸巳가 또한 同一하다. 虛名과 虛利는 乙亥 庚申 己巳이니 日下에 財官이 없는 때문이다. 妻宮과 子女가 다 아울러 虛妄할 뿐이다.

365

甲午 戊戌 庚子는 女子면 尅夫하고 男子면 尅子하며 乙巳 丙午 丁未가 또한 한가지이며 壬子가 重重하면 當主가 孤窮한 사람이며 甲寅 乙卯 戊午는 支와 干이 同一하니 子息이 不足하고 己未 庚申 癸亥는 月令이 다 시 旺하면 禍害를 입는다.

月柱에 財官印綬가 全部있으면 月令이 符合한 것이니 그 福이 綿綿하다. 干支가 同一하고 彙하는 것이 不可함을 尅子하고 喪妻하며 祖上의 遺業을 破한다. 要컨대 四柱의 强弱을 分別하고 陰陽이 會一하는 것이 不可함을 識別할 줄 안다면 이것은 五行의 참된 妙訣을 解得한 것이니 智慧있는 者가 아니면 虛되이 傳하지 말라.

第十論　論命細法(原文省略)

過房하게 됨은 七殺이 刑을 띠었음이요 父位는 明確히 나타나 있으나 母宮이 숨어있음은 辱되게 사는 사람이요 我明하고 我暗함은 從象이요 化象이요 父親이 死亡하나 葬禮에 參席하여 送火하지 못함은 庚金日이 火局을 이루고 月令에 火가 旺한 때문이니 父死에 피를 보았을 것이 틀림없는 바 凶死한다. 比肩이 三合하면 親族의 害가 있고 三刑이 있으면 零落數가 있고 妻를 여윈다.

比肩를 띠워 別象이 되면 弟兄이 不睦한다. 妻가 三合되고 妻宮에 日干이 坐하면 妻와 일찍 親分이 있었고 日支에 妻財가 있고 또 透出하여 別象을 이루었으면 決定코 離別하거나 再聚하게 된다. 妻財가 많이 透出함 은 모름지기 꺼리고 妻財가 絶地에 있으면 不吉한데 別象을 이루면 正夫를 尅하니 반드시 그 妻가 夫君을 속 이고 禮儀를 疏忽히 할 것이다. 身旺하고 食神이 强해도 또한 亦然하다. 食神이 明確하고 强旺한데 食神이 旺相地에 運入하면 死亡한다.

陽母(甲木이 壬水를 보는 例)가 四柱에 많이 있으면 當主가 生母와 死別하고 父를 따라서 繼母下에 養育되는데 苦生이 莫甚하다.

生月의 天干과 地支에 七殺이 다 있고 兼하여 刑沖되면 이마가 이그러지고 印星이 殺地에 臨하면 母親에게 病이 있다. 丙丁이 雙으로 있으면 頂(이마)가 雙靈이요 日祿이 歸時하면 夢事가 靈驗스럽다. 小兒가 젓이 없음은 食神이 沖刑됨이요 乙酉日生은 偏生이며 丙戌 丁丑日生은 妻가 獲靈함이다.

假令 例컨대 申子辰이 있으면 壬子 乙酉日生은 偏生이며 그렇지 않은 境遇가 있으니 五月에는 물이 없고 불만 있으므로 從水할 수 없다. 戊癸가 化火하고 巳午가 天干地支에 있으면 從化한다. 또 이는 日干甲木論이다. 珞璣子가 말하기를 「이는 離宮(巳午未) 南方을 取用한 例이라」하였고 杜老先生이 鏡鐔僧判(경심승판)에서 예를 들어 說明하고 있다.

또 朝暮를 仔細히 살필 것이니 相似한 것 같으나 節時에 맞는 運을 만났을 때 그 牛生이 忽然히 열릴 것인바 初學者는 모름지기 節候와 運路의 進退를 工夫한 후에 此法을 익힐 것인데 다름아닌 陰陽의 理致로써 別家秘傳의 幽玄하고 微妙함을 傳한 經義이다.

또 心印口訣에 있기를 雙頂者는 八字에 雙丙丁이 있음을 말하는 것이요 一丙一丁이 있고 地支에 刑沖이 있으면 이마는 비뚤어질 것이다.

또 兒女가 곰보의 얼굴이 됨은 戊己日이 甲乙木에 依해 被剋된 때문이요 顔面에 흉터와 痕疾이 있음은 戊己 乙巳 乙卯 乙亥를 만난 때문이니 天干地支가 서로 貫穿되고 相剋되며 化合하는 理氣와 死生破敗가 모두 것의 原因이 된다. 萬變이 이 가운데서 生하고 造化되며 萬가지 病敗가 또한 이 가운데서 決定되는 것이니 命理의 幽玄하고 微妙한 根源이 또한 此中에 있지 않겠느냐? 假似 外部로부터 온다 하더라도 그 判斷의 基準은 五行陰陽에 있는 것이다.

四柱의 地支에 元來 忌神이 있으면 運中에 다시 透出함을 大忌한다. 무릇 日主가 殺地에 있으면 大運이 다시 殺地로 行함이 不可하며 身旺하고 運旺한데 歲運이 다시 加旺되면 傷殺됨이 重하므로 無情하다. 印綬가 財運으로 向함을 꺼리는 바 當主가 死亡한다. 或 血液系統의 疾病이 있다.

印綬가 많으면 母가 重旺한 것인 바 많은 사람의 젖을 먹어야 하니 外人의 家宅에서 養育된다. 四柱에 官星의 流氣가 있는데 太歲가 冲官하면 반드시 官訟이 있다. 萬一 比肩이 있으면 救助者가 있으므로 無事하게 된다. 流氣가 轉生하여 財官을 生하는 때문이니 印星이 比肩을 生하고 傷官이 財星을 生助해줌이 그것이다.

三傷(傷官)이 不盡하면 吏道로 進出하는 例가 많은 바 元命에 官星이 있고 印綬運에 이르며 歲運에 다시 官星이 나타나면 旺한 傷官이 冲尅되므로 多凶하다.

化氣(化象)가 되었으면 다시 本氣로 返照됨을 꺼리는 바이며 化格이 되지 못하고 變局이 되었으면 化할 것 같으나 化하지 못한 格이니 日干을 取하여 斷定할 일이다.

己土는 癸水로써 妾을 삼는 바 運이 辰庫運을 만나면 妾이 家人과 私通함이 있을 것이다. 丙은 乙木으로 母를 삼는데 庚申을 만나면 母가 外情이 있고 丙은 庚으로 父를 삼는데 寅內이 많으면 父가 弱하고 戊는 癸로써 妻를 삼는데 만일 酉宮에 앉아서 當主가 好酒한다.

本命에 元來 財官이 없고 財官運을 만나면 當主가 凶함이 있으니 他親(知人)이 發財하고 發官하는 것이다. 火가 水鄕에 들어가면 當主가 血疾이 있고 壬癸가 寅卯에 行하면 陽主는 興旺할 수 없다. 時가 敗絶地이면 老頃에 成取할 것이 없으니 末年이 不吉이요 日主의 洩氣가 甚하여 傷官이 旺盛하므로 官星이 尅破되면 子孫이 있기 힘들 것이니 假令 六甲日이 偏財인 陽土로써 父를 삼고 陰土로써 妻를 삼으며 陽金은 子이고 陰金은 女息이니 陰木이 同一하고 其他의 九干이 다 同法이다. 妻宮이 財地에 들면 妻가 不正하니 例컨대 己酉年 庚

午月 癸酉日 丁丑時에 出生한 命이라면 此人의 財星인 午火妻宮이 財地에 臨해 있으므로 그 妻位가 正貞하기 어려운 것이다. 그러나 寅申巳亥가 妻宮이면 不然하니 寅申巳亥는 長生地이므로 반드시 聰明할 것이요 妻財와 官印이 得氣하였으면 더욱 妙한 바가 있다.

財星이 많고 印綬가 弱하면 少年에 尅母하였을 것인데 母가 貞淑하기 어려운 바 再三 嫁人이다. 女人命이 日干과 同一五行이 있음에 我旺하고 他(同一五行)가 衰하면 내가 正當한 正妻며 他旺하고 我衰하면 他가 正한 것이다. 壬癸水가 盛하면 男命은 聰明하고 多智하며 女命은 姪濫하다. 地支中에 殺이 있고 制伏하지 못하면 妻로 因해서 破되지 않으면 妻로 因해서 官職을 얻고 發身할 것이다. 地支에 官星이 있고 刑禍를 當한다. 假令 壬癸日이 그 運이 逆行하고 正二月에 生하였다면 戊巳土가 官이 되는데 逆行하므로 祿絶이 된다. 따라서 背祿이 되며 丙丁火가 財가 되나 그러나 四柱에 財神이 透出하지 않았다면 이것이 背祿이 나 貧하지 않은 格이다. 寅卯는 三陽이요 四陽(子에서 一陽이 始作되므로 寅卯는 三四陽이 된다)으로서 火를 暗藏한 때문이다. 子丑으로 運이 行하면 比肩이 財를 分奪할 것이며 亥運에는 木이 長生되어 火를 돕는 故로 當主가 發財하는 것이다. 戌運도 또한 亦然하며 酉運은 火死하고 水敗地이니 當主가 破敗할 것이다.

萬一 壬癸日生人의 大運이 順行하고 寅卯月에 出生하였다면 午巳運에 發財 發福할 것이다. 財神이 透露함은 또한 꺼리는 바 歲運의 境遇에도 同一하다. 財神 大運上에 透出함을 만나고 元命에 比肩과 羊刃이 있다면 妻로 因해서 致禍하게 되는 바 申酉二運을 꺼린다. 또 萬一 原命에 印星이 있으면 百가지로 고치기만 할 것이므로 鼎新이라 한다. 酉運은 沐浴殺이니(子午卯酉는 五行의 敗浴地이다) 當主가 死亡할 것이다.

子女에 關한 法은 墓庫에 들어가면 不喜하는 바 子女宮이 入庫하면 子女가 없다. 流年에 殺을 만나면 凶한데 甲이 戊土偏財로써 父를 삼는데 申支에 坐하여 酉地月令에 行하면 財가 殺位에 臨한 것인 바 父親이 客地에서 死亡하여 自家에 돌아오지 못할 것이다.

陽干女命에 食神이 많으면 娼女가 될 것이요 陰干女命에 食神傷官이 많으면 妓女가 된다. 그러나 食神傷官이 있어서 食神傷官을 制去하면 良好하고 火가 天干에 많으면 연주창을 앓기 쉽고 火가 地支에 많으면 부스럼을 앓는 것이다. 殺을 取用함에 輕하면 僧道에 首長이 된다.

第十一論 傷官說(原文省略)

무릇 四柱에 傷官이 있으면 不宜하나 傷盡되었으면 문득 官星을 봄이 기쁘다. 傷官格에 財를 論한다면 禍가 있을 때에 가볍지 않을 것이다. 傷官이 또 印綬를 使用한다면 殺을 剋함이 不利하다. 財星이 合하면 聲名을 얻는다.

傷官格에 財星을 取用하는 境遇 印鄕으로 大運이 行하면 不利하나 傷官이나 官星運에 發福하고 雜氣財官格에 財官印이 俱全함을 忌하지 않는다. 兩戊가 一癸水를 合하면 再嫁의 妻가 된다. 子宮이 剋害를 받았으면 (食神傷官에 依해 被剋되면) 印綬를 꺼리지 않으며 比肩이 旺하면 財鄕을 꺼리지 않는다.

身旺하고 印綬가 旺하면 父母宮이 剋害되고 官殺이 混雜되어도 財多身弱하면 父母를 剋하고 干과 日支가 同一하면 剋妻하는데 辛卯 戊寅은 殺이 많음을 꺼리지 않는다. 女命의 比肩은 姉妹가 되는 바 合多하면 僞詐하며 財星이 있는데 剋財가 있으면 官殺을 꺼리지 않으니 比刦을 除去해 주는 때문이다.

火命은 月支가 火에 屬함을 가장 기뻐하는데 干頭에 木이 있으면 火가 生出되니 吉하다. 癸酉日生이 弱格이면 殺을 만남은 반드시 凶하지만 官貴를 만나면 大盛하며 身旺處에 發福한다.

土命은 胞胎法을 論할 것 없고 但 日時를 重論할 것이며 官殺混雜을 꺼리지 않는다. 그러나 이것은 陽干인 境遇이고 陰干은 不然하니 子水는 寅을 꺼리고 午火는 水를 꺼리지 않으며 巳金은 火를 꺼리지 않고 己土는 木을 꺼리지 않고 未土는 申金과 같이 水를 꺼리지 않고 己土戊土는 木을 꺼리지 않으며 卯木은 金을 꺼리며 辰土는 寅木을 꺼리지 않고 乙日五月生은 殺을 꺼리지 않고 四柱의 元命에 病이 있으면 要컨대 病을 除去해야 發福하는 것인 바 病을 除去하지 못하면 發福하지 못할 것이다.

第十二論 心鏡歌(原文省略)

人生의 富貴가 이미 命으로 定해져 있는 것이니 仔細히 解論할 일이다. 節候가 月建으로 表示되는 바 壽福의 根元이 된다.

官祿과 貴馬가 刑合하면 一擧에 成名하며 日支에 貴地를 보고 祿馬를 얻으면 壯年에 登科하며 時日에 祿馬 位를 얻으면 官界에 나아가서 반드시 淸貴하게 될 것이다.

五行이 時日(月日)에 相雜하지 않으면 高官이 되어 顯達하며 羊刃重重하고 또 殺을 보면 大貴格이니 科甲 (議員當選 高試合格)에 오를 것이다. 萬一 三奇格이 祿馬를 連持하였으면 名譽가 天下에 가득 차고 日干이 食 神日支에 앉아있고 干合하였으면 九卿(長官) 三公이 된다.

木主가 金을 만나서 傷하지 않으면 兩府(三府)의 大爵(宰相)이 되고 火主가 水를 만나면 大權을 掌握할 것인데 將軍이 되어 國境守護에 威名을 떨친다. 金主가 火를 만나면 亦是 大權을 갖는 바 諸候가 된다.

萬一 土를 만나서 官局을 지었으면 侍從下(秘書室長 等)의 王의 側近者)의 職을 맡고 土가 萬一 木을 만나면 水主가

正緣이니 座三台(長官 三府代表)의 福을 누린다.

年月에 緣을 얻음이 害롭지 않으며 貴人을 만나고 孤寡神이 있으면 僧侶가 된다. 官祿이 空亡되고 貴人이 많으면 染衣修道하는 高僧이요 五行이 無氣하며 孤寡가 있고 空亡 刑害 休囚되면 僧侶가 된다.

人命의 權貴를 알려면 食神이 旺健한가를 살펴야 하며 羊刃이 相沖되므로 羊刃殺이 傷害되고 惡殺이 많으면 法院 等 訟事刑厄 等 災厄이 있고 甚하면 死刑된다. 日支에 官鬼가 重하고 刑沖이 重重하며 救解가 없으면 惡死할 것이요 刃神과 劫殺이 干頭에 있으면 早年에 出世할 꿈을 품은 사람이며 財官의 絶地를 만나는 境遇 勞因할 따름이다.

時에 官星이 生旺되면 子孫이 昌盛하는데 다시 財官이 得氣하면 貴顯하고 官家에서 賢揚한다. 日月柱에 官星만 있고 財星이 없으면 도리어 官貴가 안 된다. 祿馬(財官)가 斷絶되었는데 發財함은 癸乙人元(地支中에 所藏된 干藏)이 沖尅되어 튀어나온 때문이요 一이 三을 얻어옴은 飛天祿馬格이 그것이며 歲가 時日과 合하여 兩頭가 되니 實로 仔細히 參究하지 않으면 안된다.

天月二德은 救解의 神이니 百災가 害하지 못하고 官星과 財星이 臨하면 甚히 奇喜함이 있다. 命中에 祿馬가 있고 貴人이 있으면 福祿이 珍珍하고 貴人君子가 刑殺에 앉아 있으면 少年에 發身하여 成格하는 것이니

이 모든 것은 陰陽五行과 財官의 消息인 바 胸中에 익히고 밝혀서 日時와 身命의 通變을 看識하라.

第十三論 妖祥賦(原文省略)

命理의 深奧하고 微妙함을 子平이 可히 推察하였던 바 먼저 日干을 取하고 다음으로 月令을 詳察하며 年時의 吉凶을 糾明하여 이에 運命을 確定한다. 妖鬼하고 祥幸함과 歲月의 相異한 理致와 成敗通塞과 禍福의 往

來와 不見之刑을 審究하여야 하는데 後學의 難知한 法이 아닐 수 없다. 天은 淸氣를 가졌고 地는 濁氣로 이루어진 것이니 自然한 法을 따라 一氣를 받아서 人命을 이루는 바 四行은 正貴하여야 하고 刑沖剋破鄕을 忌한다. 또 四柱의 干支에 三合과 六合이 있음을 기뻐하고 寅申巳亥는 財官印剋의 長生地요 辰戌丑未는 財官印綬의 寄庫地이니 吉하고 日貴時貴는 刑沖剋破를 두려워 한다. 拱祿 拱貴는 塡實되고 刑沖됨을 꺼리며 合이 아니고 凶하나 凶이 아닌 等을 살펴야 한다. 傷官格은 年運이나 官鄕大運에 羊刃이 歲君과 沖合됨을 大忌하는데 如此한 運에는 禍가 生한다. 辰戌魁罡은 官星을 忌하고 七殺을 꺼리며 金神과 日刃格은 七殺을 좋아하고 刑沖을 꺼리는데 時上偏官格은 偏官이 制伏됨을 要望한다.

月令에 비추어 四柱가 中和되어야 하는데 辛癸日이 丑地가 많으면 官星이 塡實됨을 꺼리고 甲己日이 子時를 다시 만나면 丑午를 미워하고 庚辛官星을 또한 꺼린다. 壬癸日이 亥子字가 많으면 飛天祿馬이니 亦是 官星을 싫어하며 丙丁日이 巳午字가 많으면 天祿을 倒沖해오는 바이며 壬騎龍背格은 辰字가 많으므로 戌을 沖來하여 財官을 얻으며 乙日은 丙子時로 貴를 삼는 바 (第二編 格局論을 參照할 것) 聲名이 遠大하다.

癸日가 艮山(寅宮)에 이르면 (第二編 參照할 것 以下同) 庚辛을 꺼리고 戊土를 忌한다. 壬日가 丑地를 만나면 戊巳를 꺼리고 庚金을 미워하고 庚金이 申子辰을 만나면 井欄殺이니 丙丁을 忌하고 巳午를 근심하며 戊日이 申時를 만나면 甲丙 寅卯를 忌한다.

辛金이 巳丑을 이른 바 從格이니 이름이 秀氣인 바 四柱에 火傷이 있고 또 救해줌이 없으면 災厄이 逼迫해

오는 것이다. 辛日이 戊子時면 六陰朝陽格이니 子字가 많음을 忌하고 戊巳를 만날 때 災厄이 臨한다. 甲이 戊巳時를 보면 財鄕運을 기뻐하며 丁日에 辛年이면 歲財며 乙木이 申位 되면 貴하기 어렵다.

貪合妄官되면 身旺한 運에 福祿이 增加되고 官星이 地支에 暗藏되었으면 殺을 制伏하는 大運에 忽然히 發身한다. 官星이 透出하고 殺鬼는 地支에 숨어 있으나 身弱하면 마침내 破困이 있을 것이니 身弱하면 身旺運을 기뻐하고 身强하면 殺鄕을 가장 좋아한다. 將次 앞으로 올 功名運은 進이요 功을 다 이룬 者는 運이 退한 것이다. 富貴가 重犯되면 奇妙한 것이니 通變을 따라서 決斷해야 그릇됨이 없을 것이다.

第十四論 絡繹賦(原文省略)

天地의 奧妙한 道理에 參與하고 造化의 幽微를 測定하며 人生의 貴賤을 分別하는데 있어서 干支를 取法하는 바 또한 生死의 吉을 決定하고 得失의 玄妙를 推理하는 바이다.

甲乙木은 春節에 生함을 기뻐하고 壬癸水는 多節水旺時에 生함을 즐겨하고 丙丁火는 夏節火旺時에 生出할 것이요 庚辛金은 秋節金銳時에 生出할 것이며 戊巳土는 四季土旺時에 生할 것을 要望한다.

日干은 自身이니 모름지기 그 强弱을 究明할 것이며 年은 本主이니 마땅히 仔細히 살펴야 한다. 日干은 自身이고 支는 妻이니 時支는 女이고 月干은 兄이고 支는 弟이다.

後殺이 年을 剋하면 父母를 早喪하고 前殺이 後柱를 剋하면 반드시 子息에게 損虧됨이 있고 日支財는 妻宮이니 妻財가 正位를 지킨 것이므로 能히 그 집안을 利助할 婦人을 얻을 것이요 七殺이 子位에 臨하면 반드시

悖逆不孝의 子息이 있을 것이며 祿이 妻宮에 臨하면 (甲寅日의 例) 妻祿을 얻을 것이다.

또 印星이 子位에 臨하면 子息의 榮華를 받을 것이고 梟印이 子位에 臨하면 祖業을 破할 子息이 있을 것이다. 財官이 月令에 臨하면 父親의 資財를 많이 받을 것이며 財星이 傷하고 鬼旺하고 身弱은 가장 꺼린다. 原來 我에게 被尅되는 者가 財이고 生我者가 印인데 食神이 暗見하면 爲人이 豐肥하고 印星이 重生하면 祖上의 財物을 離散시킬 것이며 財星이 露出하면 當主가 姪奢한다.

凶殺이 年과 合하면 自殺할 危險이 있고 土主가 水를 尅하면 腹部와 臟部의 疾病이 있으며 火가 金을 煆熱시키면 肺病이 있기 쉬우며 桃花가 모이면 酒色으로 狂身한다.

財旺한데 身衰하면 財物로 因해서 命을 喪한다. 財生官하면 財星을 取用하므로 벼슬을 하여 榮顯하고 財星이 壞印하면 財務을 貪하여 職務을 잃게 되며 財旺하고 生官하면 自身이 스스로 榮華하고 顯達하게 된다. 財星이 衆殺을 生하면 早年에 夭折하고 獨殺이 沖破되면 閑暇할 뿐 無用의 爲人이다.

諸殺이 刑을 만나면 凶狼의 무리이니 天干에 있으면 當年에 夭折하고 地支에 많으면 當支年에 凶災를 만난다. 財官을 生하고 官이 印을 生하며 印星이 身主를 生하면 富貴가 雙全한다. 食神과 傷官의 무리가 財를 生하며 財의 무리가 殺을 生하고 殺이 身主를 攻尅하면 凶窮이 兩方으로 逼迫하는 것이다.

酉寅이 刑害가 되면 婚姻을 傷害하고 丑卯는 風雷가 많은 바 性情急할 것이요 殺官이 混同하면 技藝가 있는 사람이며 財官이 驛馬에 있으면 商業을 經營하는 사람이며 祿이 冲破되면 故鄉을 떠나서 살게 된다.

陰이 많으면 女命에 좋고 陽이 많으면 男命에 마땅하다. 陰主가 陽星이 盛하면 當主가 女子로 興家하고 陽이 陰盛하면 男子가 貴하게 된다. 純陽의 男子이면 반드시 孤害할 것이고 純陰의 女命은 寡婦로 因한 象이다.

官貴가 生年에 있고 凶殺을 化하면 그 名譽가 萬古에 傳할 것이요 貴人은 많은 것이 좋고 祿은 적을 것인 바 絶慮하고 忘恩하여 究理한 後에 斷命한다면 差가 없을 것이요 誤가 없을 것이다.

第十五論　想心賦

相心賦

人居六合心相五行欲曉一生辯形察性官星悌愷貴氣軒昂性優游而仁慈寬大懷谿達而和暢聲音手姿美而秀麗性格敏而聰明印綬主多智慧豐身自在心慈食神善能飮食體厚謳歌勢壓三公喜酒色而偏爭好鬪愛軒品而扶弱欺强情知急躁如風梟印常權受心機而始勤終惰好學藝而多學妙成偏印却刃出祖離家外象謙和尙義內心狼毒無知有刻剝之志無慈惠之心偏露經財好義愛人趣好說是非嗜酒貪花亦係如此傷官傷盡多藝多能侥心機而傲物氣高多譎詐而假人志大權高骨俊眼大眉粗目德心善穩厚而作事慈祥魁罡性嚴有操持而爲人聽敏日貴夜貴朝榮暮榮爲人純粹而有姿色作仁德而不驕奢金神貴格火地奇哉有剛斷明敏之財無刻剝欺瞞之心乙巳鼠貴遇午冲貧如顏子壬騎龍背逢丁破慾比申梘井欄飛天其心傲物刑合趣良智足多仁六甲趨乾主仁慈而好禮水淸兌下主五陰會局爲人佛口蛇心二德仁生作事施恩佈德五行有化看何以推之四柱無情取元干而論也且火炎土燥必弊亥而用之言話而施仁金白水淸質黑肥圓土氣厚重信在四時彙合如然四時返旺此事則舉其大略須要察其細微欲識情理學者用心於此

사람이 東西南北上下의 六方에 居하고 心相이 五行에 있는 바 一生을 밝히고자 하면 形貌를 分辨하고 性品을 살필 것이다.

官星이 있으면 氣像과 容貌가 端雅하며 貴氣가 旺盛하고 性品이 優游하며 仁慈寬大하다. 所懷는 活達하고 音聲은 和暢하며 手足은 아름답고 秀麗하며 性格은 敏捷聰明하다.

印綬는 智慧가 많고 身體가 豐肥하며 心慈한데 食神은 飮食을 잘 먹고 體格이 厚大하며 노래를 좋아한다.

376

따라서 音樂에 素質이 있다. 偏官七殺은 그 勢力이 三公을 누르고 酒色을 즐겨하며 爭鬪를 좋아한다. 强한 者는 누르고 弱한 者는 扶愛하는 性質이 있으며 그 性情은 호랑이와 같아서 急躁하기 바람과 같다.

梟印은 權機를 잡아서 일을 推進시킴에 처음은 부지런하고 끝은 게으르며 學藝를 많이 배우나 成하게 되고 偏印은 또 刻印이니 祖上을 여의고 집을 떠나며 外象은 謙和하고 義가 當當한듯 하나 內心은 狼毒이 있어서 그 속을 알 수 없으며 刻剝한 뜻이 숨어있다. 또한 慈惠心이 없다.

偏正財가 露出하였으면 財物을 疏忽히 하고 義를 좋아하며 또 사람을 偉敬하고 받들기를 좋아한다. 또한 是非를 좋아하며 술과 女子를 좋아한다. 傷官傷盡이 되면 財星이 많은 點이 있는바 多藝多能하고 그 心機가 事物을 傲慢하게 여기고 氣高할 따름이다. 또 詐僞가 많고 사람을 업수이 여기나 뜻이 크고 權勢는 높으며 骨格은 後秀하다. 한편 눈은 크고 눈썹은 거칠며 心德도 善良하다. 또한 穩厚하고 作事에 慈祥하기도 하다.

魁罡은 性格이 嚴正하고 操節이 있으며 聰明하다. 日貴夜貴는 朝榮暮榮格이요 爲人은 純粹하고 姿色이 있으며 仁德이 있고 驕奢하지 않는다.

金神格은 奇妙함이 있는 바 性品이 剛强하고 明敏한 사람이다. 刻剝(남을 殘忍하게 虐待함)하거나 欺瞞하는 性質이 없다.

乙己鼠貴格은 午沖을 만나면 그 貧寒함이 顔子(孔子님 首弟子로 極貧樂道하였다)와 같다. 壬騎龍背格은 丁火를 만나면 破格이니 大忌한다.

井欄叉格과 飛天祿馬格은 事物을 傲慢하게 여기며 刑合格과 趨艮格은 智慧가 足하고 多仁이며 六甲趨乾格은 當主가 仁慈하고 剛介하며 心性이 平和롭다. 五陰이 會局되면 많은 佛說을 하나 마음은 毒蛇와 같으며 二德이 있고 印綬가 生身하면 모든 일에 恩慧를 펴고 布德한다.

五行이 化合함이 있으면 有情하고 五行이 爭尅하면 無情한바, 有情하고 無情한가를 보아서 判斷해야 할 것인데 元命의 天干으로 論할 것이다. 또 火炎土燥하면 목소리는 크고 禮儀를 좋아한다.

水淸兌下(兌는 澤이니 水가 많고 淸貴한 四柱)는 言語를 잘 하고 仁義를 좋아하며 金白水淸(金水格)은 黑色의 顔面에 肥圓하여 才藝와 智慧가 많고 學問을 잘 한다. 土氣가 重厚하면 그 믿음성이 四時와 같으니 그 細微한 곳을 살피고 그 情理를 잘 識別하기 바란다.

第十六論 玄機賦

玄機賦

太極判爲天地一氣分有陰陽日干爲主專論財官月支取格有格不正者敗 無格有用者成有官莫尋格局有格局喜官星官印財食無破淸
高殺傷梟双用之爲吉善惡相交喜去殺而從善吉凶混雜忌害吉以向凶有官有殺宜身旺 制殺爲奇有官有印畏財與助身爲禍身强殺淺
殺運無妨殺重身輕制鄕爲富身旺印多喜行財地印多身弱畏入財鄕男逢比劫傷官尅妻害子女犯傷官偏印喪子刑夫劾失雙親財星太
重爲人孤尅身旺印多依年沖月令離祖成家日破提沖强斷再續時日對沖傷妻尅子日通月令得祖安泉 是以木遇春長遇庚辛逄祿馬爲樵火
歸夏生見壬癸能爲福厚土逢辰戌丑未木重成名金坐申酉之中火鄕發福水居亥子戌己難優身弱喜印主旺官 財官印綬破則無功殺傷劫旺者
者忌見財官得時俱看旺論失令便作袞看四柱無根得旺爲旺日干無氣遇劫爲强殺喜印平生未濟身旺者喜逢祿馬身弱
爲福甲乙秋生金透露水木火運榮昌丙丁東降水汪洋火土木方貴顯戊己春生西南方有救庚辛夏長水土運無傷壬癸逢於土旺金木宜
榮身弱有印殺旺無傷忌行財地傷官傷盡行官運宜彰將何發福彌福正所謂善者存之忌者去之財多身旺以爲榮 身旺財衰財旺發福重犯官星只宜制伏食
弱者用印用財去印用印方發福彌福正所謂善者存之忌者去之財多身旺以爲榮身旺財衰財鄕發福重犯官星只宜制伏食
神髓見須忌官鄕須金無火大用不成强木無金名淸難著水多得土財多出火陷逢波祿位高 有官有印無破無榮無印無官有格取貴羊刃

格喜偏官金神嚴宜制伏雜氣財官刑冲則發官貴大盛處必傾身太旺喜見財旺主太柔不宜絉。旺官旺印與財旺入莫有禍傷官食神并身旺與庫及災遇貴在於支取重向乎貴求印者多行財而發財旺者遇比何妨格淸局正 富貴榮華印旺官生聲名特達合官非爲貴取。合殺莫作凶推挑花帶殺喜淫奔華盖逢空多剝刻平生不發八字休囚一世無權身衰遇鬼身旺者則宜洩宜傷 身衰者則喜扶喜助稟中和莫令太過不及若遵此法推詳禍福驗如影響。

太極이 天地를 判別하고 宇宙를 始成함에 一氣가 陰陽으로 分別되었고 人命이 陰陽五行을 받아서 出世하였다. 이에 日干이 主人이 되고 財官으로 專論(重點으로 取用)하는데 月支로써 格局을 決定한다.

五行이 不正한 者는 敗退하고 格局을 이루지 못하였으나 用神이 있는 者는 成功할 수 있다. 官星이 있으면 구태어 格局을 찾지 않아도 좋은데 格局을 이루었어도 官星과 財星과 印星과 食神을 좋아한다. 그러나 破가 없어야 淸高한 것이다.

七殺에 傷官과 梟印을 取用함은 吉하고 善惡殺神이 相交混雜하였으면 凶殺은 制去하고 善神을 쫓아가야 吉하다. 萬一 吉凶殺이 混雜하였는데 吉神을 害하고 凶殺을 따라감은 忌하는 것이다.

官이 있고 殺이 있으면 마땅히 身旺해야 하고 殺은 制해야 奇妙함이 있다. 身强한데 七殺이 輕淺하면 七殺運이 無妨하고 殺盛한 財星이 와서 印星을 도와주는 運을 만나면 禍가 있다.

은 重하고 日柱는 輕弱하다면 制殺하는 節鄕에 富貴가 온다.

身旺한데 印星이 많이 있으면 財星을 좋아하니 財鄕大運에 吉福할 것이요 財는 많고 身弱하면 財鄕에 向入함을 두려워 하는 바 比刦運과 身旺運을 歡迎한다. 男命이 比刦과 傷官이 旺盛하면 妻子를 損尅하고 女子가 傷官과 偏印이 있으면 子息을 喪害하고 夫君을 刑尅한다.

早年에 일찍 雙親을 여의었음은 財星이 太重한 때문이요 爲人이 孤剋無托함은 身旺無依한 때문이다. 年 이 月令을 冲剋하면 祖業을 離損하여 스스로 成家하며 日이 月令과 冲하면 모든 일이 強斷되나 再續하 고 時와 日이 冲되면 傷妻하거나 剋子한다.

日支와 月令이 通하면 祖業을 얻으니 父祖의 遺業으로 一身이 安寧하며 그러므로 木은 春節을 만나야 되는 것인데 庚辛을 만나면 도리어 權勢가 이르고, 火는 夏節에 生旺되는 것인 바 壬癸를 만나면 能히 그 福 이 厚하게 된다. 土는 辰戌丑未의 四季를 만나야 하는데 木이 重하면 名譽를 成取하는 道理가 있고 金은 申 酉月令에 生得하고 火鄕으로 運行할 때 發福하며, 水는 亥子令에 居하여 있으면 戊己土가 侵害하지 못한다.

日身이 休囚節에 坐臨하였으면 平生에 發身할 수 없고 身旺하여야 財官運에 發展하며 身弱者는 財官을 꺼 린다. 따라서 時節(月節)을 얻으면 身旺한 것이요 月令이 日主를 剋하면 失令이니 身衰한 것으로 看做한다.

또 四柱에 無根(日干이 天地에 生助者가 없는 것)하면 比刦를 만나서야 強하게 되는데 身弱者는 印綬를 좋아한다. 日主가 旺하면 財官을 좋아하며 財官印綬 破壞된 즉 功을 이루기 힘들고 殺과 傷官과 羊刃은 制去함이 福되다.

甲乙이 秋節에 生하고 金이 露出하였으면 水火運에 榮昌하고 丙丁火가 東方春節運에 生 하여 水가 旺洋하면 火土木運에 貴하게 된다. 戊己土가 春節에 生하면 西南方運이 救해 주어야 하고 庚辛金 이 夏節에 生하면 水土運이라야 傷害되지 않으며 壬癸가 土旺節에 生하면 金木運이 木을 制去해 주어야 마땅 히 榮華를 얻는다.

身弱한데 印星이 있으면 殺旺하여도 傷害되지 않으나 財地는 꺼린다. 傷官이 傷盡되면 官星運으로 行함이 좋고 傷官格이 印星을 取用함은 財星을 마땅히 制去해야 하며 傷官格이 財星을 取用하는 境遇에는 印星을 制

去해야 한다. 或 傷官格에 財星과 印星이 다 함께 彰活하면 發福하는 次弟가 日主의 旺弱을 따라 相異하게 되는 바 身旺者는 財를 取用하고 身弱者는 印星을 取用하게 된다. 이때에 財星을 取用하는 者는 印星을 制去해야 하고 印星을 取用하는 者는 財를 制去시켜야 發福한다. 이것이 이른 바 「喜者는 保存하고 憎惡者는 除去한다」는 原則이다. 財多하면 身弱한 것이니 身旺하여야 榮華가 있고 身旺하면 財衰한 것이니 財旺鄕에 나아가야 發福한다.

官星을 거듭 犯하면 制伏함이 마땅하고 食神이 疊疊히 있으면 모름지기 官鄕을 꺼린다. 旺金이 火가 없으면 大用하나 財名을 이루지 못하고 強木이 金이 없으면 淸貴하나 또한 權富를 얻기가 어려우며 得土하면 財貨가 多出하며 炎火가 水波를 만나면 祿位가 높으며 官星이 있고 印이 있는데 破함이 없으면 榮華가 없을 것이며 印이 없고 官星이 없으나 格局을 이루면 貴한 것이다.

羊刄格은 偏官七殺을 기뻐하고 金神格은 制伏됨이 좋고 雜氣財官格은 刑冲되어야 發福하는 바 官貴가 大盛하면 旺處에 傾敗할 것이다. 日主가 太旺하면 財官을 보아야 發福하고 日主가 太柔하면 財官이 不宜하다. 官星이 旺하고 印星이 旺하며 財星이 또한 旺하면 墓庫에 入藏하는 때에 禍가 生하고 傷官食神이 있고 아울러 身旺하면 庫를 만나서 災를 받는다.

大運을 볼 때는 支에 重點을 두어야 하고 歲運을 볼 때에는 干을 重視해야 한다. 印星이 많은 者는 財運으로 行入하여 發福하며 財旺者는 比肩을 만나는데 害가 있을 수 없다.

格이 淸貴하고 局이 正當하며 富貴하고 榮華가 있으며 七殺을 合하는 것은 凶하지 않다. 桃花가 七殺을 帶同하였다면 官星을 合하는 것은 貴하다고 할 수 없으나 印星이 旺盛한데 官星이 生印하면 名聲이 特達하다.

姪亂狂奔하고 華蓋가 空亡을 만나면 損失만 많고 平生토록 發身할 수가 없음은 八字가 休囚된 때문이요 一生

에 權貴가 없음은 身衰한데 殺을 만나는 때문인 바 身旺者는 洩氣해 주고 傷損시켜 줌이 옳으며 身弱者는 扶助해 줌이 좋다. 命柱는 要컨대 中和될 것이니 太過하거나 不及하지 말 것이다. 如此한 法으로 禍福을 仔細히 推審한다면 그 應驗이 그림자가 物體를 따라다니는 것과 같은 것이다.

第十七論　幽微賦

幽微賦

天地陽陰二氣降於春夏秋冬各生其時有用者則吉無用者則凶是以泄天機之妙理。談大道之玄微天旣生人人各有命所以早年富貴八字運限咸和中主孤單五行逢死絶敗過房入舍中分隨母從夫偏財空而印旺早歲父亡偏財臨亡死絶殺宮幼歲母離只爲財多印死比肩多而兄弟無情羊刄多而妻宮有損而官逢死之方子招難得若見傷官太盛子亦難留官遇破沖提網定主離子祖業再見空亡三審四廢印綬逢生母當賢貴偏財歸祿父必崢嶸官星臨祿旺之郷子當榮顯七殺遇長生之位及招貴夫自身借宮所生必是依人過活妻星失令牛路抛離若乃借宮所生亦是他人義女只是挑花帶殺慈祥敏慧天月二德聚來印綬旺而往來不息梟神旺而高偏財逢敗父主風耀若臨破家蕩產自身逢敗早歲興衰妻入墓不得妻財父宮先死比肩逢祿。正官旺而受活梟身臨沐浴而之年恐愁水厄生入門尅之年必逢火晦女帶挑花坐殺定主淫布傷多而印綬被尅母當淫蕩年月冲者難爲祖業日時冲者妻子招遷天元刑戰父母難靠如遇地支所生凶中成吉主弱水火相戰而無仁無義。此乃男子之玄機略說女人之奧妙純粹在於八字純有富貴者一官生旺四柱休囚必爲貴者濁淫者五行冲旺娼淫者官殺交義名主不良　滿柱殺多不爲尅制印綬多而老無子傷官旺而幼傷夫荒淫之慾食神太過四柱不見夫星即爲貞潔官星絶遇休囚孤孀獨宿淸潔流源金猪遇木虎相見四柱三夫土義重疊水火逢蛇夫宮早喪食神一位逢生旺招子須當拜聖明父母之宮男命同斷若見此書　藏之如寶若高士對鏡分明依其此法萬無一失。

天地陰陽의 二氣가 春夏秋冬을 이루는 바 各其 그 生出한 時令을 따라 有用者는 吉하고 無用者는 凶한 것이니 이러므로 天機의 妙理를 洩하는 것이요 大道의 玄微함을 談論함인 것이다.

天이 이미 生人하였음에 사람에게는 命理가 있으니 그러므로 早年에 富貴함은 八字가 中和를 얻은 때문인데 中年에 孤單함은 五行이 死絶을 만난 때문이다. 過房外入(誤入)함은 年敗池를 얻고 年月이 冲刑된 때문이며 母를 따라 父를 取함은 偏財가 空亡되고 印綬가 旺한 때문이요 또 일찍 父를 잃게 됨은 偏財가 死絶되고 殺宮에 臨한 때문이며 幼歲에 母親과 헤어지게 됨은 財多하고 印星이 死滅된 때문이다.

比肩이 많으면 兄弟가 無情하고 羊刃이 많으면 妻宮에 損傷이 있을 것이요 官星이 死地에 있으면 子息을 얻기 어렵다. 萬一 傷官이 太盛하면 子息이 또한 保存되기 어렵고 月令이 冲破되면 當主가 祖業을 받지 못하게 되며 空亡을 再見하면 세번 일어나서 네번 廢敗한다. 印綬가 生을 얻으면 母堂이 賢貴하고 偏財가 絶地에 들어가면 父親이 반드시 危胎롭고 官星이 祿旺地에 臨하면 子息이 반드시 榮顯하며 七殺이 長生地에 이르면 그 夫가 貴하게 된다. 妻宮이 失令되었으면 中道에 離別될 것이요 借宮에 所生함은 他人에 依持하여 活養되었으니 또한 義女이다.

酒色猖狂은 桃花가 殺을 띤 때문이요 慈祥하고 敏捷하며 智慧가 있음은 天月二德이 모인 때문이며 印綬가 太旺하여도 子息은 稀少하고 正官이 旺하면 女多하며 梟印이 旺하면 早年에 夭折하고 食神이 强하면 老年高壽한다.

偏財가 敗地를 만나면 父視이 風流客이요 子息이 敗地沐浴殺에 臨하면 破家蕩產한다. 日主가 敗地를 만나면 早年에 興衰가 있고 妻가 墓地에 들면 妻財를 얻을 수 없다. 父星이 庫地에 들면 父親이 母親보다 먼저 死亡하고 比肩이 祿을 얻으면 兄弟가 이름을 높이 떨친다. 食神이 많으면 身主가 沐浴의 年運에 이를때 水厄

을 防止하지 않으면 안되고 尅鬪하는 年運에 해당하면 水氣는 晦藏된다.

女命이 桃花를 띠고 殺에 앉았으면 반드시 姪亂한 行動이 있을 것이고 傷官이 많고 印綬가 被尅되면 그 母 堂을 姪蕩한 것이며 年月이 沖되면 祖業을 지키기 어렵고 日時가 沖하면 是非를 일으킨다. 甲木이 衰한데 金 旺함을 만나면 仁義가 없는 바 이 등을 甲子의 玄機라 이름한다. 이는 男子의 玄機이다.

女人의 奧妙함이 있으니 八字가 먼저 純粹해야만 富貴하는 바 一官이 生旺되면 四柱가 休囚되었어도 반드 시 貴한 命造에 屬하다. 濁淫者는 五行이 沖旺됨이요 娼淫者는 官殺이 모여서 混雜되었음이요 命主가 多合하 면 이도 또한 不良한 女命이다. 四柱에 七殺이 滿柱하지 못할 것이고 印綬가 많으면 늙어서 子息이 없다. 傷 官이 旺하면 일찍부터 그 男便을 잃을 것이다.

荒淫한 女人은 食神이 太過한데 基因하고 四柱에 官星이 보이지 않으면 곧 貞潔한 女性이며 官星이 休囚絶 을 만나면 孤孀獨宿(과부)할 八字이며 그러나 淸潔한 사람이다.

金猪(辛亥)가 相遇하고 木虎(甲寅)가 相見되며 四柱에 三夫가 있고 土가 重疊되며 水火가 巳字를 만나는 등은 夫君이 早死한다. 食神이 一位가 있어 生旺되면 그 아들이 要職을 얻어 聖君을 補弼한다. 父母宮은 男 命과 同一한 바이 글을 얻은 者는 寶貨와 같이 잘 保藏하라! 그 깊은 뜻을 解得한다면 거울앞에 비추는 얼 굴과 같이 分明함이 있으리니 此法에 依存할 때 萬에 하나도 失差함이 없을 것이다.

第十八論　五行元理消息賦

詳其往聖鑒以前賢生死全憑鬼合推消息端의 徐公陽生陰死陰陽生循還逆順變化具矣。夫陽木生亥死午須存亡易見陽木跨午若 逢猪則吉凶可推 艮木生丙而遇鷄死兌金生于巳而逢虎傷戊藏寅而西方沒巳生酉而艮中亡 庚逢巳而崢嶸而見鼠亦難常辛生子死在

罪地壬生申藏於震方鬼生癸水依祿足運行猴地見災峽十千生死同斷造化依此推祥又詳權又雙顯停均位至候壬中途或衰或危運扶
干旺平生爲富貴身殺兩停夫貴者用財而不用官當權者用殺而不用印賴殺生官因財旺食居先殺居後功名兩企酉破印卯印破午財
名雙美享福五行歸祿壽彌八字相停晦火無光於丙丁火虛有焰金實無聲水泛木浮活土木重者陽金水盛則危。
火明則滅陽金得煉太過變格奔波陽水歸陽失令終爲身弱土重而掩火無光逢木反榮有用水盛則漂木無定若土好運方榮五行不可太
甚八字須得中和土止水流全福壽土虛水盛必傷殘運會元辰須當天折寡信水旺居垣須有智金堅主義却能爲金水聽明
而好色水土混雜必多愚過齡得於中和天折喪於偏極辰戌須生明偏任禁財就殺論剛
柔傷官爲財雖貴食神制殺逢梟不貧則夭男多羊刃必重婚女犯官傷須再嫁三戌沖辰祿皆只爲財神被劫去殺
留官方論福去官留殺有威權逢傷官反得夫星乃財命有氣遇梟而喪子息福須無後而孤貧賤者皆因旺處遭刑食孤寡者只爲財被劫去
相逢荒淫滾浪子午卯酉全備酒色昏迷天干殺顯無制者賤地支財伏造化因逢戌亥陰尅陰陽財神有用官多無官太旺傾危殺多無殺反爲
男爲嗣義女爲妻日時相逢卯酉始生必主遷移平生敬信神祖造化因逢戌亥陰尅陰陽財神有用官多無官太旺傾危殺多無殺反爲
不害財多無財運逢化殺生災八字得局失垣平生不遇四柱歸垣得令早歲軒昻木逢類象榮貴高遷命用梟神富貴慈辯財官俱敗者死食
神逢梟者凶龍藏亥卯經商利路絲綿己巳孤鸞合爲聽明看女日犯裸形沐浴淫娼日祿歸時見財則清高富貴歸祿有財而獲福無財
祿必須貧財印混雜必致傷殘太歲忌逢戰鬪羊刃不喜刑冲。癸從戊合少長無情多有不仁庚遙內擧豈知過正官却
歸祿必須貪財印混雜必致傷殘之人從化得從顚達功名之士。化成祿旺者生成祿絶者死處僧道之有用殺反難受恣
無俸祿蓋祿逢七殺乃有聲名不從不化淹留在路之人亥乃神漿。遇酉金喀杯之客財逢旺地人多幅遇長
臺之職偏官得地生地相逢壯年不祿時歸敗絶老後無終丁逢卯木遇已土梟食之人亥乃神漿。遇酉金喀杯之客財逢旺地人多幅遇長
生命必榮丁生酉金丙辛遇之絶嗣財臨殺地父死而不歸家人專日支同類數年殺運生災若能觀覽熟讀詳玩貴賤萬無失。

道淸溪의 鬼谷林에 살았으므로 號를 鬼谷이라 한다. 縱橫家의 書一卷 十二篇을 著述하였다. 或은 漢伐以後의
往聖의 道를 詳考하고 前賢의 法을 살펴서 生死의 理致를 밝힌 것은 鬼谷子(姓은 王이고 名은 詡隱이니 樂

著書라고도 한다. 上卷 第一編 六十花甲子條를 보라)이고 이것을 그 後 더 仔細히 說明하고 밝힌 것은 徐子平에 依해서이다.

이는 陽生地에 陰死하고 循環逆順하는 變化의 理致를 보여준 바 무릇 陽木은 亥에서 生하고 午에서 死하는 것으로 모름지기 그 存亡함을 엿볼 수 있는 것인데 乙木은 午에서 生하고 亥字를 보면 死한다. 艮宮의 寅木은 丙火를 生하고 酉에서는 丙火가 死하는데 丁陰火는 酉에서 生하여 寅虎를 만나면 또한 문득 傷하니 寅酉는 相憎한다. 호랑이는 닭이 우는 소리를 들음에 活動을 中止하고 山中에 숨어야 되므로 鷄鳴을 싫어한다.

戊土는 寅에서 藏生되고 酉方金地에서 死沒하는데 己土는 酉에서 生하여 艮(寅)宮에서 死한다. 庚은 巳에서 生하고 子에서 死한다. 陰金辛은 子에서 生하여 巳에서 死한다. 壬水는 申에서 藏生되고 卯에서 鬼死되며 癸水는 卯에서 衣祿이 足하고 猴(申)地에서 災厄을 만나게 된다. 十干의 生死가 同一하니 그 造化를 이와같이 推祥하기 바란다.

또 權力(官殺과 羊刃)이 雙顯하여 旺弱이 均停하면 位爵이 侯王에 이를 것이요 運이 日干을 扶助하면 平生토록 富貴하게 된다. 身殺이 兩停하기 때문이다.

大貴者는 財星을 쓰고 官星을 取用해 하는 듯이기 때문이다. 當權者는 從殺하여야 하므로 殺을 쓰고 印星을 取用하지 않으니 이는 從殺格인 때문이요 印은 殺에 依賴하여 生하고 官星을 財星에 依하여 生助되는 것이다.

食神이 먼저 있고 七殺이 뒤에 있으면 功名이 兩全할 것이며 (月令에 食神이 있고 時上에 殺이 있으면 大貴

한다) 酉가 卯를 破하고 卯가 午를 破하면 이는 財命이 雙美한 格이다 (酉金이 卯中乙木을 合하여 財를 삼고 卯木이 午中己土를 合하여 財星을 삼는다).

五行이 歸祿되면 福이 厚하고 (陰陽이 相均하고 生旺地인 歸祿이 各臨하면 身殺이 相等이니 福壽한다) 八字가 相停하면 壽를 누리며 丙丁火가 土多함을 만나 晦光되면 不吉하다. 木氣가 丙丁火의 太旺함을 만나면 絶氣되어 不吉하고 火가 寅木等의 生助를 얻어 焰火되면 吉하고 金은 寬旺한즉 소리를 내지 못하니 그릇을 이룰수 없고 水氣가 太多하면 木이 떠서 流失되니 土가 있어야 活木이 된다. 陽木甲이 亥月에 生合은 生助되고 無咎하나 乙木은 亥에 死하니 水泛하면 떠내려 간다.

土가 重하면 金은 묻혀 버리니 陽金이 또한 器用될 수 없으며 水盛한 즉 滔滔하여 萬物을 傷할뿐이므로 두려웁고 火가 過明하면 滅하고 陽金이 煉煅이 太過하면 變格으로 奔波할 따름이니 中和를 얻음이 貴하고 陽火가 垣土를 얻고 失命하면 身弱하며 土가 重하면 火勢를 埋晦시키는 것이니 光明이 없어지는 바 木을 만나서 土를 疏土하고 生火해주어야 吉하다.

水가 太盛하면 木이 流浮되어 定着安留할 수가 없으니 土運을 만나야 바야흐로 榮華가 온다. 五行이 이에 太甚할 수 없고 八字는 모름지기 中和를 얻을 일이 要塞된다. 土가 물의 흐름을 막아주면 福壽하고 土는 弱한데 水盛하면 반드시 傷殘하게 된다. 元命과 大運에 水局이 모이면 (甲子月 甲子日이 壬辰을 만나서 水氣가 太過한 例) 夭折된다.

水盛하면 多仁하고 土가 薄弱하면 信用이 적으며 水旺하고 다시 土담이 튼튼하면 知慧와 信德을 兼한 사람이다. 金이 堅固하면 義理가 旺強한 사람이고 金水가 兼旺하면 聰明하고 好色하며 水土가 混雜한 곳에 그치면 어리석으니 中和를 얻어야 한다. 夭折하게 되는 原因은 偏枯한 때문이요 辰戌이 剋制하고 併冲하면 반드시

刑厄을 받고 子午가 相冲剋하며 無禮하며 印을 버리고 財를 取함에 문득 偏財와 正財를 分別해야 하니 印綬格이 財星을 꺼리는 바 正印이 月令에 있으면 財星을 꺼리나 偏印이 月令에 있으면 年時에 財星이 있어도 無妨하다.

日干을 버리고 殺을 取從함은 強柔를 論하는 때문이요 傷官이 財가 없으면 비록 巧妙한 才操는 있으나 貧寒할 것이요 食神이 制殺하는 四柱에 偏印이 오면 福星인 食神을 破하므로 不貧하면 夭壽한다. 또 男子가 羊刃이 많으면 重婚이요 女子가 官星을 傷하면 再嫁해야 한다.

貧賤한 것은 다 旺處에 冲刑을 만나는 때문이요 孤寡한 者는 다못 財神이 劫財에 依해 被剋된 때문이다. 殺을 合하여 制去하고 官을 留用하면 바야흐로 福을 누릴 것이요 官을 合去하고 殺을 留保하면 威權이 있을 것이다. 財命이 有氣하면 傷官을 만나서 도리어 夫星에 좋으니 戊日이 乙木으로 官星을 삼는데 戊日의 財星인 水氣가 있으면 燥土를 調候하는 것인 바 傷官이 있어도 乙木을 害損하지 않고 夫星을 生해주게 되는 때문이며 傷官이 用神인 境遇에도 損傷된다고 보는 것은 不可하다.

梟殺이 있으면 子息을 喪하는 것이므로 子福이 없고 後繼가 외로울 것이며 女命이 陰干이면 傷官으로 아들을 삼고 食神으로 女息을 삼으며 陽干日은 食神으로 아들을 삼고 傷官으로 女息을 삼는데 歲와 運과 命에 梟印과 正印이 太過하면 子息이 害로울 것은 明確하다.

三個의 戊이 辰字를 冲하면 禍가 가볍지 못하고 兩干이 不雜한 즉 利名이 雙全한다. 丙子日이 辛卯와 만나는 境遇만은 無禮刑이 되고 刑令이 되어 荒淫한 사람이다. 또 子午卯酉가 全部 있는 사람은 酒色에 昏迷하고 天干에 七殺이 나타나고 制伏하지 못한 사람은 賤人이 된다.

地支에 財星이 暗藏되어 隱隱히 生財하는 四柱는 奇異한 바가 있으며 財星으로 因하여 禍를 받게 되는 것은 羊刃이 歲運에 倂臨하는 때문이다. 그러므로 月支에 羊刃이 있으면 財星이 있음을 기뻐하고 比刃을 꺼리는데 만일 歲運에 다시 羊刃을 보면 財物로 因한 禍厄이 있는 것이다.

食神이 過重하며 梟印이 아울러 있으면 禍가 있을 사람이며 梟印이 重用되면 食滯로 因한 病이 있고 姪男으로 養子하며 義女로써 妻를 삼는다. 日時에 卯酉가 相逢되면 門戶가 冲됨이니 移住가 많다. 平生에 敬神尊佛하는 道士僧侶는 天門인 戌亥를 갖고 있다. 人身에 天門에 坐臨한 者는 道士僧侶이다.

陰이 陰을 尅하고 陽이 陽을 尅하면 財神을 取用하는데 財官이 많으면 官이 아니나 太多하면 危險하고 殺이 太多하면 殺이 尅하고 陽이 아니니 오히려 害롭지 않다. 財多하면 財가 아니니 歲運에서 다시 財를 만나면 財가 鬼殺로 化生하여 凶害하게 된다.

八字가 局을 얻으나 失令하면 平生에 不幸할 것이니 木이 亥卯未木을 얻고 金이 巳酉丑을 얻음이 得局이요 木局이 秋月에 生하고 金局이 夏生하였음이 그것이다. 反對로 八字가 月令을 얻고 得局하였으면 早年에 벌써 出世하여 富貴하였을 것인 바 木局이 春月에 生하였음이요 金局이 多生하는 等이니 曲直格 炎上格 潤下格 從革格의 上格을 말한다.

木이 類象을 얻으면 榮貴하며 (本篇第二十二論 神趣八法을 익힐 것) 命內에 梟印이 있을 境遇엔 그 富貴를 兼한다. 財官이 다 敗地에 이르면 死亡하고 食神格이 梟印을 만나면 凶하고 龍(辰)은 亥卯를 감추어 있으니 장사하고 事業하는데 利益이 많다.

丁巳孤鸞에 合하면 聰明하고 女運이 日支에 沐浴을 犯하면 濁淫하고 (男子 庚午日) 歸祿格이 財가 있으면 富貴하니 (壬寅年 辛亥月 壬寅日 辛亥時니 此命이 歸祿格인데 寅中丙火가 財인 바 東方運에 極貴하였다) 日祿歸時 (歸祿格)가 淸貴한다. 歸祿格이 無財하면 貧하다.

財印이 混雜하면 마침내 困窮할 것이며 偏正이 混有하고 濁亂하면 반드시 傷殘될 것이며 太歲가 戰鬪하면 흔히 庚金이 丙火의 攪尅함을 입은 때문이요 正官을 만나면〔申은 陽木이고 辛正官은 陰金이니 (日干이 歲君을 尅犯하는 것) 忌凶하고 羊刃은 刑冲을 꺼리며 癸水와 戊와 合하면 無情하고 不仁한 사람은 俸祿이 있다.

祿格이 七殺을 만나면 聲名이 있고 從格도 아니고 化格도 아닌 사람은 길 가운데 彷徨하는 사람이요 從格을 얻고 化格을 얻어서 從化하면 功命을 세운다. 化格이 祿旺하면 生昌하고 化格이 絶死되며 僧道의 領首가 됨은 七殺이 輕薄한 때문이요 憲台의 職(百官의 糾察을 맡은 漢代의 監察院)을 가짐은 偏官이 得地하는 때문이다.

自旺한데 다시 自旺地를 만나면 用神이 被傷된 것이니 不吉하고 官祿을 얻기 어려우며 時柱가 敗絶되면 老後에 子息이 없고 丁日이 卯木을 만나고 己土를 만나면 梟食人이요 亥가 酉金을 만나면 飮酒를 즐기는 사람이고 財格이 財旺地를 만나면 富者가 많고(甲乙生이 戊己土로 財를 삼는데 八字에 火局이 있어서 財神이 有氣하면 南方運이나 財旺運에 發福한다) 官星이 長生地를 얻으면 當主가 榮達하고 丁日生이 酉金을 만나고 丙辛을 만나면 子息이 없어 血統이 끊어지고 財星이 殺地에 臨하면 父死하여 歸家하지 못하며 日支가 同一한데 殺年殺運이 되어 殺旺해지면 災禍가 生하는 바이다. 能히 이 글을 보고 익히고 仔細히 解得한다면 萬에 하나도 틀림이 없을 것이다.

第四編 秘法玄談篇(第四卷)

第一章 秘法玄談 其一

第一論 金玉賦

數體洪範法遵五行命天地之奧妙聽空谷之傳聲一氣流行則多寒而夏暑三陽生發。自春長以秋成。竊聞既生有歲若虧則盈造化歸源盡返寅申巳亥五行藏蓄各居四季邱陵生長有時自春夏秋冬之屬旺衰有數察富貴貧賤之機搜尋入字專論則官次究五行須求氣候論財官之輕重察氣候之淺深推向背財官之得失論常生格局之高低他來剋我爲官鬼身旺當權。我去剋他爲妻財官強則貴年傷主乃父與子而不親時刻日辰是子不遵爲父命年剋日分上能尅下日尅下分上若得有物制日干則可化惡爲祥更欲本主逢喜神將凶而變吉喜神慶會當知資產豐隆四柱無情定見禍端並作或見本主相冲三刑重疊歲運欺淩必招橫事純粹五行入格臺閣底清身強七殺逢伏藩垣鎭守無財官而有格局青雲得路無財官黃門成名財官格局俱損不貧寒而功名蹭蹬之夫壬午月令俱強非困窮必草茹永逸之士丙丁坐南離而無制是不遵禮法凶暴之徒。壬癸遇己之相應。乃懷德抱才聽俊之士辛逢乙木於南墓富而不仁丙逢辛金於北鎭縱貧而有德年時月令有偏印吉凶未明大運歲君逢壽星災殃立至幼年乏乳食神遭刑尅之宮壯歲淨嶸乃財官俱純粹之位陽日食神得地無冲損則暗合官星陰日食神無破耗雖契合則自親印綬偏財能金壽延年羊刃七殺善奪財化鬼。財星有破費祖風別立他鄉印綬被傷失宗業拋離故里命人以貴神爲福遭尅陷則凶禍不祥五行會凶曜爲災合殺幷食神爲貴。命虧殺旺要天赦二德呈祥身弱財豊喜羊刃兄弟爲助月令値食神健旺善飲食。而資質豊滿四柱有吉曜相扶堆金積玉。五行無凶旺侵犯名顯聲揚寅申巳亥疊犯有聰明生發之

心子午卯酉重逢害酒色荒淫之志女人無殺一貴何妨喜逢天月德神。忌見殺官混雜貴衆則舞裙歌扇合多則暗約偷期。五行健旺不遵禮法而行官殺互逢定是風聲之配廻眸倒撞泛水挑花沐浴裸形嗔喜重見多爲奴婢娼妓。少有三貞九烈雙鳳雙女號淫星不宜多犯官星七殺日夫主忌重星寅申互見性荒淫不已或有傷官之位不遠嫁定主尅夫。臨冲梟印之神非孤離終須客死別。四柱有官鬼入墓使夫星久入黃泉歲運臨天絕之宮俾緣配分飛異路要女知命男婚連入背夫之位。欲識男兒早娶定是運合財鄉子尅重殺沒官衰傷官重傷妻疊疊財輕身旺弟尤多若不如斯定是刑冲妻妾位暗合財星妻妾衆虛朝財位主妻多財星入墓必定刑尅重重偏房寵妾妻星明郎喬木相求大運流年三合財鄉必主紅鸞吉兆或臨財敗之官家貧瘠替傷妻損妾婚配難成。妻星失位在何官要求端的官祿天廚居甚須須察根源有格局純雜急遇惡物相冲亦主死亡無財祿或財祿逢旺相亦當驟發求日升合氣神旺處。剋財多。或逢偏印尅日神非貧夭壽位。知乞化要豪榮枯輕淺深官祿殺強。無制則天日衰財倘殺則窮更看歲運何凶何吉。身宮冲破無依靠不離祖必出他鄉乾坤艮巽互換朝朝好馳騁則心無定主柱中若逢華蓋犯二德清貴之人官星七殺落空亡在九流任虛閒之職。五行尅戰非傷日干及財官太盛並臨若損用神皆有禍木逢金尅定主腰脅之災火被水傷必之眼目之疾三合火神旺剋庚辛損頭面及膿血之疾。如逢日干及財官太盛折肢體有脊戀之災。心肺喘滿亦被金火相刑脾胃傷損蓋因土木相尅支水千頭有火遭水尅必主腹脐心膜支火千頭有水。遇水旺則內障睛盲水土煩焦蒸四曜則髮禿眼昏潤下純潤充氣返神清骨秀煣惑乘旺臨離巽風中失音太白堅利合兌坤兵箭落魄財星入墓五行尅戰傷日主不爲災歲運必發傷官傷盡或見官星則凶十有八格當從善惡推求總繫五行各取旺衰消息。身旺何勞印綬身衰不喜官而爲吉偏黨爲災但見貴神朝拱祿馬飛天逞合虛邀不得冲格逢合皆忽然運到官鄉當以退身避職馬瘦官破。因守窮途祿旺財豐崢嶸仕路如臨喜處以得禍是三合而半祥乃九宮而路吉曜是知職品高低。當求運神向背奇則早歲成名玷缺則晚年得地運行則一宮十載流年乃逐歲推移津路通享權高爵顯程途偃蹇驗薄官卑。推尋子位先看妻宮死絕者嫡庶難存太旺者別門求見妻星顯路子息必多刑宮嗣害男女罕得若問兄弟多少細檢四柱干支月令雖強。更看運神向背死絕刑傷雁行失序。相生嘉慶棣蓴聯耀兄弟身旺父命有虧財帛官多母年早尅。若見官鬼出見母返長年。如逢脫氣排運父還有壽壬臨午位癸坐巳宮。禀中和兮祿馬回鄉遇休囚兮

胎元絶也內臨申位庚坐臨寅己入巽乾乙臨雙女金乘火位甲坐坤宮名曰休囚最嫌尅制 七殺逢言喪魄謗是欣遇目還魂夫命能施智
力。難出網羅。造化幽微。乃除功妙貧寒將盡能令白屋出公鄕奢侈太過反使朱門生餓殍家貧將廢。定生不肖之男兒婚媾多刑必竟無壽之
妻妾。四宮背祿不可安求官將不成財當見廢八字無財須求本分越外若貪必招凶事噫甘貧養拙。非原憲之不才鼓腹吹笙使伍員之挫志。
順則行逆則棄如命樂天困窮合義洪範數終淵源骨髓。

洪範大衍數인 五十의 數體를 子平이 解得하고 法을 본받았으며 天地의 奧妙한 理致를 秘密히 聽受한 것이
다. 一氣가 流行하여 겨울에는 춥고 여름에는 더운 것과 三陽이 發生하므로 봄에 長養하고 가을에 成收되는
것인 바 生함이 있으면 滅함이 있고 이즈러짐이 있으면 盈滿하는 때가 있을 것이나 一切의 造化는 마침내 그
根源에 돌아가는 것이다.

寅申巳亥는 四季節의 孟初요 五行이 所藏되는 곳은 辰戌丑未의 四季末인 바 萬物이 生長함에 때가 있어서
春夏秋冬의 節候上原理는 一切 事物의 展開次第에 適用되니 貧賤富貴의 機先을 살펴야 한다.

八字의 理致를 分析하는데 있어서는 財官을 重視해야 하고 八字의 五行關係를 다음으로 살펴야 하며 또한
모름지기 氣候關係를 注察해야 한다. 곧 財官의 輕重을 判辨하고 氣候의 淺深을 살펴서 財官의 向背와 得失
을 決定할 것인 바 이로서 다시 格局의 高貴하고 低俗한 與否를 論斷한다. 我를 尅來오는 者는 官鬼이니
身旺하여야 當權하게 되고 我身이 去尅하는 者가 財星이니 日主가 또한 强健하여야 富하게 된다.

年柱가 日主를 尅하면 父子間에 不親하고 時가 日支를 尅하면 子息이 그 父를 따르지 않는데 年이 日을 尅
傷함은 手上者가 手下者를 凌害하는 것이니 輕하지만 日干이 年上을 尅傷함은 手下가 手上을 犯凌하는 것이
므로 그 凶禍가 重한 것인데 萬一 救解해 주는 五行이 있으면 凶惡이 化變하여 祥福이 된다. 또 身主는 喜神

393

을 만나야 하는데 吉神이 있다면 凶이 變하여 吉함이 되는 것이니 喜神이 있으면 慶事가 모이고 資産이 豊隆하게 된다.

萬一 四柱가 無情하면 禍厄이 生할 것인 바 或 本身이 相冲되고 三刑이 重疊되며 歲運이 不利하면 반드시 橫厄이 招來된다. 그러나 五行이 純粹하여 入格되면 高官淸貴格이요 身强한데 七殺이 있고 制伏되면 武官이 될 것이며 財官이 없드라도 格局에 들면 學德이 높고 世俗에 뜻이 없지만 或 高官大爵이 되며, 格局을 이루나 財官이 없으면 黃門(大闕朝廷)에서 이름을 얻고 成功하며, 財官과 格이 다 俱損되면 貧寒하지 않으면 功名을 失脚할 사람이요 日干과 月令이 俱强하면 草芽에 묻혀서 사는 野人이다.

丙丁火가 離火宮(巳午未南方)에 坐臨하였으면서 制伏하지 못하는 境遇엔 此人은 禮儀와 法規를 無視하는 凶暴한 무리이며 壬癸와 戊己가 相應하면 德을 기르는 才智가 있는 總俊之士이고 辛金이 乙木을 만나고 南方火地에 墓가 되면 富者가 되나 不仁하며 丙火가 辛金을 만나고 北方水地에 臨하면 비록 가난하나 德이 있다.

年時와 月令에 偏印이 있으면 凶하고 吉함이 明確하지 못한 사람이니 大運이나 歲運에 壽星을 만나나 災殃을 만난다. 幼年에 母乳가 不足함은 食身이 刑剋된 때문이요 壯年에 發達함은 財官이 다 純粹한 때문이며 陽日에 食神이 得地하고 冲함이 없으면 吉하고 官星을 暗合함은 損됨이요 陰日이 食神이 破耗됨이 없으면 비록 合이 있드라도 自親하여 吉하다.

印綬偏財가 있으면 壽限이 增久하고 羊刃은 財星을 奪刦하고 七殺은 殺로 化하게 한다. 財星이 破하면 祖業을 破하고 他鄕에서 奔忙하며 印綬가 被傷되면 祖業을 破하고 故鄕을 離別한다.

貴神이 있으면 福이 되고 魃陷되면 凶禍가 있다. 凶殺이 많으면 合함을 좋아하고 殺과 食神을 合하면 貴하며 命이 虧弱하고 殺旺하면 天赦와 二德이 있음을 要하니 吉祥하고 身弱한 中 財가 豊盛하면 羊刄과 兄弟의 도움을 기뻐하고 月令에 食神이 健旺하면 飮食을 잘 먹음에 資質風體가 豊滿하다.

四柱에 吉星이 相扶相助하면 金玉이 滿堂하고 五行에 凶殺이 侵犯함이 없으면 名譽가 높다. 寅申巳亥가 重疊하면 聰明하고 子午卯酉가 重逢되면 酒色淫亂의 사람이고 女人은 殺이 없고 一貴가 있으며 天月德 神을 기뻐한다. 殺官이 混雜되고 貴가 많으면 妓生이나 歌手나 舞踊家가 되며 合이 많으면 暗行非義기 있는 女人이다. 五行이 健旺하면 禮法을 無視하며 官殺이 많으면 風流의 類이고 沐浴桃花滅池가 重重하면 娼妓나 淫亂한 女人이 된다.

官星七殺이 夫星이니 重見함은 不可하고 寅申이 互見되어도 荒婬하고 巳亥가 相逢하여도 마음이 不定한 사람이요 傷官이 있으면 尅夫하는 자리에 臨하면 死別하고 官鬼가 入墓하면 寡婦가 될 것은 틀림없으니 歲運이 夭折할 運에 이르러 黃泉客이 될 것이요 夫星을 등진 運에 들면 女子는 婚嫁가 늦을 것이 요 男命이 早婚하게 됨은 大運이 財郷인 때문이요 尅子損息이 重重함은 殺氣이 沒傷되고 官星이 衰敗된 所致이고 傷妻가 重重함은 財星이 輕하고 身旺하며 弟兄이 많은 때문이거나 妻妾位를 刑冲함이 甚하거나 妻妾星이 많고 墓地에 該當하는 때문이다. 妻宮이 刑되고 地支에 偏房에 寵妾이 있다. 妻星이 明朗 한즉 妻綠이 좋고 大運流年이 三合되고 財郷이 되면 結婚이 成立될 것이며 或 財敗의 絕地에 臨하면 財産이 損失되고 傷妻損妻될 것이며 이런 境遇에는 婚姻이 成立되지 못할 것이다. 妻星이 失位되면 官星에 不利하다.

官祿이 天厨에 臨하면 官職에 居할 것인 바 그 根源을 살펴야 하고 格局의 純雜을 分別해야 하는 바 忽然 히 惡神이 와서 旺神을 相冲하면 當主가 死亡한다. 或 財官이 없고 或 財官이 있음에 旺相運을 만나서 갑자

395

기 發福하기도 한다. 日主가 食神과 合하고 食神이 旺하며 劫財 또한 많은데 偏印을 만나서 食神을 冲剋함이 있으면 이는 가난하지 않으면 夭壽할 것인 바 乞人의 格象이다. 要컨대 榮枯得失을 살피고 輕重深淺을 살펴야 할 것이다.

日主가 衰하고 財氣가 重하면 七殺을 만나서 窮하고, 歲와 運에 다시 보면 吉凶을 말할 수 없는데 身主가 冲破되면 依持할 곳이 없게 되며 祖宅을 떠나지 않으면 他鄕으로 떠나게 될 것이다. 乾坤艮巽(寅亥巳申)가 交互되면 마음이 달리어 定하지 못하고 柱中에 華蓋가 있고 二德이 있으면 淸貴한 사람이다.

官星과 七殺이 空亡되면 九流의 虛閒職에 있게 된다. 五行이 戰剋되나 日主를 傷하지 않으면 災殃이 되지 않고 歲運이 함께 用神을 傷하면 禍를 當할 것이요 木日이 金에 依해 被剋되면 腰脇(허리와 옆구리)에 災病을 앓고 火가 水에 依해 被傷되면 眼目科의 疾患이 있고 三合하여 火神이 旺盛하므로 庚辛金을 剋傷하면 頭面과 膿血(피, 고름)의 疾病이 있다.

萬一 日干이 傷害를 입고 財官이 太盛하면 四枝의 折傷을 입고 眷戀(사모하고 따르는 愛情)의 災가 있으며 心肺喘息의 疾病이 있음은 金火가 傷刑된 때문이요 脾胃의 疾傷은 土木이 戰剋하는 때문이고 日支에 水가 있고 日干頭에 火가 있으면 水運을 만나서 腹部와 心臟의 疾病을 얻고 日支에 火가 있는데 日干에 水가 火旺함을 만난 즉 눈이 멀고 火土가 燥熱한데 水氣가 不足한 즉 머리털이 빠져서 대머리가 될 것이요 눈이 어두울 것이다.

潤下格이 潤氣가 充滿하면 神淸하고 骨格은 俊秀할 것이다. 그러나 火氣의 冲을 받으면 中風을 앓아 귀먹을 것이다. 金主가 旺盛하면 兵權을 얻는데 申酉가 合하면 兵箭(武器) 앞에 零落될 것이요 財星이 入墓되면 刑冲되어야 發福한다. 傷官傷盡格이 或 官星을 만나는 것은 凶하고 十八格에 그 善惡을 推求할 일인 바 모든 것이 五行에 매여 있다. 따라서 그 旺衰와 消息을 取할 일인데 身旺하면 어찌 印綬의 生助하는 手拘가 必要하며 身衰하면 財官이 또한 기쁠 수 있겠는가?

中和되는 것이 무엇보다도 必要하고 偏黨을 이루면 災殃을 招來하며 貴神을 拱해 오거나 飛天하여 虛空으로부터 遙合해 오거나 財官을 冲來하여 逢合해 오는 것이 吉하는데 祿馬를 拱來하는 別格에는 七殺官星을 다 꺼린다. 따라서 如斯한 格은 各種의 羈絆과 塡實이 凶한 바 忽然히 運이 官鄕에 이르면 退位하고 避職하게 된다. 財星이 弱하고 官貴가 破剋되면 困窮하고 官旺財豊하면 官路에 有利하며 喜運에서 禍를 當함은 三合이 되어 喜星이 숨은 때문이고 凶節鄕運을 만나서 오히려 吉祥한 것은 九宮(大運)에 吉星이 露出된 때문이다.

職品의 高低를 알고저 하면 마땅히 用神과 運路의 向背를 살필 일이니 早年에 功名을 이루고 缺損되어 玉에 티가 있으면 晚年에 運을 얻고 歲運이 補佐하여 通亨되면 權高하고 爵位 또한 顯揚하나 運路가 열리지 못하면 祿이 薄하고 官聲 또한 볼 것이 없다.

子位를 보려면 먼저 妻宮을 살펴야 하는데 死絶되면 摘庶를 莫論하고 養存하기 어렵고 太旺하면 別門(別室)에서 求할 것이며 妻星이 顯露하면 子多하고 刑冲되면 稀少하게 된다. 또 兄弟의 多寡는 四柱의 干支로써 살피는 것이니 月令이 비록 強하다고 하나 다시 大運과 用神의 向背를 살펴야 한다. 곧 死絶刑傷되면 兄弟가 적으나 相生되고 嘉慶하면 兄弟와 身主가 旺하면 父命이 不吉하고 財星이 太多하면 早年에 母宮을 離別하며 그러나 官鬼와 七殺을 만나면 어머니가 도리어 長壽한다. 또한 日主의 氣運을 奪洩하는 運이 到來하면 父親이 도리어 壽하게 된다.

壬이 午位에 臨하고 癸水가 巳宮에 坐하면 中和를 얻고 祿馬를 얻은 것이며 休囚된 것이나 胎元絶이므로

有氣하다. 丙이 申位에 臨하고 庚金이 寅位에 坐하고 己土가 亥位에 앉고 乙이 酉位에 臨하며 庚辛金이 巳午位에 臨하며 甲이 申位에 臨하면 이름이 休囚니 尅制됨을 가장 꺼린다. 七殺은 大忌하니 喪魄이요 壽星印星은 大喜하니 還魂이다.

무릇 命理는 知力을 베풀어서 網羅하기는 어려우니 造化가 幽微하다 하겠다. 巧妙함을 除壓함이 있으면 貧寒함이 盡하고 節令을 얻는 때에 白屋으로부터 일어나서 公卿에 이르고, 柱內에 奢侈가 太過하면 도리어 富貴한 속에 있지만 家産을 廢破하는 不肖兒이다. 妻位가 多刑하면 그 妻姿를 못하고 四宮(田宅宮)이 背祿되면 편안히 求할 수 없으며 官星이 없고 財星 또한 八字에 없어서 廢하였으면 本分을 지켜야 한다. 分數外의 것을 貪欲하여 行動하면 오히려 凶事를 招來한다.

슬프다! 貧苦를 甘受하고 養拙함이여! 原憲(支邦의 春秋戰國時代 때 人物로써 賢明하나 가난한 偉人이었다) 이 才操가 없었던 것이 아니었고 伍員(때를 만나지 못하므로 피리를 불고 저자에 乞食하였다)와 乞食하고 挫志함이 抱負가 不足함이 아니였었구나? 順하면 行하고 逆할 때엔 버리어서 命을 알고 지키며 天道를 지킬 뿐 困窮이 合義하지 않음이 수 없음이 洪範數의 原理요 淵源子平의 骨髓라 하리라.

第二論 碧淵賦

嘗爲分二氣以定三才播四時成萬物皆由命令也. 斯令者貫四時而立四極專以日主以定三元. 是乃無令而不行令乃無命而可論之命令之相參尤知天地之全體也或云子罕言命皆天命而非人命與天命關乎氣數人命禀乎五行氣數何以殊. 天命人命何以異. 誠哉是理可得而議矣然而人命榮枯得失. 盡在五行生尅之中富貴貧賤. 不出乎八字中和之外. 先看氣節之淺深後看財官之向背. 人之命內皆不離乎財官諸格局中只要慮激祿馬先賢已成於式後舉須要變通太過無尅制者貧賤. 不及無生扶者天刑宜背之而運背決之貧賤. 宜背之

而運向斷之困窮喜生而逢生貴而堪斷愛尅而值尅吉亦可言逢官而看財見財而富貴逢殺而看印遇印以榮華逢印看官而遇官十有八貴逢財忌殺而有殺十有九貧蓋木盛逢金造作棟樑之器水多遇土修防隄圻之功火熾秋金錺劍鋒作之器木踈季土培之稼穡之禾火炎有水名爲既濟之文水淺金多號爲體全之象甲乙運入西方身旺功名可許壬癸路經南局主健財貴堪剛尅殺不須逢旺地食神最喜尅財鄉癸卯未逢於甲乙富貴無疑寅午戌遇於丙丁榮華有準庚辛局全己酉丑位重權高壬癸格得申子辰學優才足戊己局全四季榮尅諸曹更值德秀三奇名揚四岳木全寅卯辰之方功名自有全備申酉戌之地富貴無虧水歸亥子丑之源榮華之客火臨巳午未之域顯達之人木旺宜火之高輝閑可試金堅愛水之相涵文學堪誇用火愁水用水愁金春水重重休爲太旺無依夏火災災莫作厭秋金銳主穀戊己夏產路庚辛當爲貴論奇多水汪洋員可美削之剝之爲奇生我爲忌丙丁生於冬月貴乎戊己當頭庚辛產於夏天妙乎壬癸得局甲乙秋生貴宜玄武庚辛夏長宜用勾陳丁水多嫌北地逢戊土榮入火鄉庚逢水重水冷金寒喜炎熱戊遇多身衰氣銳愛熒煌不及喜生扶太過宜銳剝官殺混雜身弱則貧官殺相停合殺爲貴年月官星早年出仕日時正貴晚歲成名胞胎逢印綬祿享千鍾財氣遇長生肥田千頃秋冬官星逢刃傷存金去火貴無疑臘月傷官喜見官破印重傷官者乃貴少而富多傷官見貴者又官高而財足無傷不貴有病爲奇理施於後何必他求雖始用之爲奇尅地頓見妻災尅財羊刃有官殺臺閣之臣廟郞之士身旺有殺行印綬權斷之官身強主弱無印綬遇財星尋常之輩勿經尅地頓見妻災尅財羊刃有官殺臺閣之臣歸祿倒冲刃傷廟郞之士身旺有殺行印綬權斷之官身強主弱無印綬遇財星尋常之輩羊刃偏官有制應職掌乎兵權正官正印無傷出仕牧於庶士潤下稼穡給賞之官子午爲尊位黃門之客癸日癸時夜壬魁罡印貴合亦堪陳命逢殺運逢財凶可而決女遇傷官歸祿無官逢食傷榮而有權正印無官居官不顯羊刃七殺出仕馳名身旺無依僧壬日壬時疊壬辰官爵厚恩登御閣日德見魁罡遇刑冲貧寒之士魁罡見財星總得地食祿之人傷官見官女命逢之最忌却之官命逢財運逢殺古亦堪陳命逢殺運逢財凶可而決女遇傷官歸祿無官逢食傷榮而有權正印無官居官不顯羊刃七殺出仕馳名身旺無依僧道之命挑花浪妓女之流金弱火絕土木消磨之匠身強才淺金火陶冶之流傷官逢財而有子七殺有制亦多兒印綬破傷母年早喪財源

破刦父命先傾男命傷官須損子女命傷官定尅夫年月財官身旺父顯父榮。日時祿馬長生妻賢子貴月中歸祿無財官父喪他邦年逢祿馬被冲破公亡外郡日逢財時逢刦妻妾產亡太歲値殺月値傷兄弟不睦專祿遇錯外家零落。逐馬如遇陽差公姑貞假歲月値殺有刑害。公父連傷日神皆祿無財助妻兒離散正財偏財見合妻妾姦淫傷官正官有尅破夫妻刑倂祖基微淺財官助國興家之子正官主失位女逢財旺夫權必奪男遇弱妻話偏聽。差錯居日外家冷淡建刃伏年祖業已增榮祖業年正官月傷官公強父弱。日値財時刦財多生女子少生男出現偏財少愛正妻偏愛妾財星得位因妻致富成多官祿歸垣顯已增榮祖業年正官月傷官公強父弱。日値財時刦財見女子少生男出現偏財少愛正妻偏愛妾財星得位因妻致富成多官祿歸垣顯已增榮祖業年正官月傷官公強父弱。父興子敗靑龍全從草之金且貧且賤白虎備潤下之水日富且貴春木榮而金淺補衲之僧夏火炎而金衰贄尅之道。勾陳下奔流之輩朱雀三合玄武籌弱之徒金剛木弱行商坐買之人土宜水渴破祖離鄕之客。金生秋月土重貧無寸鍊火長夏天金疊祿有千鍾春木水多貧賤之輩多水金盛顯弱之人辰戌丑未遇刑冲。無人不發子午卯酉帶刑沖多者淫訛夏火向多土臨季地見金土疊祿來出仕。甲乙夏榮土氣厚。不天則貧季木無根從妻福祿位高崇夏火色配夫榮功名顯達秋金水旺好去求名。功名牛許足田莊丙丁冬旺水源淸爵位全備榮帶食傷權闡外羊双入官殺威震邊彊。拱祿夾祿供貴爵祿豐榮倒冲遙巳欄杆功名又顯達壬趣乾甲趣艮淸廟之士辛朝陽乙鼠貴文學之臣局全龍變化逢大海爲九五之尊三奇局秀鳳騰翔遇天門乃三六之主旺財官而致富暗祿馬以榮華八格以貴而推破局以貧而斷。究一理而察千端施片言以通萬物後學庶士毋怠於斯。

마땅히 二氣를 나누어 陰陽을 分別하고 天地人三才를 定하며 四時를 베풀고서야 萬物은 이루어지는 것이니 命이 또한 令에 由起하는 것이다. 令이란 四時를 貫通하고 四極을 세움이요 日主로써 三元(天地人元)을 定하는 바에 令이 없으면 行할 수가 없는 것이다. 또한 命은 令이 없이는 成立되지 않는다.

例건대 命과 令의 相參되고 相關됨은 天地의 全體關係가 顯現됨과 같다. 或 말하기를 다 天命이요 人命이 아니라고 한다. 그러나 天命은 氣數에 關通된 것이고 人命은 五行을 禀受한 것인데 氣敎와 五行이 區別될 수 있겠으며 天命과 人命이 어찌 다름이 있겠는가? 眞實로 偉大하도다! 此理여! 可히 그 理致를 얻은 然後에 議論할 것이다.

그러나 人命에는 榮枯得失이 있는 바 그 모든 것은 五行生尅의 原理속에 含在되어 있으며 富貴貧賤이 또한 八字의 中和를 떠나서 있는 것은 아니다. 그러므로 먼저 月令의 深淺을 살피고 다음에 財官의 向背를 살필 것이니 人命이 또한 財官을 떠나지 말아야 하는데 諸格局中에 祿馬(財官)를 虛邀해 옴을 要함이 있으니 先賢이 이미 그 格式을 밝혀 놓은 바 後學들은 모름지기 그 通變을 익힐 것이다.

太過하여 尅制함이 없는 者는 貧賤하고 不及한데 扶助者가 없으면 夭刑할 사람인데 大運의 向背를 아울러 보아서 貧賤을 決定할 것이니 背反하는 運路에는 困窮하고 生扶하는 運路에는 貴하게 되는 것이다. 尅制를 반고 制尅해 줌이 또한 吉하니 官星을 만나서 取用하는데 財星을 보면 財星이 生官하므로 富貴하며 殺이 있고 印星이 있어서 吉神이 되면 印을 取用하므로 榮華가 있으며 印을 取用하는데 官星이 있고 大運에서 官星을 만나면 貴하다. 또 財를 만나서 財를 取用하고 殺이 忌神이 되면 殺이 있는 境遇 十中九는 貧寒하다.

大蓋 木이 盛旺하면 金을 만나야 棟樑이 되고 水가 多洋하면 土를 만나서야 隄防의 功을 얻는 것이며 火勢가 炎熱하면 水候가 있어야 既濟의 功을 얻고 文을 이루는 것이다.

水氣는 弱洩하고 金은 多旺하면 이름을 體全之象이라 하고 甲乙木이 西方의 運에 向入하면 身旺하여야 名하고 壬癸水가 南方局을 얻으면 當主가 健旺할 때 財貴하고 刦殺이 많으면 身旺地를 相逢하지 말 것이요 食神은 刦財의 節鄕을 즐거워한다. 癸亥가 甲乙을 만나지 않으면 富貴할 것이고 寅午戌火局에 丙丁日主면 榮華할 것이며 庚辛金이 巳酉丑金局이 全하면 爵位가 높고 權勢가 높을 것이다. 壬癸가 申子辰水局을 얻으면

學問이 뛰어나고 秀才일 것이 틀림없고 戊己가 四季土局이 全하면 榮華가 높으니 各部長官을 歷任할 것이며 다시 天月二德과 三奇를 兼하면 이름이 四海에 떨치리라.

木柱가 寅卯辰의 東方精氣를 띠우면 功名이 自有하고 金主가 申酉戌의 北方精氣를 띠웠으면 富貴하는 바 이즈러지지 않을 것이고 水主가 亥子丑北方精氣를 얻으면 榮華할 사람이요 火와 巳午未南方精氣를 얻으면 顯達할 사람이다.

木旺하면 火로써 光輝해줌이 있어야 一擧에 進貴(國會議員當選等)하고 金이 堅固하면 水로써 漏洩함이 있어야 文學이 뛰어나며 火를 取用하는데는 水를 두려워하고 木을 取用하는데는 金을 겁내게 된다.

또 春木이 重重하면 太旺하여 無依하지 말아야 하고 夏火가 炎炎하면 太剛하지 말아야 한다. 秋金이 銳利하면 最奇함이 있고 多水가 汪洋하면 眞美한 格이니 이때에는 削消시킴이 吉하고 生扶함은 忌한다. 丙丁火가 冬月에 生하였으면 干頭에 있음을 좋아하며 庚辛金이 夏天에 生하였으면 壬癸가 得局하여야 妙함이 있고 甲乙木이 秋節金旺時에 生하였으면 壬癸水가 있어야 貴하고 庚辛金이 또 夏節에 生하면 戊己土가 있어야 吉貴하다.

丙丁日이 水多하면 北方水運을 꺼리나 戊己土를 만나면 反對로 貴하게 되며 庚辛日이 火旺하면 南方을 꺼리나 戊己土를 만나면 火生土 土生金해주므로 榮貴가 있는 것이요 甲乙이 秋節에 生하여 全旺하면 丙丁火가 透하였음을 傷害하는 것이나 보지 말 것이요 戊己土가 夏節에 生함에 庚辛金이 露出됨은 貴할 命造이고 火主가 水多하면 木運으로 運行하여야 貴하게 된다. 또 土가 木旺하면 火鄕에 들어가서야 榮華가 있고 庚金이 水氣가 重하면 水冷하고 金은 寒冷하므로 火를 만나서야 發하는 것이고 戊土가 酉金이 多하면 身衰한 것이니 火神을 즐겨하는바 火가 旺金을 抑制하고 戊土를 生助해 주는 때문이다.

不及하여 身弱한 者는 洩奪시키고 尅削해 주어야 하는 것이다. 官殺이 混雜되고 身弱하면 貧命이요 官殺이 相互 均停의 勢에 있으며 合殺되면 貴하고 年月에 官星이 있으면 早年에 벼슬을 하며 日時에 正官이 있으면 晩年에 功名을 이룬다. 胞胎가 印綬를 만나면 千鍾의 祿을 받고 財氣가 있는데 長生을 만나면 肥田이 萬頃이나 된다.

秋多節의 官星이 羊刃에 依해 傷尅된 格은 金을 留保하고 火를 制去해야 貴하고 丑月의 傷官格(金水傷官格)은 官星(火)을 破함이 太重하면 禍를 입을뿐 아니라 死亡한다. 財旺하여 生官하는 者는 貴가 적고 富가 크며 傷官格이 官星을 보면 官高하고 財足하다. 傷尅해줌이 없으면 貴하지 않고 病이 있어야 奇妙함이 있는 바 理致가 後者에 있으니 何必 다른 것을 求할 것이냐?

비록 처음의 取用時는 奇妙하여도 終末이 不美하면 不可하니 終老토록 吉貴함이 마땅한데 그 輕重을 살필 것인바 한가지 方法으로만 萬能을 삼아서는 안된다. 火勢가 十分(百푸로) 炎旺한데 庚辛金을 만남은 身旺하고 官星이 輕한 格式으로 取見하지 말 것이며 或 木氣가 絶死되고 金旺地에 坐臨한 中 金氣가 重重하면 身弱하고 官星이 旺하여 生助者를 取用하는 格局式으로 斷命하여서는 不可하다.

財星이 輕弱한데 刧地를 만남은 不吉하니 妻災를 볼것이요 刧財와 羊刃이 있고 七殺이 있으면 殺刃格이니 臺閣(宮中)의 大臣이요 歸祿格이나 倒冲格이 刃傷地로 行運하면 廟廊의 人士이다. 身旺하고 殺이 있으며 印綬 運으로 行入하면 權勢가 當當한 大官이요 官星이 强旺하고 身主는 柔弱한데 印綬가 없고 財運으로 行하면 尋常한 사람에 不過하며 羊刃偏官이 相互 牽制됨이 있으면 當主가 兵權의 大權을 掌握할 것이다.

正官과 正印이 傷害되지 않았으면 牧民의 官長이 되고 潤下格과 稼穡格은 賞이 많은 官貴格이요 子午는 尊位에 나아가고 黃門(대궐)客이 되며 癸日이 癸時에 亥丑을 兼하면 及弟하여 翰林에 나아가 文章으로 高官이 되고 壬日 壬時에 壬辰이 重疊하면 高爵으로 皇恩이 두터운 바 巨卿이요 日德格이 魁罡이 있고 刑冲을 만나면 貧寒한 사람이요 魁罡이 財星을 만나면 得地하는 때에 食祿이 厚하다.

傷官이 官星을 보면 印財鄕에 入하여 妙함이 있으며 財星이 印星을 生印해 주어야 吉하다. 元命에 財가 있고 運에서 殺을 만나면 또한 吉하고 官運을 만나서 財星을 化官하여 生印해 주어야 吉하다. 女命이 傷官을 만나면 歸祿格을 얻음에 極貴하고 어야 좋고 元命에 殺이 있는데 財를 만남은 凶하다. 元命을 破하면 比劫을 만나서 財를 制去해

男命에 羊双을 얻음은 身弱한 命造에는 奇異함이 있다. 女命이 傷官을 만나면 歸祿格을 얻음에 極貴하고

金神格과 飛祿格에 傷官됨은 女命이 가장 꺼리는 바이다. 羊双과 傷官과 七殺이 있으면 男命은 權貴를 얻을 것이고 金神格이 火鄕에 行入하면 双殺을 만나는 境遇 貴함이 疑心없다. 歸祿格에 官星이 없으면 食傷을 만나야 榮華가 있고 權貴가 있는 것이며 正印이 있는데 官星이 없으면 官路에 나아가 發貴하지 못하고 羊双과 七殺이 있는 四柱는 官界에 나아가서 이름을 떨친다.

身旺하여 無依하면(洩尅해줌이 없음) 僧侶의 命이 되고 桃花殺이 많으면 妓女이며 桃花殺이 官星에 臨하면 貴하나 比劫에 桃花가 있으면 淫賤하고 時上에 桃花가 있으면 娼妓가 된다. 金弱하고 火가 絶하면 土木工이 되며 身强하고 財星이 淺扱하면 金火를 取扱하는 技術者가 되고 傷官이 있으나 財星을 만나면 子가 있는데 七殺이 制伏함이 있어도 또한 子息이 많다. 印綬가 傷破를 받으면 早年에 母親을 여의고 女命의 傷官이 刦財에 依하여 破滅되면 父親이 母親보다 먼저 死亡한다. 男命에 傷官이 旺하면 子息을 尅損하고 女命의 傷官은 尅夫할 것이다. 年月柱에 父親이 他邦에 死亡하고 年柱에 祿馬가 冲破되면 父祖가 外地에서 亡하며 日支에 財를 만나며 時柱에 刦財를 만나면 妻妾이 産死하는 數가 있다. 太歲에 七殺이 있고 月

貴한다. 月中에 歸祿(建祿)되고 財官이 없으면 父親이 他邦에 死亡하고 年柱에 祿馬(財官)가 있고 長生地가 되면 妻賢하고 子되면 父親이 母親보다 먼저 死亡한다. 男命에 傷官이 旺하면 子息을 尅損하고 女命의 傷官은 尅夫할 것이다.

404

柱에 傷官이 있으면 兄弟가 不睦하고 專祿格이 萬一 陰錯殺을 만나면 外家가 零落하며 逐馬格이 陽錯月에 七殺을 만나면 翁姑의 眞假가 있으며 歲月에 七殺이 있고 刑害가 있으면 翁父가 不利하고 日柱에 祿만 있고 財星의 도움이 四柱에 없으면 妻兒가 離散한다. 偏財와 正財가 柱內에 있고 合이 되면 妻妾이 姦姪하며 傷官이 正官을 尅破하면 夫妻가 刑損된다.

妻宮이 旺盛하고 子息이 傷尅되면 반드시 飮食物에 滯하므로 胃病等의 損傷이 있고 女命의 子息宮이 旺하여 夫宮를 傷尅함은 官星이 失喪된 때문이요 財旺하면 生官하며 夫權을 반드시 빼앗을 것이며 男命이 財多한 中 아울러 身弱하면 妻에 依하여 操縱되고 錯差(陰陽錯殺)가 日柱에 居하면 外家가 冷淡하며 羊刃이 年支에 있으면 祖業이 微賤하다. 財官이 相生하는데 時에서 財旺生官함을 만나면 國家의 큰 도움을 주고 家事를 大興시킬 아들을 둔다. 正官이 重見하면 生女는 많고 子息은 적으며 偏財가 出現하면 正妻는 少愛하고 妾을 더욱 偏愛한다.

財星이 得位하고 妻로 因해 致富하고 官祿이 月令에 있으면 훌륭한 祖業을 더욱 榮顯시키며 年柱에 正官이 있고 月柱에 傷官이 있으면 祖父는 旺하고 父親은 弱하다. 日支에 財가 있고 時柱에 刼財가 있으면 父는 하나고 子는 敗할 것이다.

甲乙木에 金이 旺하면 貧賤하고 庚辛金이 潤下의 水局이 있으면 富貴한다. 春木이 旺盛하고 水氣가 淺弱하면 丙丁火가 水局과 三合하면 怯弱할 따름이다. 면 僧侶이고 夏火가 炎熱하고 金이 衰하면 高官이 되고 戊己土가 潤下의 水局이 旺하면 奔流勞苦할 사람이요 金主가 剛하고 木은 弱하면 行商 坐商의 小商人이요 土主가 盛한데 水弱하면 祖業을 破하고 故鄕을 떠나다니는 사람이며 金日이 秋月에 生하고 土氣가 重重하면 貧寒하여 寸錢이 없는 格이다. 火主가 夏月에 長養

되는데 金氣가 疊疊하면 千鍾의 高官이 되고 春木이 水氣가 旺하면 冬水가 金氣가 致盛하면 도리어 賤弱人이다. 辰戌丑未가 刑沖되면 四庫의 財官印이 튀어나오는 故로 發身하지 않는 사람이 없고 子午 卯酉의 刑合이 많은 者는 姪亂하며 夏節에 生한 金日이 火가 重疊되고 秋節에 生한 木主가 金氣가 무거우면 貧寒하지 않으면 賤할 것이다. 四季節의 木이 金이 盛하며 春節에 生한 金主가 火가 많으면 夭壽하지 않으면 貧寒하다. 四季節의 木이 뿌리가 없으면 妻福을 따를 것인데 福祿이 있어서 高位의 上品이 되며 夏火가 生氣를 잃은 女命은 貴榮의 男夫를 맞이할 것이다. 土主가 四季土旺節에 生하고 金氣가 다시 重重하면 將次 出仕하여 官界의 進出이 有望하고 甲乙木이 夏火가 旺하고 土氣 또한 厚重하면 功名이 奇妙하는 중 다시 田莊에 돌아간다. 丙丁火가 多節水旺節에 生하여 木源이 淸遠하면 爵位를 얻고 榮貴가 半成하는 바이며 火主가 春木節에 生하여 專祿格이 食傷을 띠우면 將軍이 되고 羊刃이 官殺에 臨하여도 國境을 守備하는 名將이 되며 拱祿 夾祿 拱貴格이다. 爵祿이 豊榮할 것이다. 倒冲格 遙合格 井欄叉格 等이 다 功名하고 顯達하는 바이며 六壬趨艮格이 또한 淸高한 宰相이며 六辛朝陽格 六乙鼠格은 學問으로써 大臣이 될 것이다.

格局에 風虎가 全備하였으면 良將의 材木이며 雲龍(水木)이 格을 갖추었으면 大人의 德을 所有한 사람이요 四庫가 全備하면 龍과 같은 變化가 있으니 大海를 만날 때 帝王의 命이 될 것이요 三奇가 格局이 淸淨하고 秀氣가 있으면 鳳이 하늘을 날으는 氣象이니 天門을 만나면 帝王의 象이 된다.

財官이 旺하면 致富하고 祿馬를 暗有하면 榮華로울 것이요 入格하면 貴하고 破局하면 貧한 것인 바 根本에 있어서는 하나의 原理이지만 現象에서는 萬端이 되는 것이니 看命의 道가 또한 그러한 것이며 片言으로써 萬物을 通察할 수 있는 것이다. 後學은 모름지기 이 道理를 저버려 게을리하지 말지어다.

406

第三論 造微論(原文省略)

兩儀(太陽 太陰이요 起胎임)가 벌어지니 六甲이 生하고 三元으로 三才를 삼으며 四時가 있음에 四柱가 되었는 바 干은 貴祿의 根本이니 一生의 職位가 높은가 낮은가를 分別하고 支는 命의 基礎이니 壽限과 三元과 終始를 區別하며 年은 뿌리가 되고 月은 싹이요 日은 經營하는 主體가 되니 中年의 休咎를 所管하며 時는 열매가 되고 마침이 되니 晩年의 榮枯를 決定하는 기둥이 된다.

먼저 起息法 起變法 起通法에 依한 貴賤을 判別하고 格局을 살펴서 官位와 貴를 보고 祿의 上下와 中和를 알며 滯厄이 많고 적음과 生尅의 與否를 識別해야 한다. 格이 淸하고 局이 正當하면 臺閣(內閣)의 大臣이요 印星이 旺하고 官星이 旺하면 또한 高官大臣이요 羊双에 七殺을 띠우면 國防의 干城으로써 功名을 세우며 印綬가 華蓋를 얻으면 大學者로써 重臣이 되고 祿이 비록 많으나 害가 있으며 福이 있어도 祥서롭지만은 않다.

殺이 비록 重하나 傷害되지 않으면 刑이 祿을 當할 수 없는 것이니 亦是 貴命이다.

三奇가 있으면 才操가 높고 立身揚名하며 六合되면 富家에 태어나 增業한다. 空亡이 寡宿되고 孤神이 있으면 외로이 눈물을 흘리는 形狀이요 長生이 空亡地에 빠지면 貧寒하다.

桃花가 帝旺座에 臨하면 色으로 因한 禍가 있고 減池(桃花殺)가 日宮에 臨하면 妻로 因해 致富하며 根源이 洩薄하면 旺運을 만나나 큰 發展과 榮貴는 없다. 當主가 家業을 興隆시킴은 休囚를 만나 도리어 結盛된 때문이요 五鬼를 만나나면 刑罰을 받고 귀양을 가게 되는 바 五鬼殺이란 木命이 丑子를 만남이요 金命이 午丑을 羊双이 만남이요 火命人이 卯辰을 만남이니 空房 孤獨殺이다. 勾絞殺이란 三刑이면 또한 流配가 자즐 것이다.

勾絞殺이란 句神과 絞神을 일컫는 바 句神은 年日이 子丑寅卯辰巳午未申酉戌亥日에 對하여 卯辰巳午未申酉

戌亥 日을 말하니 子年이나 子日生은 卯木이 句神이요 丑年日生은 辰이 句神이요 寅年日生은 巳가 句神으로 보는 것이요 絞神은 子丑寅卯辰巳午未申酉戌亥年日生이 酉戌亥子丑寅卯辰巳午未申을 만남이니 句神과 같은 方法으로 보면 된다.

그러므로 官界에 進出할 命造者는 呑陷殺을 만나지 말것이니 猪犬羊逢虎에 必傷이요 猴蛇相會에 須頭亡이며 火逢鷄子에 遭徒配요 爵祿이 休停되고 損虧될 것인 바 呑陷殺이란 傷이며 兎猴逢犬에 難廻避요 龍來龍上은 水中歿이라 須當惡死요 馬牛逢虎에 定相 亥年日生이 寅字를 만나며 寅年日生이 丑을 만나고 卯申酉子年日生이 戌을 만나고 丑年日生이나 午未戌 巳年日生이 申巳를 만남이니 亦是 凶殺이다.

兵權掌握者는 天中殺(呑陷殺과 陽刃殺이 있음을 말함)을 만나지 말 것이니 權位를 잃게된다. 胸襟이 澄澈 (물이 맑고 깨끗한 貌樣)함은 水主가 旣濟된 때문이요 學問을 잘함은 水主가 壬癸水鄕을 얻은 때문이며 慈祥 하고 얼굴과 氣像이 和樂하고 端雅하고 測隱之心이 있음은 木主가 甲乙鄕을 얻은 때문이며 눈이 어둡고 燥烈 하고 炎陽한 中 顯達함은 火主가 丙丁地를 얻어 火盛한 때문이며 名譽가 높고 祿權이 重함은 金이 庚辛鄕을 會得한 때문이며 倉庫에 穀食이 쓰고 富畜함은 土主가 戊巳土鎭을 거듭 얻은 때문이다.

木이 繁榮하고 金이 없으면 비록 榮華가 있을듯하나 結實이 없고 孤窮하며 火가 炎陽할 뿐 水가 없으면 發 身하나 夭折할 것이요 水主가 浮泛(물이 많아서 뜨는 것) 하면 土로써 隄防하여야 하며 土主가 土만 旺盛할 뿐 木이 疏通해 줌이 없으면 오히려 愚濁한 사람이다. 또 金이 堅剛할뿐 火에 依한 煆煉이 없으면 한낱 凶頑 할 따름이다.

萬一 金主가 火多하여 炎剋이 過하면 損傷을 입고 木이 柔하고 金重하면 또한 傷身될 것이며 水가 淸하며

408

土多함은 不可하고 土弱卽 木盛하면 不吉하며 火가 强燥하면 水로써 濟和하여야 寬和한 사람이니 모름지기 均配되어야 上命이 된다. 또한 大守者는 貴한 것이니 深深하고 隱隱함을 지킨 때문이요 大屈한 者가 또한 貴命이니 卑伸함을 지킨 때문이다.

壽限이 極高함은 다 祿이 帝旺에 臨한 때문이며 職位가 높고 貴顯함은 財官이 有氣한 때문이요 華蓋가 空亡을 만남은 僧道에 마땅하고 學堂이 貴人을 만나면 師儒에 適合하며 五行이 偏索하고 五行이 低弱하며 日主가 空實를 만나면 妻와 生離別하는 境遇가 많고 時柱에 孤虛神이 있으면 子息이 많으나 不肖하다.

絶宮은 剋妻殺이 되고 胞胎는 白虎神이며 天空이 子息宮에 臨하면 末歲에 損家할 子息이 있으며 運에서 吉神을 만나나 本柱에 吉神이 없으면 크게 기쁜 것은 없고 凶神을 守備하는 것에 不過하지만 萬一 根苗가 있으면 두려울 것이 없다. 歲君이 或 惡星에 臨할 때면 當年運은 막힌다.

生時의 節候가 休囚되면 一生에 愁歎이 고르지 못하고 源命이 淸深하면 그 흐름(運路)이 반드시 遠大할 것이요 本命이 濁한 者는 所作이 成取되지 않는다. 八字가 輩衆에 뛰어나면 必貴하지 않으면 大富할 것이며 五行이 다투고 雜되면 便安한데 居하나 色殆로움이 떠나지 않고 性品이 卑近하고 微弱하다. 旺相한 者는 이름과 地位가 壯實하며 先强하고 後弱하면 반드시 先初年은 吉하나 後末은 凶할 것이며 始弱하고 終强하면 또한 初年은 凶하고 末年은 吉하다. 그러나 이는 大運에 限해서 言及한 것이어니와 歲運을 아울러 살펴서 吉凶과 禍福을 살피지 않으면 안된다.

第四論　人鑑論

洪濛肇判甲子攸生幽顯而變通莫測沈潛於一理尤深二十四字之精神於用。萬凶萬吉人之灼知日生爲主年長爲君先論根本察貴賤之

由易見假使粗識淺嘗之體孰得而知。蓋貴君難吉賤由不易森列三才勢有權衡重包羅八卦。自存規矩方圓天道尙有盈虧人事豈無反覆或先貧而終富或先敗而後興當舍短而後長母取彼而捨此。四柱俱嫌其一字。大醇亦求其小疵毋輕以斷官在祿鄉伊尹負釣衡之任時居貴地傳岩興作相之臣。先逢貴格入仕爲臺閣之尊重擧鬼生樂道有山林之興是知居官居貴五行純而不疵多滯多憂八字雜而又戰根甘橘苦賈誼屈於長沙源濁流淸太公興於渭水祿馬同鄉而會君臺閣殺印重旺而早入科名。兄多逢弟宜嗟范子之貧父體生身。可比老彭之壽夾貴夾官犯祿馬歲時逢而逢門甕牖嗣位垯絕鵠之集而鳩占之妻位犯傷鸞之孤而鳳無匹偶行運皆祿昔日富而今日貧命遇旺身昨日悲而今日笑四柱坐學堂上回也不愚三元助墓庫之中某之好學年逢官貴才高立解成名。時値偏財家富又添好業庚行丙地禱雨於祇壬入戌鄉胡不遇死伯牛有疾緣戰尅以交差司馬多憂。蓋此而無位年中裒弱逢吉運以爲凶命坐堅牢遇禍年而反福殺須重而多合何傷日月之明。祿難多而有破難際風雲之會遇而不遇。庚辛在壬癸之鄉憂而不憂甲乙行丙丁之地。或若生逢絕敗鄭谷歸耕祿馬病衰馮唐皓首四柱旺相難逃葉上西施美貌身自多瞻長生綠珠墜樓凶惡又逢七殺孤鸞入命妻哭婦而夫哭婦烟花絆身女求男而男求女頭目陷而肢體相虧。財有耗而山宅有害生時若遇刑冲一生厭乏歲月若臨却奪百歲孤寒財入財窠不貴即當大富殺居太歲居安不可慮危乃若凶星透露未便可作貴推殺星下收。晹不便爲凶兆大抵歸祿喜逢於印綬刑殺宜値於齊和是以當憂不憂聞喜不喜考其根而明其實論其始而究其終。故知失其本而忘其求不救其實而義有餘是以妻宮有㚢少年無少娶之人鬼位逢傷末歲損成家之子生平不已。而謟美松椿財祿贈多而福姿滿柳源淸者其流必遠。本壯者其葉必榮三命冠垈不貴即當大富九宮陷怕凶運大忌凶年干條萬緖當求不見之形百派一源。貴得師身之抱詳陳本末偏察盈虧潑神定慮深略沈幾可考而知不言而喩後之君子鑒以前賢言術者十常八九造道者百無二三辭簡而意微言近而指遠爲之賢乎已鑒命無忽諸。

天地가 開判되고 甲子가 生하니 幽玄한 바가 있어 그 變通을 測量하기는 어려웁도다. 二理가 沈潛하여 더욱 深深하며 二十二字를 取用함에 萬가지의 凶함과 萬가지의 吉함이 있는 바 日은 主이고 年은 君이니 먼저

그 根本을 살펴서 貴賤을 識別하라.

假使 거칠고 淺薄한 觀法으로서는 그 理致를 알 수 없을 것이어니와 大蓋 貴하고 吉하기는 어렵고 賤하면 바꾸기가 쉽지 않다. 三才를 벌림에 形勢는 權卦輕重이 있고 이에 八卦를 벌리니 스스로 規矩(규구 準則)를 方圓이 있으며 天道에는 차고 기울어짐이 있는데 人事에 어찌 反覆함이 없겠는가? 或 먼저 貧寒하고 後終에 富하며 或 먼저 敗하고 後終에 興하며 當今에는 病凶하나 나중에는 長吉하고 彼者를 取하지 않고 此者를 버리기도 하는 曲折이 있는 것이 人命이요 世事인 것이다.

四柱에는 一字를 꺼리고 純粹함을 大要하며 病凶은 적을 것이 또한 必要하니 그 理法을 仔細히 살필 것이며 輕率한 判斷을 삼가야 한다. 官星이 祿鄕에 있으면 伊尹(齊나라의 歷史的 名相)과 같은 重臣이 되며 時가 貴地에 該當하면 傅岩(殷나라의 賢臣)과 같은 賢臣이 된다. 먼저 貴格을 만나야 官界에 나아가서 臺閣宰相의 尊貴를 얻을 것이고 鬼殺이 重疊되면 山間에 修道할 사람이다. 官界에 居하고 貴하게 生活할 수 있는 것은 五行이 純粹하고 病凶處가 없는 때문이며 滯碍됨이 많아 근심스러운 일이 많은 사람은 八字가 雜되고 또 戰剋하는 때문이며 原命은 淸純한데 運路가 濁하면 賈誼(가우=前漢의 文帝 때 文臣이니 博士〈數學을 맡은 官省〉에서 太中大夫가 되었으며 長沙王의 太傅가 되었고 著書 賈長沙集이 있는 바 年少한 秀才로서 三十三歲에 夭折하였다)와 같은 사람이며 姜太公이 渭水에서 文旺을 만나 經世의 抱負를 實踐할 수 있었음은 財官이 有氣하니 內閣 原命이 濁한 中運이 淸貴한 때문이다. 祿馬同鄕(第二編 第一論 繼善篇十五文參照)은 財官이 有氣하니 內閣 이요 殺印이 거듭 旺하면 일찍 科擧에 이름을 얻는다.

兄이 많고 弟를 만나면 范子와 같은 貧寒한 사람이요 生身者가 重疊하면 長壽하고 夾官夾貴가 時日에 있으 면 國家棟樑이요 劫財가 奪馬(財)하며 歲時運에 또 만나면 이는 깨진 항아리의 입을 창문으로 할 程度의 가 난한 사람이며 妻가 犯傷되고 子位 또한 尅絕不幸하다. 行運이 다 官祿地이면 昔日에 富하였으나 今日은 貧

하고 命과 運이 旺身해 주면 昨日은 슬프나 今日은 기쁘다. 四柱에 學堂이 있으면 어리석지 않고 三元이 墓庫로 助生하면 好學하고 多識하며 年柱에 官貴를 만나면 立身揚名하며 時柱에 偏財가 있으면 家道가 富豊하고 事業能力이 많은 사람이며 庚金이 丙地에 行하면 宗敎人이요 壬日이 戊鄕에 들면 어찌 早死하지 않겠느냐? 丑을 꺼리는 바 疾病이 있을 것이다. 四柱가 戰剋되고 交差되면 命主가 强堅하면 禍年을 만나나 貴位는 없고 身主가 衰弱하면 吉運을 만나더라도 凶하게 되며 命主가 多憂하면 多合하면 어찌 日月의 明을 傷害할 수 있으며 祿이 비록 많으나 破함이 있으면 風雲의 曲折이 없겠느냐?

庚辛金이 壬癸鄕을 만남은 遇而不遇한 것이고 甲乙木이 丙丁火鄕을 만나면 憂而不憂의 格이며 敗絶地에 生하면 農村에 耕作할 것이요 祿馬가 病衰地에 敗하면 長壽할 것이다. 九宮이 旺相하면 男女의 密會와 姪奔을 避할 수 없을 것이며 四柱가 和合되면 葉上에 詩가 있을 것이다. 南施의 美貌는 長生을 많이 帶同한 때문이며 祿珠가 墜樓되면 凶惡한 것인데 또 七殺을 만나고 孤鸞人이면 妻가 夫喪을 當하고 夫는 妻喪을 當한다. 또한 如斯한 사람은 妓女로 因해서 一身을 墮落하고 얽히고 버리는 바 女子는 男子를 求하며 男子는 女子를 求하며 頭目은 찌그러졌고 肢體는 이지러져 있으며 財物은 消耗된다.

萬一 生時가 刑冲되면 一生에 屢乏되고 歲月에 刼奪이 있으면 一生이 또한 孤寒하며 財가 財地에 臨한즉 不貴하면 大富하게 된다. 太歲에 殺이 있으면 便安한데 居하여 危殆로움을 걱정하게 되고 萬一 官星이 透露하면 貴格이요 七殺이 地支에 있음은 凶兆가 되지 않는다.

大抵 歸祿格은 印綬 만날 것을 기뻐하고 刑殺은 濟和되어야 하는 바 이에 근심을 當하나 근심이 아니요 이에 기쁨이 있으나 기쁘지 않을 格이 생기는 것이다.

412

그 뿌리를 考究하고 그 열매를 明察하여 그 始源을 論하고 그 終結을 規定하여야 할 것인 바 그러므로 그 根本을 잃고 그 末을 잇으면 救할 수 없다는 經義가 있는 것이다. 殺이 逢傷되면 末歲에 成家한 子息을 잃는다. 또한 平生이 如意치 못하고 高壽하게 되며 財官이 많으면 短壽하며 原命이 淸貴하면 그 흐름이 또한 길고 먼 것이며 根元이 壯實한 者는 반드시 그 잎사귀도 茂榮하는 것이다. 따라서 三命에 冠聳이 있으면 不貴한 즉 大富요 九宮이 弱滔하면 凶運을 大忌하는 것이니 凶年에 千條와 萬緖로 禍患이 생긴다.

또 見之形이면 百派中에 一源을 얻었으므로 貴하는 것이니 本末을 仔細히 檢討하고 盈虧를 두루 살필 것이며 登神하여 定慮할 것이요 深深하게 考明하여서야 알 수 있는 것이다. 後學은 前賢을 본받아야 할 것인데 術을 말하는 者는 十에 八九가 되지만 實地에는 百에 一二三도 어려운 바니 學者는 모름지기 疏忽하지 말지어다.

第五論 愛憎賦(原文省略)

富는 四柱가 純粹한데서 오는 것이고 貧寒한 것은 四柱가 戰爭하므로부터 오는 것이며 貴는 四柱에 秀氣가 있으므로부터 생기고 賤은 反傷하므로부터 생기는 것이다. 文辭(學問文章)가 있고 事物을 잘 判斷함은 貴가 學堂에 모인 때문이요 文章이 特出함은 火木이 合하여 木火通明이 된 性情의 所有者인 때문이며 謀計가 깊고 생각이 遠大함은 德性이 沈靜한 (水氣가 많음) 때문이요 術業이 情微함은 帝坐가 文章宮에 있기 때문이다.

吉福하려면 財官이 旺生될 것이요 精神이 健全해야 할 것이며 魁罡이 있으면 靈變의 機微가 있으며 離坎(水火子午)이 있으면 聰明하고 貴人은 祿馬를 만나면 더욱 貴하고 劫財와 羊刃과 空亡은 멀리하여 만나지 않음이 좋다.

長生은 君者의 애끼는 바이고 衰敗는 꺼리는 바이며 四柱가 亂鬪하면 不仁하고 不義하며 五行이 相生하면 孝子요 忠臣이며 印綬가 刑沖되면 心亂하고 身忘한다. 또 日時가 墓庫中에 있으면 근심이 많고 樂은 적으며 日干이 旺하면 災咎가 적다. 財命이 衰하면 失敗하고 嘆息하는 일이 많으며 衣食이 奔波됨은 旺한 中 刑破를 만난 때문이요 利名이 다 失敗됨은 貴地를 傷害한 때문이고 平生에 禍福이 있음은 一時에 依賴함이며 一世의 吉凶은 氣運에 左右된다.

福이 有氣하면 變通陞遷하고 歲運이 大運을 尅하면 凶한데 無氣할 境遇엔 百禍가 生할 것이다. 流年이 吉하면 千가지 災殃을 除하고 原命에 絶이 없는데 絶地에 이르면 財命이 危傾하다.

日主가 得生하면 利名이 함께 따르고 三合六合이 있으면 吉함은 重多하고 禍는 輕少하며 七殺이 四凶을 만나면 過는 深大하고 福은 淺輕하며 官이 加登하고 職位가 進級함은 官祿이 모이는 年運이다. 또 그 基業을 닦는 大事는 合財의 節地에 成取하게 될 것이다.

歲君(年運)이 日主를 壓冲하면 凶災가 있고 大運이 傷害되면 小吉하니 歲運은 마땅히 大運을 生해 줄 것이요 大運은 身主를 生助해 주어야 기쁜 것인 바 萬一 三位가 相生되면 一生에 生氣가 稱旺됨이니 福祿이 吉利할 것이다. 財官이 다같이 旺하면 官界에 顯達할 것이며 財貴가 함께 아울러 榮昌될 것이니 어찌 白屋에서 주저앉아 있겠느냐?

官祿이 聚生되는 節地에 生入되면 富貴할 사람이 틀림없다. 財星이 祿旺節에 있는 것이며 六合이 相扶하면 利名이 따르고 財官祿이 年月에 있으면 當主가 安然히 發福할 것이다. 月은 衰弱하고 時가

旺盛하면 早年에 豊肥하여 吉利하고 木重하고 土氣가 輕하면 終身토록 漂蕩(떠돌아다니며 流浪함)하게 될 것이며 商街의 利財를 많이 얻는 것은 (商業으로 富者가 되는 것) 旺한 中 財를 얻은 때문이다.

忽然히 顯達하고 成功함은 刑沖한 中에 貴(官貴)를 만난 때문이요 土木이 節時를 얻으면 女의 扶助를 힘입게 된다. 貴祿이 有情하면 男으로 因해 吉하게 된다. 南方에 商行하고 北方에 旅行함은 驛馬의 旅行犀이 있는 때문이요 東方에서 팔고 西쪽에 달림(行商人 出張)이 많은 事業家等)은 驛馬運이 吉한 때문이며 日干이 困弱하면 勞苦가 많고 祿馬가 衰微하면 顔子가 短命하지 않을 수 없음과 같다. 凶殺運로는 劫殺이나 羊双보다 더 凶한 殺이 없고 吉하기로는 強剛한 것보다 더 吉한 것은 없으며 官星이 微微하고 財星이 劣弱하면 男子가 달아나고 女子가 逃亡하며 橫厄의 災殃이 아니면 夭亡할 것이요 實功을 거두지 못하고 죽업을 當함은 窮途에 劫殺을 만난 때문이다.

自刑을 犯하면 危疑함이 있고 絶處에서 財를 만나면 妻子가 偕老하기 어려우며 大耗가 있으면 도박 等으로 損害를 입고 官符死符가 있으면 獄訟의 刑厄이 있을 것이다. 劫殺은 子丑寅卯辰巳午未申酉戌亥年生이 巳寅亥申巳寅亥申을 만나는 것이니 예컨대 申子辰年生이 巳字를 만나고 寅午戌年生이 亥字를 보는 것이요 亥卯未年生이 申字를 보는 것이요 巳酉丑年生이 寅字를 만나는 것이 劫殺이며 大耗는 子丑寅卯辰巳午未申酉戌亥年生이 午未申酉戌亥子丑寅卯辰巳字를 만남을 말한다. 官符殺은 一名이 亡神이니 申子辰水局이 亥를 보고 寅午火局이 巳를 보고 卯未木局이 寅을 보고 巳酉丑金局이 申을 보는 것이 그것이다.

五鬼를 만나면 雷電(벼락)에 傷身하고 호랑이에 물려가며 다시 罩凶이 모이면 惡殃과 橫死의 禍를 만날 것이니 女子는 姪賤하고 男子는 猖狂(미치는 것)이 될 것이다. 或 사람의 性情과 賢愚善惡을 묻거든 먼저 貴賤

을 推命하고 旺相衰敗를 살피어 바야흐로 그 機巧와 靈變을 究明할 것인데 心高한 사이란 魁罡이 禍가 되었음

이 그 原因이요 性順한 者는 六合이 祥吉한 때문이다. 人品이 幽閒(그윽하고 深奧하며 마음이 초조함이 없이 한가로운 것)하고 灑洒(맑고 高尙하여 俗塵이 없고 人格修鍊과 道學(眞理探究를 즐기는 品性)한 性格의 所有者는 華蓋와 孤虛神이 있는 때문이요 勢力을 依持하기 좋아하고 頭目과 覇勝을 좋아함은 偏官과 刧双의 權神이 있는 때문이니 刧殺과 羊双은 慳吝客嗇하며 機貌와 形勢가 險危한 바가 있다. 孤虛神이란 空亡의 對宮

니 例컨대 甲子旬中에 空亡이 戌亥인 바 그 對宮인 巳亥가 곧 孤虛神에 該當한다.

謀略은 壬癸에서 生하고 風貌가 威嚴스럽고 氣勢가 猛烈함은 丙丁火에서 生하는 바 그러나 孤囚되면 精神이 없고 破敗를 만나면 舒坦(조용하고 平坦함)함이 많다. 甲乙木이 順하면 仁慈한 性品에 度量이 크며 庚辛

金이 이즈러지면 果斷性이 있으며 氣慨가 剛强할 것인데 火가 盛하면 모름지기 金貴가 숨어 있어야 한다.

刑尅이 많은 者는 愚頑하고 安靜者는 賢俊한 사람이며 金木이 金木의 月節에 生하나 水通하고 또는

火土가 火土의 月時에 生하여 相助됨을 얻으면 心身이 勞苦하지 않아도 衣食이 豊足하여 힘들이지 않고서 家計의 基礎가 스스로 成하된다. 萬一 다시 日柱나 用神이 扶助됨이 없으면 一鄕에서는 權貴와 尊仰을 얻을 수 있으며 祿貴를 拱位하면 그 地方一帶에서 揚名立身하게 된다. 따라서 地方長官이나 國會議員等의 地位에 나

아갈 수 있다.

근심되고 꺼리는 바는 福命인 것 같으나 福命이 아닌 格이라 생각할 것은 成不成의 格인 바 成不成者는 格局이 破傷되었음을 뜻하니 그 格을 傷한 者는 福을 傷한 것이고 格局을 破하는 境遇엔 禍가 된다.

譬喻컨대 苗(싹)가 가을날이 가물어 支障이 있었다면 겨울의 곳간은 비어 있을 것이고 꽃이 봄 서리를 만나면 여름에 열매가 열리지 못할 것이다. 따라서 智謀와 思慮를 많이 하나 成取된 것이 없으

416

며 비록 天旋(天體의 軌道)을 돌리고 地軸를 옮길만한 機能과 才能이 있다할찌라도 功을 세우고 業을 이룰 수는 없는 것이 破格者의 안타까운 命勢이다.

麗生어(良曾이 그 이름인데 漢高祖의 說客이며 好學하고 家貧하였다. 里의 監門으로 있었는데 狂人이라 사람들이 呼稱하였으며 烹殺되었다) 不遇하였고 范生(名은 丹이니 後漢의 字는 史雲이요 號는 貞節先生이니 萊蕪땅의 長이 되었고 淸貧하기로 이름이 난 學者이다. 母當의 愛患으로 官에 나아가지 못하였고 저자에서 점치며 나무밑에 居하여 十餘年을 지나온 사람이며 벼슬할 機會가 있으나 하지 않고 苦生樂道하였다) 이 苦生하며 淵明(東晋의 詩人學者니 潯陽사람 名潛이요 名將侃의 曾孫으로 州祭酒로 始作하여 彭澤令에 그 職位가 이르렀으나 歸去來辭를 지어 歐詠하고 벼슬을 떠나 田園生活과 詩와 學問과 修道의 生活을 즐겼다)의 東歸함과 子美(唐盛時의 大詩人이니 姓名은 杜甫요 號는 少陵이다. 李杜라 하여 中國文學史上 二大詩人의 한 사람이나 벼슬을 버리고 秦州에 客流하였으며 大醉하여 死卒하다)의 西去함과 孟子의 不遇(當時에 그 뜻을 받아 實踐한 王이 없었다) 함과 馮衍(後漢人 字敬通 奇才가 있어 抱負를 펴지못하였다)이 空回之命이었으나 買臣(前漢武帝때의 文臣이니 字는 翁子이다. 처음에는 貧寒하여 나무장사를 하고 그 妻는 달아났다. 後에 會稽太守가 되니 그 아내는 부끄럽게 生覺하여 목매어 죽었다)의 初困 等이 다 運命에 依한 것이고 智慮에 甚因한 것은 아니다.

大抵 싹이 있으나 俊秀하지 못한 者가 있고 또 俊秀하기는 하나 實답지 못한 者가 있으니 다시 傷敗가 甚하면 一福도 適中하지 못한다. 朒蓊(풀비고 꼴깎는 나무꾼이니 여기서는 格局이 賤한 것을 比喩하는 말이며 秀氣가 없음을 말한다)가 비록 百가지 才藝가 있고 多能하나 飢寒을 免하기는 어렵고 苦疾로 苦生하다가 그 시체를 도랑이나 구렁에 버리게 되는 것이다. 一切가 淹滯(오래 머물러 있는 것)하고 成取함이 없으니 그 勞苦

스러움이 어찌 嗟嘆스럽지 않겠는가?

富貴를 알고자 할진댄 오로지 財官의 有氣與否를 살필 것인데 크기는 鎡基(農事에 필요한 괭이이니 百穀을 能히 심고 가꾸는 農具이다. 여기서는 財官의 造物을 뜻한다) 보다 더한 것은 없다. 聖者가 되고 賢人이 되는 일이 다 時가 있지 않음이 없으며 至當하고 至貴함이 古來로 天時가 더한 것은 없다. 或 申月에 生하여서 文章이 높고 武權이 顯揚하기도 하며 或 冠帶下에 있어서 大業을 일으키고 財物을 奇成하기도 하는 바이어니와 이 刻妙한 理法을 如何히 推測할 것이냐? 하는 問題는 運命學의 關鍵이 아닐 수 없다.

먼저 學堂을 살펴서 三奇와 四福을 分別하고 다음에 格局을 定하여 一吉함과 二宜함을 把握해야 할 것이다. 萬一 己未가 甲午를 보면 祥吉함이 되고 壬申이 丁巳를 보면 瑞昌한 것이며 壬子가 丙午를 보면 當主가 俊秀하고 榮華가 있을 선비이다.

光風儒雅(비가 개이고 부는 맑은 바람과 같이 義理가 바른 선비)한 사람이며 辛酉가 丙辰을 보면 길이 俊秀하고 榮華가 있을 선비이다.

陰陽은 純粹하고 和美로울 것이요 造化는 長生됨을 가장 기뻐한다. 分辨하기 어려운 者는 日精과 月華의 關係이며 測量할 수 없는 것은 金當과 主匱이니 얻은 者는 貴하게 될 것이다. 萬一 賢愚와 顯晦함을 함께 만났다면 萬物의 造化가 이미 榮枯가 同時에 있는 것이니 어찌 成敗가 없을 수 있겠는가?

假例컨대 鳳이 꿩으로부터 生變되고 배암이 化하여 龍이 되며 芳蘭(향내나는 좋은 난초꽃)도 쑥풀과 섞여 있고 枯木이 山野에 生存함이 다 造化가운데 있는 것이니 少年에 貴하고 老年에 賤하며 或 初年에 屯困하나 後頃에 亨通함은 다 大運의 衰旺에 말미암은 것이다.

富貴하였으나 다시 變動되는 것은 格局이 純粹한 中 다시 雜되었던 때문이며 惆悵(失望하여 처참한 貌襲)한 가운데 殘春(末年의 기쁨)이 있는 것은 大運이 老後에야 得時한 때문이니 晚景이 좋을 것이다. 運의 艱危(險)가 不測함을 막아야 하는데 時에는 春秋가 있고 月에는 둥글고 이즈러짐이 있는 바 買臟(祖上의 德으로 벼슬하고 出世成功하는 것)의 德을 보며 親父母를 잃고 無聊(쓸쓸하고 근심스러울뿐 즐거움이 없음)한 나날을 보내게 됨과 耕釣之人(밭갈고 낚시질하는 野人)임을 알게 된다.

萬一 運路가 一通하여 秀顯함이 있으면 爵祿하여 高官大爵을 多年間 歷任하게 되며 原命에 秀氣가 없다 할지라도 時運이 반드시 凶할 수 없다. 有情者는 滯碍됨이 없으면 合이 있음은 吉하고 冲함은 凶하다. 官星과 印星이 歲柱에 臨하면 官界의 前途가 促望되며 食神을 取用하는데 大運에서 食神을 만나면 庶民이라도 榮昌하는 것이니 少年에 父祖의 榮華를 얻던지 長成한 後에는 子息과 孫兒의 貴함을 얻는다. 幼年(髫時)에 難苦하거나 老頭에 無依함은 다 四柱의 旺衰에 말미암은 것인 바 그러므로 大運의 亨否는 重要한 것이다. 그 어찌 枯槁之木(枯木)이 봄을 만나서 茂成한 標象이 없고 서리를 만나서 敗衰함이 없겠느냐! 그러므로 大運의 時往하고 時去함은 重要한 것이다.

日主가 비록 年月에서 이즈러지고 不遇하지 않은 것은 生時에서 朝元(比喩하여 甲日生이 寅子를 보면 寅中의 甲木에 祿을 얻는다는 뜻)을 얻은 때문이니 반드시 晚年에 發福할 것이다. 곧 오래도록 琢碧한 玉돌은 그 값이 高貴한 것과 같이 今世의 참된 眞人이 될 것이니 自手成家하는 나 傷朽하지 않음과 같이 歲寒後라 시들지 않음과 같으니 消息의 妙함은 히 衰旺을 살필 것인 바 君子라면 如斯한 道理를 鑑通하지 않아서는 안될 것이다.

第六論 萬金賦

欲識五行死生訣容易豈與凡人說星中但以限爲憑子平但以限爲訣運行先布十二宮。看來何格隨時節財官印綬與食神當知輕重審分明官星怕臨七殺運七殺猶畏官星臨官星混雜當壽夭去官留殺仔細詳留去殺莫逢殺官。官殺受傷人必夭。更宜財格定前程日時偏正間何財。生怕平頭帶殺人却有財官運須榮發財地官鄉是福胎只怕丁干元日弱。財多生殺感身衰財多身弱行財運此處方知下九台官不逢財財不絕。壽山高聳豈能推第一限逢印綬鄉運生生旺必榮昌官職死絕當頭是禍狹若是逢財來害印墮屋落水惡中亡爲官在任他鄉死作客喪在路傍印不逢財人不死如前遂一細推詳財官印綬分明說食神有氣勝財官只怕傷殘前外截却分輕重細推詳。大忌財官爲死絕傷官命運莫逢官。斬絞徒流禍百端日德月貴逢尅戰此命危亡立馬看飛入拱祿塡實最怕絆神來祀干子運行年來甲子壬寅申地見丙甲己丙一同推禍福卯宮乙木怕相逢巳宮戊庚丙辛會午丁年上戊戌凶丑未年中須是禍但宜遷運更搜尋同官同運仍還逢內敵。其餘則分外方尋外逢內敵爲災重內逢外敵禍徵侵戊己土皆分四季雜氣之中難又易逐一依定數中推受制受刑隨運氣只其凶此運中何年月日災刑重此是金石金匱訣只此漏洩與君知。

五行의 生死訣을 알고자함에 있어서 어찌 凡人의 俗說을 置重할 수 있겠는가! 星中(唐代의 命理學大家)은 限으로써 憑依하였고 子平은 運으로써 訣을 삼았다. 運이 行旋함에 十二宮을 先布하였는 바 大運의 行路가 어떠하고 何格에 該當하고 時節은 또 어떠하며 財官印綬와 食神은 어떠한가를 살피되 마땅히 그 輕重을 分明하게 審察하지 않으면 안된다.

官星은 七殺運에 臨함을 꺼리고 七殺은 또 官星이 加臨됨을 두려워한다. 官殺이 混雜되면 夭壽할 證兆가

420

되고 去官留殺되며 解救된 것이니 仔細히 살필 일인 바 留官去殺되었으면 殺을 만나지 말 것이요 留殺去官되
없으면 官을 만나지 말 것이다. 官殺이 損傷되었으면 그 사람이 반드시 夭死할 것이다.
財格이 正當하면 前程이 有望할 것이나 日時에 偏正財가 混雜되었으면 財福을 물을 것이 없다. 夭頭는 七
殺을 꺼리는 바 劫殺이 重逢하면 夭壽한다. 夭頭는 八字中에 刑이 많고 夭頭가 있으면 夭頭殺이니 甲子 甲辰
甲寅 丙子 丙辰 丙寅의 類가 그것이다.
누가 偏正이 甚多하면 災厄이 됨을 알겠는가! 財官運에는 榮發하는 것이요 官鄕財地는 福源이 되는데 日
干이 元弱함을 꺼린다. 財多하여 生殺하는 것이고 財多하고 身弱한데 財運으로 行하였으면 九胎賤苦
의 象이다. 官星은 害되지 말것이요 財星은 絶斷되지 말 것이다. 또 壽命이 山岳과 같이 높음을 누가 能히 推
知할 것이냐! 官星은 害되지 말것이요 財星은 絶斷되지 말 것이다. 運이 生旺해주면 반드시 榮昌할 것이요 官鄕이 會
合되면 官職을 옮길 것이다. 그러나 死絶運에 到達하면 禍殃을 除去하기 어려울 것이다.
萬一 財星運이 와서 印星을 害하면 곧 財多하고 身弱하면 財星을 堪當하지 못하는 것인데 다시 財星運이
當來하여 我身을 生助해 주는 印星을 破剋한다면 집에서 떨어지거나 물에 빠져서 죽게된다. 萬一 官星이 있
으면 他鄕에서 死亡한다. 그러나 印綬가 財星을 만나지 않는다면 死亡하지 않을 것은 明若觀火하니 細深히 推
察해야 한다.

또 財官印綬가 分明해야 하지만 그러나 食神이 有氣하면 도리어 財官을 勝하는 것인 바 財官格만 가지고
第一이라고는 할 수 없다. 다만 그 傷害됨을 꺼리는 것이니 輕重을 밝혀야 한다. 財官은 死絶됨을 大忌하며
傷官格은 命이나 運에 官星을 만나지 말아야 하는 것이니 만일 官星을 만난다면 斬刑되고 流刑을 當하는 等
百端으로 禍患이 생길 것이다.

421

日德格이나 日貴格이 尅戰된다면 此命은 危亡한 것인 바 冲破되고 空亡되며 魁罡이 會合됨을 꺼린다. 飛祿格이나 拱祿格은 塡實됨을 싫어하는데 絆神되고 日干이 犯尅됨은 가장 꺼린다. 子運으로 大運이 行함에 年運이 되고 壬寅이 申地에 臨하여 있는데 丙을 보는 것이 그것인 바 己이 丙이 同一한 것이니 禍福을 推斷하라

(第五編 格局詩訣과 第二編의 格局篇을 參考하라)

午丁火의 年上에 戊戌이면 凶하며 丑未年이 또한 禍가 된다. 但 遷移하는 運路는 다시 尋搜해야 할 것이요 同官에 同運이 함께 만나고 祿을 만났는데 刑祿이 相侵해오며 外로 만나면 災가 重多하고 內에서 外敵을 만남은 禍가 微少하다.

戊己土는 四季에 分屬되는데 雜氣中에 있으므로 어려웁고도 쉬운 法이니 雜氣가 透開하여야 如意한바 定數에 一依하여야 한다. 制壓되고 刑되면 運氣를 따를 것인데 運이 如此한즉 凶함이 있다. 어느 年月日에 災刑이 重할 것인가! 이것이 金石玉匣訣이니 이에 漏洩하는 바를 그대는 잘 解知하라.

第七論 絜要捷馳玄妙訣(諸口家談)

以日爲主 專論財官 蓋官乃爲扶身之本 財爲養命之源 故推天時 察地理 約太過而不及 以中而爲用 去留須配 而中理輕重强弱而表正. 先賢己成玲式 後學須自亦適宜昔 而運背決之貧賤. 宜昔之而運向斷之因弱喜生以逢生貴 而可取 受尅而値尅吉 逢官而塔言 是財富貴逢殺而看印 遇印榮華 逢印看官而遇官八而七貴. 逢財看殺原有殺十有九貧 ○甲乙運入西方 身旺功名可許 壬癸路經南城主健爲貴 印財不宜身旺地 食神最喜刦財郷 官殺混雜身弱則貧 官殺兩停當殺年月官星早年出仕. 日時正貴晚歲得名 胞胎逢印綬 多享千鍾 財氣遇長生田肥萬頃 秋冬官星逢刃 傷無疑. 臘月傷官喜見官 破印重傷而禍死 財旺生官者何貴少而富多 傷官見官者何官高而富足. 無傷不貴 有病爲奇 宜當棄之理 妙於斯. 何必外取 如炎火木少遇庚辛. 休作身旺官輕 而取或之理 妙絕 逢壬癸雜作身旺

422

官輕而決財財輕逢刧地印多最妙財鄕財旺生官用官取貴殺星制双 刧實圖名身旺偏財何取必取橫財主捷正財偏刧頻見妻災 ○刧財
羊双入官殺臺閣之臣歸祿倒沖逢双傷廟廊之貴身旺有殺逢印綬權斷之官主弱逢印見財星尋常之客。陽刃傷官有制。膺職掌於兵權正
官正印無傷出仕牧其士庶財旺稼穡給餉之官飛祿朝陽侍廷之相。○乾坤本淸氣幾國之榮子午爲極脅黃門之貴癸日癸時兼亥丑魁名
及第入翰林壬日壬時疊寅辰高爵承恩登御關日德見魁罡終吉運貧寒之士魁罡見官。任得地衣祿之人傷官見印之地財星
破印貴行比刧之中逢財命逢殺吉而堪言命逢殺運逢財凶而可决女多傷官。歸祿得之極吉男逢羊刃身弱遇之爲奇金神祿欄又女
命逢之最忌羊刃傷官七殺男子値之得權金神入火逢殺刃貴而無疑殺重有印。逢食傷榮而自有正官正印居官不顯羊刃七殺山牧馳名。
身旺無依僧道之流挑花滾浪娼妓之徒秀氣失時清名之士印旺身强多嗜酒丁壬妬合犯淫訑身印俱强平生少病。天月德助處世無咻食神身旺勝似
多酒色亡神共殺盜賊之例挑花滾浪娼妓之流金弱人强土木消溶之匠。五湖雲繞始榮終辱己身貧遍野挑花一世風流
財官貴全官旺有棄命就財就殺官者有餘富貴旣依專旺絕財絕官者無限貧窮身弱棄命要無根官居幸輔。主養身化得其時位近
天廷男命壓屬從化照近鬼伏女命絆和清貴濁濫淫娼宜細詳之。

日로써 爲主하고 財官으로 專論할 것인 바 大蓋 官星은 扶身의 根本이요 財星은 生命을 長養하는 根源이니
그러므로 天時를 推量하고 地理를 明察하여야 한다. 또 太過하고 不及함을 살펴서 中和됨을 取用하고 去留의
原理를 밝혀서 去한 者는 合去되므로 取用하지 않고 留한 者는 能히 取用되는 所因을 把握하여야 한다. 또
輕重과 強弱을 分辯하므로 그 正助者를 拔擢하여야 한다.
먼저 節氣의 深淺을 觀察하고 다음으로 財官의 向背를 論明할 것인 바 大抵 人命內에 財官을 여의지 말것
이다. 모든 格局中에 虛空으로부터 祿馬財官을 遙沖合來해 오는 妙法은 先賢이 이미 밝혀온 바이니 俊學들은
모름지기 스스로 通達할 일이다.

어떤 原理에 入脚해서 昔人이 貧賤運을 決知하고 어떤 法則을 標準해서 困弱運을 斷定하였던가? 日主를 生助해 주는 것을 歡迎하는 바이니 貴함을 可取하고 剋害를 입으나 다시 剋去함이 있으면 吉한 것으로 보는 것이며 官을 만났는데 財星이 있고 財官을 堪任하면 財旺運에 富貴하고 七殺을 만나나 印星을 보면 印運에 榮華를 얻는다. 印星을 만났는데 官星을 맞이하였을 때 八에 七은 貴하게 되며 財를 만나고 七殺을 보았는데 原命에 七殺이 있으면 十에 九는 貧寒한 命이다.

甲乙木이 西方運에 向入하면 身旺한 境遇에 限하여 功名을 成取할 것이며 壬癸日이 南方火鄕으로 經行하면 當主가 貴한 命造이다. 印星과 劫財는 身旺地가 不宜하고 食神格은 劫財鄕을 가장 기뻐하며 官殺이 混雜되면 身弱할 때에 가난하고 官殺이 兩停되면 合殺되어야 兩貴하다. 年月에 官星이 있으면 早年에 出仕할 것이요 日時에 正貴가 있으면 晚年에 得名할 것이다.

胞胎가 印綬를 만나면 祿을 千鍾이나 누릴 것이요 財氣가 長生되면 田土와 肥畓이 萬頃이나 될 것이다. 秋冬官星이 羊刃의 傷함을 입으면 金을 留存하고 火를 除去하는 境遇 貴할 것은 틀림 없다. 臘月(十二月) 傷官 (土金傷官格)은 官星의 만남을 기뻐하니 印星을 破함이 甚하면 死亡하게 되는 때문이다.

財星이 旺하여 生官하는 者가 어찌 貴함이 많으며 傷官格이 官星을 만나는 者가 어찌 官高하고 富가 足한 것인가? 그것은 傷害됨이 없는 것인데 어찌 밖에서 取할 것인가?

理致의 妙함이 가까운 안에 있는 것인데 어찌 밖에서 取할 것인가?

例示하면 炎火가 木少한 中 庚金을 만났다면 身旺하고 官星이 輕微하지 말 것이요 身旺하고 官輕하면 財星이 輕微하지 말 것인 바 劫財地를 만남은 또한 크게 凶하다. 印星이 많으면 財鄕運이 가장 妙合한 것이며 財旺하여 生官하는 때엔 官星을 取用하여 貴를 삼는다.

424

殺星이 羊刃을 制壓하는 때엔 刦財가 있어야 圖名(名譽와 損負를 成取하려고 企圖하는 것)하게 되고 身旺한데 偏財가 있으면 橫財의 財物을 반드시 얻을 것이며 當主가 正財와 偏刦이 많이 있으면 妻災를 자주 만나게 된다.

刦財羊刃(格)이 官鄕에 들면 臺閣의 大臣이 되고 歸祿格과 倒冲格이 羊刃을 만나면 廟廊의 貴(長官)를 얻고 身旺하고 殺이 있는데 印綬를 만나면 權斷의 官이 되며 當主가 身弱한데 印綬를 만나나 財鄕으로 흐르면 尋常한 凡人에 不過하다. 陽刃과 傷官이 有制하면 兵刑의 武官職과 刑罰을 掌握하는 官位에 任職하고 正官과 正印이 傷害됨이 없으면 威嚴이 없으므로 牧民官에 不過할 따름이다. 土旺한 稼穡格은 給餉(軍糧을 供給하는 등의 財務職)의 官職에 나아갈 것이요 飛天祿馬와 六陰朝陽은 皇帝를 侍佐하는 宰相이 될 것이다.

乾坤이 淸氣를 띠었으면 經國의 榮華가 있고 子午는 極尊이 될 수 있는 바 黃門의 貴를 얻는다. 癸日이 癸時를 얻고 亥丑을 兼하면 魁名(우두머리)을 듣고 及第하여 翰林院에 任職하는 文章이 된다. 壬日이 壬時를 얻고 寅辰이 많으면 高官大爵이 되며 皇恩이 두터웁고 日德格이 魁罡을 보면 마침내 吉運에 到來하여서도 貧寒함을 免치 못하고 魁罡格이 財官을 보면 節鄕을 얻을 때에 官祿과 衣食이 豊富하게 된다.

傷官이 官星을 보면 財星과 印星의 運鄕에서 七殺을 만나는 것은 吉妙하지만 元命에 七殺이 있고 運에서 財를 만나는 것은 凶한 것으로 斷決한다. 女命에 傷官이 많으면 歸祿格이라야 極貴하고 男命에 羊刃이 많으면 身弱한 즉 奇異한 命造가 된다.

金神格歸祿格 井欄叉格은 女命이 만나는 때에 가장 꺼리고 羊刃傷官七殺은 男命이 얻을 때에 權勢를 行한다.

金神格이 火地에 들어 殺刃을 만나면 貴命이 틀림없고 殺이 重하고 印星이 있는데 食傷을 만나면 榮華가 스스로 있다. 正官과 正印은 官職에 任하고 赫赫하기는 어렵고 羊刃七殺은 牧民官이 되어 이름을 드날린다.

身旺하여 依持할 곳이 없을 程度이면 僧道가 될 것이요 桃花滾浪는 娼妓의 類輩이다. 金弱人이 土木이 强

하면 消溶(녹이고 溶解시키는 것) 하는 業을 하고 土多하고 水氣 또한 滋旺하면 行商人이나 針綿(바늘과 실

등)의 工人이 된다.

五湖雲繞가 처음에는 榮華롭고 나중에는 辱되는 것은 身主가 貧困한 때문이며 遍野桃花(子午卯酉의 桃花殺

이 많은 것) 하면 一世에 風流인 바 酒色을 좋아할 뿐인데 亡神殺과 凶殺이 함께 있으면 盜賊漢이다.

秀氣가 있으나 節時를 얻지 못하였으면 淸名한 선비요 印星이 旺盛하고 身强하면 술을 좋아하며 丁壬이 妬

合하면 淫訛를 입으며 身印이 俱强하면 平生에 병이 적다. 天月德이 助身하면 處世하는데 災殃이 없고 食神

이 生旺되면 財星의 貴를 이기며 財旺하고 殺旺하며 官旺하고 身旺한 者는 富貴가 有餘하다.

專旺하기만 하여 食神을 絶하고 財官을 絶斷한 者는 無限히 貧窮하며 身弱하기만 하고 身命을 버리고 根氣

가 없는 者는 官位가 宰輔에 이르게 된다. 日主가 衰하나 化格이 되고 時를 얻는다면 宰相에 가까우며 男命

이 八法(屬從化照返鬼伏類)에 該當함에 貴賤이 있고 女命은 四純을 얻으면 淸貴하나 四濁을 얻으면 淫賤하니

女命八法을 또한 仔細히 살펴야 한다.

第八論 淵源集說

最貴者官星爲命 時得偏正印爲福 最凶者七殺臨身 逢天月二德爲祥 官星若遇却財雖貴無貴 七殺如逢資助 其殺愈重 三合六合運至逢

而必榮 七官八官月逢官而爲喜 最四合四刑合刑當爲偏正 七擊七冲冲擊得會 藏夾貴夾兵爲暗會 財庫官庫要正冲官星在生旺之方逢

則何須發見 印綬臨孟仲之下見而不見 露形印綬得劫財爲貴 財源喜傷官爲奇 傷官要見印綬 貴不可言 歸祿若見子孫 祿無限量 年月立

有陰陽刃刑罰重犯官殺混逢天月德壽位高遷飛刃伏吟刃會雙多凶　傷官見官剝官見禍羊刃若逢印綬終貫有疾病仁身七殺拜制逢官
爲禍而壽元不長三偏三正貴居一品之尊四柱四合福坐衆人之上殺化爲印早擢登第財旺生官。少年承業官殺同來要知扶官扶殺偏正
會合。須知合正合偏福祿芒逢羊刃世事不明金神運入水鄕身衰夭折暗中藏殺。須憑月丁刑神見處無則必受空中禍患羊刃彙會七殺干
里流徒月射芒透劫奪一生貧因人生前定富窮已明要深識其消長亦多究其始終。或有前貧後富或有驟發卒傾或有白屋之公卿或有半
途之饑孚或一生長樂或一生光明當視流運之源要察行年之位身弱徒然入格縱發休囚卒發傾天況以用神不可妄求形
縱自然發見有福必當用彼無時必是用身福患在於正行福崇在於運氣福源人所同。其知或傷終困此中消息陰明在我通明智榮辱兩
端姸妍一斯自古相傳非賢勿授。

가장 貴한 命造가 되려면 官星이 有氣해야 할 것이요 時에 偏正財를 얻음은 福命이며 最凶한 것은 七殺이
臨身하는 것이고 天月二德이 있으면 吉祥한 命이 된다.

官星이 萬一 刧財를 만나면 비록 貴한 것 같으나 貴함이 없고 七殺이 萬一 資助함을 얻으면 그 殺凶함이
더욱 重해지는 것이다. 三合이나 六合을 運에서 만나면 반드시 榮華가 있고 七官八官은 節月에 官을 만남이

吉하며 四合이 되고 四刑됨에 마땅히 偏正이 合刑되어야 좋으며 七擊七冲은 會藏됨에 吉하다.　夾貴夾丘는 暗會

될 것이요 財庫나 官庫는 正冲하여야 한다.

官星이 身主의 生旺方에 있으면 만나나 어찌 發顯함이 있으며 印綬가 孟仲(四季節이 아닌 中月節)에 있으
면 보아도 露形함이 아니다. 印綬가 刧財를 얻으면 貴吉하며 財源은 傷官을 기뻐하는 바 奇異함이 있다. 傷

官格은 印綬를 보아야 하는 바 生身하고 傷官을 制하게 되므로 貴를 다 말할 수 없을 程度이다. 歸祿格이 萬

一 子孫을 보면 祿이 限量없을 것이요 年月에 陰陽의 羊刃을 만나면 刑罰을 重犯한다.

官殺이 混雜되나 天月二德이 있으면 長壽할 것이며 飛刃과 羊刃이 모여서 會刃된 命造는 凶하다. 傷官이 官星을 보아도 官職을 剝奪當하고 禍를 입으며 羊刃이 印綬를 보는 때에는 貴하나 疾病이 있다. 七殺이 制壓하고 있는데 다시 官星을 만나면 禍患이 있고 壽命이 長久하지 못한다.

三偏三正(偏星이 三位이고 正位가 三者이니 偏官偏財偏印과 正官正財正印等의 數이다)은 一品首相位의 高爵이 되고 四柱에 四合이 있으면 福力이 衆人의 上位에 該當한다.

七殺이 印星으로 化하면 일찍 早年에 登科하고 財星이 旺하여 生官하는 四柱는 少年에 遺業을 繼承한다. 官殺이 함께 同來하면 扶컨대 扶官이요 扶殺이며 偏正이 會合되면 모름지기 合正이요 合偏이니 不吉하다. 福祿이 妄靈되이 羊刃을 만난다면 世事一切가 明確하게 善處되지 않을 것이요 金神이 水鄕運으로 行入하면 身衰하여 夭折한다. 地支에 七殺이 暗藏되었으면 地支가 刑沖되어야 殺星이 可用되는 것이며 財星이 있지만 없는 것과 같은 것은 空亡中에 禍患을 받은 때문이요 羊刃이 七殺과 더불어 會合되면 멀리 流刑을 當할 것이다. 또 月柱財星이 妄透하여 刧奪되면 一生이 貧困하지 않을 수 없는 바 人生의 命事가 定해져 있어서 그 富하고 窮함이 이미 分明하니 그 消長을 더욱 많이 研究하지 않으면 안 될 것이다.

或者는 前에 貧하였으나 後에 富하며 或人은 一路 發揚하다가 卒地에 傾滯하기도 하며 或은 白屋의 庶出로 公卿이 되기도 하고 或 中途에 富貴가 다하여 餓殍하는 者도 있으며 或은 一生토록 長樂永逸하는 命造가 있으며 或 一生이 光明한 사람도 있다.

마땅히 그 節流의 運源을 깊이 살피고 行年의 助反與否를 밝혀야 한다. 身弱하나 入格한 것도 있고 비록 發展하지만 일찍 敗亡하기도 하며 福이 轉하여 休囚되기도 한다. 特히 用神을 妄求하여서는 不可하니 自然스럽고 必然한 形勢를 따라 發見할 것인 바 福이 있으면 반드시 取用될 것이니 節時에 不合하면 반드시 身主를 取用할 것이다.

禍患이 오로지 五行에 있고 福崇이 오직 運氣에 있으니 福源은 同一하나 或 傷害를 받으면 마침내 困亂하고 當하게 될 것인 바 이 가운데 消息이 陰然히 明存하여 있는데 내가 스스로 理智를 通明하여 勞序을 兩端하고 推하고 예쁜 것을 一斷할 것이다. 自古로 相傳하여 옴에 賢人이 아니면 傳授하지 말아야 한다.

第九論 子我百章歌

魁星歲駕五經者　　　火明木秀綬魁日
　　　　　　　　　　　金白水淸甲第新
重疊土金登紫閣　　　木生春令逢傷食
　　　　　　　　　　　田宿文場義理深
財印兩輕官殺足　　　調和木火貫金黃
　　　　　　　　　　　爲魁木火定詳英
相滷金水親黃榜　　　甲第連科一擧成
　　　　　　　　　　　根苗天乙俱旁恨
殺重身輕休道弱　　　遞互丙丁侍紫宸
　　　　　　　　　　　金水秋氣災方取
　　　　　　　　　　　魁星官殺貴分明
　　　　　　　　　　　如逢印綬作魁星
　　　　　　　　　　　誰知證此分高下
　　　　　　　　　　　熟記何須問子平

科試에 及第하고 五經(易書詩禮春秋)에 밝은 者가 몇몇이 되겠느냐! 甲日主가 旺하고 提綱(月柱)이 有氣하면 科擧及第하여 官運이 淸貴한 것이요 (榜眼은 科擧의 第二位者를 말한다) 火明하고 木秀한 木火通明命造者는 文章과 知慧가 뛰어난 사람이니 魁甲(一等으로 壯元及第하는 것)할 것이요 金白水淸(金水傷官格의 貴命) 하여도 또한 甲第하게 된다.

土金이 重疊되면 宮闕에 出入하는 大臣이 될 것이요 木火가 調和되어도 또한 宰相의 命이며 木命이 春令에 生하여 傷官과 食神을 만나면 田野에 있어도 文章이 뛰어나고 義理가 반드시 深重한 사람이다.

財星과 印星이 輕하나 官殺이 旺氣가 있으면 連科하여 甲第하고 一擧에 成名하며 根苗가 實하고 天乙貴人이 모이면 魁甲하는데 木水通明하면 群英이 될 것이다.

金水가 相涵(調和)하면 黃榜(及第하여 벼슬하는 것)을 親受할 것이요 丙丁火가 相互 交遞하여 得氣하면 紫宸(天子가 政事를 보는 正殿)에서 天子를 補弼할 것이며 金水가 秋節을 만나고 炎火를 얻었으면 及第할 것인바 官殺을 얻은 것이므로 貴가 分明하다.

殺이 重하고 身主가 弱하면 弱하다고만 하지말 것이니 印綬를 만날 때에 及第하게 될 것이다. 누가 그 高下를 分別할 것이냐? 子平의 妙法이 깊고 妙함을 感嘆하지 않을 수 없는 바이다.

第二章 秘法玄談 其二

第一論 四言獨步

先天何處며 後天何處오 要知去處라 四柱排定에 三才分次하고 年干爲本이니 配合元神하고 神殺相絆에 輕重較量하며 先觀月合하야 誰格推詳하라.

先天이 어느 곳에 있으며 後天은 어느 곳에 있느냐? 來處를 알 것이요 去者를 살피어 先後天을 分別하라. 四柱를 排定하고 三才를 分別하여 年干을 뿌리로 삼을 것이니 元神의 配合을 살피고 神殺과 絆合을 살필 것인바 그 輕重을 較量해야 한다. 먼저 月令을 살펴서 格局의 如何를 推算함은 一次的 要諦이다.

以日爲主로 專論財官하야 分其貴賤이니 妙法多端이요 獨則易取나 亂則難明이로다 去留舒配하고 論格要精이니 日主高

強하고 月提得令하면 用財爲物이요 表實爲正이니라. 年根爲主요 月令爲中이며 日生百刻이니 時旺時空하고 干與支同이면 損財傷妻하며 身支年同하면 破蕩祖基요 月令見祿이면 不住祖基니라. 一見財官에 自然發福이요 用火愁水며 用木愁金이나 輕重能分이며 五行生旺이면 不怕休囚니라.

日干을 爲主로 財官을 專論하여 貴賤을 分別할 것이니 妙法이 多端하여 獨明하면 喜忌를 取用하기 容易하나 亂散한즉 밝히기가 어렵다. 去留의 配合을 分別하고 格局을 論斷함에 精密한 觀察이 要望되는 바이니 日主가 高强하고 月令의 提綱이 得令하였으면 財官을 能히 取用하는 것이며 表實이 다 正大할 것이다.

年根이 君主요 根本이고 月令이 中正臣下로써 君令을 行하는 者이며 月이 百刻을 生하는 것이니 時旺하나 時가 空亡이요 日干과 日支가 同一하면 損財하고 傷妻하게 되며 日支가 年支와 同一하면 祖業의 遺墓를 破滅 消蕩할 것이다. 또 月令에 祿을 보면 祖業의 基盤에 生住할 수가 없으나 財官을 一見하면 自然히 發福할 것이요 火를 取用하는데는 水가 보이면 두려워하고 木을 取用하는데는 金이 두려우나 그 輕重을 分別하므로 禍福을 能用할 수 있는 것인바 五行이 生旺되었으면 休囚를 꺼리지 않는다.

東南西北은 數盡方休요 寅申巳亥는 四生之局이니 用物身强에 遇之發福이며 辰戌丑未는 四墓之局이니 人元三用에 透旺 爲眞이며 子午卯酉는 四敗之局이니 男犯興衰요 女犯孤獨이니라. 進氣退氣에 命物相爭이면 進氣不死하고 退氣不生이로다

東南西北에 數가 다하여 바야흐로 休囚함이 있는데 寅申巳亥는 四生局(寅에 火가 生하고 申에 水가 生하고 巳에 金이 生하고 亥에 木이 生한다)에 該當하는 바 財官物을 取用함에 있어 身强한 者가 逢見한즉 發福하게 된다. 또 辰戌丑未는 四墓局(未에서 木이 墓庫되고 丑에서 金이 墓庫되며 戌에서 火가 墓庫되며 辰에서 水가 墓庫된다)에 該當하는 바 地藏되어 있는 人元藏干이 透出하고 旺氣를 띠워야 眞格이 된다.

子午卯酉는 四敗局(子에서 木이 敗辱되고 午에서 金이 敗辱되며 卯에서 火가 敗辱되며 酉에서 水가 敗辱된다) 男子가 犯하면 興衰가 있고 女子가 犯하면 孤獨寡婦가 된다. 進氣(生旺興隆하는 運鄕)와 退氣(命造에 맞지 않는 退敗의 運向)가 있으니 命物이 相爭하면 進氣인 境遇에는 死敗하지 않지만 退氣에 該當하는 境遇에는 生成될 수 없는 것이다.

財官臨庫에 不冲不發이요 四柱干支에 喜行相合이며 提綱有理요 最怕刑冲이니라. 冲運則緩이요 冲用則凶이며 三奇透露하고 日主專處에 其根有用이면 福祿榮昌이니라. 十干化神에 有影無形이요 無中無去면 福祿이 難憑이니라.

財官貴物이 庫中에 들어있으면 刑冲하지 않고서는 發身할 수 없고 四柱의 干支에 相合이 많은 것은 貴한 證狀이다. 提綱은 整然한 正理가 있어야 할 것이요 刑冲은 가장 꺼리는 바이다.

大運을 冲한즉 發揚이 늦어지고 用神을 冲刑함은 凶하게 된다. 三奇가 透露하였고 日主가 뿌리를 얻어 用物이 可氣한즉 福祿이 榮昌할 것이다.

十干이 合하여 化格을 이루나 破物이 있어서 成形할 것 같지만 完全하지 못하면 福祿을 얻기가 어렵다.

十惡大敗는 格中大忌나 若遇財官이면 反成富貴니 格局推詳하라 以殺爲重이나 化殺爲權이면 何愁捐用이리요 殺不離印이요 印不離殺이니 殺印相生이라사 功名顯達이며 官殺重逢이나 制伏有功이요 如行帝旺이면 遇之不凶이며 時殺無根엔 殺旺貴나 時殺多根엔 殺旺不利니라.

十惡大敗殺이 格中에 있으면 大忌하는 바이나 만일 財官을 얻으면 도리어 富貴를 成取할 것이니 格局과 格局을 仔細히 推詳하라.

鬼殺이 비록 重多하나 殺이 化하여 權貴가 될 수 있는 것이니 어찌 取用함을 抛棄하겠느냐! 殺은 印을 떠나지 말 것이요 印星은 殺을 여의지 말 것인 바 殺印이 相生하면 功名을 크게 顯達할 것이다.

官殺을 거듭 만났으나 制伏하면 功을 이룩할 것이요 身旺地로 行하여서도 凶할 수 없는 것이다. 時上의 一位殺이 無根하면 殺旺鄕에 貴하게 되고 時上殺星이 그 뿌리가 많아서 氣旺하면 殺旺時에 不利하게 된다.

八月官星은 大忌卯星이니 卯丁尅破에 有感無情이며 印殺根輕하면 旺中顯達이니라. 印綬根深엔 旺中不發이요 印綬比肩은 喜行財鄕이며 印無比局은 忌見財傷이로다. 先財後印은 反成其福이요 先印後財는 反成其辱이며 財官印綬는 大忌比肩이니라.

八月官星(酉金이 甲木의 官星임)은 卯木沖位(卯相沖되므로)를 大忌하는 바 卯丁이 酉金官星을 尅破하면 有情無情하여 善發할 수 없는 命造이다. 印殺이 相生하나 根氣가 薄弱하면 印殺旺時에 顯達할 것은 明確하다.

萬一 印綬가 그 뿌리가 깊어서 旺盛하면 旺時에 오히려 發達할 수 없는 것이며 印綬와 比肩이 있어서 身旺한 四柱에는 財鄕으로 行運함을 大喜할 것인데 印星만 있고 比肩이 없는 四柱에서는 財鄕運으로 行하여 印星이 破滅됨을 크게 꺼리는 것이다.

먼저 財星運이 오고 뒤에 印星運이 到來하면 마침내 福을 成取할 것이지만 먼저 印星이 오고 뒤에 財星이 오면 도리어 辱됨을 이룩하게 될 것이다. 또 財官印綬는 比肩을 大忌하니 比肩이 生官하는 財星을 破하고 印星을 洩氣시키는 때문이다.

傷官七殺은 反助爲權이요 傷官用財는 生官有子며 傷官無財는 子官有死니라. 時上偏財는 怕逢兄弟요 月印逢財는 比肩不忌며 傷官見官은 格中反忌나 不推用神이면 何愁官至리요 拱祿拱貴는 塡實則凶이요 提綱有用이면 論之不同이니라. 月令財官은 遇之發福이요 祿位高强에 比肩奪福이니라.

傷官格에 七殺이 있으면 도리어 權貴를 도웁고 傷官格에 財星을 取用하는 境遇에는 官을 生하고 子緣도 또한 종으나 傷官格에 財가 없으면 官運도 없고 財運도 없는 것이다.

時上의 **偏財格**은 比肩劫財의 兄弟星을 꺼리고 月令印綬格이 財星을 만났을 때에는 比肩이 財星을 除去해 주므로 比肩을 꺼리지 않는다. 傷官格에 官星을 꺼리고 格中에 官星을 봄은 꺼리지만 그러나 用神을 推知하지 않고서는 말할 수 없는 것인 바 用神을 生助해 주는 境遇에는 어찌 官星의 來到를 꺼리겠는가?

拱祿格과 **拱貴格**은 祿貴가 填實되면 凶한 것이요 提綱月令이 取用될 境遇에는 別格으로 論斷할 것이다. 月令의 財官은 發福할 命造인데 祿位가 高強하나 比劫이 財星을 分奪하므로 奪福함은 不可한 것이다.

日祿歸時는 靑雲得路니 庚日申時에 透財歸祿이며 位列三公이요 八字聯珠는 支神有用이니 造化逢之라 名利必重이며 月德金神은 月逢土旺이면 雖有輕名이나 祖業漂蕩이니라.

地物相同이니 人命逢此면

壬騎龍背는 見戌無格이요 寅多則富며 辰多則榮이니라. 天元一氣

壬騎龍背格은 戌土冲位를 보면 格을 이루지 못한 것이요 寅이 많은즉 富하게 되고 辰이 많은즉 榮華를 얻을 것이다.

天元一氣는 地物이 相同한 것이니 人命이 이를 만나면 位列이 三公(**總理議長級**)에 이를 것이며 八字가 聯珠(**炎拱**하여 구슬 꿰이듯 차례로 된 것)하면 地支에 있는 貴氣를 取用하는 것인 바 造化가 있으므로 名利가 반드시 重重할 것이다.

434

月德金神格이 月令에 土旺함을 얻으면 비록 名譽는 輕弱하나 祖業은 漂蕩(水害를 만나 財産을 損失시키는 것) 當할 것이다.

金神帶殺엔 身旺爲奇요 更行火地에 名利當時로다. 甲日金神은 偏宜火制나 己日金神이 何勞火制리오 六甲生春하고 時犯金神이면 水鄕不發이요 火重名眞이니라. 甲乙丑月이 時帶金神에 月干見殺이면 雙目不明이요 甲寅重寅에 二巳刑殺이면 終身必損이니 遇之難發이리라.

金神格이 七殺을 띠우면 身旺하여야 奇貴한 것이요 다시 火地에 行運할 때엔 名利를 얻을 것이다. 甲日生 이 金神格이면 火로써 金神을 制壓해야 할 것이나 土日이 金神格이면 어찌 火星의 制伏하는 勞苦가 必要하겠는가?

六甲日이 春令의 木旺節에 生하고 時에 金神을 犯하였다면 水鄕에 發福할 수 없을 것이고 火重하여야 名眞할 것이다. 甲乙木이 丑月에 生하고 時에 金神을 따였으며 月干에 七殺을 보면 雙目이 不明할 것이며 甲寅 日이 寅字가 거듭 있는데 二巳字가 있어 刑殺이 되면 마침내 損失만이 있을 따름이니 發福하기 어려울 것이다.

六甲寅月이 透財時節이면 西北行程에 九流立業이요 乙日卯月에 金神剛烈이면 富貴比肩이며 旺橫死絶이니라. 天干二丙 이 地支全寅이면 更行生寅에 必見福臨이며 火旺二寅에 月令有金이면 火鄕有救요 見壬刑身이니라 己日戌月은 火神無氣니 多水多金이면 眼昏目閉니라.

甲木이 寅月에 生하여 時節에 財星이 透出하면 西北行運에 九流의 業(漢代의 九種學派니 儒家 道家 陰陽家 法家 名家 墨家 縱橫家 雜家 農家니 여기서는 九流人物을 말한다)을 成就하고 乙日이 卯月에 生하여 金身이 剛烈하면 比肩運에 富貴하며 死絶運이 不吉하다.

天干에 二丙火가 있고 地支에 寅字가 全部 있으면 다시 生旺運을 만날 때에 福이 臨할 것이다. 火星이 二寅에 旺한데 月令에 金이 있으면 火鄕節에 救解되고 壬水를 만날 때에 刑厄이 온다. 己日이 戌月이면 火神이 無氣한 것인 바 水가 많고 金이 많으면 눈이 어둡고 장님이 된다.

年干會火하고 日時會金이면 己干用印이니 官激名淸이며 秋金生午하고 二庚火丙이면 到丑傷情이요 逢離順境이니라 庚金坐午하고 辛金生未하면 透殺兩停이니 多生最貴며 辛金月神에 庚金登庫면 逆數淸孤요 順行豪富니라.

年干에 火星이 모이고 日時에 金이 모이면 己土가 印星을 取用하는 것이니 官界에 有望하고 名譽가 淸高하다. 秋金이 午를 만나고 二庚에 丙火가 있으면 丑地에 이르러서 傷情되고 離火를 만나서 順發한다.

庚金이 午火에 坐臨하고 辛金이 木火旺節에 生하면 身殺이 兩停해야 하는 것이며 多月에 生하면 最貴하고 辛金이 月令에 庚金庫藏이 되면 逆數에 淸孤하게 되고 順運에 行入하여서는 豪富한 福이 있다.

辛逢卯日이 年月見酉에 時帶朝陽이면 爲僧行醜요 辛金亥日에 月逢臨戌이면 水運初行에 須防目疾이요 辛金生西하야 官用印이며 順行南方이면 名利必振이니라. 辛金坐巳하고 官至遇祿이면 順行南方에 貴顯一福이요 酉金逢離에 透上何慮오 無土傷身은 壽元不住나 月生庚辛은 何愁主弱이리요 旺地成名이니라.

辛金主가 卯日에 生하고 年月에 酉金을 보고 時柱에 朝陽(戊子)이 되면 僧이 되고 醜行이 있게 된다. 또 辛金日主가 亥日에 生하여 月令이 戌地가 되면 水運으로 初行하는 境遇 目疾을 防備하지 않으면 안 된다.

辛金이 酉日에 生하고 時節令에 官星이 있으며 印星을 取用하는 境遇 大運이 南方으로 順行한다면 名利가 반드시 振世할 것이다.

辛金이 巳日에 坐하며 官星이 있는 中祿이 있으면 南方運에 順行하여 貴顯할 것이다. 酉金이 火位를 만나고 火가 透干하였다 하더라도 근심스러울기만 한 것은 아니나 土가 없고 傷身되면 壽元이 길지 못한 것이나 四季月에 生한 庚辛日이라면 어찌 身主가 弱하다고 근심할 것인가? 旺運에 名譽를 成取할 것이다.

辛金逢火에 見土成形이요 陽金遇火엔 透土成名이며 壬生午位는 祿馬同鄕이니 重重遇火에 格局高強이로다. 壬癸多金하고 生於酉申이면 土旺則貴요 火旺則貧이며 癸向巳宮이면 財官俱印이니 連至南에 利成必振이니라.

辛金이 火를 만나면 土를 보아야 形體를 이루는 格이고 陽金이 火를 만나면 土가 透出하여야 成名하는 것이며 壬水가 午位에 坐하면 祿馬가 한 곳에 同住하는 것이니 火星을 重重으로 만나는 때에 寬裕하고 高強한 人物이 된다.

壬癸水가 金이 많고 酉申節에 生하면 土旺하여야 貴하고 火旺하면 貧寒하다. 癸水가 巳宮에 臨向하면 財官印이 俱全한 것이니 南方鄕에 連行하여 財利가 成取되고 크게 떨칠 것이다.

癸日巳亥가 殺財透露하여 地合傷官하면 有勞無福이요 癸日申提하고 卯寅歲時며 年殺月劫이면 林下孤獨이니라 癸日干 己하고 陰殺重逢하고 無官相混이면 名利必通이며 傷官之格이 女人最忌나 帶印帶財면 反爲富貴하고 殺多有制엔 女人必貴로다.

癸日主가 巳亥가 있고 殺과 財가 透露하여 地支에 卯寅이 있으며 年에 殺이 있고 月에 劫財가 있으면 隱退하여 林寺에 쓸쓸하고 외로운 生活을 하는 사람이다.

癸日이 干上에 己土가 있고 陰殺을 거듭 만나며 官星이 다시 混雜하지 않으면 名利가 반드시 通할 것이다.

傷官格은 女命이 가장 꺼리는데 그러나 印星이 있고 財星을 帶同하였으면 오히려 富貴할 命造이고 殺鬼가 많으나 制伏하였으면 그 女命이 반드시 貴命임이 疑心없다.

官星犯重이면 濁溢淫類요 官星桃花는 福祿堪誇며 殺星桃花는 朝劫暮巴니라. 庚日辛時에 柱中金局하고 支無會合하면 傷官刻妻니라.

官星이 太多하여 重犯되었으면 濁賤한 淫女類에 屬하는 사람이요 官星과 桃花가 함께 있으면 日朝(아침)에는 刧迫되고 暮夕에는 巴調(俗된 노래)를 부르는 賤類의 女命이 된다.

庚日이 辛節時에 生하고 柱中에 金局이 있으며 地支가 會合함이 없으면 官星을 傷하고 妻를 剋害하게 된다.

癸日寅提하고 寅時亥月이면 莫犯提綱이니 禍福難推니라 甲日乾提하면 忌殺喜比며 金水殺根이면 忌行卯未요 戊己丑月에 比肩透出하면 宜金入局이나 忌逢午位니라 壬癸坎宮에 支逢戊戌이며 干頭比肩이면 東行爲吉이니라.

癸日이 寅木에 있고 寅時가 있으며 亥月에 生하면 提綱月令을 犯하지 말 것이니 犯하면 禍福을 推測하기 어려웁다.

甲日干이 乾(亥字)을 가져서 趨乾이 되면 殺을 忌하고 比刦을 좋아하며 寅丑字를 꺼리며 金水가 殺星이 根深하였으면 卯未로 行함은 殺旺되므로 꺼리며 戊土와 己土日干이 丑月에 生하고 比肩이 透出하였으면 金局을 이룸은 좋으나 午位를 만남은 꺼리게 된다.

壬癸水가 坎宮(子水)에 生하여 地支에 戊戌을 만나며 干頭에 比肩이 나타나면 東으로 行運하여 吉利를 얻는다.

甲乙震宮에 卯多須天며 逆順運行엔 子申發福이니라. 庚辛巳月엔 金生水旺이라. 比刦栽根이니 西行成象이요 丙丁酉月이면 比肩不忌며 火入離宮엔 比肩一例니라.

甲乙木이 震宮(卯位)에 生하여 卯字가 많으면 天壽할 것이며 逆行運에는 子運에 發福하고 順行運이면 申運에 發福한다.

庚辛金이 巳月에 生하면 金이 火旺節에 生한 것이니 比刦이 뿌리를 栽培해 주어야 할 것이므로 西方으로 運이 行하여야 象體를 이루어 發展하게 된다.

丙丁火가 酉月에 生하였다면 比肩을 꺼리지 않을 것이요 火가 離宮인 午火에 生하였다면 比肩火星이 全部 滿柱하여서 炎上格을 이루어야 貴命이다.

曲直丑月은 帶印名金이요 壬癸丑月은 土厚多金이며 食神先旺이면 勝似財官이로다. 濁之則淺이요 淸之則垣이며 此法玄亥을 證得成仙이니 學者實授하야 千金莫傳이니라.

甲乙木主가 丑月에 生하면 印星이 있는데 官金이 生하는 것이므로 貴吉한 命造이고 壬癸水主가 丑月에 生하여도 土는 厚하고 金이 많은 것이니 殺印相生이 되어 吉하다. 또 食神이 旺하고 日主가 有氣하면 財官의 貴福을 凌勝한다.

濁하면 淺輕할 것이요 淸하면 垣을 이룰 것인데 此法이 微妙하고 玄奧한 바 識得하면 문득 神仙이 된 것이니 學者는 이 法을 배워 받음에 異端外道에 輕率히 傳하지 말라.

第二論 身弱論

陽木無根에 生於丑月이면 水多轉貴요 金多則折이며 乙木無根에 生臨丑月이면 金多轉貴요 火多則折이니라. 丙火無根에 子日見金은 無制無生이니 此身貧賤이며 六甲坐申에 三重見子면 運至北方에 須防橫死니라.

陽木이 無根한데 丑月에 生하였으면 水多하였을 때 貴命으로 轉成하고 金多할 때에는 折傷될 것이다. 乙木이 通根하지 못하였는데 丑月에 生하였으면 金多함에 貴發하고 火多한 즉 折傷된다.

丙火가 通根하지 못하였으면서 子日에 生하고 金을 보면 制伏하지도 못한 것이고 生助되지도 못한것이니 此命이 貧賤할 것이 틀림 없다. 또 六甲日이 申金에 坐臨함에 子神이 三位나 重見되고 大運이 다시 北方으로 行한다면 모름지기 橫死를 防止하지 않으면 안된다.

丙臨申位하면 陽水大忌니 有制身强이라사 旺成名利요 己入亥月은 怕逢陰木이니 月逢印生이라사 自然成福이며 己日逢殺은 印旺財伏이니 運轉東南이라사 貴高財足이니라. 壬寅壬戌에 陽土透露면 不混官星이라사 名崇顯祿이니라.

丙火가 申位에 臨하면 陽水를 꺼리는 것이니 月令에 印星이 生助함을 만나서야 自然이 成福할 것이요 己土가 亥月에 들어가면 陰木과 만남을 꺼리는 것이니 印星이 旺하고 財星을 制伏해야 할 것이니 大運이 東南으로 轉行하여야 貴도 高明하고 財利도 또한 豊足할 것이다.

壬寅日과 壬戌日이 陽土가 튀어나오면 官星이 混雜되지 말아야 이름이 崇揚되고 祿貴가 高顯할 것이다.

陰水無根엔 火鄕有貴요 陽水無根엔 火鄕即畏며 丁酉陰柔엔 不留多火니 比肩透露면 格中返忌니라. 戊寅日主는 何愁殺 旺이며 露火成名이요 水來漂蕩이니라.

陰水가 通根함이 없으면 火鄕에 貴하게 되고 陽水가 根基가 없으면 火鄕을 두려워 한다. 丁酉는 陰柔 한 것이니 火가 多留하지 말 것인데 比肩이 透出함을 此格에는 大忌한다.

戊寅日主는 어찌 殺旺함을 근심할 것인가! 火神이 露出됨에 이름을 얻을 것이요 水氣가 來到하면 漂蕩(財 産을 떠내려 보내듯 流浪客이 됨)한 사람이 될 것이다.

庚午日主가 支火炎炎하면 見土取貴요 見水爲嫌이며 辛未身弱이면 印提入格이요 癸酉身弱이면 見財成格이며 癸巳無根 이면 火土見重이라사 透財名彰이니 露根則賤이니라.

庚午日主가 地支에 火氣가 炎炎하면 土를 만나야 貴하게 되고 水를 보는 것은 嫌忌하게 된다. 辛未日主가 身弱하면 印星을 이끌어서야 入格하게 되고 癸酉日主가 身弱하게 되면 財星을 보아야 成格할 것이며 癸巳日 主가 根地가 없으면 火土를 重重으로 逢見하여서 財星이 透出하여야 成名하고 彰達할 것인 바 根氣가 露出한 즉 賤한 것이다.

第三論 棄命從殺論

甲乙無根하면 怕逢申酉요 殺合逢之에 雙目必朽니라. 甲木無根하고 生於丑月이면 水多轉貴요 金多則折이며 乙木酉月에 見水爲奇니 有根丑絕이요 無根寅危며 乙木坐酉하고 庚丁透露하며 二庫歸根이면 孤神得失이니라.

甲乙木이 根支가 없으면 申酉金을 꺼리는데 七殺을 合來하여 만나게 되면 雙目이 반드시 못쓰게 될 것이다. 또 甲木이 無根하고 丑月에 生하였으면 水多할 때엔 貴發하고 金多할 때엔 折夭된다.

乙木이 酉月에 生하면 水를 보아야 奇貴함이 있고 根基가 있으면 丑土가 絶해야 좋고 無根하면 寅木이 危險하다. 乙이 酉地에 坐臨하고 庚丁이 透露하였는데 二庫에 歸根되었으면 孤獨하고 不吉한 命造로 된다.

丙火 申提에 無根從殺이요 有根南旺이며 脫根喬促이니라. 傷火無根은 火鄕必忌니 陰火無根에 水鄕有救요 陰火酉月에 棄命就財니 北方入格이요 南則爲災니라.

丙火가 申月에 生하여 無根하고 水가 많으면 從殺하는 것이요 有根하면 南方運에 旺昌할 것이나 脫根되는 날에는 壽命이 促夭될 것이다.

火가 傷害되고 根支가 없으면 火鄕을 꺼릴 것이니 陰火가 뿌리가 없음엔 오히려 水鄕에서 救濟된다. 陰火가 酉月에 生하고 無根하면 火命을 버리고 財星을 取用하여 從財하는 것이요 北方運에 入格하는 것이요 南方運에는 災厄이 생하는 것이다.

戊己 亥月에 身弱爲棄니 卯月同推며 嫌根刦比니라. 庚金無根하고 寅宮火局이면 南方有貴나 須防喬促이요 辛巳陰柔엔 休囚官殺이요 運限加金에 聰明顯達이니라.

戊己 土日主가 亥月에 生하여 身弱하면 棄命하고 從財하는 것이니 卯月에 生하여 木氣가 旺盛하여도 從殺하게 된다. 따라서 根支가 있으면서 比刦地는 嫌忌하는 바이다.

庚金이 無根하고 寅宮이 있으면서 火局을 지었으면 南方官星運에 發貴할 것이나 壽命을 조심하지 않으면 안된다. 辛巳日은 陰柔한 것이니 官殺은 休囚되고 大運에서 金氣가 助氣해 주어야 聰明하고 顯達하게 되는 것이다.

壬日主가 戌月에 生하면 東方運을 기꺼워하고 冲을 만난즉 絶命하게 된다. 棄命從財는 모름지기 財星이 모임을 要望하고 棄命從殺은 會殺됨을 要望하는 바 從財格은 殺을 忌하나 從殺格은 財를 꺼리지 않고 기꺼워 하는데 命運에 根氣가 있으면 損命되며 猜畏된다.

壬日戌提하고 癸干未月은 運喜東方이요 逢冲則絶이며 棄命從殺은 須要會財요 棄命從財는 須要會殺이며 從財忌殺이나 從殺喜財니 命逢根氣에 命損無猶니라.

第四論 五言獨步

有病方爲貴요 無傷不是奇니 格中如去病에 財祿兩相隨니라 寅卯多金丑엔 貧富高低走며 南方怕逢申이요 北方休見酉며 建祿生提月에 財官喜透天이요 不宜身再旺이니 唯喜茂財源이니라.

四柱에 病方이 있어야만 바야호로 貴命이 되는 것이요 傷함이 없으면 奇異한 命造가 될 수 없는 것이니 格中에 病神을 除去하는 때에 財物과 貴祿이 함께 따라온다.

寅卯月에 金丑이 많으면 貧富의 高低가 많으며 西方火旺節이면 申金을 꺼리고 南方火旺節이면 酉를 보지 말것이다. 建祿月節에 生하였으면 財官이 함께 透天함을 기꺼워하고 身主가 再旺함을 不宜하게 보는 바 오직 財源이 茂盛해야 좋은 것이다.

土厚多逢火하고 歸金旺玉秋며 冬天水木泛하면 名利總虛浮니라. 甲乙生居卯하면 金多反吉祥이며 不宜重見殺이나 火地得衣糧이로다. 火忌西方酉요 金沈怕水鄕이며 木神休見午하고 水到卯中傷이니 土宿休結髮이요 臨官在巳宮이면 南方根有

448

旺이니 南北莫相逢하라.

土主가 土多厚旺하고 金主가 金旺秋節에 돌아가며 多節에 水木이 泛缺되면 이는 이름만 虛浮할 따름이요 實답지 못한 命造이다.

甲乙日生이 卯節에 居하면 金이 많을 境遇 오히려 吉祥함이 있고 七殺을 重見함은 不宜하다. 그러나 火地를 만나는 때엔 衣食과 財産이 增得될 것이다. 火主는 西方의 酉金位를 꺼리고 金이 水多하여 沈潛하였는데 水鄕을 만났다면 또한 不吉한 것이다.

木神은 그 死位인 午地를 만나지 말 것이요 그 死地인 卯位에서 七殺을 꺼리고 金이 水多하여 沈潛하였는데 行하지 말 것이니 官에 臨함에 巳宮을 꺼리는 바 西方에서 根氣가 旺하게 되고 北方과 西方運은 大忌하는 것이다. 巳亥相沖되어 巳中庚金이 亥中甲木인 正官을 剋하는 때문이다.

陰日朝陽格이 無根月建辰이면 西方還有貴나 丁怕火來侵이로다. 乙木生居酉에 嘆逢全巳丑이요 富貴坎離宮이며 貧窮申酉守요 有殺只論殺이요 無殺方論用이니 只要去殺星이요 不怕提綱重이니라. 甲乙居逢申이면 殺印暗相生이니 木旺金旺運에 冠袍必掛身이니라.

陰金이 戊子時를 얻어 朝陽格이 되었는데 無根하며 月建이 辰月에 該當하면 西方運에 도리어 貴할 것이나 丁火가 來侵함을 꺼린다.

乙木이 酉月에 生하였는데 巳丑을 다 만남은 크게 嘆忌되는 바 坎水와 離火가 있어야 富貴하며 申酉를 만나서는 貧窮하게 된다.

七殺이 있으면 殺로써 取論하고 柱中에 七殺이 없으면 官旺하여 取用함을 말하는 것인 바 다못 要컨대 殺

離火怕重逢이니 北方反有功이나 雖然宜見求는 獨恐對提冲이니라. 八月官星旺이면 甲逢秋氣深이니 財官兼有助에 名利自然享이요 曲直生春月이요 庚辛干土逢이면 南離推富貴요 坎地却猶凶이니라.

星을 除去할 것이나 月令提綱에 重한 것은 꺼리지 않는다. 例컨대 甲乙木이 申地에 坐臨하면 申中에 壬水가 있으므로 殺印이 暗生하는 것이니 木旺金旺運에 官位에 高登할 것이다.

丙丁離火가 거듭 있어서 火氣가 重重하면 北方運에 도리어 功成하게 된다. 그러나 格勢를 보아서 分別할 것인 바 오히려 對位를 冲함은 두려워하는 때문이다.

八月에 官星이 旺함은 甲木이 秋節의 深氣를 만난 것이니 財官이 兼하여 有助하고 身主가 有氣하면 自然히 亨通할 것이요 甲乙木이 春月에 生하였고 庚辛金이 있는 中 土財가 透干하였으면 南方火運에 富貴하고 坎地水運에 문득 凶함을 만나게 된다.

甲乙生三月에 庚辛戌未存하고 丑宮壬戌位면 何處見無根가 木茂宜金火요 身衰鬼作門이니 時分西與北이요 輕重辨東西하라. 時上胞胎格에 月建印綬通이요 殺官行運助면 職位至三公이로다. 二子不冲午하고 二寅不冲申이면 得三分三格이니 財官印綬全에 運中逢尅破면 一命喪黃泉이니라.

甲乙木이 三月辰令에 出生하였는데 庚辛金과 戌未土가 있고 丑宮과 壬戌이 있다면 어찌 通根함이 없다고 하겠는가? 木이 茂盛하면 金火를 만남이 마땅하나 身衰하면 鬼門이 되는 것인 바 節時의 西와 北을 分別하고 東西의 差異를 살펴야 한다.

時上胞胎格이 月建에 印綬가 있고 殺官의 行運이 도와주면 그 職位가 三公宰相位에 나아간다. 萬一 子가 午位를 不冲하고 二寅이 있으나 申을 不冲하면 三分의 三格은 얻은 것인 바 財官刑이 全部 있어야 貴格이다.

그러나 運中에서 尅破를 만난다면 黃泉客이 될 것이다.

進氣死不死요 退氣生不生이니 終年無發旺이요 猶忌少年刑이며
深이니라. 運行十數載에 上下五年分인데 先看流年歲하고 深知來往旬하라. 時上偏財格은 干頭忌比肩이요 月生逢主旺이면 貴氣復重
名利方有氣니라.

大運이 生旺鄕으로 進行하고 있는 바에는 死한 運中이라도 退氣中에는 生하여도 生助
지 못하는 것이니 마침내 發旺하지 못할 것이요 오히려 少年에 刑厄이 있을 것이 두려울 따름이다.
時上偏財格은 干頭에 比肩이 나타남을 크게 꺼리고 月節에서 當主를 生助해주면 貴氣가 더욱 吉
祥이 重重하게 된다.

大運은 一干支를 十年으로 보는 것인데 上干과 下支를 各各 五年씩으로 나누어 본다. 또 먼저 流年歲運을
살피고 月別을 깊이 分別해야 한다.
時上一位貴格은 地支中에 藏在하였음을 貴하게 보는 바 日主는 要컨대 剛强할 것이니 그러면 바야흐로 名
利가 當當할 것이다.

第五論 正月建寅候詩訣

正月寅宮元是木에 木生以旺土長生이라 戌兼午未宮中喜요 申酉休囚數莫行이로다. 寅月重逢午戌亥요 庚辛爲主兩推排라
有根有土偏宜火나 身弱休囚怕火來로다.

正月의 寅木節은 本是 甲木宮인 바 木生火하여 丙火가 旺하고 戌土가 長生되어 있다. 戌土와 午未宮을

아 하고 申酉金旺節에는 休囚되는 數이니 行往하지 말것이다.

寅月에 午戌亥를 거듭 만나고 庚辛이 身主이면 吉貴하기 어려운 바가 있으니 根支가 있고 土가 있으면 火를 만남이 좋은데 만일 身弱하고 休囚되었다면 火位官星의 來侵을 大忌하게 되는 것이다.

如有寅宮木火神에 南方午未祿財欣이나 逆行戌亥還旺이라 破損憂愁見酉申이니라. 庚申主弱逢寅月하고 午戌加臨會殺星이며 日主無根還透土면 逆行金水福興降이요 己戊身衰喜見寅이니 重重官殺必榮身이라. 只求木火相生宜木요 運到西方怕酉申이니라.

金日主가 身旺하면 寅宮의 木火神이 旺하여야 吉한 것인데 南方의 午未와 合하면 財祿이 生旺되므로 欣貴한다. 戌亥運으로 逆行하면 도리어 旺하나 酉申金運으로 行入하면 破損되는 것인 바 大忌한다.

庚辛主가 弱하고 寅月을 만나며 午戌이 加臨되어 殺星이 會集되는 경우 日主는 根支가 없으나 土가 透出하였다면 金水運으로 行하여 福이 興隆할 것이다. 己戊日主가 身衰하면 寅宮을 좋아하니 官殺이 重重하면 반드시 榮身할 것이다. 다만 木火가 相生함이 마땅하고 大運이 西方에 이르러 酉申을 만남은 大忌한다.

第六論 二月建卯候詩訣

丙丁二月逢印이요　　大怕庚辛酉丑傷이며
水運欽榮木火正이요　西方行運定還殃이로다
甲日卯月重逢丑이요　格中有火不須嫌이요
再行火土興財祿이니　歲運宜金怕水纏이니라

丙丁日主가 二月의 卯印을 만나면 庚辛酉丑의 傷來해옴을 크게 꺼리고 水運과 木火運에는 正榮함이 있게 된다. 따라서 西方金旺節로 大運이 行한다면 災殃을 만날 것인 바 特히 酉運은 卯印을 冲破하므로 더욱 그러하다.

甲日干이 卯月에 生하여 丑字를 거듭 만나면 格中에 火가 있을 境遇에는 無妨하며 火土運으로 再行할 때엔 財祿이 興旺할 것이다. 歲運에 金은 마땅하나 水運은 不可하다. 水旺하여 木火通明을 害하고 旺身을 又加하며 財官을 洩氣하는 때문이다.

木正榮於二月中이니 若將爲用喜生逢이요
卯中大怕逢金降이라 水旺根深制伏强이면
四柱有金嫌巳丑이며 運來酉上定須傷이로다
己卯日主二三月은 殺根有露火偏奇라
只宜木火要迎見이면 金水行來數必虧니라

木은 二月中에 昌榮의 氣를 얻는 것인 바 만일 取用한다면 生旺되므로 기쁜 것이다. 卯中에 金氣가 相逢됨은 크게 꺼리는 것이니 祿破되는 때문이다.

火旺하고 木主의 根氣가 깊은데 다시 制伏됨이 旺强하면 四柱에 金氣가 또 있는 境遇 巳丑이 있음을 嫌忌하고 特히 運路上에 酉金이 있으면 決定코 損傷됨이 있을 것이니 卯酉冲되는 때문이다.

己卯日主가 二三月에 生하여서 殺星이 有根하고 露出되었으며 火氣 또한 있으면 奇異한 命造가 될 것이다.

오직 木火를 重見하여 有氣할 것이요 金水鄕으로 行하지 말 것이니 반드시 傷虧될 것이 틀림없다.

庚辛卯月多逢木이요   日主無根怕旺財니

南北兩頭禍有破며
如逢申酉禍難來니라
癸日無根卯月逢이면
局中有火反成功이요
如行身旺多財富나
若到官鄕數必終이니라

庚辛日主가 卯月에 生하여 木氣를 많이 만나고 日主가 通根함이 없으면 財星이 旺盛함을 꺼리는 바이니 南(火星)과 北(壬癸亥子水)이 雙透하여 鬪爭하면 모름지기 破傷이 있을 것을 防備하지 않으면 안된다. 萬一 申酉金運을 만나면 禍가 찾아오지 못할 것이다.

癸日이 地支에 通根함이 없고 無力한 中 卯月을 만나면 局中에 火가 있을 境遇 도리어 成功함이 있고 萬一 身旺鄕으로 大運이 行한다면 財蓄할 것이나 그러나 大運이 反對로 官旺鄕으로 向入한다면 반드시 必敗할 것이다.

第七論　三月建辰候詩訣

三月辰宮只論土니　　殺多金水化爲祥이라
提綱若用財官印이면　金水相臨命有傷이로다

三月은 辰宮節이니 戊土가 司令하는 바 다못 土氣를 取論하는 것이다. 提綱月令의 辰中戊로써 財官印을 삼는다면 金水가 來臨하여서 도리어 傷破되지 않을 수 없는 것이다.

戊土無根日坐寅이요　　重重水旺福源深이요

如行水火宮中吉이며
三月干頭只用金이요
身爲午癸多逢土면

金水相逢福必侵이니라
火生土厚福還眞이며
火旺提防禍必臨이로다

戊土가 無根한데 寅支에 坐臨하였으면 水氣가 重重한 境遇 福源이 깊을 것인 바 大運이 水鄕으로 行할 때에 吉祥함이 있을 것이며 金水가 相逢한다면 福星이 반드시 侵滅損傷될 것이다.

三月의 干頭에 金主를 取用하면 좋은 것이니 金日主가 四柱에서 火生土하여 土氣가 厚重하게 되면 도리어 그 福力이 眞眞할 것인 때문이다.

第八論 四月建巳候詩訣

甲乙如臨四月天에
西方火地多凶破며
四月干頭水土逢엔
如行金水多成敗요

水鄕木旺振財源이요
酉丑相逢禍便言이니라
水鄕木旺祿還通이니
更怕提綱物對沖이니라

甲乙木이 四月節에 生하였으면 水鄕과 木旺運에 財源을 떨칠 것이요 西方金旺節과 西方火旺運에는 凶破됨이 많을 것인 바 酉丑이 相逢하면 巳月節의 三合金局이 되므로 禍厄이 多起하게 되는 바이다. 四月節의 干上에 水土日主라면 水鄕節과 木旺運에 官祿이 오히려 通泰할 것이나 金水運이 되면 成敗가 많을 것인 바 特히 亥字가 와서 巳月節時를 沖破함은 大忌하는 바이다.

金水干頭四月胎하면
土爲印綬火爲財니

身强土厚宜金土라
主日輕浮怕水來니라
壬日巳月多火土엔
無根無印怕財鄕이라
順行申酉是名利요
逆走東南壽不長이니라
四月金生火旺土에
三般神用要分明이니
財官印綬藏宮內라
運看高低仔細尋하라

金水日主가 四月巳火旺節에 生하였으면 土가 金의 印綬가 되고 (巳中의 戊土) 火가 水主의 財가 되는 바 (巳中丙火) 身强하고 土氣가 厚重하면 吉命이요 日主가 輕弱하면 水氣가 來到함을 꺼리게 된다.

壬日이 巳月에 生하여 火土가 많으면 根氣도 없는 것이고 印星 또한 없는 것이니 財鄕으로 行함을 꺼리는 것이다. 申酉大運으로 順行함에 名利가 있을 것이요 東方運으로 逆行하여서는 壽命이 長久하지 못할 것이다.

四月節에 生出한 金主라면 火旺하고 土性 또한 有力하며 다시 巳中에 庚金이 있어서 三神이 分明하게 取用되는 바 財官印綬가 다 月節宮內에 藏在되어 있다 (巳中丙은 官星이요 巳中戊土는 印이며 巳火는 巽方인데 巽中에는 木氣가 있으니 巽木이 財星이 된다) 大運의 高低와 淺深의 程度를 仔細히 살펴야 한다.

　　　　第九論　五月建午候詩訣

五月宮中火正宗에
高低貴賤兩分明이니
財官正印宜生旺이요
化殺欣逢要水平이라
五月炎炎則論火요
如逢水自然兵이면
西方金木多防尅이며
丑土遇還怕子迎이니라

五月의 節宮에는 火氣의 宗旺節이요 正盛期인데 그 高低와 貴賤이 分明한 것인 바 財官과 正印이 마땅히 生旺될 것이요 殺을 化하여 水氣가 平衡될 것을 더욱 반가워 한다.

五月의 火氣가 炎炎하기만 하면 火로 取論할 것인 바 水火가 만나면 싸움이 생길 것이니 忌한다. 西方의 金運 또한 尅爭하는 運이니 不利하고 丑土가 子水를 合來해 옴은 더욱 꺼린다.

午宮은 子水가 와서 冲破함을 大忌하는 바 火를 取用하는데 水의 冲을 만남은 그 運數에 반드시 凶合이 있다.

庚辛日主에 丙丁火의 殺星이 會集되면 大運中에 比規을 만날 때에 도리어 成功하게 되는데 財官印綬가 다 午火에 藏在하여 있으니 例컨대 午中丙丁火는 庚辛金의 官星이 되고 午中己土는 庚辛金의 印綬가 된다. 西方運이 와서 申子辰 水局을 作局하는 것은 大凶하니 土木火鄉의 三處는 도리어 富貴할 수 있다. 그러나 水土가 있고 다시 金氣 음은 嫌忌하는 바이니 火神을 水氣가 冲하는데 金氣가 生水하는 때문이다.

午宮怕子水來冲이요
　　用火逢冲數必凶이며
日主庚辛如會殺이면
　　運中逢比返成功이니라
財官印綬如藏午엔
　　西方休臨申子辰이며
土木火鄉還富貴라
　　休來水土更嫌金이니라

第十論　六月建未候詩訣

丙丁日坐未宮逢이면
　　金木雖凶未必凶이요

木厚火鄕應富貴며
再行申酉禍災重이니라
未月支藏木火時니
不逢順逆格高低라
南方行去東方旺이니
南住休愁戌亥虧니라

丙丁日主가 未月宮에 坐臨하면 金木이 비록 凶神이나 凶하지 않고 木氣가 厚旺하고 火氣가 旺盛하는 運鄕에 應當 富貴하게 될 것이다. 未月節支에는 木火(乙丁)가 藏在하여 있으니 大運의 順逆을 따라 格의 高低함이 있지 않겠는가? 그러나 申酉西方金運으로 再行하여서는 禍厄과 災殃이 重重할 따름이다. 大運의 順逆이나 格의 高低를 莫論하고 南方火旺運과 東方運은 吉貴할 것이지만 西方金運을 만난다면 어찌 근심스러움이 없으며 어찌 또한 虧損됨이 없겠느냐?

第十一論 七月建申候詩訣

印綬財官月建申에
北方回喜福還眞이요
火金生旺多淸貴며
大限行來最怕寅이니라
建祿庚辛旺在中이니
有官有印有財星이라
逆行辰巳榮財祿이며
北地須知富貴成이로다
壬癸生臨七八月이면
火土多厚貴北方奇요
無傷無破伏行水며
帝旺臨官運不宜니라

七月申金은 庚金이 司令하는 바 申月이 印綬財官에 該當하는 日主라면 北方運에 福祿이 참될 것이다. 火金主가 生旺되면 淸貴한 사람이요 大運이 寅地에 이르러 申月令을 冲破함은 大怕하는 바이다.

庚辛金主라면 申月中에 建祿되어 旺盛하니 官星이 있고 印星이 있으며 財星이 있어야 할 것인 바 辰巳運에

逆行하여서 財祿이 榮華로울 것이며 北方運의 水旺節에 富貴를 이룰 것이다. 壬癸水主가 七八月에 生臨하여 火土가 多厚하면 北方運에서 奇貴한 바 傷함이 없고 破滅됨이 없으면 水旺地에 行臨하여서 吉하다. 그러나 火土가 有氣하지 못한데 帝旺運과 臨官運에 이르면 水氣가 太過하므로 宜吉하지 못한 것이다.

第十二論 八月建酉候詩訣

甲乙無根七月逢이요　庚辛金旺不嫌凶이며
北方水運財星足이나　逆走南方得失中이니라
酉月藏金乙日逢에　北方亥子水重重이면
離明午未財權重이요　已丑加臨壽必終이니
甲乙酉月多官殺이요　無根日主一生低로다
北方順走休臨丑이며　逆走南方巳上虧니라

甲乙木이 八月酉金을 만남에 無氣함은 根基가 없음이요 庚辛金이 旺하나 水氣가 있으면 凶하지 않음은 進氣가 되어 水氣가 生助되는 때문이다. 北方水旺運으로 行함에 財利가 足多할 것이요 南方火運으로 逆走하여서는 失損이 있을 것이다.

酉月에 旺金을 감추어 있는데 乙日主가 되면 北方亥子가 重重해야 할 것인 바 兼하여 南方火氣가 照明할 때에 財權이 함께 重成할 것이다. 그러나 巳丑字가 加臨되면 壽命이 반드시 終傷될 것이다.

甲乙木이 酉月에 生하여 官殺이 많으면 根支가 없으므로 日主가 賤貧하게 된다. 特히 北方으로 行하여 丑地에 到達되었을 때와 南方運으로 逆走하여 巳運에 到達되었을 때에는 크게 傷虧됨이 있을 것이다.

454

丁生酉月天干癸면
水氣保身存印綬며
秋金酉丑重金旺이면
西方行去盈財祿이며

去殺方能可去財니
無情行到水中來니라
除非火煉有聲名이요
南北來臨福必傾이로다

丁日主가 酉月에 生하고 天干에 癸水殺星이 있으면 癸水殺星이 酉金月令에 依해 旺生되므로 殺을 除去하고 財星을 除去해야 하는 것인 바 日主가 有氣하여 保身하려면 印綬가 있어야 發貴한다. 그러나 萬一 大運이 水運으로 行入하면 無情하고 不吉한 것이다.

秋月에 生한 金主가 巳丑이 있으면 金氣가 重重하여 太過한 것이니 火로써 除去하고 煉假하여야 聲名을 얻고 發身하게 된 것이다. 또 東方財地로 大運이 行入할 境遇에는 財祿이 豊盈할 것인데 西北運이 到來하여서는 官星火氣를 尅滅하고 財氣를 破하므로 그 福貴가 損傷될 것은 自明한 理致이다.

第十三論 九月建戌候詩訣

九月戊土藏火土니
格中苦有財官印이며
甲乙秋金九月生이요
如臨水火興家計나

庚辛不忌日無根이요
運到南方福祿享이니라
木衰金旺怕庚辛이니
金土纔來禍便行이니라

九月의 戊土는 火土를 감추어 있는 것인 바 庚辛日主는 金旺秋節이요 戊土印星이 司令하는 月令이므로 無根함을 꺼리지 않는다. 格中에 萬一 財官印이 있으면 南方火運에 來到하여서 福祿을 누리게 될 것이다.

甲乙木主가 秋節金旺時인 九月令에 生하여서 木氣는 衰하고 金氣가 旺하면 庚申金을 꺼리는 것인 바 萬一 水火運에 行到하여서는 家計가 興旺할 것이지만 金土運에서는 禍를 만나게 된다.

財官印綬九月臨에　　　　　發旺升騰見卯寅이요
順去北方行子丑이며　　　　逆行嫌破逢申이로다
戌月金生藏火土니　　　　　或行南方或行東이
不分順逆高低格이요　　　　大運辰逢壽必終이니라

甲乙木主가 身弱無力한데 財官印綬가 다 있고 九月戌令에 生하였으면 寅卯를 만나서야 發旺하게 될 것이요 北方亥子丑大運에 또한 發身할 것이나 萬一 運路가 逆行하여 酉金運을 만나면 크게 꺼리며 申金이 來到하여 破木하여도 大忌하는 바이다.

戌月은 金이 生出되고 火土를 藏在하고 있는 바 或 南方으로 大運이 行하고 或 東方으로 行함에 大運의 順逆이나 格의 高低를 莫論하고 大運이 辰令에 到達하여서는 壽命이 마침내 盡할 것이다.

壬日無根戊己多에　　　　　生於九月忌財過며
逆行休用南方午니　　　　　寅若如逢奈者何오
丙丁無主戌中存에　　　　　財透天官作則神이라
此格傷官殺喜旺이며　　　　只愁身旺盡傷官이니라

壬水日主가 根氣가 없고 戊己土官星만 많으며 九月戌令에 生하였으면 財星이 過함을 꺼리는 바이니 大運이 逆行하여 南方運午火에 이르면 財盛하여 크게 害로운 것이다. 이때에 萬一 寅字를 다시 만나서 寅午戌火局이 全하면 반드시 命凶할 것은 明確한 일이다. 寅字 一字만을 만나드라도 命主가 如此하여서는 忌害된다.

丙丁日主가 土氣가 없고 戌月令에 生하였다면 그리고 財星이 있다면 此格이 傷官格인데 殺星이 旺함을 기뻐하고 身旺하고 傷官이 盡傷官됨을 꺼린다.

第十四論 十月建亥候詩訣

水木生居亥月建이면　　財官印綬喜相連이요
用壬運旺西方去에　　　用木須欣寅卯邊이로다
丙日壬殺喜東南이요　　來至東西發顯官이며
水運愁逢金水地니　　　再行對壽難完이로다

水木日主가 亥月에 生居하면 財官印綬가 相生되고 相連됨을 기뻐하고 壬水를 取用하는 境遇엔 西方金運(金生水)이 좋고 木을 取用하는 境遇라면 寅卯鄕을 기꺼워 할 것이다.

丙日이 壬殺이 旺하면 東南運이 歡迎되는 바 東南運에 이르러서는 發貴하고 高官이 된다. 反對로 水運을 꺼리는 바 金水旺地는 두려운 바가 있으니 萬一 大運이 西方金旺鄕으로 再行한다면 壽命을 기리 保存하기는 어려울 것이다.

財官印綬立乾宮이면　　水木相生福祿通이요
陽水喜金嫌火土며　　　運行最怕巳冲刑이라
日主無根干土金이요　　月通亥子水來金이면
只宜印綬扶身旺이니　　何怕提綱損用神이리요

財官印綬가 全部 있고 乾宮亥水月에 生하였으며 水木相生格이면 福祿이 亨通할 것이요 陽水는 金神을 좋아하고 火土를 嫌忌하는 바 大運이 巳字에 이르러 亥子月令을 沖함은 가장 꺼리는 일이다.
火日主가 無根하고 干上에 土金이 있으며 亥子月에 生하여 土金이 따라오면 다만 印綬가 있어서 身主를 扶
助해야 할 것인데 어찌 提綱月令이 用神을 損傷한다고 볼 수 있겠느냐? 그것은 亥子水가 印星인 木을 生出
하는 때문에 無關할 것이다.

第十五論 十一月建子候詩訣

丙丁日主用逢子요　　　支不存申時又辰이면
火主旺鄕成富貴며　　　再行金水禍難禁이니라
子宮有水金鄕旺이요　　見土休囚禍破支나
元有土難逢水貴요　　　午未沖對壽元衰라
庚日逢寅午戌行에　　　日通火局是提綱이니
如行金水番成富요　　　火土重來禍怎當이니라
水歸多旺樂無憂요　　　透用財官富九州며
順逆不分還富貴나　　　提綱刑尅事休休니라

丙丁日主가 子水를 만나고 地支에 申字와 辰字가 다 없으면 火旺鄕에 富貴를 成取할 것이나 다시 金水鄕으
로 行하여서는 禍를 當하게 된다. 子宮에 있는 水氣가 金旺鄕을 만나서 生旺되는 때문이다. 그러나 士를 만
나면 休囚되고 地支가 破沖되니 忌한다. 元命에 土火가 旺盛해 있으면 水를 만나도 貴하게 된다. 그러나 午
字가 돌아와서 子令을 沖對하면 壽命을 保存하기가 어렵다.

庚金日主가 旺하면 子(水氣)가 많아서 強한즉 吉하고 土火가 다 嫌忌될 듯하나 火生土하고 土生金하며 金

458

生水하여 相生相流되므로 반드시 凶하지 않다. 大運이 辰字에 到達하여서는 번번이 貴하게 되며 다시 午運에 이르러서는 土가 元命에 있으므로 禍가 重重하게 된다.

庚日主가 寅午戌을 만나면 日主가 火局으로 通하여 官星이 旺하니 水運의 各旺節로 行하여서 樂이 끊이고 근심이 없게 된다. 萬一 財官이 透出되었다면 富力이 九州에 미칠 것이니 順逆의 行運을 莫論하고 富貴하게 될 것이나 提綱이 刑局되면 事事마다 休滯될 것이다.

第十六論 十二月建丑候詩訣

甲乙生居丑月中에　　無根金火土嫌凶이며
重行金水聲名羅요　　火土相逢破木宗이니라
丙丁日主가 坐臨하였으면　　四柱無根忌水鄕이며
運到火鄕如福助나　　須知頭振名利香이니라

甲乙日主가 丑月令에 生하였고 根氣가 없으면 金火土를 만나는 境遇 凶하므로 꺼리는 것이며 金水鄕으로 重行하여서는 聲名을 얻게 된다. 그러나 火土가 相逢하여서는 木氣를 破傷하는 것이니 凶하다.

丙丁日主가 火支에 坐臨하였으면 丑月水旺節에 生한 것이므로 財殺을 얻은 것인데 四柱가 無根하면 水旺運을 忌害하게 된다. 그러나 萬一 運路가 火鄕에 到來한다면 福助를 얻을 것이니 이름을 떨치고 財利와 官貴가 함께 따라온다.

庚辛丑月中藏印이니　　火土來臨福祿齊요
壬癸天干或透出이면　　如逢戊己言相生이니라

壬癸生居丑月提면
順行辰巳與財祿이며
有金有土格中奇요
造去升騰申有支니라
戊土生居十二月이면
傷官財旺藏時節이니
水淸金白助格中이라
若逢以土多週折이요
巳午提支金合엔
殺旺身强格局高라
金水重來名利厚요
水鄕火地不堅牢이니라

庚辛日이 丑月節令에 生하면 丑中에 印星을 얻을 것인 바 火土가 來臨하면 福祿을 얻을 것이며 壬癸水가 天干에 或 透出하였으면 戊己土를 만나야 相生하고 相連하게 된다. 戊己土가 없으면 水氣만 旺하므로 火氣를 傷하여 調候를 破하니 不利한 戊己土는 日主를 生助해 줄 뿐만 아니라 壬癸水를 抑制해주므로 吉한 것이다.
壬癸水主가 丑月에 生하였으면 金이 있고 土가 있어야 奇異한 格이 되는 것인데 大運이 順行하여 辰巳에 이를 때에 財祿이 興할 것이다. 申運에도 또한 吉하다.
戊土日主가 十二月에 生하였으면 傷官과 財星이 丑月中에 숨어서 旺盛한 것이니 (丑中에 癸辛己가 있음) 水氣는 淸貴하고 金氣가 또한 白奇하여 格局을 助貴하므로 貴한 것인데 丑字와 金局을 이루면 殺旺身强하므로 高貴한 境遇에는 折滯됨이 많을 것이다. 그러나 已午火가 있어 調候하고 로 高貴한 格局이 되는 것이다.

丙日爲根丑局逢이면
財官藏在月在中이라
水鄕在莖金鄕吉이요
土困行南總一空이로다
戊己生居丑月中에
忍逢逢陽刃在天宮이면
金多有水方成貴요
火土須賢比刧同이니라

第十七論　十干體象

甲木天干作首排原無枝葉與根荄欲存天地丁年久直向沙泥千丈埋斷就棟梁金得用化灰炭火成災蠢然塊物無機事一任春秋自往來。

甲木은 天干의 序首인 첫머리인 바 그 根源을 排擊하여서는 枝葉과 뿌리가 盛할수 없다. 天地가 다 俱仔하고 茂盛하려면 丁年에 生하여 진흙과 모래땅에 向行할 것이니 印星이 있고 卯木이 있어야 根氣가 있는 것이다. 丑土는 진흙이요 未土는 모래땅이다. 辰土는 濕土요 戌土는 燥土이다.

萬丈의 木材라도 깎고 다듬어야 材木이 되는 것인 바 金을 얻어야 造花가 된다. 火多하여 炭灰와 같이 되면 炎燄만 이룰뿐이다. 蠢然(벌레가 꿈틀거리는 모양)이 움직여도 외로운 物件은 기틀이 없어서 不吉하니 春秋에 往來하면서 金木이 造化되어야 吉命이다.

乙木根荄種得深只宜陽地不宜陰漂浮最怕多逢水斷刻何當若川金南去火炎災不淺西行土重禍尤侵棟梁不是連根木辨別功夫好用心。

乙木은 그 뿌리를 뻗고 깊이가 있는 바 陽地가 마땅하고 陰地는 不宜하다. 水多하여 漂浮됨을 가장 꺼리고 각이고 折傷됨이 또한 不吉하다.

461

南方運으로 行하여 火勢가 炎炎한데 西方運이나 土氣가 重重한 것 또한 禍의 根本이 된다. 따라서 棟梁의 大木이 아니니 根氣가 있고 없음을 잘 分辯하여야 한다.

丙火明明一太陽原從正大立綱常洪光不獨窺千里巨陂尤能遍八荒。出世肯爲浮木子傳生不作濕泥埏江湖陽水安能尅惟怕成林木作殃。

丙火는 밝고 明光한 性象을 表하고 太陽을 象表하는 것인 바 原來 正大함을 쫓고 綱常을 세우는 氣象이 있다. 널리 밝히고 洪大하므로 외롭지 않으며 千里나 엿보므로 또 巨陂(크고 높음)하여 八荒(八方의 끝 먼곳)을 다 通하여 있다.

柱命이 過濕함을 꺼리는 바 江湖 壬水는 꺼리고 주발물과 이슬비인 癸水는 꺼릴 것 없다. 그러나 調候關係를 살펴서 喜忌를 分別할 것이니 成林을 이루어 太陽의 빛을 가리면 災殃이 있을 것인 바 凶하다.

丁火其形一燭燈太陽相見奪光明得時能鑄金鐵失令難鎔一寸金雖少乾柴猶可引。縱多濕木不能生其間衰旺須分別旺比一爐衰一繫。

丁火는 그 形象이 하나의 燈燭과 화로불에 不過할 것이니 太陽인 丙火와 함께 있게 되면 光明을 빼앗기게 된다. 月時에 炎旺을 만나면 千鐵과 强金을 能히 다루고 鑄物할 수 있지만 月令을 얻지 못하고 秋冬節生이 된다면 一寸金도 鎔解하지 못한다.

비록 작은 마른 섶(작은 나무 땔나무) 이라도 일단 불이 붙으면 수풀을 태울 수도 있지만, 그러나 濕木이라면 불을 生해 줄 수 없으며 丁火를 살려 줄 수 없는 것이요 도리어 衰死하게 만들고야 말 것이다. 모름지기 旺衰를 分別할 것인 바 火爐불은 一旺할 것이요 燈불은 一衰할 것이다.

戊土城牆是岸同振江河海要重柱中帶合形還壯日丁乘虛勢必崩力薄不勝金漏洩。功成安用木疏通平生最要中南健身旺東南健失

戊土는 城郭이요 牆垣(담 뚝 울 벽 等)이니 江湖와 河海를 能히 堤防한다. 根氣가 重함이 좋고 柱中에 帶合함이 좋다. 日主와 丁火가 虛弱하면 반드시 崩壞될 것이니 日主의 氣力이 薄弱하다면 金氣가 洩土함이 不可하며 木이 疏通해 주는 것도 危險하다. 平生에 南方運에 身旺함을 要한다. 그러나 身旺하고 柱內에 火氣가 旺한데 東南運은 不可하다.

中

己土田園屬四維坤深千物爲之基水金旺處身邊弱又土功成局最奇失令豈能埋劍戟 得時方可用鎡基漫誇印旺衆多合不遇刑冲總不宜。

己土는 田園에 該當하고 四維의 坤地에 屬하니 坤地는 萬物이 生成하는데 根基가 된다. 水金이 旺하면 身主가 도리어 弱하다. 꾾土旺節을 얻으면 功成하고 格局이 奇異한 바가 있으나 失令하면 어찌 劍戟金氣를 埋成하겠는가? 時令을 얻어야 만 갈고 뿌리는 것인데 印星이 太旺하고 柱內에 合이 過多하면 刑冲되지 않아서는 좋을 것이 없다. 己巳日이 卯木이 旺한다면 金으로 卯木을 制去해야 하는데 失令함은 忌하고 生旺됨은 좋으며 刑冲됨을 또한 歡迎한다.

庚金頭鈍性偏剛火制功成怕火郷夏產東南過煅煉秋生西北亦光芒水深反是他相尅木旺能令我自傷戊己干支重遇土不逢冲破即埋藏。

庚金은 그 頭劣이 鈍하고 性品이 剛銳하니 火로써 制鍛하여야 功成하는 것이다. 그러나 火治가 지나치면 不

463

可한 것이므로 火鄕을 꺼리고 夏節에 生함을 꺼린다. 東南方火旺節에 지나치게 鍛練되면 當主가 虛弱하여지는 때문이며 秋節에 生하고 西北으로 行往하여 水氣만 旺하면 火氣가 死滅되므로 不吉하다.

그러나 水深하고 氣冷候寒하면 도리어 破傷이며 木氣가 旺하여도 相剋되므로 我金이 傷하는 것인 바 生助됨이 吉하다. 戊己土의 干支가 太多하여 冲破됨이 없는 境遇에도 土가 過多하므로 金主를 埋藏해 버리는 것이니 또한 不吉하다.

辛金珠玉性虛靈最愛陽和沙水淸成就不勞炎火煆貧扶偏愛濕泥生。水多火旺宜西北水冷金寒要內丁坐落通根身旺地。何愁厚土沒其形。

辛金은 珠玉이요 虛靈한 性品을 內包하고 있는 바 陽和됨을 가장 사랑한다. 陽火水가 淸淨하면 功名을 成就할 것이며 炎火의 鍛練이 甚하면 資助되고 生扶되어야 할 것인 바 濕泥丑土己土를 얻고 生水하여 炎火를 制壓함을 가장 좋아한다.

火勢가 旺하면 大運이 北으로 行入하여야 하며 水冷하고 金寒하면 丙丁火가 있음을 要望하고 火勢가 調候해줄 것을 切望하게 된다. 身旺하고 通根하였으면 土氣가 厚多하여 埋沒될 걱정은 없는 것이지만 金主가 弱하고 土氣만 太多할 境遇엔 亦是 그 形狀이 埋沒되므로 忌하는 것이다.

壬水汪洋供百川。漫流天下總無邊干支多聚成漂蕩火土重逢水木源。養性結胎須未午。長生歸祿屬乾坤身强原自無財祿。西北行程尼少年。

壬水는 汪洋한 水勢를 가진 百川의 漫流(넓고 질펀한 江水)이니 天干地支에 壬水와 水氣가 많이 모였으면

漂蕩한때문에 凶하다. 그러나 潤下格을 이루었을 때에는 別格에 屬한다. 火土를 重逢하고 水木이 源養되면 吉命이요 未午에 胎元되고 祿馬同鄉이면 좋다. 原命에 財星이나 官星이 없고 오직 水氣로만 旺強하면 潤下格이니 西北方으로 大運이 行往된다면 少年時節부터 聲名을 얻을 것이다.

癸水應非雨露豈根通亥子即江河柱無坤坎還身弱局有財官不尙多申子辰全成土格。寅午戌備要中和假饒火土生深夏西北行程豈太過。

癸水는 비와 이슬에 比하는 軟弱한 水性이지만 그러나 雨露로만 볼 것은 아니니 萬一 亥子丑에 通根되었다면 江河로도 보지 않을 수 없는 것이다. 反對로 柱中에 水局이나 金地가 없다면 도리어 身弱한 것이니 局中에 財官印이 많지 말 것이요 申子辰이 있으며 寅午戌火局이 있어 中和될 것을 要望하는 바 假令火土旺節에 生하였다면 西北으로 大運이 行한다 하여도 水氣가 太過하다고 볼 것은 못된다.

第十八論 干支一體象

子月支干水占魁名潤溪汪洋不盡清天道陽回行土旺人間水暖寄金生若遇午破應無定。縱遇卯刑還有情柱內申辰來合局則成江海發濤聲。

子月支干이 水占魁名 潤溪(골짜기 물)가 마침내 旺洋함을 이루는 氣象이며 또 子에서는 一陽이 始生하여 陽氣의 天道가 行하는 萬物 初年의 時期에 該當하고 土旺鄕에 돌아간다. 그러나 卯刑을 만나면 도리어 有情하게 된다. 柱內에 申辰이 있어 水局三合이 되면 江海를 이룬 것인 바 波濤의 風波聲이 있을 것이다.

土旺人이라면 水煖하여야 貴하고 午字를 만나면 冲破되므로 凶하다.

丑隆多逢丑怯氷霜誰識天時轉二陽暖土誠能生萬物寒金難道只深藏刑沖戌未非無用。類聚鷄蛇信有方。若在日時多水木直須行人巽離鄕。

丑月은 十二月節이니 萬物이 얼어 붙어서 氷雪로 보는 것이지만 그러나 二陽의 天時에 該當함을 아는 사람은 드물다。 子點에서 一陽이 始生하므로 丑地는 自然이 二陽의 位가 되는데 이에 따라서 土氣는 暖氣를 띠우고 땅속에서부터 萬物을 生長시킬 準備를 하고 있는 것이다。

寒金은 이때에 生道가 못되니 깊이 감추어져 있을 것이요 戌未가 刑沖하여 辛金을 끌어내나 取用할 것은 못된다。 그러나 前述한 바와 같이 格局을 따라 刑沖되지 않으면 四柱의 格勢가 있으니 留意하기 바란다。

酉字나 巳字를 만나서 金局을 지었을 때에도 喜忌를 分別해야 할 것인데 萬一 日時에 水木이 多氣하였으면 모름지기 東方으로 大運이 行하여야 調候되고 秀氣가 生造되어서 吉命이 된다。

寅艮宮之木建於春氣聚三陽火在寅志合蛇猴三貴客類同卯未一家人。超凡入聖性逢午破祿傷提獨慮申。四柱火多嫌火地從來燥木不南奔。

寅月은 艮宮에 該當하는 바 春氣가 바야흐로 建存하는 時期이고 第三陽의 陽火가 生聚되는 佳節이다。巳申午字를 만나서 火局을 지으면 大吉하고 申字를 만나서 沖破가 되면 第一 凶하다。 그러나 四柱에 火가 많으면 火地가 不當하고 燥木을 만나는 일 또한 忌諱한다。

이 있으면 三刑의 三貴客이요 卯未는 一氣木類이다。

卯卯木繁華稟氣深仲春難道不嫌金庚辛疊見愁申酉亥子重來忌癸壬禍六冲應落燕喜逢三合便成林若歸時日秋。

卯月은 木氣가 繁盛하고 榮華하는 時期이니 陽氣 또한 이미 깊었고 仲春에 該當한다. 木强하므로 金氣를 두려워하지는 않으나 庚辛金이 重疊되면 申酉金을 만날까 근심된다. 또 亥子가 重來하면 壬癸를 꺼린다. 三合되는 것은 좋으나 冲刑됨은 不可하니 亥卯未木局이 三合되면 森林을 이룬 格이므로 秋節의 金旺鄕으로 行하여야 造化를 얻게 된다.

辰辰當三月水泥溫長養堪培萬木根雖是申衰乙餘氣縱然壬墓癸還魂直須一鎬能開庫若遇三冲即破門水木重逢西北運只愁厚土不能存。

辰字는 三月에 該當하는데 물기도 넉넉하고 溫暖하여 萬物이 長養되기에 適合한 時期인 바 萬木은 뿌리가 튼튼해지고 乙木의 餘氣가 있으니 木火土旺의 節이요 癸水 또한 有氣한 때이다. 壬水가 비록 辰土에 墓庫된다고는 하지만 癸水가 도리어 還魂된 것이니 冲刑을 만나서 開庫되는 날에는 木이 함께 旺盛하게 된다. 따라서 西北運을 거듭 만나면 비록 厚土라고 하지만 그 本體를 殘存시키기 어렵다.

巳巳當初夏火增光造化流行正六陽失令庚金賴母得時戊土祿隨娘三形傳送翻無害一狀登明便有傷行到東南生發地饒天烈火豈尋常。

巳節은 初夏四月에 該當하니 火光은 더욱 加勝되어 造化生成이 바야흐로 流行되고 있는 時期이다. 正히 六陽이므로 庚金이 巳中에 있어서 母星인 土를 依持하여 生出되고 있는데 戊土가 當年에 生하면 祿地가 되고

三刑을 만나나 뒤집혀서 害되지 않는다.

火旺하여 傷害됨이 있으면 東南의 火旺地로 行運할 境遇 燒天하고 熱火한 것이니 尋常하겠느냐? 마땅히 禍厄이 있을 것이다.

午午月炎炎火正升六陽氣續一明生庚金失位身無丙己土歸垣祿有成申子齊來能戰尅。戌寅同見越光明東南正見身強地西北休遊己喪刑。

午月은 五月令으로 炎氣가 甚하고 火氣가 升正하며 六陽의 氣運이 進續되고 있는 때이다. 이때엔 庚金은 失令한 것이요 身主는 丙이 없으며 己土는 旺하여 祿을 이룬다. 地支에 申子가 있으면 午火와 戰尅하게 되는데 寅戌이 있으면 火局이 되므로 火勢는 尤強하다. 東南으로 行함에 火氣가 더욱 旺해지고 西北으로 行하여서는 火氣가 喪破되는 것이다.

未未月陰深火漸衰藏官藏印不藏財近無亥卯形難變遠帶刑冲庫亦開無火怕行金水去。多寒偏愛丙丁來用神喜忌當分曉。莫犯圭章作石猪。

未土는 七月節에 該當하는 바 陰은 深生하고 陽火는 漸次 衰敗해 간다. 官星을 감추어 있고 印星을 藏在하고 있는 것이나 財星은 藏在해 있지 않다. 亥卯가 있어 合局이 되지 않으면 形을 分辨하기 어려우나 刑冲을 帶同하였으면 庫藏이 열리는 것이다. 火가 없으면 金水鄕으로 行運함을 꺼리고 寒冷한 氣運이 많으면 丙丁火를 偏愛한다. 用神의 喜忌하는 바를 四柱의 格勢에 따라 分明히 決定한 後에 擇別할 것이니 一例로써 輕率하게 論斷하지 말아야 한다.

468

申金剛健月支逢水土長生在此宮巳午廬中成劍戟子辰局裡得光鋒木多無火絕能勝 土重埋金却有凶欲識斯神何戰以濕丞珠玉不相同。

申金七月은 金氣가 剛健한 月節인데 壬水와 戊土가 아울러 長生하고 있다. 巳午의 火盛한 中에 劍戟의 武器와 大用이 이루어질 것인 바 子辰水局이 있으면 光輝의 銳鋒을 얻을 것이다. 木만 많고 火가 없으면 勝尅하게만 되니 奇異할 수 없고 土氣가 過厚하면 金氣가 埋設되어 凶命이 된다. 金神을 分識하고자 하면 먼저 異柔한 珠玉과 相同하지 않은 理致를 깨우쳐야 한다.

酉八月從魁巳得名美他金白水流清火多東去愁寅卯木旺南行怕丙丁柱見水泥應有用. 運臨西北豈無情假能三合竪銳不比頑金未煉成。

酉金八月은 辛金이 司令하여 辛金의 旺地이니 從魁星이 되는 바 巳字를 얻으면 吉하다. 水氣가 있어 金白水流가 되면 淸貴한 格局이요 火氣가 많은데 東方으로 行하면 不利하고 木氣가 旺盛한 南方으로 大運이 行할 때엔 火氣가 生旺되므로 不利하다.

柱中에 水氣를 取用하고 丑土를 取用하는 境遇라면 大運이 西北으로 行하여서 有氣하게 될 것이니 어찌 無情하다 하겠는가? 假令 酉金과 三合하여 金局을 이루었다면 또 어찌 頑金이 煉煆되지 못한 것으로만 看做하겠느냐?

戌九月河魁性最剛謾云於此物取藏洪爐巨火能成就鈍鐵頑金賴主張海窟衝龍生雨露。山頭含虎動文章天羅雖是迷魂陳火命逢之獨有傷。

戊九月은 戊土가 司令하는데 戊은 또 河魁星이라 일컫는 바 그 性品이 最剛한 때이다. 此戊土는 洪爐巨火인 丁火를 감추어 가지고 있어서 頑鐵을 銳利한 金屬으로 煆煉할 수 있는 것이다. 海窟속에 숨어 있는 龍이 雨露를 生하고 山頭에 있는 호랑이가 動하는 氣勢가 있는데 그 文章이 뛰어난다. 또 戊은 天羅이니 迷碍됨이 있는 바 火命이 만나서는 傷害됨이 있을 것이다.

亥登明之位水源深雨雪生寒値六陰必待勝光方用土不逢傳送浪多金五湖歸聚原成象。三合羈留正有心欲識乾坤和緩處即從艮震離尋。

亥水는 壬水가 司令하는 季節인 바 天門이 열리는 登明의 位도 되고 水源이 또한 깊기도 하다. 雨雪이 生하고 寒冷한 氣候가 造成되는 때이며 六陰이 致盛하여 陽光을 勝壓하는 節時이다. 바야흐로 土星을 만나서 水勢를 除御하지 않으면 안되고 金氣가 많아도 水旺해 진다. 이때에 三合되고 羈留되는 것은 吉하며 寅卯辰巳午等의 東南方으로 行하여 火勢로써 調候함을 第一 좋아한다.

470

第五編 詩訣篇(第三卷)

第一章 格局詩訣

第一論 正官詩訣

正官須在月中求이요 無破無傷貴不休니
玉勒金鞍眞富貴며 兩行旌節上皇州로다
正氣官星印上推니 無冲無破始爲奇라
中年歲運來相助면 將相公候總可爲니라
正官仁德性情純이요 詞官文章可立身이며
官印相生逢歲運이면 玉堂金馬坐朝臣이니라
正官大低要身强이니 氣弱須求運旺方이요
歲運更逢生旺地에 無冲無破是榮昌이로다
月官爲主透官星이요 須要提綱見丙丁이며
金水相生成下格이나 火來狗聚旺財名이니라
辛日透丙月逢寅이요 格中返化發財根이며
官星不許重相見이며 運到冲刑怕酉申이로다
八月官星得正名이요 格中大破卯和丁이니

若還柱內去其忌라   運亦如之貴臨이니라.

正官은 모름지기 月令에서 求할 것이니 破하지 않고 損傷되지 않으면 貴氣가 休滯되지 않은 것이다. 따라서 玉勒金鞍 玉勒이란 (玉으로 말의 굴레를 修飾하였음을 말이며 金鞍이란 金으로 만든 안장을 일컫는 말이니 富貴하고 高官이 됨을 탄는 眞高貴人이요 身旺하고 官星이 有氣하면 皇帝를 補弼할 上命이다. 要컨대 官貴는 月令의 月支에 있어야 할 것인 바 例컨대 甲日干이면 酉月에 生하여야 酉中에 있는 辛金이 官星이 되는 바 萬一 官星만 있고 印星이 없으면 掌印의 官爵을 맡을 수는 없는 것이다. 그러므로 正氣官星이 있으면 마땅히 印星이 있어야 할 것인 바 萬一 官星만 있고 印星이 없으면 淸閑한 職位를 지키는데 不過한 사람이다. 官星과 印星이 있고 冲破와 傷剋이 없으면 이것은 奇異한 命造者이니 中年에 大運과 歲運이 도와 줄 때에 將相이 되고 公候位에 나아갈 것이 틀림없다. 正官格에 正合한 命造者는 仁德이 있고 性情이 純正한 것이니 詞舘(成均舘같은 것)에서 文章으로 立身할 수 있는 것이다. 官星과 印星이 相生되고 歲運과 大運만을 만나면 玉堂과 金馬에 高官이 되고 大爵이 되며 朝廷의 大臣이 된 것이다.

正官格은 要컨대 身强할 것이니 萬一 氣弱하면 모름지기 大運이 身旺鄕으로 行入하여야 發身한다. 歲運과 大運에서 다시 生旺地를 만난다면 그리고 冲傷됨이 없고 破害됨이 없는 正官格이라면 榮昌할 命造임에 틀림없다.

月官을 爲主로 하는데 다시 官星이 透出하여야 吉하며 모름지기 提綱에 丙丁을 볼것이니 例컨대 己土가 甲으로써 官星을 삼는 바 火星을 좋아하는 것은 火生土하므로 貴하고 辛金은 寅中의 丙火로써 官星을 삼는 바

丙火가 弱하지만 寅이 木이므로 財가 도리어 旺하고 따라서 木生火하여 官星 또한 生旺되는 例가 그것이다.

金水가 相生格이 되면 水旺해져 金日主의 官星인 火를 尅滅하는 때문에 下格이 되는 것이고 水日主가 火氣가 太過하면 財星이 旺하게 되는 것이니 格을 따라 分別해야 한다.

辛金日主가 丙火가 透出되고 寅月을 만나면 正官格인데 그러나 格中에 木氣가 旺하므로 財가 旺盛하고 官星을 相生하게 된다. 官星은 또 거듭 만나서 官星이 많으면 不吉하며 冲刑하는 大運이 不吉하고 酉申冲破位를 꺼린다.

甲日의 八月官星은 正名을 얻을 것이요 卯字가 와서 大破하면 大凶하고 柱內에 있다면 除去해야 하는 바

丁字는 官星을 傷害하는 傷官이니 또한 大忌한다. 大運의 境遇에도 또한 貴하게 되는 것이다.

第二論 偏官詩訣

偏官如虎怕冲多요
身弱虎强成禍患이며
偏官有制化爲權이요
歲運若行身旺地에
偏官不可例言凶이나
干上食神支又合이면
陰鬼多逢己又傷이라
雖然名利升高顯이나
六丙生人亥子多엔
東方行去奧名利요

運旺身强豈奈向오
身强制伏貴中和니
涯手登雲發少年이로다
功名大用福雙全이요
有制還化衣祿豊이라
兒孫滿眼福無窮이니라
殺星須用本來降에
爭奈兒孫壽不長이며
殺星拘印反高中和니
運到南方事轉磨니라

春木無金不是奇나
金多猶恐返還危며
格中取得申和氣라야
福壽康寧百事宜니라
偏印偏財最難明이니
上下相生有利名이며
四庫坐財宜向貴요
等閒平步出公鄉이로다
戊巳若逢見官殺이면
局中金水更加臨이면
當生有火宜逢火요
火退愁金怕木侵이니라

偏官은 호랑이에 比喩되는 바 冲破가 많음을 꺼리고 大運이 日主를 生助해 주고 身主가 強健하면 어찌 害롭다고 하겠느냐? 그러나 身弱한데 虎強하면 禍患이 따를 것이며 身強하고 虎殺을 制伏하였으면 貴命이며 中和됨은 더욱 좋다.

偏官이 制伏됨이 있으면 貴權으로 化하고 少年에 立身揚名한다. 歲運이 萬一 身旺地로 行한다면 功名을 크게 이루고 福富 또한 雙全한다. 偏官이 비록 그 凶함을 다 말할 수는 없으나 制伏함이 있을 때엔 도리어 衣食과 貴祿이 豊富하게 된다.

干上에 食神이 있고 地支에 合함이 있으면 兒孫이 滿堂하고 福이 無窮하며 陰鬼七殺은 食神을 多逢하면 子孫이 傷害된다. 殺星은 本來 制降되어야 할 것이니 制降되면 名利가 高顯하지만 爭尅된다면 兒孫의 壽命이 長留할 수 없다.

六丙生人이 亥字가 많으면 殺星이 印星을 이끌어 中和를 이룬 것인 바(亥中에 甲木이 있으므로 生火하게 된다) 東方으로 行運하여서 名利가 興할 것이요 西方으로 大運이 行해서는 一落千丈을 免하지 못할 것이다.

春木에 金이 없으면 奇異한 命이 되지 못하나 金이 많음을 도리어 두려워하는 바 木主가 金多하면 伐尅되므로 危厄이 많게 된다. 格中에 中和氣를 取得하여야 福壽를 兼全하고 康泰하며 百事가 다 吉宜하게 된다.

偏印과 偏財가 分別하기 가장 어려우니 上下가 相生되어야 利와 名이 있는 것이요 四庫地에 財가 臨坐하면 마땅히 貴命일 것인데 官殺을 戰剋되지 않고 相對하여 等閒한 關係에 있으면 곧 平步로 公卿의 位에 나아갈 것이다.

戊已土가 만일 官殺을 만나면 局中에 金水가 加臨되면 마땅히 柱內에 火가 있어야 하고 마땅히 大運에 火를 만나야 하는 바 火勢가 衰하고 金氣가 旺함을 꺼리고 또한 木氣가 侵害함을 꺼린다.

第三論　印綬詩訣

月逢印綬喜官星이요　運入官鄕福必淸이며
死絶運臨身不利요　後行財運百無成이라
印綬無虧亨福用이요　爲官承蔭有田園이라
家聲宣勅盈財穀이요　日用盤纏費萬錢이로다
印綬無虧靠祖宗이요　光輝宅産改門風이며
流年運氣逢官旺이면　富貴雙全步月宮이라
月生日主喜官星이요　運入官鄕祿必淸이며
容貌堂堂多産業이요　官居鄽廟作公卿이로다
重重生氣若無官이면　當作淸高枝藝看이요
官殺不來無爵祿이니　總爲枝藝也孤寒이라
重重印綬格淸也면　更更支干仔細推하라
支干減池干帶合이면　風流浪蕩破家兒요
印綬干支喜自然이니　功名豪富祿高遷이로다
若逢財運來傷印이면　退職休官兇禍惹이요
印綬重重亨成見에　食神只恐暗相刑이니

早年若不歸泉世면　　孤苦離鄕宿疾榮이니라

月支에 印綬가 있으면 官星을 歡迎하는 것인 바 運路가 官鄕으로 行入한다면 그 福이 반드시 淸貴할 것이요 死絶運이 來臨하여서는 不利하다. 또 財運이 來臨하여도 百事에 하나를 成取할 수가 없다.

印綬가 虧損됨이 없으면 亨通하고 福이 많을 것이니 官界에 進出하여 權貴가 揚揚할뿐만 아니라 田園財力도 또한 重厚하니 家門을 일으켜 빛낼 사람이요 官穀이 豊富하여 抱負를 펴며 活人하는 德이 또한 있다. 따라서 印綬가 虧損됨이 없이 有氣하다면 이는 곧 富貴雙全하여 平步로 出世하고 安亨한 理想生活의 命造를 所有한 사람이라 아니할 수 없는 것이다.

月令이 日主를 生助하면 官星을 기뻐하는 바 萬一 大運이 官鄕에 到達한다면 官祿이 淸貴한 命運이며 容貌 또한 當當하고 産業 또한 富興시킬 사람이요 官職에 있어서도 三品 二品만이 아니고 公卿이 되고 首相이 될 것인 바 萬人이 欽迎할 人格을 兼備한다.

生氣扶助者가 重重하나 官星이 없음은 歡迎하지 않는 것이니 淸高한 사람이 되고 技藝가 있는 사람이나 官殺이 없으므로 爵祿이 없을 것인 바 一言하여 技藝가 있을 뿐이요 孤寒한 命造者가 된다.

그러나 印綬가 重重함은 大抵 格이 淸奇한 命造이니 干支의 形勢를 仔細히 살피라. 地支에 土咸地(桃花殺)가 되고 天干이 合하게 되면 風流만 좋아하고 放蕩하게 되며 家産을 破滅할 兒子이다. 印綬가 干支에 있으면 自然히 기쁘고 功名이 크고 豪富기 될 것이요 官祿 또한 高遷할 것이다. 그러나 財運이 돌아와서 印星을 來傷하면 退職되고 官職을 休免하게 될 것인데 禍厄이나 大過는 없을 것이다.

印綬가 重重한즉 亨通하고 功取하는 것이 原則이지만 **食神**을 보고 刑破가 暗來함은 恐懼하게 되는 바 早年

애 일찍 죽지 않으면 平生에 孤苦하고 宿疾로 苦生하게 되며 恒常 故鄕을 떠나서 외로운 生活을 免치 못한다。

丙丁卯月多官殺에
濕木不生無焰火엔
壬癸逢身嫌火破요
北方水運皆爲吉이나
木逢壬癸水漂流요
歲運若逢財旺運이면
貪財壞印莫言福이요
運若去財還作福하라
印綬如經死絶鄕이면
逢之定主多凶禍요
印綬不宜身太旺이나
除非原命多官殺이니
印綬千頭重見比엔
莫言此格無奇妙하라
印綬官星旺氣絶하면
如行死絶幷財地에

四柱無根怕水鄕이요
身榮除世在南方이라
格中有土貴方知며
如遇寅冲總不宜니라
日主無根罔度秋며
返凶爲吉遇王候로다
須要參祥妙理通이니라
再行財運壽之絶이니라
怕財仍舊怕空亡이니
落水火神自縊傷이며
縱然無事也平常이요
欲有聲名作棟梁이라
如行運助必傷身이나
印入財鄕福祿眞이로다
偏官多運轉精神이요
無救番爲泉下人이니라

丙丁日主가 卯月印星節令에 出生하였는데 官星과 七殺은 많으나 四柱에 根氣가 없으면 水鄕을 꺼린다。
木이 焰火를 生할 수 없는 것인 바 水鄕을 만난다면 더욱 濕化될 것이므로 不利하니 當主가 榮華하고 富貴하려면 모름지기 大運이 南方으로 行往하여서 火主를 生扶해 주어야 한다。濕

壬癸水日主가 印綬月에 生하여 有氣하고 比肩水를 만났다면 火를 만나 沖破됨을 꺼린다. 그러나 格中에 土氣가 있다면 貴命이며 北方水運은 다 吉한 것이나 萬一 寅木을 만나 申金을 沖破하면 印星이 壞滅되는 것이므로 不當하다.

木日主가 壬癸水印綬를 많이 만난다면 漂流될 것이니 마땅하지 못한바 日主가 無根하고 金旺秋節로 大運이 行入함은 凶하다고 아니할 수 없다. 그러나 水氣가 많은데 財運인 土旺運으로 行한다면 凶함이 變하여 吉한 것이 되고 마침내는 王候를 만나서 高貴한 命으로 發展하게 될 것이다.

財星을 貪取하므로 印星을 壞損시킴을 반드시 凶하다고만 斷言하지 말 것이요 모름지기 仔細히 살펴서 理를 通觀하지 않으면 안된다. 大運이 萬一 財星을 물리치는 때에 도리어 福祿을 成取할 것이니 參究하지 않으면 안될 것이나 그러나 大運이 財鄕으로 行한다면 壽命이 存續하기 어려울 것이다.

印綬格이 萬一 死絶鄕으로 大運이 行함에 있어 財鄕에 오래 머물러서는 크게 不可하고 空亡됨을 또한 꺼린다. 如此한 大運을 만나는 境遇엔 當主가 決定코 禍凶함이 있을 것인 바 火傷에 떨어져서 傷命하거나 물에 빠져서 失命하거나 목을 매어 스스로 絶命할 運命에 到達한다.

印綬는 身主가 太旺함을 꺼리는 바이나 마침내 別故없이 平生을 無事하게 지낼 사람이요 原命에 官殺이 많으나 除去함이 있으면 오히려 聲名을 얻고 國家의 棟樑이 된다.

印綬가 干頭에 透出하고 比刦이 많으면 大運이 日主를 生助함에 도리어 반드시 傷身될 것이나 그러나 此格을 奇妙하지 않다고 말해서는 안된다. 大運이 財鄕에 이르러서는 實로 一福祿이 眞發함을 막을 수 없게 될 것이다.

또 印綬와 官運이 아울러 그 時氣가 死絶되었고 偏官이 많으면 大運이 印星鄕으로 行할 때는 精神이 廻生

되나 死絕地로 大運이 行하거나 財地로 行運할 때에는 黃泉客이 되고 死亡함이 틀림 없다.

第四論 正財詩訣

正財無破乃生官이요　身旺生財祿位官이나
身弱財多徒費力이며　輕財分奪禍多端이니라
正財得位土當權이요　日主高強得萬千이며
印綬莫來相濟助에　金珠滿匣祿高遷이로다
正財還與月官日에　最怕支干遇破冲이며
歲運若臨財旺處에　須敎得貴勝陶公이요
身弱多財力不任이니　生官化鬼返來侵이며
財多身強方爲貴니　若是身衰禍更臨이니라

正財가 破齽됨이 없으면 곧 生官하게 되는 것이니 身旺하고 生財되면 貴權과 祿位가 따르게 된다. 그러나 身弱하고 財多하면 한갖 努力만 消費할 따름인 것이며 財星은 輕한데 比刦만 많아서 分奪하면 禍厄만 多端할 따름이다.

正財가 正位를 얻으면 權貴가 當當하며 日主가 高強하면 萬千을 얻을 수 있는 바 印綬가 來助함은 身旺生財한 命格에는 不當하다. 印綬의 來助함이 없다면 金과 珠玉寶唄가 箱匣으로 가득 차서 있는 富者가 되고 祿貴가 또한 高遷할 것이다.

正財가 月令에 있고 日支에 官星과 함께 있다면 干支가 破冲됨을 가장 꺼리며 歲運이 萬一 財旺鄕으로 흐른다면 모름지기 貴하게 되고 陶朱公과 같은 富財가 될것이다.

身을 侵擊하니 禍厄이 恒常 따르게 된다. 그러나 財多하고 身强하면 바야흐로 貴한 것이다. 身弱財多는 모름지기 禍가 거듭 있을 뿐이다.

第五論 偏財詩訣

偏財身旺是英豪니
結實有情宜慷慨로다
月偏財是衆人財니
最忌干支兄弟方이요
若强財旺皆爲福이며
若逢官來足妙哉라
凡見偏財遇刦星이면
田園破盡苦還貧이며
傷妻損妾多還辱이니
食不相貧困在陳이니라
若是偏財帶正官이요
刦星須露福相干이니
不宜刦運重來供이며
此處方知禍百端이로다
偏財身旺要官星이요
運入官鄕發利名이며
兄弟名來分奪去엔
功名不遂禍隨身이니라

偏財格이 身旺하면 이는 必然코 英雄의 命造이니 羊刃이 柱內에 있어서 侵攻함이 없다면 福祿이 높고 厚할 사람이다. 如此한 命造者는 반드시 結實이 있고 有情할 것이며 慷慨心과 義憤이 强할 것이다.

그러나 萬一 身弱한 命造者가 偏財만 旺盛하다면 亦是 한갓 努力만 消費하는 虛徒의 人物이다. 月令의 偏財는 이것이 衆人의 財物이니 가장 꺼리는 것은 柱內에 比刦이 있어서 爭奪하는 일이며 또 比刦이 節弱이 同

480

一하다.

身强하고 財旺하면 이런 사람은 다 福命에 틀림없고 官星을 柱內에 帶同하면 特히 妙함이 있다. 무릇 偏財가 있는데 다시 劫財를 만난다는 것은 大忌하는 바 田園을 破하고 家産을 損滅할 것이며 傷妻하고 損妾할 것이요 辱된 일이 있을 것이니 食神이 相助하지 않으면 그 困厄이 오래 머물러 벗어나기가 힘 들다.

萬一 偏財가 正官을 帶同하고 있는데 다시 劫財가 透露하였다면 福이 서로 相戰하는 것이니 大運路에 劫運 이 거듭 重來함을 꺼린다. 如斯한 境遇엔 禍患이 百端으로 生한다고 斷定하지 않으면 안된다.

偏財가 있고 身旺하면 官星을 要望하는 바 大運이 官鄕運으로 行入할 때 利名을 發揚할 것이다. 그러나 兄 弟比劫星이 있어서 分奪함이 있는 柱命이라면 功名을 成取할 수 없을 뿐만 아니라 禍厄이 서로 따라다니게 된다.

第六論　食神詩訣

食神有氣勝財官이나　先要他强旺本干이요
若是反傷來奪食이면　忙忙辛苦禍千般이니라
食神無損格崇高요　甲丙庚壬貴氣牢이니
丁己乙丁多福祿이며　門申弧矢出英豪로다
甲人見丙木盜氣요　丙去食戊號食神이니
心廣體胖衣祿厚며　若臨偏印主孤貧이요
壽元合起最爲奇라　七殺何憂在歲時에

禁凶制殺干頭旺에
食神居先殺居後면
食神近殺却爲殃이며
絕日塵寰謾奔走니
惟在秋冬福祿齊며
甲丙卯寅日食神奇요
遇而不遇主何疑리요

食神이 有氣하면 財官格을 勝凌하는 것이나 먼저 身旺하지 않으면 안되는 바 萬一 他神이 旺强하여서 食神을 却破하는 境遇엔 오히려 辛苦만 많고 空然히 奔快할 뿐만 아니라 禍患이 百千가지로 생기게 된다.

食神이 損傷됨이 없다면 格이 崇高한 것이니 甲丙과 庚壬이 그것인 바 貴함이 크고 丁己와 乙丁이 그것이니 福祿이 많으며 門戶에 申字가 있으면 武般의 大英豪이다. 甲木이 丙火를 보면 盜氣이며 丙火는 戊土를 면 食神이라 이름하니 心性은 廣濶하고 體力은 肥大하며 衣祿이 豊厚하다. 그러나 萬一 偏印이 있어서 食神을 却破한다면 孤貧한 命造가 아닐 수 없다.

食神은 먼저 앞에 있고 殺星은 뒤인 日時柱에 있어야 하는 바 如此하면 衣食이 豊厚해지고 富貴가 厚成할 것이다.

反對로 七殺이 가까이 接近해 있으면 문득 災殃을 招來하는 原因이 되니 終日토록 奔走하게 달릴뿐이요 勞苦가 따를 뿐이다.

申時에 戊日의 食神格이라면 奇妙한 命局이니 秋多節에 行하여 福祿을 갖추고 妙貴함을 얻는다. 그러나 甲丙卯寅이 柱內에서나 大運에서 却破함이 있다면 이는 곧 만나도 만나지 못한 格局이니 富貴할 수가 있겠느냐.

第七論 傷官詩訣

傷官格은 傷盡됨이 가장 奇貴한 命造이나 傷官이 太多하여도 도리어 不吉하다. 此格中에는 千變萬化가 있는 法인 바 至極히 推進하여서 心機를 定하여야 한다.

火土傷官格은 火日主의 傷官이니 傷盡됨이 옳고 金水傷官은 官星이 있어야 좋으며 木火傷官은 官星이 旺하고 印星이 있어야 좋으며 土金傷官은 官星이 除去되고 印星이 있어야 오히려 貴하나 오직 水木傷官格은 財星이나 官星을 다 歡迎한다.

傷官傷盡最爲奇나　　　　尤恐傷多返不宜라
此格局中千變化에　　　　推盡須要用心機며
火土傷官宜傷盡이요　　　金火傷官要見官이며
木火見官官有旺이요　　　土金官去不成官이며
惟水木傷官格은　　　　　財官兩見始爲歡이니라

傷官不可例言凶이니　　　辛日壬辰貴在中이라
生在秋多方秀氣요　　　　生於四季主財豊이니라
丙火多根土叉連이면　　　或成申月或成乾이며
但行中水升明利요　　　　火土重來數不堅이니라
傷官不可例言凶이니　　　有制還他衣祿豊이며
干上食神支帶合이면　　　兒孫滿眼壽如松이로다
傷官遇者本非宜나　　　　財有官無是福基며

時日月傷官格局에　　　　　運行財旺貴無疑라
傷官傷盡最爲奇니　　　　　若有傷官禍更隨요
恃己凌人心好勝이며　　　　刑傷骨肉更多悲니라

傷官格의 凶함은 例言하기 어려우니 辛日壬辰은 貴가 그 가운데 있는 바 秋冬節에 生하였으면 秀氣가 있는 것인데 四季節에 生하면 財福이 豊富할 것이다.

丙火가 根氣가 많고 土가 連하여 많이 있으면 或은 申月에 成하고 或은 亥月에 成取하는데 水旺運에 行하여 明利함이 있고 火土가 다시 거듭 重來한다면 堅固한 命數가 되지 못한다.

傷官格은 그 凶함을 例言하기가 어려우니 制伏함이 있으면 兒孫이 잘 되어 晩年의 運命이 좋으며 壽命 또한 長壽하게 된다.

傷官은 本來 貴氣를 傷剋해 주는 者이므로 宜吉할 것이나 財星이 있고 官星이 없으면 福氣가 될 것이 에 食神이 있고 地支에서 合神함이 있으면 衣食과 貴祿이 豊富할 것이요 干上 다. 時日月이 傷官格으로 되었다면 財旺鄕으로 大運이 行하여서 貴할 것은 틀림 없다. 傷官은 傷盡되는 것이 第一 奇貴한 命造인 바 傷官이 官星을 만나면 禍가 곧 相隨한다. 傷官格은 自身이 가장 聰明하고 훌륭한 만 알고 他人을 없수이 여기며 好勝하고 骨肉間에 刑傷되는 禍가 있고 悲哀한 일도 있다. 傷官이 남을 無視하고 스스로 能力者인 줄 自認하며 怯내지 않는 것은 官星을 傷官이 能히 壞滅하 는 때문이며 日主의 秀氣를 洩하므로 聰明함이 밖으로 出現한 때문이다. 大抵 官憲이란 사람들이 다 두려워하 는 것인데 傷官格은 官星을 두려워하지 않으므로 好勝하고 凌人하는 것이다.

第八論 羊刃詩訣

羊刃存時莫有凶이니 身輕反助何爲凶가
單嫌歲月重相見이니 莫犯生時作怒官이라
馬逢丙戊水逢壬이요 喜見官星七殺臨이며
刑害無妨冲敗懼에 怕逢財地禍非輕이니라
壬子休來見午宮이며 午宮又怕子來冲이요
丙日坐午休重見이니 會合身宮事有凶이니라
日刃還如陽刃同이요 官星七殺喜交逢이니
歲君若也無傷却이면 支上刑冲立武功이로다
羊刃嫌冲合歲君하고 流年遇此主災連이며
三刑七殺如交遇엔 必定閻王出引徵이요
時逢羊刃喜偏官이나 若見財星禍百端이며
歲運相冲并相合에 勃然災禍又臨門이니라
羊刃重逢合有傷이면 主人心性氣高強이요
刑冲太重多凶厄이나 有制方爲保吉昌이며
羊刃之辰怕見官이요 刑冲破害禍千端이며
太嫌財旺居三合이니 斷指傷殘體不完이니라

羊刃은 時에 있으면 凶함이 될 수 없으며 또 身輕하고 日主가 弱할 때엔 日主를 扶助해 주는 것이므로 凶할 수가 없는 것이다. 단지 歲와 月에서 거듭 만나서는 不可하고 아울러 生時에 官星이 **尅害**되어도 凶禍가 된다.

午가 丙戊를 만나거나 子가 壬水를 만나면 이것이 다 羊刃인데 이때에는 官星을 만나고 七殺을 相逢함이 좋다. 刑害는 無妨하나 冲敗는 두려워하며 財旺鄕을 大忌하는 바 이때에는 禍厄이 非常할 것이다.

壬子日主는 午宮을 만나서 冲破되지 말 것이요 午宮도 또한 子水가 와서 冲破하지 말아야 하는 바 萬一 이와 같은 冲破를 犯할 境遇에는 必然코 患難이 따라오게 된다.

丙日이 午地에 坐臨하였다면 午位羊刃을 重見함이 不可하니 萬一 會合된다면 凶事가 生出된다.

日刃이 羊刃과 同一한 것이니 官星이나 七殺과 相逢함을 歡喜하는 바 歲君에서 萬一 傷害함이 없다면 支에서 刑冲될 때 武功을 세우게 될 것이다.

羊刃格은 歲君과 冲合됨을 꺼리고 流年에 冲合을 만나는 境遇에 災殃이 連續될 것인데 三刑과 七殺이 交遇되면 반드시 閻王에 依해 死地로 引出됨이 틀림없다.

時柱에서 羊刃을 얻었다면 偏官을 좋아하나 萬一 財星을 보면 禍厄이 百가지로 일어난다. 또 歲運이 相冲되고 아울러 相合되어도 갑자기 禍厄이 突發하며 羊刃이 거듭 重逢되어 合하고 傷害됨이 있으면 當主의 心性은 氣高하고 剛强한 사람임에 틀림없다.

刑冲이 太過하고 羊刃格이면 凶厄이 많을 것은 當然하며 制伏함이 있는 境遇 吉昌하고 顯達할 것도 自明한 理致이다.

羊刃地에 官星이 同住함은 不可하고 刑冲破害가 兼한다면 禍患이 千가지로 生出될 것인 바 財旺한 中 三合되는 것도 또한 크게 꺼린다. 命柱가 如此하면 手指가 損破되며 身體가 傷殘되어 完全하기 어렵다.

第九論 刑合詩訣

四柱支干合到刑이면　　多因酒色喪其身이니
若臨羊刃幷七殺엔　　定作黃泉路上人이라
六癸日神時甲寅이면　　假名刑合亦非眞이며
月令若加亥子位엔　　傷官格內倒尋眞이로다
癸日生一時甲寅이면　　最嫌四柱帶官星이니
若無戊己庚申字엔　　壯歲榮華達帝京이요
但求癸日甲寅時엔　　刑去官星貴可知요
不喜庚金傷甲木이며　　寅申冲破主憂危니라
癸日寅時刑合格엔　　入此格時須顯赫이니
官星七殺莫相逢하라　　甲庚己字爲災厄이요
柱中若逢酉丑字엔　　遇者英豪名利客이라
端詳歲軍定榮枯니　　此是子平眞法則이니라

四柱의 干支에 刑이 會合되면 酒色으로 因하여 喪身하고 破家할 것인 바 萬一 羊刃과 七殺이 并臨하여서는
決定코 黃泉客이 될 것이 틀림없으니 死亡한다.
六癸日生人이 甲寅時에 出生하였다면 刑合格인듯 하여도 眞合格이 아니며 月令에 萬一 亥子位가 있다면 傷
官格에 가까운 것으로 尋察해 보아야 한다.
癸日生人이 甲寅時柱를 얻으면 柱內에 官星이 帶合됨을 가장 꺼리니 萬一 戊己庚申字가 없다면 壯年에 榮

華로울 것인 바 帝京朝庭의 中央政府에서 크게 活動할 것이다.

癸日生人이 또 甲寅時에 生出하였다면 官星을 刑去하는 때에 貴할 것은 틀림없고 庚金이 또 甲木을 傷害함을 憎惡하며 寅申冲破되면 憂危가 있는 것이다.

癸日이 寅時를 얻었으면 貴祿을 刑合해오는 格인데 此格에 正合한다면 모름지기 此人이 赫赫한 發達을 期約할 수 있는 사람인 바 官星이나 七殺은 相逢하지 말아야 한다. 또한 甲庚己字를 보아도 災厄이 올것이고 柱中에 酉丑字를 만나면 英雄豪傑이니 名利를 다 成取할 命造者인 바 大運과 歲運을 살펴서 榮枯와 旺衰를 決定할 것이니 이것이 子平의 眞法則임을 알기 바란다.

第十論 日貴詩訣

日貴支干一位同이니　　空亡大忌帶官冲이요
仁慈廣德多姿色이며　　會同財郷空自崇이로다
丁日猪鷄貴白蛇요　　　刑冲破害謾咨嗟며
絶臨會合方成貴니　　　絶是分之乃是佳라
癸丁蛇卯屈猪鷄니　　　官被刑冲禍必隨요
純粹施爲有仁德이며　　尊崇富貴出希奇로다
日癸看來是兎蛇니　　　格主亥酉越堪誇며
刑冲不過空亡位엔　　　輔佐功勳在帝家니라

日支에 貴人이 있으면 日貴格이니 癸卯 癸巳 丁酉 丁亥의 四日이 그것이다. 空亡을 大忌하고 官星이 刑冲됨을 大忌한다. 日貴格의 命造者는 마음이 仁慈하고 心德이 廣大하며 姿色이 많은 바 財郷으로 會同하는 때에 스스로 崇高할 것이다.

丁日은 貴人이 酉와 亥에 該當하는 바 刑沖破害가 됨은 大忌하며 絕地에 臨하고 會合되면 바야흐로 貴를 이룰 것이니 마침내 佳命이다.

癸日은 亥卯를 만나고 丁日은 巳酉를 만나면 日貴格인데 官星이 刑沖되고 破滅되면 禍害가 반드시 따라오나 眞格은 純粹하며 仁德을 펴는 사람이며 富貴하고 尊崇되어 希奇한 命造가 된다.

癸日이 卯巳를 보면 此格이니 格柱에 亥酉가 있으면 吉하고 刑沖되고 空亡됨은 좋지않은 바 空亡과 刑沖이 없다면 帝王家를 補佐하므로 功勳을 세울 것이다.

第十一論 金神詩訣

甲午時上見金神이면 殺印相生眞貴人이니
火木逢甲財祿發이요 如逢金水必傷身이니라
金神遇火貴無疑나 金水災殃定有之며
運到火鄉多發達이니 官崇家富兩相宜니라
時遇金神貴氣多니 如逢羊双鄒中和라
若逢水運貧而疾이요 火制高名爵位로다
癸酉己巳并乙丑을 時上逢之是福神이니
傲物恃才宜制伏에 交逢殺印貴人眞이요
性多狼暴才明敏이며 遇水相生立困窮이라
側伏運行逢火局이면 超邈貴顯祿千鍾이로다

甲午日이 時上에 癸酉金神을 보면 殺印相生되어 眞貴人이 된다. 火木이 甲을 만나면 財祿이 發하고 金水를 만나는 때에는 반드시 傷身할 것이다. 金神이 火를 만나면 貴格에 틀림없고 金水를 만나서는 災殃이 틀림없다. 따라서 大運이 火鄕에 이르러서는 發達하는 일이 많으니 官祿이 높고 家門이 富하여 富貴가 함께 한다.

時上에 金神을 만나면 貴氣가 많은 것이니 羊刃을 만나는 때엔 中和를 얻으므로 吉하고 水運을 만나서는 貧하고 疾苦하게 되며 火鄕을 얻어 金神을 制伏한다면 名聲이 높고 爵位가 클 것이다.

癸酉己巳乙丑을 時上에 만나면 이것이 福神이 되는데 制伏함이 마땅하고 殺印이 交逢되면 眞貴人이다. 性品은 흔히 狼暴하고 才操는 明敏하며 水를 만나서 相生하면 因窮하게 된다. 制伏運을 얻어 火局을 만나면 貴顯함이 非常하여 祿이 千鍾에 이른다.

第十二論 日德詩訣

甲寅戊丙要騎龍이니
日德居多福自豊이로다
空與魁罡會合凶에
絶之發迹命還絶이니라
甲寅提防戊戌臨이요
壬戌還且慮庚辰이며
化成殺耀最難當이며
運限逢之必定亡이로다
官星切忌見財鄕이요
堪作朝中一棟梁이라

壬戌庚辰日德當이요
運逢身旺心慈善이며
刑冲破害官財旺이며
尅戰孤貧危險甚이니
丙辰切忌見壬辰이며
日坐庚辰與庚戌에
日德不喜見魁罡이요
局中重先須還疾이니
日德重逢兇禍殃이요
更無冲破空刑物이면

甲寅壬戌與庚辰엔　　丙戌逢辰日德眞이라
不喜空亡嫌祿破니　　更水破害與刑沖이니라

壬戌日과 庚辰日이 福德宮이며 福德格이요 甲寅日과 戊辰日이 또한 福德格인 바 大運路上에 身旺하다면 心性이 慈善하고 日德이 많음에 福이 스스로 豊盛할 것이다.

日德格은 刑沖破害됨을 크게 꺼리고 官星과 財星이 旺하여도 害로운 것인 바 柱內에 財官이 있으면 別格으로 規定함이 옳으며 空亡되고 魁罡이 加臨會合되어서는 凶한 證狀이다. 다시 四柱가 魁戰하였으면 孤貧한 命造요 危險함이 甚하니 마침내 吉達할 수 없고 或 立身出世하더라도 곧 終命하게 된다.

丙辰日德格은 壬辰干支를 忌諱하며 壬戌日德格은 戊戌干支를 防止하지 않으면 안 될 것이요 日柱가 庚辰면 庚戌이 臨住함을 꺼리며 甲寅日德格은 또 庚辰日德格은 魁罡을 싫어하는데 殺鬼星으로 化成됨은 무엇보다도 忌諱하며 局中에 萬一 重重하면 모름지기 疾厄이 있을 것이니 大運에 相逢하는 境遇 반드시 死亡하지 않을 수 없다.

日德이 日德을 重逢하면 禍殃을 만나는 것은 切忌하는 일이며 沖破되고 空亡되며 刑魁됨이 또한 바 如斯한 破格이 없으면 朝廷에 棟梁重臣이 될 것이다.

甲寅日과 壬戌日과 丙辰日과 戊辰日의 五日은 眞格의 福德格이니 空亡을 좋아하지 않으며 貴祿이 破魁됨도 또한 嫌忌하는 바이며 다시 破害되고 刑沖됨도 忌諱한다.

第十三論 魁罡詩訣

魁罡四日最爲先이니　　疊疊相逢掌大權이며

庚戌庚辰怕官顯이요
庚辰壬辰見財運이며
主人性格多聰慧하나
好殺之心斷不偏이니
柱中刑冲彙破害되면
一貧徹骨受笞鞭이니라
戊戌庚辰殺最強이요
壬辰庚戌號魁罡이니
日加重者方爲福이라
身旺逢之貴異常이며
如逢一位冲刑重엔
徹骨貧窮不可當이요
魁罡四柱日多同에
貴氣期來在此中이니
日主獨逢冲剋重이나
財官顯路禍無窮이니라

魁罡格에 오직 四日이 있으니 庚戌 壬戌 庚辰 壬辰이 그것인 바 柱中에 魁罡이 疊疊하면 大權을 掌握할 命造이다. 庚戌日과 庚辰日의 魁罡格은 官星이 顯露함을 꺼리며 庚辰日과 壬辰日의 魁罡格은 財星이 太多하거나 財旺鄕도 또한 꺼린다.

大抵 魁罡格은 聰明하고 智慧가 많으나 好殺하는 心機가 있으며 萬一 柱中에 刑冲破害가 있다면 一生이 貧寒하고 徹骨人이며 笞刑(五刑의 하나이니 회초리로 매를 맞는 것)을 받게 된다.

戊戌과 庚辰의 魁罡은 殺이 最強할 것이요 壬辰과 庚戌의 魁罡은 天冲하여 오는 것이니 此四日에 限하여 魁罡이 形成된다. 日柱에 加重된 者는 福이 厚할 것이니 身旺하고 魁罡을 만난 者는 貴奇함이 반드시 非常할 것인데 一位의 魁罡格이 冲刑됨이 加重되면 貧窮함을 免解시킬 수 없는 命造이다.

魁罡星이 日柱에 臨하고 四柱에 많으면 此格에 貴氣가 來臨되는 것이다 만일 日主가 홀로 刑冲을 重逢하였다면 不吉한 것인데 다시 財官이 柱에 顯露하였다면 禍가 無窮한 것이다.

第十四論 時墓詩訣

財官藏畜四時辰이니　半少刑冲可進身이요
不遇刑冲遭壓伏이면　果然少年不發人이라
北方壬癸遇河魁요　南域加臨力吉時하면
倉庫豊盈金玉滿이며　優游處世福相隨라
若問財官墓庫時엔　辰戌丑未一同推요
財官俱要匙開庫며　壓住財官未是奇니
要知可物能開庫오　刑冲破害是鑰匙라
露出財官方得用이나　身衷鬼墓甚危疑로다

財官은 辰戌丑未의 四庫時辰에 藏蓄되어 있는 것이니 刑冲되고 開局되면 少年이라도 發身出世할 수 있지만 刑冲을 만나지 않아서 開局되지 못하고 壓伏되어 있기만 하다면 果然 少年時에 發達할 수 없는 사람이다.

北方의 壬癸水가 河魁(九星中에 하나인 星名이니 文曲이요 또 戌의 方位이니 玉張方이다. 곧 戰闘中 主將이 勝利를 얻기 爲해 軍力이 集中된 方位이니 여기서는 吉方을 말한다)를 만나고 南域의 財官地에 加臨되면 吉할 것이니 倉庫가 豊盈하여 金玉이 滿堂하고 處世에 優游하여 福祿人이 된다.

財官이 墓庫時에 들었다함은 辰戌丑未가 同一한 것이다. 財官이 다 함께 開庫됨을 要望하여 財官이 壓住되면 奇命이라 할 수 없다.

그러면 어떠한 物件이 와서 南庫에 줄 수 있을 것인가? 刑冲破害가 그것이니 이때에 財官이 露出되므로

可用되고 發身하는 것인 바 萬一 身弱하여 鬼殺의 墓庫地가 된다면 오히려 冲開되나 危險한 것이다.

第十五論 雜氣財官詩訣

雜氣財官在月宮이면　天干透露始爲豊이요
財多官旺宜冲破며　切忌干支壓伏重이라
辰戌丑未爲四季니　印綬財官居雜氣요
干頭透出格爲眞에　只間財多爲聲貴로다
財官寓在庫中藏이요　不露光芒福不昌이며
若得庫門開透了엔　定敎富貴不尋常이라
雜氣從來自不輕이니　天干透出始爲眞이요
身强財旺生官祿이면　遲見冲刑聚寶珍이로다

雜氣財官이 月令에 있고 月干에 財官印中 取用者가 透露하였으면 豊貴한 사람의 命造이니 財多하고 官旺하며 冲破됨이 마땅하며 干支에 壓伏됨은 大忌하는 바이다.

辰丑辰未는 四節의 四季月이 되니 印綬와 財星과 官星이 萬一 雜氣格의 天干에 透出함이 있다면 眞格이 되는 바 오로지 財星이 많아야 專貴할 것이다.

財官이 墓庫中에 감추어져 있을뿐 干上에 透하지 못하였으면 福力이 昌盛하지 못할 것이나 萬一 庫門을 冲開해 주는 사람이 있다면 決定코 富貴가 尋常하지 않을 것이다.

雜氣格이 從來로 不輕하니 天干에 透出하여야 眞格이요 身强하고 財旺하면 官祿을 얻을 것인데 大運에서 冲刑을 만나면 寶金과 珍貴를 聚得할 것이다.

四季財官月內藏이면　刑冲尅制要相當이니
太過不及皆成禍요　　運到財鄕是吉祥이로다
透出財官祿鍾이요　　官加富貴位三公이며
刑冲三變方爲妙니　　得運應如蚓化龍이라
五行四季月支逢에　　印綬干頭要顯榮이요
四柱相生喜官殺이며　更饒財産又崢嶸이니라

四季月에 出生하여 月支에 財官이 藏蓄되었으면 刑冲되고 尅制됨이 옳으니 太過하거나 不反됨은 나 禍를 生成하는 命造이며 大運이 財鄕에 이르러서는 吉祥함이 있을 것이다.
財官이 透出하였다면 官祿이 當當하고 官이 높고 富貴할 것이요 三公政丞이 된다. 刑冲이 重逢하면 妙함이 있으니 運을 만나는 때에는 배암이 變하여 龍을 이루는 것과 同一하다.
五行이 四季月에 生하면 財官雜氣格이니 印綬가 萬一 天干에 透出하였다면 貴顯하고 榮華로울 사람이다.
四柱가 相生됨이 좋고 官殺이 있음을 즐겨하는 바 財産이 豊饒하고 崢嶸(山이 높고 가파른 준험한 것)한 生活을 營爲할 것이다.

第十六論　時上偏財詩訣

時上偏財不用多니　　支干須要用搜羅라
喜逢財旺兼身旺이요　冲破傷財受折磨로다
時上偏財一位佳니　　不逢冲破亨榮華며
破財劫刃還無遇면　　福貴雙全比石家니라

時上偏財遇刦星엔
傷妻損妾多遭辱이요
若是偏財帶正官이면
不宜刦運重來幷이니

田園破盡苦還貧이며
食不相資困在陳이라
刦星若露福難干이요
此處方知禍百端이니라

時上의 偏財格은 偏財가 柱中에 많아서는 不可하니 支干에 모름지기 重複되고 相剋되지 말아야 한다. 財旺함이 좋으나 身旺하여야 하며 冲破되고 財星이 損傷되어서는 害傷됨이 클 것이다.

時上의 偏財格은 時上偏財格과 同一하니 一位만 있어야 佳命인 바 冲破를 만나지 않았다면 榮華를 누릴 사람이 틀림없다. 刦財가 와서 財星을 破하고 傷害함을 만나지 않는다면 富貴가 雙全하여 晋나라 때의 石崇(至極한 富貴를 한 사람이니 金이 山谷에 꽉 찼었다는 富者)과 같은 富者가 될 것이다.

時上偏財格이 만일 刦財를 만나서 破剋損傷됨이 있다면 田地와 杏園을 다 破損하고 苟貧한 生活을 하지 않으면 안 될 사람이요 傷妻하며 損妾하며 辱을 當하며 衣食生活이 如意치 못한 困貧不遇한 사람의 命造가 된다.

萬一 時上偏財格에 正官을 帶同하였다면 刦財가 露出되었을 때 福이 難干함이 있을 것이요 다시 刦財運을 만나지 말아야 할 것인데 만일 刦財運이 거듭 幷來한다면 此處에서 바야흐로 禍患이 百가지로 일어날 것이다.

第十七論 時上一位貴詩訣

時上偏官一位逢이며
假如月上又重見이면

身强殺淺怕刑冲이니
辛苦徒勞百事空이라

時上偏官喜刃冲이니
身强制伏祿豊隆이요
正官若也來相混이요
身弱財生主困窮이로다
時上偏官一位强이며
日辰自旺貴非常이요
有財有印多財祿이니
列定天生作棟梁이니라
時逢七殺是偏官이요
有制身强妨命看이며
制過喜逢殺旺運이니
三方得地發何難이리요
元無制伏須見이며
不怕刑冲多殺攢이요
若是身衰惟殺旺이면
定知是命此貧寒이니라

時上偏官은 一位만 있어야 좋으며 身强하고 殺淺할 것이며 刑冲이 있어서는 不可하다。假令 月上에 다시 偏官七殺을 거듭 重見하였다면 辛苦만 있고 努力만 할뿐 百事가 헛되이 사라지고 成取할 수가 없다.

時上偏官格은 또 羊刃을 좋아하는 바 身强하여서 制伏할 수 있어야 祿貴가 豊隆한 命造이다. 正官이 萬一 있어서 官殺이 混雜되었다면 身弱하고 財生하는 境遇 當主가 因窮함을 免치 못할 것이다.

時上偏官은 一位가 强해야 할 것인바 日主가 또한 自旺하다면 貴氣가 非常한 사람이요 財星이 있고 印星이 있으면 財福과 貴祿이 많은 사람이니 그 位列은 時上偏官의 一位貴格이니 制伏함이 있고 身强하면 貴命이요 七殺을 制伏함이 太過하여 身旺하여 七殺을 만난다면 이것이 곧 時上偏官의 一位貴格이니 三方에 어찌 發貴하기가 어렵겠느냐? 原命에서 七殺을 制伏하지 못하였다면 七殺을 制伏하는 大運中에 發身할 것이요 殺星이 많을 境遇엔 刑冲

을 꺼리지 않는다. 萬一 身衰하고 오직 殺星이 旺盛하다면 마땅히 알라 此命은 決定코 貧寒할 것이다.

第十八論 飛天祿馬詩訣

壬庚日主重重子하면
倒冲祿馬號飛天이니
如何金水多淸貴오
運入南方甚有造로다
庚壬鼠隊來冲馬요
辛癸尋蛇要象猪라
丙日馬群冲鼠祿이요
丁逢蛇衆見雙魚니
最忌斜神兼論合이며
官星塡實禍當途하고
運重歲輕消息取요
用神不損上天衢니라
辛日重逢乾又乾이면
格中惟此號飛天이니
格成酉一壯身貴요
庚壬二日報君知하라
祿馬飛馬識者稀니
巳運刑冲壽莫全이로다
月時月日重逢子에
無破無冲富貴奇며
飛天祿馬貴非常이니
辛癸都來二字強하고
年月日時重見亥며
無官冲絆是賢良이며
亥逢辛字子庚壬이니
祿馬飛天仔細尋하라
歲運若逢官絶處에
功名唾手遂初心이요
日刃庚壬子字多에
飛天祿馬格純和니
冲天合氣眞爲氣요
塡實其中又折磨로다
七殺官星要犯이요
丑字相逢絆若何며
天地人元重見土엔
赳其子字不奧波니라

498

壬日生이나 庚日生이 地支에 子字를 重重으로 만나면 이것이 祿馬(財官)를 倒沖해 오는 格이니 이름하여 飛天祿馬格이라 한다. 어찌 金水가 많아서 淸貴하다 하는가? 大運路가 南方으로 行하여서는 財官이 塡實되므로 不吉하다. 따라서 金水가 많으면 大貴한다.

庚壬日이 子水의 때가 있으므로 祿馬를 沖來해 오는 것이고 辛癸가 亥猪가 衆多하면 巳蛇를 불러오게 되므로 財官을 얻는다.

丙日主가 午馬가 群多하게 되면 子鼠祿貴를 沖來해 오고 丁日主가 巳蛇字가 衆多하면 亥字를 불러오는 것이니 沖神을 絆合함이 가장 꺼리고 官星이 塡實되는 때에는 禍厄이 當途한다.

大運에서 무겁고 歲運에서 輕하면 消息變化가 있을 것이니 用神이 損傷되지 않으면 天上에서 財官을 沖來해 오는 天衢(하늘에의 通路)가 亨吉하니 반드시 出世하게 될 것이다.

辛日主가 乾亥字를 거듭 多逢하면 如此한 格을 이름하여 飛天이라 하는 바 格局을 이룬 中에 酉字가 있으면 尤貴한 命造이다. 巳大運에는 亥字의 沖用神을 沖刑하므로 壽命이 保全되기가 必難할 것이다.

祿馬를 飛天해 오는 此格을 아는 사람이 稀少하니 庚壬二日主가 그것인 바 그 取用을 仔細히 알라! 年時月日에 子字를 거듭 만나는 때에 破剋이 없고 沖傷이 없으며 富貴함이 奇妙한 命造이다.

飛天祿馬格은 貴가 非常한 命이니 辛癸日主가 年月日時에 亥字를 거듭 만나고 沖破가 없으면 此格이 正格인 바 賢良한 人材일 것이 틀림없다. 歲運과 大運에서 官星이 死絕地가 되는 때에 功名이 비로소 始作되고 睡手發身(勇敢하게 奮起한) 하는 사람이다.

庚壬日主가 子字가 많으면 飛天祿馬가 純和된 것이니 天上에서 貴氣를 沖合하여 眞貴格이 되는데 萬一 官星이 塡實되면 傷身折志하게 된다.

七殺과 官星은 柱命에서나 大運에서 犯有하지 말 것이며 丑字가 있어서 絆合함은 더욱 妙한 바가 있으니 貴命이요 用神을 剋傷함은 不吉하니 分數를 半減한다 (庚壬日이 子字를 取用하여 午字를 冲來해오는 境遇 子字用神을 旺士가 있어 剋傷함은 凶하다).

丁日多逢巳字重이요
傷格此官宜傷盡이요
丙丁巳午要多臨이니
四柱若無官殺重이면
丙丁離位激江湖니
專祿榮名皆遂意며
丙日須宜子午冲이니
不須論合惟嫌未며
丁日坐巳多冲亥요
倘若地支申字出이며
丁日之中疊見巳엔
若有亥午兼乙卯면
癸日亥字爲仇家나
春秋半吉多無用이며

局中無水貴和同이니
見亥行冲數必空이라
冲出官星貴氣深이며
復行官運禍難禁이니라
歲運無官入仕途요
片言投合動皇都라
午能冲子吉相逢이요
子癸相逢再見凶이로다
壬癸休來四柱中이니
必能相絆貴難同이라
刑冲壬子格爲佳니
合官錦上又添花로다
近寅絆合有爭差며
生於夏月亨榮華니라

丁日主가 巳字를 거듭 重逢하면 局內에 水氣가 全無할 境遇 貴氣가 和同되는 것이니 如斯한 格局에서는 官星이 一點도 없어서 官星이 傷盡되어야 하는 바 萬一 亥字官星을 大運中에서 만나는 때에는 命數가 반드시 虛事가 될 것이다.

丙丁日主는 巳午字가 많이 來臨해야 할 것이니 官星을 天으로부터 冲出해 오므로 貴氣가 深深한 것이다. 四柱에 官星이 없어야 此格에 正合하는 것인 바 官星大運으로 行運하는 때에는 禍患을 禁하기가 어렵다.

丙丁火가 離午巳位에 臨하면 江湖壬癸水를 激合하여 오므로 財官을 얻는 것이니 歲運(年運과 大運)에 官星이 없어야 仕途官職에 나아가고, 專祿되어 祿氣가 旺盛하여야 榮華와 名譽가 뜻대로 成取될 것이며, 官을 投合해 오므로 皇都에서 出世할 것이다.

丙日火主는 午字를 取用하는데 子午冲해서 午字가 能히 子字를 冲出하여 相逢하므로 吉한 것이다. 모름지기 合絆되지 말 것이니 未가 있어서 午字를 絆合하면 午字의 活動이 없어지므로 子水를 冲出하는데 支障이 있기 때문에 꺼리는 것이며 癸水나 子水를 만나는 것 또한 凶하다.

丁日主가 巳坐에 있어서 巳字가 많으면 亥字를 冲來해 오는 것인데 四柱中에 壬癸水가 있어서는 안 된다. 萬一 地支에 甲字가 있으면 巳火用神을 絆合하므로 貴祿을 冲來해오지 못하니 凶忌하는 것이다.

丁日中에 蛇巳가 重疊하였으면 壬子水를 刑冲해 오므로 格局이 佳貴한 것이니 萬一 亥字가 있으면 破格이 요 亥午가 있고 乙卯가 있으면 官星을 合함에 錦上에 꽃을 더한 格이다. 따라서 더욱 貴한 命造로 본다.

丁日의 倒冲格에는 亥字가 仇家요 怨物이니 萬一 寅字가 있어서 亥字를 絆合한 즉 爭差함이 있는 것이다.

春秋에 生하면 半吉하고 冬月에는 無用이며 夏月에 生하여서는 榮華가 있을 것이다.

第十九論 六乙鼠貴詩訣

六乙鼠貴在其時하면　　殺宜冲破貴相宜라
月宮通得眞三日이면　　方生常生祿馬奇니라

乙日生人得子時요　　　　名之聚貴貴最爲奇요
切嫌午時來冲破며　　　　辛酉庚申總不宜니라
乙日須逢丙子時요　　　　如無午破貴尤奇요
四柱忌逢申酉丑이니　　　若無官殺拜丹墀니라
陰木逢陽亥子多에　　　　子爲鼠貴貴嵯峨며
柱中祗怕南離位니　　　　困若傷殘怎奈何오
六乙生人時遇鼠엔　　　　官星又帶復如此하고
庚辛申酉馬牛欺라　　　　一位逢之爲丐子니라

　此格이 貴命이니 奇妙한 命造者이다.

　六乙鼠貴格이 時에 있으면 乙日主가 子時를 만나므로 子水가 巳字를 暗合(第二編 六乙鼠貴格 參照)하고 巳는 申을 動하며 申中의 庚金을 取하여 官貴를 얻게 된다. 月令이 財官에 該當하지 않으며 冲破되지 않으면

　乙日生人이 子時를 얻으면 貴가 會聚되었으므로 奇貴한 命이며 午時가 冲破함은 大忌하고 庚申辛酉丑字는 다 不宜하니 萬一 四柱에 行運이 巳午의 冲破를 半減하는데 行運 貴妙한 바 있어서도 亦然하다.

　乙木日主가 丙子時를 얻는다면 午字의 冲破가 없는 境遇 貴가 勝妙한 바 있으나 四柱에 申酉丑이 있으면 不可하고 萬一 官殺과 財星이 없다면 大官宰相이 될 것은 틀림없다.

　陰木이 始陽位인 子字貴를 만나고 亥子字가 많으면 子鼠가 貴氣가 되는 바 嗟峨(산과같이 우뚝 솟음)의 氣像으로 發達한다. 그러나 柱中에 離火官星이 있으면 不然하고 南方火鄕으로 大運이 行往하여도 亦不可하니 因勢가 如如하여 마치 다리를 다친 犬馬와 같아서 任意로 活動하기 어렵고 抱負를 實現할 수 없다.

　六乙生人이 時支에 子鼠를 만났는데 官星이 다시 加臨된 바가 있고 庚申辛酉午馬丑牛가 있으면 破格인

바 一位라도 만나는 때에는 乞人에 比喩된다.

第二十論 合祿詩格

戊日庚申時上逢이면　　如無官印貴秋多이라
甲丙卯寅兼巳字요　　　四營歲運怕同官이로다
日壬癸水時庚申이면　　生在秋冬富貴人이요
大忌寅來傷秀氣니　　　若逢春夏惹災連이며
時遇庚申日癸生이면　　此爲官印合官星이라
不逢官逢兼陽火에　　　名譽昭彰拜紫良宸이요
申時戊日食神奇니　　　惟喜秋多福祿宜며
甲丙卯寅來尅破엔　　　遇而不遇主孤離니라
食神生旺無刑尅이면　　命中直遇勝財官이니
官印更來相協助하면　　少年登第拜金鑾이로다

戊日主가 庚申時上을 얻으면 官星과 印星이 없어야 하는데 秋冬에 生出하면 貴命이 된다. 甲丙卯寅巳字는 다 꺼리니 時柱貴神에 害로운 때문이요 歲運이나 四柱中에 있음을 꺼린다.

壬癸水日主가 庚申時를 얻으면 秋冬節에 生하여야 富貴人이 되고 寅字가 와서 秀氣를 傷破함은 大忌하는 것이니 萬一 春夏를 만난다면 災厄이 連生할 것이다.

癸日生이 庚申時를 만난다면 此格이 官星과 印星을 合來해 오는 바 官殺을 만나지 않는다면 名譽를 떨치고 皇宮에서 大臣宰相으로 크게 活動할 것이다.

戊日主가 申時를 얻었다면 이는 食神이 得氣한 것인데 오직 秋多에 生함을 기뻐하는 바 福祿이 있을 것이다. 甲丙卯寅字가 와서 尅破하면 만나도 孤窮한 사람이다. 食神이 生旺되고 刑尅됨이 없으면 이는 最貴한 命柱니 食神이 有氣하면 財官을 勝凌하는 때문이다. 萬一 官印이 다시 있어서 相互 協助하면 少年에 登科하여 皇帝앞에 重職을 맡게 된다.

第二十一論 子遙巳詩訣

休言官旺不相宜요
運到金鄕返得奇니라
擬作蟾官折桂枝며
反爲淹滯禍綿綿이로다
名爲遙巳最相宜니
歲運官逢亦不奇라
戊能動丙合酉며
甲子日逢甲子時에
甲得辛官貴可知로다
子來相絆亦非宜요
甲子日逢甲子時에
不喜庚申辛酉時며
更嫌午字相冲害니
運入官鄕旺處奇니라
甲子重逢甲子時엔
丑絆午冲官殺顯이면
甲臨子時日時全이요
月生日主根元壯이며
甲子重逢甲子時면

甲子日主가 甲子時를 만나면 官旺하지 말 것이니 忌諱하는 바이며 月令이 日主를 生助하므로 日主가 根氣가 튼튼하면 大運이 金旺 秋節에 行하여서 奇貴한 發展이 있을 것이다.

甲木日主가 子時에 臨해서 時와 日이 同柱이면 登科及第하고 立身出世한다. 그러나 丑字가 絆合하든지 午

字가 沖來하거나 官殺이 透顯하였으면 反對로 淹滯한 命造가 되고 禍厄만이 連錦할 따름이다.

甲子日이 甲子時를 重逢하면 이름이 遙巳格이니 貴吉한 格柱이나 萬一 丑字나 午字가 加臨된다면 모름지기 家門을 破할 뿐이니 大運이나 歲運에 있어서도 奇貴할 수가 없다.

甲子日이 甲子時를 만나는 境遇 子水巳火와 申金을 遙合해 오고 戊土가 丙을 動하고 丙이 酉中辛金官星을 이끌어 貴命을 얻는 것인 바 丑字가 萬一 相絆한다면 不宜하고 午字가 相冲하여도 亦是 忌嫌하며 日主가 旺强하면 大運이 官鄕旺處에 奇貴하게 發達한다.

第二十二論 丑遙巳詩訣

辛日癸日多逢丑이면　　爲名遙巳合官星이니
莫言不喜官星旺하라　　誰信官來反有成가
辛丑癸丑二日干은　　　丑能合巳巳藏官이요
丑日多見方爲妙니　　　不宜子字柱中間이라
若逢申酉更爲美나　　　辛嫌巳午丙丁干이라
癸嫌戊己及巳午니　　　此命必須仔細看이로다
辛癸二日逢遇丑엔　　　便是官星暗入宮이니
申酉喜來臨一字요　　　忌逢巳午子垣凶이니라

辛日主와 癸日主가 丑字를 多逢하면 이름이 遙巳하여 官星을 合來해오는 格이니 官旺하여 좋지 않다고 말하지 말라. 누가 此格이 官星을 合來해오므로 도리어 貴成하는 理致를 알 것인가!

辛丑日과 癸丑日의 二日生은 丑字가 많을 때에 丑字가 巳字를 合해 오고 巳中에 있는 丙戊로써 辛土와 癸土

의 官星을 삼는 바 貴格이니 丑字가 많을 수록 貴妙한 것이다. 萬一 子字가 있다면 丑字用神을 絆合하므로 不吉하다.

申字나 酉字를 보는 것은 美好하나 辛日干은 巳午丙丁을 嫌忌하고 癸日干은 戊己巳午字를 嫌忌하게 되는 바 此命은 仔細히 살피지 않으면 안된다.

辛癸二日干이 丑字를 만남에 문득 官星이 暗合되어 오는 바 申酉中 一字가 있음은 좋고 巳午子字 等은 忌하는 바니 萬一 柱中에서나 大運에서 만난다면 凶함이 있는 것이다.

第二十三論 壬騎龍背詩訣

壬騎龍背喜非常이니　寅字辰多轉發揚이요
大忌官星來破格엔　　災刑須見壽元傷이로다
壬騎龍背怕官居요　　重疊逢辰貴有餘며
設若寅多辰字少엔　　須應豪富比陶朱니라
壬辰日又見辰時에　　年月辰多最是奇며
四柱若逢寅位上이면　發財發富兩相宜라
壬寅不反壬辰日이니　四柱壬辰字要多요
辰字多兮官殺重이며　寅多可比石崇過니
午戌成財寅合局이요　戌中祿馬用辰冲이라
忽然若是壬寅出에　　四柱居辰格亦同이니라

壬騎龍背格이 喜貴함이 非常하니 寅字나 辰字가 많으면 發揚하는 貴命인데 官星이 있음을 大忌하는 바 萬

一柱中에 官星이 있으면 破格이 된다. 따라서 如斯한 破格일 境遇에는 災厄과 刑厄이 있고 壽命 또한 傷害되는 것이다.

壬騎龍背格은 要컨대 官星이 있음을 꺼리며 辰字가 重疊되어 많을 때엔 貴함이 大端히 크고 萬一 寅字가 많고 辰字가 적으면 陶朱와 같은 富豪가 된다.

壬辰日이 辰時에 出生하고 年月柱에 또한 辰字가 있어 柱中에 辰字가 많다면 그 貴함이 奇絶한 바가 있으며 四柱에 萬一 寅位가 있다면 財福도 發成하는 것이니 富貴가 다 兼有한다.

壬寅日은 壬辰日에 未及한 것이니 四柱에는 要컨대 辰字가 많을 것이다. 辰字가 많으면 官殺이 重한 것이니 四柱에 寅字가 많으면 富者型이니 富力을 石崇에 比할 수 있을 것이다.

四柱에 寅字가 있으면 午戌二字를 合來하므로 壬日이 財局을 얻으니 富命이 되고 辰字가 많으면 戌字를 冲來하여 戌中의 丁戊를 取하여 祿馬財官을 삼는 바 貴命이 되는 것이다.

第二十四論 井欄叉詩訣

庚日全逢申子辰이면　　井欄叉格制官星이니
局中無火方成貴요　　　破動提綱禍亦同이로다
庚日喜逢金潤下니　　　貴神名目井欄殺이요
丙丁巳午休相遇며　　　申子辰官全乃佳라
若是申時歸祿格이며　　逢時丙子殺神加며
水局要冲寅午戌하야　　若還塡實祿難賒로다
井欄連善東方地요　　　得到財鄕眞富貴며

丙子巳午歲運逢엔　　失祿破財須且長이라
庚日全逢潤下方에　　癸壬巳午怕相傷이요
時遇子申禍減半이니　功名成敗不能長이니라

庚日主가 申子辰을 全部 만난다면 井欄叉格이니 官星을 制盡하여 局中에 火星이 全無하여야 바야흐로 貴하게 될 것이요 冲破되고 月令을 破하면 禍가 따르게 된다.

庚日은 金神과 潤下를 좋아하니 이름이 井欄叉格이요 貴氣를 亦是 冲合해 오는 것인 바 丙丁巳午字는 서로 만나지 말 것이며 申子辰宮이 全部 있으면 佳命이다.

萬一 時柱가 申時가 되면 歸祿格으로 보고 丙子時가 되면 殺神이 加臨된 것이므로 偏官格이요 井欄叉格으로 看做함은 不可하다.

水局이 寅午戌火局을 冲來하므로 庚日이 官星을 얻는 것이니 萬一 官星이 塡實됨이 있다면 貴祿을 가져지 못하므로 破格이다.

井欄格은 東方運으로 大運이 行往함을 기뻐하고 財旺鄕으로 行할 때에는 富貴하나 丙丁巳午字를 大運이 歲運에서 만난다면 祿을 잃고 財를 破하는 것이므로 大忌한다.

庚日이 潤下를 全部 만났다면 癸壬巳午字와 만나서 서로 鬪傷함을 꺼리고 時에 子申을 만난다면 減福하여 半分으로 봐야하는 바 功名하고 成事함이 길지 못한 것이다.

　　　第二十五論　歸祿格詩訣

歸祿逢財名利全이니　　干頭不忌透財源이요

身强無破平生好며
日祿歸時要旺宮이요
傷官嫌入傷財運이니
日祿歸時格景良이요
君見比肩分刻祿에
靑雲得路祿歸時니
四柱無冲官必至면

大怕刑來遇比肩이로다
食神善遇怕刑冲이며
官不高兮財不豊이라
怕官嫌起喜身强이요
刑冲破害更難當이니라
凡命逢之貴且奇요
少年平步上雲梯니라

歸祿格은 財를 만나면 名利가 俱全하니 干上에 財神이 透出함을 꺼리지 않는다. 身主가 强하고 冲破剋傷이 없으면 平生이 好命이나 刑冲이 있음은 大忌한다.

日祿이 時支에 歸祿한 歸祿格은 要컨대 身旺해야 하는 바 食神傷官은 좋아하나 祿地가 破함은 大忌하며 比刦運이 들어와서 財神을 分奪하고 祿神을 分刻하면 官位도 높지 못하고 財物 또한 豊富하지 못하다.

日祿歸時格은 甲日主가 寅時를 얻고 庚日主가 申時를 얻었음을 말하는 바 奇貴한 格局인데 官星이 있음은 嫌忌하고 身强함은 기뻐한다. 또 比肩이 있어서 祿神을 分刻함도 不可하고 刑冲破害됨은 凶하다.

歸祿格은 靑雲에 得路하여 出世할 사람이니 무릇 此命을 만난 者는 貴奇할 것인 바 四柱에 冲刑되거나 官殺이 없으면 少年에 平步로 大科及第하여 朝廷重職을 堪任한다.

第二十六論 六陰朝陽 詩訣

辛日單單逢戊子에　　　　六陰貴格喜朝陽이니
丙丁巳午休塡實이며　　　歲運輪逢一例詳이라

南地平平最嫌北이요
若還子字無相遇면
貴處朝堂姓字香이로다
戊子時逢日主辛이니
官星七殺休相見하라
歲運有財尋別格이요
斷然此格當爲貴니
辛逢戊子最相宜요
四季秋生無亥字요
六陰行運喜西方이며
若到北方凶且最요

辛日主가 戊子時를 만나면 六陰朝陽格이니 六陰이란 六辛日을 말하고 朝陽이란 陽生位인 子時를 말한다.
丙丁巳午字의 官星이 塡實됨을 大忌하는 바 歲運에서 만나도 同一하다. 南方으로 大運이 行하여서는 平平하고 北方으로 大運이 行하여서는 第一凶하다.
西方運은 第一좋고 東方運을 次喜한다. 萬一 子字가 서로 모이지 않으면 貴發할 것이니 高官大爵이 되며 名譽를 크게 얻을 것이다.
辛日主가 戊子時를 만나면 陰陽이 朝會하는 貴位를 얻음이니 貴權이 衆人을 超越할 것인데 官星과 七殺을 만남은 不可하다. 또 巳午南方火神인 丙丁火가 柱內에 있으면 格局이 안으로 嗔怒하는 格이므로 破格이다.
萬一 官殺이 있고 運에 財星이 있으면 別格으로 볼 것이요 丑字가 있어서 子位를 絆合하여도 眞格이 못된

巳馬南離局裡噴이며
辛中丑絆反非眞이나
西運行來作補臣이니라
名利高遷折桂枝며
榮華富貴業爲奇라
臨在東方吉昌이요
南離冲破主災殃이니라
陰陽朝位貴超群이니

西方第一次東方이며

다。 그러나 正格에 合한다면 此人이 반드시 貴人이니 西方運에 入하여 補臣宰相이 될 것이다.

辛金日主가 戊子時를 만남은 가장 宜貴한 일이니 名利가 높고 大官이 될 것인데 四季月과 秋節에 生하였다면 그리고 亥字가 없다면 榮華하고 富貴하며 所業이 奇昌할 것이다.

六陰朝陽格은 西方으로 大運이 行往함을 기뻐하고 東方에 臨하여서도 또한 吉昌하다. 그러나 大運이 北方으로 行한다면 凶禍가 있을 것이니 크게 두려워하고 南方의 離火位가 冲破하면 災殃이 없을 수 없다.

第二十七論 拱祿拱貴詩訣

拱祿拱貴格中稀니　也須月令看支提며
提綱有用提綱重이요　月令無官用此奇라
拱祿拱貴格希奇니　遇者腰懸衣紫衣며
足破刊冲並尅破며　應嫌七殺月年隨로다
所拱之位怕塡實이니　又怕傷官在月支에
羊刃重重來格破나　如無此破貴無疑라

拱祿拱貴는 格局中에 稀貴한 것이니 拱祿格이란 丁巳日이 丁未時를 보고 己未日이 己巳時를 보며 戊辰日이 戊午時를 보고 癸亥日이 癸丑時를 보며 癸丑日이 癸亥時를 봄이 그것이니 五日에 限하여 있는 바 月支와 時支 사이에서 日主의 建祿을 夾拱하였음을 말한다. 또 拱貴格이란 六日에 限하여 있으니 例컨대 甲寅日이 甲子時를 만나면 丑字를 夾拱하고 丑中의 辛金은 甲木의 官貴가 되고 아울러 天乙貴人이 되니 貴命이 되므로 拱貴格이라 한다. 第二篇 拱貴格을 參照하기 바란다.

月令의 提綱이 重하여 日主를 生助할 것이요 日干을 尅破하지 말 것이며 月令에 官星이 없어야 奇命이 된 拱祿格과 拱貴格에 該當하면 紫衣 紅袍에 高官大爵이 될 것은 틀림없다. 그러나 刑冲되고 尅破됨은 大忌하고 七殺은 大忌한다.

夾拱하고 있는 拱位가 塡實되면 크게 꺼리는 바 入格할 수 없으며 月支가 傷官位가 되어도 嫌忌한다. 羊双이 重重하여도 破格이 되나 그러나 如斯한 破가 없다면 此人이 分明히 貴人이 될 것은 틀림없다.

癸日癸時逢亥丑이면
名爲拱祿福重重이요
若無官殺來冲壞엔
應塔題名有路通이라
兩絆本身非是我요
拱藏一位虛中好니
不宜塡實見官星이면
更忌官星當尅破니라
甲子甲寅拱辛官이며
壬辰壬寅拱貴看이요
日遇甲申唯庚午며
看來辛丑逢辛卯와
切忌刑冲塡破害나
乙未乙酉格高強이니
戊申戊午桂生香이라
腰金衣紫食皇糧이니라

癸日干이 癸時에 生하면 亥丑字를 日支와 時支에 얻는 境遇 이름이 拱祿格이니 福이 重重할 것이다. 萬一 官殺이 冲尅해 옴이 없다면 곧 大科及第하고 重臣巨物이 된다. 羈絆하여 日支와 時支의 夾拱하는 作用이 麻痺되면 入格될 수 없는 것이니 虛된 일만 얻을 것인 바 그 分福을 半減해야 하며 塡實되지 말고 官星을 만나지 말며 尅破되지 말아야 眞格이 된다.

甲子와 甲寅이 日時柱가 되면 丑中辛金을 取하여 甲日主는 官貴를 얻는 것이니 妙貴한 命造가 될 것이며 壬辰과 壬寅이 日時柱에 있어도 卯字貴人을 얻고 甲申과 庚午가 日時柱가 되어도 未貴人을 挾

拱하는 것이다. 戊申戊午가 그렇고 辛丑辛卯를 만나도 그러하며 乙未가 乙酉를 만나도 그러하니 格局이 高强할 것이다. 刑沖되고 塡實되며 破害되지 않는다면 亦是 名官重臣이 될 것이 틀림없다.

第二十八論 六甲趨乾詩訣

甲日生人遇亥時
甲趨乾格最相宜
歲運逢官財旺處
官災禍患共來齊니라

甲日生人이 亥時를 얻고 亥字가 많으면 六甲趨乾格이니 高貴한 命造이다. 그러나 歲運에서 財官을 만나면 官災와 禍患이 生한다.

第二十九論 六壬趨艮格詩訣

壬日寅時爲貴格이니
大怕刑沖尅破라
壬喜逢寅艮喜辰이니
支頭重見無沖戰이면

此名趨艮福非常이요
相逢歲運禍非常이로다
雲龍風虎越精神이며
定是淸朝食祿人이니라

壬日이 寅時를 만남을 매우 기뻐하니 구름속에 龍이 있음과 같고 바람을 탄 호랑이와 같아서 精神이 凡人을 超越하며 아울러 地支에 艮寅字가 많으면서 沖戰함이 없다면 이는 決定코 淸貴한 大爵人이 된다.

壬日이 寅字가 많으면 貴格이니 이름이 趨艮格인 바 福力이 非常하다. 刑沖을 꺼리고 尅破를 또한 꺼린다. 萬一 歲運에서 相逢한다면 禍厄이 非常할 것이다.

第三十論 勾陳得位詩訣

日干戊己坐官鬼면　　　　號曰勾陳得位看이라
若有大財分瑞氣엔　　　　命中値此列朝班이로다
句陳得位條財官이면　　　無破無冲命必安이요
申子北方東卯木은　　　　受敎環佩帶金鑾이며
戊己句陳得局淸에　　　　財官相遇兩分施이요
假令歲運無冲破하면　　　富貴雙全享太平이니라

戊己土日干이 地支에 木局을 짓거나 官鬼가 많으면 이름하여 勾陳得位라 하는 것이니 或 申子辰의 財局을 지어도 同一한데 如此한 命主者는 그 位職이 長官의 序列에 나아간다.

勾陳得位格이 財官이 會集되었다면 그리고 破함이 없고 冲剋함이 없다면 此命이 安享한 사람임에 틀림없고

申子北方　財鄕과　寅卯東方　官鄕에　大發하여 長官位에 榮任될 것이다.

戊己土가 財官位를 얻어서 格局이 分明하고 淸貴하며 歲運에서 破함이 없다면 富貴雙全하고 太平樂을 누릴 사람이다.

第三十一論 玄武當權詩訣

玄武當權妙入神이니　　　日干壬癸坐財星이며
官星若也居門戶에　　　　無破當爲大用人이라

514

壬癸名爲玄武神이니　　財官兩見始成眞이요
局無沖破當淸貴엔　　輔佐皇家一老神이니라

壬癸水의 二日生人이 寅午戌火局이 있던지 辰戌丑未官星이 全部 있으면 玄武當權에 得格한 것이니 破하지 않았다면 크게 쓰여질 大人임에 틀림없다.

壬癸水가 이름이 玄武神이니 財官이 있음에 이에 眞格을 이룬 바 格局內에 沖破함이 없고 淸貴하다면 皇家를 輔佐할 老宰相으로 皇帝의 信任이 두터울 것이다.

詩三十二論　潤下詩訣

天干壬癸喜多生이니　　更値申辰會歷風이며
或是全歸亥子丑이면　　等閒平步上靑雲이라
壬癸生臨水局中에　　汪洋一會向東流며
若然不遇提防土면　　金紫榮身位至公이니라

日干이 壬癸主면 多月에 生함을 기뻐하는 바 申子辰水局이 있거나 亥子丑이 全하다면 平步로 立身出世하여 아무 碍障이 없다.

壬癸日主가 水局에 臨하고 水氣가 汪洋한대 東方으로 行向한다면 萬一 辰戌丑未土運을 만나지 않는 境遇 金帶紫衣를 하고 長官首相位를 歷任하며 國家社會에 功勞를 세울 사람이다.

第三十三論　從革詩訣

秋月金居一類看에
　名爲從革便相權이니
如無炎帝來臨害면
　定作當朝宰相官이로다
金居從革貴人欽이니
　造化淸高福祿眞이라
四柱火來相混離하면
　空門藝術謾經綸이니라

金日主가 秋月에 生하여 金氣의 一類뿐이면 이를 從革格이라 이름하는 바 掌權할 貴命이다. 萬一 炎火가 來臨하여 害함이 없다면 定히 朝廷堂上에 重臣이 될 것이다.

金日主가 從革格을 얻는다면 貴人格임에 틀림 없으니 命柱의 造化가 淸高하여 福德이 多大한 眞人임에 疑心없다. 그러나 萬一 四柱에 火星이 와서 離火가 섞이어 있다면 佛門에 들어가서 僧侶가 되고 藝術人이 되며 거짓 世上을 經綸하는 사람이 된다.

第三十四論　稼穡詩訣

戊己生居四季中에
　辰戌丑未要全逢이면
喜逢財地嫌官殺이요
　運到東方定有凶이라
戊己重逢雜氣人은
　土多只論土居全이요
財星得遇燼爲福이요
　官殺如臨有禍纏이니라

戊己日主가 四季土旺節에 生하고 地支에 辰戌丑未가 全部 있으면 이름이 稼穡格인 바 財旺運을 기뻐하고

官殺運은 凶하니 大運이 東方木旺地에 이르러서는 凶厄이 있을 것이다.

戊己日主에 雜氣인 辰戌丑未가 重重하면 오직 土만 있어야 좋으니 財星을 만남은 福이 되나 官殺이 加臨되면 禍厄이 많다.

第三十五論　曲直詩訣

甲乙生人寅卯辰이면　又名仁壽兩堪評이니
亥卯未全嫌白帝요　若逢坎地必榮身이로다
木從木類正爲奇요　秋令逢之事不宜며
得此淸高仁且壽라　木源相會福元齊니라

甲乙生人이 地支에 寅卯辰이 全部 있다면 이것을 이름하여 仁壽曲直格이라 한다. 此格은 亥卯未가 全部 있으면 吉하고 金神은 大忌하나 萬一 坎北方運이라면 반드시 榮華가 있을 것은 틀림없다.

木主가 木勢를 쫓음에 正히 奇異함이 있고 秋月에 生하거나 秋節金旺節로 大運이 行하거나 金神이 柱中에 있음은 大忌한다. 萬一 此格이 破傷이 없이 淸正한 仁壽格이라면 爲人이 淸高仁慈하고 壽命 또한 長久한 것이요 福貴가 人上에 오를 것이다.

第三十六論　炎上詩訣

夏火炎炎焰焰高요　局中無水是英豪라
運行平地方成器요　一擧崢嶸奪錦袍로다

火多炎上去冲天에
一路東方行好運이니

玄玄無侵富貴全이며
冠纓頭頂帶腰懸이니라

夏火가 炎炎하고 焰焰한 丙丁日主라면 局中에 水氣가 없는 境遇 英雄과 豪人이 된다. 大運이 平地의 火旺地와 土運으로 行한다면 바야흐로 그릇을 이룰 것인 바 一擧에 우뚝 솟아서 重臣이 된다.
火가 많고 炎上格이면 破傷됨이 없는 命柱는 富貴가 雙全할 것인 바 大運이 一路 東方으로 行한다면 好命이니 順坦하게 昇進하여 一品宰相位에 오른다.

第三十七論　福德格詩訣

陰土逢蛇金與牛면　　名爲福德號貔貅이니
火來侵剋非爲美라　　名利空空一旦休며
陰火相臨巳酉丑엔　　生居丑月壽難長이요
更兼名利多成敗　　　破耗荒淫祿不昌이로다
癸巳癸酉月臨風이요　名利遲疑作事空이라
富貴生成難有望이요　始知成敗苦匆匆이며
陰金合局有前程이며　造化淸奇發利名이요
四柱火來侵剋破면　　須知名利兩無成이니라

乙丑日柱가 地支에 巳酉丑을 만나면「福德格」이요 五陰日(己癸丁乙辛壬)이 다「福德格」인 바 貔貅(사나운 猛獸)이니 轉하여 勇猛한 武士와 軍隊에 比喩한다)라 이름하니 火神에 依하여 破剋됨을 忌諱한다. 萬一 如此하면 또한 名利가 다 헛되어 아무것도 成取할 수가 없다.

陰火가 巳酉丑에 坐臨하여 福德格이 되었는데 丑月에 生하였다면 壽가 길지 못하며 다시 名利에 成敗가 많을 뿐이며 荒淫하여 財祿이 昇盛하기 어렵다.

癸巳癸酉癸丑의 三日이 巳酉丑金局을 얻으면 또한 福福格인데 火氣가 來臨하여 秀氣를 剋破하면 名利가 더 오고 確實치 못하며 作事는 다 虛妄되니 富貴功名을 生取할 展望은 없고 오로지 成敗만 連續되어 苦痛과 勞苦가 重重할 따름이다.

陰金이 合局하여 巳酉丑金體가 있으면 前程이 有望하고 命局의 造化가 淸奇하니 利名을 發成할 것이다. 그러나 萬一 火氣가 來侵하여 剋破함이 있으면 모름지기 名利가 다 成取될 수 없다.

福德格엔 陰士의 境遇 己巳 己丑 己酉의 三日이니 丙丁寅戌午를 꺼리고 陰火의 境遇 丁巳 丁酉 丁丑의 三日이니 財官의 旺位를 기뻐하며 合함을 꺼린다.

陰水의 境遇 癸巳·癸酉·癸丑의 三日이요, 陰金의 境遇 辛巳 辛酉 辛丑의 三日이니 財祿을 飛天하여 大貴하는 바 火星이 來侵함은 凶하다.

西方金氣坐陰柔
不怕休時不怕凶
鬼殺生時方發福
功名隨步上瀛洲

陰木加臨丑酉蛇
生居六月暗咨嗟
爲官得祿難久長
縱有文章不足誇

福德春丁壬所喜
夏逢甲己又逢癸
乙庚秋令辛各妙
遇此吉祥眞可美

陰金이 巳酉丑金局을 얻으면 節時가 비록 休囚되나 凶하지 않고 七殺官星의 節時에 生하였다면 도리어 發福하는 바 功名을 成取할뿐 아니라 瀛洲(영주=神仙이 사는 곳을 말하며 三神山의 하나로써 東海中에 있다는

傳說의 神山에 이르러 神仙과 같은 上福之人이 된다.

陰木乙主가 巳酉丑의 金局을 얻으면 六月에 生居함에 恨嘆스러운 命造이니 크게 不利한 바 官祿을 얻고 地位가 있으나 오래동안 留持될 수 없으면 비록 文章이 있다하여도 자랑스럽지 못하다.

福德이 春節生이라면 丁壬이 合木함이 좋고 夏節에 生한 福德格이라면 甲己合土가 좋고 또 癸水와 相逢함을 좋아한다. 秋令에 出生한 福德格은 乙庚合金함이 좋은 바 辛金의 妙함이 있다. 如斯한 格造者는 比肩을 만남에 吉祥이 있고 참다운 美命이라 아니할 수 없다.

第三十八論 棄命從財格詩訣

日主無格財犯重이요　　全憑時印旺身宮이면
逢生必主興家業이나　　破印紛紛總是空이니라

日主가 어느 格局에도 歸屬될 수 없고 오로지 財星만이 重重하다면 此命은 不可不 財命만을 따라가야 되고 命主를 扶助하는 格局으로 看做해서는 안 된다. 例컨대 丙申日主가 地支에 巳酉丑金局이 있고 年月時上에 財星이 透하였다면 從財하여야 하는 바 此命이 大概 富하게 된다.

또 時節에서 印星이 滿在하다면 身主는 生旺해 주는 때에 家業을 일으키고 印星을 破하는 때에는 萬事가 紛紛하며 모든 것이 空虛한데 歸結된다.

第三十九論 棄命從殺詩訣

土臨卯位三合全이면　　不見當生金水續이요

火木旺鄕名利顯이며
再逢坤坎禍連綿이로다
五陽在日金逢殺엔
棄命相逢命不堅이니
如見五陰來此地라도
殺生根敗吉難言이며
陽水重逢陽土戊엔
無根何處被刑磨아
格中有貴須還顯이니
切忌官星破局多니라

土日主가 印位에 臨하고 地支에 亥卯未木局이 全하면 棄命從殺格이니 柱中에 比刦이나 金水를 보지 말아야 正格이다. 火木旺鄕의 大運에 名利가 크게 나타나고 土金地를 만나서는 禍厄이 連出된다.
五陽干의 日主가 地支에 全部 殺旺한 境遇를 만난다면 棄命從殺하여야 하는데 다시 五陰이 如此하여도 棄命從殺格이 된다. 五陽干의 棄命從殺格이 되려면 命主가 堅固하지 말아야 할 것이요 五陰干의 從殺格이 殺이 生助되고 根은 敗死되면 吉貴함이 大端한 바 있다.
陽水日主가 陽土를 거듭 重逢하면 根氣가 없어진 것이니 어느 곳에 刑磨가 있겠느냐? 殺旺鄕에 大發할 것이요 官星을 破局함이 있을 때엔 禍厄이 따를 것이다.

庚日全逢寅午戌이요
天干透出始爲神이니
重重火旺職名顯이며
命裏休囚忌水鄕이로다
六乙生人巳酉丑엔
局中切忌財星守요
若還行運到南方이면
管取其人壽不久라
陽火喜居身弱地요
勾陳朱雀作凶媒에
一片江湖太白家는
不爲將相作高魁이니라

庚日主가 寅午戌火局을 全部 만난다면 그리고 다시 天干에 火星이 透出하였다면 이것이 이른바 從殺格이니

火旺鄕으로 大運이 行하고 柱內에 火旺하면 聲名을 떨칠 것이며 命中에서 官殺이 休囚되거나 水鄕으로 行運하여 官殺이 破局되면 大凶하다.

六乙日主가 巳酉丑殺局이 全部 있어서 從殺格이 되었으면 局中에 財星이 있음을 功忌하고 萬一 大運이 南方으로 行하여서는 官殺을 破局하고 日主의 木氣를 洩하니 禍患이 있는 것 外에 壽命이 오래 持續될 수 없다.

陽火가 從殺格이면 身弱을 좋아하는 바 句陳(土神戊己辰戌丑未)과 朱雀(丙丁巳午南方火)을 大忌하니 凶媒役이 된다. 大運이 水旺鄕에 行하여서는 將相이 아니면 高魁의 上首人이 된다.

第四十論 殺重有救詩訣

丙臨申位逢陽水에　　月逢戊土反長年이요
若有吉神來投助엔　　方知安樂壽錦錦이로다
巳到雙黑天可知니　　更逢乙木死無疑요
干頭若有庚金助엔　　恰是春色放舊枝라
丙臨申位火無烟이요　　陽木逢之命不堅이요
若得土來相救助면　　管敎壽得長年이니라

丙火日主가 申地에 臨하면 陽水인 壬水를 만나서 七殺이 비록 旺强하나 月柱에 戊土가 있어서 七殺인 壬水를 制壓하는 것이니 도리어 長壽할 것이다. 더우기 吉神이 와서 來助해줌이 있다면 此人은 반드시 安樂한 生活을 營爲하고 壽命 또한 長長할 것이다.

己土는 亥地가 많으면 夭壽할 것이 틀림없으니 다시 乙木을 만난다면 반드시 死亡할 것이나 干頭에 萬一

庚金이 有助하는 境遇엔 福壽를 누릴 것이 틀림없고 壽限 또한 짧지 않을 것이다.

第四十一論 天元一氣詩訣

離坎爭旺氣嬴에
往來須忌對提刑이로다
干頭辛字又相連이면
誠恐將來壽不堅이라
四柱全逢掌大權이니
也須名利振邊彊이니다
一身天祿暗催來요
秀奪江山出類才라
天元一字得中和니
見子冲來沒奈何오

四重陽水四重寅이면
運至火鄕成富貴요
人命如逢四卯全이요
身輕福淺猶閑事며
金龍變化春三月이니
不入朝中爲宰相이면
己巳重逢命裏排엔
人中必顯名尊貴며
戊土重逢午字多면
英雄特達功名好요

陽水壬干이 年月日時의 四干에 透出하고 地支에 四個寅字가 있어서 天元地支가 同一하다면 이는 水火가 相連하고 交爭하여 水火의 旺氣가 滿贏한 것이니 大運이 火鄕에 들어갈 때 富貴를 이룰 것이요 大運이 와서 月支를 刑冲함은 大忌하는 바이다.

萬一 人命의 地支에 四卯가 있고 다시 天干에 四辛字가 連透하여 一氣가 되었다면 身主는 輕薄하고 福力은 淺貧할 것이며 壽命 또한 長久하지 못할 것이다.

庚金이 辰龍의 三月에 出生하였다면 造化가 있는 것인데 四柱가 全部 庚辰柱로 構成되었다면 大權을 掌握할 大命이니 朝廷에서 大宰相이 되지 않는다면 國境과 武功으로써 名利를 四海에 떨칠 것이 틀림없다.

己巳干支가 四柱에 全部 있다면 天祿을 暗來하여 貴命이 되는 것이니 如似한 命은 반드시 이름을 떨치고

尊貴하게 될 것이며 出衆한 才藝가 있을 것이다.

戊土가 午字를 거듭 만나서 戊午柱가 全部라면 天元에 一字를 얻어 中和를 얻은 것인 바 英雄巧物로써 功

名을 特達할 것이요 子字가 來冲하면 크게 害로운 것이니 盡命의 數이다.

四重丁未命安排엔
有分東西成富貴요
丙申四柱命中全이면
不是尋常名利客이니
乙酉生居八月天은
不居左右皆榮顯이며
天干甲字重逢戌에
若還行運到南方에
天干四癸在乾宮은
名利盈盈須有望이요

暗合陰生祿位胎니
無情行到水中來라
身殺方逢顯福元이요
管敎勢利奪魁權이로다
重重乙酉喜相連이니
更有收成在晩年이라
分奪財官無所益이니
合出傷官名利赫이니
水木相逢作倒冲이니
南方行運等還紗이니라

丁未干支가 四重으로 있으면 未土가 祿位를 暗合하여 生胎하게 되는 것이니 東西에 富貴를 成取할 사람이

요 水鄕運으로 行하여서는 모든 事行이 成功되지 않는다.

丙申干支가 四柱에 全部 있을 境遇에는 身殺이 相停되어 福元이 顯顯할 것이며 尋常치 않은 名利가 따를

사람이니 權勢와 名利가 特出하여 頭魁를 이룰 것이다.

乙酉柱가 四柱에 全部 있어서 乙木이 八月에 生出한 命主라면 身殺이 重重하므로 貴命이니 左右에 榮顯할

사람인 바 晩年에 成取할 命數이다.

天干에 四甲이 있고 地支에 四戌이 있으면 財官을 比肩兄弟가 刦奪하니 利得이 없을 命造이다. 그러나 萬一 大運이 南方으로 行하여 傷官火를 生成하고 午戌火局을 지어 秀氣를 洩出하는 때에는 名利가 赫赫할 것이다.

天干에 四癸水가 連住하고 地支에 四亥水가 全臨해 있다면 亥字가 祿馬를 倒沖해 오므로 貴格을 이룬 것이니 名利가 滿盈하고 前程이 昌昌한 命造이다. 그러나 大運이 南方으로 行到하는 때에 壽命을 마칠 것이다.

第四十二論 化氣詩訣

甲己火土乙庚金은
局中奇妙最難尋이니
如何六格分高下오
貴賤方如論淺深하라
六乙坐亥逢水요
庚金相合透時干이면
干生無火方成化라
又恐金多返作難이로다
丁壬化木在寅時에
亥卯生提是福基니
除此二宮皆別論인덴
金多又恐反傷之니라
戊癸南方火焰高엔
勝光時上顯英豪며
局中無水傷年月이면
獻賦龍門奪錦袍라
丙辛化水生冬月에
陰日陽時須見淸이요
有土局中須破用이나
得金相助發前程이니라

甲己化土格과 乙庚化金格은 局中에 奇妙할을 얻은 것이며 가장 찾기 어려운 格이다. 어떻게 하여서 六格의

高下를 分別하느냐? 하는 것이 重大한 問題인 바 貴賤을 알고 또 淺深을 分別할 줄 알아야 한다.

六乙日主가 亥支에 坐臨하고 水를 많이 만난 中 時干에 庚金이 透出하여 乙日主와 庚金이 相合하였다면 그리고 日干이 火氣를 生出함이 없다면 바야흐로 化格을 成取한 것이다. 그러나 또 金이 太多함은 두려워하는 바 도리어 難雜한 格이 된다.

丁壬이 化木하므로 化格을 成取하였고 寅節時에 生하였다면 亥卯가 月令提綱을 生助해 주므로 福基가 된다. 此格 또한 金多하여 木氣를 傷害함은 恐忌하는 바이다.

戊癸가 合하여 火格으로 化하고 柱에 火焰이 勝光하고 節時上에 火旺節을 얻어야 入格하는 것이니 此人 이 英豪의 人物인 바 局中에 水氣가 없어서 火氣를 傷害함이 없다면 龍門(中國의 黃河 上流에 있는 山 이름인데 그곳을 通過하는 여울목이 있어서 잉어가 이곳을 거슬러 오르면 龍이 된다는 것인 바 轉하여 立身 함을 일컫는다)을 通過하고 宰相三公이 되어 錦袍를 입는다.

丙辛이 合하여 化水格을 이루었다면 그리고 冬月에 出生하였다면 陰日이 陽時節을 얻어 合化하는 境遇 淸 格이 된다. 局中에 土氣가 있다면 모름지기 破局이 되므로 無用이나 金을 얻어 相助해 주고 通關해 주는 作 用이 있다면 그 前途에 發展함이 있을 것이다.

甲己化格은 中央土神으로 化한 것이니 節時에 辰巳를 만난다면 埃塵(더러웁고 俗된 티끌)을 벗어난 것인바 一春令인 木旺節에 出生하여 化氣를 剋破함이 있다면 平生에 하는 일이 努力만 虛費할 뿐 百가지의 機巧가 있어도 拙劣한 것으로 뒤집히어 孤苦가 뒤따를 따름이다.

乙庚化格이 全局에 金氣가 旺하고 月節에 水氣가 旺盛하면 大格인 바 火地를 가장 꺼린다.

丁壬化木喜逢寅이니　　蓋世文章絶等倫이요
曲尺更歸年月地엔　　少年平步上靑雲이라
丁壬化木入金鄕엔　　苟祿蠅營空自忙이니라
氣喘殘傷無足取요　　眼前骨肉亦參商이로다
丙辛四柱月中生이면　　變化艱辛福祿增이요
土數重重貧且賤이며　　飄飄身世若浮萍이라
丙辛化合喜逢生이니　　翰院英輩氣象新이요
潤下若居年月上엔　　須知不是等閑人이로다
乙庚金局旺於酉엔　　時遇從魁是格奇니
辰戌丑未如相尅이면　　此是名門將相兒요
乙庚最怕火炎陽이니　　志氣消磨主不良이라
寅午重逢爲下格이　　隨緣奔走覓衣粮이니라

丁壬化木格은 寅節을 좋아하고 寅字와 만남을 좋아하니 如此한 사람은 絶世의 文章을 所有한 사람인 바 曲尺甲乙木이 다시 年月地에 있다면 少年에 平步로 靑雲大科에 及第하고 立身한다. 그러나 丁壬化木格이 金鄕에 逢生하여서는 파리가 奔走하게 날아 다니듯이 些少한 일로 악착스럽게 作爲하나 空然히 奔忙할 따름이니 氣喘하고 殘傷되어 足히 取할 것이 없는 바 眼前에 骨肉이 또한 參商(삼상=參星과 商星을 말하니 參星은 西方에 있고 商星은 東方에 있어서 相互 背負한 位置에 있으므로 同時에 두 별을 볼 수 없다. 따라서 親한 사람과 離別하여 서로 만나지 못하는 比喩로 쓴다)과 같은 疏遠을 免키 어려울 것이다.

丙辛化格의 四柱가 月令에서 化水를 生해 줌을 만났다면 艱辛함이 變하여 福祿이 增疆하는 것이요 萬一 土氣가 重重하여 化氣를 尅破한다면 貧苦하고 다시 賤할 命造이니 飄飄(바람에 나부끼듯 行浪客이 되어 떠돌아

다니는 (貌樣) 한 生活에 浮萍草와 같은 身世가 된다.

丙辛化格은 申月에 生해 줌을 기뻐하니 學問과 文筆을 主管하는 翰林院에서도 뛰어난 英蜚(뛰어난 人物=英飛와 同義)가 되고 嶄新한 氣象을 세울 사람이다. 萬一 年月에 潤下水氣가 있다면 모름지기 알아두라. 이 사람들이 반드시 平凡하고 等閑한 사람이 아니로다.

乙庚金의 化合格이 酉月에 生하였다면 그리고 柱內에 水氣가 得氣하였다면 此人의 命造가 奇異함이 있을 것이니 萬一 辰戌丑未가 相剋한다면 名門의 將相見가 틀림없다. 乙庚化格은 火炎을 가장 꺼리는 바 局內에 火氣가 있다면 此人의 志氣가 깎이어 良好하지 못한 사람이고 寅午火局이 거듭 있으면 爲人이 下格이니 좋지 못한 緣分을 따라 奔走하기만 할 뿐 苦痛만이 있을 따름이다.

天元戊癸支藏水엔
行運更逢生旺水면
甲乙中央化土神이요
局中藏月趣火地에
甲己干頭生遇春엔
百般計巧反成拙이며

敗懷門廷事緖多요
傷妻尅子起風波나라
時逢辰巳脫埃塵이며
方顯功名富貴人이라
平生作事護勞神이요
孤苦伶仃走不停이니라

天元에 戊癸가 있어서 合火化格을 이루었는데 地支에 水氣를 감추었다면 身亡하고 壞門하여 敗家할 事件만 많이 生起하는 바 萬一 다시 大運이 水旺地로 行하였다면 傷妻하고 尅子하여 그 風波를 다 表現하기 어려움다.

甲己化土格은 中央의 土神으로 變合한 것이니 時에 辰巳가 있어야 埃塵을 脫胎한 格이요 局中의 歲月에 火

旺土旺地가 있다면 바야흐로 功名을 成取하고 富貴를 享受할 사람임에 틀림없다. 甲己化土格이 尅破節인 春旺木壯節에 生하였다면 平生에 作事하는 바가 한갓 勞苦로울 스스로 속을 이요 百般의 計巧를 敢行하나 結果는 反對로 拙敗에 끝나니 一生에 孤苦하고 失意하여 쓸쓸하고 奔走함을 免할 수 없는 命이다.

第四十三論 天元一字詩訣

　天元一字水爲源이면　　生在秋多貴莫言이라
　大運吉神逢一位엔　　　少年仕路必高遷이로다
　天元一字土爲基엔　　　四季生時更是奇니
　申酉二支爲格局이면　　聰明俊秀異常兒니라
　天元一字木爲根이면　　傳送登明顯福元이라
　四柱官星如得地에　　　功名利祿早成恩이요
　天元一字若逢金엔　　　時日魁罡福氣深이며
　庫力逢沖并帶貴면　　　天生德行貴人欽이라
　天元一字火融融엔　　　大吉功曹時日中이요
　冲起財官爲發用이니　　中平富貴福奧隆이니라

　天元이 一字로 되어 天元一字格이 水主(壬子年 壬子月 壬子日 壬子時의 例니 此命이 貴造이다)이면 秋多月에 生하는 境遇 貴妙함을 다 말하기 어려우니 다시 大運에 吉神을 만난다면 少年때 부터 官界에 高遷하여 크게 發身할 사람이다.

天元一字가 土基라면 四季(辰戌丑未)의 土旺節에 生旺되는 境遇 奇貴한 命造가 될 것인 바 申酉二支가 또 있을 때엔 聰明俊秀하여 凡常치 않은 貴造임에 틀림없다.

天元一字가 木主라면(例컨대 甲子年 甲戌月 甲寅日 甲子時生이요 乙丑年 乙酉月 乙亥日 乙丑時生이 그것이다) 登明高光의 格이요 福元이 顯發할 사람인 바 四柱에 官星이 得地하였다면 功名을 이룩하고 官祿出世에 有利하여 일찍부터 皇帝의 恩惠를 입는다.

天元一字가 金主로 되었다면 時日에 魁罡이 있을 때에 福氣가 深大한 바가 있다. 예컨대 庚申年 庚辰月 庚戌日 庚戌時生이 그것이다. 庫中에 있다면 冲을 만남이 좋은데 庫中에 貴祿을 兼하였을 경우엔 德行이 높고 貴人이 되어 慕敬을 받는다.

天元一字가 火主로써 火氣가 炎炎하다면 吉造이니 時日中에 火氣가 있는 경우 大吉하고 財官이 地支中에 暗藏하여 있는데 冲起하여 發用하게 되는 때에 힘들이지 않고 富貴할 것이요 福力이 興隆할 것이다.

第二章 諸種詩訣

第一論 刑冲詩訣

比肩陽日時逢이면　　若問年齡父道凶이며
父母干支相會合하고　　財星健旺壽如松이요
尅父那堪妻又傷고　　堪居道院共僧房이면
時身作保防連累라　　財破妻災事幾場이니라

比肩과 陽刃이 日時에 있으면 年齡이 얼마 아니하여 父道가 凶할 것이며 父母의 支가 會合하고 財星이 健旺하면 父의 壽命이 松竹과 같이 長久하다. 比肩과 羊刃이 日時에 있어서 財星을 破하면 父가 剋害되는데 또 다시 妻가 傷害됨은 어쩐 緣故인가? 此人이 道學을 닦는 僧房에 修行할 사람인 바 自身의 災碍 또한 防護하지 않으면 안 될 것이다.

例하면 丙寅年 丙申月 丙午日 丙申時生의 境遇이니 此命에 申金이 偏財父星인데 日支 陽刃에 帝旺되는 陽火의 災熱이 申金을 剋破하므로 父宮이 不利한 것이다. 財星이 破壞되므로 妻災가 아울러 甚하고 事件은 모다 障碍가 生한다. 그러나 此名은 大運이 財官旺鄕으로 行하여 財星을 도와주므로 後에는 吉하다.

第二論 尅妻詩訣

透干天露弟兄多에　　　財絶官衰旺太過하고
月令又逢身旺地하면　　青春年少哭姣娥라
當生四柱有財星에　　　羊刃逢時定尅刑하면
歲運經行妻眷絶이요　　妻宮頻見損年令이니라

天干에 比刦兄弟가 多出하였고 財星은 絶氣되며 官氣가 衰하였는데 身旺太過한 中 月令에 또 身旺地를 얻었다면 青春의 年少한 때에 이미 喪妻를 當한다.

四柱에 財星이 있고 羊刃이 있는 中 剋刑됨이 있으며 歲運에서 다시 財星이 剋破되는 境遇에 妻眷이 絶傷될 것인 바 妻宮이 頻交되고 不久하니 傷妻數가 甚한 命造이고 自身의 命限에도 損虧됨이 不少하다.

第三論 尅子詩訣

五行四柱有傷官이면　　子息初心必不安이요
官鬼運臨生旺地엔　　可存一二老來看이라
嗣中生旺見刑沖이면　　月令休囚子息空이요
官鬼敗亡重見尅엔　　如無庶出必螟蛉이로다
綬相重疊尅子斷이니　　子息難養雖爲伴고
若還留得在身邊엔　　帶破執拗難使喚이라
時逢七殺本無兒나　　此理人當仔細推하라
干上食神支又合이면　　須知有子貴而奇며
女人印綬月時逢에　　官食遭傷小息空이요
當主過房拜別立이면　　孤兒重犯兩無功이라
局中官殺兩難親에　　羊刃重重禮助之요
八字純陽偏印重엔　　防妻疊疊更埋兒니라

一、二의 子息이 老來에 있을 것이다.

四柱에 傷官이 있으면 子息이 初年에 반드시 不安하고 鬼殺과 官星의 大運이 그 生旺地에 臨하면 可히 一、二의 子息이 老來에 있을 것이다.

子息星인 七殺官星이 生旺되나 刑沖을 받고 月令에서 休囚되면 子息이 空虛하니 因綠이 적다. 官鬼가 敗亡되고 거듭 破尅됨을 입으면 庶出이 아니면 養子하여야 한다.

印綬가 重疊되어도 尅子하는 것인 바 子息을 기르기 어렵다. 時에 七殺이 있으면 本來 無子하나 그러나 干

上에 食神이 있고 地支가 合하면 子息이 있고 貴하게 된다. 女命은 食神傷官으로 子息을 삼고 官星으로 夫君을 삼는데 女命이 月令에 印綬를 만나고 다시 時上에서도 印綬가 있다면 그리고 다시 官星과 食神이 있는 境遇엔 子星이 傷破되므로 子息의 因緣이 空虛하게 된다. 當主가 또 過房을 좋아하므로 孤兒一子가 있으나 그 功을 얻지 못한다.

局中에 官殺이 兩見됨은 좋지 못하나 羊刃이 重重하면 福氣를 生助하게 된다. 八字가 또 全部 陽干支가 되어서 偏印이 重重하다면 喪妻가 重疊될 것을 防備하지 않으면 안되고 子兒 또한 자주 傷失하게 될 것이다.

第四論　運晦詩訣

幹事難成又費錢이요　提防凶事近流年이며
初心欲遂熊羆兆에　中却反成鮑事眠이로다
比肩歲運必爭論이요　鬪訟官司爲別人이니
兄弟陰人財帛事에　閉門還有事非屯이라
不作禎祥反作災요　外淸率惹是非來며
匣中珍寶年難取에　幹事難成又破財며
到此難留隔宿殘엔　求之勞碌及熬煎이니
若還財聚留主妻尅이요　又是官災口舌纏이로다
劫財羊刃兩頭居에　外面光華內本虛요
官殺兩頭居不出엔　少年夭折護嗟吁니라

運數가 不吉하면 諸殺事가 成取되지 못하고 金錢만 消費되니 凶事를 堤防하지 않으면 안 되는 바 처음에는 일이 成取될 것 같은 熊羆(男子를 孕胎할 때에 있는 胎夢이니 곰은 힘이 세고 陽物이므로 比喩하는 말)의 兆徵이 있으나 中途에 全部 破傷되고 만다.

比肩에 該當하는 歲運에는 반드시 爭論이 있을 것이요 鬪訟과 官事가 生하는 바 兄弟 親友 財物關係에 門을 닫고 關係하지 않아도 도리어 일이 막힌다.

모든 것이 禎祥스럽지 못하여 언제나 災殃을 反作하며 겉으로는 淸奇한듯 하지만 終當에는 是非가 오고 匣中에 있는 珍寶라도 꺼내어 갖기에는 어렵고 幹事가 成取되지 않을뿐 아니라 破財만 생긴다.

運勢가 如此히 休囚된 敗運에 到達하여서는 分錢도 留蓄되기가 어렵고 求하는 일은 努力만 要請될 뿐 삼고 볶는듯한 碍障만 생긴다.

萬一 財運이 會聚되어 凶運이 되면 妻를 剋하게 되고 또한 官災와 口舌을 招來할 것이다.

刼財와 羊刃이 兩顯하였다면 外面으로는 光榮되고 華奢하나 內面으로는 空虛하여 있다. 官殺이 兩地에 居하여 留出됨이 없다면 少年에 夭折할 것이다.

第五論 運通詩訣

三合財官得運時에　　綺羅香裡會佳期라
洋洋已達淸運志요　　財祿婚姻喜氣로다
運逢時來事事宜요　　布衣有分土天梯라
貴人輕着提携力이면　指日靑雲貴可期니라
自是生來不受貧이요　官居華屋四時春이며
夏凉冬煖淸高處에　　饈饌杯盤勝別人이로다

534

此運祥光事轉新이요　一團和氣譪陽春이라
靑雲有信天書近이니　定是超羣拔萃人이며
甲子乙卯非爲双이요　乙酉庚申理一同이니
合起人元財馬旺에　中年顯達富家翁이니라

財官이 三合되고 大運이 吉祥하다면 비단 옷을 입고 富貴한 生活을 할 것은 틀림없으며 洋洋하게 發達하여 靑雲의 뜻을 펴서 크게 出世할 것인 바 財祿이나 婚姻等의 喜事가 있을 것이다.

運數가 到來한다면 事事가 다 마땅하고 如意하며 分數와 程度를 따라 發展할 것이다. 貴人이 가볍게 조금 이라도 이끌어 준다면 靑雲에 貴한 出身을 할 수 있게 된다.

出生하여서부터 貧寒하지 않고 官界에 일찍부터 出世하며 좋은 집에서 四時를 長春과 같이 享樂할 것이니 여름에는 서늘하고 겨울에는 따뜻하며 淸高한 곳에서 高級料理를 取食하는 사람인 바 富貴安樂이 사람을 勝凌할 것이다.

모든 것이 祥先스러워서 庶人은 돈을 벌어 治家하고 仕者는 登科及第할 것이니 諸般이 새롭게 轉新될 것이 요 一團의 和氣가 넘치어 生의 意慾으로 充滿할 것이니 靑雲의 뜻을 펴며 超羣拔萃의 偉人이 된다.

甲子에 丁卯는 羊双으로 볼 것이 아니니 乙酉 庚申이 또한 同一한 理致인 바 地支中에 있는 人元中의 財馬 를 合起하므로 貴命이 되는 것이다. 따라서 中年에 顯達하여 富貴할 命造이다.

第六論　帶疾詩訣

戊己生時氣不全하고　傷官時日見留連이면
必當頭面有虧損이요　瘡血之災苦少年이라

日主加臨戊己生에
冲刑尅破當殘疾이요
丙丁日主五行衰에
升合日求衣食缺이요
壬癸重重疊疊排에
縱然頭面無班瘢나
丙丁火旺疾難防이며
水火相生來此地면

支辰火局氣重蒸이면
髮禿那堪眼不明이로다
七殺加臨三合來면
耳聾殘疾面塵埃라
時辰若殺財天財면
定是其人眼目災며
四柱休囚辰巳方에
啞中風疾暗中亡이니라

戊己日主가 生時令에 土氣가 不全하고 月日時에 傷官이 旺盛하다면 반드시 頭面에 虧損됨이 있을 것인바 日主가 戊己土主이고 支中에 火局이 있어 찌고 삶는 것과 같이 뜨거우며 冲刑尅破함이 있으면 마땅히 當主가 殘疾을 앓을 뿐 아니라 머리털이 빠지고 눈이 어둡게 된다.

丙丁日主가 五行이 衰하고 日主가 身強한데 七殺이 加臨되고 地支에 七殺이 三合하여 身主를 來破함이 있다면 當主가 衣食이 없어서 貧苦를 免치 못할뿐 아니라 귀먹어리가 되고 殘疾로 苦生하며 顔面에는 흠이 생기게 된다.

壬癸水日主가 重重하면 水氣가 疊旺한데 時月에 土氣殺星이 있으며 天干에 財星이 透出하였다면 設使 얼굴에 부스럼과 문둥병 等이 없다고 하나 當主가 眼目에 災疾이 있을 것은 틀림없다.

丙丁日主가 火旺하면 疾病을 防備하기 어려운바 萬一 四柱가 休囚되고 辰巳方으로 行運하여 木火가 相生되므로 火氣偏旺하고 柱局이 尅戰하면 벙어리가 되고 風疾等의 神經系疾患이 있으며 眼暗한 命造者가 된다.

第七論 壽元詩訣

壽算幽玄識者稀니　識得須是泄天機라
六親內有憎嫌有요　歲運逢之總不宜니라
壽星明朗壽元長이니　繼母逢之不可當이요
寵妾不來相救助엔　命如衰草値秋霜이라
丙臨申位逢陽水니　定見天年未可知라
透由干頭壬癸水엔　其人必定死無疑니라

壽命은 幽玄하여 算出하기 어려우니 아는 사람이 드믈다. 壽命에 對한 秘密을 안다면 곧 天機를 解得한 사람이라 할 것인 바 六親에게 有害한 五行을 만나는 것도 좋지 못하니 歲運에서 만남이 다 不宜하다. 또한 寵妾이 相助하고 相求함이 없는 바 萬一 命柱가 衰弱하다면 풀이 가을에 서리를 맞은 格이니 크게 不利하다.
丙火가 申位에 臨하므로 陽水를 만나어도 반드시 天命이 짧다고만 할 수는 없다. 그러나 天干에 壬癸水가 透出하여 水星이 旺하고 歲運에서 水氣가 生旺된다면 此人은 반드시 死命을 벗어나기 어렵다.

第八論 飄蕩詩訣

偏財偏位發他鄕이니　慷慨風流性要強이라
別立家園三兩處에　因名因利自家亡이로다
偏財別立在他鄕이요　寵妾防妾更尅傷이며

愛欲有情妻妾叙라　　更宜春酒野花香이니라

偏財는 他方의 財物이니 偏財와 偏位가 있으면 他鄕에서 發成할 것인데 此人이 또 慷慨心이 많고 風流性이 있으며 心性 또한 強健한바가 있다. 二三處에 家園을 차리고 작은 살림을 아울러 治成하는데 名聲과 利爭으로 因해서 스스로 敗家하는 地境에 빠질 念慮도 많다.

偏財가 地支中에 藏在하지 않고 桂內에 偏財가 旺多하면 他鄕에서 活動할 命造이며 또한 寵妾과 妻妾의 尅傷을 防備하지 않으면 안된다. 愛慾이 있고 有情하므로 妻妾이 不少할 것이요 春情花流와 酒樂을 즐길 것인 바 風流客이다.

第九論　女命詩訣

　財官印綬三般物에
　不犯殺多無混雜이나
　女命逢之必旺夫라
　身強制伏有稱呼아
　女命傷官福不眞이요
　無財無印守孤貧이며
　局中若見傷官透하면
　必作堂前使喚人이라
　有夫帶合還正氣요
　有合無夫定是偏이라
　傷官重來合不須言이로다
　官殺重來成下格이요
　官帳桃花福壽長이요
　桃花帶殺少禎祥이며
　合多切忌桃花犯이니
　却比桃花大不良이라
　女命傷官格內嫌에
　帶財帶印福方堅이요
　傷官旺處傷夫主니
　破了傷官損壽元이로다

飛天祿馬井欄叉엔　　女命逢之福不佳요
只好作偏拜作枝머　　偏外方可亨榮華니라

財官印綬의 三者가 女命에 있으면 반드시 夫位가 旺榮할 것이요 殺이 많으면 不可하고 官殺이 混雜되어도 또한 좋지 않으나 身强하여서 制伏함이 있으면 좋지 않겠는가!

女命에 傷官이 있으면 福力이 참되지 못한 것인데 財도 없고 印도 없으면 孤貧함을 免치 못할 것이다. 命局中에 萬一 傷官이 다시 튀어나왔다면 반드시 正當한 家庭婦人이 될 수 없다.

夫星인 官星이 있고 合함이 있으면 正夫가 있는 主婦이나 合은 있고 夫星이 없으면 主婦가 못되고 官殺이 重重하면 下格의 女命이요 傷官이 重合되면 그 凶함을 말할 수 없다.

桃花는 婬性을 表하는 殺神이나 그러나 官星이 있는데 桃花를 犯함은 官星夫位와의 關係이니 더욱 有情한 吉神으로 化하는 것이므로 正貞하고 福壽가 長昌할 것이다. 官星이 없는데 桃花를 犯함은 桃花가 있고 七殺인 偏夫의 位가 있으면 禎祥한 主婦가 되기는 어렵다. 그것은 婬情이 偏夫인 殺星과 野合하는 때문이다. 또 合이 많으면 桃花가 兼有함을 切忌하는 바 比刦과 桃花가 겹쳐 있어도 不良한 女子이다.

傷官格의 女命은 格中에 大忌하는 것이나 財星이 印星을 兼하였다면 福이 바야흐로 堅固할 것이다. 傷官이 旺盛한 즉 夫位를 傷尅하는 것이요 傷官位를 破了함은 壽元을 破滅하게 된다.

飛天祿馬格이나 井欄叉格은 女命이 만나는 때에 福命이 될 수는 없는 것이니 偏僻된 花流가 될 命造이다.

第十論　長生詩訣

長生管取命榮長이요　　時日重臨主性靈이니

重得吉時相會遇엔　　少年及第登王廷이로다
長生若也得相逢이면　下生須招祖業隆이요
父母妻兒無尅陷이며　安然亨福保初終이니라

命中에 長生을 얻었다면 榮華가 長長할 것이요 時日에 重臨한다면 當主가 性品이 靈明할 것인데 다시 吉한 節時를 相遇한다면 少年에 及第하고 王庭에 重職을 맡게 된다.

長生地가 相逢되면 母胎에서 出生하는 때부터 祖業이 豊隆할 것이요 父母와 妻子가 다 尅陷됨이 없이 安然하게 一生을 亨福을 누리면서 마칠 것이다.

第十一論　沐浴詩訣

沐浴神凶切忌之니　　多成多敗少人知라
男人値此應孤獨이요　女命逢之定別離라
沐浴那堪吉位逢에　　更兼引從在其中이면
讀書必定登科甲이요　莫比諸神例作凶이로다
挑花沐浴不堪聞에　　叔伯姑姊合共婚이요
日月時胎如犯此엔　　定知無義亂人倫이며
咸池無祿號挑花니　　酒色多因敗家라
更被凶神來破尅엔　　瘴羸病死莫嗟咊로다
女命若還逢沐浴엔　　破敗兩三嫁不足이요
父母雖鄕壽必長이나　頭男長女須防哭하라

沐浴殺은 凶神이니 切忌하는 바 多成하고 多敗함을 아는 사람이 적다. 男子가 此殺을 만나면 孤獨하게 되고 女命이 만나면 生離別하게 된다.

沐浴은 五行을 生强하나 初生함에 水中에 沐浴시키는 것에 比喩되니 命前에 있으면 引從하여 取하고 命後에 있으면 行往하여 取한다. 沐浴位가 喜神에 該當하고 引從하여 桃花殺을 取하였으면 반드시 登科及第할 것이니 반드시 凶하다고 할 수 없는 것이다.

桃花沐浴殺이 있으면서 格局에 淸氣가 不足하면 叔伯과 姑姉間에 婚合하게 된다. 日月時에 沐浴殺이 모이면 決定코 義理가 없는 亂倫의 淫亂人이다. 咸池만 있고 貴祿이 없으면 桃花殺로 보는 것이니 凶神에 該當하고 濁格으로 四柱가 構成되면 酒色으로 因하여 敗家亡身한다. 다시 凶神이 와서 破剋하였다면 疾病으로 苦生하고 파리하여 마침내 病厄으로 死亡한다. 女命이 萬一 沐浴殺을 만난다면 그리고 命局이 破敗되었다면 두세번 出嫁하고 改家하나 足하지 못하고 父母의 故鄕을 떠나며 壽命은 비록 長久하나 長男과 長女 때문에 哭喪함이 있을 것이니 此命이 淫亂하고 喪苦가 많은 命造이다.

第十二論 冠帶詩訣

命逢冠帶知少人이요　　初生貧寒中主宜며
更得貴人加本位에　　　　功成名遂又何疑오
命吉若還逢冠帶엔　　　　兄弟妻孥無陷害니
因何接祖紹箕求衣며　　兄弟胎中有冠蓋니라

命主가 冠帶를 만남에 그 運命上의 作用을 아는 사람은 稀少하다. 初生少年에 貧寒하나 中年에는 當主가

541

當當하게 發展할 것이요 다시 貴人이 加臨하면 功을 이루고 貴發할 것은 疑心없다. 四柱의 構造가 貴한데 다시 冠帶를 만난다면 兄弟妻子가 다 陷害됨이 없을 것이요 祖業에 또한 損傷됨이 없을 것이다.

第十三論 臨官詩訣

臨官帝旺最爲奇니　　祿貴同宮仔細推하라
若不狀元登上弟면　　宜須黃甲脫麻衣니라

臨官과 帝旺은 가장 奇異한 命神인 바 祿貴와 同宮임을 仔細히 推察하라. 萬一 狀元及第하여 大科承命하지 않으면 直接 直上하여 黃甲(文武의 貴官)을 입고 麻衣(庶民)를 벗어난다.

第十四論 帝旺詩訣

臨官帝旺兩相逢에　　業紹箕裘顯祖宗이니
此人縱然居世上이나　　也須名姓達聽寵이로다

臨官과 帝旺이 서로 만나면家業을 繼承하여 祖業을 發展시키고 祖宗에 榮華로운 名譽로써 顯揚하며 財官이 있다면 비록 世上에 조용히 居世上한다 하여도 그 姓名을 떨치고 마침내 天子의 寵愛를 받게 될 것이다.

第十五論　衰病死詩訣

納音衰病死重逢에　　成敗之中見吉凶이니
若得吉神來救助면　　變災爲福始亨通이라
衰病兩逢兼値死하면　世人至老無妻子니
不惟衣裳不豊隆이요　災病綿綿終損己로다

納音의 衰病死를 거듭 만나면 成敗가 있는 中 吉凶이 있을 것이다. 萬一 吉神이 來助해 줌이 없으면 災殃이 變化하여 福이 되고 亨通하게 된다.

衰病이 있는데 다시 死가 있으면 此人이 늙도록 妻子가 없을 것인 바 비단 衣食이 豊隆할 수 없을 뿐만 아니라 災病이 頻頻하며 一生에 損失만이 많을 것이다.

第十六論　墓庫詩訣

墓庫元來是葬神에　　一爲正印細推論하라
相生相順無相尅이면　富貴之中次第分이요
人命若還若墓庫엔　　積穀堆財難計數니
慳貪不使一文錢이요　至老人昧守錢虜니라

墓庫는 元來 葬神이니 一位의 正印이 있다면 仔細히 推察하여야 한다. 相生하고 相順하여 相尅함이 없다면 富貴하는 命이니 次第로 發身할 것이다.

543

人命에 만일 墓庫를 만났다면 穀食을 積載하고 財物을 堆藏하는 格局이니 그 量을 計量할 수 없을 것인 바 慳貪하는 마음이 大端하므로 늘도록 사람들에 依해 守錢奴란 呼稱을 듣게 된다.

第十七論 胞胎詩訣

絶中逢在少人知니　當命衰推旺宜看이요
反本還原宜細辨이며　忽然連否菊猜疑하라
胞神一位難爲絶이니　尬限妻孥家道劣이요
不惟朝暮走忙忙이며　羊食狼貪無以別이니라

柱命에 絶이 있어서 命中에 作用하는 影響力을 아는 사람은 적으니 仔細히 推理하지 않으면 안되는 바 도리어 그 根本에 還元한 것이므로 仔細히 살펴서 分辨하지 않으면 안된다. 胞神이 一位 가 있다면 絶로 보기 어려운 바, 得氣한 것이므로 吉하다. 그러나 破剋됨이 있으면 妻子와 家道가 艱劣하고 朝暮로 奔忙하기만 한 것이 아니라 羊食狼貪(暴戾貪慾의 比喩)의 무리이다.

第十八論 胎養詩訣

胎養須宜細審辨이니　牛凶牛吉兩相當이라
貴神相會應爲福이요　惡殺重逢見禍殃이니라

柱內에 養神이 있다면 모름지기 仔細히 分辨해야 할 것인 바 牛凶牛吉하여 두 가지가 다 當吉하다. 貴神이

544

相會하면 應當히 福力이 있을 것이며 惡殺이 거듭 모이면 禍殃이 있을 것이다.

第十九論　五行相尅賦

大哉干支生物之始本乎天地萬象宗焉有陰陽變化之機時候淺深之用故金木水火土無主. 形生尅制化理取不一假如死木偏宜活長. 濕瞽若頑金最喜爐紅煆煉太陽火忌林木爲儔下梁才求斧斤爲友火隔木不能鎔金. 金沉水豈能尅木活水忌埋根之鐵死金嫌蓋頂之泥. 甲乙欲成一塊須和穿鑿之功壬癸能達五湖蓋有拜流之性. 樗木火禁利斧眞珠最怕明爐弱柳喬松時分衰旺. 寸金丈鐵氣用剛柔隨頭之土木少難疎爐內之火濕魂反藏雨露安滋枯木城墻不產頁金劍戟功成. 至木地而愁傷丙春生不雨不晴之象. 乙丁冬帝非寒非暖之天極鋒抱水之金最鈍離爐之鐵甲乙遇金强魂歸西. 兌庚辛逢火旺氣散南離土燥火炎金無所賴木浮水泛火不能生三夏鎔金安制堅剛之木三冬濕土難堤泛溢之波輕塵揭枯之陽也庚金多死. 沉沙墜海豈奈乎凝冬之草奚用逢金出土之金不能勝木火水焰火無木則終其光木無火則晦其質乙木秋生抗朽推朽之鐵甲乙遇金寒不鎔皆非天地之正氣也. 然萬物初生未成而成久則滅共超凡聖而先烟水旣往而猶濕大抵寒水不流木寒不發土寒不生火寒不烈金寒不鎔非天地之正氣. 然萬物初生未成而成形西木飛灰而脱休東水旺木以朽木枯源西人之機脱死回生之妙不象而成不形而化固用不如固本花繁豈若根深. 且如北金戀水而成形西木飛灰而脱休東水旺木以朽木枯源西土實金而虛巳火因土晦皆大過五行貴在中和以理求之愼勿苟言掬盡寒潭須見底.

크도다! 干支의 道여! 生物의 始가 되고 天地의 根本과 같도다. 萬象의 宗이며 陰陽變化의 기틀이며 時候의 淺深이요 그 用이니 金木水火土의 五行은 宇宙와 人生의 生成過程을 說明하는 要諦인 바 生尅制化로써 그 端緖를 살피는 것이니 그 理致는 不一하다.

例컨대 死木이면 水氣를 얻어서 活生할 것이며 頑剛한 金은 爐火의 鍛煉을 얻어서야 可用되는 것이니 丁火를 가장 기뻐한다. 곧 木主가 夏節의 火旺節에 生하여 枯溫되었다면 水氣가 와서 沾濡한 澤河의 作用을 해주어야 復生되는 것이고 庚辛金이 秋節에 生하였으나 火에 依한 制伏이 없으면 이것이 頑金이니 過剛하므로 丙丁火의 煉煆이 要請되는 것이다.

또 太陽火는 林木을 切忌하는 바 仇讎와 같이 꺼리고 斧斤金이 있음을 좋아하며 火가 水氣의 尅制를 받을 때에는 金을 鎔煉시킬 수가 없다. 곧 太陽은 丙火요 日이니 午位에 居하여 人君의 德을 갖추었다면 敢히 犯할 수 없는 것인데 秋冬에 生함은 無關하지만 春夏의 木旺節에 生하면 林이니 수풀이 우거지면 日光을 가리게 되므로 木盛함을 꺼리는 것이다. 또 金이 秋節에 生하였으면 丙丁火를 얻어 陶鎔하므로 그릇을 이루어 貴格이 되는 것인데 壬水가 와서 火를 制尅하면 金을 鎔成할 수 없으므로 또한 忌하는 것이다.

金이 旺水에 가라 앉았다면 어찌 木을 尅制할 수 있으며 活水는 埋根된 鐵을 꺼리지 않을 수 있겠느냐? 甲木이 春旺節에 旺하다면 庚金을 얻어 制裁되어야 棟梁을 이루는 것인데 萬一 金이 旺水에 묻혀 있다면 金의 役割은 할 수 없게 되고 한낱 助水만 할 뿐이다. 또 陽木이 無根하나 水旺함을 만나면 根이 있는 것인데 傷木됨은 꺼리는 바 丙火가 金을 制伏한다면 福이 될 것이다.

死金은 弱金이니 土多한 境遇 弱한 金이 埋没되므로 嫌忌하고 甲乙木이 寅卯辰方 東木旺節에 生하면 一塊를 얻은 것이니 金으로 뚫고 깎아내어야 功을 이룰 것 같지만 그러나 曲直仁壽格이 되면 一塊의 氣를 따를 뿐이니 亦是 大貴한다.

壬癸木主가 亥子丑地의 湖海를 얻은 즉 水氣가 相併하고 洋洋하며 汪汪한 一勢를 얻을 것이므로 同類水를 좋아 한다.

朽木은 枯弱함을 말하니 甲乙木이 秋金節에 生하면 身弱하고 疾病만 있으니 火旺郷을 만나면 吉하고 東方運에는 大吉하나 金旺節이라면 어찌 害롭지 않겠느냐?

546

庚戌辛亥生이라면 納音으로 釵釧金인데 丙寅丁卯는 爐中火이므로 꺼리는 것이며 壬午癸未는 楊柳木이고 喬松은 春節에 生하여 盛하는데 庚寅辛卯가 松栢木인 바 그 盛衰를 分別해야 한다는 것이다.

微弱한 寸金과 強旺한 丈鐵은 土資하고 火制하는 剛柔의 法을 適用해야 한다. 戊寅己卯는 城頭土이니 寅은 艮山이므로 浮薄한 土氣가 아니니 少木으로 疏通할 수 없고 山林의 木이라야 可能한 것이다.

丙寅丁卯는 爐中火이니 壬寅癸卯의 金箔의 弱金으론 그 힘이 甚弱한 것인데 뜨거운 화로에 浮土가 있어도 濕土라면 도와 줄 수 없으므로 도리어 掩閉되는 것이다.

木은 午에서 死하고 未에서 墓하는데 枯弱이 甚한 것이니 雨露의 弱한 水氣로서는 活生시킬 수 없으며 城墻은 陽土인 戊土를 일컫는 바 江河의 泛濫을 막는 흙이요 草木等의 産物에 利用될 弱土가 아니니 어찌 珍金이 있겠는가?

庚辛金의 劍戟은 火를 依賴하여 그릇을 이룰 것이니 南方火郷에 火勢가 거듭 太過하여도 反壞되고 城墻의 흙이 弱한 中 木氣가 多旺하면 裂傷될 것도 當然하다.

癸水陰雨는 하늘에서는 雨露이고 땅에서는 샘에 比喩되는데 丙火는 陽火인 바 땅에서는 火로의 불이고 하늘에서는 太陽이니 春 二三月에 生하면 相兼하였으므로 欲雨不雨之象이요 개이고저 하나 개일 수 없는 形狀이니 不顯不達할 사람이다.

乙木은 陰木이요 丁火는 陰火인 바 乙木은 하늘에서 圓柱樹가 되고 丁火는 하늘에서 별이 되는데 冬月에 生하였다면 차지도 덥지도 못한 象이니 比和된 格이다.

壬申癸酉가 劍鋒金이니 그 銳利함이 極盡한 中 반드시 生水할 것이므로 抱水之金이니 功成하고 不退한다는 것이며 金剛의 鈍金은 爐火의 火制함을 만나야 그릇을 이룬다는 것이다.

甲乙木이 西方金旺地에 生하고 斧斤이 있을뿐 火制됨이 없다면 오직 身衰할 뿐이므로 魂歸西兌의 金을 愛하는 것이며 庚辛金이 火의 制剋이 太過하면 壬癸로써 制火해 줌이 없이는 發福할 수 없을 것이다. 그러나 一路 火旺할 따름이라면 從殺하지 않을 수 없게 된다.

土主가 火盛地에 出하여 身主가 暴燥하면 安定할 수 없으므로 生金할 餘暇가 없게 된다. 木氣가 太過하여 木浮되었다면 生水할 수 없음은 自明한 理致이며 三夏의 火旺節에 生한 金이라면 強木을 堅制할 能力이 없게 되고 三冬에 生한 濫土 또한 提泛을 만나서야 發福할 수 있을 것이다.

土는 輕하고 木만 旺하여서는 培木할 수 없으니 貧寒한 象이요 金主가 休囚地에 生하였다면 廢鐵銷金이니 滋流의 本이 될 수 없으므로 또한 貧寒한 象이다. 또 木主가 多旺한데 金이 小弱하다면 身旺할뿐 官殺이 輕하여 反傷하게 된다.

土主가 水旺節에 生하였다면 또한 富貴할 수 없는 것이니 欺虛하여 取得할 수 없다. 火가 木이 없다면 母者가 없는 것이나 水氣가 進生히는 때이므로 光明이 있을 수 없고 木이 火가 없은 즉 顯揚할 수 있는 文明의 象을 잃은 格이니 貴할 수 없다.

乙木은 陰木이요 夏至後에는 六陰이 生하는 것인데 陰木이 秋節에 生하였다면 陰木이 枯朽된 것이므로 그 根氣가 없는 것이나 水氣가 生生不絕되어 易生된다. 庚金은 巳에서 生하고 冬子에서 死하는 바 子水가 旺洋하면 金이 寒冷沈水되어 骨肉無依의 貧寒命이 된다. 旺木은 金을 取用하나 土가 生助해 주는 金이라면 旺木을 勝當할 수는 없다. 火木이 불을 붙이려면 먼저 연기가 往行하는 때에는 濕氣가 따라온다. 대저 寒水는 얼고 흐리지 못하는 것인 바 木主가 寒冷하면 發揚할 수 없고 土氣가 寒冷하면 火熱의 烈性을

喪失當하며 金氣가 寒冷하면 煉鎔할 수 없는 것이니 이는 다 天地의 正氣가 아니고 生成의 意慾을 저버린 象이다.

그러나 萬物은 生成하지 못한 것이 있어서 이로부터 成長되는 것이요 모든 것은 오래되면 함께 滅無하게 될 것인 바 무릇 聖人의 기틀이 死道를 解脫하고 回生의 妙理를 成取하는데 있는 것이며 象이 아닌 것으로부터 物象을 이루고 形이 아닌 것으로부터 化物하는데 있는 것이다.

진실로 그 用(用神이니 堅固해야 能發한다)이 堅固하지 않으면 안되는 바 그러나 꽃만 繁盛하고 뿌리가 根弱하여서는 不可하다. 따라서 本命이 身健하지 않아서는 안되니 君弱臣弱함은 不宜한 까닭이다.

例컨대 金主가 水만 戀依하여서 沈水되는 形이 不可하고 木主가 南方火旺節에 잿덩어리로 되어도 根本이 脫喪된 것이며 水主가 木旺節에 生하여 木氣만 旺多하여도 또한 그 根源이 枯渴될 것이며 金旺節의 土氣 또한 實金에 依해 脫氣된 虛土이며 火主가 土多太過하여도 晦火되니 죽는 불이다.

따라서 五行은 中和되는데 貴가 있고 理致로서 求할 것이니 輕率한 皮相的 觀察은 不可하며 그 根底를 깊이 把握하지 않으면 안 된다.

第二十論 珞琭子消息賦

元一氣分先天本淸濁兮自然者三才以爲象播四氣以爲祿以向背定貧富以月爲令。詳詳順逆以循還運行則一辰十載折除乃三百爲年折除者乃一年二十四氣七十二候。命有節氣淺深。用之而爲妙其爲道也將來者進成功退如蛇在灰如鱔在塵四時向背之數也。其爲有也是從而立有其爲無也天垂象以爲文。此五行臨於絕地而逢貴也。處有祿馬其爲常也。立仁立義其爲事也。或見或閽崇爲實也。奇爲貴也。將星扶德太乙加臨木主休囚火行藏沮汶至若句陳得位。不虧小言以成仁。玄武當權。知是大才而分端不木不羲庚辛與甲乙交爭。

或是或非，壬癸與丙丁相畏，故有先賢謙曰虛俗求仙崇釋則離宮修定。歸道乃水府求玄見不見之形，無時不有抽之繼，萬古連緜，是以何公俱其七殺官父畏以元辰，峨眉門以三生無全士庶鬼谷布其九命，約以星觀今集諸家之要，略其偏見之能，是以未解曲通沙須悟臣出白蘭野幼墓直風入肆無懸壺之妙遊衔杖之神，息一氣以凝神，消五行而通道，乾坤立其牝牡，金水定其剛柔，晝夜分其君臣，一時分為父子不可一途而取，不可一理而推前有逢多炎熱夏草遭霜類有陰鼠樓水神龜宿，不是以陰陽罕測志物離窮，大抵三多署少九夏陽多禍福有若禎祥術士希其八九，或若生居休敗早歲空亡，若遇健旺之鄉連年偃寒者，若乃絕源濁而流清，始吉絕凶狀根甘而裔若觀乎萌兆，察以其元根其苗先實後從花胎生元命三獻定其門宗律呂宮商，五虎論其成敗，無合有合後學離知，得一分三前賢不載年雖逢冠帶尚有餘災運將至於衰猛，猶彼抄福，大段天元鼠弱宮商不及以為營日不興隆，月凶不能成其咎若遇尊吉犯勾逢災自愈祿有三會災有五期凶多吉少，知人乙之初交福淺禍深，喻同人之九五聞喜不喜是六甲見虧當憂不憂，賴五行之救助大孤臨於五墓。
成來行便，六虛下於空亡，自乾南首。
天元一氣定伯侯之尊榮，支作人元運商徒而得失若乃身旺鬼絕雖破命而長生旺鬼旺身逢健祿而壽夭，背祿逐馬守窮途而恓惶祿馬同鄉不三台而八座官位，顯知財之地生月帶祿入仕居赫奕之尊，重犯奇儀，蘊籍抱出群之器陰男陽女時觀出入之年，陰女陽男更逢元辰之歲與地之相逢而避位凶會吉會，返吟伏吟陰錯陽錯天冲地擊或逢四殺五鬼六害七傷天羅地網三元九宮禮臻成慶禍井危疑抑乃遲貴歷身而待時遇比肩而爭競，至若人疲馬劣逆託財財旺之鄉或乃財旺祿衰健馬何避掩衡歲臨尚不為災年登故宜獲福大吉生逢小吉反壽長年天罡運至天魁繼生續壽從魁抵蒼龍之宿財自天來，天衝臨昂胃之鄉人元自害，至南方貿易獲其厚利，開朝懼而旋至為威炎之火，陽尅禍福之遙則多困於水土金木來能成器聽哀樂以離期似木威而花繁狀密雲而不雨乘軒衣冕金火何多位列班朝卑陰陽不定
所以龍吟虎嘯風雨助其休祥火勢將興故先烟而後焰皆見凶中有吉吉乃先凶吉中有凶凶為吉兆。禍旬向未言福可以近推繾人衰鄉論

災宜其逆其課男迎女送否泰交居陰陽二氣順逆折除占其金木之內顯於方所分野標其南北之間恐不利於往來。一旬之內於年中而問一歲之中求月中而問日向三避五指方面以窮通審吉查凶。逃歲中之否泰。丙寅丁卯秋天宜以保持戊辰己巳度乾宮而脫厄。値病憂病連生得生旺相崢嶸休囚絕滅論其眷屬憂其死絕。墓在鬼中危疑者甚足下臨喪。面前可見憑陰察其陽福。歲君莫犯於孤辰恃陽鑑以陰災及天元忌逢於墓宿先論二氣次課廷生父病推其子祿妻火病謂以夫年三官元吉禍逢可以延推始末皆凶。災忽來知迅速宅墓受殺落梁塵以申吟。喪弔臨人變宮商爲離列干推雨重防災於元首之間支折三輕愼禍於股肱之內。下元一氣。同居去佳之期仁而不仁慮傷代於戍又代於寢食侍衛物有鬼物人有鬼人。逢之爲災去之爲福就在裸形夾殺魄往鄙都所犯有傷魂歸岱嶺。或乃行來出入抵犯凶方嫁娶修營路登黃黑災福在歲年之位內發覺由日時之擊揚五行相尅三生定命。每見貴人食祿無非祿馬之鄕。濁伏吟惆悵歇宮之地。在橫起於勾紋禍敗發於元亡宅墓同處恐少樂而憂多萬里回還。乃是三歸之地。四殺之父多生五鬼之男六害之徒。命有七傷之事眷屬情同水火相逢於沐浴之門骨肉眷須離分之門宿猶嫌於格角。須要制其刑殺輕重較量奴而殺奴而尙輕殺尅身而尤量至於循規蹈矩因河洛以爲文略之爲定一端究之爲文成器籍於心流木氣盛而仁明庚辛虧而義寡吉曜而有喜疑災福星臨而移夾殺持邱親姻哭洋兼執觀其操持原薄論其骨狀。成器籍於心流木氣盛而仁昌庚辛虧而義寡吉曜而有喜疑災福星臨而禍發以表凶人處定未進而離遷居安鴈危可以中而卜吉貴而忌賤災器奢生迷而不返禍從惑起。殊當易從復處爲萠福善禍淫。吉凶翼兆至於公明季玉尙無變識之文景純仲舒本哉比形之妙。詳其往聖蓋以前賢或指示以陳謀。或約文而切理多溺少利二義離精今者參詳得失補綴道踪規爲心鑑永掛淸瑩引列絕十希得九。

宇宙의 本體로써 一氣가 있어서 先天이 되고 一氣에서 淸濁이 生하여 天地自然이 벌어지고 天地人 三才의 象을 取하게 된 것이며 四時가 一年이 되고 三月이 一節時가 되었다.

日干을 爲主로하여 財官祿馬의 向背를 살피므로 貧富를 定하며 月은 綱令이 되는 바 그 循環에 順逆이 있어서 運行의 一干支가 十年을 單位로 順行하기도 하고 逆行하기도 한다. 곧 大運의 干이 五年이고 支가 五年

인데 干輕支重으로 본다.

三百六十五日의 一年을 二十四節氣로 折除하며 七十二候로 나누는 바 命學에는 節氣의 淺深을 살피는 일이 매우 重要하다. 用함에 妙한 것이 道이니 將次 來臨할 者는 進이요 이미 功을 다 이루어 마친 者는 退하는 것인 바 運이 가고 오는 것은 四時節候의 向背로 決定되는 것이므로 來往하는 數理를 推定할 것이다. 天이 象을 示垂하니 聖人이 取象하여 文을 삼으며, 干支와 五行을 天地의 眞理에 맞추어 作設하시었거니와 五行이 絶地에 臨하여 建貴하게 된다. 五行의 絶處에 祿馬가 있음은 오히려 마땅한 일이니 仁을 세우고 義를 세워서야 事가 바루어짐과 같고 道德을 바루어 安民함과 같다.

木主가 休囚되었으면 弱沒되므로 모든 것을 堪當할 수 없게 되고 힘이 든다. 句陳이 得位하였다면 信義가 있고 玄武가 當權한 格이면 大才가 있는 사람이요 木이 아니면 仁義가 없는 것이지만 庚辛生과 甲乙木이 交爭한다면 或은 是義하고 或은 不義하고 非邪하며, 壬癸와 丙丁은 相畏하는 것인 바 先賢이 嫌忌하는 바이다.

鬼谷子가 九命을 폈고 이제 諸家의 要見을 集約하여 偏見의 諸能을 略하므로 아직 解得하지 못하고 잘못 通得한 바를 신그러이 悟得하여 바르게 풀이하였다. 또 節時로 道를 消通하며 乾坤으로 陰陽을 세우고 金水가 剛柔를 表定하며 晝夜를 나누며 君臣의 分을 세운다. 一氣가 凝神함에 五行으로 父子의 區別을 하는 等 여러가지 方途로 살필 것이요 簡單하게 取解할 것이 아니다. 節時에 있어서도 多節에 炎熱함을 만나는 것도 있고 夏草가 서리를 만나는 類도 있으니 陰陽을 살피고 調候를 推知해야 한다.

大抵 三冬에는 더운 기운은 적고 九夏에는 陽熱이 많은 것인 바 禍福에 禎祥이 있음을 똑바르게 아는 術士

는 혼하기 어려우니 깊이 살피지 않아서는 안 된다. 或 休敗地에 生居하고 早歲에 空亡되나 만일 健旺鄕을 만나서 優蹇(언건=높이 솟아 물건이 많고 盛한 貌襲)한 사람도 있으니 이는 初凶後吉인 바 그 根源이 濁하였지만 流行이 淸한 때문이다.

먼저 根苗를 살피고 花實을 보아서 始吉하나 終凶한 命造도 있으니 根은 좋아도 흐름은 不實한 때문이다. 胎生元命과 三獸門宗과 律呂宮商과 五虎成敗와 無合有合等을 分明히 해야 할 것인 바 後學이 알기에 어려울 것이다. 年에 비록 冠帶를 만나 오히려 餘災가 있고 運이 將次 衰鄕에 들어가려 하나 나머지 작은 福이 있다.

日主가 太弱하다면 모든 것을 營爲할 能力이 不足한 것이요 日下에 興隆함이 있다면 비록 月凶하다 할지라도 各災를 이룰 수는 없다. 萬一 凶은 尊旺하고 吉福은 卑弱하다면 비록 救援해줌이 있으나 所期의 功績을 成取할 수는 없으며 吉祥이 尊旺하다면 凶厄을 犯하나 스스로 愈解됨이 있다.

祿은 三會하나 災가 五期하면 凶多하고 吉少한 것이요 乙木이 初交에 福淺하고 禍深한 것이며 기쁜일이 있으나 기쁘지 못함은 六甲이 虧損된 때문이요 근심스러운 일을 當하나 근심이 없음은 五行이 救助해 주는 힘이 있는 때문이다. 크게 孤獨함은 日主가 五墓에 坐臨한 때문이니 天地上下左右가 空亡되어 외로울 따름이다.

天元一氣의 命造者는 伯侯의 尊爵을 얻고, 地支의 人元이 不吉하여서는 商徒가 되어 得失을 따를 사람이요 身旺하고 鬼絶되었으면 비록 命局을 破하나 長生할 것이며 鬼旺한데 身弱하면 建祿을 만나나 天壽하게 된다.

背祿逐馬格은 窮命이니 惶忘할 뿐이며 祿馬同鄕格은 三臺三公이 아니면 八座의 長官이 될 것이니 官爵이 崇高한 사람이다. 夾祿鄕이면 小貪大失할 것이며 劫財地가 또한 恐懼스러웁다. 生月에 祿貴를 帶同하였으면 官界에 出身할 사람이요 奇異한 格體를 거듭 만났다면 此人이 반드시 出群의 人物이다.

陰男陽女는 逆行하는 바 節時의 出入하는 年을 보고 陰女 陽男은 順行하는 바 天辰의 當年을 보아야 하는 데 地支에 相逢하여서는 마땅히 退身하고 避位함이 마땅하다. 凶殺이 모이고 吉神이 會合함을 觀察해야 하는 바 返吟 伏吟과 陰錯 陽錯殺을 爲始하여 四殺과 五鬼와 六害 七傷과 天羅 地網을 分別하는 일이 그것이다.

三元九宮에 福神이 있어서 붙들어 주면 慶事가 速成하고 禍神凶殺이 抑剋하면 事事가 더디며 힘들 것인데 貴地를 만나 고 時運을 얻어서야 成取될 것이니 財를 奪疲하는 境遇에는 身弱者는 吉하고 財旺鄕을 만나면 身旺해야 하며 官祿이 衰한 命造라면 財旺한 運中에 發身할 것이다. 歲에 掩冲이 來臨하나 오히려 災가 되지 않으니 年登하여 福吉할 것이다.

天罡運이 天魁에 이르러서는 壽命이 生續長久할 것이요 從魁하여서는 蒼龍(天星辰이니 蒼龍宿體가 가장 밝은 바 出身長壽함을 뜻한다) 位에 이른 것인 바 財祿이 如意할 것이다.

庚金이 重하고 辛金이 輕한 木主는 金鄕에서 困亂할 것이요 寅木이 深旺하고 卯木은 淺하여야 할 것이니 그 妙함이 通變을 通하는데 있다. 庚辛金이 甲乙木에 臨하였다면 可히 官貴를 求할 수 있을 것이며 北方水人 이 南方에 이르러서는 商業貿易을 할 때에 厚利를 얻을 것이다. 盛炎의 陽火가 炎火格이 되면 水의 冲旺함을 大忌하고 火弱하면 土多하여 晦火함을 꺼린다. 金木이 相調하여 그릇을 이루지 못하였다면 哀樂이 뚜렷하기 어려우며 木氣가 昌盛한듯 하나 花葉만 繁華하고 根實이 없음은 구름만 끼고 비는 오지 않음과 같다. 位列에 班卑함이 있음은 陰陽의 定함이 없기 때문이다.

그러므로 龍이 울고 虎狼이가 소리치는 때에 風雨가 그 休祥을 도와 주고 火勢가 將興하려 함에 然後에 火熖이 生하는 것이니 이는 다 凶中에 吉함이 있어서 吉함은 곧 凶을 帶同한다는 뜻과 같다.

또 吉中에도 凶함이 있으니 凶이 곧 吉兆가 되는 것인 바 禍가 있다고 말이 다 끝나기도 前에 이미 福의 씨는 가까이 다가오고 있는 것이다.

男女의 二姓이 迎送하고 否泰가 交居하는 造化가 다 陰陽의 二氣가 順逆折除하는 理致에 있는 바이다. 金木의 사이에 方所의 分野가 나타나고 南北을 標한다. 往來하고 逆亂함은 不利하며 月이 쌓여 年이 되고 日이 月이 되며 次序와 秩整이 分明하게 節氣와 五行이 循環實現되는 바 窮通과 吉凶을 審査하고 밝혀 내서 安命 立身의 本을 삼아야 한다.

丙寅丁卯는 爐中火니 秋天에 生하여서는 保護됨이 可하고 戊辰己巳는 大林木이니 乾宮에 이르러서 厄을 벗어날 것이다. 十二運의 病을 만나면 病厄으로 근심하고 生을 만나면 得生되며 旺相을 만나면 崢嶸興起하고 休囚를 만나서는 絶滅한다. 眷屬 또한 死絶地에 不利하니 墓가 鬼中에 있어서는 危疑가 甚할 것인 바 喪厄이 있을 것이다.

陰을 憑藉하여 陽福을 살피고 歲君에 孤辰이 犯하여서는 大不利하다. 陽을 特依함에 陰災를 살필 것이요 天元이 寡宿을 만남도 또한 忌한다. 먼저 二氣를 論定하고 다음에 相生을 살피라. 父病을 미루어 子息의 貴祿을 알고 妻禍로써 그 夫運을 살핀다. 三元이 元來 吉하다면 禍를 當하나 천천히 延推될 것이요 始末이 凶하다면 災殃이 迅速하여 달려올 것이다.

宅墓에 殺이 있다면 다리에서 떨어지거나 나무로 因하여 다치고 呻吟하며 喪門弔客이 來臨하면 宮商音律의 좋은 것이 變하여 離別할 일이 生하고 干上에 兩重으로 凶殺이 모이면 頭上의 災傷을 防備하여야 하고 地支에 三折이 있으면 股肱(팔 다리)에 禍傷을 삼가야 한다.

下元一氣格은 貴氣가 모인 것이니 佳命이나 仁한듯 不亡한 命造가 있으며 戌土를 傷伐함은 寢食侍衛에 傷伐됨이요 物에 鬼物이 있고 人命에 鬼人이 있으니 만나는 때에 災殃이 되는 바 去制한 즉 福이 되고 裸形夾殺

은 魂往鄭都格이요 魂歸岱嶺이니 大凶하다.

或 行來出入의 凶方에 到達하여서는 每事가 不宜하고 災福이 歲年의 位에 있음과 日時의 擊揚을 發覺하며 五行의 相尅與否를 通察해야 한다. 三生定命에 貴人食祿이 있으면 祿馬의 節鄕이 아님이 없고 源泉이 濁하고 伏吟이 있으면 惆悵함이 甚할 것이며 句絞가 橫起하면 禍敗가 發할 것이다. 宅墓가 同處하였다면 樂은 적고 근심만 많으며 四殺之父는 五鬼之男을 多生하고 六害之徒는 命에 七傷之事가 있다. 眷屬이 情同함은 水가 沐浴을 相逢하는 때문이다. 骨肉間에 中道分離함은 孤宿이 格角을 忌하는 所致이며 刑殺을 制去함이 옳으니 輕重을 較量해야 한다.

身主가 殺을 尅制함은 오히려 輕한데 殺이 尅身함은 그 影響이 重하고 많은 原則과 모든 規範이 河圖와 洛書에 依據하는 바 한가지의 原理로써 萬가지 端緖를 究明하는 바이다. 命中에 萬一 鞍과 祿이 있다면 佩印을 차고 軒車를 타는 貴人이요 財馬가 輕劣하고 格局이 奇異하지 못하다면 期待할 것이 없으며 善惡이 相伴하면 搖動하고 遷移하는 者이다.

木氣가 盛旺하면 仁昌할 사람이요 庚辛이 이즈러졌다면 義理가 적은 사람이다. 吉神이 있으면 기쁜 일이 나 災器의 與否를 아울러 살펴야 하는 바 災器의 禍本이 있는 命造라면 福星이 臨하는데 다시 禍厄을 防備하지 않으면 안된다. 대저 便安한데 居하여 危險이 來應함을 生覺하면 凶中에 處하여 吉함이 있는 것이니 安危는 來往하여 循環하는 때문이다. 貴하여 賤함을 잊어버리면 災殃이 스스로 發生할 것이니 迷惑되어 禍厄이 惑起하는 때문이다.

第二十一論 八字提要法

用見爲官不可傷이요
用之爲財不可劫이며
用之爲印不可破로다
用之爲祿不可冲이요
用之爲祿不可破며
若有七殺要須要制며
制伏太過反爲凶이요
若遇傷官須要靜이니라
此是子平萬法宗이니
傷官最怕爲官運이요
在官九五見財星이며
印綬好殺嫌財位라
羊怕冲宜合迎이요
比肩要逢七殺制에
七殺善見食神刑이니
有祿怕見官星到라
食神最善偏財臨이요
此是子平提要法이니
江湖術者仔細明하라

官星을 取用하는 柱格이라면 傷官에 依해서 正氣官星이 傷官됨이 不可하고 財星을 取用하는 바에는 比劫에 依해서 劫奪됨이 不可하며 印星을 取用하는 데는 財星에 依해 破印됨이 不可하고 食神을 取用하는 데는 倒食에 依해서 破剋됨이 不可하다. 祿을 取用하는 데에는 冲破됨이 不可하고 萬一 七殺이 旺하다면 制伏을 要하는데 制伏이 太過함으로 도리어 凶이 되며 萬一 傷官을 만나서는 靜命됨이 可하다.

이것이 子平의 萬法宗이 됨이니 傷官四柱는 官運을 가장 꺼리니 官星이 있다면 財星이 아울러 있어야 通解 되는 바이며 印綬는 殺을 좋아하나 財星은 大忌한다.

羊刃은 冲을 꺼리고 合을 좋아하며 比肩이 過할 때엔 七殺이 制壓해줌을 要望하며 七殺은 食神을 좋아한다. 偏財가 來臨함을 最喜하는 바 이것이 子平의 要緊한 法이니 江湖의 術者는 仔細히 明辯하라.

第二十二論 格局生死引用

夫格局者自有定論今略而逃之印綬見財行財運又兼死絕必人黃泉如柱有比肩庶幾有靜. 正官見殺及傷官刑冲破害歲運相倂必死正偏財見比肩分奪剋財羊刃又見歲運冲合必死.
傷官之格財旺身弱官殺重見混雜冲刃歲運又見必死活敗殘傷.
拱祿拱貴塡實又見官冲刃歲運見即死.
日祿歲時刑冲破害見七殺並官星空亡冲刃必死歲運相倂必死.
其餘諸格並忌殺及塡實歲運並臨必死會諸凶神惡殺印綬空亡弔客墓病死宮諸殺十死九生.
官星太歲財多弱元犯七殺身輕有救則吉無救則凶金多夭折木盛飄流木旺則夭土多痴呆.
火多頑愚太過不及作此論一不可拘二須敢斷必須理會論之求其生死要矣.

무릇 格局이란 스스로 定論이 있거니와 이제 省略하여 生死에 關한 것을 말하고저 한다. 印綬格은 財를 보고 다시 財旺運으로 行하고 死絕地에 臨하였다면 此人이 반드시 黃泉客이 될 것이다. 萬一 柱內에 比肩이 있다면 다시 回生할 可望이 있으나 輕重을 살펴야 한다.

正官格이 七殺을 보고 또 傷官이 있어서 刑冲破害되었다면 歲君大運의 傷官과 刑冲되는 때에 반드시 死亡

할 것이다.

正財와 偏財格은 比肩과 刦財羊刃이 刦奪하고 다시 歲運이 沖合하는 때에 死亡한다.

傷官格의 四柱는 財旺身弱한 境遇 官殺이 重見하면 그리고 官殺이 混雜沖刃되었다면 歲運에서 다시 官星을 만나는 때에 반드시 死亡할 것이니 或 活生한다 하여도 殘傷이 있을 것이다.

拱祿拱貴格은 塡實되고 官星이 沖刃되는 歲君大運에 死亡할 것이다.

日祿歸時格은 刑沖破害되고 七殺이 沖刃을 보며 아울러 다시 官星이 空亡沖刃되면 반드시 死亡할 것이니 殺官을 大忌하는 바 歲運에 相幷되는 때에 必死할 것이다.

其他의 諸格은 殺과 塡實을 忌諱하는 바 歲運에 並臨하면 必死할 것이요 諸凶神이 모이고 印綬가 空亡되며 弔客墓病死宮等 諸殺이 會集되면 十死九生의 死運이다.

官星이 太過하고 財多身弱하면 그리고 元命에 七殺이 있는데 身輕하면 救解하는 五行이 있으면 吉하나 救助者가 없으면 凶하다. 金이 多하면 夭折하고 水盛하면 飄流하고 木旺하면 夭壽하며 土多하면 痴人이요 火多하면 頑愚한 바 太過不及함이 또한 如此하니 理致를 따라 生死를 要決함이 可하다.

第二十三論 會要命書說

夫造命書先賢已窮盡天理精微之蘊而極矣。自唐李虛中一行禪師宋徐升東齊明王銓醉醒子。諸公登覺淵海淵源。其理雷同。至矣盡矣。無非木火金水之微少耳。令之後學。加增旨意口訣莫非先賢已發之餘意。大同小異。今將淵海二書合成一集。一覽便知不必尋究二書之旨冊繁去簡永爲矜式。

무릇 造命書가 先賢이 이미 그 理致를 窮究하여 天理의 精微한 바를 極盡히 밝힌 바가 있거니와 唐代의 李虛中과 一行禪師와 宋代의 徐升東齊와 明의 王銓醉醒者等의 諸公이 淵海와 淵源의 理致를 解得하여 至極하고 盡達한 바가 있었다. 要컨대는 金木水火土五行의 微妙가 아님이 없거니와 이제 後學들이 旨意와 口訣을 加增하였으나 先賢들의 뜻이 아님이 없어서 大同小異한 바 吾等은 淵海二書를 一集으로 合成하여 一覽하여 보기에 便利하게 하여 二書의 旨意를 따로 尋究하지 않도록 하여 繁多함을 없이 하고저 한다.

第三編 附錄

第一章 神殺圖訣(附錄)

一、百章歌

天地人元分五音。陰陽妙訣果然眞去留疏配還參透。不若先知禍福深。六格陰陽成造化天機世事莫輕傳只知古聖元中妙靜裡乾坤不可言立法先定生和死次分貴賤吉和凶。一官二印三財位。四煞五食六傷官六格局中分造化高低貴賤幾千般年看祖宗興廢事月推父母定留存日干傳論夫妻局時上高低定子孫。

二、十二宮安命訣

主陰陽男女二命皆逆數假如甲子年五月十二日辰時生太陽在申。安命在未即未上起一命宮逆數午上二財帛巳上三兄弟辰上四田宅卯上五男女寅上六奴僕丑上七妻妾子上入疾病。亥上九遷移戌上十官祿酉上十一福德申上十二相貌將女命將妻妾。更作夫主餘皆同

三、僧道十二宮（從安命之宮起）

從安命之宮起。一命宮二衣鉢三徒弟四本師五小師六人力七道情。八疾厄九游行十師號十一福德十二相貌數法同逆。

五、定寅時歌

正九五更三點徹　二八五更四點歇　三七平明是時寅
四六日出寅無別　五月日高三丈地　仲多纔到四更初
十月十二四更二　便是寅時君切記

六、太陽出沒歌

正九出乙入庚方　二八出卯入酉場　三七發申入辛地
四六生寅戌宮藏　五月艮出乾宮入　仲多出巽入坤方
惟有十與十二月　出辰入申仔細詳

七、太陰出沒歌

三辰五巳八午眞　初十出未十三申　十五酉上十八戌
二十亥上記斜神　二十三日子時出　二十六日丑時行

四、年殺早見圖

三殺指背地	金匱飛符天哭五鬼官符	巳	月德午 小耗死符咸池	天喜宮破敗年符	紫微龍德貴人申 天宮暴敗亡神紅艶	地解闌干豹尾破耗	未歲破大耗
太陰辰 羊刃天殺							
勾絞卒暴	貫索歲殺		丑年		金解置將酉 天雄血刃浮沉白虎大殺飛廉		扳鞍福星天德戌 三紋卷煞宴呑宿
太陽寅 孤辰晦氣	驚黄幡伏尸華蓋呑陷	玉堂歲合丑 陌越劍鋒刦煞	陌越子 病符孤虎	天馬亥 弔客天狗			

急刦殺天雄	白虎指背殺廉年符	申 暴敗	月德酉 大歲卷舌殺刃	紅艷流霞飛刃	地解福德大善枝煞	紫微龍德未 年殺天厄干殺	
解神天福八座	浮沉寅宿	戌 弔客豹尾血刃				月空天哭凶獄小耗死符碎殺	子年
驛馬寅 地喪晦氣	太歲玉堂丑 陰天空晦氣喪門孤辰	將星子 劍鋒太伏尸歲刦	金匱亥 擎羊吞病亡陷符神				

二十八日寅時正　三十加來卯上輪　初三辰時初五巳時也

八、地支遁藏幷歌

子中癸水

丑中己土辛金癸水

寅中甲木丙火戊土

卯中乙木

辰中乙木戊土癸水

巳中丙火戊土庚金

午中丁火己土

未中乙木己土丁火

申中庚金壬水戊土

酉中辛金

戌中戊土丁火辛金

亥中壬水甲木

子宮癸水在其中

丑宮辛金己土同

寅宮甲木兼丙戊

卯宮乙木獨相逢

辰藏乙戊三分癸

巳內庚金丙戊從

午宮丁火幷己土

未宮乙己共丁宗

申宮壬水位

酉宮辛字獨豐隆

戌宮辛金及丁戊

亥藏壬甲是眞踪

九、論子息多少

長生四子中旬半　沐浴一雙保吉祥　冠帶臨官三子位

帝旺五子自成行　衰中二子病中一　死中至老沒兒郎

絕中領取他人子　入墓之時命夭亡　受氣爲絶一個子

胎中頭女有姑娘　養中三子只留一　男女宮中仔細詳

十、論陰陽差錯

陰陽交錯是如何　辛卯壬辰癸巳多　丙午丁未戊申位

辛酉壬戌癸亥過　丙子丁丑戊寅日　十二宮中仔細歌

好風流處不風流　花燭迎郎不自由　不是填房因孝取

洞房定結兩家仇

十一、十惡大敗

甲辰乙巳與壬申　丙申丁亥及庚辰　戊戌癸亥加辛巳

己丑都來十位神　人命若還逢此日　倉庫金銀化作塵

十二、華蓋

寅午戌在　巳酉丑在丑　申子辰在辰　亥卯未未在

大運見者文官喜遷職武官寵常人破財僧道主吉。

甲己生人亥子中　丙丁虎兔定亨通　戊己二字臨巳午

庚辛辰戌丑未豐　壬癸申酉偏喜樂　乙為正印貴初官

生年月日時隨值　不日天書下九重

三台申	太陰未	歲合太陽午	解神巳
披麻五鬼指背地官飛符	卒暴歲殺囚獄勾絞亡神	貴人勾絞天官貫索月殺地喪亡神	伏尸血刃太歲劍鋒流霞月空咸池
月歲德合酉		辰	天解喜神陷越囚獄寡宿病歲殺
咸池小耗死符月空		年	八座弔客天狗卯吞陷天哭殺
破碎闌干豹尾歲破月殺戌			急腳殺驛陷
紅鸞地解龍德紫微亥			
白虎飛廉披頭天官符亡神暴敗			

天喜申	天解午	天陰未	八座解神巳
披麻指背地官飛符	浮沈流霞喪門血刃劫殺	卒暴歲殺囚獄勾絞亡神	伏尸血刃太歲劍鋒
月歲德合酉		吞陷華蓋黃番太歲陷越	天解喜辰囚獄寡宿病歲紅艷符
咸池小耗死符年符月空		劍鋒伏尸	
破碎闌干豹尾歲破月殺戌			八座卯弔客天狗吞陷殺
紅鸞地解龍德紫微亥			福德大驛寅刼殺天哭
白虎飛廉披頭天官符亡神暴敗			

564

十三、天掃星　男主尅三妻

甲逢癸未乙壬午　丙人辛巳丁庚辰　戊愁己卯加時日
己怕戊寅最可嗔　庚人丁丑辛丙子　壬逢乙亥定遭迍
癸怕甲戌為天掃　時日逢之損六親

十四、地掃星　女主殺三夫

金人午未及申鄉　土木龍蛇兔月當　水逢雞犬及亥月
火嫌牛鼠虎兒郎　地掃之星語不祥　多是離夫嫁遠鄉
不是貴人門下妾　也須叫喚兩夫郎　擔金尋夫無定位
還當重拜兩姑嬋

十五、暴敗煞　主敗夫家

猪羊犬吠春三月　蛇鼠龍憂夏日當　申酉丑人秋必敗
虎馬兔人冬月妨

十六、呻吟殺（一名孤戀主剋）

水火蛇無壻　金猪豈有耶　土猴常獨臥　木虎定居孀

十七、紅艷煞

多情多慾少人知　六丙逢寅辛見雞
眉開眼笑樂嘻嘻　甲乙午申庚見戌
任是豪富官宦女　癸臨申上丁見未
花前月下也偷期　世間只是衆人妻

十八、吞陷煞

三合爲災仔細詳
兔逢龍犬難廻避　龍來龍上水中央
兔起蛇行遠離鄉　鼠見犬時當惡死
猪犬逢羊虎必傷　馬牛遭虎定相妨
猴蛇相會樹頭亡　犬逢雞子遭徒配
　　　　　　　　凡人煞在臨財日

十九、庫孤

辰戌丑未四時孤　不妨命好六親疎
女命逢之爲道姑　男兒犯者爲僧道

二十、三刑

寅刑巳上巳刑申　丑戌相刑未丑眞
　　　　　　　　子刑卯上卯刑子

	紅艷	福德	八座	陌越		天德 貴人 福星	八座	紅鸞 陌越
巳	天福德 午 披廂卷年咸舌殺池		未 寡宿披廂豹年狗殺	申 天官符披頭弔天尸歲客病狗殺	巳 披廂卷舌	午 災囚弔天歲客病殺殺符	未 寡宿卷歲病舌殺符	申 剑鋒披頭弔尸
大白虎殺歲飛地紫龍地				將星		飛廂黃華大白虎殺		太陽天嗨咸空氣池破碎
辰 歲合 紫微龍德地解				酉 金匱伏尸天歲哭空鋒劍太陽	辰 飛廉華黃白紫微虎殺大殺六害			酉
		酉 年		戌 扳鞍太陽晦氣吞陷殺	卯 玉堂地解龍德天暴敗厄		申 年	戌 豹尾月殺天哭地喪陷門
暴敗 天歲殺 天厄 月空 大耗歲破碎災殺破								
寅 月德 年符解神飛沉	丑 三台解神飛沉黃華血盖五鬼符	子 天浮陰喜沉殺	亥 太陰天喜驛馬喪門地喪		寅 扳鞍驛馬浮沈大耗羊双	丑 天月喜歲刑暴敗大耗	子 金三匱台飛官符	亥 將星五鬼孤辰官符亡神貫索勾絞
小死耗符	血華五鬼符	六卒厄暴絞						

寅刑巳。巳刑申申刑寅爲無恩之刑。大小運見者。官人不利舉業家下陰人死亡常人口舌戕害六親少義。婦人損孕僧道邊俗。未刑丑。丑刑戌戌刑未爲恃勢之刑。大小運見者。官人同僚不和常人爭鬪是非紛紜婦人口舌僧道平常。　子刑卯卯刑子。爲無禮之刑大小運見者。官人則民興訟上官揭害屬官相怪不相見面。常人上下不睦破財大小運見者徒刑疾病不安之事動搖猶豫門庭遷移不甯。　辰刑辰。午刑午。酉刑酉亥刑亥爲自刑之刑大小婦孕有損僧道平平辰刑辰。午刑午。酉刑酉亥刑亥爲自刑之刑大小婦孕有損僧道平平

二十一、推男女十二生命所犯神殺

生　年　子丑寅卯辰巳午未申酉戌亥

骨破碎　　男破女家　二三十五正八九四十六七
鐵掃帚　　男掃女家　六四三六四三正六四三正
　　　　　女掃男家　正六四二正六四二正六四二
大敗　　　　　　　　十九七八九七八九七八九七
大狼藉　　　　　　　五八十二五五十二八八二二

相冲多產厄	刼煞不聚財	亡神主凶惡	咸池即桃花煞	脚踏	頭帶	絕房	再嫁	重婚	寡宿	孤辰	破碎	小狼藉	狼藉	飛天	八敗
八	二	四	十	八	四	五	十二	五	四	正	九	四	三	二	六
九	三	正	七	五	六	六	五	九	正	八	十二	八	七	正	九
十	四	十	四	六	七	七	六	十二	四	十二	八	十	六	五	十二
十一	五	七	正	七	八	八	十二	四	四	四	四	四	六	十	三
十二	六	四	八	八	九	二	八	十二	十二	七	九	八	三	二	六
正	七	正	七	五	十	九	九	三	三	十二	三	六	五	六	十二
八	二	十	四	二	十二	十二	十	十	三	六	四	四	六	二	三
九	三	七	正	十二	十二	三	三	七	七	三	六	十	十二	六	六
十	四	四	八	十二	正	七	正	十二	六	八	十	八	七	正	十二
十一	五	正	七	五	正	二	正	六	十	四	六	四	七	正	三
十二	六	十	四	二	三	二	三	六	二	六	二	十二	十	十	九
正	七	正	十二	三	四	七	四	三	九	正	八	二	十二	十	九

		命	命
男妨妻		金	木
多 反	五六	二三	水
篷門鰥	七月	四月	
女妨夫		金	木
多 厄	八九	十二 十三	
篷門寡	正月	正月	水
長 生	十月	長生沐浴	冠帶
病 生	長生沐浴		
病 死	病死墓	絕	臨官
		八九	四月
		水	
		二三	十二 十三
		火	火
		胎	帝旺
		四月	正月
		養	衰
		七月	五六
		土	土

二十二、男女生命定局

甲子癸酉壬午辛卯庚子己酉戊午
乙丑甲戌癸未壬辰辛丑庚戌己未
丙寅乙亥甲申癸巳壬寅辛亥庚申
丁卯丙子乙酉甲午癸卯壬子辛酉
戊辰丁丑丙戌乙未甲辰癸丑壬戌
己巳戊寅丁亥丙申乙巳甲寅癸亥
庚午己卯戊子丁酉丙午乙卯
辛未庚辰己丑戊戌丁未丙辰
壬申辛巳庚寅己亥戊申丁巳

上 元								
男	一	九	八	七	六	五	四	三	二
女	五	六	七	八	九	一	二	三	四

中 元								
男	四	三	二	一	九	八	七	六	五
女	二	三	四	五	六	七	八	九	一

下 元								
男	七	六	五	四	三	二	一	九	八
女	八	九	一	二	三	四	五	六	七

男五宮作二宮
女五宮作八宮

二十三、合婚總論

呂才云論檢婚書之法。先檢男女生命合宮次檢生日。合得生氣天醫福德爲上婚吉子孫自盛避刑不冲害絕勾絞歲空惆恨夾角及胞胎。有犯月內諸凶並無忌也。如遇絕體遊魂歸魂之婚稱爲中婚。可以較量輕重用之命卦通利月中小忌。可以成婚大抵婚姻之事理無十全但得中平之上者。或取兩家男女神煞有相抵敵。用之則又無妨若遇五鬼之婚男女多主攬犯口舌相連若遇絕命之婚禍必深重男女各有憂亡雖或命卦和悅。九吉相當亦不宜其經易爲婚也。

二十四、男命財 取納音論

金
十月至三月生　七月至十二月生
益女家十七年　益女家五十年
退女家九年　退女家九年
四月至九月生　正月至六月生

木
正月至六月生　四月至九月生
益女家四十年　益女家三十年
退女家五十年　退女家十九年
七月至十二月生　十月至三月生

水
四月至九月生　七月至十二月生
益女家三十年　益女家三十年
退女家十九年　退女家廿十年
十月至三月生　正月至六月生

火

土

二十五、退財

二十六、女命益財

金
正月至六月生　四月至九月生　七月至十二月生

木

水

火
十月至三月生

土

益夫家廿九年　益夫家廿九年　益夫家三十年　益夫家五十年

二十七、退財

七月至三月生　十月至三月生　正月至六月生　十二月至六月生

退夫家十九年　退夫家廿五年　退夫家十九年　退夫家卅九年　四月至九月生

　　　　　　　　　　　　　　　　　　　　　　　退夫家卅五年

二十八、小兒關殺例

小兒之命當論時辰正先看官煞次看格局月主強財官旺殺無煞。月干弱財官少常病可養。日干弱財官多有關有煞又有三合在時者當體壯見刑冲者聲音響亮夜啼性急。八字有財官者生於富貴之家偏官生於平常之家傷官刦財生於貧賤之家偏官偏印偏財定主偏生庶出不然則第三四胎也子平之法偏生為煞取生辰之數斷之水一火二金三木四土五且如甲見庚煞。乃四九歲關丙見壬煞。一六歲關戊見甲煞。三八歲關庚見丙煞。二七歲關壬見戊煞五十歲關陰干亦如此推之。

閻王關
　春忌牛羊水上波
　秋逢子午君須忌
　夏逢辰戌見閻羅
　冬季生人虎兔磨

將軍箭
　丙戌辰時春不旺
　一箭傷人三歲死
　未卯子時夏中亡
　二箭須敎六歲亡
　午寅丑時秋幷忌
　三箭九歲兒難活
　冬季亥申巳為殃
　四箭十二歲身亡

四季關
　春忌牛興蛇
　夏生龍猴嗟
　秋怕猪羊位
　多犬虎交加

四柱關
　正七休生巳亥時
　四十寅申主哭悲
　二八辰戌不堪推
　五十一月丑未死
　三九卯酉生人惡
　六十二子午非宜

鬼門關	子嫌酉年午嫌丑 亥怕辰兮戌怕巳 寅未申卯不相安 古賢立號鬼門關
鐵蛇關	金戌化爲鐵 木辰枝葉杏 火向未申絕 水土丑寅滅
急脚關	三春亥子不過關 夏逢卯未實堪傷 秋寅戌位還須忌 冬丑辰宮死不難
雞鳴關	甲己巳酉丑 壬癸庚午戌 孩兒難保守 生下不見日
落井關	甲己見蛇傷 丁壬犬吠汪 乙庚鼠內藏 戊癸愁逢兎 庚辛亥卯羊 乙戊丙丁子 丙辛猴見果 孩兒有水殃
百日關	寅申巳亥月 辰戌丑未時 忌子午卯酉時 子午卯酉月
千日關	甲乙馬頭龍不住 戊己逢蛇在草藏 壬癸丑亥時須記 丙丁猴雞奔山崗 庚辛遇虎歸林下 孩兒值此有災殃
斷橋關	正寅二兎三猴子 七龍戲水八蛇纏 四月耕牛懶下田 九馬十羊十一亥 五犬六雞門外立 十二老鼠叫喧喧 爹娘哭斷腸 不過三日死 忌寅申巳亥時

第二章 支那歷代의 官職解說

※ 가나다順의 사전例로 볼 것

監簿＝簿書를 管掌하는 官吏들의 簿曹를 監査하는 臨時의 官職인듯 하다. 後漢書와 百官志에는 司隷校尉簿

曹從事、主財穀書란 記載가 있는 것으로 보아 監簿는 簿曹를 監察하는 特命職責인듯 하다. 監簿란 官職에 對한 文獻은 筆者로서는 確實히 살피지 못하였다.

閣老＝唐代에는 中書舍人 及 給事中을 가리키는 말이었으며 舍人中에 年久者를 閣老라 한다. 宰相을 堂老 或은 閣老라고 하기도 하였고 大學士를 가리키는 境遇도 있으나 中書金人을 일컫는 말이다 (樞密條를 參照 할 것)

幹辦＝主幹辯理의 略語이니 宋의 官名에 이 名目을 많이 使用하였다. 宋史의 職官志에 보면 幹辯受給監門官 이라고 하였다.

都督＝魏나라 文帝時에 비로소 都督諸州軍事를 두었고 北周에서는 總管이라 고쳤으며 唐代에는 都督府를 두었다. 後에는 節度使의 官名을 쓰고 都督을 廢하였다.

都事＝晋代에 尙書都令史가 있었으니 左右丞과 都臺의 일을 보았다. 後에 이를 都事라고 하였던 바 六曹의 일을 分掌하는 高官이었다 (局長級).

都士＝周代의 官名이니 大都 小都의 王子弟와 公卿의 采地에 獄事를 掌握한 벼슬.

都統＝晋의 趙盛之가 少年都統이 되므로 부터 始作되었다. 北齊의 門下省의 至衣局에 都統 子統이 있었고 隋唐에는 尙衣局에 奉御가 있었던 바 同位이다. 唐에서 大臣을 任命하였고 元師와 同列이었으며 宋에서는 都統制를 設하여 征伐을 掌握케 하였다. 淸代의 八旗兵의 編制에 보면 每旗兵三百人을 一牛祿이라 하고 五牛祿을 一甲喇라 하며 五甲喇를 一固山이라 하는 바 그 長을 固山額眞이라 하였으나 都統으로 고치었다. 淸末에는 다시 武官을 九等級으로 定하였던 바 一級을 定都統이라 하고 二級을 副都統이라 하며 三級을 協都統이라 하는 等의 級制를 두었다.

573

同知=宋代의 內官인 바 同知合門事와 同知樞密院事가 있었으며 地方官에도 同知府事 同知州軍事가 있었다. 元代에는 宣政, 樞密, 太史等 諸院에 同知職이 있었으며 明에는 五軍都督府等에도 있었던 바 正四品의 벼슬이다. 糧穀을 督掌하고 捕盜海防淸 軍等의 職責을 맡았다.

郞中=周代에는 近侍의 通稱이었고 秦代에 와서 비로소 官名으로 使用되었다. 漢氏에는 書郞이 있었고 隋唐以後에는 六部에 다 郞中을 두었으며 드디어는 諸司任의 長이 되었으나 民國政府에 이르러 廢하였다. 侍郞 郞中 郞中令의 次序가 있고

明經=經義를 考試하는 科目이니 漢武帝때 學者를 選拔하여 任用하였으며 唐에서는 秀才 明經進士等의 六科를 두어 考試選拔하였다.

明府=明法을 主管하는 곳이 六府인데 太守나 縣令의 官職에 對한 尊稱이다. 後漢 以來로는 刺史를, 唐에서 采訪使를, 明淸代에는 布政使를 方伯이라 하였다.

方伯=方士의 長이니 諸侯를 일킨고 尊稱이다.

步師=軍隊를 傳送하는 것.

駙馬=漢나라 武帝 때 乘輿(수래)를 맡은 벼슬 이름의 準말이다. 魏, 晋 以後에도 있었고 明代에는 임금의 사위도 반드시 駙馬都尉가 되었으므로 天子 또는 王의 사위란 뜻으로 쓰인다.

副使=唐代의 節度使, 觀察使, 團練使 밑에 次長格인 副使가 있었다. 이를 淸代에는 廢하였다. 孫에도 있었고 明代에는 按察使의 次官이었고 淸代에는 廢하였다. 이를 知州軍事라 하였으며 明淸에 이르러서는 官職으로 되었다.

府尹=府政을 맡은 長官이니 唐代에는 東都 西都 北都(從二品)에 府牧 各一人이 있고 西都 東都等 九都에 府

尹 各一人(從三品)을 두었었다。

司令=元代에 있던 官名이며 鹽場의 監督을 常任한다。 金에서는 管句라 하고 明淸에서는 鹽課司大使라 하였다。 元史百官志에 보면 鹽場十九所가 있는데 每場마다 司令 一名式을 두었다한다。

詞林=翰林의 別稱이니 文詞와 經學의 선비를 모아 講究하여 받드는 벼슬로 唐代에 생겼으나 漸次 地位가 높아져서 드디어 宰相位로 되었다。

使命=使者가 君命을 받은 敎令을 받는 者를 말한다。

尙書=尙書省의 長官。 秦나라 때에는 天子와 朝臣間의 文書授受를 맡아보는 官吏로서 少府로부터 官吏四人을 보내서 殿中의 文書를 發送하고 常理케 하였었다。 그러나 君命을 맡는 重臣이었기 때문에 그 地位는 漸次 높아져서 漢代에는 尙書令 尙書僕府 督尙書 曹郞理事를 두었고 그 후에는 이를 掌領하기곰 되었다。 平尙書事 錄尙書事等의 이름이 있게 되었고 唐代에는 六部中의 하나로 大臣長官이 되었다。 또 淸代에는 軍機大臣과 함께 堅要한 地位가 되었으며 明에서는 六部尙書를 獨立시켰다。 淸代에는 大臣으로 고쳤다。

常侍=散騎常侍의 略稱이니 散騎省의 長官인 바 秦代에는 散騎及 中常侍를 두었다。 中常侍는 君側에서 恒常 左右를 떠나지 않았고 散騎는 乘輿를 맡았었다。

相公=宰相을 일컫는 바 相에 拜受되었다는 古言은 곧 公에 拜受되었다는 同意에서 온 말이다。

少保=周代의 官名이니 三孤의 하나이다。 少師 少傅와 함께 三公을 補佐하는 高官이었다。

少府=秦의 九鄕中에 하나이니 山海池澤의 稅를 掌理하고 天子의 私府에 必要한 物資를 管掌하였다。 隋代에는 少府監이라 하였는데 明에서는 廢하였다。

丞相＝秦代에 있던 勢權大臣으로 君主를 丞助한다는 뜻의 官名이니 우리나라의 政丞이다. 漢初에는 相國(一朝政과 王國에 共히 두었다)을 두었으나 後에 改稱하여 朝廷에서는 丞相이라 하였다. 唐以後 廢止되기도 했고 元時의 中書省에는 左右의 丞相을 두었고 南北朝時에는 禪讓하는 制度도 있었다.

侍郞＝秦漢時代에는 郞中令의 屬官에 議郞 中郞 侍郞 郞中의 四等級이 있었다. 秦代의 郞中令은 宮中의 門戶를 守衛하였고 漢代에 처음으로 尙書郞中이라 하였던 바 一年이면 尙書郞이 되며 三年이면 侍郞이 되고 五年이면 大縣으로 遷移되는데 或 二千石의 祿을 받는다. 後漢代에는 尙書六曹侍郞二十六人이 있었으며 隋煬帝는 六部의 侍郞 一人式을 두어 尙書를 補佐케 하였고 淸末에는 侍郞을 副大臣으로 改定하였다. 漸次 그 職位가 높아져서 唐代에는 門下侍郞이 되므로부터 侍中의 다음이 되니 宰相級에 이르게 되었다.

侍術＝天子의 側近에서 侍從하는 聽從하는 官職이며 또 車街官을 侍街라고 하기도 한다.

安撫＝人民을 便安하도록 慰撫하는 按撫使의 略稱이다.

按院＝各省의 首府에 있는 按察使의 役所.

按察所＝唐代에 巡察使를 고쳐서 按察使로 하였으니 道마다 一人을 두어 十道按察이라 하였다. 該地를 統治하였으며 觀察處置使라고 하였다.

廉彷＝按察使의 異名, 明代에 提刑按察使라 한데서 廉彷使라고 하였다.

廉使＝按察使의 異稱

運使＝鹽運使 運糧使等을 말하니 소금과 양곡등을 맡은 現今 農林所管의 官職으로 古代에는 重責이었다.

將仕郞＝文敎官의 이름이니 隋唐에 있던 從九品의 벼슬.

壯元=科擧時의 一等으로 及第한 者를 말한다. 天子의 命을 따라 試驗官이 成績을 살피는 殿試에서 首席及第한 者인 바 唐의 則天武后 때 비롯되었고 洛陽宮城에서 親히 首席者를 選拔한데서 由來된다. 宋代에는 科擧에 三層이 있었던 바 鄕試의 首席者를 解元이라 하고 省試의 首席者를 省元이라하며 殿試의 首席者를 壯元이라 하였다. 壯元者는 承事郞 文林郞에 任命되었다.

宰輔=宰相의 別稱

殿院=唐代의 三院의 하나이니 殿中에는 侍御使가 있어서 三院의 不正을 糾明하는 監察機關이다.

節度使=宋唐時代에 한 地方의 軍政 및 施政을 總轄하던 官職이니 三國의 吳나라가 처음으로 두었고 唐代에서는 十二節度使를 邊州에 두어서 外侵을 막게 하였다. 安祿山 史思明의 亂 以後에는 內地에도 節度使를 두었고 그 勢力은 漸次 무거워졌다.

鼎甲=科擧에 뽑힌 세사람의 最優等者

提督=武職最高의 官이니 重要한 省에 提督을 두어 全省의 水陸各軍을 統轄하였다.

提坊=看守 守備하는 것

提學=宋時에 提擧學事司를 두어 此顯의 學政을 管掌하게 하였던 官職이다. 해마다 巡視하여 師儒의 優劣生員의 勤惰를 살피게 하였던 文敎職이었다.

提軍=淸代의 總督異稱

宗簿=主簿와 同義인 듯하니 各部署에 文書를 맡은 官職.

主幹辨理=主幹은 主宰와 同義니 一鄕의 主幹者가 鄕之人이란 말이 있다. 또 主監者 主任者와 同義이며 辨理는 어떤 事件을 判別하여 處理하는 義이니 辨理至於藏三耳, 凡應罪戮而爲冲微所辨理란 記載가 있는 바 辨

理를 主幹하는 者가 主幹辦理인 듯하다.

中書＝宮中의 文書를 맡은 벼슬인 바 諷救을 掌握하였다. 漢代에는 中書省을 두었고 魏代에는 中書 尙書門下의 三省을 두었었다. 唐初에는 三省의 長官으로 宰相位階가 되었고 한때에는 虛名뿐인 때도 있었다.

知府＝府의 長官이니 宋代의 知事이고 明代에는 知縣 縣令의 官長이 無能하므로 朝官 京官을 派遣하여 縣治를 맡게한다.

知州＝州의 長官이니 唐宋以來 京官을 地方에 보내어 州事를 알게한 일이 있었는데 明淸代에 와서는 官職으로 되었다.

知樞密院＝五代晋에서는 桑維翰을 知密院事라 하였고 宋代에는 그 制度가 있었으니 樞密院을 일컫는 말로 代用된다. 桑維翰은 晋의 河南人이니 字는 國僑이고 官은 中書令兼樞密使이었던 바 契丹과 싸워서 歿하였다.

知縣＝一縣의 長官이니 縣知事를 말한다. 唐代에 생하였고 宋太宗時에 縣令의 官職者들이 無能한 者가 많았으므로 朝官京官을 派遣하여서 縣의 政務를 掌握케 하였던 바 明淸에서는 官名이 되었다.

知院＝知樞密院을 일컫는다.

知院官＝唐의 代宗時에 劉晏이 財賦(稅務財政)를 掌理함에 愛民을 第一로 하여 設置하였던 官職地方의 豊凶狀을 旬月마다 報告하고 그에 對한 政策을 세우므로써 人民으로 하여금 그 生業을 定定케 하였다.

知院同知＝宋代에 設置한 官職인 바 淸代의 軍機章京(軍機處의 文書를 辨理하던 官職)에 該當하는 官職으로 兵政을 掌理하였다.

叄政＝宋代에는 叄知政事라 하였으니 副宰相級이다. 元에는 中書省에 叄政을 두었는데 明에서는 그대로 있었으나 淸後에는 侍郞으로 고치었다.

578

總管=督軍의 官職이니 北周에 생기었으며 隋唐時에는 軍을 都督하는 職位였다.

總管=軍事는 都督하는 官職인 바 隋唐時에 있었다. 淸代에는 東三省을 防護하는 督官이었으니 地方長官으로 文武의 權을 掌握하였었다.

總督=明代에 있던 武官職이니 軍務를 掌握하는 官職이었다. 南北朝時代에는 統兵하는 將領을 總督이라고 부른 例는 있으나 官職은 없었다. 淸代에는 馬步軍都督總官을 두어 知府 知州를 兼任케 하였다.

總兵=明代에 將軍을 派遣하여 出征시킬 때 처음으로 總兵官 副總兵官等의 職을 두었던 바 總兵官을 省略하여 總兵이라 하였고 副總兵을 省略하여 副將이라 하였다.

總司=太子詹事니 皇后와 太子의 뒷 일을 맡아보는 官職이었다.

總制=總督의 古稱

樞密=政治上의 機密을 樞密이라 일컫는 바 中書舍人이 있고 閣老가 있었다. 처음에는 通事 通事舍人 또는 舍人通事라 하였으나 後에 中書舍人이라 하였으며 中書舍人은 詔敎를 掌握하였고 中書省에 屬하였다. 後梁에서는 宦臣의 弊를 革新하기 爲하여 樞密院을 崇政院으로 고치는 同時에 朝政을 專模하게까지 되었다. 後唐代에 腹心인 大臣으로 任職케 하였다. 後唐代에 宦臣으로 任職케 하고 樞密院으로 復稱하였으며 그 權勢는 大臣보다 더 무거웠었다. 그리하여 宰相外에 宰相이 있고 三省밖에 또 一省이 있는 것과 같은 地位에까지 이르렀다. 宋代에는 兵權을 掌握케 하였고 中書로 任職하도록 하였으며 明代에는 行樞密使를

579

두었다가 大都督府로 設置 改新하였다.

探花=總督의 古稱 科擧時에 第三番으로 及第한 사람을 말하는 바 唐代에는 進士들이 宴遊時 合者中 最年少 者를 探花使라 하였다.

太魁=殿試의 大優秀者니 壯元을 말한다.

太傅=三公의 하나이니 太師의 次位이다. 三公은 周代의 太師 太傅 太保를 말하는 바 天子를 使位하는 最高 官職이다. 漢書에는 「百官公卿이 表上三公이니 是爲三公이라」하였다.

太師=天子를 補佐하고 國事를 經緯하며 陰陽을 變理하는 周代의 三公中 우두머리이다. 秦代에 廢하였으나 漢代에는 大司馬 大司徒 大司空을 두어 三公을 삼고 別로 또 太師 太傅 太保를 두었고 晋 代에는 太宰 太傅 太保를 두었다. 宋齊梁陳代 以後에 다 存置하였던 바 最高榮譽職으로 羣官의 上位에 있 었다.

太保=三公의 하나이니 天子의 德義를 保存한다는 뜻의 官職이다. 太師條와 太傳條 三公條를 參照하라.

太守=秦은 天下를 三十六郡으로 나누어 各郡에 郡守를 두고 漢의 景武帝때에는 太守로 改稱하였다. 祿은 二 千石에 該當하며 唐高祖時에는 郡을 州로 고쳐서 太守를 刺史라고 하였다. 宋以後에는 府로 고치고 知府 太守라고 하였다. 玄宗時에 다시 郡으로 하였 으며 漢武帝時에 大司馬로 고치었고 後漢 時에는 다시 復舊하여 三公의 우두머리로 삼았다. 宋代의 政和後에는 武官의 首上으로 하여 節度使의 上位 에 두었다. 金代에는 漢制와 같았고 明代에는 廢하였다.

太尉=秦代에는 武事를 掌握하고 漢代에는 그 位가 丞相과 同列이었다.

580

判官=唐代에 두었던 벼슬이니 節度 觀察 防禦의 諸使에 있는 屬官이다. 宋代에는 그 職數를 擴大하였고 元代에는 廢하였으니 節度使밑에 副使가 있고 그 아래에 行軍司馬가 한人이 있고 다음에 判官이 있었다.

判院=宋代의 檢書院과 登聞院을 말한다. 堯임금이 萬民의 事情을 알기 爲해 북을 울리어 民情을 듣도록 한 데서 비롯된 制度이다.

編修=史記를 修掌하는 官吏이니 明代에는 翰林院에 歸屬케 하였다.

布政司=明淸時代에 各省의 行政事務를 監督하던 長官이니 總督巡撫의 職에 屬하였으며 正三品의 벼슬.

縣令=縣의 長이니 漢나라 때 萬戶以上의 縣에 두었고 그 以下의 縣에는 長을 두었다. 從五品의 官級이다.

孝廉=漢나라 武帝때 群國에서 考行이 있는 사람과 淸廉한 사람을 一名씩 薦擧하여 官職에 나가도록 하였던 바 明淸의 때에는 科擧보는 사람을 轉稱하여 孝廉이라 하였다.

會元=各省에서 鄕試를 볼 때에 及第한 사람들은 다시 京師에 모여 試驗을 보는데 이를 會試라고 하였고 이 會試에서 優等으로 合格한 者를 會元이라고 한다.

增補 淵海子平精解		
初 版 發 行 ●1972年	1月	10日
2版 1刷 發 行 ●1993年	3月	16日
2版 8刷 發 行 ●2013年	11月	15日

講　述●沈　載　烈
發行者●金　東　求
發行處●明　文　堂(1923. 10. 1 창립)
　　　　서울 종로구 윤보선길 61 (안국동)
　　　　우체국 010579-01-000682
　　　　전화　(영) 733-3039, 734-4798
　　　　　　　(편) 733-4748
　　　　FAX 734-9209
　　　　Homepage www.myungmundang.net
　　　　E-mail mmdbook1@hanmail.net
　　　　등록　1977. 11. 19. 제1~148호

●낙장 및 파본은 교환해 드립니다.
●불허복제

정가 25,000원
ISBN 89-7270-204-8　14150